荊楚文庫

〔嘉靖〕隨志

〔明〕任德 修 〔明〕顏木 纂

〔康熙〕隨州志

〔清〕劉彲 修 〔清〕何藩 等纂

〔乾隆〕隨州志

〔清〕張璿 纂修

荊楚文庫編纂出版委員會
武漢大學出版社

荆楚文库

〔嘉靖〕隨志
JIAJING SUI ZHI
〔康熙〕隨州志
KANGXI SUIZHOU ZHI
〔乾隆〕隨州志
QIANLONG SUIZHOU ZHI

圖書在版編目(CIP)數據

〔嘉靖〕隨志/〔明〕任德修;〔明〕顔木纂.
〔康熙〕隨州志/〔清〕劉霦修;〔清〕何藩等纂.
〔乾隆〕隨州志/〔清〕張瓚纂修.
—武漢:武漢大學出版社,2022.3
ISBN 978-7-307-22781-1
Ⅰ.①嘉… ②康… ③乾…
Ⅱ.①任… ②劉… ③張… ④顔… ⑤何…
Ⅲ.隨州—地方志—明清代
Ⅳ.K296.33
中國版本圖書館 CIP 數據核字(2021)第 270189 號

責任編輯:朱凌雲
整體設計:范漢成 曾顯惠 思 蒙
責任校對:汪欣怡
出版發行:武漢大學出版社(中國·武漢)
地址:武昌珞珈山
電話:(027)87215822 郵政編碼:430072
録排:武漢恒清圖文菲林輸出工作室
印刷:湖北新華印務有限公司
開本:787mm×1092mm 1/16
印張:37.5 插頁:6
版次:2022 年 3 月第 1 版 2022 年 3 月第 1 次印刷
定價:158.00 元

ISBN 978-7-307-22781-1

出版説明

湖北乃九省通衢，北學南學交會融通之地，文明昌盛，歷代文獻豐厚。守望傳統，編纂荆楚文獻，湖北淵源有自。清同治年間設立官書局，以整理鄉邦文獻爲旨趣。光緒年間張之洞督鄂後，以崇文書局推進典籍集成，湖北鄉賢身體力行之，編纂《湖北文徵》，集元明清三代湖北先哲遺作，收兩千七百餘作者文八千餘篇，洋洋六百萬言。盧氏兄弟輯録湖北先賢之作而成《湖北先正遺書》。至當代，武漢多所大學、圖書館在鄉邦典籍整理方面亦多所用力。爲傳承和弘揚優秀傳統文化，湖北省委、省政府決定編纂大型歷史文獻叢書《荆楚文庫》。

《荆楚文庫》以『搶救、保護、整理、出版』湖北文獻爲宗旨，分三編集藏。

甲、文獻編。收録歷代鄂籍人士著述，長期寓居湖北人士著述，省外人士探究湖北著述。包括傳世文獻、出土文獻和民間文獻。

乙、方志編。收録歷代省志、府縣志等。

丙、研究編。收録今人研究評述荆楚人物、史地、風物的學術著作和工具書及圖册。

文獻編、方志編録籍以一九四九年爲下限。

研究編簡體横排，文獻編繁體横排，方志編影印或點校出版。

《荆楚文庫》編纂出版委員會

二〇一五年十一月

總目録

荆楚文库

〔嘉靖〕隨志

〔明〕任德修
〔明〕顔木纂

《荆楚文庫·方志編》編纂組

組　長：劉偉成　陽海清（執行）

副組長：劉傑民（執行）　王　濤　謝春枝　郝　敏　嚴繼東　范志毅（執行）

參編人員（以姓氏筆畫爲序）：

王　濤　李云超　宋澤宇　范志毅　郝　敏　柳　巍　馬盛南

陳建勛　夏漢群　梅　琳　陽海清　彭余煥　彭筱濺　楊愛華

雷　静　劉偉成　劉傑民　劉水清　謝春枝　戴　波　嚴繼東

編　審：周　榮

顧　問：沈乃文　李國慶　吴　格

前言

《隨志》二卷，明任德修，明顏木纂，明嘉靖十八年（一五三九）刻本。

任德，字克成，明四川成都人，嘉靖十六年（一五三七）任隨州知州。顏木，字惟喬，自號淮漢先生，湖廣應山人，正德十二年（一五一七）進士，歷官知縣、知州，有《家政集》《選詩評》《燼餘稿》《應山縣志》等。

隨州，古爲西周分封隨國，春秋後期爲楚國附屬。秦屬南陽郡。至西魏廢帝三年（五五四）改併州置，治隨縣（今湖北隨州市）。唐、宋、元仍爲隨州。明洪武二年（一三六九）廢隨州入縣，十三年（一三八〇）復置。至民國廢，改爲隨縣。

據是志《敘志後》，隨州有志始於明弘治十三年（一五〇〇）。嘉靖十六年（一五三七），顧璘任湖廣巡撫，以修『一省令典』爲由，檄所轄州、縣文學官員，征集地方文獻資料，依照其所確立的原則和所給款目纂修當地志書。時任德在任，委託顏木修志，顏木遂取舊志參考，『博采精修』，於嘉靖十八年書成付梓。

志分上下卷，首頁即以『申』爲開頭，有序一篇，《志例》一篇，後接正文，正文後有《附録》《敘志後》《跋志後》。上卷敘事，依編年體，上起堯舜，下至嘉靖十七年（一五三八），依統治者年號順序，記載隨州歷史沿革、地方風土、科舉宦績、户口賦役、軍事、人物事跡等。下卷藝文，依體裁分類，每類開頭説明收録數量。

是志《志例》以孔子所作編年體《春秋》爲善，或與巡撫顧璘所設『款目』有所關聯。《四庫全書總目提要·史部二十九·地理類存目二》評曰：『而以地之沿革，官之遷除，士之中鄉會試、貢太歲者，案年紀載，皆地志未有之例也。史稱嘉靖十八年詔修《承天大志》，巡撫顧璘以王廷陳、顏木、王格薦。書成不稱旨，賜銀幣而已。其書今之未見。觀於是志，亦約略可知矣。』而是志作爲流傳於世的首部隨州志書，載有豐富的隨州史料，對後世所修州志具有一定的參考價值。

據《中國地方志聯合目録》，是志有嘉靖十八年（一五三九）刻本膠卷，藏於國圖、南京。有嘉靖十八年（一五三九）刻民國抄本，藏於湖北。又有民國五年（一九一六）上海《廣倉學窘叢書》鉛印本，藏於北京、吉林、湖北、重慶等地。本次據國家圖書館藏嘉靖十八年（一五三九）刻本膠卷影印。該刊本原缺卷下第五十九葉，並存在漫漶等字跡不清現象。（彭筱溦）

目録

申

湖廣德安府隨州為重修湖廣通志事奉
本府帖文抄蒙
湖廣等處提刑按察司分巡武昌道僉事周　案驗
嘉靖十七年四月十九日午時奉
欽差巡撫湖廣等處地方兼贊理軍務都察院右副
都御史顧　案驗備帖仰州官吏照依案帖內事理
即便轉行掌印官選委文學官一員不必拘定
將所轄一應有關志書事件照依總裁官開去款目
撰造該州縣志一本各另徑自差人賫送赴道聽其
去取筆削以成一省令典各官務竭心力毋辭勞苦
博采精修使詳畧得宜巨細罔漏信今傳後允協人
心斯為盛舉等因奉此遵行掌印知州任德查得本
州舊志纂修於弘治庚申歲計今三十九年其間事
故一時難以考究敦請鄉宦致仕知州顏木將本州
并應山縣一應有關紀載事件撰造間盖因未蒙總
裁官發下開行款目惟編年纂緝已成未敢刊刻撰
合就行申請明示以憑刊書賫送本道聽總裁官去
取筆削為此申州除將謄錄草志并冊印封賫報外
另詩文後冊完日再行申請今將前項緣由合行具
申伏乞[illegible]以憑遵守施行須至申者

欽差巡撫湖廣等處地方兼贊理軍務都察院右副
都御史顧　批讀隨志廼春秋比可謂之史今所修
通志蓋兼職方氏所典圖志書表恐皆宜備此帙
珍藏未覩仰州梓傳以廣類于名世之學經國之
通志稟候總裁官款目至日查照造繳

隨志叙

志任侯蒞隨二載閲諸舊志慨然曰
會是可以爲志乎夫志也者體欲
其古辭欲其緻論欲其廉事欲其
覈夫古以經之則雅緻以備之則
文廉以昭之則貞覈以實之則據
雅文貞據是之謂志也今也不然
區分類此者而非古猥雜冗長而叢
緻抑公行便私而非廉遷合傳會而
非覈夫以非古斯鑿矣非緻斯浮矣
非廉斯蕪矣非覈斯聽矣鑿浮濫
聽夫何以之爲志乎于是篤惆然曰
牢籠爾也侯焉造漢東子之廬而謀
焉漢東子辭且力任侯以志諉時

衆所扼腕子隨産也可復諉之乎
哉穎子乃凝思竭智按部就班紀
事以年崇乎古也遣言尚約精于
緻也删益忘已秉夫廉也稽究必
研致其覈也託始乎羲皇終篇乎
當宁其所取義備載例凡而舊志詩
文亦皆翦潤以附其後且其編摩
不三月而考之然則古之所謂良
史者孰爲後先與任侯名德字克
成別號石潭蜀蓬溪人由楚雄降
遷于隨潁子名木字惟喬丁丑進
士前亳州知州云

賜進士出身雲南按察司僉事前同
知武昌府西蜀石潭蔣芝書

志例

志國有之我非國曷志爾我故國也秦漢而下郡縣軍州非國也曷以志郡國也縣國也軍國也州國也郡縣軍州矣國之者何國有君卿大夫士郡縣軍州有長二幕屬其遺制也國紀年郡縣軍州何紀國以年郡縣軍州以考考有年之義也年出于天考出于君何謂乎考有年之義君天之子也君一天也天一君也考以代年其書王年何王之年我之考也一而已矣春秋書時志不之何春秋經且嘗史焉備之我之者何辭從主人曷爲辭從主人昉春秋雖遷之世

家亦我列國比有許簡何上著許他著簡人有許簡何我事許他事簡經始隱志孰始經代天子志國而已綱目曷代天子孔子秉周禮律周人朱子以已意律古人可乎然則遷史何非體也史體何編年爾曷徵之徵之春秋春秋經而非史曷以徵春秋未經聖筆嘗史爾左氏本嘗史以似傳獲麟之後十有三年孔子已卒純内其文非傳體也史之災祥禍福婚姻喪紀朝聘會盟師田賦役戰爭寇盜上自王朝下及列國赴告所及簡策得書志不之何史紀當代志紀[illegible][illegible]已當代許曷歷代簡治鑑亦紀歷代曷以許治鑑代王官矣而不許志如觀當代何許然則遷非史乎變曷謂變史以年統人遷以人統年史之氏爵名字散而備遷之氏爵名字合而局史錯而覈遷複而戾史也雅遷也俗史也簡遷也煩史也奧遷也陋史也潔遷也穢史也則遷也臆遷非史後人宗之何遷欺之也似者衆矣遷能欺之何史難而遷易人苦其難而便其易故受其欺爾

隨志上

開闢之初三皇之世孔子不言闕所疑也其贊易始于

包犧氏包犧氏沒

神農氏作不言所起也記曰厲山氏左氏曰烈山氏史記曰烈山實厲山皇甫謐曰厲山隨之厲鄉也盛弘之曰隨之北界重山二穴神農一育九井自穿汲其一井八井皆動然史記又曰炎帝長于姜水小司馬曰淮陽有神農井地遠莫知闕之可也宋無名氏曰皇甫謐謂炎帝之肖如牛甚哉傳之訛乎炎帝之見于易禮春秋傳不聞其牛首也借使有之好志怪者莫如左氏何不言與天地之始今曰是也彼其荒忽寂寥樸質醇智則信矣若夫人之形豈得與禽獸類又況其聖人哉雖然炎帝教民耒耜故名神農而牛者農之所資也習俗訛言因謂炎帝牛首豈君子之言乎神農氏沒黃帝堯舜氏作

黃帝制天下立萬國我之國與否未可知也

堯遭洪水使禹治之地平天成九州攸同昔人以我為荊豫之域蓋其朔壤壚多而宜締苧南則塗泥多而宜菁茅理或然也然周禮職方荊河之浸溠杜氏謂出漢東之黃牛山今其絲枲之利二男三女之六擾五種之宜大率相同荊則惟銀稻同而餘皆否豈地界之交風氣相雜難斬然以一律乎雖禹貢職方有不能盡與

舜受堯禪肇十有二州惟分青冀為并幽營餘則如故

禹受舜禪塗山之會萬國

湯革夏命式于九圍有三千餘國

周初尚有千八百國王政寢衰諸侯相并惟千二百國入春秋之世見于經傳者百六十五國而已境內三國我唐皆姬姓而侯爵惟厲則姓爵俱失不可考矣

桓王十四年楚武王伐我使薳章求成焉軍于瑕以待之我使少師董成鬬伯比言于楚子曰吾不得志於漢東也我則使然我張吾三軍而被吾甲兵以武臨之彼懼而協來謀我故難間也漢東之國隨為大隨張必棄小國小國離楚之利也少師侈請羸師以張之熊率且比曰季梁在何益鬬伯比曰以為後圖少師得其君王毀軍而納少師少師歸請追楚師公將許之季梁止之曰天方授楚楚之羸其誘我也君何

急爲臣聞小之能敵大也小道大淫所謂道忠于民而信于神也上思利民忠也祝史正辭信也今民餒而君逞欲祝史矯舉以祭臣不知其可也公曰吾牲牷肥腯粢盛豐備何則不信對曰夫民神之主也是以聖王先成民而後致力于神故奉牲以告曰博碩肥腯謂民力之普存也謂其畜之碩大蕃滋也謂其不疾瘯蠡也謂其備腯咸有也奉盛以告曰絜粢豐盛謂其三時不害而民和年豐也奉酒醴以告曰嘉栗旨酒謂其上下皆有嘉德而無違心也所謂馨香無讒慝也故務其三時親其九族以致其禋祀於是

乎民和而神降之福故動則有成今民各有心而鬼神乏主君雖獨豐其何福之有君姑修政而親兄弟之國庶免于難公懼而修政楚不敢伐而史記又曰楚武王三十五年伐我我曰我無罪楚曰我蠻夷今諸侯皆叛相侵相殺我有敝甲欲以觀中國之政請王室尊吾號民爲之請于周不聽還報楚金氏曰史記之述其遠章求成之辭乎春秋之世馮陵諸夏唯楚爲甚然觀熊繹遠章之言非諸夏之自取乎君子謂史記之言與左氏異傳稱季梁之謀唯在于修政而親兄弟之國無諂號尊楚之事且如有之彼寧殺無一

言及之而傳願削而不錄邪歐陽子曰隨之封域與鄖蓼相介一二百里非有古彊諸侯之制而爲大國何也其春秋世未嘗通中國盟會朝聘僖二十年方見于經以伐見書哀之元年始約列諸侯一會而罷其後乃希見僻居荊夷蓋於蒲騷鄖蓼小國之間特大而已

十六年少師有寵楚鬬伯比曰可矣讎有釁不可失也夏楚子合諸侯于沈鹿我與黃不會使遠章讓黃楚子伐我軍于淮漢之間季梁請下之弗許而後戰所以怒我而怠寇也少師謂公曰必速戰不然將失

楚師公禦之望楚師季梁曰楚人上左君必左無與王遇且攻其右右無良焉必敗偏敗衆乃攜矣少師曰不當王非敵也弗從戰于速杞我師敗績公逸鬬丹獲戎車與戎右少師秋我及楚平楚子將不許鬬伯比曰天去其疾矣隨未可克也乃盟而還而史記又曰楚武王三十七年怒曰吾先鬻熊文王之師也蚤終成王舉我先公乃以子男田令居楚蠻夷皆率服而王不加位我今自尊耳乃自立爲武王與我盟而去於是始開濮地而有之君子謂此與傳亦異傳先戰而後盟史有盟而無戰傳楚之見伐因我之不

會要則楚自僭立無費于我而為之盟傳距其将通或得其實安敢執遠矣悪得獨聞而紀之志曰隨東南楚子城魯桓八年伐隨築今南封百里實古鄖後八年亦與我及蓼同伐楚是其敵也楚若由此伐我必假道于鄖鄖許之乎莊四年楚伐我除道梁溠以臨我溠偏西可通郢郢楚地可由此入也然曰軍于淮漢之間淮在我北而蓼又楚之敵其必由唐厲入乎唐厲在淮漢之間皆楚之私屬也楚子城其先化之故城或故安化之城未可知必以為楚人之築妄夫

公出見大蛇斷以藥傳之蛇於宵中銜大珠以報之君子曰我入春秋經傳凡二百有十三年雖不知其為誰然定哀之世之君服屬楚國甘心事讎豈復知有澤物之仁其是時修政之君乎李子曰漢東明月亂後乃歸陳子曰昔聞季大夫之賢而今信且厚人人握靈珠矣由是觀之二子已謂魯桓之世之君矣但傳注謂少師隨大夫季梁隨賢臣陳子乃直以季梁為大夫其殆未之考乎

十九年楚屈瑕將盟貳軫鄖人軍于蒲騷將與我及絞州蓼伐楚師莫敖患之鬬廉曰鄖人軍其郊必不誡且日虞四邑之至也君次于郊郢以禦四邑我以銳師宵加于鄖鄖有虞心而恃其城莫有鬬志若敗鄖師四邑必離莫敖曰盍請濟師于王對曰師克在和不在衆商周之不敵君之所聞也成軍以出又何濟焉莫敖曰卜之對曰卜以決疑不疑何卜遂敗鄖師于蒲騷卒盟而還

莊王三年三月楚武王荆尸授師孑焉以伐我將齊入告夫人鄧曼曰余心蕩鄧曼歎曰王祿盡矣盈而蕩天之道也先君其知之矣故臨武事將發大命而蕩王心焉若師徒無虧王薨于行國之福也王遂行

卒于樠木之下令尹鬬祁莫敖屈重除道梁溠營軍臨我我懼行成莫敖以王命入盟公且請為會于漢汭而還濟漢而後發喪而史記又曰楚武王五十一年周召公責其王楚而楚亦怒我背已來伐武王卒卒于師而兵罷君子曰此與傳亦異莊王十九年我赴鄖師事之徵者傳尚紀之豈有王室召我責其王楚之事顧遺之乎楚之志拳拳於吞噬小國其不忘情于我瀕死而猶不肯已寧論其背不背哉遷史牽合率多此類何足辨乎

僖二十五年楚杜敖欲殺其弟惲惲奔我襲弒杜敖代

立是爲成王
襄王七年正月楚人伐徐七月齊師曹師伐厲以救
徐厲實神農之所起也
十二年我以漢東諸侯叛楚冬楚鬬穀於菟帥師來
伐取成而去左氏曰隨之見伐不量力也量力而動
其過鮮矣善敗由已而由人乎哉詩曰豈不夙夜謂
行多露
定王十年春楚子圍鄭六月晉師救鄭楚子使唐狡
與蔡鳩居告唐惠侯使潘黨從唐侯以爲左拒戰于
邲晉師敗績杜子曰唐楚屬安昌東南之上唐鄉是
已
敬王十三年唐成公如楚有兩肅爽馬子常欲之弗
與止之唐人咸相與謀請代先從者許之飲先從者
酒醉之竊馬而獻之子常子常歸唐侯自拘於司敗
曰君以弄馬之故隱君身棄國家羣臣請相夫人以
償馬必如之唐侯曰寡人之過也二三子無辱皆賞
之
十四年冬蔡侯吳子唐侯伐楚舍舟于淮汭自豫章
與楚夾漢左司馬戌謂子常曰子沿漢而與之上下
戌悉方城外以毁其舟還塞大隧直轅冥阨子濟漢
而伐之我自後擊之必大敗之十一月吳師敗楚鄖
辛與其弟巢以王奔我吳人從之謂我曰周之子孫
在漢川者楚實盡之天誘其衷致罰于楚而君又竄
之周室何罪君若顧報周室施及寡人以獎天衷君
之惠也漢陽之國君實有之楚子在公宮之北吳人
在其南子期似王逃王而已爲王曰以我與之王必
免我卜與之不吉乃辭吳曰以隨之辟小而密邇于
楚楚實存之世有盟誓至于今未改若難而棄之何
以事君執事之患不唯一人若鳩楚竟敢不聽命吳
人乃退鑪金初官於子期氏實與楚人要言王使見
辭曰不敢以約爲利王割子期之心以與我盟杜氏
曰大隧直轅冥阨三者漢東之隘道王應麟曰大隧
實黃峴今名九里關直轅實齊志武陽關又名禮山
關俱在安之應山今屬隨冥阨實平靖關今名行者
坡在應山之北二舍大小石門鑿山爲道因山爲障
不營濠隍故名亦因古平靖縣以爲名呂氏春秋九
塞此其一焉志曰九里關在孝感之北十舍
十五年秦子蒲子虎帥師救楚大敗吳師遂滅唐
二十六年春公及楚子陳侯許男圍蔡杜氏曰隨世
[illegible]不通中國吳之入楚昭王奔隨隨人免之卒

復楚國是人德之使列于諸侯故得見春秋君子曰
楚我讎也桓僖之世吾七十餘年而五見伐我亦報
讎結與連年不休雖時復盟敗固未嘗升心焉此見
之春秋經傳其所遺多矣文宣而後及于定哀復百
有餘年始見于經傳其辭異之言曰世有盟誓至于
吾未改故杜元凱以爲世服于楚者是已天方授吳
使其有如先君季梁聞吳人報周之言寧不慨死憤
不假手報之尚肯并心事之爲之曲庇敗亡之餘卒
復夫能繹之祀使其後漸侵蝕如虎狼無猒雖其卒
癸于秦而爲秦敺人聖賢之祀一朝而盡我固不得

逃其罪矣
元王而末惟秦楚燕趙魏韓齊七大國我與厲不知
滅於誰杜氏曰其地屬韓
威烈王後楚日削韓日大其滅於韓亦理也乎
赧王四十一年史記曰魏入南陽以和徐廣曰南陽
郡屬韓
四十三年秦初置南陽郡
秦始皇三十七年壞封建之制分天下爲三十六郡
荊豫二州南陽之東境南郡之安陸我皆與有之治
[illegible]有斷碑惟存伍大夫三隸書相傳爲

秦物今斤其石沒矣
漢興襲秦之故南陽郡三十六縣我其一也漢東志
隨西有斷蛇丘注實銜珠之蛇今治西有池名夜光
相傳獲珠之處池濱高上其所謂丘與○光武族兄
劉玄或殺其弟欲結客報之而客有罪乃避之平林
實我地
新莽地皇三年下江新市兵起四月莽使嚴尤陳茂
敗之猶劫于三鍾石龍攻我弗克平林人陳牧廖湛
復聚衆應之玄遂入其軍爲安集掾既更始殺牧而
湛亦降于赤眉敗死○周章爲郡功曹

和帝末元四年夏旱蝗○六月庚申竇憲有罪就冠
軍太守省耕欲謁之周章止之曰公可私交乎彼椒
房之親執傾王室茲就藩國其禍叵測明公剖符千
里可自輕乎弗聽升車欲行次叔斷其馬鞅不得往
既而憲自殺七月己丑大尉宋由坐憲黨亦自殺朝
臣多以交關得坐大守獨免益重次叔○十二月壬
辰詔秋稼災傷十四以上勿收田租芻稾有不足者
除之○章舉孝廉六遷爲五官中郎將○西鄂人張
衡嘗讀書于治東之甚陂賦南都曰天封大狐大狐
魏然治西蓋其所嘗目睹者焉

殤帝延平元年章爲光祿勳
安帝永初元年代魏霸爲大常九月辛未司空尹勤免庚寅章爲司空中常侍鄭衆蔡倫專丞諫之初和帝崩鄧太后謂皇子勝痼疾不可立遂子殤帝立之而以勝爲平原王及殤崩羣臣謂平原非痾欲立之太后懼更立安帝章圖閉宮而誅鄧隲鄧遵鄭衆蔡倫劫尚書廢太后封帝爲遠國王而立平原洩十一月丁亥策免自殺范曄曰孔子曰可與立未可與權權也者反常者也將從反常之事必資非常之會使夫舉無違妥志行名全可也而章也身非負圖之託

德乏萬夫之望王無絕天之釁地有既安之勢乃創慮於難圖希功於理絕不已悖乎孟子有言有伊尹之志則可無伊尹之志則篡矣
獻帝建安十三年魏武盡得荊州赤壁之敗惟存南陽江夏已郡我尚於屬
晉武帝大康元年我屬義陽郡劉石苻姚之擾皆未之沒也○劉道產治雍而蠻服
宋文帝元嘉十九年劉子卒蠻復叛
二十二年柳元景守我既至而蠻摟且入寇柳子募七百人使五百外戍戍仁蠻將遵誡可分乎曰外有重戍依山憑[illegible]中之數乎預戍成卒潛出其後曰見火則進既蠻至舉火而夾擊之溺滍水死者千人獲數百○宗慤爲我守
二十六年割我爲雍
三十年夏蠻復來寇沈慶之師師伐之宗子自新安入大洪山柳子自均水據五水嶺斬山開道先據險要蠻復大敗
孝武帝孝建元年我度屬郢
大明八年我領隨永陽關西平林戶四千六百
前廢帝景和元年五月己亥我度屬雍○四方大[illegible]

我守王寬憂父玄謨
明帝泰始元年去我而之建鄴及母陷于賊復龍黍敗之遂奉母還天子悅使圖其形君子曰父母之分一也使賊不可敗將母何所雖能還之亦幸而已
五年我還屬郢改爲隨陽
後廢帝元徽四年我度屬司○沈子募勇士
順帝昇明二年召夔泰貞弗往使甲士二十追之泰貞射殺數人欲將母不獲而遁于蠻追者錄其母遂窮而自歸攸之歎曰孝子哉宥之復賜萬錢且補隊主

齊以我領隨永陽闕西安化

梁武帝於我又置曲陵郡○龍巢縣置土州永寧眞陽三郡及吞武縣○安陵縣○定陽縣又置北郢州北隨郡○平林縣又置上明郡有漂水○平陽縣又立汝陽郡○永陽縣仍置應州又有平靖郡

天監三年義陽兵少而食寡夏魏人圍之刺史蔡道恭禦之敵莫之犯且欲遁五月道恭疾且亟召靈恩曰賊帝滅吾負君矣汝當死守之遂卒靈恩攝八月魏人攻之益急天子使馬仙琕濟師丙子魏元英[illegible]士稚或戰且[illegible]而誘之仙琕入復佯北離險而夾擊之[illegible]者七十[illegible]而[illegible]般猶援之復來仙琕[illegible]續[illegible]之更至仙琕[illegible]皆敗乙酉英援義陽執[illegible]亦遁

七年七月庚子彭孫督榮祖叛魏而歸京[illegible]師入義陽魏三關戍將侯登陽鳳皆皆降惟婁悅不服英督步騎三萬援而出之十二月壬辰民戶篤有七千叛我即魏○英復至義陽謀曰三關相須如左右手克一關則兩關不攻而破然攻難不如攻易宜先取東關復恐其并力使李華帥師向西關乃自督諸軍入馬祐仙琕使馬廣屯長薄

八年正月丙申元英來攻廣走武勝彭甕生徐超秀來救英縱其入既而英侵之丁酉武陽陷執馬廣三人於是進取黃峴李元禮棄城遁又侵西關仙琕亦遁天子使韋叡濟師次安陸睢增城二仞闢大塹起高樓

十四年三月魏三關別將李世哲破將軍文思之文天生

普通五年十二月乙巳李國興復平靖關辛丑楊法乾復武陽關壬寅復峴關

大清二年西義陽守馬伯符叛以下溠降于魏君子曰下溠戍雍州之重鎮也失之則漢東之地非南朝有矣

三年十一月魏楊忠來攻獲我守桓和復圍馬岫于安陸

魏文帝大統十六年正月柳仲禮救之戰于淙頭敗績獲仲禮馬岫遂降于魏○吳士英殺刺史蕭遺王而作亂譙肖京宣誘之英師其黨往職焉○魏於我置[illegible]文析置安西郡及[illegible]西縣入[illegible]一[illegible]

[illegible]

州又廢滇水郡別置戢城郡及戢城縣又廢戢城郡
改戢城縣曰橫山○改比隨郡爲南陽析置淮南郡
屬城順義二縣立冀州尋改爲順州又置安化縣○
置洛平縣○改安化爲新化○改汝南郡爲重城郡
平陽縣爲京池縣○平靖郡又置平靖縣
東魏置南豫州
魏王欽三年幷荊州於我改肆州爲塘州冀州爲順
州
周廢士州末寧眞陽二郡爲齊郡改龍巢爲左陽阜
陵爲漳川省均歙湏肆四州入唐城改曰唐縣改南

豫州爲濊川郡又置清嘉縣京池縣置澴州既而重
城京池俱廢改新化爲光化有錫水
明帝武成元年封楊忠於我○刺史韋瓘
武帝保定元年卒從昆弟總復戰沒于幷一日凶問
交往家人哭之慟惟父夐自若曰死生命也去來常
事奚足悲援琴鼓之如故君子曰父子天性也伯魚
死未聞孔子之不哭也夐於是不情矣是故商也過
夐也不及○遷楊堅爲小宮伯而守我
天和三年七月楊忠薨堅襲之
建德三年皇甫璠授我刺史政存簡惠百姓安之增

邑幷前二千戶
四年冬十月天子平齊山東之士皆逆唯庫狄士文
閉戶不出奇焉
六年皇甫璠卒于位贈交渭二州刺史謚曰恭○士
文幷開府儀同三司而守我
隋文帝開皇元年天子因起於我遂以爲國號以周
齊不遑寧處故去辵作隋
三年我及濊西曲陵齊濊川湞水北隨淮南上明重
城平陽十一郡及澴州幷廢
九年改東隨爲禮山有關官有禮山實齊禮山關魏

人所謂東關也
十六年改下溠曰唐城
十八年改左陽爲眞陽石武爲安人安化爲盛化洛
平爲上明有鸚鵡山○辛彥之牛弘撰新禮吳興沈
重有重望與彥之校不能難天子大悅既拜我刺史
而州牧貢珍玩彥之貢祭物帝顧羣臣曰人弗學若
彥之之貢非稽古之力歟遷洛州刺史皆有惠政
煬帝大業元年廢濊西縣既而罷漢東郡改眞陽爲
土山州安人漳川幷廢入焉唐縣清嘉縣幷廢入唐
城縣有清潭山有濊水廢橫山縣入安貴縣順州廢

改順城爲順義其舊順義及流化幷廢入焉有浮山幷上明光化光化縣入禮山縣屬義陽郡改京池爲吉陽吉山并其初故應州廢置應山縣省平靖縣入焉有大竈山安居山屬安陸郡

唐高祖武德元年改郡爲州

四年省安貴縣入隨縣應山縣置應州幷析置禮山縣

太宗貞觀元年省平林順義入隨縣

八年廢應州省禮山縣以應山縣屬安州志曰武陽之西平靖之東有故百鴈關焉

二十六年以客戶析棗陽置唐城縣

二十八年土貢合羅綾葛覆盆戶二萬三千九百一十七口十萬五千七百二十一領隨光化棗陽唐城隸山南道應山屬安州隸淮南道

高宗上元三年來瑱改山南東道六州刺史既而王仲昇及史思明黨賊戰于申州沒焉來瑱不救○興聖之裔孫白

玄宗天寶中以賀知章薦供奉翰林知於天子而忌於親暱乞還聞雲夢已澤遂來安陸許相公家妻之孫女嘗讀書于白兆之桃花巖南至應城北歷南陽

[illegible]而[illegible]之[illegible]懷背人佩珠之故於是賦[illegible]及風鄉慕長生之術訪紫陽先生於是賦神農又登白水登石激觀清冷泉慷慨悲歌繫節光武於是又賦朝涉惜彼三年而後去之

肅宗至德二載劉長卿知淮西

德宗建中三年十月李希烈反

四年三月希烈陷我八月乙卯曹季昌拔賊即我

憲宗元和三年省吉陽入應山○李繁富墳典而強記識過目不復再讀然素無行洩陽城疏稟于裴延齡而烝其師梁肅之室士恒醜之擯於累年後爲太

常博士權德輿復斥之改河南參軍年餘坐百六遷而得我刺史韓愈與之友爲之屢言于朝弗允乃送其別于滾水後有諸葛覺者從之遊韓子送之於是賦鄭俠○員外郎周巢爲我刺史韓子自袁州還京師冬次安陸有懷周子於是賦漢東紫寄巢嘗與陸長源孟叔度丘穎楊凝同客董晉周子好金丹服餌予厚亦嘗與論之退之既別於是又賦陸孟來寄

十年析山南東道以唐鄧隨授高霞寓而李遜督襄復鄖均房五州賦饋之六月甲辰及吳元濟戰于鐵城敗績遁問罪襄陽軍次于我呂御史以州偪寇復

水火且迫征稅遂有贈詩文房亦即行齎酹之於是
賦淮南歷鄂岳轉運使既觀察使吳仲儒誣奏貶潘
之南巴尉有爲辨之者除駐州司馬還我刺史秋中
鴈至衆芳擢落闌虞汚州有督將歸覲湏傷逝惜其
離別於是賦淮南又遷安陸經濟水使申州傷陷沒
皆有詠什君子謂劉子之詩悲而清其實曆詩人之
冠乎〇浮屠善信遊于又甚臺三年寺僧遣之有老父
語曰子行矣緣不在是逢隨止逢湖住遂行
敬宗寶曆二年七月旱文我見高峯問焉人曰大湖
乃窮春及湖旁遇張武陵者具牟豕而雩謂曰旱因

人召害物濟人可乎請待之三日吾爲爾雩武陵聽
之既入陰岩獨坐而大雨武陵乃即山居之而從以
二子
文宗大和元年又月告湖神曰嚮吾代性輟汝血食
今償汝引刃截滕未殊白液出而秋張氏二子侍觀
之亦死山南東道上其狀天子嘉之賜所居爲幽濟
禪院業于白人素無欲故血白君子曰浮屠氏入中
國至唐尤熾非唯其徒尊信之上而王公下而甿庶
嶽不[illegible]之流[illegible]士大夫亦迷[illegible]陷溺之而不
[illegible]間於[illegible]

下傳爲奇絶而吾儒大人之一感通之妙顧徒托之
空言不信彼裔夷異流得以一節之善適然之應擅
一時而駕千古并其虧體辱親之罪飾爲出世成佛
之妄矣可勝歎哉
宣宗太中間令狐緒以蔭仕歷我壽汝三州刺史皆
有嘉政汝人請刻石頌德緒以弟綯當國固讓焉天
子嘉其意乃止
僖宗乾符四年七仙芝陷安州李去惑死之贈我刺
史〇唐世復有李道古劉崇術楊濯朱懿傾歷我刺
史王緘爲我司馬李𥡴爲我録事參軍裴思進爲隨

今
五代晉陳思讓遭内外艱皆不俟詔而奔赴爲我刺
史武臣罕知禮嘉之故也
漢王祚爲我刺史法禁牛革令輸之京師暑雨輙浥
祚請須鐙甲式製而輸之民以爲便〇董宗本隸契
丹趙延壽以策干之不行及延壽執以其族行漢祖
擢我刺史署其子遵誨爲牙校宋祖微時遊及我依
焉而遵誨嘗藉勢陵之謂曰城上恒有紫雲如蓋復
夢登高臺遇黑虵長百尺既化龍飛東北而去雷電
從之是何祥也太祖皆不對它日論兵遵誨理屈拂

宋□□太祖□□本□行自□□□□矣又嘗之從
而一廟祝夢圖中大黑蛇蟠□□薦食明日宋祖乞羹
祝觀其巨軀而黑貌大驚且拜而饋之君子謂古帝
王之興龍雲之異常十八九漢高之居輒有雲覆豈
盡誣哉○王全斌平蜀欲辭以疾歸未決於是有想之
者
宋太祖乾德五年正月甲寅以隨節度觀察留後建我
爲軍處之名曰崇義
開寶五年廢吉陽縣
太宗太平興國元年改崇義爲崇信

四年西京留守石守信從征范陽失律八月壬子謫
我節度使○臨桂人王世則僑應山
八年三月丙子舉進士第一故宅在縣西偏今廢
雍熙四年李偉爲我節度使
端拱元年知制誥胡旦撰大言使客翟頴上于天子
且要工部侍郎趙昌言爲之應陳王元祐尹開封廉
得之以聞詔捕之得其狀三月甲戌貶昌言爲我節
度司馬
淳化二年九月癸卯士顯爲我節度使
至道元年二月丙午謫我前作通祖○朱台符與謀

而刻其事揚單否焉
眞宗景德元年以惡令御史來視九月徙覃知我○
天子欲巡澶淵十月乙未詔王超帥師赴之十一月
天子至澶淵契丹入寇超弗至
二年二月戊辰龍爲我節度使而徙覃于唐州○戚
維爲我書記父同文有高誼來就養楊徽過我一見
而合巫與之酬倡年七十三卒次子綸聞赴徒步千
里來奔○彭城王從吉上書于天子訟其父枉除名
配于我
大中祥符三年盧陵人歐陽曄爲推官因家于我從

子修來
五年十二月芝草生○李堯佐好學
九年歐陽子遊其家得韓昌黎文○初閩人連光裕
爲應山令既爲磁郢二州推官卒而返葬因家焉子
正廢孫舜賓少舉毛詩一不中遂養父十餘年不復
仕正卒家故多資悉散之鄉里而教其子庠以學
曰此吾資也歲饑出穀萬斛以糴市穀之價不增又
旁近縣之民皆頼之盜有竊其牛者吏爲捕之甚亟
盜窮以牛自歸舜賓爲之愧謝曰煩爾送牛且厚遺
□遣之嘗以事之信陽遇盜于西關左右以舜賓告

盜曰此長者不可犯也舍之而去
仁宗天聖元年歐陽修應舉于我試論左氏誣修曰
石言于晉神降于莘内蛇鬭而外蛇傷新鬼大而故
鬼小惟逸韻失解○安陸人宋郊與弟祁講學於應
山之法興寺嘗遊于舜賓家二連子從焉而歐陽子
與之交尤密二宋一日出遊遇胡僧相之曰小宋它
日當魁天下大宋亦不失甲科後又遇之僧訝大宋
丰驚曰子丰神異昔其活數百萬之命乎郊咲曰貧
儒何力及是僧曰不然肖翹之物皆命也試思之郊
良久曰鄉堂下蟻穴暴雨侵之羣蟻環其旁吾編竹
橋渡之非此也乎僧曰是也小宋固當首捷子恐終
不出其下二宋私語曰妄一歲有兩魁乎
二年三月同舉進士及第祁第一郊第三章獻太后
臨朝不欲以弟先兄乃以郊第一而寘祁第十僧言
始信
四年我薦歐陽修于禮部○曹利用奏抑内降太后
疑焉寺人羅崇勳有辠使其召而戒之去冠幘而詬
之久乃釋之崇勳以爲恨既而從子汭爲趙州兵馬
監押趙德崇者怨其不法崇勳請往按遂窮其獄及
[illegible]

五年正月丙辰謫利用知我又坐私貸景靈宮錢竄
西復貶我節度副使而遷于房自殺
八年二月歐陽修舉省元登王拱辰榜進士○十二
月連處士有弟居雲夢往省之丙申卒柩歸邑人郊
逆數十里而哭爭負之還過市市人皆哭爲之罷市
三日曰爲連公持服○錢惟演附丁謂逐寇準憑挾
惡之言於天子曰惟演姊妻劉美太后姻家也可與
機政乎罷之
明道二年春以武勝節度使入朝改泰寧軍二月下
末天子耕籍來侍祠以爲景靈宮使且請祔獻莊懿
拜配眞宗復爲曖娶郭后妹又欲與莊懿太后族爲
婚范諷劾之落平章爲我節度使歐陽子賦周郊贈
焉來未幾而卒○歐陽子曰隨名藩鎭實下州山澤
之産無美材土地之貢無上物朝廷之上達官大人
雖閩陬嶺徼出而顯者皆是隨近天子千里幾百年
不出一士地既瘠枯民給生不舒愉雖豐年大族厚
聚之家未有樹林池沼之樂也○超之子德用爲大
尉面黑而身皙
景祐四年趙元昊反請自將討之天子弗許言者曰
[illegible]祖孔道輔亦云遂罷武寧節度使或曰帝爲

府州追其券市之商人言猶不已而降知我且置判
官監之家人惶恐德内自若惟不接人
寶元二年冬道輔卒或曰害公者死矣王子愀然曰
惜乎朝廷又喪一直臣矣徙知曹州
慶曆二年三月連庠登楊寘榜進士及第調我之光
化尉十一月塟舜賓于蔽山歐陽子曰連處士以一
布衣終於家應山之人至今思之其長老教其子弟
所以孝友恭謹禮讓而溫仁必以處士爲法曰爲人
如連公足矣其鰥寡孤獨凶荒饑饉之人皆曰自連
公亡使吾無所告依而生以爲恨嗚呼處士居應山

非有政令恩威以親其人而能使人如此其所謂行
之以躬不言而信者與○尹洙論鄭戩城水洛弗藉
乃使狄青械劉滬董士廉而下之吏戩奏弗止冬徙
師魯于慶州而城之遷知潞州士廉訟于天子詔御
史劉湜鞠之劾尹子部將孫用以軍校補邊貸息錢
于京師之官亡以償洙恐其罷去之而惜其才假公
使錢爲償之湜不得致之獄乃謂尹子自貸由是貶
我節度天下皆不直湜尹子來居城東五里開元寺
之金燈院日考圖書通古今不知其官之謫也於居
之北阜結茅爲亭以茇而嬉歲餘徙監均之酒稅感

疾沿牒至南陽訪醫而卒○知郢州李孝甚徙知我
劾孝甚知雍丘判閩知府及我雖劇而斷不枉於證
日中庭空或問之對曰吾日事爾乞養而監福崇宮○
潘夙爲湖北轉運有隱盡曰謚韓繹者夙知桂而澳坐
繹故謫監我酒稅起知光化○庠移襄之宜城令衡
而勞有禮節嵩皆使之
六年三月連庶登賈黯榜進士調商木尉壽春令興
學而禮秀民以勸其俗猥田三萬畝縣大治○安陸人
鄭建中貲鏹巨萬兩載航舍客舍寒饑舍縉次子雖
皇祐五年三月舉進士第一 劾鄭子病傷寒夢化爲

龍浴於大洪之湫見數十拍手呼曰白龍公來及覺
猶自見其尾曳于牀第○連庶以母老乞監陳州稅
嘗送客出北門見曰西風塵起冠幢幢不已慨然求
分司歸既而歐陽子祖子皆薦于天子以爲崑山令
不就○小連子知饒陽舉監定州稅便糴倉有羨例
當受賞讓其寮段繹繹因徙官工部曰世俗之交乎
居燕笑傾竭肺腑及臨毫髮利害則窺間伺隙以爭
之視連子何如哉
嘉祐元年爲依政令未踰年而徙知茂州州雜蠻獠
[illegible]東雖漢地亦弗輸稅連子以恩服之而卒懷以

恩說去不敢擾邊而負約宋景文守成都作詩美之
通判呂州州將武人其政倚辦于興學養士擇吏屬
以倡之人皆說服呂之有學自茲始〇醫僧智緣察
人脈并其貴賤禍福休咎而知之診父而能道其子
吉凶所言若神
七年天子召之舍于相國寺士大夫競造之王珪曰
古有之乎王安石曰醫和診晉侯而知其良臣將死
夫臣之命見于君脈視父知子何惟哉〇馬懷德經
略西鄙有功還我觀察使
英宗治平二年六月詔議濮王之禮韓琦歐陽修欲

追皇之王珪惟知先輒追贈期親尊屬范純仁右珪
而弗聽乃還其告敕待罪于家既皇太后書皇王而
后夫人弗稱其親純仁亦不可詔已之起純仁亦堅
不就
三年正月壬午遂通判安州嘗作布衾銘以戒士〇
君錫累遷職方員外郎卒
四年六月元禮亦卒杓二連家食二宋歐陽子皆依
之及二宋貴達其素乃退居二十年守道好修非其
人弗交非其義弗取秋毫不可汙也李元綱曰應山
二連伯氏修而潔嘗官人謂之連底清仲氏加以嚴

人謂之連底凍〇冬种諤襲夏鬼名山以歸遂城綏
州陸詵劾其專言者復交攻之遂下吏〇尹公去人
不忍廢其亭懷輒理之司農少卿李禹卿徙其舊亭
於比即故址更作之寬深亢爽環城之山皆在几席
南豐曾子嘗爲記之〇王韶謀取青唐言於天子曰
蕃族重僧而僧結吳叱臘主部帳甚衆請智緣與俱
神宗熙寧元年召見賜白金乘傳而西〇貶种諤四
秩而流於我既而復其官爲鄜延鈐轄〇智緣入蕃
說結吳叱臘及俞龍珂禹藏納令支皆附韶惡之召
還以爲右街首坐而卒〇慶州李復圭易敵而僨事

程昉開河而無虞實安石主之御史盛陶皆疏其過
謫簽書我判既而入爲太常博士〇鄭子爲青州方
散青苗錢引疾乞提舉鴻慶宮卒家貧子弱藁殯于
僧屋〇劉彝知桂州禁交人互市
九年春交人陷欽廉乃放于我復除名而流于涪
十年二月甲申我節度使宗旦同平章事
元豐二年滕元發婦黨李逢有罪或幷以擠元發而
黜知池州既而改安州經應山東偏及一山麓無風
雨而寒遂名其山爲凍
五年景思誼曲珍拔夏之磨崖敗葭蘆浮圖城沈括議

築石堡臨之五月甲辰天子使徐禧治鄜延而城永
樂詔括移府并塞濟之八月甲戌城之九月丁亥夏
人寇永樂而禧敗没括坐不救十月放于我○沈子
之我謫也夏震而木折獲石其下似斧而無孔或曰
雷楔又曰雷州多雷沈子曰雷實水名多雷妄夫然
擧高有電白又何謂邪君子曰在天成象在地成形
星隕爲石夫何疑乎易曰震爲龍一陽動于二陰之
下非龍乎雷其聲電其目之光聲出而光生乎光無
礙故一出而人見聲有漸故既發而始聞聲傳谷響
其應稍遲非其理乎龍蟄而雷伏電已而電滅臘月

之雷陽洩於陰龍啓於蟄故雩泉觸龍雷電隨至龍
之怒也龍挐雲中雷電交作龍隱而去空中頓滅志
曰有神如彘又曰電白祠龍湫龍母非此之類乎○
沈子曰醫蔡士寧得一石於道流色如辰砂而光映
人和藥則有文纏而細重如金錫上有三竅細茂刺
之則出赤屑病心狂熱服刀圭而定分兩歲息士寧
以歸予焉○大洪山人李遙殺人亡命踰年而至秭
歸出市一杖於是秭歸有被殺者求賊甚急其子見
遙杖曰非父物乎愬之官執遙而驗之信掠備至
遙實購之而不得其主卒莫自明官窮至弗可隱乃

遙于我而大洪之化遂滅竟失殺者沈子曰世人多
以遙適値之及其隱慝可惟也夫○鄭子之喪不克
葬元發夢其來謁見橋中一白龍身首實殺夫因出
俸瘗焉○應山令宋羲年新作四賢堂祠其祖景文
伯祖元獻及二連子張文潛曰應山楚之窮邑也然
其民好文多學者其俗善良不爭純靜易治其里之
人爲余言曰始吾邑之人未知學之利也有宋氏兄
弟者講學於吾邑之法興佛舍其後兩人皆取高第
有聲名久之并爲大官名益尊顯故吾邑之人其鄙
不學自棄於夷者愧之其居法興時有連氏兄弟者

與二宋子游且好也其後亦登科仕於朝兩人起寒
家仕不振然視故舍生富貴光顯可攀以爲聲勢而
兩人亦堅自立不少屈已附之其官終不顯故吾邑
之人莫不篤於廉恥僥倖貪利者愧之凡吾邑之脩
好學而文純靜有耻者四君子之化也
哲宗元祐元年沈子徙秀州○高公繪乞尊宋大妃
豫爲高氏地實邢恕草也石詰之曰汝不諳書誰爲
之公繪不能隱且上其槀二月召試中書遂黜知于
我其子者[illegible]黄廷堅晁補之張耒
[illegible]

長公誦之歎曰此足以藉手見古人矣十有九而卒
怒改汝州
紹聖元年胡宗回知桂州繫平人于死而降知我既
而改秦州○呂大防范純仁同心輔政八年如一大
防乞避位知宋興
二年春上官均及張商英周秩劉拯皆論之二月乙
亥拳學士知我貶秘書監分司南京而居郢
四年二月癸未竄之嶺表純仁救之忤章惇落職而
知我五月丁丑韓維坐元祐黨貶之我節度而放于均
元符元年純仁又貶武安節度副使而放于永
三年二月癸巳世雄爲我節度使
徽宗建中靖國元年張商英遷中書舍人詆元祐[illegible]
曾衆盆畏之天子出爲河北轉運而降知我
崇寧元年領隨唐城光化戶三萬八百四口六萬七
千二十一貢絹綾葛覆盆子○曾布惡韓忠彥千二
月癸丑謫我節度副使而放于濟○張商英擢吏部
侍郎○王侯知我○劉逵登進士高第調越州觀察
判官入爲大學大常博士禮部考功員外郎國子司
業[illegible]
[illegible]

人給事中戶部侍郎使高[illegible]兵部同知樞
密院
五年正月戊戌有星孛于西方甲辰劉逵罷中書侍
郎二月丙寅蔡京罷趙挺之爲右僕射○公爲郎天
子數黨碑而寬邪禁挺之智凡自開端而使互終之
公路自以其功而帶之顧既天子疑其專鄭居中知之
而入言于天子益信居中以語劉正夫正夫入[illegible]
天子於是罷京御史余深石公弼復論之十二月[illegible]
未罷知[illegible]州
大觀二年三月戊寅封向宗回爲我郡王
四年三月應山重作四賢堂○五月丁未[illegible]
丞畏起劉逵知杭州加資政殿學士爲[illegible]
及都而卒年五十贈光祿大夫
政和元年崔知我○商英爲相意廣而才疏有所[illegible]
豫言爲故何執中鄭居中醞織其短使言者論之[illegible]
其客唐庚于惠州方技郭天信豫言天子而驗遂有
寵商英因館德洪客彭几與之交而洩[illegible]于開封[illegible]
公克復論之廿月知河南既而貶我節度使
三年宋昭年知我李綏爲通判
五年向知我○朱勔以花石幸[illegible]京主之

宣和七年遷我觀察使一門貴顯騶從亦盛於天下
抚腕〇王黼附京作相而結梁師成欽宗惡焉金人
入汴預載其妻孥而東
欽宗靖康元年正月己巳貶我節度副使而放于永
天下罪京爲六賊首三月丙申貶我節度副使而放
于衡吳敏庇京父子言者論之九月出知揚州貶我
節度而放于涪
二年袁灼知我
高宗建炎元年以德安之應山來屬〇李道有衆歸
宗澤澤薨依襄陽桑仲爲副都統制而兼知我既寇
明殺仲會統制李横士皆縞素圍明于郢而明遁
二年五月僞齊招之弗聽且釈其使聞于朝劉豫益
怒使穆楷來寇復敗之去遂除鎮撫而兼知鄧横於
是令人守鄧道不敢受仍知我而領榮州團練使唐
守胡安中郎豫道復招之來既而僞將李成入寇横
道皆棄城遁成遂據襄陽而使王嵩知我〇岳飛言
于天子曰襄陽六郡恢復中原之本也當先取之李
成遁然後加兵湖湘以殄群盜天子以問趙鼎對曰
上流利害無知飛知遂授制置乃殄僞將京超以復
郢而使張憲徐慶復我再敗李成于襄陽成遁遂屯
襄陽而復唐鄧信陽〇連萬夫補將仕郎
四年群賊犯應山劫邑人數千于山砦禦之賊弗能
偪有浪子者濟衆圍之三日執萬夫欲用之横罵弗
從而死贈右承務郎官其家一人
紹興四年七月以我及鄧唐信陽並爲襄陽府路〇
岳飛移屯于鄂金齊合圍廬州天子使飛救之一戰
而克
五年春覲于天子二月授鎮盜及我節度使
七年見天子於寢室曰中興之事一以委卿乃命制
兖州圖大舉而秦檜遂請修好矣於是復與張浚惡
乞解兵柄守母喪徒步而歸廬于墓側〇夏四月丙
戌僞齊復陷我〇張浚初薦秦檜九月乞去天子問
其代且曰檜何如對曰邇共事始知其闇乃舉趙鼎
檜由是銜之〇浚知福州
十年金人渝平復取河南浚乃治海舟千艘欲取山
東
十一年十一月辛酉除我節度使充萬壽觀使而免
朝請
二十六年田孝孫權發遣我
寧宗慶元四年李大性辟趙方來知我旱蝗徒行四

郊而穿一夕大雨壘盡死城遂以熟修好成趙子獨設備募土豪將拔孟宗政而補以官提舉京西常平兼轉運判官提點刑獄

五年冬應山令李紹祖重作四賢堂湯起岩曰紹祖端而文拙官嚴於自律不事表暴不事求取術術然儒君子也

開禧二年十一月壬寅金人犯我宗政克之宣撫吳獵奇焉補棗陽令

嘉定元年吳柔勝知我再請平禁開邊贊旁塞之民與北界相涉無重輕皆殺之有盜郡民梁皐馬者追之拒以矢皐亦連發北界以為言慨下七人于獄柔勝來破其械縱之惟具始末銀之收孟宗政扈再興隸帳下城我及棗陽而招四方亡命得千人立軍曰忠勇廉以總所閑額營柵器械悉備焉改湖北運判兼知鄂

十年四月金人犯襄陽趙方檄宗政立三軍一曰節制二曰報捷三曰忠義而宗政再興陳祥分統焉設伏三方喋血而戰金人大敗既而棗陽報急宗政午發而丞至金人宵遁趙子移帥京西聞之大喜使權棗陽有愛傑違令亦殺之

十一年二月戊申金完顏賽不來寇忠義統領劉世興敗之于磨子平四月金人復至趙子使張興李雄韜來救既解嚴而再興偕守許國帥師入棗陽合戰金人大敗光化守潘景伯復敗之于趙家橋孟宗徽敗之于鴨兒山執賽不弟王醜漢

十二年金完顏訛可復寇棗陽趙方諸將復大敗之訛可棄帳而遁獲其輜重牛馬無算

十五年九月丁巳復以我三關隸德安而置關使

理宗紹定三年張龜壽知我君子曰王侯宋昭年奉緩表灼田季孫張龜壽馮崔向九人皆出洪山寺碑不能悉其履歷焉而馮崔向三子并其名亦皆失之

端平元年正月金亡戊辰史嵩之使王旻守我四月元太子闊來侵收名士經籍而送之燕○汴人李氏十有二世同居徙居應山生子有芝產于棟鄉人聚觀之以為祥遂名庭芝而字祥甫少敏而智金亡襄漢被兵

二年徙于我○元比刺溫火兒侵我

三年正月壬申亟攻我大洪山張順翁大成禦之李子年十八告其諸父曰王公貪而不卹下民不堪命隨必亂請徙之德安避之諸父弗從之三月旻[illegible]

民死甚衆○元以抄思鎮我招民戶凡千人以官一
人領之
嘉熙元年正月賞洪山之功丁巳詔我駐程冉遲官
三遷帶行閤門宣贊舍人京西鈐轄兼知我有功將
士趣以名上七月元調抄思統西京大名諸軍冬璧
彥輝何伯祥破我大洪山天子濟師二萬來救彥輝
伯祥逆戰王師敗績執曹路分十有六人又侵及黃
州天子請平
四年庭芝得鄉舉不行○宗政之子珙封我郡王詹
相人且夜夢貴官來謁自謂李尚書明日庭芝至以

策干之且請自効珙見其狀顧諸子曰吾相人多熟
如李生名位當過我於是四川有警乃以署建始訓
農治兵選壯士雜官軍教之期年皆練無事而耕兵
至而戰夔帥下其法于諸部
淳祐元年庭芝之舉進士中第辟於珙幕
六年秋珙卒遺表舉賈似道自代而薦庭芝於似道
祥南扶樞參興國復持服三年似道鎮京湖起之爲
制置參議移鎮兩淮與似道議柵清河五河口增淮
南烽百有二十繼知濠州復城荊山以備淮南
十二年十一月壬午元人數萬攻我○抄思之子別的

因母張嘗訓之曰成人之道三知懼一也知恥二也
知困三也否則禽獸而已的因謹受教
寶祐二年元令諸抄思爲副萬戶守潁我諸郡
開慶元年正月丁卯似道宣撫京湖戊辰以李子權
揚州既而元人侵蜀六月壬寅復以爲湖北安撫知
峽州防江口故也庚辰趙與篙知揚州以李應庚參
議而築南城大暑暍死數萬西元李璮奪漣水三城既
渡淮而奪南城○鄂解嚴李子丁內艱來歸天子擢
守揚者曰無如庭芝○我與鄂民降元戶千一百七
○元以高闊兒鎮我

景定元年夏五月乙未起復李子制撫兩淮知揚州
十月丁未李子破璮殺其將厲元帥平南城而歸
二年李子復敗璮于橋村破其東海石圖諸城
三年二月庚戌李璮叛元以漣海三城內附徙其民
於通泰復破蘄縣而殺其守將○揚人利鹽而新幾
亭戶多亡李子至貸其負逋且假之錢以作舍舍成
復免之歸償凡一歲民居具焉復鑿河入金河餘慶
場四十里又浚他河放亭戶負鹽二百萬由是亡者
盡復鹽利復興於李子之未至也平山堂瞰揚城殘
而偪元人構望樓其上張車弩射城中李子築爲而

募沂南流人二萬實其中詔命爲武錕軍且大作學
序修俎豆習射禮遇水旱發廩振之弗給取私貲足
之揚人德之如父母劉槩朝于京師天子問焉對曰
庭芝重而謹士民安之○方回以別院省元登第請
我教授
度宗咸淳五年春正月元人圍襄陽夏貴帥師救之
戰于虎尾洲敗績范文虎總諸兵往復不克
六年正月壬寅啟庭芝京湖撫制救之文虎弗欲貽
書于似道十月丁丑除文虎總統殿司兩淮既知襄
陽而日以妾馬蹴踘爲樂李子昭促之戰諉曰吾取

旨未至也
七年正月元僉我降民於中興○六月元人圍襄陽
急漢復淊文虎始帥師往救未及鹿門而遁庭芝至
自効請代不可○七月元昂吉兒斷京師輸粟于金
剛臺且曰河南邊郡宋兵爲患唐之東南皆大山信
陽南直九里武陽平靖三水宋兵必由之入信陽當
其咽喉守爲急請城之元主從之馬子曰隨州因山
爲郡岩石狹隘道路交錯棗陽至厲山九十九岡皆
襟之士謂如兵家詭伏奇計焉文曰隨有括囊之勢
[illegible]人衛難出

九年二月丁未呂文煥以襄陽降元庭芝以聞三月
戊寅似道達于天子四月癸巳庭芝乞罷詔赴闕丁
未辭詔而居京口陳宜中請誅文虎似道降知安慶
十月丁丑兩淮制置印應雷纍死復起庭芝乃請分
淮西與夏貴十一月甲午詔從之
十年八月甲辰庭芝築清河上其圖于京師詔進一
秩十二月元人侵鄂詔勤王李子偕焉○邊居誼拿
庭芝爲都統制守新城而會
恭帝德祐元年實元世祖之至元十二年春似道兵
潰于蕪湖瀕江之郡皆弗守獨庭芝衛之李虎持招
[illegible]

降榜入殺之而焚其榜張俊持孟之縉書招降亦焚
其書而梟俊又人于市且日詬詈再成戰其南許文
德戰其北姜才施忠戰其中時犒將士人人死鬭○
四月辛巳黃仙洞行我車傅安國叛而降元○丙午
元人破沙陽執王大用而易新城邊子帥舟師拒之
文煥招之降弗聽明日執大用至使呼曰急下復不
答文射檄入居誼給曰吾欲與之語文煥信之而至
伏弩亂發中之三矢其馬亦仆鉤綴獲之而衆挾以
他馬脫已酉總制黃順叛而即元庚戌使之來招居
誼曰若欲得新城邪吾死守之可得乎順呼其部曲

欲縋而出居諠皆驅入殺之文煥麾衆入以火器却之既蟻附而上復鏖戰日夕侵漢樓火燔民居還第自殺弗殊赴火死之元伯顏壯其勇購得其尸觀之事聞贈利州觀察使且祠之○六月已未庭芝知樞密院事兼參知政事七月徵之入朝而徙夏貴於揚貴弗至而止十月伯顏入臨安留阿木攻之弗克築而困之冬食盡○十二月庚申元人破大洪山知我事朱端履降元

二年正月乙亥元徙大都諸路獵戶戍我大洪山○二月揚城饑益甚赴壕而死日數百道餓爭啖之立

盡宋亡謝太后及瀛國公爲詔諭之降庭芝登陴告曰奉詔守城未聞有詔諭降也既而兩宮朝元至于瓜洲復曰比詔卿納款久弗報其未悉吾意尚欲固圉邪今吾與嗣君已臣伏之卿尚爲誰守之李子弗答命發弩射之斃一人餘皆退走姜才出奪兩宮弗克復閉城而守三月夏貴叛而即元阿木驅之至而示之旌旗蔽野客曰將何如李子曰將死之阿木使持詔招降開壁斬之焚詔陴上既而淮泗盱眙皆以糧盡降元李子倚括民粟以給士粟盡官人出粟又盡將校出粟殺牛革鞾麴蘗給之士有食子[illegible]

出諸戰七月阿木請赦庭芝使之降有詔從之李子亦弗納是月益王使召庭芝以朱煥守揚及姜才將兵七千人東入海次于泰阿木追之煥叛而降元驅李子將士妻子至于泰裨將孫貴胡惟孝開門降元庭芝聞變赴蓮池弗死與才同執至于揚朱煥曰揚自用兵積骸滿野皆繇二人之故弗殺何俟於是并死之揚之民皆泣下○元即黃仙洞爲治戶萬五千九百六十六口又萬二千六十四領隨應山隸湖北道宣慰司德安府

至元十八年德安府有隸鄂州行省

二十九年正月乙巳德安改屬荊湖北道隸河南省

成宗元貞元年又月野蠶成繭亘數百里民取爲纊

二年七月旱

大德三年旱

仁宗皇慶二年四月旱

延祐七年應山尹富慶新作孔子廟○縣民晁蕭祠淮瀆于桑林君子謂淮禮應祠之然不于官而于民其當世之失乎

英宗至治二年盜起縣監札木兒進義與同知石忠翊吏目張之道祠瀆壽亭侯于玄妙觀之東偏○富

丹以代去之
悉定帝泰定元年應山縣尹翟偉來任帥主簿蘇明
縣尉劉仲信與吏張廷秀暨富民助修廟之貲既而
監邑保保至落之
二年七月旱
三年夏旱
文宗至順二年七月旌應山高可壽孝行君子曰紀
有之而傳則闕吏氏之疎如此夫
順宗至元元年李維爲應山達魯花赤居敬爲主簿
闕氏〇應山少府明銓母病禱十闕雲長遂祠之

至正元年達魯花赤秉劉鼎邁臺新修三皇廟醫學
正梁天祐曰天無爲假聖人而爲之天無言假聖人
而言之三皇代天而爲孔子代天而言觀諸繫辭十
有三卦之贊可知矣
三年八月應山教諭張順中來任白于達魯花赤黑
厮縣尹張叔恭重修孔子廟
四年叔恭去之縣尹魏從恕來任〇林興祖登進士
同知黃巖再遷而知我明而剛寬而廉重農教學輕
徭薄賦平蔡寇洗淮源三年而改鉛山〇從恕旦揖
吏於堂講四書唐律修明倫堂博文約禮二齋社稷
壇四賢堂渡蟻橋五月旨川達實……行偃僧發娟譙
稻而泣問焉對曰夫男皆死無資償少爾魏子惻然
捐俸五緡貿一力代之歲饑叶氏對弱息爲人婢苦
答捶而亡其全訴於庭元捨四十千卉非克遂助之
償
六年天子使宣撫河南江北道魏尹傳命行部郎之
隸邑至雲夢平文周千樂獄及應城其縣民某甲畜
馬百戶占民田數百畝餘冒爲軍田民訟於官者四
十三年憲郡六斷不從魏子片言而馬喑議役之戶
甲常平之區書從恕雜至四千石鄰郡至二千石以

代去之
九年夏魏尹復來〇僞夏主明玉珍世業農身長八
尺目有重瞳
十一年穎蔡兵起鄒興宗許成據應山玉珍帥鄉人
聚青山衆推爲屯長
十二年徐壽輝起兵于蘄都漢陽使招玉珍以爲元
帥鎮沔陽及元將哈林禿戰于湖中流矢中目
十四年秋沔陽水民採菜魚而食玉珍駕斗舡五十
艘至夔載糧賑之
十六年重慶行省右丞完者都招答刺罕辰州楊漢

以義兵又下在完者都圖其衆殺之衆怒順流而歸
遇玉珍艘之且曰沿林禿完者都交惡重慶可取也
玉珍未決萬戶戴壽曰分糧之半還沔而以其半攻
重慶弗克則掠其貲而歸何傷乎玉珍從之至重慶
完者都聞之宵遁父老迎之入案堵如故乃械送哈
林禿于壽輝而為隴蜀省右丞
十八年完者都屯嘉定欲取重慶玉珍究之執完者
都并趙參政還戮於市初玉珍攻完者都頓于瀘劉
澤民言曰茲有劉楨者元進士也憤青巾李喜之虐
避之深山盍往見之玉珍從之及見語未竟喜曰吾
得一孔明矣與論國事擢為理問
二十年陳友諒弒壽輝而自立玉珍曰友諒倪文俊
同臣於徐今弒其主當討之遂令莫仁壽守夔關不
復與通且祠壽輝于城南而自為隴蜀王
二十一年劉楨說玉珍曰蜀據形勝且遭青巾之虐
天方授君弗稱大號人思鄉土而散君孰與圖之王
珍從之
二十二年遂即帝位於重慶國號大夏建元天統擢
戴壽為冢宰萬勝為司馬張文炳為司空尚大亨莫
[illegible]為司寇吳友仁[illegible]為司徒劉楨為宗伯[illegible]圖

[illegible]天覺為學士立昇為太子
二十三年遣萬勝芝蘇李率兵伐雲南梁王及行省
官聞之皆先遁乃留萬千戶守之引兵而還
二十四年
高皇帝大敗偽漢主于鄱陽湖應山人王時興單舸
赴之
天子大悅擢為吏部尚書○萬勝攻興元鄒興攻巴
州皆克之
二十五年
大明吏部尚書王時興調西安知府為刑部尚書○
偽夏拜戴壽為左丞相萬勝為右丞相尚大亨張文
炳為都院鄒興鎮成都吳友仁鎮保寧莫仁壽鎮夔
關鄧元帥鎮通江竇英鎮播州荊玉鎮永寧商希孟
鎮黔南
二十六年偽夏主卒年三十六方孝孺曰夏主非有
意於據蜀以羣生遭青巾之虐之故躬行儉約興文
教闢異端禁侵掠薄稅歛一方咸賴小康惜不能謹
之於始私家倍于公家倉廩空虛不能展其疆宇歷
年雖不永民至今感歎焉子昇即位年十歲后彭氏
垂簾聽政改元開熙知院張文炳與丞相萬勝有惡

矯后旨縊殺之欒劉禎爲右丞相萬勝智勇過人夏
主愛之呼曰明二信賞必罰所向皆克有開國之功
及夏主卒母后臨朝聞於小人張萬自相屠戮〇至
正之世賈閭爲應山達魯花赤封良祖爲主簿李俊
爲縣尉陳文瑞殷德皆爲典史但良政爲縣務都監
張山爲同監陳謨爲教諭
洪武元年七月衛公鄧愈伐我元右丞王誠內附九
月入大洪山取老馬劉寨克之〇知州白圭同知張
遜判官蔣昌皆來任百戶鄭才王庞鎮撫張成皆來
戍〇佀公署廨宇文廟儒學築城浚濠〇聶興宗許

成內附應山縣丞朱敬主簿潘宗堯皆來任既而許
成叛并殺之〇王鏞辟眾人才
二年二月爲鎮江通判
王師討許成誅之應山主簿白敬祖訓導吳灝江[illegible]
來任
三年降我爲縣省應山入于我知縣段憕來任
四年
王師取僞夏傅總兵克秦川圍成都廖平章克夔關
入重慶左丞相劉仁將夏主及母后彭氏降于軍門
復指揮高德俘于　京師

天子封夏主爲歸命侯以劉仁爲應天府尹方孝孺
曰幼主德性純雅通孝經論語權臣柄國不能有爲
內相屠戮自剪羽翼是以國內空虛
天戈一掃若崩厥角歸于
大明一統固其宜哉〇梁王弗賓
五年待制王禕奉使招之弗聽死之〇王通判遷紹
興知府
八年遷戶部侍郎〇參政吳雲復招梁王亦死之
十年鄭才遷成都指揮僉事去之
十一年百戶倪義來戍

十三年我及應山并復〇編里十有二以應山來屬
隸湖廣德安府〇左馬坪鋪右界山嶺廣五舍三分
舍之二前漢東橋後界碑口袤九舍〇匝城曰關廂
關廂之外分十有二村爲四鄉以統之東北曰上明
鄉其山鎮厲山赤石鸚鵡三鍾大義石女驢泉其川
漂其村平港苦蕢黃連金錢東南曰溳川鄉其山鎮
隨城獨宗三爪卓劍青林府君君子善光其川溳其
村紫溪君山西北曰歲豐鄉其山鎮構栳松蓋香爐
其川溳溠其村會盤牛心西南曰溳山鄉其山鎮大
洪大洑龍居龍井其川溳均其村梅坵落湖銅鉢[illegible]

堂〇栲栳大義至于赤石厲山鸚鴻至于三鍾松蓋
至于香爐大洪大猿君子至于善光〇涢出于大洪
北至于觀潭東至于梅坵東南過城至于諸馮南至
于平里過安陸雲夢入于漢溠出于栲栳汪家店東
南會于唐縣鎮南至于安貴入于涢㵐出于大義太
[illegible]頂南會于七尖峯又南至木瓜園入于涢均出于
[illegible]洪之支東北至于藥山入于涢漂出于螺師東灣
[illegible]至于厲山店東會于龍關南至于望城岡入于涢
[illegible]出于大猿東南至于光化入于涢〇東南傳七出
[illegible]陸達于府其程六舍西北傳六入襄陽程亦如之

〈隨志上　四十九〉

[illegible]傳一亥應山程不及三之一〇歲造文綺十端深
青六丹礬紅二黑綠二〇歲進麞十麂三十雉十有
九〇歲辦麞麂鞹二百七十六雜革百三十鵝翎二
[illegible]二千〇酒醋房屋賃油榨白蠟漆鑄寫窰冶課鈔
八百九十九貫三分貫之一〇商稅課荒銅課契本
工墨鈔三千六百七十一貫五分貫之一〇知州劉
[illegible]古學正李均來任〇縣里八〇左分水嶺右馬平
鋪廣四舍三分舍之二前觀音坡後行者關豪不及
廣三分之一〇分八村爲二鄉以統之東曰仁義鄉
其山鎮應孔禮涑𣐀吉敵大城松子高貴覆手大[illegible]

石龍其川澴其[illegible]太平洞山[illegible]
曰惠化鄉其山鎮四望兜鍪鐵城洞庭三鍾[illegible]
溳其村井子壽山〇四望松子涑禮覆手至于大[illegible]
大龜至于石龍兜鍪杏仁三鍾應吉至于敵鐵城[illegible]
庭至于壽山〇汊水白泉黃沙方家南會爲澴過[illegible]
感入于漢大洪漢東西南會爲滲至峯子入于涢〇
南傳四出安陸達于府程三舍西傳六入于我北[illegible]
四入于信陽程倍于府〇歲造文綺六端深青二丹
礬紅一黑綠三〇歲進麞二十有六麂十有二〇[illegible]
辦麞麂鞹百八十二雜革九十鵝翎二千六百〇[illegible]

〈隨志上　五十〉

醋房屋賃油榨白蠟漆鑄寫窰冶課鈔二百九十二
貫百分貫之七十三〇商稅課荒銅課契本工墨[illegible]
八百三貫百分貫之七十二〇知縣魏朴來任
十四年正月乙巳王侍郎罷歸九月
王師討梁王雲南平吳嚴乞歸吳叅政之喪于江[illegible]
柩及井子不克往塟焉官購墓田十有五畝給之[illegible]
司兵耕而守之〇王虎之子德襲
十五年張成之子景徙興武衛八月
孝慈皇后崩　楚王集千僧作佛事見僧勝學[illegible]
[illegible]之凡峯寺

十六年教諭胡玉淵來任
十七年八月應山顏哲中鄉試
二十一年知州張斯煒來任○魏知縣伭解宇興學
校招撫流亡增戶口租稅有罪去之
二十三年知州徐可豫來任
二十四年戶二千五百五十九口四萬六千九百二
十二田九萬九千八百四十畝五分畝之一稅麥七
百五十四斛十萬分斛之三萬八千六百四十二稅
絲千有九百二十四兩百萬分兩之五十八萬七千
三百九十二糧米四千四十斛十萬分斛之七萬三

千三百九十五農桑絲二百十九兩百分兩之九十
六○縣戶千有五百四十一口二萬六千三百二十
四田五萬九千九百八十五畝二十分畝之九稅麥
六百七十一斛萬分斛之八千四百六稅絲二千四
兩五十萬分兩之十七萬三千三百三十七糧米四
千七百七十斛十萬分斛之三萬一千五百七十三
農桑絲百七十兩十分兩之一所戶五百九十六子
粒千三百四十斛十萬分斛之三萬九千九百九十
六
二十五年王德有罪賜死

二十六年百戶朱眞來戍
二十七年判官許眞來任○靈通侯薦僧勝學于
天子使中官乘傳來召至于　京師與語大說禮
之辭還
御製詩文及金鉢盂瓶架袈裟衲衣賜之復使中官乘
傳送之○倪義還黃州指揮僉事
二十九年百戶張勝來戍○八月陳壽徐世祿同中
鄉試○知州杜智來任
天子懷僧無念復使中官奉
御製詩文松花實于九峯賜之

三十二年實革除之元年八月吳中中鄉試○吏目
顧宣來任○杜知州遷河南左使右都御史○洪武
之世同知楊昇判官鄭士欽彭彥彰柴武葉宏顧吏
目楊季榮顧宣學正章岳縣丞王文玉黃嘉典史李
忠孫勝教諭葉賢坐皆失記其年鄉舉四人顏哲爲
後府經歷陳壽爲戶部主事徐世祿爲東安知縣吳
中爲監察御史貢監十有六人闔勝先爲監察御史
劉華爲刑部主事宮文脩爲禮部主事賀斌爲處州
通判應山楊斌爲工部郎中雲南參政田斌爲監察
御史王敏爲左府經歷邵彧爲知府呂昭爲同知傅

信爲開封通判鄭純爲光祿署丞丁道爲上蔡知縣張壽爲知縣李勉爲將樂主簿文盛爲瀘州衛經歷黨貿爲大使辟舉二人人才王鏞通經秀才賀子亨爲本府教授慶遠知府哲遷口外鋪子亨皆有民譽焉
永樂元年春知州胡僎來任○黃德春應山張能同貢○判官霍式學正王哲知縣孫士良皆來任○有夢泮池五鯉出躍其一頂笠者八月童寘柳昌龔敎金聲儲遜同中鄉試
二年春應山章昱貢○知州金忠來任○二月童寘柳昌同中會試三月　賜曾棨榜進士○吏目蓋權來任
三年春尚質應山楊敏同貢○八月黃潮貴中鄉試
四年春知州羅處富來任○應山吳昇貢
五年春應山周祥貢
六年春業守道應山曾政同貢○八月蔣賈中鄉試
七年春知州陳𡩋來任○應山左禎貢○孫知縣政事簡惠賦役均一官未三考人戶自占三千口墾田五千畝
八年春應山吳琮貢

九年春熊能應山喻俊同貢○八月龔讓李文魏伲貢
十年春溫膺應山陳謨同貢
十一年正月辛巳朔日有食之○任安應山陳斌同應山張誠楊清同中鄉試
十二年春應山張滿貢○陳知州修孔子廟○八月應山楊慶中鄉試○吏目齊亨來任
十三年春王恭應山黃旒同貢
十四年春判官趙旗知縣王賁同來任○諶恒應山汪嶽同貢
十五年春諶彥清應山馮華同貢○八月楊璀應山應民王懋華鎮同中鄉試○陳知州咨訪父老遇善言識之座隅期于必行人皆樂爲之告慮或未盡徵服郊遊與田夫野老相抑而語誘之使言興利剗害課省農桑興學勸士始終不倦修志數卷○知縣藏成來任
十六年春詹魁應山劉迪同貢
十七年春周琥應山杜金同貢○判官尹忠來任
十八年春鄧紀應山王顯同貢○知州姚遜來任○
[illegible]中鄉試

十九年春知州仲端來任○王昌應山尚志同貢
二十年判官武襄縣丞張良傑典史郁忠教諭鍾文
亮同來任
二十一年春闈新應山張欽同貢○八月楊守貞張
斌程諒學正岳之子文清應山顏恭同中鄉試
二十二年春陳雄貢○知州蔡茂判官朱璘山東僉
事張棨謫應山知縣皆來任○初陳王事遷山東參
政拜工部侍郎子瑺亦受知於
昭皇帝漢王之譖繫陳子于獄七月
文皇帝崩得釋而卒贈本部尚書○仲知州寬而能
民戴知縣勤而禮士君子皆有取焉○永樂之世判
官湯均祥監察御史顧達謫應山典吏皆失記其年
進士二人童寅爲監察御史遷交阯按察使改江西
剛介有爲正身率物吏民憚之謂之童打鬼清慎恪
勤譽績由彰見之　　制詞柳昌爲行人臨川知縣
重農興學民亦德之皆不愧科名焉鄉舉二十有二
人龔敬爲刑部主事戒都知府金聲爲洧川教諭儲
遜爲王府伴讀黃潮貴爲潮州同知蔣賓爲鴻臚[illegible]
班龔巡爲四川都司斷事李文爲雲南都司經歷[illegible]
任爲[illegible]都司經歷張誠爲[illegible]城王[illegible]清[illegible]

教諭楊慶爲由靖通判楊璀爲定邊衛經歷陳曹知
縣李厦爲阿彌同知孫耕爲[illegible]知縣王懋爲淮安
訓導應民爲華陽知縣鍾豫爲桂林同知楊守貞爲
戶部照磨涇縣知縣張斌爲滎昌知縣顏恭爲沂州
判官改薊州二人未仕貢監三十有九人周[illegible]吳斌
皆爲鴻臚序班楊敏爲光祿典簿黃德春陳謨皆爲
知府王恭爲推官葉守道蔡文皆爲經歷張欽爲照
磨王昌爲檢校胡旻諶彥清皆爲知州尚質諶桓張
能曾政張滿汪徽皆爲知縣能能爲縣丞溫肅任安
陳雄陳斌黃旒皆爲主簿左禎爲典史喻俊爲衞經
歷詹魁爲衞知事馬鑑章昱吳光皆爲教諭吳宗[illegible]
訓導鄧紀爲引禮舍人周祥爲大使六人未仕
洪熙元年春胡政貢○三月召陳瑺至京師授兵科
給事中拜戶部侍郎
宣德元年春吏目蕭孟銘來任○田由應山盧肇同
貢
三年春武英孫泰同貢○黎利以交阯叛土官[illegible]
新弗從
[illegible]嘉爲十一月羅侍郎至自交阯
[illegible]

官于廣西省
四年春楊誠以誠應山潘志同貢
六年春知州高昇來任○鄧嵩貢
七年春吳宜應山佘溥同貢○戶千七百七十五口
萬二千八百八○縣戶九百六十三口八千三百三
十三
八年春張智應山秦和同貢○典史鄗孟駉來任○
夏大旱
九年春應山蔡貴貢
十年春戴魁應山姚明同貢○熙宣之世知州曹祥

教諭章璧皆失記其年○貢監十有七人張欽秦和
皆爲府照磨佘溥爲知事姚明爲檢校蔡貴爲州吏
目胡政爲知縣孫泰楊誠吳宜皆爲縣丞武英張智
皆爲訓導田忠爲宣慰都事戴魁盧整皆爲衛知事
潘志爲奏司副二人未仕
正統元年春鄭恒應山彭搏同貢○知縣田順來任
二年春金瓚應山梅春同貢○六月七月大雨饑○
判官官英來任
三年春應山譚貞貢
四年春黃進應山劉瀾宗同貢○遷交阯歸附官民

于我官五人知州閉邑新黃元懿同知黃鐸判官岑
斗烈吏目譚廣深民自有十九口給之世業不征租
賦
五年春佘輝應山楊以康同貢○三月知府范理作
四贊堂○吏目郭愚來任○獲范忠宣布衾銘于土
中
六年春吳廣應山戴勝同貢○夏大旱吏目袁亨來
任○八月吳旻中鄉試○石彥彰劉景龍宮文達諸
忠應山熊威張森裴榮各出穀千有十斛振濟
詔旌之復免其役三年

七年春魏縉貢○知州尤忠知縣李志榮典史趙景
教諭戚讓川訓導許誠皆來任○尤知州化屬之兩
廡櫺戟廚庫宰房學之三齋饌堂門號○田十八萬
三千六百五十二畝麥九百九斛百萬分斛之六十
六萬七千七百七十五絲二千四百八十五兩千分
兩之七百六十六米七千五百十斛千萬分斛之二
百六十二萬十六○縣田七萬四千七百三十七畝
十分畝之四麥七百六十二斛萬分斛之九千二百
七絲二千四百七兩萬分兩之八千二百二十七米
五千一百六十五斛十萬分斛之一萬一千一百[illegible]

八年春胡忠王恭應山李春同貢○二月落四賢堂君子曰二連公士著且賢二宋公繼賢特以僑居講學數年于兹厥孫作令與其祠事歷元迄今代不乏祀元獻相業景文文章二連高誼生同業殁同食孰謂非宜然李制置孤忠挺節於國亡之後使四賢當之不知孰爲後先惟以本國先亡褒忠無人其家屬復先徙之德安後遭楊惟中之俘無復子遺元人顧瞻殘礫聿新斯宇依樣胡盧曾未采訪致使大忠泯而不白范子作堂距其死日百有六十九年再與賢

祠特躋李子與之并列更四而五孰曰不可顧亦依放前人杳眇無聞范子弗爲之乎誰而爲之於時近如張中丞贊如薛文清皆嘗歷其堂階瞻拜慨想形之篇什顧獨無一言及之謂之何哉○判官楊杞材來任

九年春張源貢○夏旱大饑○八月鮑整中鄉試○判官梁道昌來任

十年春張豫應山朱玉同貢

十二年春張誠應山戈忠同貢

十三年春龐文亮貢

十四年春田恭應山戈源同貢○正統之世鄉舉三人吴旻爲巴縣教諭鮑整爲咸寧教諭貢監二十有三人彭博爲使司檢校黄進爲經歷鄭恒朱玉皆爲照磨張源爲州同知魏縉金瓚皆爲州吏目胡忠譚貞皆爲知縣吴廣梅春皆爲縣丞王恭李春皆爲主簿張誠田恭楊以康戈原皆爲訓導戴勝爲典儀余輝爲所吏目劉潮宗戈忠皆爲大使

景泰元年春大饑民流于河南○八月寅之子壽文清之子貞應山雷鳴同中鄉試○判官杜楨來任

二年春李榮斌之子智同貢○冬知州佀解宇

三年春龔儉陳紹宗同貢

四年春知州吕華來任○宫淳應山張昂同貢○夏大水○八月楊名楊亨同中鄉試

六年春余信應山胡浩同貢○知州程亨來任

七年八月宗文中鄉試○景泰之世鄉舉六人章貞爲撫州光山訓導適江教諭楊名爲新都訓導息縣教諭楊亨爲雙流訓導宗文爲巴縣訓導湖西教諭雷鳴爲泗川判官章壽未仕貢監八人胡浩爲龍泉主簿張昂爲新津訓導楊智爲鹽井大使州學五人失考貞生一年而失恃鞠于祖母九年而未感致仕

家居廬于墓右日培土于上且具饌如生時始卒不倦

天順元年春許伯亨應山唐謙同貢○知縣黄鉞來任始興集場

三年春王洪晃之孫銘同貢

四年春石壜貢○秋大水

五年春黄讓應山張昇同貢○夏大水○判官何璉來任

六年知州唐福吏目侯邦知縣李春皆來任

七年春魏高應山劉翠同貢

八年春劉徹貢○九月李知縣伀公守睿皇帝復辟教諭蕭冉平訓導程璣劉拱彭庠楊振周鳳皆失記其年○貢監十人唐謙爲新鄉縣丞吳銘爲武隆主簿張昂爲建寧主簿黄讓爲引禮舍人張郁魏高皆爲訓導劉徹爲衛經歷劉翠爲成都衛經歷二人失記

成化元年吏目李清來任○大饑○應山熊瓚貢

二年春鞏縉貢○教諭游邦貞來任

三年春楊儀應山孫忠同貢○五月不雨至于七月

四年春方員貢○知州李綸典史陶彥通皆來任○五月庚申[illegible]月[illegible]有星孛于台斗

五年[illegible]秋大旱○李知縣伀[illegible]廟學

六年夏六月[illegible]三年知縣秩滿去之君子[illegible]子[illegible]恩民爲心修舉廢墜民立碑頌焉

七年[illegible]不雨[illegible]孛于天田○[illegible]程俊同貢○八月[illegible]之子[illegible]應山鄧[illegible]凱同中鄉試爵第一○冬[illegible]知州伀便民倉

八年春有星孛于軒轅○[illegible]文貢○戶二千三百三

口三萬[illegible]二十五田二十二萬七千[illegible]五畝[illegible]畝之三百八十一麥九百六十一斛[illegible]分斛之七十八萬四千二百七十三絲[illegible]三十六兩[illegible]萬分兩之五千二十八萬[illegible]十一米八千六百七十五斛百萬分斛之[illegible]九千四百七十五農桑絲二百二十[illegible]之三十二○縣戶千四百二十九口萬八千九[illegible]四[illegible]十六萬[illegible]千八百十四畝百分畝之八十二[illegible]八百二十二斛[illegible]萬分斛之二十八萬[illegible]四百八十四絲二千[illegible]

[illegible]

萬五千四百六十一斛百萬分斛之四十二萬八千
四百一十九農桑絲九十一兩百分兩之九十八○
增鎮司村新硐里縣增九圖十圖
九年春判官孫鎰知縣王佩皆來任○羅璉應山贛
仁同貢○呂知州嚴而明廉而愼言笑語動皆有常
歲旱而警編衣冠芒走于四郊發廩振之日不暇食
獲偷兒則嚴竄之法不恕也行之數年始卒不渝外
戶不閉邏俗一變首憂民納紙倂銀辭曰新穀未升
必稱貸于人還之倍熟而後取之以為常
政選吏楽文案小誤索其贓遂　　居乎不

釋卷嘗曰學不準則聖賢非學也
十年春應山陳祥貢○秋大有年○游教諭師範尊
嚴啓迪不倦累與文衡遷國子助教
十一年春應山孫陽貢○吏目王玘來任○初朱昱
蚤死妻劉守志有司以
聞詔旌之
十二年春陳昱貢○王知縣仙厰盛臨學
○典史許聰來任
十三年春徐輔應山陳傑同貢○知州伍希閔
生守約訓導周鳳皆來任○八月吏之子

晃同中鄉試
十四年吏目劉壽來任○秋大饑○應山王某妻戴
十有八歲而寡且無子復役貧苦誓不再適提學薛副
使綱以
聞不報
十五年春隨英應山郝文高同貢○夏大旱
十六年春柳緒貢○八月陳中恭之孫端同中鄉試
○大饑
十七年春徐祥應山向龍同貢
十八年春諶恂應山馬驥同貢○伍知州作儒學○

增歸化里歸仁里縣增新六圖
十九年春盧斌王琦應山胡田同貢○王知縣興學
重士勸諭農桑修舉廢墜吏民畏服以代去之
二十年春成賡貢○知縣王建訓導王志洪皆來任
二十一年二月宗彝會試中式三月　賜李旻榜
進士○應山戴浩貢○秋大饑○十一月斌之子暹
死妻黃年二十二遺腹生一子誓不再醮
二十三年春張銳應山盧方同貢○王知縣處心平
正接物以實政教兼舉卒于官逐葬之日民皆舉柩
號哭而送之○知縣姜俊教諭王礪皆來任○伍知

州遷福建僉事去之○學正陳儀劉江姚俊黃滿賈
恭藍昌訓導李珏李瓚廖達龍焉朱豫洪吉吳俊王
璀潘允銘徐行趙赤劉時林爵皆失記朝代○成化
之世進士宗彝爲建德知縣監察御史鄉舉八人章
爵爲上猶德平知縣胥州知州惠州同知王凱爲豐
城訓導平涼教授鄧王爲信陽訓導章冕爲師宗知
州陳中爲楊州訓導顏端爲成都教諭張鳳爲黔江
教諭貢監二十有五人華縉爲兵馬王昭爲按察檢
校胡田爲推官盧斌爲汀州知事盧方爲州同知馬
驥爲州吏目楊儀向龍戴浩皆爲知縣劉浩程俊皆

爲縣丞羅璉黃誌徐祥孫忠薛仁皆爲主簿賀暹王
琦皆爲教授蕭翀鄭文徐輔柳緒皆爲訓導方員爲
衛經歷雷驚爲審理十有一人未仕
弘治元年春何理斌之子綸同貢○五月甲子朔日
有食之大旱○知州孫璋來任○范璉爲戶部檢校
二年春大饑道殍相望○梁正貢○兩豆種之不實
○八月戴弁中鄉試○知縣康偉來任○十月太白
犯進賢
三年春李貞應山陳仁同貢○夏旱○孫知州以親
艱去之

四年知州楊璽監察御史黎晃謫我判官[illegible]
五年春吳璘龍之弟麒同貢○四月大水五月[illegible]
不雨○楊知州以孔子廟
七年十月大雪震電至于正月○以康之子昱貢○
三月己卯朔日有食之○四月五月大水六月旱蝗
○楊知州以親艱去之祭判官遷我知州
八年春僉事張賓以渡蟻橋○八月應山張寬中[illegible]
試○十月姚李華○蔡知州以親艱去之
九年春張軒謀璘昂之子儒同貢○岳州通判李文
嗣遷我知州六月來任○冬判官王昂吏目馬德[illegible]

教諭俞釗皆來任
十年春判官楫之子文貢○工部主事吳綜謫我員
知學正蘇韶知縣陳謐皆來任
十一年春諶禮應山王叔方同貢○七月不雨至于
四月○六月大水○李知州以義倉于四鄉○祠鄉
賢歐陽修李綮周章宋綬宋敏求劉涛李庭芝邊居
誼八人先宮宗懿柳元景令狐緒王德用李道范鎮
仁尹洙沈括林興祖陳莘呂綸十有一人君子曰宋
氏父子生平履歷與我無干志云來徙不知何据且
知土著耶父子之間所坐同食共禮也乎歐陽子曰

隨非吾鄉今可强使之入鄉人列邪借曰履歷之地
禮不應遺其主之次可躐古人之右乎迄二中書道
已建白不爲無功然其阿附蔡京躐階驟進其君子
之所取乎居諡生事庭芝配食無論紋屬乎吕大防
李存基楊畏劉燾盛陶岳飛張浚趙方吳柔勝其贊
不下元景諸人曾不得薦一豆李道雖拒劉豫之招
不免棄城之罪於諸子若是斑乎事徵於史史所不
載世傳小說不足信也行取諸大大者既虧藻章由
行不足取也王子曰鄉先生以鄉鄙庠父子兄弟俱
挂者父兄南向子弟東西向先代名宦以朝廷論郡

邑同時俱挂者郡南向邑東西向去此之階弗與也
其亦足以定之乎
十二年李知州築郛作四門樓暨尊經閣瑞蓮亭白
雲樓書院社學郵亭石橋奏設出山店鎮巡檢司○
典史吳珣來任
十三年春孫縉應山彭思信同貢○增快手而兵鄉
兵
十四年春鏞之裔孫輅貢○判官胡晃吏目盧顯應
山訓導吳勖皆來任
十五年李知州遷陝西僉事民立碑頌之○宮劭應

山向傑同貢○知州史經訓導王[illegible]
縣徐瑛訓導張滐皆來任
十六年夏大水○判官徐經來任
十七年春楊一峃應山程贇同貢
十八年春陳福貢○夏秋大旱○弘治之世學正章
晟訓導吳紳胡誠徐瑹黃凱皆失記其年○貢監二
十有五人楊昱爲太平通判諶讓爲雲南知事陳仁
爲爵林同知吳璘爲廉州判官李貞向傑皆爲吏目
諶璘爲新興吏目王輅爲雲南都司經歷何麒爲安
定知縣何本道爲宣平縣丞張軒爲蕪湖縣丞宮劭

爲丹陽縣丞程賢爲萬載縣丞陳綸爲蒼梧主簿彭
思信爲名山主簿杜文爲永寧訓導鄭府審理楊一
峃爲府審理陳福爲解州訓導遂府教授張儒李
灌安轉運經歷四人未仕
正德元年春傑之弟儼田之弟崧同貢○大饑○知
縣貴泰典史張橋皆來任○七月有星孛入三台光[illegible]
○大旱
二年正月乙亥朔日有食之○不雨至于三月麥[illegible]
不稔○儒學產芝二本牧愛園一本○黃知縣乞休
去之○教諭周浩來任○八月李中恭之贊[illegible]

同中鄉試中第一○籔箕港張必顯妻崔生鬚長三寸纍死○十月野花盛開
三年春龍之子孜貢○學正鄧鎬知縣費誠皆來任○大旱
四年七月不雨至于二月○饑○程麟貢○知州汪嵩吏目孫綸訓導陳善皆來任○三月巡按翟御史饋黃節婦米
五年春儼之弟偉應山劉沂同貢○判官何案應山訓導嚴律皆來任○八月陳良策唐鳳同中鄉試良策第二

六年春吏目晏駿訓導黃甲知縣劉儒皆來任○張毅貢
七年春劉六七來寇馬都使張都使戰于應山敗績而死○葉楨妻陳有娠聞警挈二子避之遇賊于塗欲汙之不可殺一子挾之亦如之盡殺其子卒不從乃刳其孕而死劉本根妻席吳金妻周賊幷欲汙之皆弗從縛之几上剖其腹而死○應山熊景春貢○應山訓導熊威舒清皆來任○閏月
勅塟　壽王妃徐氏於石龍山○戶二千五百五十九口四萬六千九百二十一田二十二萬一千七十五畝千分畝之八百四十六稅麥九百六十二斛萬分斛之二千四百四十六　絲四千八百六十八兩十萬分兩之八萬六千八百一十二糧米七千八百五十六斛百萬分斛之五十七萬一千五百三十五農桑絲如成化之數○縣戶千有百四十二口二萬六千三百二十四田八萬四千六百八十七畝百分畝之六十一稅麥八　白萬西斛百分斛之二十六萬六千一百四十四稅絲二千六百二十五兩十萬分兩之三萬八千七百七十三糧米五千四百六十六斛百萬分斛之五十萬五千四十九農桑絲如成

化之數○增大義村
八年春鄧蘭貢○知縣談一鳳教諭谷璋皆來任○八月偉之子之輔中鄉試
九年春黃珂銘之子璠同貢○二月李中會試中式三月　賜唐皐榜進士○訓導陳瑞陳清皆來任○汪知州遷撫州同知去之
十年知州張延壽學正陳天祥知縣莊鉞皆來任
十一年春吏目王淹典史洗傑皆來任○晁之子琮應山張仁同貢○八月庚午星隕有聲如雷○儼之子之良楫之子鳳翔與之子光振同中鄉試

十二年二月顏木會試中式三月　賜舒芬榜進
士○楊伯相貢○六月乙巳朔日有食之○監察御
史李翰臣謫我知州學正王木皆來任○冬應山訓
導徐家黃素皆來任○張華爲龍虎衛經歷遷全州
同知田盛府通判
十三年春判官張昂來任○劉思誠應山陳東陽同
貢○五月李知州遷安慶同知去之○進士藍渠授
我知州六月來任
十四年春應山劉祜貢○五月大水秋大旱○八月
彝之子良臣中鄉試

十五年春豫之孫舉應山殷大綸同貢○三月癸丑
朔日有食之○訓導羅衢教諭陳顯錫皆來任○王
學正遷監察御史去之
十六年二月宗良臣會試中式三月　賜楊維聰
榜進士○典史殷椿來任○張範貢○巡撫都御
史書獎勵節婦盧黃○正德之世進士三人李中爲
刑部主事歷廣東右使四川參政顏木爲許州知州
改謫亳州宗良臣觀政卒貢監二十有一人傳櫓爲
茸州斷事潁州同知劉孜爲河南都司斷事張崇爲
[illegible]

[illegible]爲知縣劉沂爲盈江知縣鄧蘭爲[illegible]
縣劉思誠爲鄭州判官內鄉知縣胡崧爲吳江縣丞
張仁爲長垣縣丞陳儼爲滄州訓導廣西教諭章瑄
爲休寧縣丞七人未仕
嘉靖元年春學正沈愼德來任○趙楎萬鵬應山高
光大同貢○戶二千六百八十二口五萬五百四十
田十九萬八千七百六十六畝百萬分畝之五十七
萬二千五百八十八稅麥九百六十三斛百萬分斛
之四十五萬二千六百五十二絲四千一百五十三
兩百萬分兩之一十一千一百八十二萬六千九百

四十八糧米七千八百七十斛百萬分斛之二十九
千四百八十八萬三千五百九十八農桑絲如正德
之數○縣戶口麥絲皆如正德之數米五千四百六
十一斛百萬分斛之十五萬四千八百九十九○藝
之孫鳳翔來省忠節公墓復贖田三十餘畝併先田
而佃之居民歲入其租以供祭需及理葺之費且白
巡按唐御史符聞於
朝事下禮部行縣祭以清明縣官主之其牲品取給
于租不支官物
二年春張判官乞休去之○彝之子相貢○二月陳

袁築陳之良維鳳翔會試中式三月　賜姚淶榜進士○四月盤知州改調欽州去之民立善政碑于尹公亭○八月知州魏修判官沈雷訓導鄒陽知縣宋文典史胡慶訓導周英皆來任

三年正月地震○訓導劉鉅來任○王觀應山孫儒同貢○五月魏知州休致去之○八月知州金述來任十一月去之

四年春金知州復來任○五月蘄州同知沈浚遷我知州以金知州故不至○七月吏目姚銳十月學正李衡訓導張泰皆來任

五年三月金知州遷武昌府同知去之○張陞應山劉恩同貢○九月沈知州來任

六年春詹鵬貢○四月大雪○五月丁丑朔日有食之○六月旱○訓導王勳應山訓導黃南金皆來任○冬大雪震電

七年二月監察御史楊瑞謫我判官來任○劉玉端之子尚同貢○五月辛未朔日有食之○六月旱○陳敎諭遷江津知縣去之學正鄒仲節知縣王尚冉典史呂璋敎諭夏時亨皆來任

八年正月楊判官休致去之○二月陳之輔會試中式三月　賜羅洪先榜進士○六月判官趙昂來任○七月蝗飛蔽天隆甚暴溪涸甲辰知州車露典史鄒儒應山訓導衡正皆來任

九年春黃杲應山魏嘉會同貢○夏甚雨應山孔子廟壞○姚吏目卒

十年春還之子希賢貢○二月應山陳桂母黃疾亟壬午桂禱于神割股肉爲糜食之痊○大孔子像別祠啓聖公以顏路曾晳伯魚孟孫氏爲配○吏目孫忠濟來任○六月甲子應山劉思錄妻生男三日手口知鷔○壬午車知州以內艱去之○八月龔卿中鄉試第四

十一年春黃瑗璉之子本裕應山胡一冉同貢○淳安知縣林塋遷我知州三月來任五月旱雩而雨六月以內艱去之○夏旱○王知縣築應山關基從水設啟陶甓采石九月欽取去之○戶二千七百七十五口五萬八百九十田稅絲糧皆如元年之數○知縣王朝璲來任○進士范欽授我知州十二月來任

十二年春訓導吳誠來任○何楫文之子希召貢之子逵同貢○三月六月蝗○王知縣城應山爬石甓甓化四門樓櫓

十三年春劉相麒之子光裕同貢○八月吏目司靈鳳訓導羅純楊鳳翔皆來任○錦衣千戶劉鯨遷指揮僉事○蕭音蔚之子祉同中鄉試

十四年春陳之維貢○七月范知州伱季子祠○學正王行可教諭周隆盛皆來任○十月趙判官遷大寧都司斷事去之

十五年春孜之子喬貢○監察御史曹逵謫我判官三月來任○周萬瑚畜父馬誘遊犢而利人之餽有以父馬之母來者父馬弗受輒怒而蹄誘再三咸知之它日復至卒不受萬瑚大怒撾父馬至死又有字鴈媒者實宣沙渚羣鴈聞其聲而至則掩取之三年矣一日日中尼鴈哀鳴而下與媒交斜其項弗釋并死之字者遂不復弋君子曰古稱義鶻孝鷄觀茲尤信○夏范知州遷工部員外郎去之○冬楚雄通判任德遷我知州來任

十六年春佘得禄貢○十二月曹判官遷南城知縣去之○高陵知縣劉祚謫我判官來任○八月謝功中鄉試

十七年春李祁光裕之弟光啓同貢○十月不雨至于三月○訛言大軍至民挈室遠竄連月弗止○巡按馮御史優褒節婦盧黃之門○四月巡撫顧都御史行耕植蠲賦役會冊圖保鄉約于我○五月六月大雨○七月旱○應山訓導任思忠來任○八月任知州伱歐陽子祠○十二月釐正名賢之祠○是歲而上進士四人陳良策爲戶部主事員外郎郎中袁州知府陳之良爲工部主事刑部員外郎郎中陳鳳翔爲上蔡知縣監察御史謫徽州推官復監察御史陳之輔兵部觀政卒鄉舉四人皆未仕貢監二十七人萬鵬爲金華縣丞篤連知縣向光大爲施秉知縣孫儒爲玄賓縣丞王觀爲四川鹽課提舉張熙爲甘肅經歷顏尚爲成都府訓導范本裕爲泗州訓導二十人未仕

隨志下

詩賦銘共百有二十四首

李太白漢東樓

彼美漢東國川藏明月輝誰知喪亂後更有一珠歸

題隨州紫陽先生壁

神農好長生風俗已久成復聞紫陽客蚤署丹臺名喘息飡妙氣步虛吟眞聲道與古仙合心將元化幷樓疑出蓬海鶴似飛玉京松雪窻外曉池水堦下明忽躭笙歌樂頗失軒冕情終願惠金液提攜凌太淸

韓退之送諸葛覺往隨州讀書

鄴侯家多書架揷三萬軸一一懸牙籤新若手未觸爲人强記覽過眼不再讀偉哉羣聖文磊落載其腹行年餘五十出守數已六京邑有舊廬不容久食宿臺閣多官員無地寄一足我雖官在朝氣勢日局縮屢爲丞相言雖懇不見錄送行過滻水東望不轉目今子從之遊學問得所欲入海觀魚龍矯翮逐黃鵠勉爲新詩章月寄三四幅

自郢州還京行次安陸先寄隨州周員外

行行指漢東暫喜笑言同雨雪離江上蒹葭出夢中而猶含握色眼已見華風歲暮難相値酬歌未可終

寄隨州周員外

陸孟丘陽久作塵同時存者更誰人金丹別後知傳得乞取刀圭救病身

劉文房行營酬呂侍御時尚書問罪襄陽軍次漢東境上侍御以州鄰寇賊復有水火迫於征稅詩以見諭

不敢淮南臥來趨漢將營受辭瞻左鉞扶疾抗前旌幷稅鶉衣樂壺漿鶴髮迎水歸餘斷岸烽至掩孤城晩日歸千騎秋風合五兵孔璋才素健早晩檄書成

聞虞沔州有替將歸上都漢東城寄贈

淮南搖落客心悲涓水悠悠怨別離蚤鴈初辭舊關塞秋風先入古城池腰章許國丹心耿露冕臨人白髮垂惆悵聞君先我去漢陽耆舊憶旌旗

胡曾驌驦陂

行行西至一荒陂因笑唐公不識機莫惜驌驦輸令尹漢東宮闕蚤時歸

歐陽永叔晉守相公移鎭漢東

周郊徹楚堧舊相擁新旌路昔靑山在人今白晉行問農穿稻野候節見梅英腰組人稀識偏應郢吏驚

范堯夫布衾銘

穆蘿之比緈作之溫名敎之樂德義之尊求之孔易享之常安錦繡之奢膏粱之珍權寵之盛利欲之繁苦難其得危辱旋臻舍難取易去危就安至愚且知士寧不然顏樂簞瓢萬世師模紂居璚臺死爲獨夫君子以儉爲德小人以侈喪軀然則斯衾之陋其可忽諸

沈存中漢東樓

野草粘天雨未休客心自冷不關秋塞西便是猿啼處滿目傷心悔上樓

邢居實南征賦

嗟予生之賤兮常坎壈而多憂汩東西與南北兮無畎畝以歸休皇六世之十祀兮朅來賓夫京師奉晨昏于庭闈兮忽十年其于茲哀衆人之夢夢兮秉纖危以射利騖精神於末流兮固廉士之所耻慕前哲之高蹈兮臨川流而盟耳懼離群之孤陋兮將遠舉而復已彼世論之紛纏兮謂白圭爲多疵何我公之絜清兮亦見忌於盛時皇命之不可淹兮方仲春而戒行惟甲子之良晨侍安輿而南征昔仲尼之去魯車遲遲以淹留此雖非吾之舊邦兮猶慘慘而懷[illegible]覽開肅駕而來餞兮斑豆觴於水湄執余手以踟[illegible]兮不覺涕下而霑衣輈軋軋而不能前兮馬蕭蕭而反顧念長路之超遠兮恐白日之云暮敕僕夫使整駕兮遂奮袂而辭去將發軔而回首兮望國門之窮崇惟小人之眷戀兮情鬱結兮予東經土山之盤紆兮入空谷之谿鴻野曠蕩而無垠兮榛林蕭條而來風鹿呦呦以鳴群兮鳥嚶嚶而求友悵遑遑於中野兮徒悄悒其誰咎朝脂車於諸阡兮夕稅駕于尉氏登高丘以長嘯兮聲慷慨而凌厲想阮氏之風流兮停予車于山椒斯人不可得而見兮寄陳迹於蓬蒿時荏苒其不淹兮春草生兮青青羣雉挾雌以高飛兮倉鶊得意而和鳴麥漸漸以被隴兮遵微行而徂征欲淹留以容與兮心搖搖乃靡盬平原坱莽以陁靡兮迥極目乎百里獨煢煢以遠遊兮曾不得而少止歷鈞臺之故丘兮涉頳水之溱溱望卣襄之蕪城兮弔封人之圯墳魂飛揚而不返兮墓蕪穢而不治曾不得其死所兮豈純孝之可恃蹇遵回於水濱兮日掩掩其黃昏問捷徑於野人兮釋予馬於汝墳中且展轉而不能寐兮起視夜之何其僕夫告予以肅裝兮指明星而以馳驅山巍巍而造天兮踐羊氏之北境企予足以長望兮尚路眇其方永經昆陽之遺墟

兮聊裴回而逡巡高城岧嵲而特起兮雉堞隱嶙而猶存狐狢穴處於其下兮鼪鼯吟嘯而成群蒿艾蓊鬱以相依兮枳棘欝其榛榛卓漢氏之絶緒兮想世祖之中興方巨滑之滔天兮恣豺狼之噬吞肆橫行於天下兮驅虎豹以為羣杖大義而奮討兮實南土之裔孫運攙搶而一掃兮忽電滅而無存彼百萬之貔貅兮曾一旅之莫允信天道之輔順兮豈人謀之不藏迄於今幾千祀兮魂魄遊兮何鄉羗髣髴其神靈兮步徙倚而彷徨過宛葉而弭節兮陟方城之峨峨歎羈旅之無友兮彈劒鋏而浩歌覽陵阜之參差

兮實饕熊之舊疆不修德而恃險兮曾幾何而不亡宿上唐之候館兮聽晨鷄之悲鳴濯予纓于泌水兮瞻桐柏之嶔崟飄風漂怒以來東兮薄寒慘悽而中人雲漫漫以承空兮霰雪下而繽紛念往人之阻修兮嘆行役之多艱車陷淖而不進兮馬頓轡而盤跚僕夫憔悴以懷歸兮憇章陵而南邁奠濁醪于漢祠兮顧白水之如帶負人一去而不返兮佳氣葱鬱而如在歷崎嶇之九邑兮涉川路之千里心澹澹而忘食兮筋骨疲兮鞭箠唯君子之無累兮雖九夷其可居矧神農之所宅兮北㴱厚而無虞誦孔氏之法言兮疾歿世而無名就寂寞以閒處兮非予心之所憑植木蘭以為籬兮塗申椒以為堂蕙披離而盛茂兮衆香郁其芬芳優游偃息靜以素志兮又何必歸夫故鄉

白雲樓賦

洞庭之北兮漢水之東鬱高樓之特起兮羣山環峙曾不知其幾重

陳無已漱水

漱濆雙水繞城隅高誼曾巻季大夫九十九罔屏俗厚人人况已握靈珠

張天覺濆陰亭

駕言晨出灑臺隅濆水登臨酒㨫薰不似峴山羊叔子心隨漢水欲吞吳

章潛拷栳山

秀色團圞如栲栳孤高端可壓羣山藏雲蓄雨無踪跡慫鶴啼猿自往還

許覺之舜子井

一千二百餘年外萬古銷磨不可尋舜子井泉誰記古隨人閭巷秪如今隸書字雜科蟲體氏爵名存傑石陰登覽時來醒醉眼也勝他物在園林

[illegible]思入隨州

旌旗裊裊入隨州江漲祥煙散復收千里故鄉千里夢一聲殘角一聲愁月明漢水魚龍夜霜滿乾坤鴻鴈秋貧耳不來家信遠西風腸斷白雲樓

我

大祖高皇帝題僧無念

從師童子問清玄世事茫然學坐禪幼出漸知心是佛老來悟得性通天朱門不謁藏金錫茅屋無干[illegible]碧泉召至九重談妙法問伊落髮幾經年

懷僧無念二首

志空五蘊隱藤蘿深行由來積歲多山鬼鐘之常[illegible]讓水神到處每攜呵戒如皎月天將曉定著巍山世欲歌幾度有時思善者命齋松寶詣盤陀

談空幽隱入煙蘿路合蒼苔歲月多問道無門明五教進齋何處受三呵殘經對月從空誦補衲朝陽自在歌侶影山間眞寂寞傳燈松下任坡陀

僧無念應　制說偈

萬機之暇究眞玄百草頭邊佛祖禪毛孔遍含塵刹土毫端見出性中天定回坐看雲橫谷行樂閒觀石湧泉林下小僧無以報祝延聖壽億千年

觀畢舟歸武昌

舟行帆飽枕機玄船室堪棲老衲復兩岸樹催風力健一江波湧蘆威鮮邾鄂誰問黃粱夢少室渠參不二禪午夜雪山星忽見前三三是苦空年

武昌歸隱

躡雲深入萬重山回首煙村遠世寰衲夜不開[illegible]引五更催覺兩時開天香馥郁盈禪座月色精英照影間比似市塵車馬集此心無事與相關

休休道人隨陽八味

憶昔鴻荒邈歲年至今風物尚依然溪山不換巢臺地日月長明大始天紫究潛通三島客玄臺遙引九華仙世間墳典無人解澆俗何時復古先天　右神農遺

舜井荒涼何處尋樵夫遙指厲山陰一朝已順頑嚚志千載能明怨慕心落日猶聲童子汲高秋怨聽老龍吟白雲我有思親淚幾向西風濕滿襟　右舜井

扶桑催上火輪明萬景天開照赤城曙氣暗浮仙掌動海光寒浸玉臺清朝生暘谷雞先唱秋盡高岡鳳[illegible]鳴長夜盡全濃曬覺仙風兩腋到蓬瀛　右東陽

[illegible]山色空青汾照明遠而[illegible]

過孤峯僧定片雲還自憐短景催人老却愛長年伴
我閒誰似葛巾陶靖節歲寒三徑且盤桓右洪山夕照
千尺飛甍碧漢回五雲神氣小蓬萊東橫溟渤扶桑
折西出峩嵋鳥道闊黄鶴仙人天上去錦袍公子日
邊來一拳捶碎闌干月爛醉東風酒滿杯右白雲樓
九曲懸梯截水灣紅塵絶處見仙山龍光直射銀河
表虹影遥橫玉峽間平陸西來通坦道大江東去駕
狂瀾無人渡海求仙藥我欲從之借羽翰右紫石長橋
公子侯封車乘强紫騮快意弄波光又花過雨臙脂
濕千騎浮春錦障香白晝微茫煙霧合清宵縹緲水

雲長那知龍化天池去愁殺騖駘空自傷右浮鏡春瀾
花塢橋陰繫釣船滄波送盡夕陽天三春錦浪摇蓬
底八月銀濤落枕邊白石放歌空作伴紫鱗斫鱠不
論錢人間是處風波惡獨愛山深復有年右樵木漁歸
教諭鍾文亮遊寶林寺
久聞寶林寺今日喜能遊山聳千峯秀溪蟠九曲流
鳥鳴蘿樹暗僧定竹房幽坐久塵機息飄風兩袖浮
遊天井澗龍興寺
一徑沿流入雙巖劈石開宋門新梵宇碧草舊經臺
曾少廊樓虎[illegible]相[illegible]出[illegible]

副使許瑄謁四賢堂
平蕪青滿讀書臺爲憶前賢故來一代高明曾仰
德百年陳迹但興哀碑文剥落侵苔蘚棟宇傾頽困
草萊欲奠椒漿無處所向風搔首重徘徊
應山道中
萬壑嵐光滿曉騎驄馬行茂林交擁蓋脩竹送前津
到面溪風冷經心石澗清豺狼應遠迹狐鼠不須驚
右副都御史張瓚謁四賢堂
辨香祇謁四賢堂堂下清風拂珮纕兩宋聲華齊北
斗二連名譽冠南荒百年史牒應增重千載山川倍

有光晩輩陳文漸菲薄下風搔首挹餘香
僉事楊琚隨州道中
稻畦陸産自周遭田地肥饒起土膏麻梗角生多結
實木綿花發半闔桃妻孥帶笠荷鋤柄老稚臨塘望
水槔今歲豐收端可必蒼天應不負民勞
自厲山舖入棗陽道中
大火西流暑氣微蟬聲到處似相隨重岡地脉分岐
路晩稻田疇賴古陂白水曾聞光武宅青山未訪蔡
倫池夕陽欲歛荒村暮忽憶浩然投館詩
隨州書事

剛蠻四顧總森羅湞㵐雙流入遠河地廣雖云無陸產力勤應見富田禾薦山古跡何由到舜井遺碑不可磨喜說此邦風俗厚民皆足給樂清和

戊戌五月二十隨州水退後因巡視至州始發舟下德安有作

畏熱應辭宦路遠乘風却上漢東船一川林麓水災後兩岸人家米貴年傭旅謾燔秋粟草貴牛尚種晚禾田傷心不忍民遭患遍發公倉備濟困顛

同知郭林隨州遂行次韻

霜風吹冷襲人衣王事驅馳敢後期天暝不嫌雞唱蚤月明先恨馬行遲丹心耿耿孤忠在華髮蕭蕭兩鬢垂正是男兒須努力好將事業佐明時

命事節陽應山之隨州晚宿井子舖

西抵隨陽百里程時當六月苦炎蒸石田磽薄人難種山嶺崎嶇客倦登漸見星光明耿耿俄看螢焰亂熒熒人罷馬困州城遠一榻蕭然井子亭

應山謁四賢堂

應山古名邑有堂祠四賢四賢其謂誰二宋偕二連小宋登甲科大宋爲狀元當時燈渡處至今名尚傳伯兄速底清學行有本原仲弟速庶凍操履金石堅邑人重思慕合祠餘百年清晨謁祠下生氣猶凜然海桑亦有變陵谷還有遷茲當百千載享祀長綿綿

參議鄭序謁四賢堂

應山古侯國四賢產名鄉雖云川嶽秀實際文運昌二宋冠科第二連官省郎後先樹功業千載流馨芳自宋迄昭代有祠山之陽歲久或頹圮風雨成凄涼先哲固宜祀後人焉可忘郡守淵之彥一顧心彷徨倡屬工力就鳩新材孔良門墻煥丹碧吾道增輝光顧我省民俗獲登君子堂觀德嘆靡及作詩匪成章仰瞻山蒼蒼俯視水泱泱眷彼四賢澤與之傳無疆

毅論王守約題關羽廟

天下分爭割據雄將軍興漢起河東君臣傾膽依劉備父丁傷心襲呂蒙三國鼎分時已去九州幅裂戰無功妖星未伏身先死神器難歸一統中

謁四賢堂

四賢祠宇在何處濃蟻橋頭屋數椽兩宋文章冠天下二連勳業在人前歷官華要昭遺史講道勤劬憶昔賢嗟我後生空弔古蒲庭芳草綠含煙

遊寶林寺

一上招提景倍饒群峯獨讓此峯高屋頭雲氣來山

雨庭外松蘿落滿瀟湘爛文章留
御墨崔嵬樓閣擁神繇何時擬結淵明杜載扣禪關
不憚勞
訓導周鳳題關羽廟
炎帝無光漢祚終河東崛起靖群雄傾心先主人臣
義毅效曹公國士風百戰未伸興復志三分猶相斡
旋功名揚古木荒祠裏獨弔英魂感慨中
弔縣丞朱敬主簿潘宗堯二公俱任應山洪
武初遇叛賊見害
雙壁沉埋歲屢更偶從遺檢識芳名一時死事隨灰

散千古忠誠貫日明始信殺身仁已著蓋論威賊志
無成懇歎欲致椒漿奠草滿丘原失故塋
謁四賢堂
名賢景仰幸登臨祠宇荒涼慘客心隔葉日長黃鳥
囀空亭雨過紫苔侵二連操節凌霄漢兩宋文章冠
古今讀罷穹碑增感慨不慚謏陋發長吟
知州李允嗣晚步尹公亭
十載功名判一州循良千古愧無修乾坤欲盡君恩
重只恐飛霜上黑頭
夏日登白雲樓

登遊湖湘小選秋百年忠義起封謀勞心老更傾紅
日斜倚雲樓獨上樓
遊洪山十絶
一雨清涼萬物新省耕隨地踏芳春　明時愧我叨
民牧尚有饑寒瀝淚人 右春日郊行
路入羊腸面面山萬峰蒼翠水雲間勞形老大渾無
補逢着幽人也厚顔 右春日郊行
爲愛名山特地來從行冠蓋野人猜衲衣伴我尋芳
處謾寫新詩掃石苔 右到洪山
肩輿來上翠微巔欲醉忘形枕石眠黃石道人尋不

見與誰評論悟眞筌 右尋黃仙君
百鳥窓前弄巧聲曉鐘幾撞客初醒夜來一覺超凡
夢只在洪山頂上行 右宿洪山寺
雨過山蹊盡綠苔白雲收盡我幾來週遭碧嶂青天
外只有西南一面開 右上洪山頂
獨攜琴鶴到禪林傍午臨池一咲吟只恐老龍眠不
住起翻霖雨大難禁 右到白龍池
聖明宵旰在群黎遂客何妨此味題寄語老龍如有
識免教天下望雲霓 右祝黃龍池
登高俯見萬山低百磴羊腸濕馬蹄一咲舉頭紅日

迺也知平地是雲横右壁岩
興濃懶得下山來纔下山隈却更回欲結茅廬下有
事可堪心事未全灰右下山
郡人宗燦登白雲樓
山樓粉堞北風鳴攜酒登臨漫洗觥野寺憑闌鷲海
浪使君引袖拂天星分涇曉眺朱檽眼横草遲芳鶯
閣名纔絳役涼人酩酊相看一唉楚雲横
陪李太守遊太平山
蒼藤古木暗容山掃石題詩杳靄間忽見流紅隨水
遠恍疑碧落托人寰

遊梼栳寺
神斧劈山原何年千尋拱壁泉潺潺鷄犬不聲天地
別松陰十里無人煙峨嵋捲翠清如洗香拂闌干曙
光裡天風石上吹人衣山僧雲卧呼不起月明鶴唳
松露涼石窓裊裊騰爐香攜僧笑入雲深處雲破鳥
啼山蒼蒼
嘉魚李承箕和李太守遊洪山十絶
春滿江山桃李新芳菲洗眼是何春大賢爲政今如
此不道今人少古人
翩翩旱蓋又青山佳世人還出世間爲撒一途歸去

虺非禹亦非顏
春似伴入山來花鳥平生不受猜割斷紅塵雄劒
在肯教腰下繡生苔
溪有清流木有巔朝來樂飲夜來眠許由千古將巢
父信是無慚一路編
了了渾忘色與聲朝昏誰夢復誰醒五根七竅休疑
我同向白牛車上行
懶愛山僧不掃苔前身我是德雲來清虛看出諸天
外眼孔從今合大開
神龍剱門應天上十雨五風時一吟能潛能躍君知

否靜對寒湫笑不禁
俯根鷲宮乘羽氣仰攀龍馭奏新題光明何處蒼生
眼一角東南看白霓
千里不麻壓畝低恩風德雨逐輪蹄富民侯印如天
上雲是樓臺風是梯
報與山靈太守來山花山鳥亦遲回麻衣倘寄山中
榻肯對寒爐一盡灰
嘉魚李承芳和李太守遊洪山十絶
青溪幾處踏花新一曲清歌得繫春天亦労労吟
老簿書叢裡看閒人

爲洪來訪大洪山方外青瑤一飯間匆漏懶從興
主乞無愁自解駐朱顔
山待情人人故來柴桑心蹟却相猜殷勤囑付新春
雨爲補經行半損苔
尋真遙禮碧山巔幽洞蟄龍相狎眠草樹無端想知
已品題都爲入新篇
僧敲茶臼鶴嘶聲枕面酣春夢便醒魏野詩情慣好
惹也將短句記僧行
僧房春眠債春苔不似玄都觀裡來滿眼桃花千萬
樹貧人秋富趁春開

隨志下　十七

蓬萊荒處是仙林仙客清歌龍共吟惟得龍君頭盡
白海宮寒氣最難禁
五馬宮榮髪正黎黃金榜拜六龍題爲霖會得天公
意何處黃龍逐紫霓
獨倚天翁一蓋低幡幡蒼狗踏奔蹄靈均黃鵠能相
借盛向人間昧突梯
一段風情畫得來悠悠道是虎溪回仙人來往仍無
迹咲看僧堂香篆灰
儀賓沈賓和李太守遊洪山十絕
郊原雨足氣方新狂狂農家各有春誰似勸耕心獨

竹遺多篇付寄閒人
倚雨纔收疊疊山輞車已自出人間有聲詩是無聲
畫寫盡春來草木顔
隨從招提到郢來洪山兩地可相猜登山憶我初來
郢曾根殘碑臥綠苔
石室春深紫翠巔仙人曾枕白雲眠遺踪猶自導人
世應悔流傳圯上篇
蕭閣使君軒騎聲東風有意吹人醒起來猶憶夢中
事似從登山長短行
踏破春山頂上苔東風吹送使君來僧家分得玄都

隨志下　十八

種亦有桃花千樹開
春雨臨池李翰林敲冰照影和龍吟也應惜此池中
物毛骨衝寒强自禁
昔人一飲愧闍黎二十年來續舊題豈似黃龍池上
客詩成意氣貫虹霓
春山層起紫雲低猛地登臨逼獸蹄絶頂石梁人跡
斷分明此是步仙梯
一咲登山昨夜來與僧升看嶺雲回乘雲復自下山
去猶見千年舊刼灰
淨蓋塗遺過夢痕

和渡蟻偶經過景仰先賢感慨多當代文章推巨
擘至今才俊讓高科斷碑何處迷蒼蘚古廟荒郊鎖
碧蘿未與椒漿空引去臨風回首重躊躇
御史李元題渡蟻橋
渡蟻本無求狀元亦偶爾所貴君子心愛物當如此
推官黃筆過渡蟻橋
渡蟻橋頭路垂楊拂馬蒴蘧篨剛一宿湖海又三年
咏爾誠何事去今空復憐西風行橐重應有壯遊篇
六月過唐縣鎮
滾滾紅塵裡悠誰賦遠遊垂楊低拂馬深竹暗鳴鳩

春事將無及蹉跎尚未慵勞歌應更苦回首漢東樓
知府馬倫遊寶林寺
溪山翠結招提境暫憩肩輿一望高古柏參天青擁
蓋新禾沐雨綠飜濤九峯禪定曾巢鵲五馬光生似
跨鰲來訪遠公遺碣狂摩洋盡日不知勞
勝境僧家獨占饒寶林清絕更孤高風生萬壑鳴竿
籟雨漲千溪噴雪濤坐久謾添囊內酒醉狂欲擲海
中鰲請君相款西齋宿為解行裝意甚勞
繞出須城分外饒偶逢真境興偏高佳處洗盞傾舟
液老衲燒鐺沸素濤怪石怒如斐潭虎浮雲閣似海
天鰲今宵試脫衣裳臥一覺應忘萬念勞
簡右憑闌四望饒寶朋相餞比軒高風來野外涼如
水雪出山隅湧似濤蓬島我思尋大藥滄溟誰為駕
靈鰲今朝幸入仙境却悟浮生枉用勞
雪中發應山縣宿寶林寺觀壁上王文官懷
劉左相題句悵然有感亦次四首錄呈左相
正德乙亥三月朔日
驅馳崎阪更風寒欲憩僧房意緒寬却憶堂堂閫國
相獨憐瑣瑣牧民官虛觴有興臨三徑談笑無因娶
一搏細和司空詩句罷幾回惆悵倚闌干

春雲紛紛撲面寒乾坤一色望中寬三關險絕連由
塞五馬馳驅擁漢官疎散我隨孤梗泛軒昂君共大
鵬搏相逢且擬清罇盡富貴浮雲未足干
春事誰成春寺寒愁懷到晚未能寬一塵去國驚岑
歲千里專城愧此官仕路風中檣腳轉人生宇內雪
沙搏且姑新酒共君酌聲有家藏更憐干
雲臥衣裳一榻寒醒餘懷抱向誰寬湖湘郡已霑三
載鶺鴒曾接九官車業頻將明鏡照生涯[illegible]
鈞搏多君相慰情何厚樽酒移來不待干
知縣談一鳳甲戌除夕

關壹太守境不眠高堂許共醉華筵剪殘銀燭[illegible]
歡看桃綬袍侯　倪延心事幾多關邑事曾年五十
又新年孤忠一點依然赤禍福無憑只任天

寶林寺喜雨

春風吹我入煙霞坐倚東窓感物華新綠漫添三尺
水濕紅飛過兩枝花勞勞歷世清宵夢隱隱煙村畫
鼓撾東壟野雲堆正暑喜民得此即生涯

學正陳天祚遊寶林寺

見約尋幽喜欲騰不辭山路馬登登校書日掃風再
葉敲句時逢月下僧老鶴巢雲依殿角清泉鳴玉瀉

壁層林濟醉墨人題壁後會紗籠許我曾

知州林塈再登水南寺

不到水南久崖花半已休客懷類似惡歸思不勝秋
苔迹殘碑在烟光野樹浮隨陽從此去千里夢魂悠

欲往獨宗待漢東不至

聳道獨宗勝秋風此月行長空孤鳥没修竹亂蟬鳴
遊子騎何晚幽人榻已更遠山頻注望忽忽擬吾情

知州范欽登漢東樓

故園饒白髮吾道本滄洲一葉洞庭下相隨日夜流
逢人頻問信扶病亦登樓最是雁無賴嗷嗷暮未休

秋望

野霧收陰氣天風放晚晴鳥衝蘚徑下雲護石床平
風雨頻年夢江湖萬里情倚欄渾無語且聽亂蛙鳴

通判張源觀張衡讀書臺

平子去何之高臺倚千古試讀四愁詩凄風動林塢

知州任德漢東八咏

曾聞古炎帝起之厲山巔茲人尚穴居有洞閟其然
胡彼馬遷氏謂育姜水間信如彼有之何獨無茲山
至哉大聖人秖以農醫傳闕多詎爲聖當是急者宣
紛紛學人徒無說誠滔天

神農洞

自昔稱隨珠允矣爲世寶治蛇亦微施胡爲獲茲報
矧彼生靈徒感之豈無道高丘倚叢灣人珠竟荒杳
唯有溳溰流汩汩赴東沼

斷蛇丘

彼蒼降生民小大有其綱名器一以假類然汩天常
蠻荊既僭號羸氏亦自王志已吞四海諸臣況崛彊
蕞爾此唐侯何有於肅爽春秋夷二國所爲萬世防

驌驦陂

張子讀書處歸然當郡治西鄂非我鄰胡爲遠來茲

靈惡派神理三都極妙思雖匪聖者流亦豈空文詞
天假邪公子鏜鉻死繼之

讀書臺

三才各奠位唯一斯有定殷夏遡太古會有分裂柄
黍離降國風春秋筆王正鼎立而瓜分斯世何由靖
治亂理有之今昔閱生命躇跼下差戎使我涕泗迸

下差戎

南都揭大狐天封與之俱俗老相傳指云是巘之區
別有大湖山嵬然西南隅詎應荷贊賦含大額小圖
僧人類麤拙唐宋溺浮屠取此加諸彼誤狐以爲湖

世道祖外謁盜獨茲已乎

大洪山

歐子寓茲土淹淹十七載身違情所鍾斯文固有托
公路發高第竟作朝中宰李子與邊子死東左可驗
由來天下事難以已意待九原如可作援筆自當改

李氏園

尹公天下士獲譴爲憐才官謫心自泰名與亭俱嵬
用世材不究身命一朝摧從來賢達士偃蹇良可哀
挈之問蒼天蒼天竟悠哉

尹公亭

記序墓表墓志共三十六篇

無名氏炎帝廟像服記

隨之厲鄉炎帝所起民因立廟祠炎帝至今歲時水
潦旱暵災沴病疵有禱焉輒應禽鳥螻蟻至不敢近
游其廟民以此益尊畏之其廟中偶土爲帝像爾首
之形如牛自昔皇甫謐之徒蓋嘗此說甚乎傳之之
訛也炎帝之見於書者多矣易曰庖犧氏沒神農氏
作斲木爲耜揉木爲耒耒耜之利以教天下此炎帝
之見於易者也禮曰厲山氏之有天下也有子曰農
此炎帝之見於禮者也春秋左氏曰炎帝氏以火紀

官故爲火師而火名此炎帝之見於春秋者也易禮
春秋之述炎帝如此而已矣不省其牛首也借使信
然好志怪者若如左氏何以不言歟天地之始今日
是也彼其忽荒寂寥樸質醇奢則信矣若夫人之形
豈得以與禽獸類又况其聖人哉雖然炎帝以教民
耒耜故名爲神農牛者農之資也而習俗訛言因是
謂炎帝牛首此固非君子之所信則未知皇甫謐之
徒奚而從聞之也宣城楊侯之治隨最重神事受政
之始使屬官代謁廟下因視廟祠將治完之而更以
像爲告侯曰妄述古先以黷聖人此皇甫謐之過也

五冕不可以不辨者不知炎帝之在位服何服而冠何冠也孔子有言曰服周之冕冕之所變無易於周而爲聖人之所取也使炎帝出於周之後其亦以周冕爲服也必矣即遣工人因廟舊像更其首形而始冕

歐陽永叔李秀才東園序

修友李公佐有亭在其居之東園今年春以書抵洛命修志之李氏世家隨隨春秋時稱漢東大國魯桓之後楚始盛隨近之常與爲鬬國相勝敗然隨其山川土地既無高深壯厚之勢封域之廣與鄖蓼相介纔一二百里非有古彊諸侯制度而爲大國何也其

春秋世未嘗通中國盟會朝聘僖二十年方見於經以伐見書哀之元年始約列諸侯一會而罷其後乃希見僻居荊夷蓋於蒲騷鄖蓼小國之間特大而已故於今雖名藩鎮而實下州山澤之産無美材土地之貢無上物朝廷達官大人自閩陬嶺徼出而顯者往往皆是而隨近在天子千里內幾百年間未出一士豈其痺貧薄陋自古然也予少以江南就食居之能道其風土地既瘠枯民給生不舒愉雖豐年大族厚聚之家未嘗有樹林池沼之樂以爲歲時休暇之嬉獨城南李氏著姓家多藏書訓子孫以學予爲童

子與李氏諸兒戲其家見李氏方治東園往求美草一一手植周視封樹日日去來園間甚勤李氏壽終公佐嗣家又構亭其間益修先人之所爲予亦壯不復至其家已而去客漢沔遊京師久而乃歸復行城南公佐引予登亭上周尋童子時所見則樹之蘗者抱昔之抱者枿草之茁者叢荄之甲者今果矣以問其遊兒則有子如予童子之歲矣相與逆數昔時則於今七閏矣然忽忽如前日事因歎嗟徘徊不能去噫予方仕宦奔走不知再至城南登此亭復幾閏幸而再至則東園之物又幾變也計亭之梁木其蠹瓦

甓其溺石物其阤乎隨雖陋非予鄉然予之長也安能忘情於隨哉公佐好學有行鄉里推之與予友益

明道二年十月十二日也

連處士墓表

連處士應山人也以一布衣終於家而應山之人至今思之其長者教其子弟所以孝友恭謹禮讓而溫仁必以處士爲法曰爲人如連公足矣其鰥寡孤獨凶荒饑饉之人皆曰自連公亡使吾無所告依而生以爲根嗚呼處士居應山非有政令恩威以親其人而能使人如此此其所謂行之以躬不言而信者歟

處士諱舜賓字輔之其先閩人自其祖光裕嘗爲
山令後爲磁郢二州推官卒而反葬應山遂家焉
處士少舉毛詩一不中而其父歿以廢於家處士侍
養左右十餘年因不復仕進父卒家故多貲悉散以
賙鄉里而教其二子以學曰此吾貲也歲饑出穀萬
斛以糶而市穀之價卒不能增及旁近縣之民皆賴
之盜有竊其牛者官爲捕甚急盜窮以牛自歸處士
爲之媿謝曰煩爾送牛厚遺以遣之嘗以事之信陽
遇盜於西關左右告以處士盜曰此長者不可犯也
捨之而去處士有弟居雲夢往省之得疾而卒以其

柩歸應山之人去縣數十里迎哭爭負其柩以還縣
過市市人皆哭爲之罷市三日曰當爲連公行喪處
士生四子曰庶庠庸膺其二子教以學者後皆舉進
士及第今庶爲壽春令庠爲安城令處士以天聖八
年十二月十四日卒享年五十有九宋慶曆二年十
一月初四葬於安陸蔽山之陽自卒至今二十年應
山之長老識處士者與其縣人嘗賴以爲生者往往
尚皆在其子弟後生聞處士之風尚未遠使更三四
世至于孫曾其所傳聞有時而失則懼應山之人不
復能知處士之詳乃表其墓以告于後人八年閏正
月一日

曾子固尹公亭記

君子之於己自得而已矣非有待於外也然而曰疾
歿世而名不稱焉者所以與人同其行也人之於君
子潛心而已矣非有待於外也然而有表其閭名其
鄉欲其風聲氣烈暴於世之耳目而無窮者所以與
人同其好也內有以得諸己外有以與人同其好此
所以爲先王之道而異乎百家之說也隨爲州去京
師遠其地僻絕慶曆之間起居舍人直龍圖閣河南
尹公洙以不爲在勢者所容謫是州居於城東五里

開元佛寺之金燈院尹公有行義之學長於辨論一
時與之遊者皆世之賢人而人人自以爲不能及於
是時尹公之名震天下而其所學蓋不以富貴貧賤
死生動其心故其居於隨日以考圖書通古今爲事
而不知其官之爲謫也嘗於其居之北阜竹柏之間
結茅爲亭以茇而嬉歲餘乃去既去而人不忍廢壞
輒理之因名之曰尹公之亭州從事謝景平刻石記
其事至治平四年司農少卿贊皇李公禹卿爲是州
始因其故址增卑益狹斬材以易之腐瓦以覆之既
成而寬深亢爽環隨之山皆在几席又以其舊亭峙之

於此於是隨人皆喜慰其思而又獲游觀之美其答李公以圖匠京師屬予記之蓋尹公之行見於事言見於書者固已赫然動人而李公於是修而大之者豈獨慰隨人之思於一時而與之共其樂哉亦將使夫荒遐僻絶之境至於後人見聳之所不及而傳其名覽其迹也莫不低佪俯仰想尹公之風聲氣烈至於愈遠而彌新是可謂與人同其好矣則李公之傳於世亦豈有已乎故予爲之書時熙寧元年正月日也

汝陰王莘連庠墓志

連氏世家上黨有諱聰者徙居於隨聰生光裕嘗爲應山令後爲磁鄆二州推官其卒也反葬應山因家焉光裕生正不仕正生舜賓有實行以處士終于家歐陽文忠公表其墓以謂孝友恭謹禮讓而温仁鄉人以爲法者也以子恩累贈金紫光禄大夫尚書刑部侍郎生四子而伯仲皆力學舉進士有名一時公即其仲也公字元禮其名庠慶曆二年及第調隨之光化尉移襄之宜城令改秘書省著作佐郎歷秘書丞太常博士屯田都官郎中其在宜城也縣當南北之衝[illegible]民公[illegible]以禮而上下便之知深州饒陽縣舉臨定州便糴倉糴有羨數則例賞公不自言而讓其寮段繹繹因以從官夫世俗之交平居燕笑傾竭肺腑及臨毫髪利害則窺間伺隙出力以爭之而公獨廉於自進如此知邛州依政縣未踰年從知茂州州雜蠻蠻喜以鈔略爲生雖耕漢地者亦有不肯輸稅公始以威服之而卒懷以恩訖公去不敢擾邊而負約當是時宋景文守成都爲作詩以美之監西染院丁其母永安縣大君李氏憂服除賜緋衣銀魚通判鼎州州將武人也政多倚公乃興學養士擇屬吏以倡率而人皆悅從蓋鼎之有學自公始

以疾致仕治平四年六月二十日卒于京師享年六十有二公操履如其父而絜廉方正不隨世俯仰與其兄庶友愛尤篤出處於田廬里閈之間接人待物一以至誠恂恂然惟恐不及鄉人既愛慕處士而又見二公所爲則莫不心悅而誠服其循良者勸而驁傲者革是以應山之俗多信厚而知廉耻者皆其力也議者謂二公之行雖不可優劣至於應變之材則公特爲長故爲吏所至有能聲其去雖久而民尤思之當路者交章以薦一時賢士大夫聞其名而慕之其人悅與之游而不厭河南尹[illegible]之曰

也君子人也歐陽六一以其言行比之爲芝蘭金玉二公皆名重天下少所許可而其所稱如此然公平居以義命處困未嘗僥倖以求進宋元憲公及其弟景文公皆游於處士家而歐陽公交際尤密及三公貴顯待公益厚而公不以一毫干也公文章尤長於詩有集五卷藏于家始娶宋氏生一男仲熊忠信而好善爲開封雍丘尉一女適進士李峴再娶李氏封仁和縣君後公十有八年卒生一男仲羆廉良謹飭爲成州同穀尉二女長適宣德郎宋喬年次適進士李仲舒仲羆以熙寧元年十一月三日葬公于縣西

三鍾山以夫人朱氏祔既葬十有七年得元豐八年十月二十三日復啓壙祔葬夫人李氏仲熊以狀謁于汝陰王莘曰昔歐陽公欲表吾先君之墓然文未成而薨矣今不敢輕以語人故有請於夫子願其哀憐而賜之文莘爲著公之事得其所以行於已施於家而著於人者豈非孔子所謂躬行君子者耶惜乎用不極其才而見於世者如是而已古者鄉先生歿則配於社而與祭焉因又爲詩一章以遺應山之人俾其如古之時以公配社而歲時歌此以祭云歌曰恂好善兮行以躬完素履兮一物終三鍾山兮屹穹崇興公德兮行其隆俾世世兮倣而從里閭樂兮歐謳風化邦鄉兮革殘凶出爲政兮肉其中豈獨文兮耀幽宮巨配社兮同句龍刑罰措兮年屢豐儒哉刻兮垂無窮時元豐丙寅夏季月

張文潛四賢堂記

治國有善政不如在位有善人之化民速也在位有善人不如其鄉有善人之化民易也夫人情之所慕動常在其所易接而觀者若夫政事者固民之所畏則其從之蓋有不已之心焉其及物淺矣安陸之屬山楚之窮邑也然其民好文多學者其俗善良不喜

純靜易治其里之人爲余言曰始吾邑之人未甚知學之利也有宋氏兄弟者講學於吾邑之法興佛舍其後兩人皆取高第有聲名矣之行爲大官名益尊顯故吾邑之人其鄙不學自棄於夷者愧之其居法興時有連氏兄弟者與二宋公游且好也其後亦登科仕於朝兩人起寒家仕不振然視故舍生富貴豈顧可攀倚爲聲勢而兩人亦堅自立不少屈已附之其官終不顯故吾邑之人其不篤於廉恥僥倖貪利者愧之凡吾邑之俗好學而文純靜有耻者四君子之化也後五十年宋景文之孫羲年令應山以邑人

之意作祠堂於法興方丈之西嗚呼爲吏於其郡其有恩德久而民祠之者幾人故㧞位之善人不如其鄉里之君子也二宋公之行事曾見書于國史士大夫舉知之連公諱庶字公錫以尚書職方員外郎致仕好修而自重直諒多聞之君子也其仲諱庠字元禮爲尚書都官郎中敏於政事號良吏世稱王陽在位貢禹彈冠爲故舊之美然嚴光故人爲帝逃之不肯仕彼獨何哉連公不因宋以顯名當世卒以隱沒而不悔彼誠知所處與世俗所謂顯晦異矣

張天覺隨州大洪山靈峯寺記

元祐二年秋九月詔隨州大洪山靈峯寺革律爲禪紹聖元年外臺始請移洛陽少林寺長老報恩住持崇寧改元正月使來求十方禪院記迺書曰大洪山在隨西南盤基百餘里峯頂俯視漢東諸國林巒丘嶺猶平川也以耆舊所聞考之洪或曰胡或曰湖未詳所謂今以地理考之四山之間昔爲大湖神龍所居洪波洋溢莫測涯涘其後二龍鬬擲開鑿崖湖水南落故今負山之鄉謂之落湖管此大洪所以得名也唐元和中洪州開元寺僧善信即山之慈忍靈濟大師也師從馬祖密傳心要北遊五臺山禮文殊師利瞻覩殊勝白慶於菩薩有緣發願爲衆生執炊㸑三年寺僧却之師流涕嗟戚有老父曰子緣不在此往矣行焉逢隨即止遇湖即住師即南邁以寶曆二年秋七月抵隨州遠望高峯問鄉人曰何山也鄉人曰大湖山也師默契前語尋山轉麓至於湖側屬歲亢旱鄉民張武陵具羊豕將用之以祈于湖龍師見而悲之謂武陵曰雨暘不時本因人心黑業所感害命濟命重增乃罪可且勿殺少須三日吾爲爾祈武陵亦異人也聞師之言敬信之師則披榛捫石得山北之岩穴泊然宴坐運誠冥禱雷雨大作霽後數日

武陵即而求之師方在定蛛絲幕面號耳桎體久之乃覺武陵即施山爲師興建精舍以二子給侍左右學徒依嚮遂成法席太和元年五月二十九日師客語龍神曰吾前以身代牲輟汝血食今捨身償汝汝可饗吾肉即引利刃截右膝復截左膝門人奔持其刃膝不克斷白液流出儼然入滅張氏二子立觀而化山南東道奏上其狀唐文宗嘉之賜所居名爲幽濟禪院晉天福中改爲奇峯寺本朝元豐元年[illegible]爲靈峯寺皆以禱祈獲應也自師滅至今三百三[illegible]所叢衆波瀆之間十數州之[illegible]

金帛粒米相尾於道貨殖法弱僧範乃非前此山峯高峻堂殿樓閣依山製形後前不倫向背靡序恩老至此熟閱形勝闢途南入以正賓主鑱崖壘礀鏟巇補坳萬仞化爲平頂三門堂殿翼舒繩直通廊大廡疏戶四達淨侶雲集藹爲叢林峩嵋之寶燈瑞相清凉之金橋圓光它方說觀異境同現方其廢故而興新也律之徒懷土而呶呶會予謫爲郡守合禪律而訶之曰律以甲乙禪以十方而所謂甲乙者甲從何來乙從何立而必曰我慈忍之子孫也今取人於十方則慈忍之後絕矣乙在子孫則甲在慈忍乙在慈

忍則甲在馬祖乙在馬祖則甲在南嶽乙在南嶽則甲在曹溪推而上之甲乙迺在乎菩提達磨西天四七所謂甲乙者果安在哉文而所謂十方者十從何生方從何起世間之法以一生二一二爲三三三爲六三三爲九九九者究也復歸爲一一九爲十十義乃成不應突然無一有十而所謂方者上爲方邪下爲方邪東爲方邪西爲方邪南爲方邪北爲方邪以上爲方則諸天所居非而境界以下爲方則風輪所持非而居止以東爲方則毘提訶人面如半月以北爲方則鬱單越人壽命久長以[illegible]瞿耶尼洲[illegible]

波浩渺以南爲方則閻浮提洲象馬殊國然則甲乙無定十方無依競律競禪奚是奚非律之徒曰世尊常居給孤獨園竹林精舍必如太守言世尊非邪予曰汝豈不聞以大圓覺爲我伽藍身心安居平等性智此非我說乃是佛說於是律之徒默然而去禪者曰方外之士一瓶一鉢涉世無求如鳥飛空遇枝則休如龜游海值木則浮來如聚梗去如滅漚不識使君甲乙之乎十方之乎予曰善哉佛子不住內不住外不住中間不住四維上下虛空應無所住而住持是眞十方住持矣尚可言哉尚可言哉時崇寧元年正月上元日記

戶部湯起巖重修四賢堂記

歲在慶元上章涒灘顓帝乘北月旅大呂元英將歸餘日惟五有一力自應山來者今君所遣人也手持歐陽文忠公連處士墓述張右史四賢堂記二碑軸與書而三書之言曰本朝二宋二連公皆應山一時人舊時祠在法興佛寺僧舍西廡記仍在然處隘勢庳像設亦寢浸濾不全竊懼弗可處久相地于寺之西遷焉今既閱歲念有以諗來者子雅故幸有述焉以遺之餘惟繕治緝飾之事本之君子由方然[illegible]

志之所至未必皆出愛人樂善之誠心有釣於其間多矣釣必有餌以其人爲餌僕以故居不喜聞使刻畫修椎之不惟不敢亦不暇今君僕知之篤端而文在官嚴於在律不事表暴不事求取術術然儒君子也斯堂之作實非釣具而四公寂寂文非可爲餌者固僕所喜聞而樂道其平時特以詩人者樂詠人之善也於是爲之詩詩曰猗歟四公堂棣之華秀韡一時茂興兩家宋公聯翩鄂不相鱻萬里風雲上負青天連公戾契川氷澂結進而蹩躃砥礪其節其光曄曄追惟平生法興是儀邑人之思右史之祠雨篩風

檻歲環幾經葉此特堂吾今令君令君勤民民燕其德振滯補弊此爲居一千時四公序集燕觴生氣律津冠佩有光古之爲崇德尚賢居今思古今君有焉君系隴西紹祖惟名起巖作詩輯和厥聲敢告典者毋替其承嘉泰改元仲春

雲夢尹石抹允應山重修孔子廟記

聖人論道至天而止非止也天無以加焉異者欲過固得支淪弗逮由不知天也然天何言哉必假聖言聖言即天言也所以先天而天弗違後天而奉天特惟其聖與天無間故能定以中正仁義而立人極人極立則綱常有賴以之格致誠正修齊治平無不本於天而全於人乃吾儒天人之學也又豈有異與過不及之差哉此吾夫子立教歷與萬世而無弊者焉惜知寡行鮮治不如古非道之罪也後世祀之不絶宜矣至李唐進夫子以王爵以常情論之亦云至矣殊不知此特禮之文耳若禮之本則槩乎其未聞焉何幸遇我皇元頒降聖詔於吾夫子特加大成於是乎所謂禮之本者舉矣蓋欽聖詔云先孔子而聖者非孔子無以明後孔子而聖者非孔子無以法實發明堯舜以來歷代之所未聞非聖德合天明拜日月

何其深切如此也猗歟盛哉信乎無以加焉應山縣自春秋時隸漢東故今屬隨金宋以來燬于兵者僅百年歸化後民始奠居所以吾夫子之宮多因陋就簡春秋朔望七者應故事而已延祐庚申三城富侯慶來尹是邑陋其制度而鼎新之功及半以代去今尹歷山翟侯偉踵而成之其勤篤蓋有加焉本縣耆宿感二尹之化爭出帑以助役材美甓堅吏敏工善其於堂廡齋庖垣墉爲之一新梁棁榱桷黝堊丹漆悉舉無遺一時同寅若簿蘇明若尉劉仲信若幕張廷秀咸克相之監邑從仕公保保雖後至亦完厥未

完訖工本平陽晋寧官胡鈐等議曰邦之善不可不紀遂不遠百里而來予不文辭不獲已乃謂之曰縣古子男之國也爲今長者有社稷人民之寄能盡厥職上不負於國下不愧於民固已難得況學校之設世皆迂之今二尹以難得之材爲世迂之事前似後繼如一出手可不嘉哉然人受天地之中以生既具是形均稟之理不學則不可知也知不知係于學耳學不學文治亂之所由出此朝廷於路府州縣必立吾夫子之宮擇可師者主之俾憲司暨長官提調教養以求治也噫今翟侯乃能遵此意繼前政建此學文

能推此意集後進講此道吾知其盡厥職上不負下不愧矣進進不已將見楚隨之俗化爲齊魯之鄉勸之於石誠以勸於是乎書若夫繼翟侯之善如翟之繼富有後政君子在時泰定元年歲在甲子十一月

梁天祥三皇廟記

天無爲也假聖人而爲之天無言也假聖人而言之夫三皇大聖人代天而爲者也夫子大聖人代天而言者也何以知其然歟攷諸繫辭可見其略曰古者包犧氏之王天下也仰則觀象於天俯則觀法於地鳥獸之文與地之宜近取諸身遠取諸物始作八卦

以通神明之德以類萬物之情作結繩而爲網罟以佃以漁神農氏斲木爲耜揉木爲耒耒耨之利以教天下日中爲市致天下之民聚天下之貨交易而退黄帝堯舜垂衣裳而天下治刳木爲舟剡木爲楫舟楫之利以濟不通服牛乘馬引重致遠重門擊柝以待暴客斷木爲杵掘地爲臼臼杵之利萬民以濟弦木爲弧剡木爲矢弧矢之利以威天下上古穴居而野處後世聖人易之以宮室上棟下宇以待風雨古之葬者厚衣之以薪葬之中野不封不樹後世聖人易之以棺槨上古結繩而治後世聖人易之以書契

百官以治萬民以察此皆夫子大聖人代天而言以彰三皇大聖人代天而爲者也世俗以三皇廟專委之於醫以夫子廟專委之於儒噫嘻是使三皇大聖與夫子大聖爲兩途又安知天與聖人無二致此道之所不明不行矣蓋醫不通儒則卒庸爲俗儒不通醫則爲迂爲腐是醫儒可析而爲二乎朝廷自國初循舊制勑天下路府州縣立三皇廟與夫子廟一統施行乎典禮也有司遵守罔敢或違是道并行而不相悖三皇與夫子二廟似與一無缺典歲華寢久殿宇圮頹惟夫子廟既嘗修之矣而三皇廟可不增

修乎至正初元隨州知州達魯花赤乘劉鼎邁豪承事讀書稽古希聖知天奮志修崇律身齋戒亟捐已俸仍督工師戴叩諸寮佐掾諸郡吏士農工賈贊襄精選良材一新大觀殿宇爲之椎壯門廡為之肅嚴葺明理之講堂備教官之公廨修祭祀之禮儀闔郡士夫僉言其實徵文爲記請書諸碑余嘉士夫所請之勤遂稽古典引而伸之以示後之學者使咸知三皇大聖人之功利及萬世則宮廟之美不爲過乎而涇斷之曰士希賢賢希聖聖希天至正三年歲次癸未仲冬長至日

蒙谷子知州林興祖木軒頌

漢東大國春秋名郡季梁拒楚鄖侯多書山澤之氣運荊襄民俗之風類伊洛近鄰湖北歐陽子過化之鄉遠隸河南尹師魯間居之地撫臨兩邑陵厲三屯鳳池題進士之名璽竇職文侯之第劉氏文房之舊蹟何其懿哉邢均和叔之遺蹤未盡善也今逢林守雅號木軒興祖其名宗述其學優則仕由別乘以推刑特至而行既似州而斂政有懷召杜多識前言無愧黃龔敦行素履名聞四海道重三山詞翰贍於[illegible]瓊[illegible]璃平超乎文與可歌廉均之五袴笑劉寵之[illegible]爲三省作試官與羣英立矜式[illegible]一賢明福我隨民遂成謙德聞詩聞禮嘗同一以得三玩象玩辭每裒多而益寡陶後進作先賢士夫頌[illegible]剛明同寮服其果決寬柔以教其知孔氏之心木[illegible]近仁願學顏生之樂立登要路遠達亨衢青霄看[illegible]鵠高飛麗澤見祥麟送出居是邦也能不遺林下人富哉言乎當去似朝中客端居師席自得隨珠知我者其惟春秋勝已若莫如胥鮑猗猗綠竹載歌淇澳之章藹藹白雲長揖商山之皓五事備衆賓驩諒經綸以登天安拳拳乎愛日梅邊覓句可繼述乎林逋

柳下繫船將驅馳乎劉迥散雲煙於筆硯煥星斗乎文章平蔡寇以弗憚勞洗淮源而不辭遠西山險阻除民斂聚之虛聲東野蕭條免戶交參之橫擾既著農桑之實又成學校之文嗚呼爲政不難爲臣不易盡忠報國以禮存心信五馬之足榮愼之至也惟四知而可愧不曰堅乎更喜無黨無偏有為有守廉頑立懦必聞夷惠之風稽古明經綽有夏恒之志達可行之天下君子依乎中庸成始成終必須至敬不憂不懼惟狂作聖一朝辭篆難留刺史之車多士攀轅請著木軒之頌僕既聞此命願竭愚誠清水濯纓紀

先賢之實行澧泉洮筆匪小子之空言拯三代之文
風革六房之吏弊采西方之謠語得百姓之驩心千
載異聞忒符公論一時嘉會偶得眞儒剪截浮辭當
效伊周之法扶持正道思爲房杜之徒噫嘻植德有
常建功不一大明此理復見斯人載月歸船奚待兼
金之贐望風引領謚無數字之褒大國之隨還如往
古豐碑請樹以表去思頌曰隨大爲國古稱義陽望
生癸帝贊出季梁近隣鄖蓼遠引荊襄是名大邦迄
可小康古今太守表襄賢良堂堂大元蕩蕩中原隨
爲州治復似侯藩使君林氏雅號木軒登科從仕著

書立言才超邢恕傑出李繁彼美須陰泮池遊深木
軒戾止鼓瑟鼓琴鼓琴鼓瑟式昭德音講徹理體欽
正人心允懷尺璧不受兼金春風芹水時雨梅丘木
軒戾止太闔嘉猷詩宗李杜文紹韓歐書通詩易經
學春秋典章既備禮樂交修漢東太守江表碩儒作
事謀始明善復初蕭然公館索爾蒂廬無毀無譽君
琴有書美之至也君子人歟陰柔陽剛地久天長君
子體之外圓内方居之無倦臨之以莊激勸農桑補
獲叛亡林侯之德闇然日章爲政三年日書萬言敬
敷五教禮闡一源乃今解組父老攀轅藝遊文苑名

列劉垣當歌魯頌以美木軒白雲飛飛綠竹猗猗有
斐君子導言采詩寫憲令儀悠悠我思先生升矣小
子識之惟石可久與山不移

主簿魯璠與應山縣社稷壇碑

社所以神地道居其土食其利必報祭之其來尚矣
竊嘗攷之社實山林川澤丘陵墳衍原隰五土之祇
而后土句龍氏配之也稷則專原隰之祇能生五穀
而后稷周棄氏其配也周禮大司徒設其壇壝累土
以爲高不屋而壇必受霜露風雨以達天地之氣也
由王都至於郡邑得通祀焉春夏祈穀載芟歌之秋

冬報祀良耜歌之則豳風農桑之務於是致意焉水
土既平百室盈止則土功由成之日於是有黍稷稻
粱之慶焉薦必以血牲必以瘞於是致當陰之義焉
然稷非社無以生社非稷無以見生生之效社稷同
功均利養乎人固宜祀之也自唐以降諸郡縣又得
益以雷師雨師同壇而共祀之雨師畢宿也輔時而
生養膏潤乎萬物雷出地奮豫鼓萬物者莫疾焉蓋
四者誠二氣之良能天地之功由流行於覆載之間
以育庶物而賴民生其功尤盛焉是則四壇者守土
之重祭也應山古侯國今中縣有民人有社稷固宜

然也舊有壇壝蕪穢不治至元四年冬魏侯從[illegible]
尹縣事字民以仁甦民以瘼滌漱鋤奸興廢起墜[illegible]
令一新於是城之南岡近西之舊址曠之闢之崇之
夷之壞之墠之垣之隆爲西壇其崇廣東西南北相
距舉以法社稷二壇面北主陰氣也雷雨二壇面南
達陽和也覽其唐塗便步履防泥溢也立石爲主循
典禮神憑依也既竣事邑士方琇走書來曰吾邑多
幸新得賢令尹篤撫字平徭役教種藝振遊惰爰建
社稷壇役雖浩大而民不告勞費雖豐腆而財不出
於民斯役也爲吾民而爲之也盍亦紀之堅碑以彰

賢令尹之喜俾書篆製錦者不徒曰有社稷焉而知
所以有文有實也又使後來者有所矜式焉子盍爲
我文之辭不獲命則告之曰昔有爲句容令者先是
縣多盜令於是改置社稷而加禮之縣之盜由是遂
息焉今令尹禮其社稷徼福於神將以華民俗舊[illegible]
之污誠先務也嗟夫今之綰銀章墨綬者冗焉蠲[illegible]
窘焉鑊焦察焉吹疵擿瘢焉懲羹歷感焉求[illegible]
焉從事瞶瞶辟胥讙呶乎前兩辭辯競乎下[illegible]
刻之少休暇豈遑社稷之建置乎而或[illegible]
山城無學[illegible]

報乎不然淫魅之是暱曲曩之是信餙土木絢金碧
詎非鬼禋非祀又安知吏社稷以奠民乎魏侯賢令
也壇壝穹如規模壯如禮制儼如山川爲之改觀人
民爲之贊美於是人和而神降之福斯不孤民社之
寄彼句容令之加禮於社稷而盜息者大有逕庭又
何可與此同日而與哉夫民社先務是安祀也於是
乎書至正五年五月

應山縣尹魏從恕去思碑

漢東之國隨爲大應山自宋嘉定中始爲隨屬縣有
宋元憲公之善德連徵君之善俗故其民秀而文其

俗朴而儉今之尹是縣擊姦鋤宄起疴痛養曰多有
之若端本澄末浚源溉根其燕山魏公焉公名從恕
字仲賢至正甲申冬由某尹調應山東吏以法繩民
以恩如腹鼓羣奏以塞蚓竅之聲是以吏肅而懼民
嬉而從每旦揖吏於堂講四書及唐律條貫虛懷下
士開心奉公魚泳雲飛風行草偃惟公知教化之原於
學校創明倫之堂新博文約禮二齋知治道之肇於
義軒粒食之任於社稷或棟而屋或樹而壇公廨一
新門牆四備拔荊棘立四賢之祠訪故址架渡蟻之
橋百廢并興咲談而爲之迨其在位而慕去位而思

不惟公之行事可紀可規者皆可以爲來者法不惟去而思之而所思者有以見其德之入人之深而民之愛公者至故縣之上夫宋克明等推誠請文以紀不朽且曰侯之來吾邦五月省耕達廣水村壟間見老嫗少婦泣且餕稻停車勞問嫗言夫男以疫死惟婦姑存貧無資以傭人耕侯惻然太息捐已俸五十緡買力代其耕植以税其勞此慱愛之道洽於黎蒸也年饑鄉民鬻子而食聶氏有弱女貨爲婢苦箠撻逃歸買者訴於庭元楮四十千聶氏不能償侯助其財以贖此及人之恕推於幼弱也歲丙戌朝廷遣使

宣撫河南江北道侯以廉德聞傳命行部郞之隸邑至雲夢平反周子榮獄從重入輕有司以大辟論報主者憂審而疑侯審其情詞以律擬罪上諸天使衆以爲允此欽恤之意形於由獄也及應城其縣民某甲訟馬百戶占民田數百頃餘冒爲軍田民訟於官者四十三年憲郡六斷不從侯片言而馬喑汝陽故田復歸東郭此剛毅果斷行於疆禦也不盜性是如義役之戶甲常平之區畫侯糴至四千石鄰郡至二千石應雖三遇饑年民無饘食之憂此救荒之政者于鄉井也桑麻連野禾黍盈疇句者畢出萌者盡達此農桑之最定於本也侯及瓜而代庚寅夏復來自燕白叟黃童迎拜道左先覩爲快嘗自論之大凡事之合於道者已雖不以爲異人自異之政之更於民者已雖不欲其譽人自譽之況縣之豐碑矣須多公遺愛若今之覽取諸春秋常事不書之義歟銘曰卓彼賢侯爲國之琛政以簡能民心爲心三年之淹愈勤而欽憂國於家心淵靜深沛乎江河不濫不淫聶雨和風惔焚得霖化行楚婦病起呻吟饑民贖子歸田無侵其威如秋肅乎商音種桃成花種桑成林治具畢張東矢鈞金公來至止百漏滲淋賦均義役糴

常公平去公而思搓搓心旌高天厚地伐石刻銘

高皇帝御製諭僧無念文

佛生西乾爲淨梵國王子既長悲憫衆生罪重巍山巡深曠海於是有驚於累世因緣遂入雲山棲崖屋樹六載道成歸演妙法天下咸聽其說也成非非成生死死生其釋迦之道靈通上下妙貫三界溥被寰中此其所以稱尊大覺金仙爲此也邇來靈通侯奏淞知有僧無念者号念群僧中是僧神僧者也茬下可召會之於是即遣內臣執符星馳數日抵武昌[illegible]

有年其貌相魏然色身俱備者嗚呼自童子忘欲至於壽高自受業而成人辭本僧之座雲水寰中尋師問道識高明而不已方乃内觀噫身外無身戒外無戒在處有佛又何指方尋佛本性即佛佛外更尋它佛又何佛之有哉今無念定若魏山戒照日月於斯之時獨出世僧它日脫去其名長壽如月在天世猶諸水所在有水無水不月豈不千江有水千江月萬里無雲萬里天嗚呼久同天地名垂不朽此僧無念者也

御製懷僧無念文

朕於庶務隙中將世人心意較之是非析之兩端思之再三謀之不已其人之精意變態多端倏此忽彼是非混淆紛然難析朕閱人既多歷事且久尚不能治不善而不安善良於仁壽之鄉此果不思古而有此耶抑人心不古而有此耶嗚呼靜觀熟慮人之情意始古至今倏然忽然反覆不常艱於治化古人有云犯刑憲如飲食疾良善如讎隙信有之不誣也嘗聞西方有大聖人不教而自化不治而不亂此大覺金仙之道也朕於繁慮中觀踵佛之道者能如是快矣哉出三界而不輪迴神通妙用無礙於上下逍遙

乎兩間常云出世斯出此世斯者僧無念戒行精於皎月定慧繼若魏山暫來一會去此常懷懷之不已遣人就見特以松實供之兼以詩勞之

訓役曾鼎重修四賢堂記

士君子立身天地間生而有功德行義見重於當時殁而有文章事業流傳於後世者則人人莫不景仰而愛慕之凡其平昔所居止經歷之處必爲之祠若堂以表其名迹者無他好賢尚德之心人所同也因昔賢之名迹以興起其後之人則是又有民社之寄者所以作興士習之深意存焉德安應山之四賢堂

乃前宋二宋二連兄弟講學之所也二宋之功業文章固已重於當時而名於後世二連之行誼在當時亦足以及於人而未嘗有所阿附故令名足以并傳於後世爲無愧焉前後爲堂之始末昔人之記備矣代遷歲久堂圮弗葺故址殘碑瓦礫榛莽過者慨焉正統元年春郡守范君理因過應山讀四賢碑文覩其堂廢之久未有重修之者乃喟然嘆曰應山之爲邑以四賢之名見重今堂宇弗葺鄉人無所瞻仰亦士子無所景慕興起所以激勸後人之意也乃率[illegible][illegible]之[illegible]工即其舊址而[illegible]

之堂成予按部至郡范君請言爲記予惟好賢尚德
固人心之所同然必有好賢之實而不徒以誇於特
而乃足以爲勸不然徒侈其名而已記曰好賢如緇
衣言好之誠也其詩曰緇衣之宜兮敝予又改爲兮
豈非斯堂之謂乎范君斯舉既有以重高山景行之
意而又因是有以勸勉後之學者俾皆知所以激勸
磨濯以進夫賢人君子之學則它日進用於時豈不
以昔賢功業行義文章自期也哉是則范君之所以
望於後人者不少矣應山之人士其不可知所勉乎
相其成者同知武鐸通判張椎推官雷琅經歷張函

昇董其事者應山知縣田順贊者民王文質吳淳繼
而完葺之者知縣李志榮典史趙景也創以其年三
月二十五日完以正統八年二月二十五日

張瓚應山縣尹李侯去思碑

爲邑之道貴乎平易安民而已古之善爲邑者莫過
於漢之卓茂魯恭周榮王渙數君子史稱所居民富
所去民思生有名號死見奉祀廩廩庶幾德讓君子
之遺風千載之下聞者莫不興起世人疑其有奇異
治理夷考其政不過寬惠清平謹身帥先居以廉平
勞心撫字而已夫漢去古未遠人物淳厚爲邑者位
不下子男生殺予奪悉由以出無所牽制故上德易施
下情易感世降風俗日漓吏治日以苟簡爲邑者品
秩雖卑而法令繁民頑政龐治效難見求如古之善
爲邑者落落中今見一人焉應山邑大夫李侯其人
也侯名春字惟亨安慶桐城人登以科第發身膺異
選拜今職下車以杜絕苞苴親賢遠奸惓惓以惠黎
元爲心先是舊令簠簋不飾幣政軼掌役斂百出流
亡載途邑之富室巨豪大爲民蠹且丁歲大侵鄰壤
荊襄之間盜攘蜂起奸黠蝗結民益睽睽不相保侯
至首爲延引耆宿貶損禮容問民所疾苦求所以去

害安民之道廣得其情悉次第繩治招徠撫摩遊惰
者警之以耕耨窮乏者貸之以衣食訾訟者教之以
溫恭敦實獷梗者宣之以禮法威令弱者扶之作者
起之良善呻吟者安之慰之興學校正婚姻征斂以
時徭役有定立集市以通貿遷築陂塘以蓄水利修
明祀典禁止奸邪凡所以利民厲民者不憚利害難
易勇於必行以求必當而後已由是驚逋以復田疇
以闢序塾以興倉廩以實詞訟以平惸獨有依禮義
興舉上安下順績用以彰休稱籍籍蓋侯之操存正
律己公故民之索斁如影斯正如響斯答自巡撫都

憲臣藩臬而下文章論薦侯亨有加禮幣交至古所
謂愛民如上賞者侯以之矣茲以九載埸於　王廷
有日邑之士民以不可一日違侯且爲不能爲侯留
行途碑史詠遠邇喧呼於是邑教諭豐城游均邦貞
謂采風謠銘德政儒者事也迺爲謀之訓導泰和劉
君拱安福彭君祥遣庠生王凱孫陽義官趙武耆民
李統綱致書幣於予徵言以紀其實將以鏡諸貞石
以垂永久以識邑人去後之思顧不腆之辭奚足爲
侯軒輊哉書幣三返而不能已迺知民之不能忘侯
者蓋有乎惠心自不容已也昔召伯治陝巡行鄉邑

舍於甘棠之下而聽斷焉陝間之人愛甘棠而不忍
伐卒至形諸歌詠播諸聲詩足以風頌萬世侯往矣
予知應山之民仰侯休光挹侯遺愛愈久而愈不忘
將有甚於陝人之思召伯也傳曰樂只君子德音不
已侯以之矣予既掇拾侯之德政大槩謾爲贅說以
復諸君子之請而又竊有申焉夫理一邑而治則可
推之一郡以侯之德政雖移之一省施之天下無所
不可况一鄉乎而牛之鼎豈止烹鷄乎於侯有望也
亦邑人之情也

僉事劉子肅應山縣丞李森脩學去思碑

夫自有虞氏設學所以明人倫成治化也三王因之
後世法之迨夫我　朝列　聖相承法古爲治尤以
學校爲重故自京師至於海隅郡縣皆立廟學擇可
師者主之且俾憲司暨長提調教養以求治焉世有
政教之責者亦必祗承
德意修飾學校以爲爲政之本記曰如欲化民成俗
其必由學乎應山令桐城李侯春發身賢科歷政內
臺釋褐爲今官視篆以來謂學校爲風化之原人倫
明於斯治化由於斯賢材育於斯先是重於因循歲
久滋敝不有以修飾之無以副

上意成吾治於是進謁先師退就學館顧瞻咨嗟曰
廟像不飾學校不修今之責也春奉　朝命來事盛
有重於此迺諏日就事鳩工度材易陳以新廟自殿
廡像設祭器戟標星門學自堂齋饌舍庖廩街衢百
爾葺治具備加于舊規經始於成化己丑落成於成
化庚寅非以騁觀視快人情將以崇敬讓遂教育以成
化民成俗之意用是人材輩出禮義成風觀感激厲
致用以和士民德之噫若李侯可謂爲政得其本者
矣視夫世有不究大體承德意而旦暮用心案牘期
會以爲能趨走迎餞以爲賢教化一事謾不之省者

其賢否何知哉茲以九載述職有則教諭滸邦貞校藝萊闕其侯政績爲於予歸將碑于學以示師生去後之思容有同其事而問予曰嘗聞漢循吏所居民富所去民思蓋以寬民之徭薄民之稅阜民之財而民思固其宜也師生職在教爲學焉而已矣奚於侯之去而思之又將鑱石以識其不忘無乃過情乎予荅曰學校以禮義相先況侯於學校興崇教養淬有成績則於侯在而敬侯去而思秉彝好德之良心也宜也非過也抑侯德政不一而足淪肌浹骨入人之深矧六事兼舉百廢具興非徒邑民去思有碑而口

碑途誦尚未已也予故弗獲道其詳然聞縣之庭樹靈鳥數千縣堂之西有榴一蒂四實是其仁及鳥獸草木乃奇驗也昔漢之魯恭令中牟雉在桑陰時人謂其化及鳥獸及積德穰災豎子有人心爲三異與後位至司徒侯之奇績治有類焉侯亦自此升矣哉固予之望也亦師生之情也

教授彭拱教諭滸先生去思碑

我朝

聖神代作建學立師以淑人心爲治化之本督[illegible][illegible]然自立奉

上旨以教道結人心者滸公邦貞先生江右之豐城人天順己卯領鄉薦成化丙戌授掌應山邑庠教履任以來大懼人材放失闕科稍久延召諸生諭曰學問之道在收放心當卓志仁義道德盡格致誠正之功收修齊治平之效豈徒記誦口耳文字以媒利祿爲哉諸生聆之無少長雖教是從黽勉精進先生朝則指畫講貫夜則筆削課業誘掖激厲始終無間是以諸生益自奮厲夙夜匪懈篚篋之刑措而不用悅服之情久而不猒辛卯大比得捷二人繼今成人有德小子有造挾藝而角秋闈領薦而上春官彬彬濟

濟項背相望矣茲以秩滿奏最有日齋長陳傑孫陽率諸同門告於分教彭君庠曰先生之德其可忘乎當琢石爲碑以示之來徵予爲記夫先生師範九載漸摩仁義導迪詩禮三典文衛桃李滿門思之者豈跪指可計乎昔孟子論王道謂如七十子之服孔子今先生以教道固結諸生之心門弟子安得不以七十子之服孔子者而慕於先生哉詩云有匪君子終不可諼兮當以誦武公者爲先生誦

副使浣鍾重修渡蟻橋記

湖臬憲僉張公乃弘治乙卯往按古郢城境抵應山

邑治壯闡南之溪之橋餉溪環如帶橋偃臥如游龍信乎其爲偉觀者矣訊左右曰兹奚橋曰渡蟻橋也于時憑輿忱若有所敬而式焉者曰異哉兹橋也得非緣有宋宋郊宋祁渡蟻于兹而得名邪已而復訊左右果然第其橋規製頗卑且隘加以傾圮弗堪公亟召知邑事康侯曰兹橋卑隘傾圮吾欲撤而新之而董厥功將唯爾乎賴且周禮歲成徒杠輿梁詎非王政中之一事而有不容緩者乎用是多方區畫爰白金若干市材鳩工公帑民財毫髮靡所假貸委僧曾潘祖文陰陽訓術向端出納之厥功董于康侯矣

殫心力經始於是年二月落成於九月己酉高一丈三尺有奇闊僅減尺許兩旁列峙闌楯椎石卑以崇隘以廣傾圮以完備規制與昔固煒燃其改觀矣哉橋南十許武又鼎立渡蟻坊三楹尤宏且麗其北百步許舊有四賢堂春秋祀郊暨祁又暨連庶連庠俱兄弟侯謂兹橋之建憲僉公行王政之盛心使無記焉曷以告諸後人膺遺乎舊所督庠生彭思信能言考奉幣走數百里致于予請文諸石予重違其請許諾謹按郊祁本開封人父祀爲隨山令遂家焉因爲隨州人[illegible]公序[illegible]以文[illegible]

[illegible]以[illegible]識[illegible]爲立祠[illegible]之[illegible]以崇崇祀重于斯抑將以為後來生於斯仕於斯者勸其用心遠矣哉夫以隨言之自古以迄今生於斯仕於斯者何限而夫人獨以賢以名聞而不以賢以名聞者莫之敢齒譬則景星鳳凰較夫沙礫斥鷃在彼一二不足爲之少在此十百千萬不足為之多雖然不有斥鷃安知鳳凰不有沙礫安知景星景星鳳凰常少沙礫斥鷃常多此理之常無足怪者然[illegible]鳳凰世則爭先快覩而視沙礫斥鷃漠如也[illegible]

三人心之公萬世有不可誣者與隨州鄉賢名宦二賢為之祠矣而今而後生於斯仕於斯者無志則已有志焉者盍亦求知詩所謂高山仰止景行行止而曰彼若而人也我亦若而人也彼以賢以名聞我顧可不以賢不以名聞[illegible]不聞也乎[illegible]不[illegible]其[illegible]文夫也斯其為有志蓋士修所[illegible]於後[illegible]生於斯仕於斯者之意故曰其用心遠矣夫且十修[illegible]以中科發身雋才雅操志方銳功名方恢弘未可量隨特為之兆耳詎肯以天下第一等事而讓人也已邪

推官華清隨州瑞蓮亭記

州學之東有池窪然以瀦其水循古渠環學北而東以委于池池以故深濊而多魚州人勢力者漁而專其利蓋百年矣弘治己未内江李公士修自刑部郎來守是州首稽古崇德以風厲學者攷求隨鄉賢名宦有功德名節者移狀當道列祠于廟之右旁是始以池隸于學宮以共祀事瀕池地勢稍庳公乃謀為藏書之閣以翼其東南又為燕息之亭以臨其東北隨人朝夕游焉可以抗高爽而覽空曠若天設地藏以貽其人也亭既成公適有陜西僉憲之擢於是攜酒餚與其賓佐往游其間舉酒相屬曰三代理化

之隆學制大備余方盡力是圖暇日思從童冠士數人歌游於此以尋沂上風雩之樂顧今去此而不得與也其能忘情於此亭邪不為之名則後其孰知余志之所在也學正蘇君嘉虞暨諸弟子揖而進曰大凡盛衰興廢皆有數存乎其間非偶然也昔者公之未來池適有一茄雙莖者生之議者以謂此瑞應也其地將無有乘氣數之盛而復興者乎此亭之作殆其應也是宜以瑞蓮名而以書來屬濤記之惟草木之生皆有常形而各有其類其或有異乎常者是必有以關乎盛衰興廢之數固不為徒生也故隨之圖記又其山川形勝其地蓋隨國之故城而池蓋其故濠也計自春秋至於今消歇廢絕二千有餘年乃今始得遭值公之賢適守茲土作而興之使昔之頹垣毀堞荒榛野草今皆為雕甍畫棟晶綵奪目昔之山禽水鳥鳴呼上下今皆為詩書絃誦春容盈耳是故公之才力足以有為蓋亦人事之與氣運之盛有待于公而後集其瑞應之徵見於草木信不誣已昔僖公作泮宮魯人頌之曰思樂泮水薄采其芹又曰薄采其藻芹藻微物非可樂也蓋所樂在僖公而寄意于芹藻也矧公大備其學制而又長育作成其人才

其有大造於隨也豈淺淺哉隨人樂公之賢而以瑞蓮寓名于亭亦魯人之頌也雖然凡物之盛衰興廢相隨於無窮而此亭又安足恃乎嘉樹之譽猶封殖而不忘情故為之書于後以告後之人其庶有知繼公之志云

宗嶽李公橋記

隨城之西百二步許曰合溪有流水瀠環過而有聲遡其源出州北紫城山始涓細抵山石滔崎曲折十餘里合磯山渠澗諸流潛溢又十餘里逾城地閬闠漸渟洄徐奔灘瀑然漲發而南入於槎河人以其水合山溪謂之合溪前代不知誰橋溪上父老相傳曰

[illegible]無亦有賠於古乎余曰昔者昌黎韓公謫潮州驅鱷魚橋廣濟徧乎潮人人名其江曰韓江山曰韓山今諸老以橋名李公亦潮人以江山名韓之謂也書曰民罔常懷懷于有仁李公舉進士有聲郎秋官判岳陽有聲及守隨益著賢聲當道屢章上聞宜乎隨之人借賢名以榮橋借橋名以懷仁非謂一橋足盡李公之善政也吳公曰然諸老名橋之心信如先生之論第不可不如其請以如其心也明日諸老力請之[redacted]懇徑率不可回遂更橋名而為之文以志是歲弘治丁巳十月李公守隨之明年也李公名克

嗣字士修西蜀之內江人

俞釗溫泉記

隨陽西行百里許有地名曰梅坵高山萃嵂星拱雲矗綺縮綉錯林霞島霧聯嵐含輝自崖谷委折而來溶溶然有泉出焉不蒸而熱不燖而溫泓渟洄流注於一窪卉莽藂翳傾詎缺圮弘治戊午春正月隨州太守李侯循行阡陌道經梅坵顧瞻形勝見而奇之命鄉民趙信等除繁木剃鬼草而得溫泉之脉規畫量度甃一小池廣八尺深二尺引泉縈而著之以為洗塵之所池之上構一小亭覆之扁曰溫泉泉之前又構屋三間以屏障之扁曰溫泉居者旣於斯[illegible]憇於斯行者息於斯造化效奇至是始顯夫豈偶然嗚呼地不自美因人而彰魯城沂水曾點稽蘭亭不遇其人則勝跡湮鬱徒貽林澗之羞然則是池之設豈專水泉之適歟抑直川原之勝歟殆天假之奇遇或者因其細而知其大也邪李侯名克嗣字士修西蜀內江人登弘治丁未進士第惠澤洽於下政績聞於上修學宮立賢祠構洗心亭鑿夜光池有功於隨多矣此特其一事耳因書以記時是歲孟秋也

馬俞諭祭

壽王妃徐氏墓碑陰記

正德壬申　壽王妃徐氏以疾薨訃聞　慈聖康壽太皇太后　慈壽皇太后　皇上　中宮　公主哀悼不已各為文遣承奉正白琨祭于位　上復勅工部司務王度營塋于應山石龍山之陽　恩禮稠疊諸藩賻儀盖　王少鞠於　太皇太后宮中而妃則　太皇太后之所擇娩者也既葬之三年　王以　懿旨宸章不可偶得爰命承奉副趙良召工刊石樹于享殿大門之外以修　上賜而垂永久謂臬職在守土亦預其事屬紀數語於後惟　王為　憲宗皇帝第七子修學不倦敦禮[illegible]溫仁恭儉之德

明知深察之資維出於天性自然而妃内助之功不可少也則夫今日之生榮死哀亦其宜哉良承命惟謹不遑寢息若襲含襚祝之備卜度欽窆之宜與夫陶埏巧鍛雕斵丹雘之工緻罔不矢心殫力務底于成厥忠可嘉也已用是附録下方而以某某序列焉皆一時有事者云正德十年歲次乙亥秋九月吉

郡人顏木前太守李公去思碑

公去今七八年州之人德公如公在州吾鄉能文之士不以秉筆焉夫公行之州之人德之足為善政善政者缺而弗録焉於是失采于風人不登于史氏無

以示法于來者蓋文士之責而於公固無與也公去未尚見不能知公長又不文不妄云云而今不然者以是故也公始來首詢民所疾苦而為之除之愛字撫綏一出於誠願受一廛者千八百九十四征其力役者七千三百五十四而地著不與焉是公戶口增令民墾汙萊築陂塘興自然之利里設木鐸水利塘衣常戶曉之夏秋之際禾黍盈野雖尺寸荒頓之地見者斥之是公田野闢俗不讓而尚爭競雖乾餱之失亦鬨於官兄弟婣戚往往而是公嚴以令化以德背禮傷教窮致以法自是左右見其日坐聽事拱手

而已木妻族有十年不如妻室者一夕復合感公化也是公辭訟簡環城民居而無扞蔽公周以隄而繚以垣郛設四門建旗亭而時啓閉之初消水泛溢衝没南市歲為患自是亦賴隄以免文度村塗九衢縮五里士高無人之處皆造一窩室編夫以火總火以甲執兵而夜守之遇警鳴鉦相聞協力往援焉治北百八十里僻處多山谷寇盜出放其間公請於朝設屬巡捕之民兵舊百七十人公增千三百有奇修馬政備器械公自試閱士皆精練於是荊襄盜起入竟剽掠獲巨冠蘇鎮餘悉散去驚相戒曰李老子

不可犯也後雖攘一雞盜抔土者亦無是公盜賊息父運京稅舟丁力士之費民歲苦之公造舟三十六艘分給土人之善濟者無事聽其駕以取利轉漕令其候以裝載民兩便之是公賦役均公於廟修櫺戟暨廡又創鄉賢名宦祠而以古池五十餘畝隸學宮以供其祭需于學易大門建射圃之廳又創尊經閣白雲書院招延師儒羣處士類助以膏楮將撰之費時而提調之里各建小學皆為其擇師以教子弟須以孝經小學書暇則徧歷其所授以句讀雖深山窮谷之下吾伊不輟今小大有成至有一二舉於鄉者

曾公之遺教也是公學校興公祐嚴明祀典實[illegible]修准謹祚淫祠巫鬼則黜禁恐後卹窮民闢義塚設義倉于四鄉貯穀萬斛饑歉豐斂民賴以濟又於官道造石梁六郵舍十有六夾道植林木七百餘里入其途者舉欣欣然有喜色矣又立白雲漢東之二樓尹公瑞蓮洗心溫泉之四亭此所以爲敬神之典惠民之政遊觀之所一一而具舉焉治之數年政平訟理居閒無事郡中形勝登臨賦詩遊歷殆徧藩臬諸公過而知者多不以屬吏處公而公退然也公實可謂良吏也已於乎世之守土之君子舉其一而或遺

其二利乎上而或害乎下求取便于目前而或不能無憾于他日視公之[illegible]者有少讓焉者人品之高下學力之淺深[illegible]治之議否所由以繫也

藍子善政碑

藍子志張氏之爲隨州也敏而弗燥察而弗煩廉而弗隘惠而弗狥寬而弗縱儉而弗特嚴而弗苛正而弗局中以勤厲外以簡從斯不亦敏而弗敝乎求隱以年致理以要斯不亦察而弗煩乎不苛罰不苟取然積盈而廢振矣斯不亦廉而弗隘乎無告者有養多緣者寡施斯不亦惠而弗狥乎成人以歲校人役以皆人以日斯不亦寬而弗縱乎節平法冗興實行議斯不亦儉而弗棘乎剪彊伐豪赦過宥小斯不亦嚴而弗苛乎御中貴則忤之持勢官則沮之承總司則欽之斯不亦正而弗局乎故昉而望焉民孜孜乎如雁扁少而畏焉民惴惴乎如罔遺已而安焉民由由乎如弗慮去而留焉民眷眷乎如有失久而思焉民悠悠乎如恐忘車子者後子而守者也其志一其政比趙子者車子之貳也其猷濟其精會茲厥八美昭厥群好伐石而勒之物藍子之爲州也因民之懷生祔司馬李公下宋賢尹公暨其去也民亦生祔藍

子於二公於是又以其賁請于車子君子曰傳遠以文壽文以石非文曷傳非石何壽采行圖貌昭諸讀愛于文于石傳而久之亦其宜哉

後喜雨亭碑

雲山林子之來涖州也不雨數月湏幾絕流春害農廢衆心搖搖侯至而雩夜必跽以籲天率下一鼓數日果雨州人感焉剏亭郊南題之曰後喜雨蓋以繇公鳳翔之意示不忘云爾侯來僅月釋繫解辭擿伏拖豪詰姦平紋均其衡量簡其諍訟汰其冗襍罷其科索凡斯十者咎沴消矣雩之日也具增傷潔粢盛

恳酤醑叶寮宷罄緬精獻款塞昭格無羸致天之應
固其所也傳稱天道遠豈其然乎夫政本也雩章也
誠一其外內而協之理也政而雩或未答未有弗政
而雩也雩而誠或未應未有弗誠而應也以是益徵
天人之相與矣夫守土之吏施之人也或多以爲名
也下此者利而已矣禮之神也或多以爲文也下此
者慢而已矣其視夫人員不啻士苴芻狗然也豈天
意乎蘇亭距今殆四百七十餘年其亦有數乎彼出
之官茲出之民彼樹之署茲樹之郊彼佁之未雨茲
作之既雨其亦少異也哉詩曰穆穆林侯遵我邦士

公惠而嚴衣被思晉維我邦士弗恒厥施或靜之公
或舞之私或雜良苦肆爲昡蚩或燕燕自飭或營營
弗食或坐而誅求或弗已于力侯秉其實是諭是徵
是止是激是撫是繩則莫我敢陵侯未戾止旱既太
甚稽山涸潟邁此巨祲侯雩而虔寢莫即桄憯不三
辰膏雨四侵稿者聿蘇殨者聿蔭瞻彼有秋脫塗就
衽民具瞻止曰父曰母昔云召杜茲云我守二千允
矣侯弗我久侯弗我久胡能富有䀀彼湏流在州之
南眷彼我侯既潔且涇蹎言思與參焉思聿侯今往
矣其何以堪

隨州范曹二使君去思碑

嗟乎煩君之下得蔭而息風雲之會皇含而趨君蒸
之以嘉林技之以漣即有以解紓其棘詔非君人之
幸喜者哉吾州之民昔有沈隱中雖願治乘艱則廢
范使君任嚴左右之防簿書訟牒手自緘識幽枉斷
滯宣之使達閱其費耗則節省甲里樽制夫騎憂其
困乏則令有贖羨穀存賑貸辨其邪枉則估質以判
斷暈必謹端其習俗則淫邪是黜童蒙攸啓復叅補
之侵地散金礦之聚徒賊民必根株悉拔而藏形匿
影者捕之不休數倫雖衣冠不假甚至召於庭下筆

之立槃舊使君復以諫官攻彈時宰謫司判理弗激
弗詭任事之日別異奸慝窮詰潛寇公退之候羣以
生徒授以經旨間攝前水六事具舉彼人愛之爲立
生祠雖其爲郡特相後先至於剛明凝重不押小人
接遇士流外婉內介干託不行強禦不吐二君所同
也優游文學讀書賦詩比試纂外號稱得人二君所
同也廉慎清苦門戶悄然遷官之日文書衣物數篋
而已二君所同也行矣數年州人德之感思如渴二
君所同也前行後承甲立乙卡保其無告全乃委記
鎖積暑於長陰鳴和氣於韶屆俊四境之內無復暍

憷之虞謂不在於後人也哉民思不置上其狀於大
夫閫任用與別駕劉作郡幕李江咸曰是誠不可以
無紀於是乎紀之范下名欽字克卿號東明鄞人嘉
靖壬辰冬任州守丙申夏遷繕部員外郎歷郎中今
至袁州太守曹子名達字履吉號沙溪太倉人監察
御史丙申春左遷州判丁酉冬擢南城大尹皆一時
名進士名位未涯云前進士淮漢顏木

運甓齋記　　知州閻桂撰

運甓齋舊無匾額至率蹤比徙所而西遷就堂
於右齋作階覓辨誤而失禮者多矣簡陋相沿遂莫
之稽先守姑蘇史公經齊於庭中建小亭扁曰劾新
輙詩御宗公葬爲之記嘉靖己亥冬闔予嗣守是邦
環頑而嘆曰惟器與名君子之所司也名以出信信
以守器器以藏禮禮以行義義以生利利以平民政
之大節也茲而弗立其何以軌物乎乃謀隙地于亭
北僅得數尺餘則深坎矣因命輿人服役之暇負土
築基既再閱歲勞亦漸增廣得四丈七尺有奇闊亦
少爾未幾淫雨六作基崩者約三尺曾有別工美導
即役匠氏甃之既堅且隆卜壬寅……

王大尹去思碑

王侯安福人擧正選焉至而饑倉廩之死徙者衆
侯白諸統且爲文以諭富民得白金八百賑之津西
巡察善其策薦于　朝欲擢之焉里什長公費若役
歲輸其一然有廣狹也今相沿無饒減歲終始免侯
計糧丁之率而以歲之日配之日足而釋弗歲妨也
治省汴中道之會也蹄將迎無虛日侯亦計其糧丁
丁之一配糧之斛斛三十今出一馬然有公度及淚
入者閱其繁重諸所役費皆半計之而已夏秋兩稅
審其飛詭與其欽納饑或不克以公帑貸之候熟乃
償其輸内帑決准以銀力殊省易斯則盡畀度没者
而它不與也水利舊設塘長槩肆誅求弛亦賂免其
里胥亦假催科群而譟民歲一再至侯於此并革之
也土田磽瘠間种木棉似勞成布易其食用而俗銀
代錢驅儈稗販之徒雜其賈苦弦嵩邪巇幾弗能禁
侯加糾治使賈者即貞苦者化良而不相欺也北鄰
羅信冠彼竊發侯簡民兵具衣械恬治場宇且申嚴
保甲防守之夜寅春果巨寇數十由寅陀徑入勢甚猖
獗其保禦之爲勳殆盡自是不敢言化境矣是夏孔
子廟隤侯屬典史鄧君采木而鋁……

經營某月而工訖武貢二千餘永樂中來屯注籍强半悪有谿山遂削之而屯京山黄陂所籍之田聽民占爲增稅于官其籍猶藏武之吏高氏弘治中議覆屯高之後讓籍私示京民曰汝執此不即嫁于彼乎京人從而想焉於是有令州縣能核屯進其職縣有利之者檄至而誣服自是注籍之衆田不加多既輸民租又納軍稅田移數主名仍其故歲徵之際動相牽引彼復竄緣恣其欺詭僞增滋甚侯亟使人詣京㩦之其名多符於籍嘆曰一軍二屯倒乎力白諸統𡠛議不報惜哉宋二宋子嘗讀書治南後人即其地建

祠橋與坊小連子墓在三鍾山麓拜文慶侯修墓而建橋且易坊以石敞如也正德中劉六劉七入寇都司馬公戰死侯亦即其地私祠之且于南西郊又各買地與貧民死者瘞焉不盜惟是于邑廣徙其壇于善濟葺其舍于預備叙其倉于藩臬諸司飭其宇煥是諸役其材力咸取足贖金無所于賦也劉六之變無城守故直遽治內士庶適竄長吏延拜公私之害極矣侯至是築之徙汶水稍南而湮其故道三旬而工訖諸統司聞之咸驚曰何役之速也侯未即已契本之稅積若干銖也備賑之谷積若干斛也計其實是

以克木石灰甓匠傭之費也物課一考法應往奏則以不城不果茲役作而春事興遂弛之既而諫垣缺來徵侯於是黄籍亦應編上民數徭賦一失其核弊且十年侯雖聞　命亟爲研治無爽焉且于甃城經費分屬諸役各有司存皆不以其去而弗加之意也吾嘗見今之仕者矣得一與考若被徵也榮願欣躍以赴功名之會回視舊職如脱敝屣而侯今皆不焚也可以觀其用心矣其事母孝而敬勞勞在公禮猶不廢其律己廉而儉日止一肉供其母已與妻子蔬食而已其蒞下明而勤閭閻之狀悉莫之欺雖深山

窮谷之民亦往往熟識其面詩諭士農流布民間率多感化其馭吏嚴而正其接人寬而厚其事上忠而謹深沉毅决警敏慎重絶無疏忽粗辟之容微山巡按力薦其賢藩臬臺部時相值者無不敬勞也論者謂吾縣近歲以來若東魯黄侯之敏毅錫山談侯之子惠姑蘇莊侯之信厚侯蓋兼而有之矣識者以爲名言

縣建孔子廟碑

九年夏縣大雨夫子廟隳明年有　詔正其位號革其爵謚與其塑像别祠啓聖移路晳伯魚孟孫氏諸

之配侑食諸賢有什一點焉前令汪尚冏考之卑廟而
去啓聖闕祠嘉靖三年焉今令王朝璲補之僉憲陳公
嘉言行縣又病侵地闢學舍若干楹且復唐張巡祠
云典史鄧儒教諭夏時亨訓導衛正謂木上着不可
以無言夫孔子之道其自言也與其門人之所論記
也所以發揚先聖教詔後學者盡之矣末何言哉然
天下後世無小大無貴賤據夫言而順放諸行而達
達其道而禍故醇乎其道者謂之王雜乎其道者謂
之霸悖乎其道者謂之賊秦漢迄今二千年間厥有
儆哉竪主鴻儒代不乏人或贈之以官爵或進之以

謚號或立之以祠宇或設之以貌像或配之以門徒
雖云禮有軒輊事有失得其好德之心一也然古者
先師之祠不立廟不追謚不贈爵不設像不塗祀祭
樂祖于瞽宗士釋菜與天子出征反而釋奠皆於學
焉是不立廟也諸侯薨天子論行以賜謚孔子卒魯
哀公誄之子貢以爲非禮是不追謚也王公太師皆
漢以後之贈前此未之有也是不贈爵也祭有主有
尸釋菜釋奠有主而無尸是不設像也義有差殊學
非聖人行素食鄙謂當見擯于洙泗也是不塗祀也
故立廟起于學廢學不廢則無庸追謚原于法弛法

不弛則無謚贈爵本于心移心不移則無爵設像由
于祭瀆祭不瀆則無像淫祀始于識拘識不拘則無
祀然學而庸者制雖褻王乎敬矣異世而論異世而
爵師化教而非聖人于禮越度不可以爲化矣故立
制莫大乎王立極莫大乎聖非王非聖創物化則速
譏取戾訛甚焉是故追始明倫正名核實去謚而師
革爵而于易像而主遠禮以定分正倫而厚俗循名
而責實此　高皇之普則　今日之盛制也是
役也材石瓴甓丹漆黝堊工器力食或采之山林或
化之陶冶或伐之淫祀或取之蠹民或贖之罪人從

之而不以爲勞用之而不以爲費驅之而不以爲怨
法以律人義以起衆衆成用明樂而成之君子謂之
善役焉嘉靖十二年秋七月記

縣建唐張中丞祠碑

公名巡字巡唐鄧州南陽人爲御史中丞守睢陽賊
帥尹子琦攻城與之力戰死焉史載其事縣有其祠
官無祝釐胙幣且令甲之闕載也其吾民之私乎公
之忠義激發知烈風迅霆所在披靡百世聞者猶足
以死殉說二甃人之敬別距其土著若死節之地
河[illegible]人學心欲[illegible]

所哉且祠之興而廢廢而興不知凡幾圖志有其然父老有其傳[illegible]世之爲平僧徒弗逞餽爲佛堂僉憲陳公廉而逐之令知縣王朝璘典史鄧儒從事焉基惟右隘購諸民而益之祠以三楹翼以兩榮繚以周垣啓以大門正其位號定其祝嘏祠後門旁有隙地也則爲廬以僦民而斂其羸以爲圃通計其地廣十尋而弱長倍之而强廬圃之税歲得百金九十餘銖焉蓋十八以備物祭於是乎供也十二以雜費經葺鄉富于是乎出也祠來久矣民所自爲而莫屬於官禮云明備疑未有今日也

季子祠碑

晁大夫之三年新作季子之祠季子何我之先臣也我之先臣衆矣曷此乎獨祠贀也曷贀之聘之軍楚方問我熊率且比曰季梁在何益蓋敵之威也敵之威曷以贀敵之威者贀之素也何言乎贀之素徵諸今辭何辭爾楚人誘我少師欲追之季梁止之無慮數百言皆忠信之道也非其贀素曷能乎此鬬伯比曰隨未可克謂季梁也使其卒聽之楚惡得而弁之國至今猶存可也贀矣不見稱於仲尼何會意則稱但時則稱[illegible]叔之孝否楷之忠[illegible]入王師不識遂杞之師[illegible]收[illegible]之籙不免乎伯心矣然先民而後神民和而神福[illegible]形曰詩陳楚歲者是物也斯言也亦天下之至言也然則祠之功於此乎前此矣蕭此曷言乎新作仁材衷所數百年矣卜地鳩工治始之爾[illegible]子之者何子者男子之通稱又後學宗師先儒之稱也舊稱大夫大夫無徵所以于也

王子城縣碑

縣而不城蓋古有之千年焉或局于其形或恃于其利或囿于其人恃于川者以其阢也局于形者以其凹也囿于人者以其貴也謂其阢則岡合而澗環天成其形不俟之也謂其凹則中下而四崇隘之則偪拓之則水齧而民參之不可事也謂其貴則藏慮財縮勸民動衆疑而弗決憚而弗前也夫先王之制侯城視宮　今之縣古之侯也而可少之乎于是乎王子城之焉從澗而[illegible]東迄北至于應麓徑三百步輿下流合而堙其故道截公之餘補民之參者六十四家其體正圜其執負崇而抱庳其輪爲門其廣爲促雉堞樓櫓工力器用識其餘[illegible]四百三十[illegible]已錢三百

分鏝之一百四十二餼稍千三百二十八斛五分斛之一臧贖券楮官没公餘府之匃貲廩之陳粟秖盈其數告報稽驗鳩工給直甎甓十之三碭礎十之二材木十之一壘砌石燼四之一裁藥傭力二十三鍜鏝三十一導水瑊岸六十二畚簣桁簿纆竹綆缶蠡勺縣埀劑埴之金縷籍塗之卉布百九十一物其土安酌其規制用其閒力購其美材募其善工故夫基之博而堅也墉之修而厚也闇之方而直也百堣隍塹之平而深也揣其崇得二丈蓋墉墌石四尺甎二仞闇墌石六尺甎二七也度其廣得三仞有尺蓋甎

嘗。今

〈隨志〉卷下　七十七

博六寸石倍有半石之墝二仞不及五寸甎之墝三仞有四寸而墿塹不與也計其長得二百三十三雉爲闇者四中洞而外方中置扉楣則鏝其扉而東其楣也爲竇者五石四而陶一也爲堞者千六十八櫓閒而覆也門上有樓翊南之崇二仞有半長三楹有半而弱廣倍長而强左右之崇不及四寸廣不及三尺一寸蓋共極鄉明制異于他固其安也繞城而郛總以旗亭截道而津引以石梁南滙渦淵東注二閘體裁一新規摹殊別其雉堞縣亘蜿蜒糾結凝然以盤也睥睨闍析彌縫重襲緻然以閑也鍛猷蘭錡參

錯布列斷然以整也[illegible]不齬挺卓伏制嵎然以起也相桁樽鑪交互結構[illegible]然以承也棼橑欂櫨帝鼓聯連鶱然以張也甍棟[illegible]獸吞鳥翔縠然以怒也標疏朱[illegible]髹漆堊[illegible]粲然以光也鬪襄汝之衙從于里彊固[illegible]鎮重威遠此其一也可謂壯也已夫築削墉圯培鐐賙材增陶埤碭建樓樹櫓鍛鏝髹堊闢枝晉[illegible]敵錆喝[illegible]措以之王子之功也立載計費[illegible]營[illegible]于之發乎前令贊鄉也王子[illegible]隨承宣于惠惟其當焉而不[illegible]以要[illegible]亦曾[illegible]而[illegible]服政盛惟是而

〈隨志〉卷下　七十八

[illegible]是爲最也可謂有六功矣太守歐于率其僚寀它日行縣見而韙之以謂昔人格于三議無能有成而王子不且然矣于是乎屬縣之老顏木者備述之也

歐陽子祠堂記

歐陽子州舊無祠故司馬李子克嗣爲守始有享于鄉賢而躋之其中既以治兩白雲樓下夜光池上之故址作書院後室前堂翼以西榮顏其門爲白雲而并立尹公亭於其東偏云無何李子去史子經代謂樓特標治右弗利公解乃盡徹之而且易書院之榜爲文忠復上偶歐子肖像於室中典以一力晨夕灑

掃香人之無祠禮焉後亦謝去堂室滋敝有假之例
以規為業者蓋故公基守如小學鯀舍解圃既壞郛
池傳館要途闗衝射利之所無慮數百十畝司馬子
壹聽諸豪而蠶食之後人之効尤固其所也繕部范
子欽近嘗來守廉而獨復屋之數椽而居以二卒亦
中興矣而未遑於有事也今守任子德始作之規制
一如司馬而兩榮為勝意欲升之以為堂室而降其
堂室為兩翼仍夫高美非故殊其向背也工將落辰
沅兵憲李子瑜有督治之檄蓋亦薦昔人之故而懼
其復失方將遙為之圖而不知任子之已作矣皆可

謂之篤也已夫文忠子雖他產然少而依其叔父於
茲淹留藏修蓋十有七年焉既而解發歷官公輔卒
成鉅儒存而自謂不能忘情於茲歿而顧不得專祠
焉祠不祠何與於彼然抑豈吾人之情禮也哉祠事
方興任子偶以微罪論於風使百里之內聞之莫不
同聲惋惜而莫之留也乃屬別駕劉子祚為成其志
盡制備禮不況不瀆崇賢報德振士勵俗不在於今
日也乎初繕部之政精嚴明整吏奸民蠹絶無夤緣
三年而後去之任子爲代一以簡恕平易撫循子惠
晏然而無所更張人以比之漢文終平陽二侯蓋知

言云

知州任德告先賢文

州肇賢祠年餘四紀位號多紕升黜亦否我惰弗當
神其安止不揣狂愚曰稽諸史本此定御變公而子
宣獻賢者旦聑厥里并坐閤學正為非理爰有劉子
安置于此爰有孟氏橋梓并美王賀陳董　明時崛
起援以分義釐正其祀配之伊何忠襄邊李曰敢自
專撫臺明指敬將禮奠用陳終始諸子如在陟此半
家

告名宦文

先宦有祀半百云徂位號升黜類有瀆誣皇辛王楊
李盛呂吳并及杜李皆有恩孚擬之舊祀功足相驅
辟之令典孰曰非俞惟有忠毅棄城逆徒焉恃戚里
得免于誅後雖有功安足贖乎德茲承之四將巴斜
贍之靡盜稽之而符爰掇所疑公移是敷東橋撫丞
特是惷愚命以祭奠并祝之模恪遵檄訓禮備吉諏
諸子如在鑒此區區

隨志下終

付錄
德安府隨州爲查豋賢宦祠祭事准本州知州任德
關卷查弘治十二年內本州陞任李知州備查周李
以來爵賢名官各若下位祠設二區享從丁祭申允
遵行已五十年本職叨任獻官已經四舉稱見其中
或先後失大或取合非正或分義乖錯或職階案亂
齒不協其祗靈明爲失其典禮久稽瀆襲咨至今日
若不查啟厥罪惟均爲此不擬狂修俗將史志無訓
輿論逐一查採或開立前件明注事由而擅擬位蓋
或敘迹頗未併及參酌而安爲升黜極知禮求之野
不允獲讀於　明時而論不續經應幾小補於下部
合關本州煩爲施行等因從此擬合就行爲此州司
今特前項緣由理合具申伏乞照詳明示施行蒙
欽差巡撫湖廣等處地方兼贊理軍務都察院右副
都御史額　批據申銜賢名宦職階各本傳志位序
各應典義民依擬跋題序列孟宗政皇甫墻諸公厥
改義明核即使增入仰州正官仍具告文設釋奠以
妥厥位與由緣查啟公稱子于俗若未安禮則
爲遅况今　制先師已穪子豈不錯㮣當手

計開
舊記鄉賢九位
一周春秋隨大夫季公
前件春秋乃魯史記之名起周平王四十九
年止敬王四十一年凡二百四十二年之事
入孔子所修之經後人因謂之春秋之世非
代名也杜氏左傳注云少師隨大夫季梁隨
賢臣則梁乃隨十非人夫也雖宋陳師道詩
有高諡曾聞季大大之句而彼詩人也一時
借用諸其聲頡類多非核甚有誤用古人而
不恤者此似不是據也况周制侯國大夫之
下止有上中下上注稱爲臣即非處者季爲
公族亦非厥姓且公首五爵春秋我魯進侯
於公自餘以下皆仍本稱因不得而下之唯
子者男子之通稱或後學宗師先儒之稱又
今制廟祀前代追贈王公諸爵一切革除比
其明法今擬改諡曰同隨季子或曰近世稱
子周程張宋之外不可多見今子季梁得無
不可乎曰臣章陳仲比之季梁孰爲優劣昔
人尚皆子之何獨此之非乎曰此皆稱公子
獨稱子或者不可乎曰文王公實父爲魏之

[illegible]今尹爲僭也非爵而公非親
[illegible]應稱禮則爲瀆矣爲不可
[illegible]制公
前件從漢書延平元年周章爲光祿勳未拘
[illegible]年爲大常九月爲司空十一月策免是司
[illegible]乃其終職非止於光祿勳也今擬改題曰
漢司空
周子
一宋叅知政事兵部尚書贈司徒兼侍郎諡宣
獻宋公
前件舊志謂宋宋綏趙州平棘人後徙醫隨
及考宋史本傳并其子敏求傳皆無一字及
徙隨之故不知何書載有此事得考歐陽子
宦游適與宋氏父子同朝其化隨州李秀才
東園記謂隨幾百年不出一士而宋綏之卒
又與歐子之記皆在仁宗末年使其賢徙于
隨歐子可乃爾語邪若云系其子身歐子先
卒則生平未優之人固可轉之入祀邪宣舉
贊者本不安黜然經歷茲士如其比者非止
一人尚皆未入而獨祀此無于一僉得無失

其平邪不敢擬
入申請定奪
一宋觀文殿學士兵部尚書贈太子太師諡文
忠歐陽公
前件宋史歐陽修盧陵人少依其叔父曄讀
書隨州發解禮部數十年間往來于隨不能
忘情其祀之因宦但其所作東園記謂隨非
吾卿今置之卿賢中得無不可邪况觀文學
士乃其知亳州之銜兵部尚書文係知青州
之曉後敗宜徽文徙蔡州至監宣四年以太
子少師改仕今擬列銜下加郡明非士著文
忠上去諡庶是名稱改題曰宋太子少師贈
太子太師盧陵歐陽文忠子而以先易鄉曰
先贊祠云或曰季梁周章去公稱子似矣今
曰文忠子諡下加子得無非禮乎曰古有之
宣子獻子之類一諡而子之也文忠子之類
二諡而子之也貞惠文
子之類三諡而子之也
一宋知審官院加龍圖閣學士沈公
前件宋史沈括錢塘人而不安[illegible][illegible]隨州之

□□自於簿譜內止有數條然非鄉人也皆
□□官院後出知□州又改□州以功加節
□閣學士後謫均州團練副使又徙秀州羅
以光祿少卿分司居閒八年而卒今擬銜下
加□部改□門□光
祿少卿錢塘沈了

一宋龍圖閣直學士贈禮部侍郎宋公
前件查與宣獻事干一建設使實爲主著止
宮從祀配享豈可父子之間并坐一
室南向共食今不敢擬中請定奪

一宋資政殿學士劉公
前件宋史劉造入覲四年五月星變起知杭
州加資政殿學士以醴泉觀使召至都而卒
則殿學乃加守之銜觀使實已遷之職今與
改題曰宋醴泉觀使
贈光祿大夫劉子

宋參知政事知樞密院李公
前件宋史李庭芝德祐二年六月知樞密院
兼參知政事守揚州二年二月窺公降元宋
氏既亡彼猶嬰城固守七月益王以少保左
丞相召之乃以朱煥代守而已與姜才將兵
七千人而東乃以圖興復乃心在宋國亡不遂
保丞之職存已受拜今擬贈
題曰宋少保左丞李子

一宋京湖制置帳前都統贈利州觀察使邊公
前件查無異議
唯政公嗣子

舊祀

一名宦十一位
南北朝宋守隨郡累官光祿大夫贈征西將
軍宗公
前件南北朝亦後人紀史無號非一代國言
也宋書宗慤文帝時爲隨郡太守其光祿金
紫乃大明五年所受之階後此免官廢帝
位除寧蠻校尉雍州刺史加都督而卒今擬
改題曰宋寧蠻校尉使持節都督雍州刺
史贈征西將軍前隨郡太守宗肅侯子

一南北朝宋守隨郡累官加散騎常侍曲江縣
公謚忠烈柳公
前件宋書柳元景爲隨郡太守在宗慤之前
其所受常侍曲江縣開國侯世祖即位之初
後歷孝建大明諸年又將一紀而□□□□
今驃騎大將軍巴東郡開國公開府儀□□
司南豫州刺史乃其定□□爲諸議參□
悉與荊安郡等十三軍皆隸之今位又居□
下拄崔之嵩今擬改題曰宋侍中尚書令□
騎大將軍巴東郡開國公開府儀同三司南
豫州刺史贈持節都督南豫江三州諸軍事
前隨郡太守柳忠烈子而躋之肅侯之右或
以肅侯配之亦可也

一唐□□州加中書門下令狐公
前件知州事係宋之官名唐以前無之唐書
令狐楚傳稱其子緒以蔭歷隨壽汝三州刺
史皆有嘉政其中書門下平章乃其弟綯之
職非緒職也今擬改題曰唐汝州刺史前隨
州刺史
令狐子

一宋知隨州加太子太師封魯國公贈太尉中
書令諡武恭王公
前件宋史王德用皇祐三年以太子太師致
仕後起爲河陽三城節度使同中書門下平
章事判鄭州至和元年爲樞密使後封魯國
公求去位乃以爲忠武軍節度使景靈宮使
又以爲同羣牧制置使今擬改題曰宋忠武
軍節度使景靈宮使同群牧制置使魯國
公贈太尉中書令前知隨州事王武恭子

宋知隨州加觀文殿學士贈開府儀同三司
諡忠宣范公

一前件宋史范純仁徽宗即位除右正議大夫
提舉崇福宮不數月以觀文殿大學士中太
一宮使詔之今擬改題曰宋觀文殿大學士
中太一宮使贈開府儀同三司前知隨州事
范忠
宣子

一宋知隨州判太子中允尹公
前件宋史尹洙初爲館閣校勘遷太子中允
後落職爲書記監唐州酒稅歷經略判官集
賢校理通判秦州加直集賢院太常丞知□
州以右司諫知渭州徙慶□二州遷起居舍
人直龍圖閣知潞州以□□劉□之□□□

信頒節□□使□□□□□□□□卒嘉祐中
進役故寶□不日宗告府使副使日知隨州
且令□□□□□□□□授之職不知何謂
□□□□任仁宗慶曆中而范忠宣守州則
作哲宗紹聖末令廢改題曰宋起居舍人直
龍圖閣知路州前崇信軍節度副使監均州
丙錄尹于而齊
之忠官之右
一 宋知隨州加端明殿學士累贈太師諡忠肅
趙公
前件宋史趙方寧宗慶元中知隨州舊以列
之王武恭范忠宣尹龍圖之上具爲失敘今
啟真此擬題曰宋端明學士正議大
大贈太師前知隨州事贈忠肅于
一 宋知隨州拜慶遠節度使贈太尉諡忠毅李
公
前件宋史李道爲光宗后父建炎初知隨州
二年劉豫將李成入寇道與李橫皆棄城走
遂失襄陽六郡爲宋君相一時之失憂使非
岳飛收復□□餘慶勸力本州之□不待德

八申後 五

祐而後見憑恃賊里得保首領棄城
復祀全城爲以禮宏獎退申請定奪
一 元知隨州前道州路總管林公
前件元史循吏傳林興祖登進士同知黃巖
州三遷而知鉛山州陞南陽知府陞建德路同
知□□任至正八年特旨遷道州路總管三
年以年老致仕未及守隨之事□考本州林
知州本軒頌守隨之日適當三遷之末但元
人官名止曰知州而其總官道州□在守隨
之後舊反曰前殊不可曉今擬改額同元道
州路總管前隨
州知州林于
一 大明知隨州奉訓大夫陳公
前件
本 朝官名亦罷知州而奉訓之階例列職香兄
閩號止空施於外國及垂示後來似不定宴
作特祀以自附於陳外之罪今擬
改題曰奉訓大夫隨州知州陳了
一 大明知隨州奉訓大夫呂公
□附令□州□訓□訓□□隨□知州二年

嘗聞□□□□□□□□□□□□□州之□
□□□□□□□□□□□□□□□安余陽
于官至部弼部總衛鬻知東陽城陵受余金
人于爲□帝命身死之□邊城爲槐譏市觀
裘史且典趙方同爸復曾之爲名墳其爲人
可知子埃史別立傳循貝帥陣威金以宜百
年之聊凡謂忠君隱閩之念可實金否辭係
之爲隨之東陽人然則戊爲其績彼爲部主
固可授之以祀也見李庭芝實其門下哄外
之日感其知已決校與圖特當三年其爲人
亦可
知巳
國朝有王鏞者以人才授鎮江通判知府仕至
戶部侍郎有賀于守者以通經秀才授本府
授仕至慶遠知府有陳壽者以舉舉授戶
部主事陞山東參政工部侍郎漢王之諸逮
繫□
文皇升遐得釋而卒贈本部尚書有童寅者以進士
授監察御史遷交阯按察使陝請江西□僉

八日後 六

有爲正身率物吏民懷之謂之童
打鬼清慎格動粵續內彰見之
刪祠祭
數人者吹教身於訪德之或或劾力於危難
之秋或布政於邊鄙之地址者續於文獻之
邦雖其後嗣牢落清議至令不泥又放閒書
建德三年皇甫墻爲隨州刺史政存商惠百
姓安之後李千官贈交渭二朔州史諧之曰
恭隋書辛彥之拜隨州州史下情州牧多貢
珍玩唯彥之貢祭物高相頒爲朔臣曰人安
得無學孝之所頁稽古之力也邏洛州刺史
前後皆有惠政宋安王作爲漢隨州刺史法
禁牛華今輸京師暑兩輒邑民甚蒲州柞請
須鐙甲式製而翰之民以爲便李峯之知隨
州事來亟圖不爲證左向杠兩及日基公庭
巳宅累官光祿五十潮事士林且之中疏番
退仁宗稱其度越常人史官貧其爲二衛諸
盛隋不畏安否抗疏黨思出之簽書人州州
官吏亦稱其大節可收劉蘇肯從安隨講學
以善治水見稱所至郴有悉政內禁定人互
市安翯隨州治人功與范純仁同心輔政公

附錄

學向一府英之勝綱知隨州矣宗勝學本傳
淺[illegible]會河宸出知隨州時值元人修好成開
錄傳夯甚[illegible]凡無論輕重悉寘死地郡民梁
鼻為荐謠鄉元人為言輒繫七人秦勝初
立城其爾纐而釋之得不死且又扠扳
宗修皆再興皆為名卒築嗚州及橐陽招
县惰僁循县為有功其將子翔潛并為名臣
各左蒲故右都御史杜智先任隨州知州
尗實下超陸河南左布政使截在一統志
平府保故陷京兵部尚書李克嗣先任
知州有障有功遺愛去思至今稱之茲
著英有功茲土而明載汗青或史略其
擅名當代或著之國典而功不可猥或
人心而思不能忘禮所辯適足相方
若唐之劉文房周巢若董之陳思讓若
張浚韓邦彥其中雖為人而史或不宗
功雖本賢者而職或留於毀禮不言
援焉者昔人有言賢立遷有固得
同祀一室者人有賢有父子名宦不
以此推之州之父與絶南向若子屬各東西
賢宦宗政興父子也哄庭之

〈叙志後　七〉

統屬也庭芝岳誕統屬也元景懿統屬也宪
賢似宦宗政南向而與庭芝岳誕各東西何
也先宦似宦元景南向而懿東若西向可也
禮行待人祀湣無福祠不可廢議難擅入與
候明
奪

叙志後

志與史異乎志者史之流也志志郡邑也史史天下也志肇剏于皇立載陳于夏貢盈列于職方氏史有二體曰編年曰紀傳編年者以事繫日以日繫月以月繫時以時繫年約而缀第而不紊紀傳者包括事迹叅貫辭言馳才力騁規制率私意為之法從固淮漢顏氏子謂遷為局為庚為娭為穢者有由然矣然則志亦可史乎子之志隨也

〈叙志後　一〉

編年則史也其妥恧於經祖春秋是也自晦翁以綱目則之競相屬焉後之習者夥矣乃顏氏大冢宰顧翁讀之謂為春秋為詐非以其三義比事依經以樹則章美録異附聖以居宗貫千百氏袚之千載表叢襃鑑興廢者乎或曰將無尊耶曰其事則隨也其文則紀隨事也其義則或揚或闕或婉或諱未嘗訟以罰氏過惡黜之

道[illegible]焉尋之而莫於[illegible]
歸其馳騁適歸王者一[illegible]之
知也　[illegible]江東三守稱爲天各
鋪天下篤[illegible]學贍才砥節礪行適沮抑
不寃[illegible]之延李潘公爲繪其文
舉則顧翁春秋[illegible]子之志[illegible]宜雖然隨丟
始志乎非也基于弘治十三年[illegible]計四十載[illegible]
[illegible]矣中間賢守幾代而顏氏子元登[illegible]

遠有請而志之必侯乎獨任守協謀于其[illegible]
陽劉子命訪于其訓[illegible]陽楊[illegible]乃克底[illegible]
[illegible]文也者[illegible]天地之[illegible]也藻繪炳蔚[illegible]
[illegible]是故義風[illegible]雕色類不可[illegible]
[illegible]其待時乎[illegible]先務倫謚政[illegible]
[illegible]乃[illegible]是義[illegible]其盛也文中[illegible]
[illegible]春秩散[illegible]之作者[illegible]傳焉以徵[illegible]
[illegible]諸已矣[illegible]月朔[illegible]學正[illegible]安成[illegible]

跋志後

夫非易則天道闕矣非書則王道寢矣非詩則風
道賸矣非春秋則左道昌矣非禮樂則和敬之道
隱矣世有先後其理埒也人有今昔其心埒也紀
有洪隘其道埒也然則斯志之作其亦有所感
已夫

知州任德跋

荊楚文庫

〔康熙〕隨州志

〔清〕劉霦 修
〔清〕何藩 等纂

《荆楚文庫·方志編》編纂組

組　長：賀定安　陽海清（執行）

副組長：劉傑民（執行）　王　濤　謝春枝　范志毅（執行）

參編人員（以姓氏筆畫爲序）：

王　濤　李云超　宋澤宇　范志毅　柳　巍　馬盛南　陳建勛

梅　琳　張文静　張雅俐　陽海清　彭余焕　彭筱溦　賀定安

楊　萍　雷　静　劉傑民　謝春枝

編　審：周　榮

顧　問：沈乃文　李國慶　吴　格

前言

《〔康熙〕隨州志》四卷，清劉霦修，清何藩等纂，清康熙六年（一六六七）刻本。

劉霦，字潛夫，河北高陽人，順治三年（一六四六）進士，歷湖南武陟、陝西文縣知縣，康熙四年（一六六五）任隨州知州，有政績，受薦擢禮部員外郎。是志卷端鐫：『劉霦著修 王岱參訂 陳占祥 何藩 何泰崇纂輯』。王岱，字山長，號九青，又號了庵、且園，湖南湘潭人，明崇禎舉人，入清屢試不第，時署學正事。著述甚豐，有《了庵詩集》《且園集》。何藩，字嶧山，隨州人；陳占祥，字旋子；何泰崇，字方來。三人皆爲郡庠生。

隨州永樂即有修志，後成化十三年（一四七七）伍希閔、嘉靖十六年（一五三七）任德皆有修，『又有州進士顔木《漢東志》爲世所稱，然考任志即顔氏書也。』萬曆趙士貞改顔志分類以進，又成一書。入清劉霦就任後，乃延何藩等人取郡志及前州志，參互考證，網羅舊聞，續輯新見，於康熙六年書成付梓。其序稱『俾一州之規模條理燦然，畢陳於簡册』。其後，乾隆、同治又有續修。

志之正文分四卷二十九目：卷一（建置、沿革、風俗、分野、封域、山川、形勝、土産、城池、社稷、祠廟、廨署、倉廒、關梁、驛鋪、坊表）；卷二（閭里、田畝、户口、賦税、徭役、屯衛、學宫）；卷三（人物、鄉賢、名宦）；卷四（科目、藝文、祥異）。此志内容上於山川、分野、人物等多因襲嘉靖志。然科目、賦税等因兵火之後，考據鮮存，雖極力搜括未得十之一二。『藝文舊本頗多』，此志修時俱逸亡，亦『僅載其一二』。體例上一改前志之編年，按事分類纂輯。『事關往蹟者，雖廢不敢闕紀，故或名存，或籍存，或遺址存，皆載。』明清變革之際，節烈頗多，不待旌表，悉紀之。山川志舊志多錯訛，此志編纂時遍歷諸境域，洞悉支派，繪圖附於卷内。張瓚修乾隆志有『原起』，評此志『所叙述皆於明初特詳，而成化後反略，至宋元以前則略無考證。山川地里譌漏尤多，惟城池、廨署、舖遞、賦役、官師、選舉諸條最爲詳備』。

是志有康熙六年刻本及抄本傳世，國家圖書館、台灣、湖北省圖書館藏有刻本，上海圖書館、湖北省圖書館藏有抄本（殘）。《哈佛燕京圖書館稀見方志叢刊》《國家圖書館藏地方志珍本叢刊》皆曾影印。

此次據湖北省圖書館所藏康熙六年刻本影印。此藏本於姓氏末葉重複第七葉，顯爲換板增刻，原書並陳新舊兩板，茲亦遵原貌付印。卷一版心接『姓氏』葉碼自八葉始。另卷四第六十葉後内容未完，加刻『又六十』葉。

（宋澤宇）

目録

隨州志序

隨志志隨也其無暴於
隨者弗志然隨志拉攡
狎孱久矣榰柱而仟伯

之自今日萃則亦諱余
今日之所志者而已矣
首建置溯始也次沿革
譸變也世變而風俗因

焉九州之土悉應星分
故分野有分野則有封
域金仁山氏所謂封土
爲域是也封域之內山

川爲巨次山川山川具
而形勝尽次形勝山川
形勝之間古人之所寄
託流連也遺蹟存焉次

古蹟有是土則有是產
貧民用也次土產規模
舉矣下此則有司之職
事也城池以明守社稷

以示重祠廟以尊神廨
署以蒞政倉廒為儲蓄
之備關梁為津要之防
驛舖以通來往坊表以

旌芳徽不可缺也而寺
觀為二氏之靈樓臺標
一方之勝亦游棲時之
適而求焉攬地居民則

有閭里計口授壤則有
田畝稽版籍則有戶口
課徵輸則有賦稅徭役
所以營今屯衛所以寓

兵咸民事也勞逸利病
得無關心乎親上死長
教化司焉厯胎則在學
宮矣崇德黜惡道一風

同學較興而人物蔚流
寓以及烈女感召速焉
鄉賢不翹其中歟雖然
賢之所茂端因土政名

宦者又鄉賢之所孫鴻
濬焉者也得人而治矣
事兄事古嘉其風如科
目如藝文有弗櫛比而

青耶噫世以道盛景慶
非瑞妖孫人與烏狐非
孽祥異何以述焉曰此
正余志之所以寫濼歟

嗟乎蕞爾僻邑藐爾下
吏操刀製錦覆餗是虞
而庶務之暇頗得覽其
山川諳其風土不揣固

陋輙綱羅舊聞續輯新
見同二三君子重成斯
志俾一州之規模條理
粲然畢陳於簡册後之

問俗者不勞搜訪可以
按卷在目掌故有資或
亦蒞土者之一欲乎昔
韓定辭不識嚯噭爲隨

郡之故事倘讓光於馬
郁余不佞博雅不及昔
人乃妄操觚得無貽識
者杜若芳洲之誚是又

余區區之私悖云

康熙陸年丁未嘉平月

知隨州事高陽劉霦撰

謙受試題詞

皇上之元年金斐十五郡邑纂志各上其乘以倣古職方氏圖之貢其山川人物賦税各損益前代而加詳以無倍車書同文之制鄭子之國屬邑六漢東為大〻者例先職貢會司發者遷代而不遑文墨至

今上之六年丁未刺史劉公始事剞劂其草定於余未設鐸之先刻於余方北歸之後雖未得與其盛而遠觀其成讀余宜有一言余屢辭不克乃披誌而

叅校之曰誌者何古史之遺意也史之祖惟春秋經尼山之筆削事簡而言約意隱而義深文詞議論多詳於公穀左氏之書而本義不錄非如后代史家之繁言疊詞而義蘊易盡僅節取者馬遷之史記

歐陽之五代餘無傳焉蓋史者記春秋而遞降延代之誌覗史又遞降矣何也作者無專家述者無矣等致褒譏失豕亥淆無以獻纖者之嚮僅列其文若漢東之誌庶幾彌近古焉孔子曰吾猶逮史之闕文也與其傳疑無寧傳闕善行不譯無如闕焉庶後起者思有補葺不獨不善也漢東之誌其事簡其辭約寔樸毋華寧揚毋抑寧闕毋濫鄖子之屬邑六眥漢東而乘成獨後鄖屬邑之乘倂務藻采而漢東獨樸質孔子曰周監於二代郁

郁乎文哉郁郁者皆周初本忠質之文非周末文盛之文也后之覽者有取於漢東焉

潭州王岱謹題

隨州志目録

志目終

凡例

一 舊志出顏濼東先生手其體定效編年今分類纂輯以便觀覽

一 濼東先生絕筆於嘉靖之十七年其山川分野古蹟人物後人無得增損他如科目賦稅諸項不無隨時變易但兵火之後考據鮮存今極力搜括未得十之一二殊爲遺憾

一 藝文舊本頗多如劉文房詩十卷宗穎各有文集何太史詩文今俱遐亡僅載其一二

一 事關往蹟雖廢不敢闕紀故或名存或并存[illegible]止存卷載

一 變革之際節烈頗多今悉紀之以待 旌表

一 由州舊志悉多錯訛今遍歷諸境域[illegible]繪圖附卷

隨州志 卷一 三

纂修姓氏

總裁

總督 湖廣等處地方文武事務兼理糧餉兵部尚書兼都察院右副都御史加一級正一品 張長庚 [illegible]人

巡撫 湖廣等處地右工部右侍郎兼都察院右副都御史 劉兆麒 [illegible]人

提調

承宣布政使司左布政加一級 劉顯貴 [illegible]

承宣布政使司右布政使 謬正心 [illegible]人

提刑按察使 陳丹 [illegible]人

督理通省糧儲道布政使司參議 王孫蔚 [illegible]人壬辰進士

通省清軍驛傳鹽法道按察司副使 饒宇栻 [illegible]人壬辰進士

分守荆西道布政使司參議加一級 馮右京 [illegible]人丁亥進士

主修

提督湖廣通省學政按察司僉事 李可汧 江南崑山人乙未進士

督修

德安府知府 高翩 [illegible]人丁亥進士

同知 吳 [illegible]人舉人

通判 王澤溢 [illegible]

推官 楊顧素 [illegible]福建晉江人舉人

隨州志 卷一 四

[illegible]

隨州知州劉彩 號東里直隸溧陽人戊戌進士

參訂

隨州學正王俗 [illegible]

纂輯

郡庠生何瀚 嶧山

陳占祥 旋子

何泰崇 方來

參閱

隨州志　卷一　五

郡庠生文經世 天章

梁木 楚九

王開基 季立

時際春 元長

胡國軾 君章

任先覺 天生

王邦基 毅公

陳亮東 天公

後足畏 揆一

毛魏然 羽聲

謝聖恩 仲明

朱之楨 孝徵

葉三華 長貞

時一敬 止菴

張仲友 文宇

李維世 公柱

彭奕煌 稚子

劉俊 勵千

隨州志　卷一　六

黃璋 音玉

周之伯 震長

馬之伸 又戢

梁宗極 錫伯

梁申極 錫仲

王崇文 君猷

李郎泌 青門

聶嘉新 仲修

梁肯姮 叔勢

挍正

何士完 舉士

何獻疇 凡子

郡

人陳奇抱 [illegible]貢士

何敦季 [illegible]

馮嗣京 [illegible]知縣

蕲天颀 [illegible]貢士

梁中極

楊體恒 赤城貢士

隨州志　卷一　七

龔庚斯 貢士[illegible]知縣

何志宗 [illegible]舉人

尚宗文 [illegible]

監刻

何操敬

隨州吏目陳士毅 浙江山陰人監生

唐縣鎮巡檢張斌

梅堰鎮巡檢張儒商

出山鎮巡檢周維屏

合河鎮巡檢何元哲

挍正

何士完

何獻疇

[illegible]

郡

人陳奇抱

何敦季

馮嗣京

蕲天颀

梁中極

楊體恒

龔庚斯

何志宗

尚宗文

[illegible]

隨州志　卷一　七

隨州志卷之一

知隨州事商陽劉璣著修

署學正事湘潭王[illegible]參訂

郡庠生何泰崇　何靜[illegible]　潘[illegible]纂輯

建置志

嘗讀國名紀隨炎裔、又云姬姓楚滅之故隨之隨縣晉之隨郡有蛇丘焉隨侯獲珠地云夫蓋國守土無他朙德而以珠特聞不亦偵乎若楚昭潛逃賴以復國功儷春秋何以不稱焉漢興三十六縣

隨其一國壯矣哉百里之奇於今為烈可無修諸

志建置

周初國千有八百迄平王東遷諸侯吞滅不可勝數見於春秋經傳者百六十五國隨國見春秋獨得與於百六十五國之中戰國惟存七國而隨屬楚秦制天下為四十郡隨始隸於南郡之內漢[illegible]加置郡國為十二州部光武并省郡國三國魏[illegible]而州部不仍晉武平定復為十九州部隨屬[illegible]於州部之中隋文帝起於隨遂廢諸郡以州[illegible]

始置隨為漢東郡唐分天下為十道隨分天[illegible]為十五路元并而朙矣我

國朝土宇一統仍為隨州隸湖廣德安府詳見沿[illegible]

沿革志

[illegible]而雀叙何從而魚悲號牧童躑躅之歎[illegible]悲之淚乎然世變而道不變廢興任選[illegible]在人五霸七雄不紬四維八政也九州十道不梓五教六德也藏而行之是在賢尹志沿革

三皇之世孔子不言闕所疑也其贊易始於

[illegible]犧氏包犧氏沒

[illegible]作不言所起也記曰厲山氏左氏[illegible]

[illegible]烈山[illegible]厲山皇甫謐曰厲山隨之厲鄉[illegible]

[illegible]隨之地界重山二穴神農一身九井焉

[illegible]史記又曰炎帝長於[illegible]

[illegible]世遠莫知闕之可也

[illegible]曰皇甫謐諸炎帝之[illegible]如[illegible]甚歲傳之

[illegible]之見於易禮春秋傳不聞其牛首也倚

[illegible]之好奇莫如左氏何不言與天地之[illegible]

寧居今日彼其茫忽寂寥樸質鄙魯則信有者焉
人之形豈得與禽獸類又況乎聖人哉雖然炎帝
教民耒耜故名神農而牛者農之所資也昔賢說
言因謂炎帝牛首豈君子之言乎
黄帝制天下立萬國隨之國與否未可知也
堯遭洪水使禹治之地平天成九州攸同昔人以隨
爲荆豫之域
舜受堯禪肇十有二州惟分青冀爲并幽營餘則如
故

禹受舜禪塗山之會萬國
湯革夏命式於九圍有三千餘國
周初尚有千八百國王政寖衰諸侯相并惟千二百
國入春秋之世見於經傳者百六十五國耳境內
三國隨唐皆姬姓而侯爵惟厲則姓爵俱失不可
考矣厲實神農之所起也
敬王十五年秦子蒲子虎帥師救楚大敗吳師遂滅
唐二十六年吳入楚昭王奔隨隨人免之卒復楚
國楚人德之使列於諸侯故得見春秋

元王末惟秦楚燕趙魏韓齊七大國隨與厲不知滅
於誰杜氏曰其地屬韓路史亂隨爲楚滅
赧王四十一年史記曰魏入南陽以和徐廣曰南陽
郡屬韓
四十三年秦初置南陽郡
秦始皇三十七年毀封建之制分天下爲三十六郡
荆豫二州南陽之東郡南郡之安陸隨皆與有之
漢興襲秦之故南陽郡三十六縣隨其一也
獻帝建安十三年魏武盡得荆州赤壁之敗惟存南

陽江夏七郡隨尚於屬
晉武帝太康元年隨屬義陽郡
宋武帝元嘉二十六年割隨爲雍
孝武帝孝建元年隨度屬郢
大明八年隨領永陽關西平林
前廢帝景和元年五月己亥隨度屬雍
明帝泰始五年隨還屬郢改爲隨陽
後廢帝元徽四年隨度屬司
齊以隨爲永陽關西安化

梁武帝於隨又置曲陵郡　龍巢縣置土州永寧直
陽二郡改石武縣　阜陵縣　定陽縣又置北鄖
州北隨郡　平林縣又置土明郡有漂水　平陽
縣又立攸陽郡　永陽縣仍置應州又有平靖郡
普通五年十二月乙巳李國興徙平靖關辛丑楊法
乾徙武陽關壬寅徙峴關
大清二年西義陽守馬伯符叛以下溠降於魏
魏文帝大統十六年於隨置并州又析置溵西郡及
溵西縣又改溵西爲下溠又立肆州尋曰唐州

改定陽曰安貴
改北鄖州爲款州
又廢湞水郡別置戰城郡及戰城縣
又廢戰城郡改戰城縣曰橫山
又改北隨郡爲南陽析置淮南郡隅城順義二縣
立冀州尋改爲順州
又置安化縣
置洛平縣
又改安化爲新化

改汝南爲重城郡平陽縣爲京池縣　平靖郡又
置平靖縣
東魏置南豫州
魏主欽三年并荊州於隨改肆州爲唐州冀州爲順
州
周廢土州永寧眞陽三郡爲齊郡改龍巢爲左陽阜
陵爲漳川
省均歙須肆四州入唐城改曰唐城縣　改南豫
州爲溵川郡　又置清嘉縣京池縣置澴州旣而

重城京池俱廢　改新化爲光化
隋文帝開皇元年天子因起於隨遂以爲國號[illegible]
齊不遑寧處故去辵作隋　三年隨及溵西曲陵
齊溵川湞水比隨溠南上明重城平陽十一郡悉
澴州并廢　九年改東隨爲禮山有關官有禮山
寶齊禮山關魏人所謂東關也　十六年改下溠
曰唐城　十八年改左陽爲眞陽石武爲宜人[illegible]
化爲寧化洛平爲上明
煬帝大業元年廢溵西縣旣而置漢東郡　改隨爲[illegible]

爲士山州宜入漳川并廢入焉　唐縣[illegible]

廢入唐城縣　廢横山縣入安貴縣　順[illegible]

順城爲順義其舊順義及鎮化并廢入焉　[illegible]

縣屬義陽郡改京池爲吉陽吉山在其朔故[illegible]

廢置應山縣省平靖縣入焉屬安陸郡

唐高祖武德元年改郡爲州　四年省安貴縣入[illegible]

縣應山縣置應州并析置禮山縣

貞觀五年省平林順義入隨縣　八年廢應州省禮[illegible]

山縣以應山縣屬安州　二十六年以客戶析棗[illegible]

陽置唐城縣　二十八年領隨光化棗陽唐城縣

山南道應山屬安州以隸淮南道

德宗建中四年三月李希烈陷隨八月之外曹季[illegible]

叛賊鄖隨

憲宗元和三年省吉陽入應山

宋太祖乾德五年正月甲寅謫節度觀察留後建隨

爲軍處之名曰崇義

開寶五年廢吉陽縣

太祖太平興國元年改崇義爲崇信

高宗建炎元年以德安之應山來屬

紹興四年以隨及唐鄧信陽并隸襄陽府路

嘉定十五年九月丁巳復以隨三關隸德安而置副

使

恭帝德祐元年實元世祖之至元十二年四月辛巳

黃仙洞行隨事傅安國叛而降元十二月元破大

洪山知隨事朱端履降元部黃仙洞爲治領隨應

山隸湖北道宣慰司德安府

元至元十八年德安府直隸鄂州行省　二十九年

正月乙巳德安府改屬荆湖北道隸河南自隨屬

河南

明洪武元年七月衛公鄧愈伐隨元右丞王誠內附

九月入大洪山取老鴉劉寨克之命知州自丰同

知張遜等來任仍爲隨州隸湖廣德安府　三年

降隨爲縣省應山縣入於隨　十三年復隨爲州

以應山屬隨隸湖廣德安府

崇禎九年流賊跳梁豫楚闖賊陷王統兵援勦來隨

諭民堅壁清野遠鄉各立寨堡於是百姓知避難

得免於殺戮　十年二月一日賊張獻忠羅汝才破隨外南關厢十一日陷隨友日兼紀張大金參營龍爭先副將楊世恩追剿復隨　十四年四月二十五日賊張獻忠羅汝才又陷隨平城而去十五年春撫院宋統兵來復祭死難官民紳衿令知州盛世才練總張國威修城浚濠　十六年春闖賊據襄陽而唐鄧郢一帶盡陷隨實與焉各置僞官僞州牧汪鷟來據

國朝定鼎仍沿爲隨州

順治二年

命知州李鴻雷州判趙耀吏目李時偉皆來任仍隸

湖廣德安府

評曰隨始而國既而縣後而郡而軍而州殆紛更不一也其沿革之見於一統志者不過舉其大綱而隨境內之地所析置郡州縣如曲陵上州永寧眞陽比隨上明汝陽平靖溳西戰城溳水淮南重城舜溳川諸郡比鄢應城唐敎順均須士山諸州龍巢石武阜陵定陽平陽永陽安化横山厲城洛新化京池安鄉灄州罰城滑寧光化禮山宜人蛟依唐順義吉陽諸縣概未之詳焉雖五公有德志而沿革之餘已失郡誌予有編年而沿革之類錯居竊悄採羣書廣搜遺軼然而繼晷考所析置郡州縣起於某世見於某代或割此附彼割彼附此悉加纂補俾披圖按籍者得見世代變遷之故云爾

風俗志

班孟堅志楚地江漢之間皆窳偷生而亡積聚信

巫鬼重淫祀緐若非善俗云然漢東與江漢相距遠矣俗亦稍異焉或曰剛斷緩急音聲不同繫水土之風氣謂之風好惡取舍動靜亡常隨君上之情欲謂之俗此又在統理人倫移本易末壹之中和歟志風俗

九域志曰厲山炎帝所生隨國耕稼之餘覡巫祭農多樸陋及近代聖神雖遠而井閭淘餘巨篤業塾類爲古道之遺是以新進息秀餘而長老多區德此民偕士風可嗣於磽瘠之州者近或有健訟

遷惡澆薄之俗任司教化者有以挽之

治東南君子山山下村民俗多忠厚有君子之風故名君子山

治西北聖水河河上居民俗重人倫有古聖之遺風故名聖水河

治東北大義山民居其間貧富自相取貸相紛疏俗有義風故名大義山

治西南歸仁村民聚其中耕讀以務世業俗尚遜良有仁風故名歸仁村

分野志

隨分應翼八九度秋建修居巳世之初四其説尚矣蘇歐陽修不崇天文謂渾蓋宗書皆舉爲不能通其説王仲任葛稚川輩區區與間無論人倫之化抑余聞象緯言與曰天宮爲天之樂府南宮主禮儀文物辭名之所豐茂軫曰天車主任載代並職育天者必有驗於人守土吏誠能不秩彈尾定治聘奸宄上師元化以奏王爛疑惑一道驗之

分野

鶉尾布大微之政在巽雅之外爲烈山氏之墟

翼爲火虵

翼居巳垣

居張軫之中十九度太二十度少

巳垣所管

從張十五度起至張十六度　從翼一度至翼十

九度　從軫一度至軫九度止　於辰在巳謂

之大荒落　於律爲夷則斗建在申爲楚分野

隨纏翼八九度之末上居巳垣之初四

星野之圖

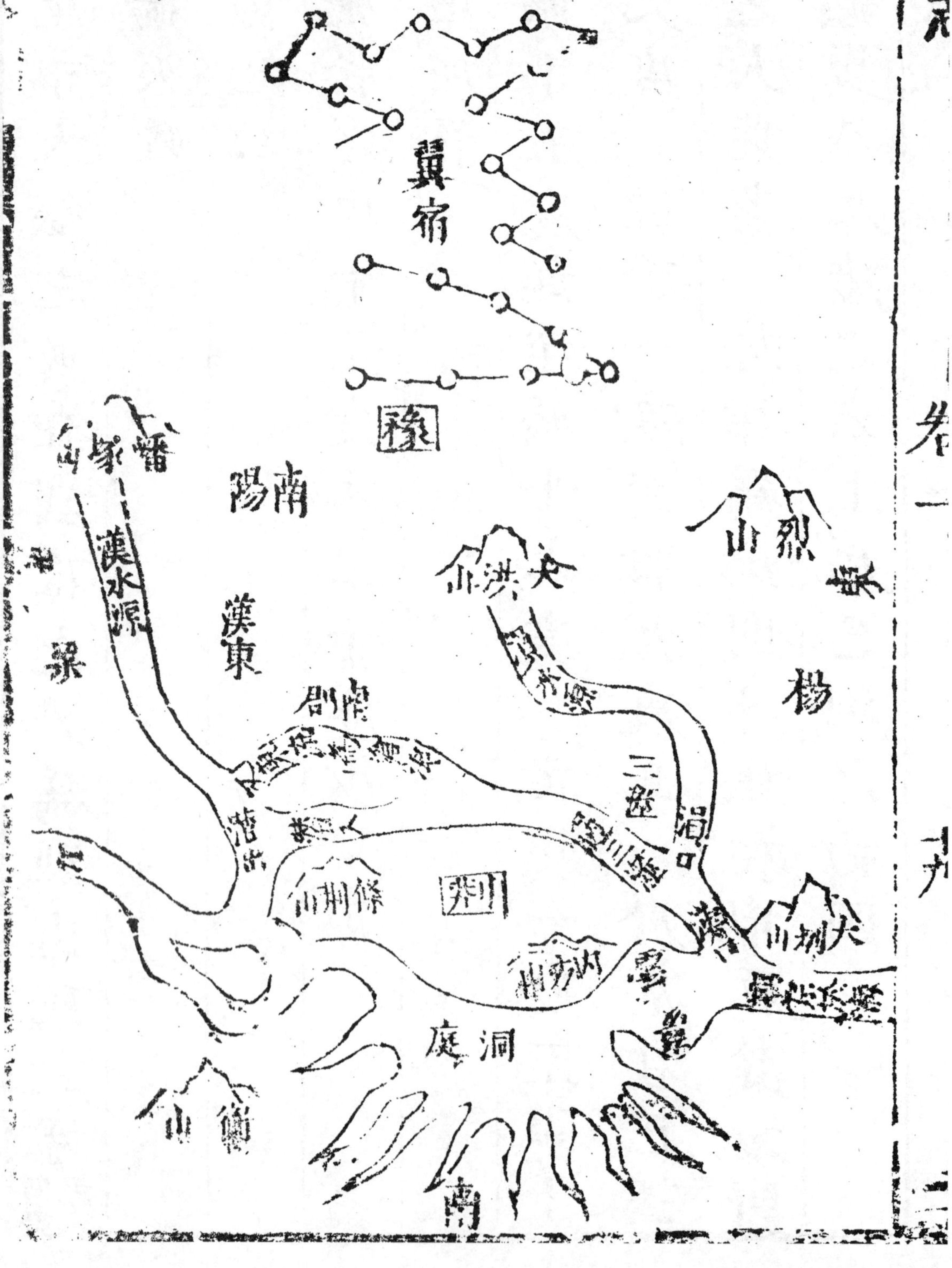

封域志

中畫郊圻慎鞏封守疆圉重矣然豈其廓大擴固
以自恣雖衆於室寡於袖四履以內與我豁然可
爲塞心隨雖僻壤幅幀將六百里呼吸生肉噢休
荼毒將託命焉綏輯綏而懸係障守異人任握符
作牧入境而動瞿然之顧其有穢心乎志封域
周禮夏官形方氏掌制邦國之域而正其封疆使
小國附大國大國比小國自保章氏以星野分配
九州荊其一焉荊之錫社大而爲郡小而爲邑凡

百二十有四而隨又其一焉
建國必先幅幀幅幀既定則此疆彼界有攸分而
土地人民有專屬焉戶口風俗山川貢賦皆於是
乎考焉而守土者亦得緣境內所有事以殷最於
天子隨之幅幀東西南朔將六百里儼然郡也
東西　廣二百三十里
南北　袤三百四十里

山川志

名山大川作鎮中邦廢縣浮沉爰有典章然沛其

蜿蜒亦靈秀也隨於楚山澤昔夜郎之於大漢固
不敢爭雄長若當歲晏政平叔子峴頂之遊東坡
湖中之賞未爲不韵況山川亦徵理亂方未晴嵐
增翠夜浪安瀾以視林絕萌蘗木盡鯤鱗景象不
侔感慨係之長人者得無驗諸志山川
厲山　在州北百八十里禮記祭法云厲山氏之有
天下也其子曰農能殖百穀註曰厲山氏炎帝也
起於厲山西漢志註隨故厲國也皇甫謐曰厲山
今隨之厲鄉荊州記山有二穴云是神農所生遂

即此地爲神農社常年祀之
歷山　在州北六十里頂有古祠祠稱舜王祠祠中
供木主一題云舜王天子山腰有荒田數小坵相
傳舜昔耕於此山又將荊枝反屈繫牛至今其山
所生荊柴叢中間有一二枝條反屈稍末向下別
山則無括地志云歷山不一名自山東至其坡凡
十一名隨州縣分之歷山南有舜井而隨有舜井
云
謠居山　在州西南隨文帝微時居此故名

現光山　在州城南八十里吳師入郢楚昭王避局此相傳日有雲單其上光現於山故名

大洪山　在州西南一百八十里乃慈悉盧尊者道場崛起一方嵸然雲間四面陡險絕頂存太湖湖傍有龍門崖又有明聖水硫黃池佛兒嶺仙女洞鸛子山斷足巖宋靖康間避寇者嘗依阮

隨城山　在州城南七里列嶂如帶峯巒特起故名

三𠂢山　在隨城山南有三阜形如瓜故名

大傹山　在州西南一名大狐南都賦天封大狐郎此顏志作天封大狐一統志作天封大狐

田黃山　在州北一百五十里傳云昔山下有田黃二隱士居此故名

栲栳山　在州西北一百五十里項有栲栳寺傳云魯班所造寺東有石龕一座供魯班像於內其龕下云有石匣在地中稍深魯班器具藏於下

橫嶺山　在州西北七十里因年旱獨起峯巒橫亘數里森委層疊環遶清悠昔魏大統間改哉城郡曰橫山縣隨之大業復廢橫山縣入安貴郎此

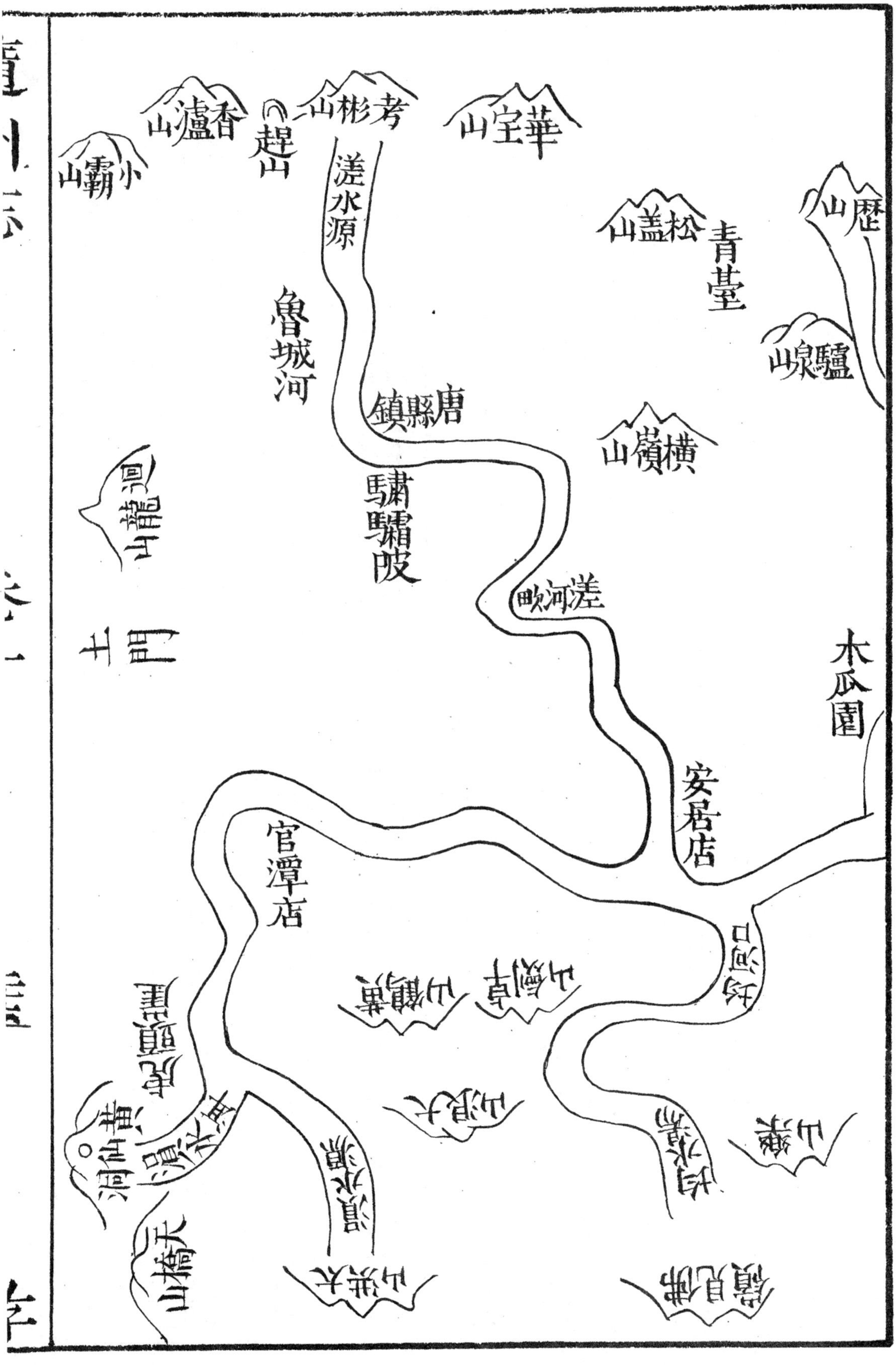

考彬山
香爐山
小霸山
華室山
松蓋山
青臺
歷山
驢泉山
溠水源
魯城河
唐縣鎮
横嶺山
驌驦陂
溠河畈
木瓜園
安居店
官潭店

古蹟

遊九原者流連隨會過大梁者感嘆夷門甚矣懷古之情深也然非所據而據焉誣矣舜不生於楚載籍可稽井何以稱焉况畊有畔乎至若厲山之爲烈山氏者近是或曰麗山或曰賴鄉路史詳之當弗謬也其他遺跡踵之舊乘扶節發咏之資奚可盡湮歟志古蹟

神農洞　在州治東北一百二十里荆州記云山有二穴是神農所生處故名

或圓或方人常拾得故名

快活嶺　在州北一百二十里傳云昔有仙人宿此山愛其景争辦致饌得快活一宿故名

石女山　在州東北八十里有石狀如女子故名

兩尖山　在州東四十里兩峯相並而聳故名

白水崖　在州北三百里絕高險崖上有飛瀑白色如懸練故名

月兒崖　在田王寨前一孔如月尚有銅鑼弦不知何代所懸其高百丈人跡莫到

松蓋山　在城西北九十里山多大松遠望如蓋故名

走馬嶺　在州北四十里俗傳關雲長公乘馬至此騎踏石上有跡尚存故名　嶺上有關帝廟

太平嶺　在州北一百八十里頂上有太平寺因子房修行於此立像以祀

風山　在州北一百八十里頂上風聲響輒降雨故名

七尖峯　在州北一百七十里七尖並聳下有古[illegible]

雪鳥嘗在其時天旱人每取水於此降雨如響

明大休禪師菩提禪師之道場也

關子嶺　頂上有關帝廟與桐柏縣隣界

香爐山　在州北一百八十里以形似名傳云子房嘗焚香於此

亮山　在州北一百八十里俗傳洪山祖師擇修道之所來此以足踏山搖動故名

[illegible]跡山　在州城北一百八十里頂斜側俗傳洪山祖師以足踏斜至今山有石踏上留巨人跡

[illegible]王寨山　在州北一百八十里古避難處石垣尚存

仙人山　在州西北一百五十里遠望如仙掌故名

犁山　在州北六十里俗傳舜耕過此至今尚有犁跡故名

流陂堰　在州北六十里在歷山下俗傳舜耕於此龍為之湧此堰蓄水故名

鳳凰堤　在州北六十里歷山東似鳳形頭有兩翅皆高低為堰故名

觀音崖　在州北一百三十里山腰有石洞南爲寺
口東西北皆石壁洞中有寺宇三間號崖菴寺山
頂有流水泉流從石洞西壁下號聖水天旱取禱
人誠心齋沐求水輙降雨
鉤耳畈　有石耳三一耳在石橋邊二耳在畈中故
名
鳳凰山　在州西北一百四十里形亦似鳳凰故名
大洪山　在州西北七十里疊峯若水之胥冰故名
藥山　在州西八十里俗傳張子房採藥於此故名

大橋山　在州西南一百六十里山下有娥皇洞洞
中有泉左有石墻遺址
五里坪　在州城西北一百八十里大洪之西北處
有上下二坪俱五里故名
三里峽　在州西北二百里東西皆山中有河有三
里故名
銅晉山　在州西南三十里傳云昔鑄銅於此山石
遺有銅晉甚大半淺土中又似鐵石至今尚存故
名

仙人洞　在大洪之西北十里許中有石枕石牀右
田昔知州王納言曾遊其處爲數十炬窮其源
曰可想而知也遂還知州祝以幽立石記其甚
岕洞　在洪山北二十里爲長崗通衢河流組繞
其前茂林脩竹擁其後而中通一竅若有五丁開
鑿痕
驢泉山　在州城北九十里有池雖旱不涸荊州記
驢泉山石潤牛馬經過貪其甘不肯去土人云牛
馬飲逸即此山尋之

翠子山　去娥皇洞十里一名載紫山又名太陽山
倒捲山　在州治南一百三十里山勢上陞而下繞
如捲簾然故名
龍鬭崖　在大洪一名太湖白龍池水瀦而爲湖故
名焉昔有二龍鬭於其南山崩而湖落其下遂爲
落湖村
望湖山　在州西一百五十里
四十里衕　在州北一百六十里南北相距四十里
兩邊皆山中爲衕故名

石婆山　在州北一百四十里山腹挺生一石似老婦形坐向南俗稱石婆山南腹生一石似老翁形背向轉頭顧北俗稱石公故名

十九山　在州西南九十里其山綿亘十九里故名

癸牛嶺　在州南一百里嶺內一石闊兩傍皆峭壁昔仙人牽牛經此尚有遺跡

卓劍山　在州南三十里山巉然插天如卓劍然故名

金鷄嶺　在州南八十里俗傳昔有金鷄鳴此故名

大洑陂　在州南五里

卧龍陂　在州東二十五里名義未詳

捨身崖　在洪山寺北俗傳爆老隨祖師入洪山脩道其妻尋之不見捨身投巖時白雲乘去故名

金線嶺　在州南七十里有小徑迢遞直通頂上土色若黃蓮望如金故名

迴龍山　在州西一百六十里山頭迴轉似龍故名

黃鵬山　在州西南一百里鵬背聚此作巢故名

馬鞍山　在州西一百里形似馬鞍故名

溳山　在州南七十里其地水爲溳水川爲溳川山爲溳山又以名其鄉焉

落石山　在州南一百里俗云洪山祖師帶犬遊見犬立石上石斷墜山下至今溝中石上有犬跡存故名

聚石山　在州南一百里傳云昔人聚石將以爲寨故名

狗跡嶺　在州南七十里傳云洪山祖師經此嶺偶憩於道傍不知野燒將及所帶犬入港冒水滅火

狗跡尚存故名

祖宗山　在州西南十里相傳此山石爲衆山之尊故名

青林山　在州南一百里傳云山木蔚然青翠故名

頂有古寨元末兵亂鄉人置柵禦賊保聚於此

寨子山　在州南七十里傳云山下居民多忠厚故名

君居山　在州南七十里傳云昔有府君居此故名

溳水　其源出於大洪山黃仙洞

漂水　其源出於螺螄山

均水　在州西四十里其源出於佛兒嶺

溠水　在州城西北在一統志作東南左傳楚人除道梁溠營軍臨隨卽此一名楂木西魏改溵西曰下楂卽此處也其源出於栲栳山

浪水　在州城南四十里其源出於大狐山

溵水　在州城西北南流入溳水西魏置溵西郡以此爲名其源出於太平頂宋陳師道有詩載藝文

灃水　在大洪山西北

作水　在州東北一百五十里其水逆流故名

析河　在州治東南二十里

扶恭河　在州城西上從栲栳山道家林流入州境下流入安陸界合漢水入大江

聖水河　在州城西北

雲潭　在州治南五十里

龜潭　在州治東六十里

龍井　在州治西大浪山禱雨有應

[illegible]池　在大洪山北水極深內有一青蛇出見[illegible]將旱禱有應

形勝志

隨之爲國揚疆畫鈞而壁飾形勝實不要稱隨國雖荊無大險阻昔稱疑國與楚鄰雖無折衝之防今既蕩爲荒煙矣姑卽其山川所糾結者思藉險之亦云艱也李德裕作籌邊樓圖蜀地形俾自長吏守職者曉然民土之任則要林之署所可以瞭然謂邑志形勝

羣山糾紛衆川縈帶呂氏春秋九塞之一杜氏曰

大隧直轅冥阨三者漢東之險道魏元英所謂隨之三關相需如左右手是也聖王眺其勢曰其從不失其性故形勢發斯爲壯其山出中幹之右分派而來突起一峯爲太平頂在郡北百八十里逶邐南行過藏山變窟卑落平洋至稱從東南入首瀲水出其右溢繞於之西城下名浮縱河入溳南行漂水出其左環瀠繞之東也則名五陂河入溳東行也失分一逶迤行起龍駱山折而西歷華寶[illegible]發二迄一峯起孤聳一盡安居港水出樓

流之下至安居店西以界之八滇東行螺螄分三支右行起田上山折而東歷鶻鴟山亦分二支二北折河店一蓋馬坪港新水出九里崖之南至與屯店下以界之八滇南行大洪山在郡治之西南百八十里兀聳雲端滇水發源於此過官灘歷定居横郡治之南會衆水入馬坪港出府河入漢南行西支左出爲大猿亦在郡治西南一名大孤山南都賦天封大狐即此包羅郡治之前爲朝拱均水在右過均川入滇東行浪水在左出光化入滇水南行

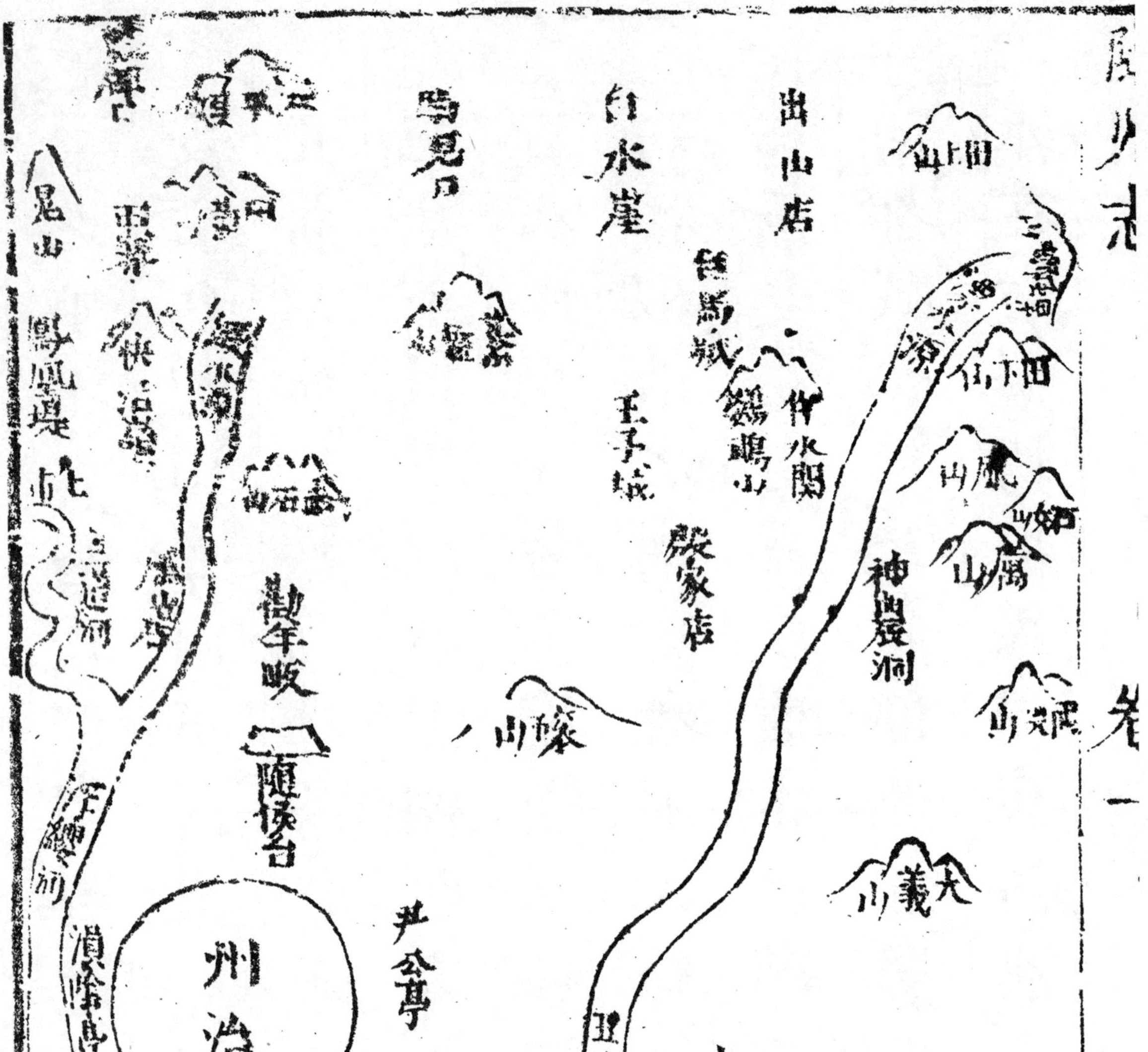
州治
隨侯台
尹公亭
書台
東屯
五條沖
殷家店
神農洞
大義山
田上山
田下山
白水崖
出山店
王子城
光化舖
卷一

磙山　在州北二十里因山石可鑿爲磙故名

艳山　在州西北一百里俗傳舜耕田曾置艳於此故名

赤石山　在城北三十里山石皆赤唐天寶間改名曰赫石

三鍾山　在州東北五十里有三堆狀若覆鍾故名

大義山　在州東北五十里周環百里民居其間貧富自相取足有義風故名

鸚鵡山　在州東北一百三十里其形似鸚鵡故名

龍鬬山　在州東四十里其形首尾似龍故名

雷公山　在州北四十里頂左有泉一泓號白龍池右泉一泓號黑龍池山腰有洞俗傳雷公墜於此又名雷公墜

田上山　在州北一百七十里山下有水故名

田下山　在州北一百七十里山頂有田出泉灌溉故名

棊盤山　在州北一百二十里其山孤獨在神農洞左頂圓有古垣址傳云神農下棊於此遺子於上

九井　在厲山山有兩重塹中有九井相傳神農既育九井自穿汲其一井八井皆動

舜子井　在州城南一里許宋有斷碑相傳爲秦物其字磨滅惟存五大夫三字隸書今并其石沒矣宋許覺之有詩詳載藝文

娥皇洞　相傳虞帝之妃娥皇女英居此在洪山之西北其洞弘敞幽深莫窮其底中有玉皇閣石龕天生用梯始得上更有石觀音石蓮花自然不假人力八洞中橫潭水皆緣崖綫路中復有小門進

復無復潭水浮石平坦矣

夜光池　昔隨侯行於外見羣牧兒打一蛇傷破血流在沙中宛轉隨侯憐之救向水中而去其蛇後銜寸珠於外堂吐地曰我龍王子向戲草中爲牧兒所傷感君活命將珠報德隨侯銜珠進楚王置之殿上夜光如晝此池即活蛇之處故名今城西北隅有池名夜光稱

隨侯臺　在城北八里寰宇記曰隨侯衣卿之所

楚子城　在州東南三十里故光化縣之北春秋析

公八年楚子會諸侯於沈鹿黄不會使薳章讓黄
楚子伐隨軍於漢淮之間因築城以通關故號之
曰楚子城

曾城街　在州北一百一十里昔曾王過此愛山水秀
色遂築城以作夏至今城址四門尚存

驌驦陂　在州治北唐城白雲鄉左傳唐成公有兩
驌驦馬今唐城鎮有驌驦橋并石刻三字猶存唐
胡曾有詩載藝文

讀書臺　在州治東晉張循讀書

平林城　在州治東北八十里漢王莽末隨東平林
人陳牧廖堪起兵號平林兵城於此以應光武梁
爲縣隋屬隨州

救太塚　在州東一百八十里昔王莽兵追光武甚
急過一太冢光武入土窖中太乃拋土封其上力
盡而斃光武得脫以告農夫憐之瘞焉故名

隨文帝宅　在龍居山文帝微時居此

烏龍巷　宋太祖微時依董宗本而居隨本子遵誨
謂曰城上恒有紫雲如蓋復夜登高臺遥見黑蛇長
百尺旣化龍飛東北而去雷電隨之及太祖繼宗
本行後自是紫雲散矣烏龍巷郎太祖之居處在
城內北關之西回化龍之說故名

白龍池　在大洪山南鄭建中係安陸人貲鉅萬
兩載甁葺客舍寒谿舍緜次子卿皇祐五年三月
舉進士第一初病傷寒忽夢化爲龍浴於洪山之
南池中聞池上人呼曰白龍翁來及覺猶自見其
尾曳於牀第

浮纓河　在州西一里昔劉大保領兵渡此落冠纓

於此故名

土產志

江陵千樹橘陳夏千畝漆所稱等千戶敗貨殖家
言也菁茅專利霸者貽譏蹲鴟卜居富室增謝胡
爲而取土產也曰食貨所資藥物所需關仁政焉
余讀循吏至渤海獨嘉其令民口一畦韭百本薤
五十本葱一樹榆五株桑二彘五雞不具者罰之
農桑遂徧何獨於隨而不然志土產

穀

黍 稷 稻 粱 菽 麥 芝麻 蕎麥

豌豆

藥

青木香 半夏 蒼朮 荊芥 蒔蘿 茴香

紫蘇 土當歸 苦參 艾葉 赤芍 桔梗

茵蔯 皂莢 車前子 花椒

花菓

白蓮 紅蓮 千葉榴 百合花 雞冠花

白葵 紅葵 紫荊 牡丹 黃菊 白菊

木槿 櫻桃 黃桂 銀杏 桃 梅 杏 李

棗 柿 梨 柑 木瓜 菱 芡 藕 甜瓜

西瓜 大栗

竹木

紫竹 斑竹 叢竹 檜 松 栢 桑 柘

槐 桐 椿 椋 楊 柳 楮 冬青 楓香

檀

畜

牛 馬 犬 猪 驢 騾 羊 貓 雞

鴨

魚

鯽 鯉 鰍 鯖 鰱 鱤 鱔 黃顙 鱉

螺螄

禽

鶯 燕 烏 鶴 鷄 野鷄 烏鴉 鴿 [illegible]

野鴨

獸

虎 豹 狼 獐 麂 兔 鹿 狐 狸

玉麵狸

貨

棉花 土布

城池志

粤城之任爲國守禦也崇墉浚洫所在棊布漢東犄角荊襄亦或要地昇平則國爲鐍鑰雚苻而已雖然語云石城十仞湯池百步帶甲百萬無粟不能守也司馬遷云漢興所在廩庾皆滿粟紅不可食是又在守土之吏贊理治以防禦患者若夫蓄

金紫土踐華臨江之固則因時修築無改舊觀可

馬志城池

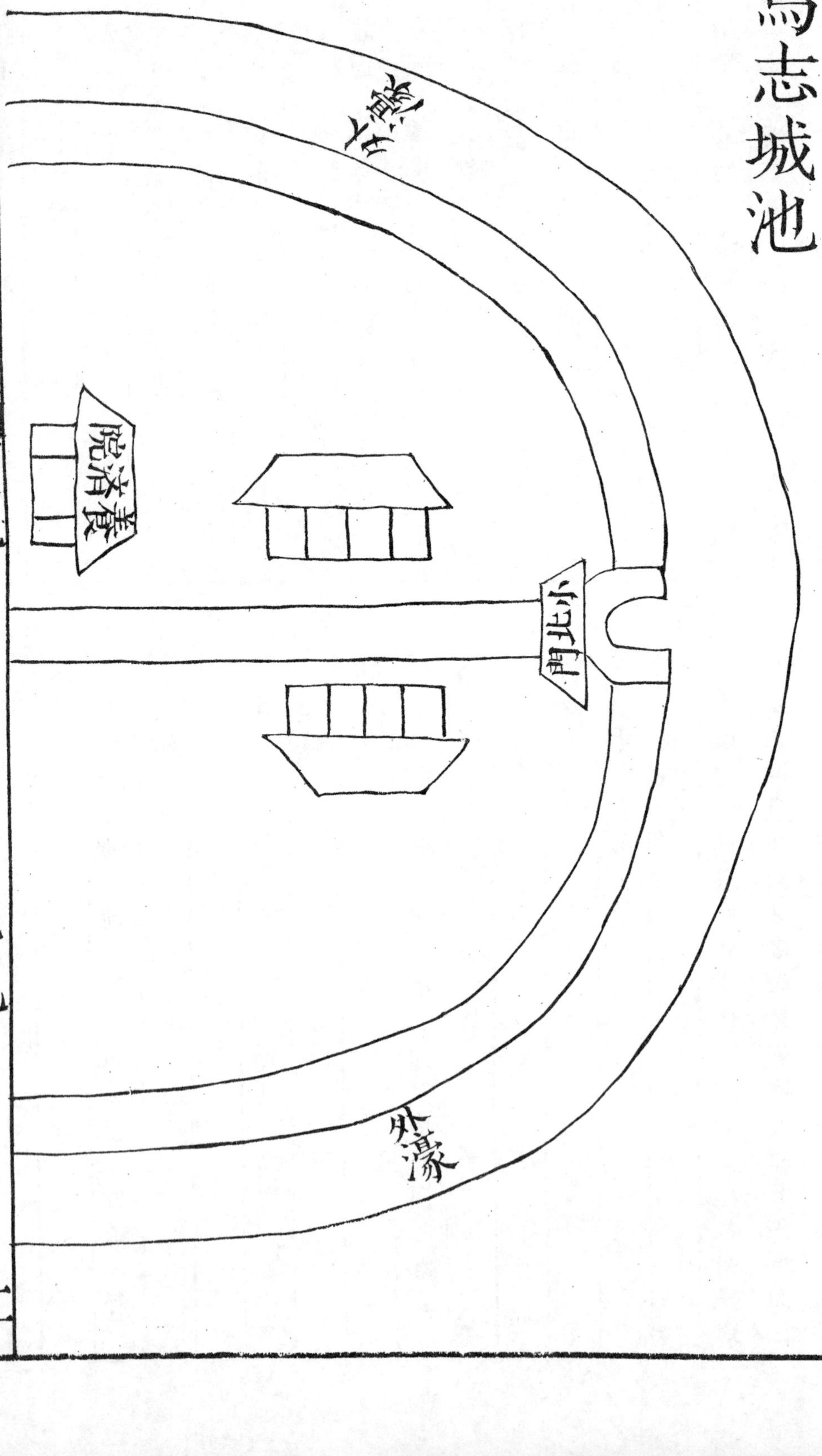

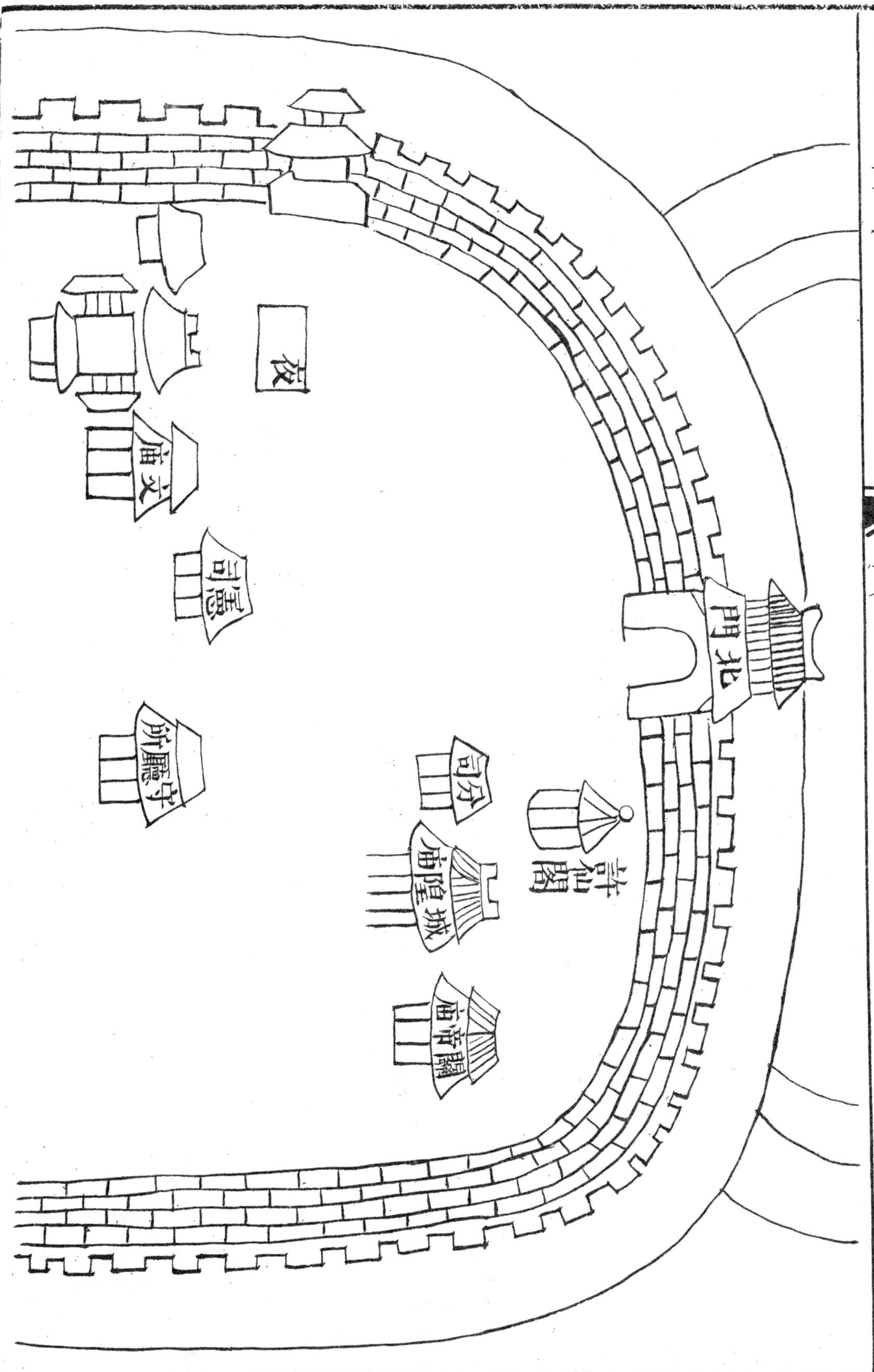
北門
許仙閣
城隍廟
關帝廟
分司
守禦所
文廟

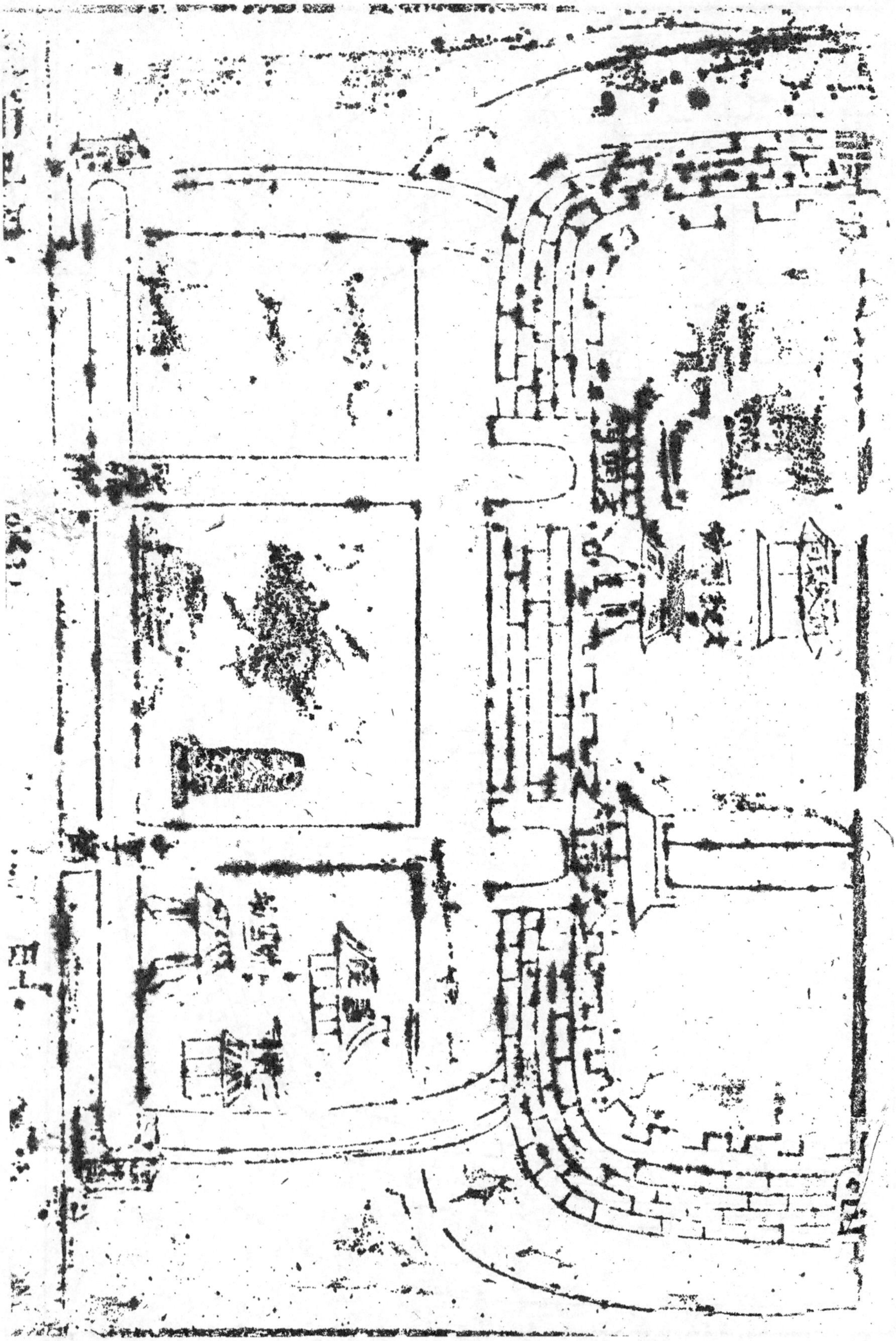

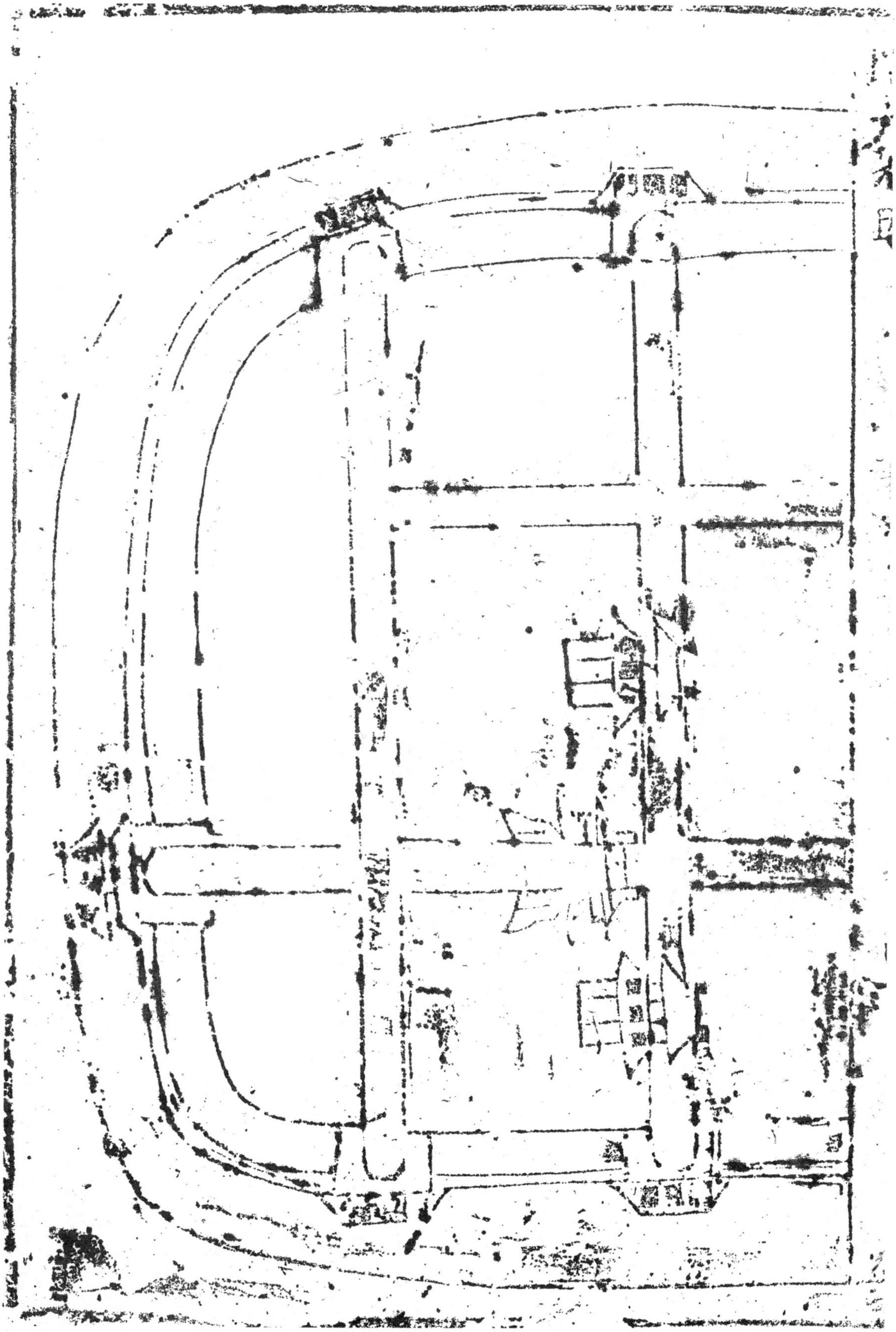

磚城周圍三里零一百七十步高二丈五尺
垛口九百五十個　窩鋪二十三座
城樓門禁正北正南文明各一座
磚城之南有土城曰外南關其城從西角起由南
與至東周圍五里七分餘內有東南西三關謂之
關廂
正南關路達光化舖以通德安府古道其門曰小
南門建樓於門上其額曰襟漢樓從來賓與祖餞
之所勸漢東大郡一○題於上

西關路達安居店以通襄陽縣新道其門曰小西
門門上樓額曰豐雨□有玉波觀德兩門并峙於
下
東關路達萬家店以通信陽州小道其門曰小東
門門上樓額曰龍會□有聚奎陽和兩門并峙於
下
磚城之北有土城曰外北關周圍二里一分餘其
門曰小北門路達厲山店以通唐縣鎮古道
大濠繞磚城周圍七百零五尺闊三丈深一丈□

成化十五年重加疏濬州判孫益會等督工成之
南北外羅濠繞土城之周圍深濶與內濠同

社稷志

頌曰於惟太社官名后土是曰句龍功著上古德
配帝皇實惟靈主社也克明播植農正日舉尊以
作稷豐年是與義與社同方神此字稷也此其建
國承家莫不修叙者歟漢制州　有社無稷今則
并置之隨亦與各郡縣無異至於諸壇壝得與社
稷均祀禮不可缺焉獨舉社稷者亦重也志社稷

社稷壇　在州治外城內東北
宰牲堂齋宿房廚房各三間　成化十四年淇水
漂倒知州五希閔重脩　今又廢
山川壇　在州治城外南二里
宰牲堂齋宿房廚房各三間　成化十四年淇水
漂倒知州伍希閔重脩　今又廢
無祀鬼神壇　在州治北城外二百三十步
宰牲堂三間　今廢
郡厲壇　李港苦馬黃建金錢會盤牛心梅坵落湖

聖堂銅鉢府君紫溪以上十二村舊各有祈禱壇
一所其餘新增村分俱未設

祠廟志

立廟祀春秋載在國典者尚需灌止鄉人俎豆盛
觴甚爲隨祠廟未大熾不無荒唐然治而不變者
從俗也抑僕淀也狄仁傑毀淫祠八百餘所非存
四祠萬古正氣不可取法歟至若馬炭喔明神宮
之奏開妄肆賣其與爰君之祀何異獨不聞聖訓
乎余讀先臣張九功正祀典一疏竊有志而未逮

志祠廟

舜王祠　在牛心村厲山頂上
東嶽行祠　在歲豐鄉牛心陂有碑一座
季子祠　見藝文　今廢
歐陽子祠　見藝文　今廢
文廟　見學宮
城隍廟　在州治城内東北
三皇廟　在儒學東南久廢有碑文訛缺見藝文
炎帝廟　在厲山上名鄉有碑一座

隨文帝廟　在州治之東南今廢
魯班廟　在會盤村楞梲山東
子房廟　在金錢村大平鋪內
季大夫廟　在州城南門外今久廢
關羽廟　在州治東城內三百步
寶神龍三廟　在州治城外東南五里
夜光廟　在州治北門內久廢
東嶽廟　在州治城外東一里
五通廟　在州治城外南關三里洪水漂倒

廨署志

義北雖嚴足崇公府卿則無以重威華亦修矣變
易綺摟始非袁也隨郡廨以及館院各有舊制無
事臣作廠要在修舉不廢而已嗟乎心競形離之
九墨身悍遠廬之再病誰種楊州之梅孰栽武昌
之柳耶況於榮進視如室家余獨有懷於杖孫之
一日必葺墻屋去之如始至也志廨署

宮司必有廨署其制南向前爲廳事以決庶務傍
爲吏所以貯錢帛兩廡　　牘廳事之

犧食有室，賓客有館，庖爨有厨，牧養有廄，以至冕胄之釁奠，不有舍而條屬各置，解者有差。外此有惡分二刑以儀上隸，複有陰陽、醫學、稅課、符倚、遞司，分處散員，總名之曰廨署。若其高下廣狹，造置隨宜，無定制也。

隨從前廨署舊址莫考。明洪武二年，同知張遜贊勢度地，改城內西隅最高處爲州廨，今其舊址也。餘各有址，今雖有巳廢者，不敢失紀。

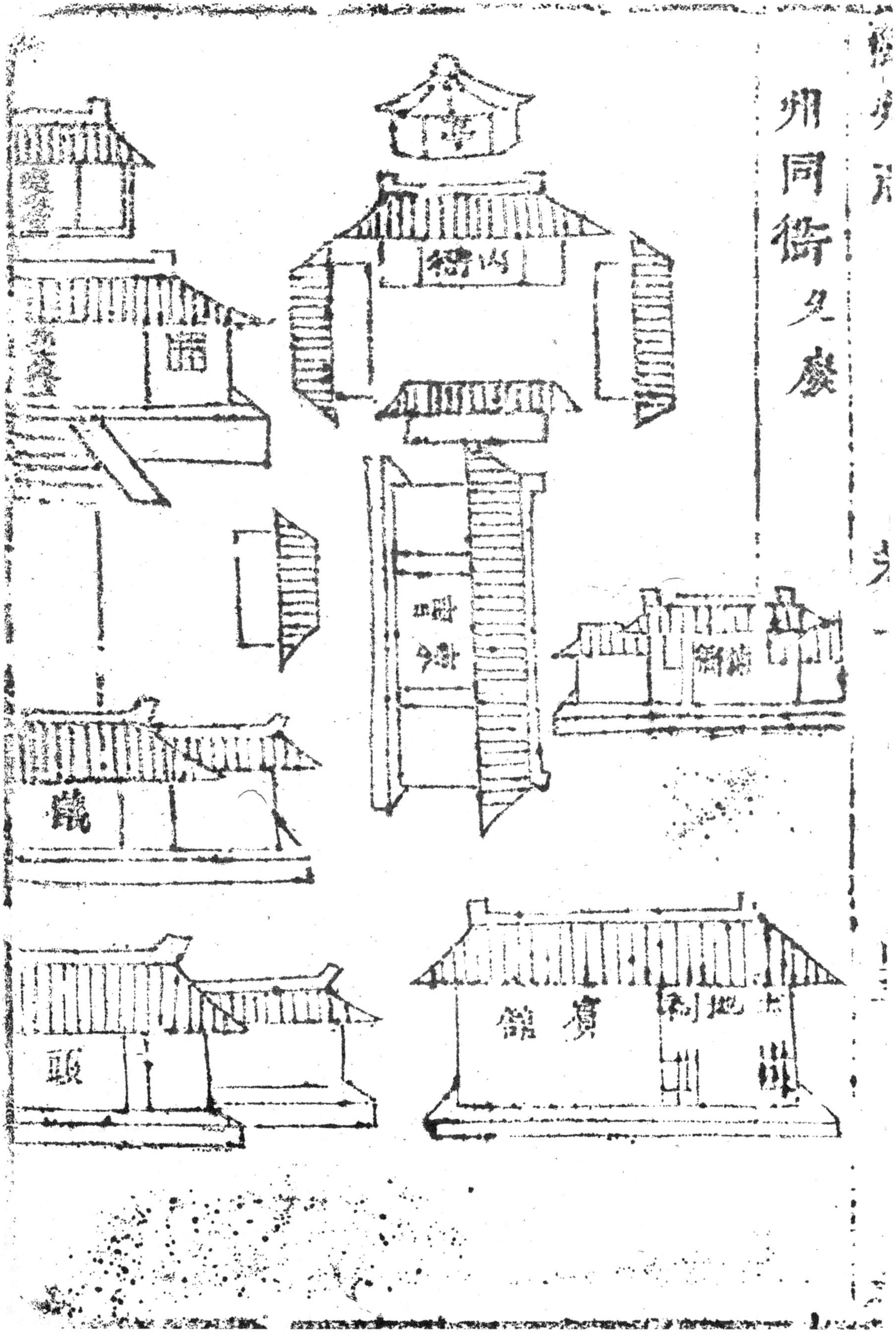
州同衙久廢
內衙
賓館
土地祠

州判衙未修

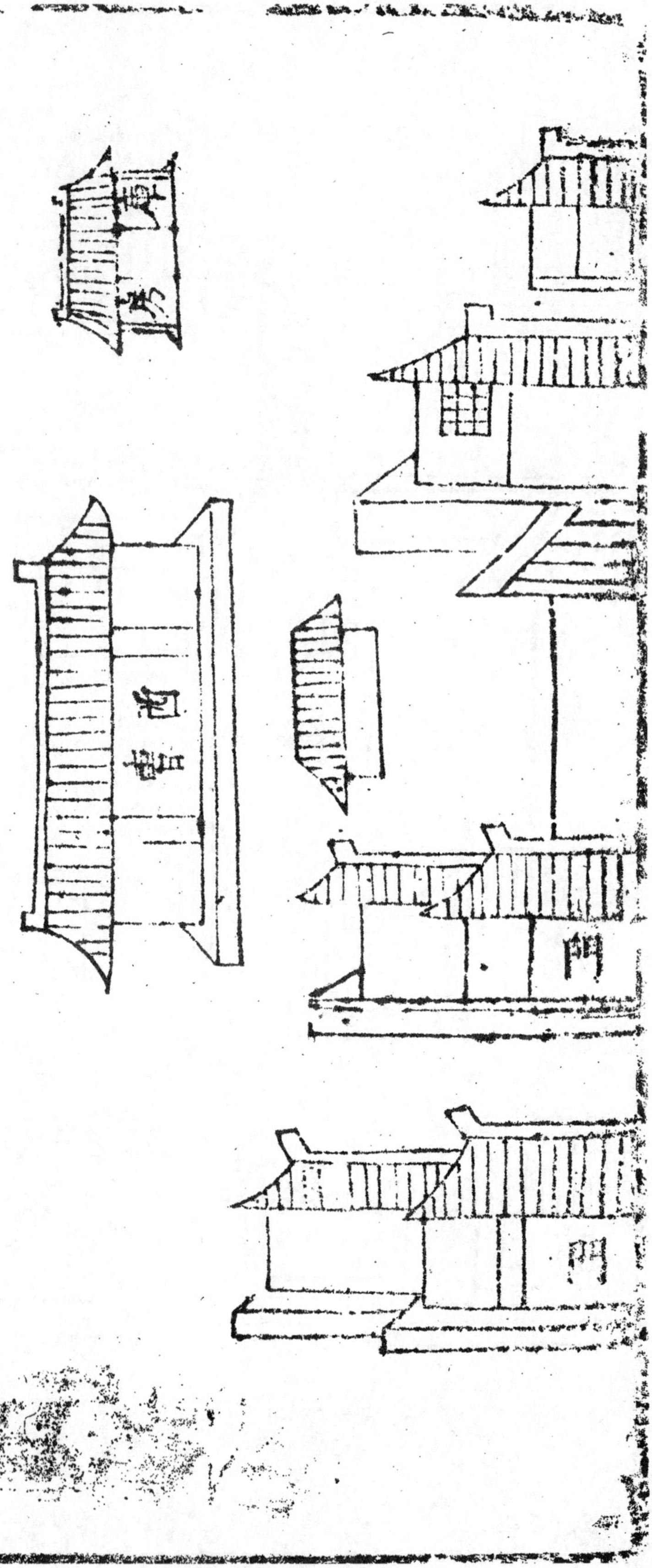

隨州志　卷上

州大堂五間耳房泊水二間內二間作庫所

戒石亭在大堂前　內戒石碑一座

川堂直廊三間在大堂之後

夜光廳三間在川堂之左

衙舍三間在夜光廳之後　左右各廂房六間

崇樓三間在衙舍之右

茶亭三間在夜光廳之前

書房三間在夜光廳之東　左右各廂房十間

草廳三間在書房之東

吏目廳二間在大堂之西
六房十二間在大堂之左右分立
承發房二間在左吏胥之上
架閣庫二間在右工胥之上
儀門三間在戒石亭之前
頭門三間在儀門之外
榜房六間在頭門外之東西
鼓樓三間在頭門街東
迎賓館三間在頭門內之東

土地祠一間在迎賓館之東壁下
獄房六間在儀門內西
倉房三間在頭門外西
馬廐三間
州同衙在大堂之東後
正廳後廳茶亭書房廚廐各三間　今俱廢
州判衙在大堂之西
正廳後廳茶亭書房廚廐各三間
申明亭在頭門外之東街

旌善亭在頭門外之西街
陰陽學在城內州治東
醫學在城內州治東南
布政司在城內州治東北　今廢
正堂五間
後堂三間
東西書房各三間
廚房三間
正門三間

圍垣周全
按察司分司在城內北街東　今廢
正堂五間
後堂三間
東西書房各三間
廚房三間
正門三間
圍垣周全
漢東公館在[illegible][illegible]襄陽之府館　今廢

公館在州廟街之東　新建
正堂三間
後堂三間
茶房一間在後堂之右
耳房三間在後堂之右
廚房二間
外耳房三間在正堂之左
正門三間
囹圄刑全

税課局六間在州城外東南　今廢
道正司懸妙觀在城外南關街東
僧正司報恩寺在城外南關街北
守禦所在城內治東大北街之左　今廢
工廳三間
前廳三間
門樓三間
附
演武廳三間在城西濠外半里許

教場一所
將臺一座
轅門一座　今廢
春廠在城南一里許
養濟院三間　舊址在南門外舜井坊邊今改修
在外北關街
漏澤園在城南　里許

倉廒志

昔中均輸洛下常滿廩入九穀倉入九粟厥惟重

哉然則隨之豐大以給官吏文盛以供師儒預備
以濟水旱法非不良也意果常美乎余聞棄以嵩
救百姓不須報而開倉振饑者有第五伸謝高若
祖爲一則百姓歌之一則天子嘉之寔心民瘼哉
固彰彰柰何而不思身爲之所也志倉廒
明設豐大倉於州治以給官吏之俸兵士之廩設
文盛倉於學校以供師儒朝夕之餼設預備倉倉
四鄉以濟軍民水旱之匱豐大倉所儲者乃民間
之常賦軍田之子粒文盛倉所儲者乃學撥公錢

之歲半預備倉所儲者乃平糶民粟之有餘太私
公日穀賤傷農故官中此在市添價收糴使蓄積
之家無由挪塞農夫穀貴傷民故官中比在市減
價出糶使蓄積之家無由邀勒貧民使物價常平
公私兩利誠三代之良法預備倉爲待之今考預
備倉以成化三年四方未靖徙置於城內以防危
患與豐大倉同所便民倉以成化七年以南漕轉
運之艱增置於城外與水次相近易於上船其豐
大倉主之以攢典預備倉主之以耆老便民倉主

之以里長若其出納則總司於印官

豐大倉四厫

甲字厫

乙字厫

丙字厫

丁字厫

預備倉一十六厫

趙字厫

錢字厫

孫字厫

李字厫

周字厫

吳字厫

鄭字厫

王字厫

馮字厫

陳字厫

褚字厫

衛字厫

東倉

西倉

南倉

北倉

便民倉　在州城南地名兩河口上岸明成化
七年知州呂綸新買州判杜樹基地起
立今廢

一厫

二厰

以上二厰成化十四年水漂倒知州伍

希閔重修

文盛倉　在大成殿西已見學校

一厰

關梁志

蔡邕曰關在境所以察出禦入也故宋文兩河間有天關此至日閉之孟冬謹志先王所由愼歟隨之三關古稱雄隘今鞠爲茂草矣然遺跡尚在襟

帶何可不切爲暴之戒司險達阻浚梁實急不必蒼駿白瀨之壯也岸渰硼弥卽署約斷楂可資利濟不然攔生闇辭旅渙魚衣臨河之嘆豈一人厄耶志關梁

大隧直轅冥阨三者漢東之隘道王應麟曰大隧實黃峴今名九里關直轅實齊志武陽關又名禮山關俱在安之應山今鄢隨冥阨實平靖關今名行者坡在應山之北二舍呂氏春秋九塞此其三隋志曰九里關在孝感之北十舍唐貞觀省平林縣義入隨其志曰武陽之西平靖之東有成百鴈關焉宋嘉定十五年以隨三關隷德安而置關使明洪武十三年以應山來屬其界左馬坪舖右界山嶺廣五舍三分舍之二前漢東倚後姒碑山衮九合別有土門以衛之又有石門頂界之立砦壘營爲南之保障置關兒口爲對之鎖鑰作水關之險要根樹埡之陡峻可考而知也

百鴈關　今在應山北九十里

直轅關　即武陽又名禮山關今在應山廿一百三

十里

禮山關　隋文帝九年改東隋爲禮山有關官有禮山實齊禮山關魏人謂之東關也

黃峴關　即大隧關又名九里關今在孝感北三百里

冥阨關　又名平靖關亦名行者關今在應山北六十里

平　林　即平林縣在州之上名經當楚豫之交乃咽喉地

順義關　隋煬帝大業元年改順城爲義
西義陽　在隨之下溠
馬坪舖　即今馬坪港在州東南五十里
界山嶺　即今大悲店在州西北九十五里
漢東橋　在州治南八十五里
界碑口　在州治北二百四十里界河南爲古隘道
上　門　在州治西一百七十里夾山中通一路今
有城樓
石　門　在州治南七十里段家崗原有石坊猶存

遺址
蒼臺營　在州治東南七十里段家河東尚存遺址
關兒口　在州正北二百三十里接桐栢縣界古隘
道
仵水關　在州北百二十里爲南北隘道古摩崖石
座尚存
椴樹埡　在長崗店西十五里抵安陸府界
樂善橋　在州治東南十五里水衝塌成化十年重
修

歲豐橋　在州治西一里水衝塌明弘治十年知州李
克嗣重修又名李公橋有記見藝文
紫石橋　在州南六十里明知州晉承命重修
高家橋　在州城外北一里明重修石橋五眼今名
五眼橋
阜民橋　在州城南一里
七里橋　在州治西七里明末水衝塌我
清知州陳秉化重修石勒桂芳橋
通津橋　在州南關內元至正元年修

小通津橋　在州南關內明宣德三年修
五里橋　在州城南五里明景泰六年修
上　橋　在州南二十五里光化舖之上
光化橋　在州東南三十五里明成化二年重修
雲潭橋　在州東南五十五里明成化九年修
仙人橋　在州北門外元至正元年修明末因賊至
阮經歷率州人折毀
回龍橋　在州北二十五里明成化十一年李僧妻
修按察使李敏道過此作記見藝文

□家橋　在州西北七十許里
烏石橋　在州西北一百二十里
金鍼橋　在金鍼村
□姆橋　在金鍼村
梁家橋　在州西二十五里
沈家橋　在安居鋪下州西四十里
□□橋　在安居店上滏河口西二里
滏河口渡　在州西南三里
八角園渡　在州西二里

□□□渡　在州東南十五里
□□頭渡　在州東南四十里
□□口渡　在州西四十里
蘇家河渡　在州西六十五里
□□□渡　在州西七十里官潭之下
□渠河渡　在州西七十五里官潭之上一里許

驛鋪志

昔薛惡爲彭城令吏宣過之見郵驛不修劾其不能此王淵傳具私馬伍拾匹以便奏事所以見□於河內也隨雖荒遠然皆會通衢緩則掇信魚鑰急則飛書馳檄所不絕焉置郵何可缺也馬飼於官兵養因命今昔皆有良規酌而飭之詎止曰供其困乏無變客使已乎志驛鋪

養馬於司以備傳送是謂之驛置兵於舍以供走遞是謂之鋪二者以勤王事原相表裏隨驛鋪之制驛則置於州驛有馬馬有五十四始則民養今則官養實稱便焉鋪則置於野鋪各相距十里或不得其所則倍其數者有之鋪各有鋪司以掌記

籍歷有鋪兵以衛行者以傳公文額有工食是曰均徭且舊制設鋪設地聽其闢以自食而不征其税所以恤苦也至於鋪司鋪兵雖世代迭更仍按老冊而責之原役不蒙休息抑或以承充之故耶此驛鋪之大概也間有商賈爲店肆於鋪之左右或中途以待往來之人雖以通本末抑亦行旅之所便也

館驛三間　在總司前　今廢

驛馬五十疋　康熙元年□月內裁□□十五疋五年七月內又裁一□□十九疋止存□□

州前舖　明洪武初年建本舖[illegible]舖一十
里
基地一所官亭三[illegible]兩廊六間門樓
一間外地二所[illegible]官舖司舖
兵作已廢順治三年[illegible]
石牌舖　明洪武初年[illegible]舖一十
里
基地一所官亭三間鄉亭一[illegible]兩廊六間門樓
一間牌樓一間已廢順治初年置

地二段共一十一畝
一段在舖東計十畝東至軍人胡文昌地西至
本舖西[illegible]南至大河北至民人[illegible]通田
一[illegible]計田[illegible]東至本舖西至民人[illegible]
光[illegible]西至[illegible]通田
[illegible]洪武初年建本舖南至光化舖一十
[illegible]
[illegible]三間鄉亭一座兩廊六間門樓
[illegible]一間已廢順治初年置

地二段共二十七畝
一段在舖後計二十五畝東至軍人王[illegible]地西
南至大路北至沙湖
一段在舖西計二畝民人劉端種今路[illegible]司
兵東至田西至小堰南至劉剛墻北至官路
光化舖　洪武初年建本舖南至涉陂舖二十里
基地一所官亭三間鄉亭一座兩廊六間門樓
一間牌樓一間已廢順治初年置
地二段共六十畝

一段在舖前計三十畝東至軍人張昇地西至
人行官路南至張洪地北至軍人魏福地
一段在舖後計三十畝東至本舖西南至軍人
張洪地北至軍人魏福墳地
[illegible]舖　洪武初年建本舖南至雲潭舖一十里
基地一所官亭三間鄉亭一座兩廊六間門樓
一間牌樓一間已廢順治初年置
田二段共一十八畝九分俱在舖南
一段計十畝五分東至小路南至民人張洪田

西北至民人張榮田
一段計八畝四分舖司張昇種今路退還司收
均分耕種東至小河溝西至山下小堰南至民
人張浩大田北至人行小路
地一段在舖前計七畝東至民人張昇地西至
官路南北至人行小路
雲潭舖　洪武初年建本舖南至紫石舖一十里
基地一所官亭三間鄆亭一座兩廊六間門樓
一間牌樓一間巳廢順治初年置

隨州志　卷一　六二

田地二段共八畝三分
一段田在舖南計七畝東至官路西至河溝南
至民人徐仲芳大坵北至本舖
一段地在舖東計一畝三分民人徐仲芳種今
路退還司共東至土地樹西至桑樹溝南至[illegible]
北至徐仲芳地
園圃二所共一段民人徐仲芳種今路退還司
共東至舖西南至河北至大路
紫石舖　洪武初年建本舖南至石門舖一十里

基地一所官亭三間鄆亭一座兩廊六間門樓
一間牌樓一間巳廢順治初年置
地六段
一段在舖前計八畝民人張洗種今路退還司
共東至本舖西至官路南至溝北至本舖
一段坐落舖後計一畝東至舖西至民人張洗
地南至河北至民人蕭浩田
一段在舖前計五分東西南北俱至本舖地
一段在舖前計五分東至民人蕭浩地西南至

隨州志　卷一　六三

本舖地北至蕭浩田
一段在舖南計五分東南至溝西至官路北至
溝一段在舖南計五分東至官路南至小路
西北至河
石門舖　洪武初年建
基地一所官亭三間鄆亭一座兩廊六間門樓
一間牌樓一間巳廢順治初年置
田一段在舖西計一畝東至舖西至民人劉[illegible]
堯田南至本舖北至官路　地二段共七畝

畝一段在舖西計五畝東至本舖西至劉志亮地
三畝南至劉志亮地北至官路　一段在舖東計二
畝東西至本舖南至民人陸亨田北至官路
龐家舖　順治三年改由新設自州前至本舖二
十五里由本舖西至安居舖一十五里
基地一所官亭三間郵亭一座門樓一間牌樓
一座
安居舖　順治三年改由新置本舖西至船鎮舖
十五里
隨州志　卷一　卌三　上
基地一所官亭三間郵亭一座門樓一間牌樓
一座
船鎮舖　順治三年改由新置本舖西至官渡舖
十五里
基地一所官亭三間郵亭一座門樓一間牌樓
一座
官渡舖　順治三年改由新置本舖西至大悲舖
二十里
基地一所官亭三間郵亭一座門樓二間牌樓

一座
大悲舖　順治三年改由新置本舖二十里至陳
家舖入棗陽縣界
基地一所官亭三間郵亭一座門樓一間牌樓
一間
諸馮舖　洪武初年建本舖東至馬坪舖二十里
基地一所官亭三間郵亭一座兩廊六間門樓
一間牌樓一間
地八段共五十八畝
隨州志　卷一　卌四　下
一段在舖西小河港計三畝東南至民人王猶
地西至民人周海地北至官路
一段在舖前計四畝東北至官路南至民人馮
志才地西至小河港
一段在舖南計八畝東至民人丁時椿地西至
官路南至民人馮志祖地北至行人小路
一段在舖南計八畝東至民人周海地南至馮
志才地西北至小河港
一段在舖南計四畝東至官路西至馮志才

南至民人李文海地北至周海地
一段在舖後計十五畝東至民人丁時容地南至本舖西至小河港北至周海地
一段在舖東南計十三畝東北至民人尉洪地南至官路北至馮志雁地
一段在廟灣計三畝東至民人王鳳鸛地西南至馮志才地北至李文海地

道里

東至應山縣界三十里

南至京山縣界九十里
西至鍾祥縣界二百里
北至唐縣界二百五十里
東南抵德安府城一百三十里
西南抵京山縣城二百里
西北抵棗陽縣城一百八十里
東北抵信陽州城三百里
東抵應山縣城一百二十里
南抵京山縣城二百一十里
西抵安陸府城三百里
北抵唐縣城三百五十里
赴京陸路二千五百里
水路五千八百二十里
江南陸路一千六百二十里
水路二千八百里
本省陸路
水路

坊表志附寺觀樓臺

麟趾至而角斑魚褒珠而鮮紫實者則名焉也坊表之設其懿行之旟旐乎[illegible]躅文範見者[illegible]徂之雖然韓信國士而心折者有周叔陶潛清風而厲宗者有陶淡英哲隱處湮滅無聞者不可勝道是淑人之柄不在論揚已顯而在蒐闡未彰也矧牛頭馬脯剌謬亦多數有心者爾夫至于寺觀亭樓今昔盛衰相因而存固不論焉志坊表

昇平坊　在州治東久廢

聚珠坊　在州治東久廢

[illegible]坊　[illegible]久廢
[illegible]坊　[illegible]州治南關久廢
阜民坊　在州治南關久廢
善賢坊　在州治南關久廢
舜子坊　在州治南久廢
均用坊　在州南久廢
宣化坊　在憲司前街西明宣德六年州判武襄
立今廢
澄清坊　在憲司前街東明宣德六年州判武襄

立今廢
登瀛坊　在南門外明正統六年知州高昇為舉
人吳敢立今廢
鍾英坊　在南門內明景泰八年知州程亨為舉
人宗文立今廢
世美坊　在南門外明景泰元年知州屯忠為舉
人童壽立今廢
紹芳坊　在南門外明景泰元年知州屯忠為舉
人章貞立今廢

聯芳坊　在南門外明景泰四年知州呂華為舉
人楊名立今廢
登雲坊　在南門外明景泰四年知州呂華為舉
人楊亨立
解元坊　在南門外明成化八年知州呂綸為舉
人章爵立今廢
攀龍坊　在儒學街東明成化十三年知州伍希
閔為舉人宗夔立今廢
附鳳坊　在儒學街西明成化十三年知州伍希

閔為舉人章冕立今廢
大金吾坊　今廢
儒林坊　在儒學前街西口明天順四年知州程
亨立今廢
頖宮坊　在儒學前明天順七年知州唐福立今
廢
城隍廟坊　在州治東城隍廟前明天順元年州
判杜樺立今廢
貞節坊　明成化十二年州判徐鐙為朱昱妻劉

氏立今廢

何文毅公坊　在州南關

文毅公祠坊　在州治儒學左側文毅公祠前

寺觀

報恩寺 在州南關　智門寺　高城寺　金燈寺

龍潭寺　青臺寺　海會寺　泉水寺　華嚴寺

白雲寺　約時寺　老湔寺　海潮寺　太平寺

觀音寺　淨明寺　長慶寺　蓮花寺　栲栳寺

指城寺　青石寺　白羊寺　文殊寺　金山寺

南嶽寺　顯太寺　龍泉寺　巖庵寺　黃龍寺

松山寺　太平寺　潙池寺　奇峯寺　五巷寺

落石寺　觀庄寺　觀音寺　水西寺　普照寺

雲禪寺　青林寺　現光寺　雲水寺　丫角寺

洪山寺　四聖寺　崇林萬壽寺　崇林保壽寺

懸妙觀 在州南關　神農觀　金燈觀　太平觀

鸚鵡觀　烏城觀　寶德觀　玉真觀　廻龍觀

樓閣亭臺

隨之樓閣亭臺建於往昔者始或朱連碧落飾高甍下盡山川景物之奇今則蔓草荒煙枯木斜陽與瓦礫堆墟之色矣然而昔人名士曾經品題佳什雅文膾炙人口絃誦化為灰燼其實亡而名存遺址黍離其尚過而問之

漢東樓　在隨治南郎今南門樓唐李白韓愈宋沈括皆有詩詳載藝文

白雲樓　在隨治西連城高聳今存故址宋邢居實有賦元劉秉忠有詩詳載藝文

神農閣　在厲山　今廢

餐霞閣　在隨治西今廢

清署閣　在隨治子城西今廢

尹公亭　在隨治東今存故址宋曾南豐作碑記詳載藝文

湧陰亭　在隨治西今廢宋張商英有詩

瑞蓮亭　有記載藝文

後喜雨亭　有記載藝文

溫泉亭　隨治西百里許有溫泉李克嗣構亭其上有記見藝文

洗心亭 李克巘建

許仙亭 在州北門内知州劉名世新建

隨侯臺 詳古蹟

讀書臺 詳古蹟

紫石長橋 西距州城六十里而遙昔傳有女曾
修行於此地獨爲引路虎爲開山乘白牛而
來因號白牛池又移石于此池傍因有嚮石
踏其石尚存童子可搖之而動數百人扛之
不起擊之則聲聞數里琅琅然舊有碑誌其
事附古蹟遺事

隨州志卷之二

知隨州事商陽劉彀著修
署學正事湘潭王岱恭訂
郡庠生 陳古祚 何潘 何泰崇 纂輯

閭里志 附鎮店

五比爲閭五隣爲里今則鄉以統村不復古矣然
余嘗考比閭族黨之法則有使之相保相愛相葬
相救相賙相賓之禮則有獵鄉器供吉凶二服供
祭器供射器供吉凶禮樂器之制上下相維犂然
有制事雖難行以視今之保甲義寔符也遵今法
寓古意良有司必斷之至于鎮店聚貿易通行旅
廢興不一亦并及焉志閭里

鄉統乎村村即爲里隨之先不可考矣明初地廣
民希除關廂外分四鄉十二里成化八年以生聚
之蕃增鎮司君山新廂共一十五里至成化十三
年因遠近附籍者衆又增歸化共一十六里然鎮
司多歲豊之民君山多濵川之民故二村得系二
鄉之下若新廂歸化之民散處一十四里之中鬻

自一鄉統之故劃作湘分二里及觀永樂間州志湏山鄉北三村曰均川曰吉鋪曰銅鉢今所謂落湖銅鉢聖堂者至其間中又有落湖之名歲豐鄉北二村曰安居曰關寧而無分所謂會盤牛心者至其間又有會盤牛心之名湏川鄉舊有三村一曰湏河今則亡矣今之里巳增至一十有九前諸故老俱莫知其沿革若其鄉村各有名義今悉分系於下

上名鄉　統四村　後增一里

平港村　在州東五十里其村周圍二十里平曠中有水港故名

苦竭村　在州北一百八十里此村多山道路崎嶇竭苦於行故名

黄連村　在州北一百二十里其村有黄連樹故名

金錢村　在州西北一百四十里昔有姑嫂俱富修橋二座橋邊有古舊碑題云東十里西十里有人識得就在十里後有回回人經此悟云就在十里郎就在石裏掘橋下石果得錢一窖內有金錢故名

大義村　在州東北五十里此地居民多義故名

歲豐鄉　統三村　後增二里

會盤村　在州北二百五十里昔傳昔有將軍行兵會食於此故名

牛心村　在州北五十里村內有陂堰一所四圍皆山中蓄水可五頃許水中有一小山形似牛心故名

鎮司村　在州西北九十里成化八年增因唐縣鎮有巡司故名

歸化里　成化十三年增

關廂里　附郭市民所居

湏山鄉　統四村

梅坵村　在州治西六十里昔梅坵鎮地昔多梅故名

落湖村　在州西南七十里以太湖水落故名

銅鉢村　在州西南二十五里俗傳耕夫犂田撿

一銅鉢又云有僧修行於此功成棄鉢而去故名

聖堂村　在州南九十里傳云其村古有聖人堂故名

漫川鄉　統三村　後增二里

府君村　在州南五十里傳云亂時有府君鎮此故名

紫溪村　在州南一百里舊傳昔溪中有紫氣占之嘗出眞人有司因之斷其山崗故名

君山村　在州西南一百里即府山之下故名

歸仁里

新厢里　係抽分二里

附鎮店

唐縣鎮　梅坵鎮　安居店　淅河店

厲山店　官潭店　萬家店　均川店

周家店　興屯店　朱家店　長崗店今消之

上市店今消之　唐王店　出山店　高城店

殷家店　七姑店今消之　吳山店今消之　白碁店今消之

淅林店今消之

田畝志

專封專地之戒不講欲無流亡不可得矣專爭特人之論也隱微在乎特立推其緊乎綜者吾猶隱必藉衆功斯衆功則成由牧吏夫行不信之法委政於衆多之胥欲紀人事之繁察明地利之多少雜中間智刑提首纏算亦不可詳況其餘乎敝議田畝在清實數而已又覆其虛離持大籌書會地大將焉求志田畝

原額田柒千陸百陸拾柒頃肆拾八畝陸分捌釐貳毫柒絲內分上中下三則

上則田陸千貳百肆拾壹頃壹拾捌畝伍分壹釐伍毫壹絲

中則田壹千貳百捌拾柒頃叁拾壹畝陸分肆釐貳毫肆絲

下則田壹百叁拾捌頃玖拾捌畝伍分貳釐伍毫貳絲

原額地貳千肆百柒拾貳頃叁拾陸畝壹分柒釐

毫捌平地貳千肆百[illegible]拾陸頃貳拾肆畝[illegible]
分柒釐肆毫
一塘地陸頃壹拾壹畝貳分玖分栽桑肆株
一蕩額水塘伍百玖拾壹頃柒拾貳畝柒分伍釐貳
毫
以上田地塘共壹萬柒百叄拾壹頃伍拾柒畝
陸分捌毫柒絲
一蕩無田塘貳千壹百玖拾柒頃壹拾捌畝捌分柒
釐壹毫肆絲

節年開墾田伍頃伍畝叄分壹釐
實在成熟田塘陸千零陸拾貳頃貳畝伍分陸釐
叄毫叄絲

戶口志

兵燹之餘走原柒錫戶口之數十不存一善國者
遊寓過多則有土斷之法生齒不耗則有生息之
法生息既繁則有休養之法然以道揆之必先土
斷而後生息生息而後休養隨當多壘之遺凋敝
甚矣爲之牧者生息休養可也敢言土斷乎姑照

一編審戶口之制[illegible]善術哉志戶口
國朝順治伍年州守[illegible]有庭[illegible]丁仿做原額十
二年程文光奉　例將人添丁不減不以增爲就
食之民盡入版圖增丁玖千餘叄流民還故土而
名存隨籍嘆我隨民尚忍言哉至於遊民商賈明
洪武十二年已禁之矣與姓合族正統八年又禁
之矣倘去多戮實則賦均役平民免流離之患而
生齒之富庶可計日俟矣

唐太宗貞觀二十八年

戶貳萬叄千玖百壹拾柒
口拾萬伍千柒百貳拾壹

宋崇寧元年
戶叄萬捌百肆
口陸萬柒千貳拾壹

元至元十二年
戶壹萬伍千玖百陸拾陸
口伍萬貳千陸拾肆

明洪武十三年編里十有二

二十四年

戶壹千伍百柒拾柒

口壹萬伍百壹拾伍

永樂八年增編二里共十有四

戶壹千伍百捌拾玖

口壹萬壹千貳百柒拾壹

宣德七年

戶壹千柒百柒拾伍

口壹萬貳千捌百捌

成化八年增二里共十有六

戶貳千叁百叁

口叁萬壹千貳拾伍

十八年增二里共十有八

正德七年增一里共十有九

戶貳千伍百伍拾玖

口肆萬陸千玖百貳拾貳

嘉靖元年

戶貳千陸百捌拾貳

口伍萬伍百肆拾

嘉靖四年

戶貳千柒百柒拾伍

口伍萬捌百玖拾

萬曆九年

戶貳千捌百玖拾柒

口陸萬陸百壹拾叁

萬曆四十年

戶貳千玖百陸拾捌

口陸萬叁百玖拾柒

崇禎末年遭流寇殺戮止剩人丁壹萬捌千零

國朝史咒於

順治　年審編以田起丁得貳萬叁千叁百叁拾叁

丁

賦稅志　附丁徭起運存留

古者因井廬以定賦稅公田什一故稅畝有譏今
則遵定制循舊征也或者曰催科拙[illegible]余[illegible]民[illegible]
貧非賦稅也弊不在催科不見夫獵於山漁於澤
者乎非多獲不為功夫貪漁獵之志以入山澤盡
已者矣而功罪皆其後勢不多獲不止焉能不竭
山而竭澤乎余願為之司牧者無以漁獵為志而
多獲為功則萬家稱勞矣志賦稅

原額田柒千陸百陸拾柒頃肆拾捌畝陸分捌釐
貳毫柒絲內分上中下三則

上則田陸千貳百肆拾壹頃壹拾捌畝伍分壹釐伍
毫壹絲每畝科秋糧玖合玖勺捌抄
共科秋糧米陸千貳百貳拾捌碩柒斗貳合柒勺
捌抄柒圭每碩折銀壹兩壹錢玖分壹釐貳毫陸
絲伍忽柒微貳塵玖纖叁渺捌漠
共折銀柒千肆百貳拾兩貳分玖釐柒毫捌絲叁
忽肆微柒塵捌纖伍渺每畝科夏稅絲伍釐貳毫
陸絲肆忽玖塵柒渺貳漠該夏稅絲貳百伍觔拾

兩肆錢壹分陸釐肆毫捌絲叁忽伍微壹塵捌纖
壹渺

中則田壹千貳百捌拾柒頃叁拾壹畝陸分肆釐貳
毫肆絲每畝科秋糧米玖合捌勺捌抄
共科秋糧米壹千貳百柒拾壹碩捌斗陸升捌合
陸勺貳抄陸撮玖圭壹粒　照前則例
共折銀壹千伍百壹拾伍兩壹錢叁分叁釐伍毫
柒忽陸微叁塵每畝科夏稅絲伍釐貳毫壹絲壹
忽叁微肆塵肆纖叁渺貳漠該夏稅絲肆拾壹觔
壹拾兩捌錢陸分肆釐玖毫壹絲叁忽肆微貳塵
伍纖伍渺

下則田壹百叁拾捌頃玖拾捌畝伍分貳釐伍毫貳
絲每畝科秋糧米玖合捌勺柒撮壹圭捌粒
共科秋糧米壹百叁拾陸碩叁斗伍合叁勺玖抄
壹撮叁圭肆粒捌粟　照前則例
共折銀壹百陸拾貳兩叁錢柒分伍釐玖毫伍絲
壹忽柒微伍塵每畝科夏稅絲伍釐壹毫柒絲貳
忽玖微叁塵肆纖肆渺該夏稅絲肆觔柒兩捌錢

玖分陸釐壹毫伍絲玖忽壹微壹塵陸纖叁渺
原額地貳千肆百柒拾貳項叁拾陸畝壹分柒釐
肆毫內
旱地貳千肆百陸拾陸項貳拾肆畝玖分柒釐肆毫
每畝科夏稅小麥叁合玖勺陸撮伍圭伍粒
共科夏稅小麥玖百陸拾叁石肆斗伍升貳合陸
勺伍抄貳撮捌圭每石折銀叁錢柒分柒毫伍絲
捌忽陸微柒塵肆纖肆渺捌漠叁茫
共折銀叁百伍拾柒兩貳錢捌釐肆毫貳絲捌忽

肆微捌塵
桑地陸頃壹拾壹畝貳分每分栽桑四株
共桑貳萬肆千肆百肆拾捌株每株科絲玖釐
共該農桑絲壹拾叁觔壹拾貳兩叁分貳釐
此項係秋糧內帶派徵
原額水塘伍百玖拾壹頃柒拾貳畝柒分伍釐貳
毫每畝科秋糧米肆合
共科秋糧米貳百叁拾陸石陸斗玖升壹合捌撮
每石照前例

共折銀貳百捌拾壹兩玖錢柒分貳釐貳毫陸絲
柒忽柒微伍塵貳渺每畝科夏稅絲貳釐壹毫
玖忽捌微伍塵陸纖該夏稅絲柒觔壹拾貳兩
捌錢肆分伍釐玖毫捌絲伍忽捌微肆塵叁纖
柒渺
以上田地塘共壹萬柒百叁拾壹頃伍拾柒畝
陸分捌毫柒絲
田塘額載秋糧米柒千捌百柒拾叁石伍斗陸升
柒合捌勺陸撮玖圭伍粒捌粟

額徵銀玖千肆拾兩壹錢捌分肆釐壹毫貳絲陸
微捌纖柒渺
新加比絹銀柒拾貳兩陸錢柒分柒釐玖毫壹絲
又加顏料銀丁三糧七兼派共貳百陸拾陸兩陸
錢肆分玖釐肆毫陸絲
每年除優免外科則不等額徵併新加比絹顏料
共銀玖千叁百柒拾玖兩伍錢壹分壹釐肆毫
玖絲陸微捌纖柒渺內
荒蕪田塘貳千壹百玖拾柒項壹拾捌畝捌分柒

[illegible]絲
叅蔴糧貳千壹百貳碩陸斗貳升壹合肆勺
無徵銀貳千伍百肆兩柒錢伍分玖釐捌毫柒忽
陸微貳塵貳纖壹渺
節年開墾田伍頃伍畝叁分壹釐
開墾糧伍碩肆升叁合
開墾銀陸兩貳分柒釐壹毫貳絲伍微貳塵肆纖
貳渺貳漠　此項已經造入順治十七年併康
熙三年易知由单照例起徵

實在成熟田塘陸千零陸拾貳頃貳畝伍分陸釐
叁毫叁絲
實成熟秋糧伍千柒百柒拾碩玖斗肆升陸合肆
勺陸撮玖圭伍粒捌粟
實徵銀陸千捌百柒拾肆兩柒錢伍分壹釐陸毫
捌絲貳忽玖微捌塵陸纖肆渺內查優免例於
順治五年三月二十七日
戶部尚書巴哈納等
題[illegible]優免則例

一品免糧叁拾碩　免丁叁拾丁
二品免糧貳拾肆碩　免丁貳拾肆丁
三品免糧貳拾碩　免丁貳拾丁
四品免糧拾陸碩　免丁拾陸丁
五品免糧拾肆碩　免丁拾肆丁
六品免糧拾貳碩　免丁拾貳丁
七品免糧拾碩　免丁拾丁
八品免糧捌碩　免丁捌丁
九品免糧陸碩　免丁陸丁

在京官員各免如例
在外官員各減一半
教官舉貢監生員各免糧貳碩　免丁貳丁
以禮致仕者免十分之七閑住者免一半犯贓
革職不在優免之例後奉行抝扣而所免正供
[illegible]其例然行抽扣所以不廢優免意也至免
本身雜役令下而紳衿得不與齊民一視矣猶
歟
皇仁即何浩蕩耶

康熙三年易知由单內開載紳衿共
有免秋糧陸百捌拾陸碩叁斗柒升柒合貳勺每
碩派徵正賦銀伍錢伍分叁毫貳絲伍忽伍微
伍塵肆纖
共派徵銀叁百柒拾柒兩柒錢叁分玖毫壹絲貳
忽捌微肆塵貳纖貳渺柒漠每碩免銀柒錢貳
分柒釐肆毫陸絲陸忽叁微捌塵陸纖
共免銀肆百玖拾玖両　壹分陸釐叁毫肆絲
奉

文扣觧充餉
無免秋糧伍千捌拾肆碩伍斗陸升玖合貳勺陸
撮玖圭伍粒捌粟每碩派徵銀壹兩貳錢柒分
柒釐柒毫玖絲壹忽玖微肆塵
共徵銀陸千肆百玖拾柒兩貳分柒毫陸絲玖忽
柒微肆塵伍纖柒渺叁漠
夏稅併桑地共貳千肆百柒拾貳頃叁拾陸畝壹
分柒釐肆毫
共科夏稅小麥玖百陸拾叁碩肆斗伍升貳合陸

勺伍抄貳撮捌圭
額徵銀叁百伍拾柒兩貳錢捌釐肆毫貳絲捌忽
肆微捌塵內
荒蕪地陸百柒拾柒頃陸拾柒畝陸分叁釐叁毫
荒蕪夏麥貳百陸拾肆碩柒斗叁升陸勺
無徵銀玖拾捌兩壹錢伍分貳釐肆絲捌微柒塵
柒纖柒渺
節年開墾地柒拾伍畝　開墾麥叁斗　開墾銀
錢壹分壹釐貳毫叁絲柒忽陸微貳纖[illegible]

漠伍茫　已經造入順治十七年分易知由單
內起徵
實在成熟地壹千柒百玖拾肆頃陸拾捌畝伍分
肆釐壹毫
實成熟夏麥陸百玖拾捌碩柒斗貳升貳合伍抄
貳撮捌圭
實徵併墾銀貳百伍拾玖兩伍分捌釐壹毫捌
絲柒忽陸微貳纖叁渺
夏稅絲貳百伍拾玖觔玖兩貳分叁釐叁毫貳絲

農桑絲壹拾叁觔壹拾貳兩叁分貳釐
二項係秋糧内帶派
歸併屯田壹百叁拾陸頃玖拾肆畝捌分叁釐陸
毫
二所科則不等
共科屯糧壹千肆百壹拾柒碩陸斗捌升
額徵銀柒百捌兩捌錢肆分内
荒蕪田貳拾貳頃玖拾叁畝捌分貳釐陸毫陸絲
肆忽

荒蕪糧貳百肆拾叁碩貳斗叁升玖合玖勺
無徵銀壹百貳拾壹兩陸錢壹分玖釐玖毫伍絲
成熟田壹百壹拾肆頃壹畝玖毫叁絲陸忽
成熟糧壹千壹百柒拾肆碩肆斗肆升壹勺
實徵銀伍百捌拾柒兩貳錢貳分伍絲
又新丈出田伍頃壹拾玖畝柒分玖釐壹毫貳絲[illegible]
科糧貳拾碩柒斗玖升壹合陸勺肆抄捌撮[illegible]
該徵銀壹拾兩叁錢玖分伍釐捌毫貳絲[illegible]
於康熙三十年起科

[illegible]地二項除抽扣外共銀壹萬伍千壹百伍拾陸
兩壹錢肆分捌釐玖毫陸絲柒忽叁微柒塵柒
纖捌渺内
除荒銀貳千柒百貳拾肆兩伍錢貳分玖釐玖毫
玖絲捌忽肆微玖塵玖纖捌渺
實徵銀併新墾共壹萬貳千肆百叁拾壹兩陸錢
壹分捌釐玖毫陸絲捌忽捌微柒塵捌纖
萬曆四十六七八三年加增九釐餉銀本州原係
照糧麥派每碩糧麥派銀肆錢叁釐肆毫壹

絲陸忽
共銀叁千伍百陸拾肆兩玖錢玖分伍釐内
除荒銀玖百伍拾伍兩貳分柒釐伍毫柒絲
實徵併墾銀貳千陸百玖兩玖錢陸分柒釐肆毫
叁絲
漕糧原額正米壹千壹百壹拾伍碩陸斗加四耗
米肆百肆拾陸碩貳斗肆升肆合每碩秋糧派
正耗米壹斗玖升捌合叁勺陸抄肆撮玖圭柒
粟共派正耗米壹千伍百陸拾壹碩捌斗肆升

除荒米肆百壹拾柒碩捌升陸合陸抄
實徵米壹千壹百肆拾肆碩柒斗伍升柒合玖勺
肆抄外加玖升脚米壹百碩肆斗每碩秋糧派
脚米壹升貳合柒勺伍抄貳撮叁粒叁粟除荒
米貳拾陸碩捌斗壹升壹合伍勺肆抄實徵脚
米柒拾叁碩伍斗捌升捌合肆勺陸抄
南糧原額正米壹千陸百陸拾玖碩二五耗米肆
百壹拾柒碩貳斗伍升每碩秋糧派正耗米貳

斗陸升肆合玖勺陸抄玖撮共派正耗米貳千
捌拾陸碩貳斗伍升內
除荒米伍百伍拾柒碩壹斗貳升捌合叁勺
實徵米壹千伍百貳拾玖碩壹斗貳升肆合柒勺
又一五脚米貳百伍拾碩叁斗伍升奉
文每碩折銀壹兩共折銀貳百伍拾兩叁錢伍分
每碩秋糧派銀叁分壹釐柒毫玖絲陸忽貳微
弍塵除一分給解該銀伍拾兩柒分除荒銀壹
拾叁兩叁錢[illegible]分壹釐壹毫肆絲實徵銀叁拾

陸兩陸錢玖分捌釐捌毫陸絲外八分充餉銀
貳百兩貳錢捌分除荒銀伍拾叁兩肆錢捌分
肆釐伍毫陸絲實徵銀壹百肆拾陸兩柒錢玖
分伍釐肆毫肆絲
丁糧外派
本州門攤商稅銀捌拾叁兩柒錢伍分貳釐遇閏
加銀壹兩貳錢肆分柒釐陸毫捌絲
魚油蘇鐵科銀肆兩捌分玖釐壹毫肆絲壹忽每
兩原議京損銀玖釐共銀叁分陸釐捌毫貳忽

叁微　正損共銀肆兩壹錢貳分伍釐玖毫肆
絲叁忽叁微
代編府河魚課派銀玖錢叁分肆釐壹毫伍絲玖
忽外加餘剩銀陸錢玖分
本州城市紫石光化等舖茶鹽行續增門攤銀貳
拾肆兩伍錢叁分
本州小南門官房地租銀玖兩陸錢
外派歸附阮學叁戶
原額田地塘共壹拾頃叁畝

田捌頃捌拾畝糧民熟田壹畝科糧叁玖合捌
勺捌抄共科秋糧米捌石柒斗捌升貳合肆勺
地壹頃伍畝照民則例共該科載夏稅小麥肆斗
玖合捌勺
塘壹拾捌畝照民則例共該科載秋糧米柒升貳
合
以上田塘共科秋糧米捌石捌斗伍升肆合肆勺
照民則例該徵銀壹拾兩壹錢陸分陸釐叁毫
叁絲貳忽玖塵

科夏稅小麥肆斗玖合捌勺照民則例該徵銀壹
錢伍分壹釐玖毫叁絲陸忽玖微
以上共科米麥玖石貳斗陸升肆合貳勺
該徵銀壹拾兩叁錢壹分捌釐貳毫陸絲捌忽玖
微玖塵　查阮粵等戶原係交趾國人明初
年挈家歸順撥給前項田地塘自種自食愈未
起科今歸里甲一例當差
以上丁地塘銜雜稞歸附除抽扣南腳洲門攤閏
餘外通共原額銀壹萬捌千捌百伍拾伍兩玖

分肆釐叁毫叁絲捌忽陸微陸塵柒纖捌渺
除荒銀叁千陸百柒拾玖兩伍錢伍分柒釐伍毫
陸絲捌忽肆微玖塵玖纖捌渺
實徵併墾銀壹萬伍千壹百柒拾捌兩陸錢叁分
陸釐柒毫柒絲壹微陸塵捌纖
附起運
隨之起運京邊有折色焉有本色焉一在戶禮兵
工四部一在光祿寺每年額有定數由州轉府以
解布政司由司報院以督解京師今雖各部寺錢糧

分隸司農而款項猶存
戶部項下
農桑折色
解南農桑絹壹拾壹疋肆分捌釐每疋折價銀
錢伍分頂銀壹錢伍分共銀柒兩柒錢壹釐壹
毫貳絲每兩京頂銀伍分
正頂共銀捌兩捌分陸釐壹毫柒絲陸忽
秋糧折色
京庫米壹百壹拾陸石捌斗貳升玖合貳抄每石

折銀貳錢伍分共該銀貳拾玖兩貳錢柒釐貳
毫伍絲伍忽每兩原議京損銀叁分滴珠銀壹
分該銀壹兩壹錢陸分捌釐貳毫玖絲貳微原
議解費每兩玖釐該銀貳錢柒分叁釐肆毫
正損費共銀叁拾兩陸錢肆分捌釐玖毫肆絲伍
忽貳微
派剩太倉米貳百伍拾陸碩捌斗每碩折銀陸錢
該折銀壹百伍拾肆兩捌分每百兩京損銀壹
兩貳錢該銀壹兩捌錢肆分捌釐玖毫陸絲每

兩解費銀玖釐該費銀壹兩肆錢叁釐肆毫
正損費共銀壹百伍拾柒兩叁錢叁分貳釐叁毫
陸縣
北京馬戶陸名每名銀貳兩每兩京損銀貳分
正損共銀壹拾叁兩貳錢肆分　本州叁名編安
陸應城雲夢三縣各一名
原解本府戶口鈔銀款內本府額解協濟昌平州
銀貳拾貳兩壹錢玖分捌釐
隨縣折絲

解兩戶口鈔本折正損共銀貳百貳拾玖兩叁錢
肆分陸釐玖毫壹絲陸微陸塵捌纖陸渺閏銀
柒兩陸錢肆分肆釐捌毫玖絲柒忽貳塵貳纖
解官盤費每兩該銀玖釐共費銀貳兩陸分肆
釐壹毫
正損費連閏共銀貳百叁拾玖兩伍分伍釐玖毫
柒忽陸微玖塵玖渺
夏秋本色
解京黃絹貳百柒疋壹丈玖尺伍寸叁分伍釐

貳忽陸微肆塵肆纖貳渺每疋正價銀柒錢陸
費銀貳錢損銀貳錢共銀貳百貳拾捌兩肆錢
壹分陸釐貳毫捌絲貳忽捌塵當官買辦造齊
經手人役解司委官搭解如遇　閏年帶徵
解不許僉累里甲
更新加絹價每疋加銀叁錢伍分共加銀柒拾貳
兩陸錢柒分柒釐玖毫壹絲
黃絹價正損費共銀叁百壹兩玖分肆釐壹毫
玖絲貳忽捌塵

部解充糧運官盤費銀捌兩
部解南糧運官盤費銀貳拾伍兩
每項南糧正米本折席竹囤頭等銀貳分壹釐陸
毫
共該銀叁拾陸兩伍分肆毫二項因南糧留省其
此銀暫入存餉
一摘裁宗祿軍校本折月糧等項改解　戶部
宗祿折色銀捌百陸拾玖兩陸錢肆釐解費銀肆
兩陸錢柒分陸釐肆毫叁絲陸忽

正費共銀捌百柒拾肆兩貳錢捌分肆釐叁絲陸
忽
茶價正銀肆拾兩陸錢伍分解費銀叁錢陸分伍
釐捌毫
正費共銀肆拾壹兩壹分伍釐捌毫
民校各役銀肆拾捌兩貳錢
歸併屯田銀柒百壹拾玖兩貳錢叁分伍釐捌毫
貳絲肆忽
新加丁銀壹千叁百壹拾壹兩捌錢肆分肆釐玖

毫捌忽伍微
地畝分派
加增九釐餉銀叁千伍百陸拾肆兩玖錢伍分伍
釐
門攤商稅官房地租魚課及餘剩共銀壹百壹拾
玖兩伍錢陸釐壹毫伍絲玖忽遇閏加銀壹兩
貳錢肆分柒釐陸毫捌絲
歸附阮爭等戶田畝銀壹拾兩叁錢壹分捌釐[illegible]
毫陸絲捌忽玖微玖塵

以上本部正損費除閏共銀柒千伍百貳拾玖兩
壹錢貳釐肆毫陸絲柒忽肆微陸塵玖渺
除荒銀壹千肆百叁拾叁兩捌錢捌分伍釐肆[illegible]
伍絲柒忽叁微柒塵肆捌渺
實徵併鄧銀陸千玖拾伍兩貳錢壹分柒釐[illegible]
捌塵陸纖壹渺
禮部項下
秋糧折色
北京藥味正價銀壹兩陸錢陸[illegible]

絲陸忽捌微柒塵伍纖每兩京損銀肆分[illegible]
陸分陸釐陸毫柒絲叁忽捌微柒塵伍纖原議
解官盤費每兩玖釐該銀壹分伍釐陸毫
正損費共銀壹兩柒錢肆分玖釐壹毫貳絲柒微
五學
解南藥味價銀貳錢肆釐玖毫玖絲叁忽柒微伍
塵原無損解
本部正損費共銀壹兩玖錢伍分肆釐壹毫壹絲
肆忽伍微

隨州志　卷二　三八　食

除荒銀叁錢捌分捌釐柒毫柒絲肆忽陸微
實徵銀壹兩伍錢陸分伍釐叁毫叁絲玖忽玖微
兵部項下
秋糧折色
江濟水夫壹拾壹名每名肆兩玖分共銀肆拾伍
兩肆分伍釐原議京損銀肆錢伍釐肆毫伍忽
正損共銀肆拾伍兩肆錢伍分肆毫伍忽內
除荒銀玖兩貳分壹釐肆毫肆忽
實徵銀叁拾陸兩肆錢貳分玖釐壹忽此項奉

文裁歸驛道協濟馬價
工部項下
秋糧折色
緞疋正價銀叁拾叁兩肆錢損銀伍兩每兩原議
京損銀玖釐該銀叁錢肆分伍釐陸毫每兩原
議解費銀玖釐該銀叁錢肆分捌釐柒毫
正損費共銀叁拾玖兩玖分肆釐叁毫
活鹿叁拾壹隻每隻價銀肆兩該銀壹百貳拾肆
兩每兩京損銀玖釐該銀壹兩壹錢壹分陸釐

隨州志　卷二　三九

每兩原議解費銀玖釐該銀壹兩壹錢貳分陸
釐
正損費共銀壹百貳拾陸兩貳錢肆分貳釐
翎毛正價該銀叁兩貳錢柒分伍毫陸絲肆忽玖
微壹塵伍纖柒渺每兩原議腳價銀玖釐該銀
貳分玖釐肆毫叁絲伍忽捌塵肆纖叁渺每兩
原議解費銀玖釐該銀貳分玖釐柒毫
正腳費共銀叁兩叁錢貳分玖釐柒毫
營膳司料銀叁百貳拾陸兩伍錢柒分每兩原議

京損銀玖釐該銀貳兩玖錢叁分玖釐壹毫叁
絲每兩原議解官盤費銀玖釐該銀貳兩玖錢
陸分伍釐伍毫
正損費共銀叁百叁拾貳兩肆錢柒分肆釐陸毫
叁絲
夏秋本色
白硝麂皮壹百張每張價銀肆錢損銀貳錢該銀
陸拾兩每兩原議解官盤費銀玖釐該銀伍錢
肆分

正損費共銀陸拾兩伍錢肆分如遇折色年分每
兩加損銀玖釐
袢襖褲鞋壹百壹拾玖副每副正價銀壹兩貳錢
水腳銀叁錢
正腳共銀壹百柒拾捌兩伍錢原議解官領銀製
造解司另派夫馬不必加派損銀
軍器銀壹百貳拾貳兩柒錢肆分貳釐解費銀壹
兩壹錢肆釐陸毫柒絲捌忽
正費共銀壹百貳拾叁兩捌錢肆分陸釐陸毫柒

絲捌忽
魚油蘇鐵銀肆兩捌分玖釐壹毫肆絲壹忽每兩
原議京損銀玖釐該銀叁分陸釐捌毫貳忽叁
微
正損共銀肆兩壹錢貳分伍釐玖毫肆絲叁忽叁
微
綾紗紙價銀壹百柒拾柒兩捌錢肆釐叁毫玖絲
肆忽壹微俟　部文到之年方派不必每年帶
徵本文條編之內

本部正損腳費除綾紗外共銀捌百陸拾捌兩壹
錢伍分叁釐貳毫伍絲壹忽叁微
除荒銀壹百柒拾壹兩肆錢玖分捌釐捌毫貳絲
叁忽肆塵柒纖肆渺
實徵銀陸百玖拾陸兩陸錢伍分肆釐肆毫貳絲
捌忽貳微伍塵貳纖陸渺
光祿寺項下
甲丁庫供應等銀肆百貳拾兩每百兩原議京損
銀貳兩該銀捌兩[illegible]錢每兩原議解官盤費銀

玖釐該銀叁兩捌錢伍分伍釐陸毫

損貲共銀肆百叁拾貳兩貳錢伍分伍釐正數

添加顏料硃砂等銀叁百捌拾兩玖錢貳分柒釐

捌毫

以上三項正損貲共銀捌百壹拾叁兩壹錢捌分

叁釐肆毫

除荒銀壹百陸拾壹兩肆錢陸釐叁毫叁絲叁忽

實徵銀陸百伍拾壹兩叁錢柒分柒釐陸絲柒忽

原編存留奉裁款項

驛傳舊編冗役裁剩改解　戶部共銀叁百伍拾

捌兩伍錢捌分壹釐壹毫肆絲捌忽捌微捌塵

叁纖壹渺

順治玖年會裁銀叁百捌拾肆兩捌錢

順治拾貳年拾肆年共裁銀壹千貳百貳拾陸兩

壹錢柒分叁釐壹毫柒絲貳忽貳微

順治拾陸年裁銀叁拾陸兩　查此項原裁代綿

雲夢縣夫馬年獲批在卷今改馬快草料

康熙元二年裁銀伍百壹拾伍兩陸錢

康熙肆年裁銀壹百陸拾伍兩玖錢貳分

共裁銀貳千陸百捌拾柒兩柒分伍釐叁毫貳絲

壹忽捌塵叁纖壹渺

除荒銀伍百叁拾貳兩捌錢捌分捌釐柒毫伍絲

貳忽叁微伍塵伍纖壹渺

實徵銀貳千壹百伍拾肆兩壹錢捌分伍釐伍毫

陸絲捌忽柒微貳塵捌纖　以上逐年節裁但

于撥存散款項下另有登荅

以上各部寺正損貲併江濟等項通共起運銀壹

萬壹千玖百肆拾肆兩玖錢壹分柒釐玖毫伍

絲玖忽叁微肆塵肆纖

除荒銀貳千叁百玖兩捌分玖釐伍毫肆絲肆忽

叁微柒塵柒纖叁渺

實徵銀玖千陸百叁拾伍兩捌錢貳分捌釐肆毫

壹絲肆忽玖微陸塵陸纖柒渺

漕運

兑軍本色正米壹千壹百壹拾伍碩陸斗每碩耗

米肆斗

正耗共米壹千伍百陸拾壹碩捌斗肆升肆合內
除荒米肆百壹拾柒碩捌升陸合陸抄
實徵米壹千壹百肆拾肆碩柒斗伍升柒合玖勺
肆抄　另正米壹碩里納盤腳米貳升餘腳米
柒升共該米壹百碩肆斗內除荒米貳拾陸碩
捌斗壹升壹合伍勺肆抄實徵米柒拾叁碩伍
斗捌升捌合肆勺陸抄
解南倉本色正米壹千陸百陸拾玖碩每碩耗米
貳斗伍升

正耗共米貳千捌拾陸碩貳斗伍升內
除荒米伍百伍拾柒碩壹斗貳升捌合叁勺
實徵米壹千伍百貳拾玖碩壹斗貳升壹合柒勺
另正米壹碩里納盤腳米壹斗伍升該腳米貳
百伍拾碩叁斗伍升奉
文每碩折銀壹兩該折銀貳百伍拾兩叁錢伍分
以貳錢給解役該銀伍拾兩柒分除荒銀壹拾
叁兩叁錢柒分壹釐壹毫肆絲實徵銀叁拾陸
兩陸錢玖分捌釐捌毫陸絲餘捌錢兌餉該銀

[illegible]貳錢捌分除荒[illegible]
肆釐伍毫陸絲實徵銀壹百肆拾陸兩柒[illegible]
分伍釐肆毫肆絲
一漕
楞木松板銀肆兩肆錢陸分貳釐肆毫
運糧官軍行月二糧米貳百玖拾肆碩伍斗捌升
原議每碩折銀肆錢該折銀壹百壹拾柒兩[illegible]
錢叁分貳釐
三六耗席輕齎等銀貳百陸兩叁錢捌分陸釐每

百兩原議准損銀壹兩該銀貳兩陸分叁釐捌
毫陸絲
正損共銀貳百捌兩肆錢肆分玖釐捌毫陸絲
淺船銀伍拾玖兩玖錢肆釐原派辰州民莊軍餉
今改抵沅州額派淺船銀捌兩伍錢壹分陸釐
伍毫原議每兩解費銀玖釐該銀陸錢壹分伍
釐柒毫捌絲肆忽伍微
運費共銀陸拾玖兩叁分陸釐壹毫捌絲肆[illegible]

其漕運銀叁百玖拾玖兩柒錢捌分伍釐肆絲[illegible]
忽伍微
除荒銀柒拾玖兩叁錢伍分貳釐貳絲叁[illegible][illegible]微
貳纖柒沙
實徵銀叁百貳拾兩肆錢貳分捌釐伍毫貳絲玖
微玖塵柒纖叁沙　以上糧道徵收開銷
附班匠　匠戶自辦
起運
南京班匠陸拾捌名內南京住人匠叁名北京在
當人匠柒名實存南京班匠伍拾捌名四年一
班每名納銀壹兩捌錢遇閏加銀陸錢解司轉
解

存留
周官大司農掌邦國之賦不盡供於王也於是乎
野有委積之存邑有府庫之畱以爲經野計庸初
倣此爰制畱州之法因其地之廣狹事之繁簡爲
之細經而大計焉隨雖彈丸不無府史胥徒焉不
無禴祀蒸嘗焉不無城郭宮室焉不無館驛賓禮
焉衣帶之需如是其不可闕矣今舉郡之存畱
以供本地之用一以濟他方之急供用則在此無
廢典濟急則在彼無廢事
存畱扣裁
總督部院
犒賞銀叁百兩
分巡荊西道
修宅家伙每年銀伍拾兩　順治十二年全裁
更換桌圍每年銀伍拾兩　順治十二年裁八

番二十四年全裁
蔬菜燭炭分派銀貳拾兩　順治十四年全裁
心紅紙張銀伍拾兩　康熙二年全裁
吏書分派七名每名歲支工食銀壹拾貳兩共
銀捌拾肆兩　順治十四年每名裁銀陸兩
計裁銀肆拾貳兩應支銀肆拾貳兩　康熙
元年全裁
門子四名每名歲支工食銀柒兩貳錢共銀貳
拾捌兩捌錢　順治十四年每名裁銀壹兩

貳錢計裁銀肆兩捌錢應支銀貳拾肆兩
康熙二年全裁
聽事吏貳名每名歲支工食銀柒兩貳錢共銀
壹拾肆兩肆錢　順治十四年每名裁銀壹
兩貳錢計裁銀貳兩肆錢應支銀壹拾貳兩
康熙二年全裁
本府知府
修宅家伙每年銀伍拾兩　順治十二年全裁
棹圍傘扇分派銀貳拾兩　順治十二年裁八

留二十四年全裁
門子二名每名歲支工食銀柒兩貳錢共銀壹
拾肆兩肆錢　順治玖年每名裁銀壹兩貳
錢計裁銀貳兩肆錢應支銀壹拾貳兩
馬快分添伍名每年歲支工食草料銀壹拾捌
兩共銀玖拾兩　順治玖年除草料不扣外
每名裁銀壹兩貳錢計裁銀陸兩應支銀捌
拾肆兩
[illegible][illegible][illegible]派[illegible]皂隸肆名每名歲支工食銀柒兩貳

錢共銀壹百兩捌錢　順治玖年每名裁銀
壹兩貳錢計裁銀壹拾陸兩捌錢應支銀捌
拾肆兩
皂隸十六名每名歲支工食銀柒兩貳錢共銀
壹百壹拾伍兩貳錢　順治玖年每名裁銀
壹兩貳錢計裁銀壹拾玖兩貳錢應支銀玖
拾陸兩
燈籠夫肆名每名歲支工食銀柒兩貳錢共銀
貳拾捌兩捌錢　順治玖年每名裁銀壹兩

貳錢計裁銀肆兩捌錢應支銀貳拾肆兩
轎傘扇夫柒名每名歲支工食銀柒兩貳錢共
銀伍拾兩肆錢　順治玖年每名裁銀壹兩
貳錢計裁銀捌兩肆錢應支銀肆拾貳兩
庫書一名歲支工食銀壹拾貳兩　順治玖年
裁銀陸兩應支銀陸兩　康熙元年全裁
倉書一名歲支工食銀壹拾貳兩　順治九年
裁銀陸兩應支銀陸兩　康熙元年全裁
庫子四名每名歲支工食銀柒兩貳錢共銀貳

拾捌兩捌錢　順治九年每名裁銀壹拾貳
錢計裁銀肆兩捌錢應支銀貳拾肆兩
皂隸二名每名歲支工食銀柒兩貳錢共銀壹
拾肆兩肆錢　順治九年每名裁銀壹兩貳
錢計裁銀貳兩肆錢應支銀壹拾貳兩

同知

棹圍傘扇分派銀壹拾兩　順治十二年裁八
畱二十四年全裁
燈籠夫二名每名歲支工食銀柒兩貳錢共銀

壹拾肆兩肆錢　順治九年每名裁銀壹兩
貳錢計裁銀貳兩肆錢應支銀壹拾貳兩

通判

俸銀每年分派銀叁拾伍兩肆錢陸分
薪銀每年肆拾捌兩　順治十四年裁銀貳拾
叁兩肆錢陸分實畱銀貳拾肆兩伍錢肆分
棹圍傘扇銀壹拾兩　順治十二年裁八畱二
十四年全裁
書辦分派一名歲支工食銀壹拾兩捌錢　順
治九年裁銀肆兩捌錢應支銀陸兩　康熙
元年全裁
門子分派一名歲支工食銀柒兩貳錢　順治
九年裁銀壹兩貳錢應支銀陸兩
燈籠夫分派二名每名歲支工食銀柒兩貳錢
共銀壹拾肆兩肆錢　順治九年每名裁銀
壹兩貳錢計裁銀貳兩肆錢應支銀壹拾貳
兩

推官

棹圍傘扇每年銀壹拾兩　順治十二年裁八
畱二十四年全裁
書辦分派五名每名歲支工食銀壹拾兩捌錢
共銀伍拾肆兩　順治九年每名裁銀肆兩
捌錢計裁銀貳拾肆兩應支銀叁拾兩　康
熙元年全裁
皂隸分派一名歲支工食銀柒兩貳錢　順治
九年裁銀壹兩貳錢應支銀陸兩
燈籠夫分派二名每名歲支工食銀柒兩貳錢

共銀壹拾肆兩肆錢　順治九年每名裁銀
壹兩貳錢計裁銀貳兩肆錢應支銀壹拾貳
兩

經歷
俸銀每年貳拾肆兩貳錢肆釐
薪銀每年貳拾肆兩　順治十四年裁銀捌兩
貳錢貳釐實留銀壹拾伍兩柒錢玖分捌釐
書辦一名歲支工食銀柒兩貳錢　順治玖年
裁銀壹兩貳錢應支銀陸兩　康熙元年全

裁
皂隸二名每名歲支工食銀柒兩貳錢共銀壹
拾肆兩肆錢　順治九年每名裁銀壹兩貳
錢計裁銀貳兩肆錢應支銀壹拾貳兩

照磨
俸銀每年叁拾壹兩伍錢貳分
書辦一名歲支工食銀柒兩貳錢　順治九年
裁銀壹兩貳錢應支銀陸兩　康熙元年全
裁

皂隸二名每名歲支工食銀柒兩貳錢共銀壹
拾肆兩肆錢　順治九年每名裁銀壹兩貳
錢計裁銀貳兩肆錢應支銀壹拾貳兩

司獄司
俸銀每年叁拾壹兩伍錢貳分
書辦一名歲支工食銀柒兩貳錢　順治九年
裁銀壹兩貳錢應支銀陸兩　康熙元年全
裁

倉大使

俸銀每年叁拾壹兩伍錢貳分
書辦一名歲支工食銀柒兩貳錢　順治九年
裁銀壹兩貳錢應支銀陸兩　康熙元年全
裁

本府儒學
齋夫六名每名歲支銀壹拾貳兩共銀柒拾貳
兩　康熙四年裁銀叁拾陸兩應支銀叁拾
陸兩
學書一名歲支工食銀柒兩貳錢　康熙元年

全裁

本州

俸銀每年叁拾柒兩陸錢捌分肆釐

新銀每年肆拾捌兩　順治十四年裁銀伍兩

陸錢捌分肆釐實留銀肆拾貳兩叁錢壹分

陸釐

心紅紙張銀貳拾兩

油燭銀壹拾兩　順治十四年全裁

修宅家伙銀貳拾兩　順治玖年全裁

迎送上司傘扇銀壹拾兩　順治十二年裁八

留二十四年全裁

吏書一十二名每名歲支工食銀壹拾兩捌錢

共銀壹百貳拾玖兩陸錢　順治九年每名

裁銀肆兩捌錢計裁銀伍拾柒兩陸錢應支

銀柒拾貳兩　康熙元年全裁

門子貳名每名歲支工食銀柒兩貳錢共銀壹

拾肆兩肆錢　順治九年每名裁銀壹兩貳

錢計裁銀貳兩肆錢應支銀壹拾貳兩

馬快八名每名歲支工食草料銀壹拾捌兩共

銀壹百肆拾肆兩　順治九年除草料不扣

外每名裁銀壹兩貳錢計裁銀玖兩陸錢又

十六年裁草料銀叁拾陸兩應支銀玖拾捌

兩肆錢

民壯五十名每名歲支工食銀柒兩貳錢共銀

叁百陸拾兩　順治九年每名裁銀壹兩貳

錢計裁銀陸拾兩應支銀叁百兩

皂隸一十六名每名歲支工食銀柒兩貳錢共

銀壹百壹拾伍兩貳錢　順治九年每名裁

銀壹兩貳錢計裁銀壹拾玖兩貳錢應支銀

玖拾陸兩

[illegible][illegible]夫四名每名歲支工食銀柒兩貳錢共銀

貳拾捌兩捌錢　順治九年每名裁銀壹兩

貳錢計裁銀肆兩捌錢應支銀貳拾肆兩

禁卒八名每名歲支工食銀柒兩貳錢共銀伍

拾柒兩陸錢　順治九年每名裁銀壹兩貳

錢計裁銀玖兩陸錢應支銀肆拾捌兩

修理監倉器貳拾兩

轎傘扇夫七名每名歲支工食銀柒兩貳錢共銀伍拾兩肆錢　順治九年每名裁銀壹兩貳錢計裁銀捌兩肆錢應支銀肆拾貳兩

庫書一名歲支工食銀壹拾貳兩　順治九年裁銀陸兩應支銀陸兩　康熙元年全裁

倉書一名歲支工食銀壹拾貳兩　順治九年裁銀陸兩應支銀陸兩　康熙元年全裁

庫子四名每名歲支工食銀柒兩貳錢共銀貳拾捌兩捌錢　順治九年每名裁銀壹兩貳錢計裁銀肆兩捌錢應支銀貳拾肆兩

斗級四名每名歲支工食銀柒兩貳錢共銀貳拾捌兩捌錢　順治九年每名裁銀壹兩貳錢計裁銀肆兩捌錢應支銀貳拾肆兩

州同　該官役俸薪工食除裁外逐年扣缺解司

俸銀每年貳拾玖兩捌分肆釐

薪銀每年肆拾捌兩　順治十四年裁銀壹拾柒兩捌分肆釐實缺銀叁拾兩玖錢壹分陸釐

書辦一名歲支工食銀柒兩貳錢　順治九年裁銀壹兩貳錢應缺銀陸兩　康熙元年全裁

門子一名歲支工食銀柒兩貳錢　順治九年裁銀壹兩貳錢應缺銀陸兩

皂隸六名每名歲支工食銀柒兩貳錢共銀肆拾叁兩貳錢　順治九年每名裁銀壹兩貳錢應缺銀叁拾陸兩

龍馬傘夫二名每名歲支工食銀柒兩貳錢共銀壹拾肆兩肆錢　順治九年每名裁銀壹兩貳錢計裁銀貳兩肆錢應缺銀壹拾貳兩

州判

俸銀每年貳拾伍兩捌錢玖分陸釐

薪銀每年叁拾陸兩　順治十四年裁銀壹拾陸兩捌錢玖分陸釐實晋銀壹拾玖兩壹錢肆釐

書辦一名歲支工食銀柒兩貳錢　順治九年

裁銀壹兩貳錢應支銀陸兩　康熙元年全
裁
門子一名歲支工食銀柒兩貳錢　順治九年
裁銀壹兩貳錢應支銀陸兩
皂隸六名每名歲支工食銀柒兩貳錢共銀肆
拾叁兩貳錢　順治九年每名裁銀壹兩貳
錢計裁銀柒兩貳錢應支銀叁拾陸兩
籠馬傘夫二名每名歲支工食銀柒兩貳錢共
銀壹拾肆兩肆錢　順治九年每名裁銀壹
兩貳錢計裁銀貳兩肆錢應支銀壹拾貳兩

俸銀每年叁拾壹兩伍錢貳分
吏目
書辦一名歲支工食銀柒兩貳錢　順治九年
裁銀壹兩貳錢應支銀陸兩　康熙元年全
裁
門子六名歲支工食銀柒兩貳錢　順治九年
裁銀壹兩貳錢應支銀陸兩
皂隸四名每名歲支工食銀柒兩貳錢共銀

拾捌兩捌錢　順治九年每名裁銀壹兩貳
錢計裁銀肆兩捌錢應支銀貳拾肆兩
馬夫一名歲支工食銀柒兩貳錢　順治九年
裁銀壹兩貳錢應支銀陸兩
儒學二員　奉裁一員
俸銀每員歲支銀叁拾壹兩伍錢貳分共銀陸
拾叁兩肆分　康熙四年裁訓導一員裁銀
叁拾壹兩伍錢貳分實晋銀叁拾壹兩伍錢
貳分

齋夫六名每名歲支銀壹拾貳兩共銀柒拾貳
兩　康熙四年裁訓導齋夫三名裁銀叁拾
陸兩實存銀叁拾陸兩
膳夫三名每名歲支銀貳拾兩共銀陸拾兩
順治十四年裁銀肆拾兩應支銀貳拾兩
學書一名歲支工食銀柒兩貳錢　康熙元年
全裁
門斗五名每名歲支工食銀柒兩貳錢共銀叁
拾陸兩　康熙四年裁門斗貳名裁銀壹拾

學廩膳銀總支銀陸拾壹兩陸錢
暨附草料各壹拾貳兩共銀壹拾肆兩　裁撤
四年裁訓導一員裁銀壹拾貳兩實留銀壹
拾貳兩
巡檢四員
俸銀每員歲支俸銀叁拾壹兩伍錢貳分共銀
壹百貳拾陸兩捌分
皂隸各一名每名歲支工食銀柒兩貳錢共銀
貳拾捌兩捌錢　順治九年每名裁銀壹兩

貳錢計裁銀肆兩捌錢應支銀貳拾肆兩
康熙元年全裁
皂隸各二名歲支工食銀柒兩貳錢共銀伍拾
柒兩陸錢　順治九年每名裁銀壹兩貳錢
計裁銀玖兩陸錢應支銀肆拾捌兩
撥選
布政司表夫銀捌兩壹錢　順治十四年裁銀肆
兩伍分應留銀肆兩伍分
撥解銀肆拾肆兩柒錢陸分叁釐原派應州民壯

工食今改裁沅州額派科舉銀壹拾柒兩貳錢
玖分每兩解費銀玖釐該銀伍錢伍分柒釐貳
毫柒絲柒忽正費共銀陸拾貳兩伍錢壹分伍
毫柒絲柒忽
歷日銀伍兩伍錢貳分柒釐柒毫肆絲柒忽每兩
原議解費銀玖釐該銀肆分玖釐柒毫肆絲玖
忽柒微貳塵叁纖正費共銀伍兩伍錢柒分柒
釐肆毫玖絲陸忽柒微貳塵叁纖
驛站

協濟應城縣城北驛馬貳拾疋每疋銀叁拾兩閏
銀伍錢零銀壹拾兩閏銀壹錢陸分柒釐閏
共銀陸百貳拾兩壹錢陸分柒釐此項因本州
錢糧不敷已經請　驛道改歸本州買馬應差
接濟
協濟城北驛支應銀壹百伍拾捌兩捌錢肆分肆
毫無閏此項因本州成熟錢糧不敷已經詳請
驛鹽道批允改歸本州買馬應差
協濟襄陽呂堰驛馬玖疋每疋銀叁拾兩閏銀

錢零銀壹拾壹兩閏銀壹錢捌分肆釐共銀貳
百捌拾伍兩陸錢捌分肆釐每兩解費叁釐該
銀捌錢伍分柒釐正價連閏解費共銀貳百捌
拾陸兩伍錢肆分壹釐
石城驛館夫一名工食銀肆兩閏銀陸分陸釐陸
毫連閏共銀肆兩陸分陸釐陸毫　二項因隨
州田地荒絕奉　驛鹽道批歸本州買馬應差
草料支用　以上四項于應山縣驛站訖　康熙元年內撥協濟

均徭

本州各鋪司兵徭編銀額伍拾名該銀貳百壹拾
捌兩帶閏銀肆兩肆分捌釐肆毫　又丞充力
差一十八名每名銀壹兩肆錢肆分閏銀貳分
肆釐該銀貳拾陸兩叁錢伍分貳釐　二項共
銀貳百柒拾捌兩肆錢捌分叁釐柒毫州前鋪
徭編五名承充三名東陽路涼水鋪今改肅家
鋪學明鋪今改船鎮鋪中溪鋪今改大悲鋪二
鋪各徭編三名承充一名厲山鋪今改安居鋪
徭編五名承充一名唐縣鎮今改官渾鋪徭編

五名承充二名李家路石磯滴潭淅岐雲羅鄧
鋪各徭編三名承充一名光化鋪徭編五名承
充一名紫石鋪徭編五名承充二名石門鋪徭
編三名承充一名　以上徭編每名銀拾肆兩閏
銀捌分叁釐叁毫應山路諸馮鋪徭編一名承
充一名該銀叁兩閏銀伍分
各河修船銀壹拾肆兩內木瓜閘兩河口西河厲
山四渡每渡銀貳兩廟灘中渡二河二渡每渡
銀叁兩順治十四年裁銀柒兩應支銀柒兩

各河渡夫六名銀貳拾壹兩叁錢肆分玖釐玖毫
內木瓜閘兩河口西河三渡各一名每名銀叁
兩閏銀伍分厲山中渡廟灘三渡各一名每名
銀肆兩帶閏銀陸分陸釐陸毫　順治十四年
裁銀壹拾兩陸錢柒分肆釐玖毫伍絲應支銀
壹拾兩陸錢柒分肆釐玖毫伍絲
四鎮巡檢弓兵共九十六名每名工食銀肆兩閏
銀陸分陸釐陸毫共銀叁百玖拾兩肆錢　順
治十四年裁銀壹百玖拾伍兩貳錢應支銀

百玖拾伍兩貳錢
塋遊皂隸捌名每名工食銀伍兩捌分捌釐捌毫
共銀肆拾兩陸錢陸分陸釐肆毫
走遞夫馬
排夫壹百名除舊額本府並本州轎傘扇夫共壹
拾貳名抵經制外實走差捌拾捌名每名工食
銀柒兩貳錢閏銀壹錢貳分共銀陸百肆拾肆
兩壹錢陸分節奉裁扣六十八名實存二十名
脚馬伍拾疋每疋銀貳拾肆兩閏銀肆錢共銀壹

千貳百貳拾兩節奉裁扣四十四疋實存六疋
本府存留款項
本府歲貢盤纏銀壹拾伍兩
府學廩生糧銀貳百捌拾捌兩　順治十四年裁
銀壹百玖拾貳兩應支銀玖拾陸兩　康熙二
年全裁
代編各縣齋夫壹拾貳名每名銀壹拾貳兩閏銀
肆錢共銀壹百肆拾捌兩捌錢內安陸雲夢應
城三縣各肆拾玖兩陸錢除安陸外新議將應

城縣銀肆拾玖兩陸錢俱編雲夢縣膳夫銀貳
拾兩齋夫銀柒拾貳兩學書工食銀柒兩貳錢
以足經制于順治十四年裁雲夢縣夫銀壹拾
叁兩叁錢叁分叁釐叁毫叁絲叁忽叁微　康
熙元年裁雲夢學書工食銀柒兩貳錢　肆年
裁雲夢齋夫銀叁拾陸兩計裁銀伍拾陸兩伍
錢叁分叁釐叁毫叁絲叁忽叁微應支銀玖拾
貳兩貳錢陸分陸釐陸毫陸絲陸忽柒微
代編各縣膳夫二名每名貳拾兩共銀肆拾兩順

治十四年裁銀貳拾陸兩陸錢陸分陸釐陸毫
陸絲陸忽柒微應支銀壹拾叁兩叁錢叁分叁
釐叁毫叁絲叁忽叁微
祭祀款項
龍亭儀仗修理銀貳兩
本府文廟二祭銀伍拾兩
名宦鄉賢二祭銀壹拾兩
社稷壇二祭銀壹拾兩
郡厲壇三祭銀壹拾捌兩

本州文廟二祭銀肆拾兩
啓聖祠二祭銀柒兩
名宦鄉賢二祭銀柒兩
山川壇二祭銀壹拾貳兩
社稷壇二祭銀壹拾兩
郡厲壇三祭銀壹拾捌兩
李子祠二祭銀叁兩陸錢
州學香燭米折銀貳兩壹錢
門神桃符春牛芒神花鞭酒席等項共銀貳兩順

治十四年全裁
鄉飲二次共銀陸兩　順治十四年裁銀叁兩應
留銀叁兩
本州進表三次撰表生員工食紙張銀貳兩猪卓
祝匣銀叁兩差官盤纏銀壹兩每年共銀壹拾
捌兩
州學廩生三十名每名膳銀柒兩貳錢共銀貳百
壹拾陸兩　順治十四年裁銀壹百肆拾肆兩
應支銀柒拾貳兩　康熙三年全裁

本州歲貢盤纏銀貳拾貳兩伍錢
新舊會試舉人以三名爲率每名給長夫銀貳拾
肆兩共銀柒拾貳兩三年一次每年銀貳拾肆
兩
科舉生員以二十名爲率每名盤纏銀貳兩花紅
銀玖錢酒席銀壹錢共銀陸拾兩三年一次每
年銀貳拾兩
科場對讀生四名每名銀壹兩謄錄書手一十九
名每名銀伍錢通共銀壹拾叁兩伍錢三年一

次每年該銀肆兩伍錢
本府朝覲盤纏共銀壹百伍拾肆兩三年一次
每年該銀伍拾壹兩叁錢叁分叁釐叁毫叁絲
叁忽叁微　順治十四年奉　文不朝二年應
裁銀叁拾肆兩貳錢貳分貳釐貳毫貳絲貳忽
貳微遞閏一年應得銀壹拾柒兩壹錢壹分壹釐
壹毫壹絲壹忽壹微
本州應　朝覲盤纏正官銀肆拾兩首領官銀貳拾
兩該吏銀壹拾兩造册紙劄工食銀陸兩

捌拾壹兩三年一次每年該銀貳拾柒兩[illegible]

治十四年奉　文不朝二年應裁銀壹拾捌兩

遇朝一年應留銀玖兩

歲貢生員正貢盤纏除徭編外花紅旗匾酒席銀

壹拾貳兩正陪二名赴考脚力銀各一兩共銀

壹拾肆兩四年三貢每年該銀壹拾兩伍錢具

呈討作輿皤時于備用銀內支給新例州縣上

年通選每生給銀壹兩臨期于剩銀內動支不

必另派

學道歲科考合用試卷給賞等項每年派銀叁拾

伍兩內臨期扣銀肆兩協濟安陸縣搭廠外餘

扣筭實用銀數造册申報　學道印發本州存

照順治十四年裁銀壹拾伍兩伍錢應留銀壹

拾玖兩伍錢

孤貧二十九名口每名口糧銀壹兩捌錢共銀伍

拾貳兩貳錢　順治十四年全裁康熙四年仍

復照舊支給

[illegible]貧二十九名口每名歲給花布銀叁錢共銀捌

[illegible]如遇閏除扣銀貯庫新敉支給以免加

派順治十四年全裁康熙四年仍復照舊支

餼應銀壹百陸拾兩荅應

欽差部差往來差使油燭柴炭心紅紙張等項酒[illegible]

十四年全裁

備用銀壹百貳拾兩內除正官明暖轎伍兩伍

叁分叁釐叁毫外實存銀壹百壹拾肆兩肆錢

陸分陸釐柒毫歲貢呈討作輿歲科考府學

員花紅紙劄等項修理文廟本州季考銀壹拾

貳兩一切雜用俱于此項動支如有存剩報

院司道府存案作正支銷

原額存留賦役舊編冗款裁剩改解　戶部各款

本府清軍廳經歷二衙傘馬夫銀壹百貳拾兩除

扣抵　分巡道不足經制外實存充餉銀伍拾

捌兩陸錢玖分叁釐壹毫陸絲玖忽

本州民壯內除留抵　府堂傘本州各衙門抵

制外實裁入餉銀貳拾捌兩捌錢肆分壹釐

毫壹絲玖忽捌微捌塵叁纖貳渺

本州知州州同州判吏目共衣燭銀壹百陸拾兩
例卷紙劄銀叁兩三年一次每年該銀壹兩
練兵餉米柒百壹拾柒兩壹斗柒升貳合每石折
銀伍錢共該銀叁百伍拾捌兩伍錢柒分合種
每兩解費銀玖釐該銀叁兩貳錢貳分柒釐肆
毫正費共銀叁百陸拾壹兩柒錢玖分捌釐壹
毫內除銀叁百兩抵補
督部撫賞外實存銀陸拾壹兩柒錢玖分捌釐壹
毫

院司分館三處合用綾紙關防紫嶺條盒等件
物素轎綢雨傘等項共銀壹拾貳兩貳錢伍分
除綢雨傘銀貳兩陸錢抵經制實該銀玖兩叁
錢伍分三年一換每年該銀叁兩貳錢壹分
釐陸毫陸絲
分憲公館二處看守門子二名每名工食銀叁兩
閏銀伍分共銀玖兩壹錢伍分
驛遞馬夫七名工食銀叁拾伍兩伍錢捌分壹釐
[illegible]

儀朝賀行香紙燭銀叁錢
遵上憲行舊編九款總數已算入起運扣裁項下
上條遵存留各款項摘除各年扣裁充餉外實存
各官役俸薪工食驛站均徭祭祀等項
共存銀陸千伍百伍拾壹兩叁錢玖分伍釐捌毫
叁絲肆忽捌微貳塵叁纖捌渺
除荒銀壹千貳百玖拾壹兩壹錢壹分陸釐陸微
壹塵玖纖捌渺
實徵銀伍千貳百壹拾玖兩貳錢柒分玖釐捌毫

叁絲肆忽貳微肆纖
每歲徭銀
額徵銀叁千貳百柒拾肆兩陸分玖釐捌毫捌絲
伍忽柒微捌塵柒纖
一新加顏料丁三糧七實派共加銀壹百壹拾肆
兩貳錢柒分捌釐叁毫肆絲
額徵併新加每年除優免科則諸項外每丁派銀
壹錢肆分伍釐貳毫壹絲陸忽玖塵捌纖貳渺
貳漠陸茫陸錙

復後併新加共銀叁千叁百捌拾捌兩叁錢肆
捌分貳毫貳絲伍忽柒微捌塵玖纖叁渺內叁
紳衿優免
康熙三年分易知由單內開載
有免丁柒百零叁丁　每丁派正賦銀伍分陸釐
伍毫玖絲陸微貳纖叁渺
共派徵正賦銀叁拾玖兩柒錢捌分叁釐壹毫玖
絲叁忽肆微貳塵
照民則例除納正賦外每丁免徭銀玖分壹釐叁

毫柒絲玖忽伍微柒塵壹纖壹渺
共免徭銀陸拾肆兩貳錢叁分玖釐捌毫叁絲捌
忽玖微內除鄉紳舉貢監生貢通共叁百伍拾
陸名奉
文止免本身丁徭應除免丁叁百伍拾陸丁徭銀
不扣外餘丁叁百肆拾柒丁奉
文解司充餉
無免丁誠萬貳千陸百叁拾壹丁　每丁派銀壹
錢肆分柒釐玖毫柒絲陸忽壹微柒塵肆纖

共派徭銀叁千叁百肆拾捌兩伍錢陸分伍釐叁
絲貳忽叁微陸塵玖纖叁渺於
順治十二年內奉例編審新增人丁玖千叁百肆拾
玖丁流民佃户盡入版籍照全書額派則例
每丁派銀壹錢肆分叁毫壹絲玖忽貳微捌塵
伍纖叁渺
共增銀壹千叁百壹拾壹兩捌錢肆分肆釐玖毫
玖絲捌忽伍微

徭役志

稽古善制莫過租庸調今則丁徭與畝賦徵銀無多端矣所需者州邑雜役耳任老者之事食壯者之食先王厚恩也哉今得無壯事而老食乎豈惟老食並且無食並且棄其婦子之食嗟乎歲更役要非乏良法讀賴尾之詩可謂勞人哀也志徭役

一本州爲里十有九一里十甲自一至十輪流當差謂之見年里長催趲本年錢糧及一應飛徭

一年應役九年息肩民甚便之

一南漕解運原屬見年里長初年新城李公來隨里甲流亡者衆不堪僉役於是推南漕與下年里甲如一甲南糧則二甲漕糧輪流接運週而復始至今遂爲成例不易

一門攤商稅原在州城自城廓瀟條上解不敷方始取足於鎮店初或大鎮店有之今則小店皆有之甚則府已廢而役不能免是驅土著者流亡也

一隨圖有三百六十總一總會報地方一人及八

民逃亡遂多合總初不過遲遲嘗[illegible]無餘事也後則盜賊之竊發人命之株連皆於是爲問而支替扶貲之苦更有不可言者或以三月代或以六月代或以一年代苟非其人巾人之產費矣

屯衛志附楚潞

屯衛初制已同玉壘浮雲然過芍陂之濱想桓崇之舊步遊石鼈之野憶苟羨之故營遺蹤何可廢也至若楚潞二藩租地昔日金錢克平臺之安御

者今時貢賦資細桺之飽騰矣悉在會計將有所考焉故附之志屯衛

明洪武初籍天下兵得百二十萬以其半入伍以其半屯田此武昌護田所由起乎考護衛軍有中衛前後衛左右衛其爲百戶者各十而屯於隨者有名頭百戶四百戶五百戶七百戶八百戶九百戶後所十百戶皆散處隨境明則各衛食糧之軍執票充支我

朝新更其制裁各衛冗軍止運軍[illegible]軍仍執票

兌支餉與餘則衛官發大糧票差人督收每頃額
有定例蓋其糧之徵收轉解雖不由州而其田之
棊布星聯實居境内

楚潞

明洪武定天下之三年詔封皇子十人爲王諸儀
衛規制下天子一等歲食祿萬碩楚其十藩之一
而潞封其最後也歲祿之外另撥各府州縣田土
以爲養贍名曰王庄而土地撥則租稅隨之矣隨
之楚租潞租田畝不入里甲之中田糧不入條編

之内楚立把頭潞立區頭以催櫕焉王官一到庄
民苦之迨至明季巡按御史汪承詔爲之禁約曰
閲賦役全書此項錢糧載在撥運欵内自應官徵
官解嗣後勿得自行徵收因擾其民可也云云自
是而其害稍息我
國朝統一區宇楚潞二租悉併丸餉付州掌管仍責
成把頭區頭督理其開荒熟不一刻之以志會計
之一端

楚藩房地租銀玖拾柒兩
無徵銀伍拾柒兩肆錢叁分
實徵銀叁拾玖兩伍錢柒分
楚藩軍課田地肆百柒拾玖項肆拾叁畝玖分捌
釐陸毫陸絲
除荒田叁百叁拾玖項肆拾畝捌分柒釐肆毫
成熟田壹百肆拾項叁畝壹分壹釐貳毫陸絲
額徵銀壹千肆百叁拾捌兩叁錢壹分玖釐陸毫
無徵銀壹千壹拾捌兩貳錢貳分陸釐貳毫貳
絲

實徵銀肆百貳拾兩玖分叁釐叁毫捌絲
玖釐逆餉原額銀肆百叁拾壹兩肆錢玖分伍釐
捌毫柒絲玖忽肆微
無徵銀叁百伍拾兩肆錢陸分柒釐捌毫陸絲
陸忽
實徵銀壹百貳拾陸兩貳分捌釐壹絲叁忽肆
微
楚藩民稞田叁拾肆項伍拾玖畝
除荒田壹拾貳項玖拾柒畝柒[illegible]毫

成熟田貳拾壹頃陸拾壹畝貳分玖釐壹毫
額租銀貳百柒兩伍錢肆分
無徵銀柒拾柒兩捌錢陸分貳釐伍毫肆絲
實徵銀壹百貳拾玖兩陸錢柒分柒釐肆毫陸
絲
玖釐餉銀叁拾壹兩壹錢叁分壹釐
無徵銀壹拾壹兩陸錢柒分玖釐叁毫捌絲壹
忽
實徵銀壹拾玖兩肆錢伍分壹釐陸毫壹絲玖

忽
除荒田貳百壹拾壹頃玖拾陸畝貳分柒釐玖
瀦瀋田肆百伍頃陸拾陸畝伍釐貳絲
毫玖絲
成熟田壹百玖拾叁頃陸拾玖畝柒分柒釐叁
絲
額徵銀捌百陸拾叁兩陸錢叁分壹釐玖毫陸絲
無徵銀肆百伍拾兩柒錢伍分捌釐柒毫肆絲
[illegible]貳微柒塵伍纖

實徵銀肆百壹拾貳兩捌錢柒分叁釐陸毫貳
絲柒忽貳塵伍纖
玖釐餉銀叁百陸拾伍兩玖分肆釐肆毫陸絲[illegible]
忽捌微
無徵銀壹百玖拾兩伍錢伍分伍釐壹絲玖忽
壹微
實徵銀壹百柒拾肆兩伍錢叁分玖釐肆毫叁
絲貳忽柒微
營租成熟田地叁頃壹拾伍畝玖分玖釐陸毫貳

絲
共徵銀柒兩肆錢陸分
玖釐餉銀貳兩捌錢肆分叁釐玖毫陸絲伍忽[illegible]
微
房租銀貳拾捌兩玖錢柒分陸釐叁毫
無徵銀貳拾肆兩柒錢叁分陸釐捌毫
實徵銀肆兩貳錢叁分玖釐伍毫

學宮志 附社學 書院 祭器 樂器 儀禮

余於立教獨服膺宋黄公祰云公博通五經創上林義齋以聚英俊之士立爲五規一曰修身謹行二曰立志抗節三曰潛心經術四曰留心世務五曰限日敉功何其盡心也今崇學較列師儒環衿佩而顧於此道糠粃置焉無或乎聖域之蓁蕪矣若夫社學書院輔翼學校尤所重焉故并紀之志

學宮

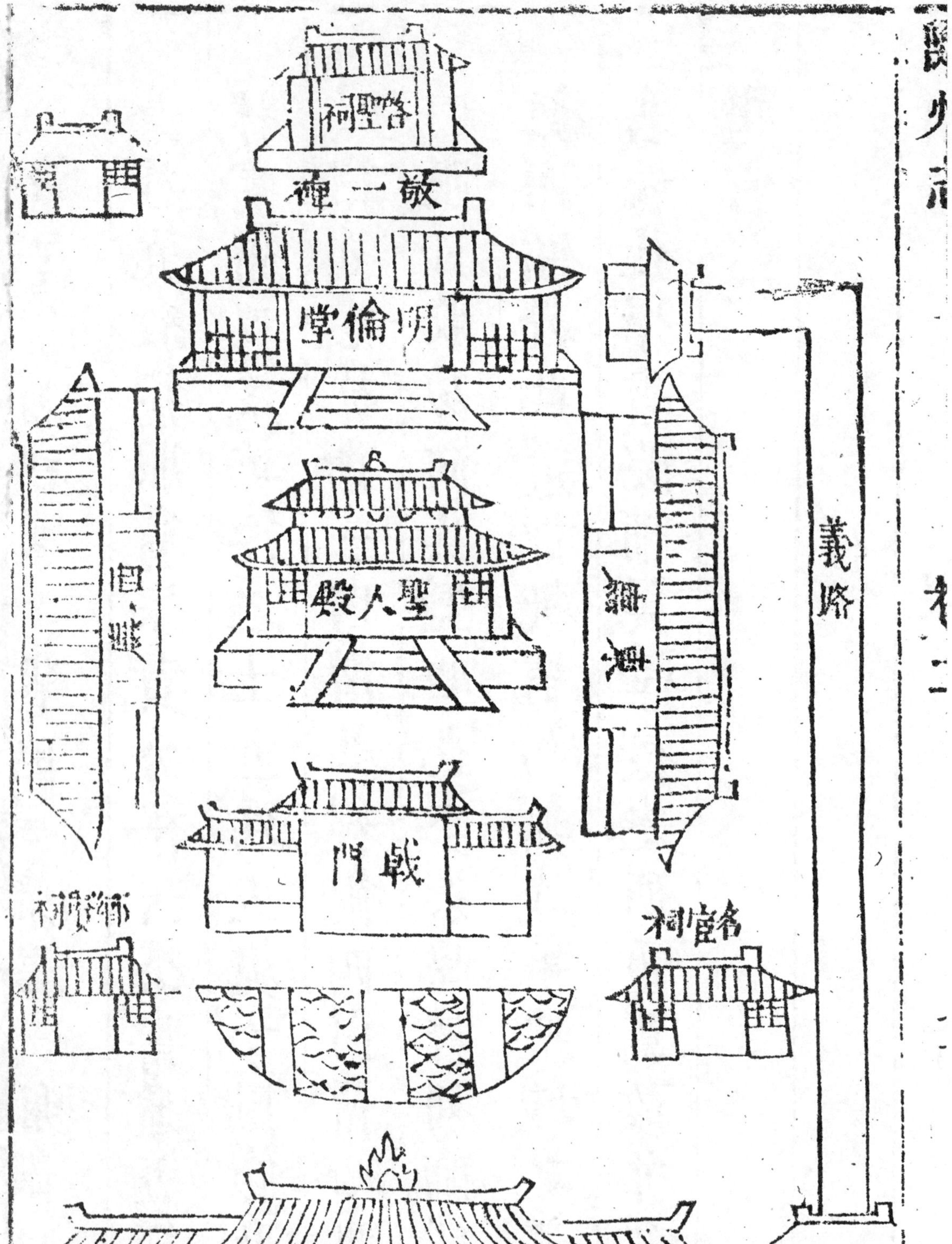
啓聖祠
敬一亭
明倫堂
聖人殿
戟門
鄉賢祠
名宦祠
義路
櫺星門
儒門

隨之文廟舊在衛城之外土城之內巍然於州治之東乃宋元故址重建於明之洪武十四年至永樂間頒書籍設祭器射器煥然一新前祀神農後祀孔子前立射圃一坊以彰六藝之教明萬曆癸酉年以當事重興文教卜吉相土遷學宮入城中於州大夫聽政堂之左立

木主獨尊

孔子其舊學乃改爲書院而神農與孔子之象巍然猶存其中而新建文廟遭明崇禎辛巳年獻闖

兩賊焚毀之餘廟宇無復有存者泮宮芹藻委於荒煙蔓草間我

國朝道教維新於順治戊戌年會

蒞楚李公贊元觀風茲土郡庠生王開基謝聖恩時際春李之禎等具呈蒙疏蒞建制度采章稍有可觀是役也知州陳秉化吏目陳世諧實董厥成

至聖文廟五間

東廡九間

西廡九間

戟門三間

泮水一池

圜橋三座

櫺星三門

名宦祠三間　在戟門之左

鄉賢祠三間　在戟門之右

明倫堂五間　在文廟之後　傍左有門義路

興詩齋三間　在明倫堂左

立禮齋三間　在明倫堂右

敬一亭一座　在明倫堂後

敬一碑　中立

卧碑六通　傍立

啓聖祠三間　在敬一亭後

學正衙六間　在明倫堂之右

儒學門一座　居學宮之左義路是由

周垣三百餘丈　高八尺

孔子自周敬王四十二年魯哀公誄爲尼父秦燔詩書坑學士其禍至於陳項極矣漢帝高祖過[illegible]

五星聚東井而文教大興至丙午年十一月魯以大牢祠孔子乃公以馬上振起斯文漢世國百年英賢輩出實基於此漢平帝追謚襃成宣尼公東漢封襃尊侯後魏孝文帝改謚文聖尼父後周宣帝封鄒國公隋文帝贈先師尼父唐太宗升爲先師尊爲宣父高宗謚太師武后封隆道公玄宗追謚文宣王始以王者衮冕服孔子宋真宗謚懸聖又改至聖文宣王加冕九旒服九章元武宗號大成至聖文宣王冕十二旒服十二章繅斿九

就明太祖詔封爵仍舊嘉靖九年更號至聖先師孔子以大學士張璁議始改像易木主立於文廟之中

木主制

高一尺三寸七分

濶四寸

厚七分

座高四寸

長七寸

厚三寸四分

一朱地金書

樂舞籩豆每遇春秋祭祀遵照明初舊制照式府州縣不籩八豆其樂舞止用六佾以別郊廟之祭

從祀四配

復聖顏子

顏子淵回唐開元二十七年贈兖國公爲十哲首後升祀堂上配享稱復聖公明嘉靖九年改稱復

聖顏子立木主列於文廟中之左一位

宗聖曾子

曾子輿參唐高宗贈少保改加太保配享封郕伯宋改武城侯加郕國公元加宗聖明嘉靖九年改稱宗聖曾子立木主列於文廟中之右一位

述聖子思子

孔子思伋宋徽宗崇寧之元年封沂水侯大觀二年配先聖端平二年詔以子思升祀堂上度宗咸淳三年加封沂國公升配享元文宗至聖元年加

鄒沂國述聖公明嘉靖九年改稱述聖子思子立木
木主列於文廟中之左二位
亞聖孟子
孟子與軻宋仁宗封鄒國公詔配享先師元贈鄒
國亞聖公明嘉靖九年改稱亞聖孟子立木主列
於文廟之右二位
四配木主制
高一尺五寸
濶三寸二分

座高三寸二分
長四寸
厚二寸
赤地墨書
從祀十哲
先賢閔子損 立木主列於文廟之左後一位
先賢冉子耕 立木主列於文廟之右後一位
先賢冉子雍 立木主列於文廟之左後二位
先賢宰子予 立木主列於文廟之右後二位

先賢端木子賜 立木主列於文廟之左後三位
先賢冉子求 立木主列於文廟之右後三位
先賢仲子由 立木主列於文廟之左後四位
先賢言子偃 立木主列於文廟之右後四位
先賢卜子商 立木主列於文廟之左後五位
先賢顓孫子師 立木主列於文廟之右後五位
十哲木主制
高一尺四寸
濶二寸六分

厚五分
座高二寸六分
長四寸
厚二寸
赤地墨書
兩廡木主同十哲

文廟聖賢位次之圖

至聖先師孔子

復聖顔子　述聖子思子

宗聖曾子　亞聖孟子

先賢閔子損　先賢冉子雍　先賢端木子賜　先賢仲子由　先賢卜子商

先賢冉子耕　先賢宰子予　先賢冉子求　先賢言子偃　先賢顓孫子師

東廡先賢位次

顔子　申子　秦子　公西子　孔子　狄子　廉子　原子　薛子　左人子　燕子　秦子　句井子　顔子　奚容子　公良子　任子　商子　漆雕子　漆雕子　冉子　伯子　冉子　梁子　公西子　樊子　漆雕子　商子　南宮子　原子　澹臺子

[illegible]　棖　非　蒧　忠　黑　元　邦　鄭　旂　祖　疆　祖　蒧　不齊　儒　從父　澤　哆　季　虔　孺　鱣　赤　須　開　瞿　适　憲　滅明

西廡先賢位次

[illegible]

東廡先儒位次

左丘氏明　穀梁氏赤　高堂氏生　孔安國氏安國　后氏蒼　王氏通　胡氏瑗　邵氏雍　司馬氏光　程氏頤　楊氏時　羅氏從彥　朱氏熹　呂氏祖謙　蔡氏沈　許氏衡　陳氏獻章　王氏守仁

西廡先儒位次

胡氏居仁　薛氏瑄　真氏德秀　陸氏九淵　張氏栻　胡氏安國　張氏載　程氏顥　周氏敦頤　歐陽氏修　韓氏愈　杜氏子春　毛氏萇　伏氏勝　公羊氏高

啓聖公

叔梁紇宋大中祥符間祀嘉靖九年題稱啓聖公

孔氏立木主祀於啓聖祠配以顔無繇曾點孔鯉

孟孫激公宜俱稱先賢某氏從以程珦字伯温顥

頤之父朱松字喬年熹之父蔡元定字季通沈之

父周輔成敦頤之父俱稱先儒某氏立木主列啓

聖祠之左右春秋同祭

啓聖公木主制同四配

[illegible]啓聖先賢木主制同十哲

凡學宮聖先儒木主制同兩廡

啟聖公孔氏

先賢顏氏　先賢孔氏

先賢曾氏　先賢孟氏

先儒程氏　先儒蔡氏

先儒朱氏　先儒周氏

祭器

隨祭器頒於明之永樂間輝煌文廟自是三牲之

俎八簋之實而美物備焉我

國朝崇祀重典罔敢褻越固猶然商周彝鼎也

牲匣二箇　案棹四張　竹籩一百四十五箇

木豆一百四十五箇　簠三十四箇

簋三十四箇　酒罇五箇　酌酒杓五箇

酒杯一百四箇　爵杯二十箇　盖巾五幅

鉶十六箇　香爐六箇　花瓶一對

燭柱一對　大小木盤一百二十二箇

長木盤一箇　筐九箇　毛血盆八箇

酒注四箇

射器

隨之射器亦頒於明之永樂間藏麗文廟又立射

圃一坊於書院之前俾士人習射有所

罇二箇　爵三箇　錫觶六隻　酒冪三箇

罍洗錫盆二箇　楅一箇　豐一箇

[illegible]一箇　陝連[illegible]一[illegible]　[illegible]一[illegible]

簫十六管　笛六十枝　琴二張　瑟二張
鼗二面　應鼓　麾一條　旌旗一把
小桌五張

社學

洪武八年詔天下立社學延師儒二十年令民間子弟讀御製大誥兼讀律令正統元年令提學及司府州縣官嚴社學不許廢弛其有俊秀向學者許補儒學生員成化元年令民間子弟願入社學者聽弘治十七年令各府州縣建立社學民間幼

童選入讀書講習冠婚喪祭之禮

州治社學三間　唐縣鎮社學三間
唐客店社學三間　安居店社學三間
官潭店社學三間　萬家店社學三間
殷家店社學三間　淅河店社學三間
光化舖社學三間

書院

書院之制上之不等於國學鄉學下之不等於家塾黨庠裒稽其名昉於有宋嗣是名都大邑俾縉

置焉要使英流鼓篋樂群敬業講肄有得[illegible]之

書院在專城外原係儒學萬曆癸酉徙學入城革亥州大夫王公改爲漢東書院并蘵舊貫五楹以位木易木主以前先師之像前殿如後殿式肖神農像祀之中區會文肄業之所嵒建有差隨先達炳麟前後者多下帷於此自闢獻曝醻之餘卒爲瓦礫而神農尼父廟貌巍然猶存嗚呼隨之士民其有感烈山之遺蹤景泗水之儀型以返渾朴之俗以興聖賢之行者乎

後孔子遺像殿五間　前神農殿五間
殿左齋舍　間　殿右齋舍　間
門右另新建齋舍一所　前廳三間
後廳三間　左廊齋舍二間　右廊齋舍二間
門樓一所

儀禮

新官到任奉

簡命入境離城三十里吏房齎印跪交訖行至東茶廠舊官置酒迎風畢舊官先行新官發[illegible]遞[illegible]

城至公館是日齋宿城隍廟次日五鼓祭修設[illegible]
維某年月日某官某敢昭告於風雲雷雨之神[illegible]
川社稷之神本處城隍之神及應祀神祇曰某[illegible]
命來官務專人事主典神祭今者謁神特與神[illegible]
神寧陶實陰陽表裏予有政事未備希神默贊
我政興務舉以安黎庶予儻怠政姦貪[illegible]
發雷下民神其降殃謹以牲醴致祭神其鑒之尚
享祭畢鼓樂導赴州上任祭儀門公服從中道入
至月臺上設香案望闕謝　恩畢上堂入衙祭宅

門安香火祭司命轉歷大堂拜印畢開印封印各
員役參見由小至大各禮各有差等禮生代論僚
屬曰朝廷設官吏欲其敬神恤民親賢遠奸興利
除害某不敏忝茲重任尚賴二三僚友及邑中長
者匡其不逮庶免後艱其四境之內利有當興弊
所當革者某等當共竭力為之以安黎庶諭畢各
鄉紳賓館相會生員大堂拜賀遂至月臺下吏房
日開衙午刻飲公堂宴次日行香謁廟講書舉期
閤城闔屬官吏、役行禮三日

鞭春

立春先一日州正官率僚屬東郊祭芒神行兩拜
禮迎春進州堂土牛南向芒神西向各官飲宴是
次日五鼓各官朝服設菓酒祭芒神行禮三獻祝
曰維神職司春令德應蒼龍生意誕敷品彙萌達
集等牧茲是邦具禮迎新冀仰神功育我黎庶尚
享祝畢復行禮各官執綵杖倚土牛而立長官擊
鼓三聲衆鼓齊作各官環擊土牛者三鄉人各取
其土以爲宜年

聖誕正旦冬至

先一日州官率羣僚設龍亭於正堂習儀至期五
鼓各官朝服行慶賀禮州官詣香案前祝曰某官
臣某等荷國厚恩叨享祿位皆賴天生我君保民
致治今茲　聖誕或正旦或冬至　聖壽日增臣
等無任欣躍感戴之至禮畢復位拜舞山呼禮畢
送龍亭奉安於報恩寺

詔敕至

州官率僚屬師生人等具龍亭綵輿儀仗鼓樂郊

釋行禮畢導朝使詣龍亭後至州堂使立於露臺
之東西面如有出使官員贊者先贊行禮禮畢退
於露臺之東西面贊者引衆官排班班齊作樂樂
畢朝使捧　詔書授展讀官開案宣讀衆官俯伏
讀訖仍捧　詔授朝使安龍亭中衆官拜舞山呼
畢州正請龍亭前跪問　聖躬萬福朝使鞠躬答
曰　聖躬萬福乃退易服見朝使禮畢後具鼓樂
送　詔於官亭

日食月食

設香案州堂月臺上設金鼓手於儀門內兩傍設
樂人月臺上設各官拜位於月露上俱向日至期
陰陽生報日初食各官朝服行禮作樂樂畢執事
者捧鼓至州正前擊鼓三聲衆鼓齊鳴候報復圓
各官行禮乃退月食儀同但用常服

鄉飲酒

舊制府州縣每歲正月十五日十月初一日爲鄉
飲之期先九日正堂用紅帖聯名擇文行兼優
生員四人登請各賓届期於明倫堂行禮以正賓
爲主位東南以以禮致仕官員爲大賓位西北以
年高有德者一二人爲僎賓位東北以次長爲介
賓位西南以賓之次者爲三賓位於賓上介賓之
後以教官爲司正以老成生員贊禮前一日陳設
坐次司正率執事習禮次日黎明率牲具僎主人
率僚屬司正先至遣人速客客至出迎於庠門外
三揖三讓升堂分訖就位司正至中堂北面立賓
主皆立揖執事者酌酒於觶以授司正司正舉
酒曰恭惟　朝廷率由舊章敦崇禮教舉行鄉飲

非爲飲食凡我長幼各相勸勉爲臣盡忠爲子盡
孝長幼有序兄友弟恭內睦宗族外和鄉里無或
廢墜以忝所生讀畢司正飲酒畢以觶授執事司
正賓授告報揖司正復位賓揖以下皆坐執事者
舉律令案於中堂賓主皆拱立讀者詣案北面讀
曰大清鄉飲酒禮序長幼論賢良別姦頑其罪人
其坐席間高年有德者居於上高年淳篤者并之
以次序齒而列其有曾違條犯法之人不許干與
善良之席主者若不分別致使貴賤混淆察知或

饗覽葬以還制姦頑紊亂正席者全家移出化外讀畢復位執事者舉饌案至客前主人獻賓薦脯醢設折俎賓酬主人如之獻僎介僎介酬皆如之訖工入升歌鼓瑟歌鹿鳴飲酒供湯工歌四牡飲酒供湯工歌皇皇者華飲酒供湯笙入笙奏南陔又奏白華奏華黍詩歌魚麗笙奏由庚歌南有嘉魚奏崇丘歌南山有臺奏由儀於是合樂奏關雎鵲巢又奏葛覃采蘩又奏卷耳采蘋每詩先歌首章飲訖乃徹饌賓主兩拜訖又賓僎介衆賓拜訖送賓三揖出庠門而退

隨州志卷之二終

隨州志卷之三

知隨州事高陽劉霦著修
署學正事湘潭王岱叅訂
郡庠生陳占祥　何藩　何泰崇纂輯

人物志　附流寓　仙釋　烈女　戰功　拾遺

讀王武子與孫子荊相論數語人物與山川爲漸峭頗堪洗耳刮目然何地不生材固不以方隅異也㟝嶁無松栢枝流無吞舟危言耳余觀隨人物自古迄今何多偉烈也浦珠崐璞將與天下爭耀潤不獨方幅荊楚而已桂蘭異質齊芳韶武殊音僉美不能無三復感慕云志人物

古聖名賢

尚論貴得其實故考其人矣必考其地考其地矣必考其時考其時矣必考其事今按隨之古聖名賢既得所謂人與地矣而其時其事亦復鑿鑿可考迺聖其首出而爲古聖賢其命世而爲名賢備志於後

古聖

神農　生厲山稱烈山氏繼伏羲以火德王上古
民茹草木之實食禽獸之肉而未知耕稼帝因
天時相地宜斲木爲耜揉木爲耒始教民種五
穀而興農事故號神農氏今本州厲山北七十
里有神農洞即其生處

虞舜　生諸馮今諸洪舖是也養吾集云隨之方
言呼馮爲洪不知者遂訛稱洪然考永樂年州
志猶是諸馮且有舜井斷碑歷山娥皇祠諸遺
跡姑存之然諸馮在河中府河東縣金仁山前

編辨之詳矣

名宦

季梁　隨人春秋時仕隨爲大夫佐隨侯修政楚
不敢伐後魯桓公八年隨少師有寵楚鬬伯比
曰可矣讎有釁不可失也夏楚子合諸侯於沈鹿
求隙討隨也黄隨不會使薳章讓黄楚子伐隨
軍於漢淮之間季梁請下之弗許而後戰所以
怒我而怠寇也少師謂隨侯曰必速戰不然失
楚師隨侯禦之望楚師季梁曰楚人上左君必
左無與王遇且攻其右右無良焉必敗偏敗衆
乃攜矣少師曰不當王非敵也弗從戰於速杞
隨師敗績隨侯逸楚獲少師秋隨及楚平楚子
將不許鬬伯比曰天去其疾矣隨未可克也乃
盟而還　見祀鄉賢

周章　隨人仕東漢爲諫議大夫累官至司空時
鄧太后臨朝宦官鄭衆等秉勢預政章數進直
言太后不能用先是和帝崩太后以平原王勝
有痼疾而貪殤帝核抱養爲己子故立焉及殤

帝崩羣臣以勝疾非痼意咸歸之太后恐勝終
怨乃迎安帝立之周章以衆心不附密謀誅鄧
騭兄弟及鄭衆等廢太后及安帝而立勝事覺
自殺　見祀鄉賢

忠孝節烈

韓詩外傳云忠之道有三以道覆君而化之爲大
忠以德調君而輔之爲次忠以身殉君而死之爲
下忠則忠乃天地之正氣豈易得哉而求忠必於
孝子之門是孝即作忠之本也呂覽云凡爲天下

國家必先本而後末務本末貴於孝人君孝則名
章榮下服聽天下譽人臣孝則事君忠處官廉臨
難死士民孝則耕讀殊守戰固不罷北蓋孝實立
身之本而萬事之紀也祭義云置之而塞乎天地
溥之而橫乎四海施諸後世放以推之爲婦必節
爲女必烈可知節烈之事亦由孝以成之也然忠
孝節烈理雖一貫而隨事特書各不相蒙隨之忠
孝節烈代不乏人要皆正氣所鍾不容泯泯者爰
采而分志於下以俟

旌表

忠臣

孟宗政　隨人宋寧宗慶元四年趙方知我募士
遂將乃薦宗政而拊以官開禧二年十一月壬
寅金人來犯宗政克之宣撫吳曦奇爲補襄陽
令嘉定十年四月金人犯襄陽趙方檄宗政立
三軍一日節制二日報捷三日忠義宗政偕扈
再興陳祥分統爲犄伏三方喋血而戰金人大
敗既而棗陽報急宗政午發而夜至金人宵遁

趙方移帥京西聞之大喜使權棗陽十二年六
月宗政復大敗金人於城下追至鄧州而還金
人自是不敢復窺襄漢中原遺民來歸者以萬
數宗政發倉賑之給田創屋以與之居籍其壯
者號忠順軍俾出沒唐鄧間十三年又敗金人
於湖陽威名大振金人呼爲孟爺爺累官至荊
鄂都統制置信賞必罰好賢樂善爲一時名將
循吏効忠血戰東南半壁稍賴以安身死之日
邊城爲之罷市慟哭　見祀鄉賢

孟珙　宗政之子紹定五年爲京西兵馬鈐轄屯
棗陽初父宗政知襄陽招唐鄧蔡州壯士三萬
號忠順軍命江海統之衆不服制置司以珙代
海珙分軍爲三衆乃帖然六年敗金武仙於順
陽仙走馬蹬山七月復大敗金武仙於馬蹬山
盡降其衆而還襄陽端平元年珙入蔡州金以
亡金尋還師餙備屯田於唐鄧州九月上以珙
兼鄂前忠義軍都統制留襄陽招中原精銳之
士萬五千餘人分屯漢北樊城新野唐鄧間以

脩元人名鎮北軍二年詔珙黄州駐劄措置邊
防入對帝曰卿名將子忠勤體國破蔡滅金功
緒昭著復問恢復對曰願陛下寛民力蓄人材
帝問和議對曰臣介胄之士當言戰不當言和
至黄增埧蒐軍來歸自以千數三年元人侵蘄
帥師却之元人侵江陵敗之且大破元人二十
四砦還民數萬以歸嘉熙元年元口温不花攻
黄州珙帥師入城軍民喜曰我父來矣指畫戰
守屢敗元人二年加荆湖制置使知岳州冬十

月復郢州荆門軍又詔救復荆襄珙謂必得郢
然後可以通餽餉得荆門然後可以出奇兵及
至岳遂檄江陵節制同擣襄郢召諸將指授方
畧發兵深入於是張俊復郢州賀順復荆門乃
以蔡息降人置忠衛軍襄郢降人置先鋒軍三
年復襄陽謂襄樊爲朝廷根本百戰得之乃益
置先鋒十二月遣師分道禦元人於蜀口遂復
夔州四年遷四川宣撫使兼知夔州節制歸峽
鼎澧州軍遂大興屯田又創南陽竹林兩書院

以處襄漢四方流寓之士壬寅二年元侵蜀遣
師禦之糴粟以乏糧還珙曰是棄城也斬以徇
由是諸將稟命唯謹甲辰四年上以珙兼知江
陵府修内隘十有二别作十隘於外有距城數
十里者沮漳之水舊自城西入江因障而東之
俾遶城北入於漢而三海遂通爲一隨高下爲
蓄泄三百里間瀰然巨侵土木之功百七十萬
民不知役遂爲江陵天險丙午六年九月卒史
立傳謂其忠君體國之念可貫金石且撫士愛

民經畫曲盡退則焚香危坐遠貨色絶滋味尤
邃於易學自號無庵居士累增太師追封吉國
公謚曰忠襄　見祀鄉賢

李庭之　隨州人爲人少顈異日誦數千言淳祐
初舉進士第知滁州後主管兩淮制置司事大
興鹽利揚民德之如父母尋坐累罷元兵圍揚
州復起制置兩淮遣兵育應勤王詔城守揚州
日出兵死鬭加參知政事宋亡不屈阿术殺之
揚民皆慟哭　見祀鄉賢

邊居誼　隨州人初事李庭芝積功至都統制咸淳中守新城能得士心凡戰守具治之皆有法呂文煥引元兵來攻居誼率舟師拒之嘗誘文煥至城下伏弩亂發中之幾執擒元兵攻城益急居誼度力不支自殺事聞贈利州觀察使立廟死所　見祀鄉賢

孝子

龔泰貞　隨州人南宋順帝昇明二年沈子募勇士名泰貞弗往使甲士二十追之泰貞射殺數人欲將母不獲而遁于鬱追者録其母遂窮而自歸攸之歎曰孝子哉宥之後賜萬錢且補隊主　舊入應祀鄉賢

高可燾　隨州人有孝行元文宗至順二年七月詔旌其門君子曰紀有之而傳則闕史氏之疎如此夫　舊入應祀鄉賢

章貞　隨州人生一年而失恃鞠於祖母九年而孫感明景泰元年登鄉試後致仕家居廬於墓右日[illegible][illegible]日共僕如生時始卒不倦　舊入應

祀鄉賢

俞於義　隨州人貢生生平德行文章久重鄉評明崇禎十年二月十一日獻賊破城曰母朱氏老憊不能出城於義以身庇其母遇賊跪求母命身遂被殺母守屍痛哭賊亦感悟釋之刼遂得生

趙士選　隨州人明崇禎時賊至士選同父汝芳避難峯莪寨父病行遲未到砦被賊執去士選見父被執急出砦牆外願以身代父死賊遂釋其父而執士選至黄州適本家耕牛亦被擄同營牛見士選乃垂淚士選亦對泣賊聞顛末憐而釋之　二孝子事見

國初本州録

劉啓龍　隨州人母陶氏病篤偶思肉食家貧不能爲奉默祝司命割股以食母食之而愈爾時曾經里老報州未蒙旌奬此順治六年事也是時龍方十七歲而母安康於茲七十有八尚能紡績焉

節婦

劉氏　夫朱昱早喪遺腹生一子名富守志終身以長其子明成化十二年有司以聞表其門閭

黄氏　夫盧還蚤死黄年二十有二遺腹生一子守志終身誓不再醮明嘉靖十七年巡按馮御史震旌表其門

龔氏　生員陳序菴之妻明時人序菴蚤死龔年甫十九遺腹生一子名幼學撫教入庠誓不再醮通庠公舉有司以聞奉行建坊木石畢齊已

立賊毀

楊氏　生員程文星之妻明時人夫蚤喪氏與妾共守一子十有餘年後子被賊殺氏益堅其志苦守數十年如一日至

國朝初通庠公舉知州李鴻甫申詳　上臺蒙

巡按聶玠題叙每年旌奬銀二兩

梁氏　夫貢監張楚蚤死梁年二十三守志屢經亂荒萬死一生訓長子旭入文庠次子巘入武庠羣公姑尤克孝撫小叔張龍長成通庠公舉有司申詳　各臺批允候題已經賜匾旌表其門

呂氏　夫監生熊雲斐明崇禎時人隨父任江都蚤死呂年十九欲自盡姑勸之曰汝翁薄宦能携雨柩歸家乎呂遂扶柩歸塋事畢盡散其所有閉户七日不食死焉　旌表

張氏　夫庠生梁時煥明時人早喪張方二十五歲遺子中極甫六歲習苦節教子爲郡名士登歲薦今年踰耄耋猶自操作不輟茹苦如飴而極亦閉户讀書不慕禄仕歌聲出金石云焉

旌表

陳氏　夫蔡復明正德時人闘鷩挈二子避之遇賊於途欲汙之不可殺一子挾之亦不可盡殺其子卒不從乃剖其孕而死焉　旌表

甯氏　夫劉本根

周氏　夫吳金　二氏同陳氏遇賊并欲汙之皆弗從縛之几上剖其腹而死二氏俱焉　旌表

馮氏　生員梁凝禧之妻明崇禎十年八月闖

警夫婦買舟往省避難行至西河被賊追急亡
岸忙奔魏家咎賊將近夫婦猶不忍相捨欲與
同死氏詭紿曰同死固所甘心但君尚無子
又有老母在堂可速抽身逃生明早於此地尋
我屍首禧遂逃次早果得氏屍於分手處
馮氏　係前烈婦親妹生員謝繼尊之妻崇禎十
年八月內夫婦避難南庄被賊追逼後圍賊執
刀逼氏上馬氏罵不絕口被賊剖腹而死
二氏皆生員馮詔之女相去六十餘里同日遇

難同日死節事見
國初本州錄
徐氏　工部侍郎何宗聖妻誥封淑人城破被擄
罵賊剮其身而死
梁氏　生員熊本厚妻被賊遇擄欲汙之不從且
罵不絕口賊剖腹子出而死
賀氏　生員帥以正妻被擄不汙以頭擊石而死
王氏　貢生靳龍顏妻挈幼子同女鏡門避賊榛
莽中相去數十武賊先羅得氏欲汙之呼之不

起擲殺幼子挾之如故鏡門奮起曰兒不起[illegible]
的是賊遂殺鏡門氏卒不從亦見殺

善義

語曰修善則爲善人好義則爲義士其出於學士
大夫事有固然無足異也苟或匹夫好俠烈士輕
生而文章彬雅之儒又不能出其右者是固其至
性乎而芳躅懿行爲可泯也隨之善人義士雖豈
止一國一鄉然皆風氣所鍾何得不表進之

善人

劉應民　詳應祀鄉賢

義士

明正統中奉例出穀千石備賑濟者有司勞以羊
酒免徭役旌爲義民得五人焉
石彥彰　歲豐鄉人
劉景隆　歲豐鄉人
宮文達　上名鄉人
譚忠　上名鄉人
鄧富　會盤村人

遵年奉例出粟賑濟者得義官十三人焉

黃鍾　湞川鄉人

鄒信　湞川鄉人

黃珍　湞川鄉人

龔選　湞山鄉人

趙景　湞山鄉人

周文亮　湞山鄉人

程諫　湞山鄉人

王瑄　湞山鄉人

劉昶　歲豐鄉人

石文富　歲豐鄉人

熊洪　府君村人

王俊　府君村人

馬仲剛　上名鄉人

明成化年奉例出銀賑濟者得官九人焉

黃誥　湞川鄉人

何敬　湞川鄉人

張源　歲豐鄉人

曹旺　歲豐鄉人

石淦　歲豐鄉人

梁寧　上名鄉人

張輔　上名鄉人

操萬鵬　湞山鄉人

王廷忠　湞川鄉人

義僕

時元　明永平司馬華崇少孤而貧不能自給有僕時元賣蔬負薪供其饘粥崇性豪放出必飲

酒飲必盡醉甚或引類呼朋共之元即携杖頭尾其後崇偶荒業元即規諫不已繼以痛哭後崇得中萬曆二十五年鄉試

仙釋

世之言長生者七十二家分門別戶者不可勝記釋家則有宗有禪有戒而黃老瞿曇之說遂牢不可破嗟夫漢武之文成五利梁武之閉戶譯經奚補於治然雲房開孽仙之派慈忍衍衆法之門皆在於隨又何可泯焉

仙

紫陽先生　唐時人好道太白有詩見贈遂後不知所之詩載藝文

釋

慈忍靈尊者　唐時人郎淨層善信遊於五臺三年寺僧遣之有老父語曰子行矣緣不在是遂隨止遇湖住遂行寶曆二年七月隨旱師至見高峯問爲人曰大湖乃竊喜及湖旁遇見武陵者具牟豕而雩謂曰旱曰人召害物濟人可乎

請待之三日吾爲爾雩武陵聽之既入陰岩獨坐而大雨武陵乃從以二子而郎山居之大和元年五月師告湖神曰鄉吾代牲犧爾血食今償爾引刃截膝未殊白液出而涅槃張氏二子侍觀立化山南東道上其狀夫子嘉之賜其所居之處爲幽濟禪院今隨之洪山是也

智緣　宋隨州人善醫嘉祐末召至京舍於相國寺每察脉知人貴賤禍福休咎診父之脉而能道其子吉凶所言若神士大夫爭造之王桂嚴古有之乎王安石曰醫和診晉侯而知其良臣將死夫臣之命見於君脉覘父知子何惟哉熙寧中王韶謀取青唐上言蕃族重僧而僧結吳叱臘王部帳甚衆請智緣與至邊神宗命智緣入蕃中說結吳叱臘歸化而他族皆同以輸欵召還以爲右街首坐　見一統志

無念　明隨州人孝慈皇后崩楚王集千僧作佛事見僧無念奇焉遂居之九峯寺後靈通候薦無念於明太祖太祖使中官乘傳來詔至於京

師與語太說禮之後辭還御製詩文及金鉢盂瓶架裟衲衣賜之使中官乘傳送之後太祖懷之復使中官奉御製詩文松花貫於九峯賜之俱載藝文

大休　明萬曆間僧大休修於七尖峯四十餘年不履城市州守祝公屢招僅一晤楚豫名士多就之者著有語錄又餘行世後坐化

隱逸

易稱遯之時義大矣哉是以堯舜在上不[illegible]

之高尚或半典終全孤竹之業自致以德[illegible]
之軌恒多而謙讓之迹則一或隱居以求其志或
曲避以成其高或混俗以和其光或幷物以激其
涌然覩其中心畎畝之內託跡煙霞之表其不以
身之察察受世俗之汶汶可知也

宋

李堯輔　歐陽永叔作昌黎文集序云予寓漢東
隱士李氏子堯輔頗好學於家得昌黎集六卷
乞歸讀之見其淵原而雄博

明

吳彥德　本州人少業儒學成常懷濟利之志既
不售藥究醫精其術凡人疾病不瘳者無大小
咸詣其家欣爲療之遇窮困者兼與之衣食與
之糧需用與之銀錢其接人温然以和與人言
未常不勸爲善笑傲山林中悠然自得故鄉人
稱之爲篤行君子子旻登鄉榜

何允帷　本州人字近川少業儒即蓋謂功名惟
好丘壑之樂遂棄而就農自食其力布衣藿食

足跡絕於公庭見人爲善勸進之見人爲不善
阻抑之有司聞而慕之以鄉飲酒禮登筵十餘
次屢避不赴但積書以教子孫而已

譚奇抱　字叔平號華頂少穎異嗜學性疎放以
廉隅自砥萬曆戊午科闈中卷以本房爭元不
果置副榜第一後領崇禎戊寅歲薦庚辰廷試
授學職未就遂隱庭訓後昆爲漢東名士迄今
八十餘年家徒壁立猶擁書自娛泊如也自號
爲詩酒布衣嘗榜其門曰靜裏攤書渾忘世閒
中挹酒自稱仙者有醉陶軒集未刻　占祥其子也

僑寓

孔子曰吾聞之刳胎殺夭則麒麟不至其郊竭澤
涸魚則蛟龍不處其淵覆巢毀卵則鳳凰不翔其
邑何則惡傷其類也由是觀之君子之出處其必
以類也明矣吾於隨之僑寓而知類聚之說洵不
誣也彼其寓於隨者或爲當代之鴻儒或爲命世
之賢主者表表千古間也然則隨以僑寓重乎僑
寓以隨重乎曰魯無君子者斯焉取斯則隨爲僑

臣之石也可爲芝蘭之室也

周春秋

楚昭王　敬王十四年冬吳師敗楚鬪辛與其弟巢以王奔隨吳人從之謂隨曰周之子孫在漢川者楚實盡之天誘其衷致罰於楚而君又竄之周室何罪君若顧報周室施及寡人以奬天衷君之惠也漢陽之田君實有之楚子在公宮之北吳人在其南子期似王逃王而已爲王曰以我與之王必免隨卜與之不吉乃辭吳曰以

隨之僻小而密邇於楚楚實存之世有盟誓至於今未改若難而棄之何以事君執事之患不唯一人若鳩楚境敢不聽命吳人乃退昭王寓於隨至十五年丙申申包胥以秦師救楚大敗夫槩王于沂昭王入於郢

漢

張衡　西鄂人讀書於治東之臺嚴藏南都曰天封大狐大狐巍然治西盡其所常目覩者皆見漢東志

李白　隴西人開元中雲夢七澤來觀焉而許相公家見招妻以孫女嘗讀書於白兆之桃花岩巖而登漢東之樓懷谷八寶珠之故於是賦[illegible]及厲鄉慕長生之術訪紫陽先生於是賦神農又往遊白水登石激觀清泠泉慷慨悲歌擊節光武於是又賦朝澁寓三年而後去　見漢東志

諸葛覺　李繁爲隨州刺史韓愈與之善遂送其處

諸葛覺讀書於隨　見漢東志

五代漢

宋太祖　董宗本仕漢爲隨州刺史太祖依焉而寓於隨　事詳古蹟

宋

歐陽修　廬陵人大中祥符三年歐陽曄爲隨推官修曄從子也幼孤依之因家於隨

邢居實　邢恕子也元祐元年恕知隨君實從焉乃寓於隨十年嘗作白雲樓賦載藝文

宋郊　隨州應山人微時居隨同弟祁讀書於州學後及相居政府上元夜在書院內讀周易聞其弟學士祁點花燈擁歌妓醉飲達旦翊日諭所親令詰讓云相公寄與學士聞昨夜燒燈夜宴窮極奢侈不知記得某年上元同在州學內喫虀煮飯否學士笑曰却須寄語相公不知當年同喫虀煮飯是爲甚的　見鍾子快述

戰功

隨古侯國也爲楚豫分疆之所南北必爭之地關

又古戰場也明季流氛猖獗爲國仇讐在隨士著士民捍敵固圍奮朐決脰雖以螳臂當車有不惜者嗟乎誰無父母誰無兄弟誰無妻子一旦義激於中勇形於外其烈烈一死實足多焉茲特以戰功附人物卷末至於戍員守將以及援勦專征者或則搴旗斬將或則効死捐軀又皆有功茲土何可沒焉

明

張士維　隨州人世襲百戶崇禎十年十二月初三日賊八大王張獻忠統衆賊圍城破外南關進去至十一日三鼓時攻城甚急士維據守北門奮身央戰孤城一陷獨力難支身被重創猶殺數賊方死　貢士劉翰於義護母鬭死　生員劉道源謝君聞鍾以嘉王玉奎王玉珍俱守城戰死張映奎巷戰不勝全家閉門墜井而死次日監紀張大金參營龍爭先總兵楊世恩合兵追至賊始奔去

謝隆恩　隨庠生也崇禎十四年四月二十二日

賊張獻忠羅汝才哭至攻城時人心初集防守莫支隆恩素有膂力率生員全其善梁天培呂封齊四面拒敵大戰一日矢石盡竭孤城再陷知州徐世淳學正詹濤鄉紳張士進張士選蕭鳳翔生員沈先約熊嗣光俱戰死隆恩於鋒燹中大呼曰我父在不敢死一手抵賊一手携父東皋出營負走三十里而父子俱全賊擄百姓男婦數千折城一日盡平

雷文韶　崇禎八年流賊來寇圍守將目遊擊大

萬家店曹勛師勦之一戰而克殺賊千餘獲難
婦二百餘交州還籍士民立生位祀於北門樓
總鎮 許成名　崇禎八年冬衆賊聚於洪山楚鎮許提
兵追之拔賊老營大捷
副將 楊世恩　崇禎九年流賊北曹操老𤞑𤞑闖里眼
八大王聚隨厲山一帶王撫院統總兵秦翼明
追勦至孤山沖發楊世恩三師領兵三萬作前
鋒至三道河賊設伏誘入圍之世恩三師夾河
立三大營各築土城一座賊晝夜攻打相持十

三日糧盡王撫院同秦鎮轉至棗陽文檄附近
堡人都士何士達運米入營後全軍俱陷止奔
騎兵數百至今三城内風雨晦冥猶聞鬼哭
何士逵　本州人從河南湯鎮授都司運米濟師
有功崇禎九年十一月初五日秦鎮有入和寨
都上何士逵結寨爲城保億萬焚溺之衆設謀
運米全數千貔貅之師大風猛士濟世斜桓之
獎云云
守備 黄章家　崇禎十四年春委來守因城平無據率

兵壘南門樓臺爲堡乃集衆千有餘人七月二
十三日闖賊李自成兵至圍堡誘之降黄不從
同陳巡檢廉生朱潘與誓死戰守賊攻未下設
巨砲擊破黄與千衆同死堡中楚撫宋一鶴聞
之親致祭諸死難者於南門樓下
總督 丁啓睿
總督 朱大典
閣部 楊嗣昌　崇禎十六年三師共統京營大兵十萬
追賊至隨之小瓕山初戰我兵大捷次日大雨

兵衣甲火藥盡濕賊四面衝突兵仍奮勇爭先
一以當十忽風沙交作大霧四塞兵遂敗績賊
縛將士駢戮屍積王家店西白骨嶙峋鄉人憐
而瘞之時中原鼎沸王太[illegible]焚自李自成屠兵
後走厲山向州南下共有除走安居破長慶堡
駐劄運糧李丁啓睿宋大典楊文岳散督殘師
追至長慶堡撲勦獲賊首千餘餘奔州城合老
營而去

既志矣曷云拾遺也蓋編年則事統於年而事無缺分彙則各從其類非其類者去之勢不得不有所遺遺而不拾是傷器也是蔑古也此拾遺之所由作也故事無巨細或得之紀傳或得之見聞皆得綴焉竊於史有文而野乘不廢則又拾遺意也因采而志之

史記有曰楚武王三十五年伐隨隨曰我無罪楚曰今諸侯皆叛相侵相殺我有敝甲欲以觀中國之政請王室尊吾號隨爲之請于周不聽還報楚金

氏曰史氏之述其遺章求成之辭乎君子謂史記之言與左氏異傳稱季梁之諫唯在於修政而親與國若請號尊楚豈理也哉

莊王三年三月楚武王荆尸授師孑焉以伐隨將齊入告夫人鄧曼曰余心蕩鄧曼歎曰王祿盡矣盈而蕩天之道也先君其知之矣故臨武事將發大命而蕩王心焉若師徒無虧王薨於行國之福也王遂行卒於樠之下令尹鬬祁莫敖屈重除道梁溠營軍臨隨隨懼行成莫敖以王命入盟隨侯且請爲會于漢汭而還濟漢而後發喪而史記又曰楚武王五十一年周召公責在王楚而楚亦怒我背己來伐武王遂卒於師而兵罷君子曰此與傳亦異莊王十九年我赴鄖師事之徵者傳尚紀之豈有王室召我責在王楚之事碩遺之乎楚之志拳拳于吞噬小國其不忘情於我瀕死而猶不肯已寧論其背不背哉遷史牽合率多此類何足辨乎

襄王七年正月楚人伐徐七月齊師曹師伐厲以救

徐厲隨境内國也

襄王十二年隨以漢東諸侯伐楚冬楚鬬穀於菟帥師來伐取成而去左氏曰隨之見伐不量力也量力而動其過鮮矣善敗由己而由人乎哉詩曰豈不夙夜畏行多露

敬王十三年唐成公如楚有兩肅爽馬子常欲之弗與止之唐人咸相與謀請代先從者許之飲先從者酒醉之竊馬而獻之子常子常歸唐侯自拘於司敗曰君以弄馬之故隱君身棄國家羣臣請相

夫人以僞爲必知之唐侯曰寡人之過也二三子
無辱皆賞之莊子曰唐隨境內國也後爲楚安邑
東南之上唐鄉是也
新莽地皇三年下江新市兵起四月莽使嚴尤陳茂
敗之猶屯于三鍾不能攻隨弗克平林人陳牧廖
湛由是起兵
劉道產治雍而蠻服南宋元嘉十九年劉子卒蠻服
叛二十二年柳元景守隨既至而蠻入寇柳子募
七百人使五百外戍或曰蠻將薄城可分乎曰外

有重戍彼將懼奚知城中之數乎豫戒戍卒潛出
其後日見火則進既蠻至舉火而夾擊之溺漢水
死者千餘人生獲數百三十年夏蠻復來寇沈慶
之帥師伐之宗慤自新安入大洪山柳子自均水
據五水嶺先據險要蠻復大敗
前廢帝景和元年四方大亂隨守王寬憂父懸謨去
隨而之建鄴及母陷于賊復襲而敗之遂奉母還
天子悅使圖其形
宋至道元年二月丙午蠲隨前年逋租

至道二年蠲雍爲隨昔祀父同文有高龍來就養
、嚴過隨一見而令亟與之酬倡年七十三卒次子
綸聞訃徒步千里來奔
至道二年彭城王從吉上書於天子訟其父枉除名
而配於隨
仁宗天聖元年歐陽修應舉於隨試論左氏誣修曰
石言于晉神降于莘內蛇鬭而外蛇傷新鬼大而
故鬼小淮遇韻失解四年由隨薦禮部八年三月
舉者元發王拱辰榜進士

王超之子德用爲大尉而黑而身皙超亦是友請自
將討之天子弗許言者曰貌類藝祖孔道輔亦云
遂罷武寧節度使或曰市馬府州進其券市之商
人言猶不已而降知隨且置判官監之家人憂恐
德用自若惟不接人道輔卒或曰害公者死矣王
子憮然曰惜乎朝廷又喪一直臣矣袁了凡曰王
武恭積戰功起行伍貌擊牟致位兩府縉紳所忌
貌類藝祖宅枕乾岡蘇儀甫孔道輔言之也見尤
惟姓合讖書歐陽永叔劉原甫屢言之其處□之

炎毋姓受之祖宗皆用爲罪四公非譏人者以斯
知文武分鑣爭進爲忌君子而不免亦以徵宋世
儒者委蛇守文恥言兵事劣視武夫其所由來漸
矣

沈括之論隨也夏震而木折獲石其下似斧而無孔
或曰雷楔又曰雷州多雷沈子曰雷實木名石雷
安夫然隣高有雹自文何謂邪君子曰在天成象
在地成形星隕爲石夫何疑乎易曰震爲龍一陽
動于二陰之下非龍乎雷其聲電其目之光聲出

而光生乎光無礙故一出而人見聲有漸故既發
而始聞聲傳谷響其應稍遲非其理乎龍蟄而雷
伏雷已而雹滅臘月之雷陽洩于陰龍啓於蟄故
雩泉觸龍雷雹隨至龍之怒也龍擊雲中雷雹交
作龍隱而去空中頓滅志曰有神如飛又曰雹自
祠龍湫龍另非此之類乎

沈子曰醫榮士寧得一石於道流色如虎砂而光映
入和藥則有文纏而細重如金錫上有三竅剔之
則出赤屑病心狂熱服刀圭而愈分兩歲息土寧
以歸予焉

大洪山人李遥殺人亡命踰年而至秭歸市一枝
於是秭歸有被殺者求賊甚急其子見遥枝曰此
父物乎怒之官執遥而驗之信榜掠備至遥實購
之而不得其主卒莫自明官窮至弗可隱而大洪
之犯遂洩竟失鬻者沈子曰世人多矣遥適值之
及其隱匿可怖也夫

端平元年四月元太子闊來侵隨籍地放名士經籍
而遷之燕

恭帝德祐二年正月乙亥元徙大都諸路獵戶戍隨
之大洪山

英宗至治二年同知石忠翊吏目張之道祠漢壽亭
侯於懸鈸觀之東偏

明正統四年遷交趾歸附官民于隨官五人知州閉
也鄰黃元懿同知黃鐸判官岑斗烈吏目譚廣深
民百有十九口給之世業不征租庸

先是宋英宗治平間范忠宣判安州嘗作布衾銘以
成士後落職知隨而銘實無傳焉至明正統五年

克獲其銘於土中

弘治十二年知州李克嗣纂修四門樓暨尊經閣

瑞蓮亭書院社學鄉亭石橋奏設忠山店領巡檢

司又修白雲樓

嘉靖二年四月知州藍渠改調欽州去之民立善政

碑于尹公亭

嘉靖十五年民周萬瑚畜父馬誘遊牝而刈人之穫

有以父馬之孕來者父馮弗受輙怒而蹄誘再三

咸如之他日復至卒不受周大怒擲父馬至死又

有字厲媒者宵貞泳渚群厲聞其聲而至則掩取

之三年矣一日日中疋厲哀鳴而下與媒交斜其

項弗釋并死之字者遂不復弋君子曰古稱義備

孝鵝觀此尤信

鄉賢志

明洪武二年令天下立鄉賢祠於學宮戟門之右

春秋同祭世宗復申行之甚矣鄉賢之不可以已

也然其人已備載人物中茲復志者何曰重特典

也人物杳矣風流可謂孰勸高山之仰葬其不廢

羮墻在日焉至於何文毅考定諸公宜先昇祖者

企予望之嗚呼其要又在寧嚴勿濫歟志鄉賢

周春秋隨大夫季梁　傳稱助隨侯修政拒楚以尊

周國卒以濟真社稷臣也　任德評允改題周隨

季子

漢光祿勳周章　杜斥外戚守正不阿而憂在備君

竟以身殉焉　任德評允改題漢司空周子

宋觀文殿學士兵部尚書贈太子太師諡文忠　歐陽修　仁宗時叔父曄為隨州

推官文忠幼孤依叔父而居時家於隨幾四十年

文章德業載在典冊煌如也　任德評允改題宋

太子少師贈太子太師廬陵歐陽文忠子

宋參知政事兵部尚書贈司徒兼侍郎諡忠獻　宋綬　其先趙州平棘人徙隨曾

通經史有家年十五召試中書眞宗愛其文[illegible]

識學士晁官[illegible]晚奇衛

宋（龍圖閣直學士贈禮部尚書）宋敏求　敏之子家藏書三萬卷皆[illegible]讎皆所著書甚多學者多宗之

宋資政殿學士劉逵　舉進士高第係隨州隨縣人累官至中書侍郎崇寧以彗星見去相逵首勸徽宗碎元祐黨碑寬上書邪籍之禁稍正京悖亚害民之政及京復相謫鎮江軍節度副使安州居住後京再罷稍起知杭州加資政殿學士爲醴泉觀使召及都而卒贈光祿大夫　任德詳允改題

宋醴泉觀使贈光祿大夫劉子

宋（荆鄂都統制置知東陽軍）孟宗政　信賞必罰好賢樂善爲一時名將循吏

宋（京湖制置大使累贈太師追封吉國公諡忠襄）孟珙　專征雪耻所向必克史稱忠君體國之念可貫金石云

宋（參知政事知樞密院）李庭芝　興利除害愛民如子有彬彬儒將風而乃心王室不爲讎敵所屈又千古孤忠也

任德詳允改題宋少保左丞李子

宋（京湖制置帳前都統贈利州觀察使）邊居誼　戰守有方屢敗元師及孫兵力不能支乃以一死告無罪於社稷史氏方之張許　任德詳允改題易公稱予

明戶部侍郎王鏞　致身認德之世多所建白未幾優游林下鄉人月旦必首推公云

明（工部侍郎贈木部尚書）陳壽　方正伉直効力危難之秋雖萋菲肆讒卒以清白見知於朝野

明廣西慶遠知府賀子亨　布政邊鄄剛柔互劑遠人安之

明江西按察使童貞　明介有爲正身率物使民憚

之謂童打鬼清慎恪勤譽績再彰見之制詞

後奉文入祀儒學鄉賢一位

明少傅（贈太傅諡文毅）何宗彥　有傳詳載藝文卷內

以上見祀儒學鄉賢一十五位姓名刻右

再查　何文毅公考定應祀未祀鄉賢一十六位姓名刻後

南北朝朱孝子雙春貞拒沈攸之之召後錄其母乃自歸攸之歎其孝

宋隱士李堯輔好學多藏書訓子弟以禮其子堯臣

歐公稱爲孟文云

元孝子高可肅部旌其門

明吏部尚書王與福守嶽杭有善政及召父老遮留

擢吏部尚書後左遷西安知府

明成都府知府龔敬有德政錦城至今懷慕

明廣東按察司僉事宮文侑持法平允甚有能聲

明涇縣知縣楊守眞由鄉薦任戶部照磨出爲令吏

民德之

明總督倉場戶部左侍郎陳常襄敏公壽子以官生授給事至八座

正直有父風

明臨川縣知縣柳昌以行人出爲知縣重農興學士

民感之鄉人以爲不愧科名

明敕贈監察御史都昌縣教諭宗文嗜學長於詩文其於名利澹如

也

明孝子通江縣教諭章貞性篤孝幼失恃祖母黃氏撫之後

黃逝章廬墓側日三供饌三培土有白兔之祥

在師席時廸有方造就人材甚衆

明分宜縣知縣章爵貞之子省試第一人勤能端慎

績有政聲晉西尚知

明山東道監察御史宗彝文之子初知建德縣政事卓異

操守廉慎入臺累章劾上延諸璫下彈劾權貴烏

紀赫然巡按福建舉前而孝子劉閔詔授本縣訓

導人推服之

明南京總督糧儲右副都御史李中歷任有政聲一介不苟以廉著

明亳州知州顏木爲人勁挺詩文力追古作者名與

李何齊

明進士尹儒少孤貧力學敦行第進士時上疏言邊

務早卒未竟其志

明南京兵部郎中劉應民居官數著循迹居鄉號爲

善人

明大足縣知縣劉宗武孝友仁厚治大足清介著聲

民立碑頌其德

評曰之十八公者何太史既考前之矣迄今烺然

册牘間而秋霜春露祀典缺如讀志至此嘗感慨

欷歔掩卷而三嘆焉雖然大德自不可朽而公道

爲古爲昭後之君子爲欽舉從祀之典表彰宜亟

今文考應祀未祀鄉賢五位姓名列後
明重慶府推官眞正縉　有才學篤交遊傲岸一世
明溫處道劉廷冀　淸謹始終如一所至輒多惠政
明惠州府推官程鉞　標植新淸才兼逸俊於甲作
理兩載而卒還楚一櫬宦橐無餘
明劉陽縣教諭伍如皐　標清學邃克重鄉評
明東安縣知縣萬士奇　胸藏幹濟慷慨自持士林
中之有操守者鄉里素推重

評曰之數公者幼學壯行不愧爵位誠君子人也
語曰相馬以輿相士以居數公又豈愧於屋漏者
應祀鄉賢祠以表君子之修以羨君子之行可也
雖不敢遽以爲確議而事久論定公道自不泯於
人心茲貿錄其生平以俟采風之士

附錄

德安府隨州爲查覈鄉賢偹稱修舉准本州卯州任
德關卷查弘治十二年內本州據件李知州備查
應奉以來鄉賢各官各若干位祠設二區事從丁
祭中允遵行巳五十年本職叨任獻官巳經四舉
竊見其中或先後失羨或取舍非正或分義乖錯
或職階紊亂罔不恊其祗承明爲失其典禮負猜
瀆褻各至今日若不查改厥罪惟均爲此不揆狂
僭偹將史志兼訪輿論逐一查採或開立前件明
註事由而擢擬位號或敘述顚末併攷叅酌而妥
爲升黜極知禮求之野不免獲譴於明時而論不
瀆經庶幾有補於下郡合關本州煩爲施行等因
准此擬合就行爲此州司今將前項緣由理合具

申伏乞照詳明示施行蒙欽差巡撫湖廣等處地
方兼贊理軍務都察院右副都御史顧　批據申
鄉賢名宦職階各本傳志位序各應典義俱依擬
改題序刻孟宗政皇甫璠諸公旣考議明核卽便
增入仰州正官仍具告文設釋奠以妥厥位具由
繳查改公稱子於借若未安禮則爲是況今制先
師已稱子豈不猶慊當乎

計開舊祀鄉賢八位

一春秋隨大夫季公

前件春秋乃魯史記之名起周平王四十九年止敬王四十一年凡二百四十二年之事又孔子所修之經後人因謂之春秋之世非代名也杜氏左傳注云少師隨大夫季梁隨賢臣則季梁乃隨士非大夫也雖宋陳師道詩有高誼曾聞季大夫之句而彼詩人也一時借用諧其聲韻類多費核甚有誤用古人而不恤者此似不足據也況周制侯國大夫之下止有上中下士注稱爲臣卽非處者季爲公族亦非厥姓且公晉玉爵春秋我魯進侯

於公自餘以下皆仍本稱固不得而干之惟子者男子之通稱或後學宗尙先儒之稱又令制廟祀前代追贈王公諸爵一切革出比其明法令擬改題曰周隨季子或曰近世稱子周程張朱之外不可多見令子季梁得無不可乎曰匡章陳仲比之季梁孰爲優劣昔人尙皆子之何獨此之非乎曰世皆稱公子獨稱子或者不可乎曰文王公亶父爲親也諸梁公令尹爲僭也非爵而公非親而公議不應稱禮則爲瀆奚爲不可

一漢光祿勳周公

前件後漢書延平元年周章爲光祿勳永初元年爲太常九月爲司空十二月策免是司空乃其終職非止於光祿勳也今擬改題曰漢司空周子

一宋參知政事兵部尙書贈司徒兼侍郎諡宣獻宋公

前件舊志謂宋宋綬隨州平林人後徙隨州及考宋史本傳并其子敏求傳皆無一字及徙隨之故不知何書載有此事再考歐陽子嘗遊隨與宋氏

少子同朝其作隨州李秀才東園記謂隨幾百年不出一士而宋綬之卒又與歐陽子之記皆在仁宗末年使其實徙於隨歐陽子可乃爾語耶若云係其子身歐陽子卒則生平未後之人固可躋之入祀耶宣獻賢者本不宜黜然稽歷鄉土如其地者非止一人尙皆未入而獨祀此無乃一偏得無失其本耶不敢擬入中奏定奪

一宋觀文殿學士兵部尙書贈太子太師諡文忠歐陽公

前件宋史歐陽修廬陵人少依其叔父曄讀書隨州幾辭禮部數十年間往來於隨不能忘情其祀之固宜但其所作東園記謂隨非吾鄉今置之鄉賢中得無不可耶况觀文學士乃其知亳州之銜兵部尚書又係知青州之職後改宣徽又徙蔡州至熙寧四年以太子少師致仕今擬刻銜下加郡明非土著文忠上去謚庶是名稱改題曰宋太子少師贈太子太師廬陵歐陽文忠子而以先易鄉曰先賢祠云或曰李翠周章去公稱子似矣今曰

文忠子謚下加子得無非禮乎曰古有之宣子獻子之類一謚而子之也文忠子之類二謚而子之也貞惠文子之類三謚而子之也

一宋龍圖閣直學士贈禮部侍郎宋宏

前件查與宋獻事干一連設使實爲土著正宜從祀配享豈可父子之間僉坐一室南向共食今不敢擬冲請定奪

一宋資政殿學士劉公

前件宋史劉逵大觀四年五月星變起知杭州罷資政殿學士以醴泉觀使召及都而卒則殿學乃加守之銜觀使實已遷之職今擬改題曰宋醴泉觀使贈光祿大夫劉子

一宋參知政事樞密院李公

前件宋史李庭芝德祐二年六月知樞密院兼參知政事守陽州二年二月瀛公降元宋氏降亡彼猶嬰城固守七月益王以少保左丞相召之乃以朱煥代守而已與姜才將兵七千而東以圖興復乃心在宋國亡不樂丞相之職存已受拜今擬改

題曰宋少保左丞李子

一宋京湖制置帳前都統贈利州觀察使邊公

前件查無異議唯改公稱子

舊祀名宦十一位

一南北朝宋守隨郡累官光祿大夫贈征西將軍宗公

前件南北朝亦後人紀史稱號非一代國名也宋昔宗懿文帝時爲隨郡太守其先祿金紫乃大明五年所受之階後此死官廢帝郎位除寧蠻校尉

雍州刺史加都督而卒今擬改題曰宋寧蠻校尉
使持節都督雍州刺史贈征西將軍前隨郡太守宗慤侯子
一南北朝宋守隨郡累官加散騎常侍曲江縣公謚
忠烈柳公
前件宋書柳元景爲隨郡太守在宗慤之前其所
受常侍曲江等職爵在世祖之初後歷孝建大明
諸年又將一紀而侍中尚書令驃騎大將軍巴東
郡開國公開府儀同三司南豫州刺史乃其定銜
其爲諮議參軍宗慤與薛安都等十三軍皆隸之

今位反居慤下非禮之當今擬改題曰宋侍中尚
書令驃騎大將軍巴都郡開國公開府儀同三司
南豫州刺史贈持節都督南豫江三州諸軍事前
隨郡太守柳忠烈子而躋之慤侯之右或以慤侯
配之亦可也
一唐知隨州加中書門下令狐公
前件知州事係宋之官名唐以前無之唐書令狐
楚得稱其子緒以蔭歷隨壽汝三州刺史皆有嘉
政其中書門下平章乃其弟綯之職非緒職也今
擬改題曰唐汝州刺史前隨州刺史令狐子
一宋知隨州加太子太師封魯國公贈太尉中書令
謚武恭王公
前件宋史王德用皇祐三年以太子太師致仕後
起爲河陽三城節度使同中書門下平章事判鄭
州至和元年爲樞密使後封魯國公求去位乃以
爲忠武軍節度使景靈宮使又以爲同群牧制置
使今擬改題曰宋忠武軍節度使景靈宮同群牧
制置使魯國公贈太尉中書令前知隨州事王武

恭子
一宋知隨州加觀文殿學士贈開府儀同三司謚忠
宣范公
前件宋史范純仁徽宗即位除右正諫大夫提舉
崇福宫不數月以觀文殿大學士中太一宫使詔
之今擬改題曰宋觀文殿大學士中太一宫使贈
開府儀同三司前知隨州事范忠宣子
一宋知隨州前太子中允尹公
前件宋史尹洙初爲館閣校勘遷太子中允[illegible]

職爲書部監潭州酒稅歷經畧判官集賢校理
知泰州嘉祐集賢院太常丞知涇州以右司諫知
潞州徙慶晉二州遷起居舍人直龍圖閣知潞州
以御史劉湜之劾貶崇信軍節度副使徙監均州
酒稅而卒嘉祐中追復故官謚不曰崇信節度副
使而曰知隨州且舍其定銜而獨摘取初授之職
不知何謂况其謫州在仁宗慶曆中而范忠宣守
州則在哲宗紹宗末今擬改題曰宋起居舍人直
龍圖閣知潞州前崇信節度軍副使監均州酒稅

尹子而躋之
一宋知隨州加端明殿學士累贈太師謚忠肅趙公
前件宋史趙方寧宗慶元中知隨州舊以列之王
武恭范忠宣尹龍圖之上甚爲失序今改冀此擬
題曰宋端明學士正議大夫贈太師前知隨州事
趙忠肅子
一宋知隨州拜慶遠節度使贈太尉謚忠毅李公
前件宋史李道爲光宗后父建炎初知隨州二年
劉豫將李成入寇道與李横皆棄城走遂失襄陽

六郡爲宋君相一時之大憂使非岳飛收復襄陽
徐慶効力本州之禍不待德祐而後見憑恃城以
得保首領棄城獲死全城易以禮宜黜退申請定
奪
一元知隨州前道州路總管林公
前件元史循吏傳林興祖登進士同知黄州三遷
而知鉛山陞南陽知府改建德路同知俱未任至
正八年時旨遷道州路總管三年以年老致仕未
及守隨之事然考本州林知州木軒題守隨之日

適當三遷之末但元人官名止曰知州而其總管
道州亦在守隨之後舊叉曰前隸不可曉今擬改
題曰元道州路總管前隨州知州林子
一明知隨州奉訓大夫陳公
前件本朝官名亦稱知州而奉訓之階例列職首
况國號止宜施於方外及垂示後來似不宜寘在
時祀以自陷於踈外之罪今擬改題曰奉訓大夫
隨州知州陳子
一明知隨州奉訓大夫呂公

前件今擬改題曰奉訓大夫隨州知州呂子
舊祀賢宦止此
今攷宋史孟宗政絳州人父林從岳飛至隨州因
家焉受知趙方吳獵勝累官至荆鄂都統制兼知
棗陽威振境外金人呼爲孟爺爺身死之日邊城
爲之罷市慟哭史且與趙方同卷復贊之爲名將
其爲人可知子珙史別立傳稱其帥師滅金以雪
百年之耻且謂忠臣體國之念可貫金石雖係之
爲隨之棗陽人然則我爲其統彼爲部士固可援

之以祀也况李庭芝實其門下珙死之日感其知
巳扶柩與國持喪三年其爲人亦可知巳國初有
王鏞者以人才授鎮江通判仕至戶部侍郎有賀
子身者以通經秀才授本府教授仕至慶遠知府
有陳壽者以鄉舉授戶部主事歷山東叅政工部
侍郎漢王之誅逮繫數年文皇升遐得釋而卒贈
本部尚書有童寅者以進士授監察御史遷交趾
按察使改調江西明介有爲正身率物吏民憚之
一調之童打鬼清慎恪勤聲績再彰見之制誥茲以

人者或致身於諂德之世或効力於危難之秋或
佈政於邊鄙之地或著績於文獻之邦雖其後嗣
寥落清議至今不泯又考周書建德三年皇甫璠
爲隨州刺史政存簡惠百姓安之後卒於官贈交
渭二州刺史謚之曰恭隋書辛彥之拜隨州刺史
於時州牧多貢珍玩惟彥之貢祭物高祖顧謂朝
臣曰人安得無學彥之所貢稽古之力也遷洛州
刺史前後皆有惠政宋史王祚爲漢隨州刺史汰
禁牛革令輸京師暑雨輙浥民甚苦之祚請斂鐵

甲式製面輸之民以爲便李孝基知清州事來亟
斷不爲誣佐圃在甫及日中公庭巳空累官光祿
五十謝事上林比之一疏早退仁宗稱其越慶常
人史官贊其爲人冲澹盛陶不畏安石抗疏黨惡
出之僉書隨州判官史亦稱其大節可取劉癸常
從安定講學以善治水見稱所治輙有惠政匹黎
交人互市安置隨州呂大防與范純仁同心輔政
八年如一商英之謗謫知隨州吳秉勝學本伊洛
累官司農出知隨州時値元人修好戒開邊釁密

惡有扎無論輕重悉備死地郡民梁岳殺其監馬元人爲言赦繫七人梁勝初淮立殺其械縱而釋之卒得不死且又救按孟宗政息再典皆爲名將鎮隨州及棗陽招忠勇備營柵甚爲有功其子淵泉并爲名臣史各立傳故右都御史桂智先任隨州知州治有聲稱超陞河南左布政使載在一統志大平府下故南京兵部尚書李克嗣先任隨州知州保障有功遺愛去思至今稱之茲數人者或有功茲土而明載汗青或史畧其功而擅名當代

或著之國典而功不可泯或政在人心而思不能忘視贛所驕適足相方其時若唐之劉文房周巢若漢之陳思讓若宋之張浚韓邦彥其中雖爲文人而史或不言其功雖未覽者而職或止於遥授禮固不得而援焉者昔人有言鄉賢有父子名宦有統屬同祀一室者父與統南向子若屬各東西向由此推之州之賢宦宗政其父子也珙庭芝統屬也庭芝居諭統屬也元景懋統屬也先賢似宜宗政南向而珙庭芝居諭各東西向也先宦似宜元景南向而懋束若西向可也禮行待人祀淫舞福祠不可廢議難擅入俱俟明奪

名宦志　附宦師

爵朱邑於桐鄉社卓茂於密縣古誠有之今亦宜爾然長松高榕惠鮮流於蔀屋則父名其子祖勉其孫曷日忘之若夫引喙噬腸磨牙競肉鳶鷸之矣翊尸祝乎余故附宦師於後賢愚悉載所以爲觀也嗚呼撫我后虐我讎振古如茲是豈可不爲怵心哉志名宦

明太祖二年令天下建名宦祠於學宮戟門之左春秋同祭世宗時又中行之

南北朝宋　宗慤守隨郡累官光祿大夫贈征西將軍有治聲郡人畏服　任德許允改題宋學鑾校尉使持節都督雍州刺史贈征西將軍前隨郡太守宗肅侯子

南北朝宋　柳元景守隨郡累官加散騎常侍曲江縣公謚忠烈有方略能服群蠻　任德許允改題朱侍中尚書令驃騎大將軍巴郡郡開國公開府

議同三司南豫州刺史贈持節都督南豫江三州
諸軍事前隨郡太守稱忠烈子
唐知隨州　令狐緒加中書門下有任政汝人奏請
回歷隨汝壽三州所以汝人有請辭曰臣任隨州
郡人乞留轉河南少尹加紫金已名聞不必更立
任德詳允改題唐汝州刺史前隨州刺史令狐子
王德用知隨州加太子太[illegible]國公贈太尉
中書令謚武恭[illegible]之曰[illegible]度宇寬遠也
稱相材　任德詳允改題宋忠武軍節度使景靈

隨州志　卷三　圭　忠

宮同羣牧制置使魯國公贈太尉中書令前知隨
州事王武恭子
宋知隨州　尹洙前太子中允居隨之日以考圖書
通古今爲事而不知其官之謫也　任德詳允改
題宋起居舍人直龍圖閣知潞州前崇信節度軍
副使監均州酒稅尹子
宋　范純仁知隨州加觀文殿學士贈開府儀同三
司謚忠宣求民間利病而興革之勵學校益爲條
教日有課月有限出入起居動循法度[illegible]

司　任德詳允改題宋觀文殿大學士中太一宮
使贈開府儀同三司前知隨州事范忠宣子
宋光祿少卿　沈括前謫隨州宏文博物擿伏如神
任德詳允改題易公稱子
宋　李道知隨州拜慶遠節度使贈太尉謚忠愍府
劉豫叛遣其將張琇至隨招道道不從執其使以
聞詔嘉獎之
宋　趙方知隨州加端明殿學士累贈太師謚忠肅
時旱蝗相仍方親走四郊以禱一夕大雨蝗盡死

隨州志　卷三　圭　忠

歲大熟適和議成郡邦寢弛備方獨招兵擇將技
士豪孟宗政等補以官　任德詳允改題宋端明
學士正議大夫贈太師前知隨州事趙忠肅子
元知隨州　林興祖前道州路總管有懷召杜多識
前言無愧龔黃教行素礪名聞四海道重三山
任德詳允改題元道州路總管前隨州知州林子
明知隨州　陳華奉訓大夫修墜舉廢興學勸農政
洽人心民到于今稱之　任德詳允改題奉訓大
夫隨州知州陳子

明知隨州　呂倫奉訓大夫嚴而明廉而慎言笑語
動皆不苟歲旱而善縞衣跣足走於四郊禱廩賑
之日不暇食獲偷兒則嚴寘之法不恕也行之數
年始卒不渝外戸不閉薄俗一變首夏民納衹候
銀辭曰新穀未升必稱貸於人還之候熟而後取
之　任德許允改題明奉訓大夫隨州知州呂子
新奉　文入祀儒學名宦一位
明　王國治德安府同知署隨州事重學校而士興
厚風俗而民化省里甲息訟獄民稱其德至今不忘

以上見祀儒學名宦一十三位姓名刻右
再查　何文毅公考定應祀未祀名宦六十一位
姓名刻後
漢隨縣宰　侯霸字君房按誅豪猾分捕山賊境內
清靜後官三公
晉隨郡內史　摯瞻高亮有氣節以語折王敦逆謀
敦貶爲史
南齊隨郡內史　蕭敷招懷遠近士庶安之以爲前
後之政莫及

南齊隨郡太守　崔士招元魏道祖道龍來攻士招
破之卒全城
北周隨州刺史　皇甫璠小心奉法安貞守志政存
簡惠百姓安之
北周隨州刺史　庫狄士文性清核不受公家料錢
隋隨州刺史　辛彥之是時文牧多貢珍玩彥之所
貢惟祭物文帝善之
唐隨州刺史　李程以能政稱郎入禮學士後官宰相
唐隨州刺史　劉長卿字文房以詩名

唐隨州刺史　李惠登治州二十年大有德於民見
唐書循吏傳
唐隨州刺史　周巢有善政與韓愈善
唐隨縣令　李去感濮賊王仙芝攻城堅守不爲款
賊縊死之
五代晉隨州刺史　陳思讓宅與執喪禮歷方鎮無
私致家無餘財
五代漢隨州刺史　董宗本有政聲宋太祖依之有
慶雲黑龍之瑞

五代漢隨州刺史　王祚有心計漢法輦牛革送二
師遇兩輙敗請班鎧甲式樣郡令裁之以給
民便之
五代周三司判官　雷德驤奉命均定隨州田賦確
稱爲平允
宋崇義軍節度使　王全斌寬厚容衆嘗居隨州悠
然自得
宋崇信軍節度使　王顯由樞密使罷授節度以廉
靜稱

宋知隨州　楊單勤於吏事以廉幹稱
宋崇信軍節度使　王超由天平軍改授
宋知隨州　魏瓘政事嚴明吏民憚之
宋知隨州　狄棐爲政豈弟不爲表暴家無餘財
宋知隨州　楊畋清介謹畏爲郡待客菜葉數器治
無餘貲
宋知隨州　李孝基所治雖劇事來立斷不爲譴能
回趣日中庭已空矣早謝事沖澹善養生
宋隨州觀察使　馬懷德起行范仲淹薦之

宋隨州推官　歐陽曄却辦賑饑多所全活以善聞
宋宰相出知隨州　呂大防宋名臣有傳
宋知隨州　張商英有善政後以宰相謫崇信軍節
度副使
宋隨州刺史　李禹卿順民宜俗曾作尹公亭
宋知隨州　何綜性寬裕善治劇於奸惡不恕
宋僉書崇信軍節度判官廳事　謝景平於欲不怏
於欲不求文章政事邁於一時
宋隨州判　盛陶以御史忤王安石謫任悠然自得

宋隨縣簿　富元衡有清勁聲饋遺無所受
宋知隨州　樓异有幹理才進直學士
宋隨州倅　何畬性剛介議論不屈以廉能稱
宋檢校少傅崇信軍節度使　張浚宋名臣史有傳
宋崇信軍節度使　岳飛會復隨州奏免官私逋負
以招集流亡奏隨郢六郡闕牛糧者給以官錢
宋司農寺丞知隨州　吳柔勝倡伊洛之學有善政
宋隨州教授　方回穎悟過人賦詩爲文大才傑出
宋知隨州　趙彥衛力爭夏秋二稅所增麴酣錢辭

寬有德於民
宋隨鎮撫　陳求道宋史忠義有傳
宋京西安馬都監知隨州　程再遇戰洪山有功
明隨州知州　杜智存心愛民以不忍峻刑催科例
當謫戍廷臣奏其治狀詔乘傳復任
明隨州知州　仲嶸寬而能斷愛而能教鎮靜而能
有為
明隨州知州　李克嗣廉明誠篤愛民如子治州如
家百廢俱興難以枚舉至今民頌之官至大司馬

明隨州知州　藍渠慎刑裁費植弱剪強民尸祝之
有碑紀其政
明隨州知州　范欽嚴左右理幽枉省里甲重倫常
民畏服感化官至侍郎
明隨州知州　孫銳性莊廉才開敏築城障水民至
今德之
明隨州知州　曹逵御史謫任惠愚弱繩豪蠹
明隨州知州　任德有政聲曾修州志
明隨州知州　張東照嚴於繩惡州夙盜盡擒

[illegible]州知州　[illegible]人文為己任
明隨州知州　周行性清苦不阿事上官以誣去
明隨州知州　林梓實心愛民折節禮士遷學尤有
功
明隨州學正　范德超由黃梅令謫任有知人之明
持禮以範多士捐俸以助貧生
明隨州知州　方揚夙擅文名在任時日為諸生講
明經書奧旨
明隨州知州　馬騰雲清介明察受誣去橐無一錢

明隨州知州　祝以豳平易近民有文學任州五年
未嘗斷一大辟
明隨州知州　李大謨聰明練達人不能欺
明隨州知州　劉斯原性長厚散遣鈴下戢胥不擾
明隨州同知　黃靜存四明世家清靜廉儉
評曰此應祀未祀名宦六十一位既經何文毅之
考評宜其入祀今應祀不祀何以風勵循良湮沒
至今亦大缺典也茲從仍不容再緩是在當事者
之舉行矣

今文考應祀未祀名宦六位姓名列後

明隨州知州　王國寧剛方正直身居外治不愧朝貴愛士恤民嚴箴規違范直庭清訟斷役靜國關門餘清風文極與以過也

明隨州判官　梁文耀勤苦安職清介操持一衣一冠數年不易敵衆壓城載土冊舟於公尤信

明隨州知州　王燾莊李郎遇時艱禦患自安天數矢志靡他協心固守勢窮城陷死正衣冠節義凜凜一時士民赴義同死千有餘人雖隨之士庶素

存忠義實我公之節義有以導之

明隨州知州　徐世淳蹈道講學捐生徇義

明隨州學正　詹濤汪汪千頃霽月清波凜凜一毡疾風勁節

明隨州判官　余蕃任事僅一日而孤僻無援浩氣雄千軍而從容就義

評曰日久論定之說求其真也但六公之心矯矯乎日月爭光六公之行凜凜乎冰霜其緊匹夫匹婦共耳共目而祀典缺焉與情未饜也敢則[illegible]

以待

旌揚

再考循良善政開列於左

明隨州知州　李宸詔以文章標著而後學擧宗以愷悌滂流而祀蚩咸戴

明隨州知州　黃朝選優於政治明於科條片言折而奸頑讋魂越訴禦患而善良帖席

明隨州知州　陳昌謨愛士重民善政將敷惜乎奄逝後奚不繼

國朝隨州知州　李[illegible]爲雷殘遺痛瘠學宮茂草勤恤撫字嘉意斯文士民立碑頌德

國朝隨州知州　相[illegible]有慶興學起衰惠刻剔弊立造有條而流奸斂跡[illegible]禦不畏而上役戢紛

國朝隨州知州　程[illegible]久光培學校以興教化建書院以課人文差無偏[illegible]裕驛困是息官自徼辭里役得蘇力剔政弊堅勵[illegible]介操離任之日痛哭者遮境內焉

國朝隨州學正　程[illegible]允達靜敬訓士琴鶴清操

國朝隨州知州　劉〔名〕世濰事果毅催科內有撫字
力革陋習整肅中見陽和惜乎早謝未竟所施
國朝隨州知州　李〔名〕典政尚寬和志切民瘼理西山
軍需焦苦中夜發〔憤〕欲自有其身
國朝隨州學正　張之柱才爲潁川頹風立振教弛
獎勵末學景瞻
國朝隨州判官　左〔名〕恩詔來雲其操守毋其德廉靜
是風也順治十八年郡大饑自具印結貸積穀三
十石賑之郡賴以蘇

右諸公著績龔黃理應不朽嗣郎不肖覆蹈棲其
末方惴惴惧得罪於地方兆姓而清夫一事緑國
愛民天恩并澍老幼滋忭今日夜思所以善其後
者庶黔黎不我咎

本州官
知州一員
州同一員　久裁
州判一員
巡檢四員

[illegible]以上各員俸薪并裁減除[illegible]
下
附載員
稅課局
　倉大使一員　久裁
陰陽學
　典術一員
醫學
　典科一員

僧正司
　僧正一員
道正司
　道正一員

列代紀官
漢隨縣宰　侯霸
晉隨郡內史　[illegible]蟾
南宋隨郡太守　柳元景　元嘉二十三年
南宋隨郡太守　宗慤　元嘉二十五年

南宋隨郡太守　王寛　景和元年
南齊隨郡太守　崔士招
梁隨刺史　蔡道恭　天監元年
梁隨郡太守　杜和　太清二年
魏隨刺史　黄道王　大統十六年
北周隨刺史　韋耀　武成元年
北周隨刺史　黄甫璠　建德三年
北周隨刺史　庫狄士文　建德六年
隋隨郡刺史　辛彥之　開皇十八年

唐隨州刺史　李繁　元和三年
唐隨州刺史　周巢　元和間
唐隨州刺史　李程
唐隨州刺史　劉長卿
唐隨州刺史　李惠登
唐隨節度使兼唐鄧二州　李愬　元和十二年
唐隨州刺史　令狐緒　大中間
唐隨州縣令　李去感　乾符四年
廣東通志曰唐世有李道古劉崇術楊濯[illegible]

續歷隨刺史王鉞為隨司馬李寂為隨錄事參
軍裴思進為隨令
五代晉隨州刺史　陳思讓
五代漢隨州刺史　王祚
五代漢隨州刺史　董宗本
宋崇義軍節度使　王全斌　乾德五年
宋崇信軍節度使　石守信　興國四年
宋崇信軍節度使　李倖　雍熙四年
宋崇信軍節度司馬　趙昌言　端拱元年

宋崇信軍節度使　王顯　淳化二年
宋知隨州　楊覃　景德元年
宋崇信軍節度使　王超　景德二年
宋知隨州　魏瓘
宋知隨州　狄棐
宋知隨州　楊畋
宋隨州推官　歐陽曄　祥符三年
宋知隨州　曹利用　天聖五年移
宋崇信軍節度使　[illegible]惟賢　寶元二年[illegible]

宋知隨州　王德用　寶元二年
宋崇信軍節度使　尹洙　慶曆二年
宋知隨州　李孝基　慶曆三年
宋隨州觀察使　馬懷德　嘉祐七年
宋知隨州　劉夔
宋知隨州　沈括　元豐五年謫
宋知隨州　邢恕　元祐元年
宋知隨州　胡宗回　紹聖元年
宋知隨州　呂大防　紹聖二年奪學士

知隨與鑑不合
宋知隨州　范純仁　紹聖四年忤章惇謫之
知隨鑑作二年不合
宋崇信軍節度使　韓維　紹聖四年坐元祐黨謫
宋崇信軍節度使　世雄　元符三年
宋知隨州　張商英　建中元年
宋隨州刺史　李禹卿
宋知隨州　向綜

宋僉書崇信軍節度判官廳事　謝景平
宋隨州判官　盛陶
宋隨縣簿　富元衡
宋知隨州　樓异
宋知隨州　何盉
宋崇信軍節度使　韓忠彥　崇寧元年謫
宋知隨州　王俁　崇寧元年
宋知隨州　馮　崇寧三年
宋知隨州　崔　政和元年

宋崇信軍節度使　張商英　政和元年
宋知隨州　宋昭年　政和三年
宋隨州判官　李綬　政和三年
宋知隨州　向　政和五年
宋隨州觀察使　朱勔　宣和七年
宋知隨州　袁灼　靖康二年
宋副都統制兼知隨州　李道　建炎元年
宋崇信軍節度使　岳飛　紹興五年
宋崇信軍節度使　張浚　紹興十一年

宋知隨州　田孝孫　紹興二十六年

宋知隨州　趙方　慶元四年

宋知隨州　吳秉勝　嘉定元年

宋知隨州　趙彥衛

宋知隨州　張篦壽　紹定三年

宋隨州守　王旻　端平元年

元隨州守　林輿祖　至正四年

以上由漢迄元歷任仕宦中多缺畧或年歲莫紀或名籍失傳今約畧考載於前自明至我

國朝職官表刻於後

明	知州從五品	州同知從六品	州判官從七品	吏目從九品	巡檢從九品
洪武元年	白圭	張遜	蔣昌		賈雲 [illegible]
二年					
三年	閔傳 是年改州為縣是為知縣	鄭士欽		劉帶 唐縣鎮	
四年					
五年					
六年					
七年					
八年					
九年					
十年					
十一年					
十二年					
十三年	劉率右 是年復縣為州仍為知州	彭彥彰		李埜 [illegible]縣鎮	

明	知州	州同知	州判官	吏目	巡檢
十四年					
十五年					
十六年					
十七年					
十八年				楊李榮	
十九年					

二十一年　二十二年　二十三年　二十四年　二十五年　二十六年　二十七年　二十八年　二

張斯輝　裴　成

徐可峯　許貞

隨州志　卷三

十九年　三十年　三十一年　建文元年　二年　三年　四年　永樂元年　二年　三年　四年　五年　六年　七年

杜智　楊思　姚宗顯　顧宣　趙

顧宣

隨州志　卷三

胡儼　雷式　李政

金忠　李茂

羅處宣

董惟

陳華

[illegible]年	
十年	
十一年	
十二年	蔡亨
十三年	
十四年	趙祺
十五年	
十六年	
十七年	韋忠
十八年	姚遷
十九年	
二十年	伸瑞　武襄

二十一年	
二十二年	蔡茂　朱璘
洪熙元年	
宣德元年	蕭孟爵
二年	曹希
三年	
四年	
五年	
六年	高昇
七年	
八年	楊起村
九年	
十年	
正統	

元年
二年
三年 官英
四年 袁元龄 [illegible]
五年 郭盛
六年 宗亨
七年 尤忠
八年
九年 梁道昂

十年
十一年
十二年
十三年
十四年
景泰元年 杜庸 瞿榮

二年
三年
四年 吕鉦
五年
六年 程亨
七年
天順元年
二年

三年
四年
五年 何建
六年 唐福 侯邦
七年
八年
成化元年 李清
二年

三年
四年　呂倫　見祀名宦
五年
六年
七年
八年
九年　孫盛
十年　劉滔　唐縣鎮
巡理　梅垣鎮
十一年　王珫

十二年
十三年　伍希閔　曾修隨志
十四年　劉蒨
盧倫　唐縣鎮
巡檢　梅垣鎮
十五年
十六年
十七年

十八年
十九年
二十年
二十一年
二十二年

二十三年
弘治元年　孫璋
二年
三年
四年　楊憲
榮異　由監察御史謫任
五年
六年

七年 蔡果 由本州州判陞坐

八年

九年 李克嗣 王冑 馬德良

十年 吳綠 由工部主事謫任

十一年

十二年

十三年

隨州志　卷三　[illegible]　歷

十四年 胡晃 盧顒

十五年 史經

十六年 徐經

十七年

十八年

正德元年

[illegible]

八年

九年

十年 張延壽

隨州志　卷三　[illegible]　忠

十一年 王淹

十二年 李韶臣

十三年 盛槃進士 張昴

十四年

十五年

十六年

十七年

元年
二年　魏修　沈寵
三年　金述
四年　姚欽
五年　沈淡
六年
七年　楊瑞　由監察御史謫任
八年　車霖　趙昂

隨州志　卷三

九年
十年　孫忠濟
十一年　林堅　春來任陞　丁内艱去
范欽　進士冬十一月來任
十二年
十三年
十四年
十五年
十六年
十七年　[illegible]　曹逵　由監察御史謫任

二十六年
二十七年
二十八年
二十九年
三十年

隨州志　卷三

三十一年
三十二年　閻在邦　羅天敘
三十三年
三十四年
三十[illegible]

六年 二十七年 二十八年 二九年二十年 三十一年 三十二年 三十三年 三十四年 三十

隨州志 卷三

閻在邦

羅天叙

五年 三十六年 三十七年 三十八年 三十九年 四十年 四十一年 四十二年 四十三年 四

張東熙

隨州志 卷三

呂應精

年

四十五年

隆慶元年

二年

周行

三年

四年

五年

六年

萬曆元年

二年

三年

四年

林梓

五年

六年

七年

八年

九年

十年

十一年

方揚

十二年

十三年

十四年

隨州志　卷三

十五年

十六年

馬騰雲

十七年

十八年

十九年

二十年

祝以豳

二

十一年

二十二年　李大護

二十三年

二十四年

二十五年

隨州志　卷三　忠

二十六年　劉斯原

二十七年

二十八年

二十九年　左世魁

三

年　黃靜存

三十一年

三十二年

三十三年　王佩璽

三十四年

隨州志　卷三　風

三十五年　戴九偕

三十六年　鈕崇夔

四十年　傅仁
四十一年　楚士顏
四十二年
四十三年　晉承命　林喬松
四十四年
隨州志　卷三　八八　忠
四十五年
四十六年
四十七年　王國寧舉人　歐陽偉
四十八年

即泰昌之元年　汪增
天啓元年　汪起贲以應城縣知縣篆署　張笄
二年　李宸詔舉人　鄒希孟　段輔
三年
四年　吳惟誠以本府戎府來署
五年　王文耀
六年　黃朝選舉人　後裁訖　周懋夔　薛二如
七年
隨州志　卷三　八九　思
崇禎元年
二年　陳昌謨舉人　徐文達
三年
四年　王國治舉人以本府戎府來署見祀名宦　吳
五年　涂世延舉人
六年　梁文權　駱有義
七年
八年　王國藩

九年 王熹舉人

十年 張有龍 耽 韓德聖

十一年

十二年 徐世淳

十三年

十四年 余嵩

十五年 盛世才舉人

隨州志 卷三 九十

十六年

十七年

國朝知州 從五品　州判 從七品　吏目 從九品　巡檢 從九品

順治元年 游昌明當陽生員

二年 英王考授四月來任旋罷

三年 李鴻霄山東舉人　趙耀湖廣縣貢士　李時偉

國朝 李知州陞順德府同知去　趙州判陞孝感縣知縣去　李吏龍　韓

五年 王啓昌河南歲貢

六年 王知州罷　曲□河南貢生

七年 陸萬輝山西歲貢以安慶府同知來署

八年 胡希夏山東進士

九年 曲州判陞四川龍安府推官去　席高賢河南貢士

十年 胡知州舉卓異陞

十一年 提刑部主事升去　范燦出山鎮　金弘初梅坵鎮

十一年 程文光遼東貢士　陳世鑑

隨州志 卷三 卆

十二年 程知州罷　唐州判陞漳州府經歷去　王毓楠盛京進士　宋士康唐縣鎮

十三年 王國柄本州判官署

十四年 陳秉化遼東貢士　王州判陞長子縣知縣去

十五年 張我興　張鳳奇梅坵鎮　周維屏出山鎮

十六年

十七年 陳知州陞濟安府知府去　左思翰盛京監貢　何元吉合河店

馮鳴吉四川舉人　以應城縣知縣來署旋去

十八年 姚希孟　陳吏目陞襄陽府　張斌唐縣鎮

[illegible]以本府通判[illegible]

[illegible]劉名世歲貢京[illegible]

元年[illegible]

二年劉知州調用去任

李楚四川縣人

三年李知州告休致

四年劉[illegible]直隸進士

本州學官

學正一員

訓導二員　久裁一員　今裁一員

以上各員俸薪并裁減除荒載在賦役存留項下

附弟子員

廩膳生員三十名

增廣生員三十名

附學生員　無拘

歷代紀官

宋隨州教授　方圓

明隨州學正　李均　洪武十三年

明隨州學正　章岳　洪武　年

明隨州學正　陳儀　宣德元年

明隨州學正　張謐　宣德十年

明隨州學正　劉江　正統四年

明隨州學正　姚俊　正統九年

明隨州訓導　吳俊　景泰元年

明隨州學正　黄　澗　景泰元年
明隨州訓導　王　壇　天順元年
明隨州訓導　步　讓　天順四年
明隨州訓導　潘允銘　天順五年
明隨州訓導　周遵典　天順五年
明隨州學正　賈　恭　天順八年
明隨州訓導　康宗誨　成化五年
明隨州訓導　徐　行　成化五年
明隨州學正　藍　昌　成化七年

明隨州訓導　易　魁　成化八年
明隨州訓導　梁　傑　成化九年
明隨州訓導　梁　琦　成化十一年
明隨州訓導　李　珏　失紀
明隨州訓導　李　贇　失紀
明隨州訓導　廖　逵　失紀
明隨州訓導　朱　豫　失紀
明隨州訓導　洪　吉　失紀
明隨州學正　蘇　韶　弘治十年

明隨州學正　章　晟　弘治　年
明隨州訓導　王　璽　弘治十五年
明隨州訓導　李阮義　弘治十五年
明隨州訓導　吳　紳　弘治　年
明隨州訓導　胡　誠　弘治　年
明隨州訓導　徐　瑛　弘治　年
明隨州訓導　黄　凱　弘治　年
明隨州訓導　陳　善　正德四年
明隨州訓導　黄　甲　正德六年

明隨州訓導　陳　瑞　正德九年
明隨州訓導　陳　清　正德九年
明隨州學正　陳天祥　正德十年
明隨州學正　王　梁　正德十二年
明隨州訓導　羅　鵷　正德十五年
明隨州訓導　鄒　陽　嘉靖二年
明隨州訓導　劉　鉦　嘉靖三年
明隨州學正　李　衙　嘉靖四年
明隨州訓導　張　泰　嘉靖四年

明隨州訓導　王勳　嘉靖九年

明隨州學正　鄭仲舉　嘉靖十七年

明隨州學正　王可行　嘉靖十四年

明隨州訓導　周隆盛　嘉靖十四年

明隨州學正　沈廷獻　萬曆三十二年

明隨州學正　易之會　萬曆三十八年

明隨州學正　謝廷諫　萬曆四十二年

明隨州學正　余子翼　萬曆四十五年

明隨州訓導　李　萬曆四十六年

明隨州學正　潘　天啓二年

明隨州訓導　柴一貞　天啓二年

明隨州學正　蘇萬民　天啓五年

明隨州訓導　周鳴世　天啓五年

明隨州學正　胡思學　天啓七年

明隨州訓導　馮端士　崇禎元年

明隨州學正　劉　華　崇禎二年

明隨州訓導　任登喬　崇禎二年

明隨州學正　胥士漢　崇禎四年

明隨州訓導　錄世家　崇禎五年

明隨州學正　鄧之逵　崇禎十一年

明隨州訓導　劉　耀　崇禎八年

明隨州訓導　李　崇禎十年

明隨州學正　詹　濤　崇禎十三年

國朝學正　訓導

順治元年

二年

三年

四年　張廷芳　應城縣舉人會試去後庚巳亥科進士

五年

六年　程光達　景陵縣舉人陞國子監助教去

七年

八年

九年

十年　黃裒　遠安縣歲貢陞南京主簿去

十一

二年 鄭國棟 興國州歲貢
十三年 周敦修 當陽縣歲貢陞盛京縣丞去
十四年
十五年
十六年 張之桂 黃岡縣舉人
十七年 王暢 黃岡貢士陞棗強縣知縣去

十八年
康熙元年 朱安世 荊州貢士以 奉裁去
二年
三年
四年
五年 王岱 湘潭縣舉人

吏役

本州正堂
六房司吏典吏 共九名
承發房典吏 一名
架閣庫典吏 一名
舖掌司司吏 一名
庫書 一名
倉書 一名
門子 二名
禁子 八名

皂隸 十六名
民壯 五十名
馬快 八名
轎傘扇夫 七名
排夫 八十名
斗級 四名
糧衙
書手 一名
皂隸 六名

門子　一名

鋪司傘夫　二名

[illegible]司

書手　一名

皂隸　四名

門子　一名

馬夫　一名

四鎮巡檢司

書手　共四名

皂隸　共八名

弓兵　共九十六名

憲司

門子　一名

分司

門子　一名

公館

門子　一名

總巡鋪一十四處

鋪司兵　共五十名

本州儒學

學書　一名

齋夫　六名

門斗　五名

膳夫　三名

以上各役工食并裁減除荒載在賦役存留條

下

戍員

宋

隨州鎮撫　陳求道

元

副萬戶　龔拔思　守隨并穎諸郡

隨州鎮撫　高鬧兒

明

鎮撫一員
百戶一員

鎮撫一員　張成　原係安陸衛前所鎮撫洪武

元年調撥本州守禦故子景襲

張景　洪武十四年襲職永樂二年

陞南京興武衛鎮撫去　後補鎮撫

百戶一員　鄭才　原係安陸衛百戶洪武元年調撥本州洪武十一年陞四川城都衛指揮僉事百戶倪義代補

倪義　洪武十一年調除本州洪武二十九年陞黄州衛指揮僉事百戶張勝代補

張勝　洪武二十九年調除本州永樂八年征進交趾故子與襲

張與　永樂十五年襲宣德元年故

子輔襲

張輔　宣德五年襲天順三年故子瑄襲

張瑄　天順四年襲

中央紀

張士維

百戶一員　王彪　原係安陸衛百戶洪武元年調撥本州守禦洪武十四年老疾子德襲

王德　洪武十四年襲洪武二十六年爲事朱真代補

朱真　洪武二十六年除安陸衛百戶就補隨州建文四年致仕子貴襲

朱貴　建文四年襲

朱帯　永樂十八年襲

朱昱　正統四年襲

朱鉉　天順六年襲

中央紀

朱蕃

遊擊　田　崇禎八年奉委來鎮

叅將　馮之藻　崇禎十年奉委來鎮

守備　王拱北　崇禎七年奉委來鎮

守備　王用予　崇禎十三年奉委來鎮

守備　黄章家　崇禎十四年奉委來鎮

隨州志卷之三終

隨州志卷之四

進士　知隨州州事高陽劉彬　督修

署學正事湘潭王儒　校訂

郡庠生何存古　何澄　何泰崇　纂輯

科目志

隨創之初用人不次承平以後非選舉不達豈初則畧而後則詳哉蓋時當倉卒應會者步得躐試用及至晏安羣材畢萃非限以科目則不可勝用矣故曰時使然也歷代制科不同人才固無優劣耳不然大聲上者夫豈難事絕梁何必叔高聖醫何必王燮哉志科目

進士　舉人　貢士

隨之進士舉貢代有其人而科目之或盛或衰髒秩之或卑或崇其叨國榮則一也至或以辟舉或以封廕更不可以常格論

進士

寧寅　中永樂間進士為監察御史遷交趾按察使歷江西按察使

楊昌　中永樂間進士為行人臨川知縣

宗燮　文之子中成化二十一年進士為建德知縣選監察御史

李中　中正德九年進士為刑部主事歷廣東副使四川參政

趙木　中正德十二年進士為許州知州改調亳州

宗良臣　燮之子中正德十六年進士觀政卒

陳良策　中嘉靖二年進士為戶部主事員外郎郎中袁州知府

陳之良　中嘉靖二年進士為工部主事刑部員外郎郎中

傅鳳翔　中嘉靖二年進士上蔡知縣選監察御史諸徽州推官復監察御史

陳之楠　中嘉靖八年進士兵部觀政卒

尹儒　中嘉靖三十八年進士

何宗彥　中萬曆二十三年進士初授庶吉士歷編修由允庶子轉正詹事掌院教習由禮部

右侍郎入東閣加太子太保進文淵閣又加少傅改戶部進武英殿又加少傅改吏部進建極殿卒贈太傅謚文毅　有傳載藝文

虞正縉　中萬曆三十二年進士爲河南開封府推官補四川成都府推官

程鐸　中崇禎元年進士授廣東惠州府推官卒於任

田見龍　中崇禎元年進士授秀水知縣補泰興知縣陞戶部主事

舉人

陳壽　中洪武二十九年鄉試官戶部主事累陞工部侍郎謚襄敏

徐世祿　中洪武二十九年鄉試爲東安知縣

吳中　中洪武三十二年鄉試爲監察御史

童寅　中永樂間鄉試

金聲　中永樂間鄉試爲瀘州教諭

龔敬　中永樂間鄉試官成都知府

祈昌　中永樂間鄉試

儲遜　中永樂間鄉試爲王府伴讀

黃潮貴　中永樂間鄉試爲潮州知府

蔣寶　中永樂間鄉試爲鴻臚序班

彭讓　中永樂間鄉試爲四川都司斷事

李文　中永樂九年鄉試爲雲南都司經歷

魏化　中永樂九年鄉試爲廣西都司經歷

楊璡　中永樂十五年鄉試爲陳留知縣

李慶　中永樂十八年鄉試爲阿彌同知

孫耕　中永樂十八年鄉試爲荔浦知縣

楊守貞　中永樂二十一年鄉試爲巫縣知縣

張斌　中永樂二十一年鄉試爲榮昌知縣

程諒　中永樂二十一年鄉試爲按察司經歷

章文清　中永樂二十一年鄉試未仕

吳旻　中正統六年鄉試爲巴縣教諭

鮑整　中正統九年鄉試爲陝西咸寧縣教諭

童壽　寅之子中景泰元年鄉試未仕

章貞　文清之子中景泰元年鄉試爲通江教諭

楊名　中景泰四年鄉試爲息縣教諭

楊　亨　中景泰四年鄉試爲雙流訓導
宗　文　中景泰七年鄉試爲湖西教諭以子甃
貴贈監察御史
黃　爵　貞之子中成化七年鄉試第二爲惠州
同知
宗　甃　中成化十三年鄉試
章　晃　爵之弟中成化十三年鄉試爲師宗州知州
陳　川　中成化十六年鄉試爲楊州訓導
戴　弁　中弘治二年鄉試

李　中　中正德二年鄉試第一
顏　本　中正德三年鄉試
唐　鳳　中正德五年鄉試
向光振　中正德十一年鄉試
梁惟名　中嘉靖年鄉試早卒未仕
葉　卿　中嘉靖十年鄉試未仕
蕭　音　中嘉靖十三年鄉試未仕
章　杜　爵之子中嘉靖十三年鄉試
[illegible]　中[illegible]十[illegible]年[illegible]未仕

[illegible]　中隆慶元年鄉試爲大足縣知縣陞[illegible]
部主事
何宗彥　中萬曆十三年鄉試
楊允達　中萬曆十三年鄉試任漢中府推官
何宗聖　宗彥胞弟號八柱中萬曆十九年鄉試
癸丑除授永安縣令滋任七載五列薦剡民
歌孔邇建祠奉祀己未擢工部營繕司主事
監督三殿公務省工費以億萬計陞太僕
少卿丙寅陞太常正卿戊辰陞工部右侍郎

考滿蔭長孫劍崇入監讀書辛未休致田籍
華　崇　中萬曆二十五年鄉試任北直永平府
廣寧同知
楊　名　由貢中順天[illegible]年鄉試[illegible]知縣
閔宗孔　中萬曆三十一年鄉試
劉延漢　中萬曆三十七年鄉試任湖口知縣行
取工部主事累陞浙江温處道
梁維杜　由貢生中萬曆四十六年北直隸鄉試
任四川定遠知縣文章政事雅重一時

熊儀　中萬曆四十六年鄉試任絳州知州
田見龍　中天啓元年鄉試
程鐸　中天啓元年鄉試
孫繼錦　中崇禎三年鄉試未仕卒
丘明準　中崇禎九年鄉試考推官未仕
本朝
何志崇　宗彥之孫中順治十一年鄉試
陳大方　中康熙二年鄉試未仕卒

貢士

閻勝先　明洪武間貢任四川道監察御史
劉華　洪武間貢任刑部主事
宮文侑　洪武間貢任禮部主事
賀斌　洪武間貢任處州府通判
黃德春　洪武間貢任汝寧知府
葉守道　洪武間貢任宣　司經歷
胡旻　洪武間貢任象州知州
尚質　洪武間貢任北流知縣
馬鑑　洪武間貢任確山教諭

熊能　永樂九年貢爲縣丞
温庸　永樂十年貢爲主簿
任安　永樂十一年貢爲主簿
王恭　永樂十三年貢爲推官
諶恒　永樂十四年貢爲知縣
諶彥清　永樂十五年貢爲知州
蔡文　永樂　年貢任經歷
詹魁　永樂十六年貢任衛知事
周琥　永樂十七年貢任鴻臚序班

鄧紀　永樂十八年貢任引禮舍人
王昌　永樂十九年貢任檢校
吳斌　永樂　年貢任序班
闞新　永樂二十一年貢未仕
王恭　正統八年貢任主簿
張源　正統九年貢任州同
張豫　正統十年貢未仕
張誠　正統十二年貢任訓導
龐文亮　正統十三年貢未仕

邵恭　正統十四年貢任訓導

李榮　景泰二年貢

賀儉　景泰三年貢

陳紹宗　景泰三年貢

曾淳　景泰四年貢

余信　景泰六年貢

許伯亨　天順元年貢

汪洪　天順三年貢

石璽　天順四年貢

黃讓　天順五年貢任引禮舍人

張郁　天順六年貢任訓導

魏高　天順七年貢任訓導

劉徹　天順八年貢任衛經歷

陳雄　永樂二十二年貢任主簿

胡政　[redacted]年貢

田冉　宣德元年貢任宣慰都事

武英　宣德二年貢任訓導

孫泰　宣德三年貢任縣丞

楊誠　宣德四年貢任縣丞

胡誠　宣德四年貢未仕

鄧嵩　宣德六年貢未仕

吳直　宣德七年貢任縣丞

張智　宣德八年貢任訓導

戴魁　宣德十年貢任衛知事

鄭恒　正統元年貢任照磨

金賢　正統二年貢任吏目

黃進　正統四年貢任經歷

余揮　正統五年貢任所吏目

吳廣　正統六年貢任縣丞

魏縉　正統七年貢任吏目

胡忠　正統八年貢任知縣

葉縉　成化二年貢任典膳

楊儀　成化三年貢任知縣

方員　成化四年貢任衛經歷

王昭　成化五年貢任監察檢校

鄭文　成化七年貢任訓導

靜俊　成化七年貢任知縣

陳文　成化八年貢未仕

羅璉　成化九年貢任主簿

陳鬲　成化十二年貢未仕

徐楠　成化十三年貢任訓導

閻英　成化十五年貢未仕

柳緒　成化十六年貢任訓導

徐袢　成化十七年貢任主簿

諶恂　成化十八年貢未仕

盧斌　成化十九年貢任汀州知事

王琦　成化十九年貢任教授

成廣　成化二十二年貢未仕

張鋭　成化二十三年貢未仕

何理　弘治元年貢未仕

梁正　弘治二年貢未仕

李貞　弘治三年貢任吏目

吳璘　弘治五年貢任康州判官

張軒　弘治九年貢未仕

諶璘　弘治九年貢任新興吏目

杜文　弘治十年貢任鄭府審理

諶禮　弘治十一年貢任雲南知事

孫緒　弘治十三年貢未任

王輅　弘治十四年貢任雲南都司經歷

官勁　弘治十五年貢任丹陽縣丞

楊一寧　弘治十七年貢任唐府審理

陳福　弘治十八年貢任遼府教授

陳儼　正德元年貢任滄州訓導

傅擇　正德[illegible]年貢任潁州同知

程麟　正德四年貢未仕

陳偉　正德五年貢未仕

張敦　正德六年貢未仕

鄧蘭　正德八年貢任洪雅知縣

黃珂　正德九年貢未仕

章琮　正德十一年貢任休寧縣丞

楊伯相　正德十二年貢未仕

劉思誠　正德十三年貢任鄧州判官

張　肇　正德十五貢任楚雄通判
張　範　正德十六年貢任大明通判
趙　[illegible]　嘉靖元年貢未仕
萬　[illegible]　嘉靖元年貢任𦾨蓮知縣
王　觀　嘉靖三年貢任四川鹽課提舉
張　壁　嘉靖五年貢任甘肅經歷
詹　鵬　嘉靖六年貢未仕
劉　玉　嘉靖七年貢未仕
黄　杲　嘉靖九年貢未仕

賀希賢　嘉靖十年貢未仕
黄　璦　嘉靖十一年貢未仕
范本裕　嘉靖十一年貢任潤州訓導
何　揖　嘉靖十二年貢未仕
劉　相　嘉靖十三年貢未仕
向光裕　嘉靖十三年貢未仕
陳之維　嘉靖十四年貢未仕
余得祿　嘉靖十六年貢未仕
劉光裕　嘉靖十七年貢未仕

自嘉靖十七年後至萬曆四十年
陳　全　[redacted]年貢[redacted]
戈　俊　[redacted]年貢[redacted]
王用行　[redacted]年貢[redacted]
羅　奇　嘉靖二十年貢任廣東瓊州府文昌縣知縣
陳得芳　[redacted]年貢任陶州知州
楊　名　[redacted]年貢後中京舉
劉宗周　[redacted]年貢任江西南康府通判
陳　倫　[redacted]年貢任縣丞德芳之子

梁維柱　[redacted]年貢後中京舉
劉懷漢　萬曆四十一年貢
熊　偉　[redacted]年歲貢任彬州知州
劉光漢　萬曆四十五年貢任江西長寧知縣
石鎮國　萬曆四十六年貢
劉紹漢　萬曆四十七年貢任浙江餘杭知縣
汪應選　泰昌元年貢
王介德　泰昌元年恩貢任祁縣縣丞陞陝西咸
寧知縣

石應吉　天啓元年貢任蒲圻訓導
馮大鈞　天啓元年恩貢任四川營山知縣
張士進　天啓二年貢初任鳳陽府通判河南
彰德府同知
萬民望　天啓[redacted]年貢[redacted]教諭
于玉爾　天啓三年貢未仕
江如皋　天啓四年貢任劉陽教諭
張士選　天啓五年貢任淮陽知縣陞廣西貞安
州知州

陳于朝　天啓六年貢任松江府通判倫之子
董三省　崇禎元年貢未仕
熊兆祥　崇禎元年恩貢任[redacted]經歷
梁敦樸　崇禎五年貢任[redacted]訓導
呂相爾　崇禎六年貢未仕
嚴士詔　崇禎七年貢任廣東新安訓導陞東安知縣
何立崇　崇禎八年貢未仕卒
徐于蛟　崇禎九年貢未仕
吳印忠　崇禎九年恩貢未仕

吳鑑書　崇禎十年貢未仕
陳奇抱　崇禎十一年貢不仕隱居
梁凝棋　維楨之子崇禎十三年貢任益陽縣教諭
范　捷　崇禎十四年貢未仕
李　達　崇禎十五年貢任藍山縣訓導
萬屺思　士奇子隨任應流寓考入長沙府庠崇
禎十六年應留寓選貢順治八年授廣東新
興訓導
何操敬　流寓貢授誠靖藩隨征廣東授廣東廣

州府學教順治十三年署儋州知州事　事
見聞籍文

本朝

李郁中　順治三年貢未仕
喻　佩　順治四年貢未仕
馮嗣京　順治五年貢任鍾祥訓導陞新鄭知縣
興斅于郢中布澤于新鄭士民多德之
梁肯魚　順治五年恩貢今任漢中府通判
喻震生　義之子順治六年貢任湘鄉訓導今[illegible]

休寧縣丞少負英才青毡非見奇之區百里

豈入賢之路

李先春　順治六年恩貢考候推官未仕

鄒啓明　順治七年貢　教諭

朱維新　順治八年貢未仕

龔庚斯　順治[redacted]年貢任漢陽教授陞巢縣知縣

靳龍顏　順治十年貢任瀏陽訓導陞宜都教諭

虞之璉　順治十一年貢任南彰訓導

魏邦傑　順治十二年恩貢任麗江府通判

任先明　順治十三年貢任桃源縣訓導

艾一精　順治十六年貢任永定衛訓導

萬士彥　順治十七年貢

靳天顏　順治十八年貢

馮士淑　順治十八年貢

楊體恒　康熙元年貢名之子

梁中極　康熙三年貢

例貢

周宗文

黃朝俊　考授州同

何操約　考授布政司經歷

監生　附吏員

卜式以貲選而兹鄉賦蕭何以椽吏而封酇侯是人材固不可以資格定而朝廷之用人亦不僅以資格拘也粤自唐宋以來莫不開納粟一途以廣攬遺才凡可以展驥足者皆使之不滯于康衢而効力于盛世猶之夫王振金聲而外復雜以柷圉笙鏞共成雅奏也雖其處以散員然寵膺一命之

榮顧自無殊耳

王右文　任睢州州判

張德亨　考中城兵馬未仕

何敦起　考光祿典簿未仕

王之楷　任南京通州州判

蕭鳳翔　任江南府判

何敦廸　[redacted]

敖夢龍　[redacted]

陳可任　[redacted]

張鋐 [redacted]

張泉華 任貴州思南府經歷

張[redacted] [redacted]

熊雲霖 [redacted]

盧光聲 [redacted]

陳同佐 [redacted]

王日然 [redacted]

後愈奇 [redacted]

熊僑 任北直宛平縣典史

呂於濱 [redacted]

陳[redacted] [redacted]

熊雲斐 [redacted]

梁肯輪 [redacted]

何士達 崇禎六年隨河南湯總鎮勦賊叙授都

司

吏員

周恭 任浙江處州府縉雲縣縣丞

黄郁 任江南太平府當塗縣典史

胡翀 任山東東昌府夏津縣主簿

孫賢 任江西吉安府廬陵縣典史

張熙 任貴州宣慰司黄沙渡巡檢

黄鑑 任四川劍州江油縣西平驛驛丞

詹安 任江南寧國府大使

馬緒 任四川叙州府照磨

何孟澄 任雲南黑鹽井巡檢

何護 任和陽衛經歷

戴彦和 任廣東驛丞

萬信 任貴州金雞驛驛丞

王能 任廣西縣丞

金成 任山西平陽府曲沃縣侯馬驛大使

陳顯 任四川重慶府合州銅梁縣典史

温有量 任四川驛丞

劉明化 任四川典史

梁潤宇 任河南典史

厲[redacted] 任北京典史

卓有登 任廣東潮州府會寧縣典史

靳　桂　考主簿未任

何國選　考主簿未任

萬　選　任江南稅課司

梁[redacted]　任北京後衛經歷

張定亨　考縣丞未任

彭大齡　任漢中府經歷陞江西上高縣尉

張一剛　任河南縣丞

朱　恩　任四川典史

王[redacted]　任南京倉大使

魏朝卿　任水洋鎮巡檢

梁之屏　任山西進樂[redacted]史

吳應韶　任民安驛驛丞

廖應奎　任常德府倉大使

王士倌　任黃州府倉大使

分封　附封贈恩蔭

王者不以天下已私於是有封建此剪桐錫爵則王分方所由肇也而爲昭爲大夫者或世其官采世其祿此典之隆於成周者後世亦相歸不廢[illegible]今之分封即封建之遺意歟然自分封而外以身受之爵秩上及祖父則曰封曰贈以身受之爵秩下逮子孫則曰恩曰蔭俱見大君延功之典云

南北朝周

楊　忠　弘農華陰人仕魏及周武成元年封隨公而食隨土

楊　堅　忠之子先是以小宮伯守隨天和三年七月忠薨襲封公爵後滅陳自立國號隋是爲文帝

宋

向宗回　大觀三年封隨郡王

明

明　昇　隨州人先是父玉珍世業農身長八尺目有重瞳值元亂師鄉人自保保青山栗檣爲長徐壽輝招爲元帥鎮沔陽至正十四年秋沔陽水民乏食玉珍駕斗船至夔歙蠻縣之回重慶行省右丞完者都招合刺爲承州楊漢以義兵五千徙完者都圖其衆殺之刺

怒順流而歸遇玉珍慫之玉珍從萬戶戴壽之言分糧之半還沔以其半攻重慶兵至完者都遁父老迎之入安堵如故乃械送哲林禿於壽輝因陳友諒殺壽輝而自立玉珍曰友諒倪文俊同臣於徐今弑其主當討之遂令莫仁壽守夔關不復與通且祠壽輝於城南而自立為隴蜀王後從劉楨之議而即帝位於重慶國號大夏癸卯至正二十三年夏天統元年丙午至正二十六年三月玉珍卒子昇立後明洪武時降于軍門封歸命侯

封贈

何志剛　以子讓貴封經歷

宗文　都昌縣教諭以子夔貴贈監察御史

何瓌　以曾孫宗彥貴贈少傅兼太子太傅戶部尚書武英殿大學士

何鎬　以孫宗彥貴贈少傅兼太子太傅戶部尚書武英殿大學士

何鈺　以嗣孫宗彥貴贈少傅兼太子太傅戶部尚書武英殿大學士

何其大　以子宗彥貴贈少傅兼太子太傅戶部尚書武英殿大學士

本身贈

宋

宋綬　以參知政事兵部尚書贈司徒兼侍郎謚宣獻

宋敏求　以龍圖閣直學士贈禮部侍郎

劉逵　以醴泉觀使贈光祿大夫

孟珙　以京湖制置大使累贈太師追封吉國公謚忠襄

邊居誼　以京湖制置帳前都統贈利州觀察使

明

陳壽　以工部侍郎贈本部尚書謚襄敏

何宗彥　以少傅兼太子太師吏部尚書建極殿大學士卒於天啓四年贈少傅謚文毅諭祭諭葬十次應山縣馬坪港題著守祠生員何

學崇人隨州學選著府學生員何振崇入廕
山縣學
恩廕
明
陳璣　以父壽贈受廕後由徵聘任至總督倉
場戶部左侍郎　詳見辟舉
何敦伯　以父文毅於萬曆四十六年任禮部右
侍郎管尚書事考滿受廕初授上林苑署丞
陞中軍都督府都事轉中軍都督府經歷歷

隨州志　卷四　二十五　信

工部營繕司主事至本司郎中加二級
何敦仲　以父文毅於萬曆四十八年即泰昌之
元年恢十八相受廕初任後軍都督府都事
陞刑部雲南司主事歷本司員外陞廣南府
知府
何敦叔　以父文毅於天啓元年奉覃恩受廕歷
任南京工部都水司郎中陞雲南鶴慶知府
何敦季　以父文毅於天啓元年奉覃恩[illegible]
任南左軍都督府[illegible]

清鈊關鈔臨清倉儲遼流寇陷寧充倡義恢
復暫署東兗道事旋丁艱憂流寓江南乙酉
授誠起復授福建分巡彰南僉事陞分守福
寧參議兼副使管巡海道事順治十一年四
籍
何迎崇　以祖文毅於天啓二年奉覃恩受廕初
授南右軍都督府都事陞南刑部河南司主
事陞本部四川司郎中歷廣西梧州知府奉
何體崇　以祖文毅於天啓年奉覃恩受廕仕未

隨州志　卷四　二十六　信

何品崇　以祖文毅於天啓三年奉覃恩受廕仕
至廣東肇慶府知府
何志崇　以祖文毅於天啓四年贈太傅受廕奉
旨與做中書舍人未就中
本朝甲午科鄉試
辟舉
王鏞　明洪武元年以人材授鎮江通判歷陞
戶部侍郎
賀子亨　洪武間以通經秀才授本府教授歷陞

廣西慶遠知府

沈伸義　由人材任福建南平縣西芹稅課局大

使

張信　由人材任[illegible]南撫州府吳縣典史

張伯達　由人材任浙江衢州府大使

陳琦　由徵聘於洪熙年間取授刑科給事中

歷陞戶部左侍郎

武科附武職

國朝文武並重其於武闈先以策論次以騎射天下

士爭自磨礪以赴一時風雲之會而隨之應運而

起者亦踵相接也

進士

何其憲　中順治十五年進士

舉人

張國與　中明崇禎九年鄉試官黄州副總兵

任先榮　中順治十一年鄉試今任涿鹿衛守備

何其憲　中順治十四年鄉試

武職

石鏜　明會盤村人任通州衛指揮同知

王貴　明黄連村人任成都衛指揮

李勳　明會盤村人任南京興武衛千戶

車正　明金錢村人任濟州衛千戶

于昱　明平港村人任南京金吾前衛千戶

王亨　明平港村人任北京金吾左衛千戶

鮑英　明落湖村人任九溪所千戶

賀敏　明落湖村人由武昌衛前所千戶

張觀　明梅埡村人任南京興武衛鎮撫

劉清　明銅鉢村人任在京隨駕百戶

羅應奎　本州青螺坪人授

國朝鑲白旗阿思哈哈番

藝文志

七畧四部書爲大觀藝文叢隆於漢唐歟賈輔於

上谷置萬卷樓廣收載籍徵名儒執經講論其中

隨稱盛事彼不以方州陋者也若夫黑子之隨人

文蓋寡著述缺畧蒐採益艱所存殘編斷簡一歌

一詠聊備輶軒而已豈如云爾哉然裒而釋之

德見風物亦窺豹之一班云至於論編所賚羅

集秘則有待夫好學者志藝文

詩

漢東樓　　李太白

倚笑漢東國川藏明月輝誰知喪亂後更有一珠

歸

題隨州紫陽先生壁

神農好長生風俗已久成復聞紫陽客蚤署丹臺

名喘息餐妙氣步虛吟真聲道與古仙合心將元

化并樓疑出蓬海鶴似飛玉京松雪窗外曉池水

晉下明忽耽笙歌樂頗失軒冕情終願惠金液提

攜凌太清

送諸葛覺往隨州讀書　　韓退之

鄴侯家多書架插三萬軸一一懸牙籤新若手未

觸為人強記覽過眼不再讀偉哉羣聖文磊落載

其腹行年餘五十出守數已六京邑有舊廬不容

久食宿臺閣多官員無地寄一足我雖官在朝氣

勢日局縮屢為丞相言雖懇不見錄送行過滻水

東望不轉目今子從之遊學問得所欲入海觀魚

龍蟠踞黃鵠勉爲新詩章月滿三四幅

自襄陽赴京行次安陸先寄隨州劉員外

行行指漢東暫喜同所適江上幾陵出塵

中酌酒香爐邑識已見攀風歲暮離別值離歌未

可終

寄隨州劉員外

陸孟紅陽久作歷陽府聽客新迎離人金州別後知

倚劍乞取刀書救身

劉長卿和營酬呂侍御將問衡書閣遊襄陽軍吏

漢東禮上侍御以州鄰寇賊復有水火迫於有

稅詩以見論

不敢淮南臥來趨漢將營受辭聽左鉞扶疾拜

旌旆從鶴夫梁寨鶴鬢迎來歸餘衡岸峰直頭

孤城盡日歸千騎秋風合五兵孔璋才素健早晚

檄書成

聞虞沔州有替將歸上都漢東城寄贈

淮南搖落客心悲渭水悠悠怨別離孫楚相聞聽

關塞秋風起入古城池擬章詩風刺心頭雲見聞

人白髮垂惆悵問君先我去漢陽耆舊憶旌麾

驌驦陂　　胡曾

行行西至一荒陂因笑唐公不識機莫惜驌驦輸
令尹漢東宮闕蚤時歸

歐陽永叔寄守相公移鎮漢東

周鄭微楚畹舊相擁新旌路昔青山在人今白髮
行聞農穿稻野候節見梅英腰組人稀識偏應鄂
吏驚

漢東樓　　流申侍

野艸粘天雨未休客心自冷不關秋塞西便是猿
聲處瀰日傷心悔上樓

溳水　　陳師道

溳溠雙水繞城隅高蓋曾誇季大夫九十九岡風
俗厚人人兄已擬璧琢

溳陰亭　　張天覺

舊吉晨出溳臺隅溳水登臨酒拍壺不似峴山年
枕千心隨漢水欲吞吳

栲栳山　　張潛

秀色團團如栲栳孤高端可擊攀山藏雲藹雨無
蹤跡怨鶴啼猿自往還

舜子井　　許覺之

一千二百餘年外萬古銷磨不可尋舜子井泉誰
記古隨人開巷陌如今猶書字雜科亞欄氏留名
存礎石陰常覓時來醒醉眼也勝他物在園林

又隨州　　劉秉忠

旌旗裊裊又隨州江漲群山散復收千里故鄉千
里夢一聲殘角一聲愁月明漢水魚龍夜霜滿乾

坤鶬鴰秋黃耳不來家信遠西風腸斷白雲樓

明太祖諭僧無念

從師童子問清然世事茫然學坐禪幼出凡心
是佛老來悟得性通天朱門不謁藏金錫茅屋無
干欽契兵名至九重談妙法問伊落魄幾經年

懷贈無念二首

志空五蘊隱藤蘿深行出來積歲多山鬼鑑之常
擁護水神到處敬攜呵戒如皎月天將曉定若巍
峙似秋嶽幾度有靈恩無將命齋松賞諸盤陀

謾容幽隱入烟霞踪合蒼苔歲月多問道無門□
五藏進齊何處覓三呵幾擬對月從空歸補衲朝
陽自在歌伯影山間真寂寞傳燈松下伍坡陀
應制說偈　僧無念
萬幾之暇究真銓石章頭邊佛祖禪毛孔遍含塵
刹土毫端見出從中大定回坐看雲横谷行集閒
觀石湧泉林下亦僧無以報祝延聖壽億千年
觀舉册歸武昌
發行帆飽挖機鉢船室華樓老衲便兩岸排催風

隨州志　卷四　三十三　信

力健一江波湧蟠感鄭鄭誰問黃粱夢出室還
參不二禪午夜雪山尾忽見前三三是苦空年
武昌歸隱
歸雲深入萬重山四百餘村遠世家初夜不聞三
弄引五更猶覺四時開天香滚郁盈禪座月色□
光照影間比似市塵車馬集此心無事與相關
涢陽八咏
龍泉洞天　郡人顏□　□
聽書鴻荒逃歲年至今風物尚依然靈山□

奇地日月長明大始天紫穴潛通三島客　臺遐
引九華仙世間擴典無人能洗浴何時後古先
舜子古井
舜井光凉何處尋樵夫遥指屬山陰一朝已順頑
嚚志千載能明怨慕心落日猶聞童子澹高秋総
聽巷隴吟白雲惟有思親淚幾何西風濕涌襟
東閣朝陽
扶桑推上火輪明萬景天開照赤城瑞氣暗浮伸
掌動海光寒浸玉壺清朝生暘谷雞先唱秋盡高

隨州志　卷四　三十四　信

岡鳳未鳴長笑處全濃睡覺仙風雨腋到蓬瀛
洪山返照
朱簾斜捲看洪山山色空青返照間遠浦帆歸雙
鳥過孤峯僧定片雲還自憐短景催人老却愛長
年伴我閒誰似高巾陶靖節歲寒三徑且盤桓
白雲僧樓
千尺飛甍碧漢回五雲神氣小蓬萊東横滇渤扶
桑折西出峩嵋鳥道開黄鶴仙人天上去儒袍公
子日邊來一拳擬破關千月爛醉東風酒滿杯

[illegible]石長虹

一虹幽懸梯截水潭紅塵絕處見仙山龍光直射銀
潢長虹彩蓮橫王映閶平陸西來通坦道太江東
去鶩狂飆無人渡海求仙藥我欲從之借羽翰

浮槎春漲

癸子侯封車乘強紫騮快意弄波光五花過雨臙
脂濕千騎浮春錦障香白晝微蒸煙霧合清齊縹
緲水雲長那知龍化天池去愁殺鶩駘空自傷

滄水漁歸

花塢橋陰繫釣船滄波送盡夕陽天三春錦浪搖
遙底八片銀濤落枕邊白石放歌宜作伴紫鱗斫
鱠不論錢人間是處風波惡獨愛山深後有年

神農洞天　次前韻　郡牧劉霦

神農生去幾千年食德於今處處然丹竈何曾留
古洞耕耘猶自廢長天可知杳渺原非帝始信鴻
功則是仙寄語烟霞三島客好從實地悟人先

舜井古井

虞帝遺踪不可尋祇餘殘井氣陰陰澄渺百尺思
親淚磨礪千年人孝心飛草萋萋凝虎嘯青[illegible]
隱擬龍吟當年二女情眞處血染長洲濕滿襟

東闗朝陽

朝氣初開闗自明崔嵬遺跡重金城若天紋搆壍
藤蘿紅日霞遠霧棋清北望隋山欽帝室南通潁
水聽鷗鷺昔人於此學飛術安得拂衣重渡灘

洪山夕照

落日晴暉染碧山尋微深處異人閒千峰積拱翻
雲繞萬嶺變霽霽景還古木半戀幽徑外若波將

會白鷗閑憑崖曠望懷慈愁目盡長空誰與攀

白雲層樓

飄緲雲端翠靄迴凭欄身入小蓬萊簷前須木年
年渡檻外洪山日日開疑是餐霞仙已去祇餘麥
景氣空來登臨目送飛鴻盡薄暮悠悠漫舉杯

紫石長橋

高橋長虹鎖碧潭空濛煙雨暗前山雲縈樹色參
差裏日射波光返照閒岸曲長龍高下見杜輦[illegible]
驛往來艱斯人自可作舟楫謳不須[illegible]

浮纓春漲

萬里衝流伯氣強朱纓擺浪揚波光雲旗影靜香
春宜金戟鋒擁綠翠香電鍔逸發白日介星馳橫
渡紫霞長鉤今不斷西來衣旋浪乘時幾日傷

漢水漁歸

煙波寄跡匪關貽氣靜神閒接鷺天回返白雲歸
蛐裏笑看黃葉落離邊私攜明月無人背買盡舟
山不費錢蓑笠釣聲來清聽穩自云身在羲皇年

遊洪山　步元韻　　上谷　顧若琪

高閣凌嵎山外山夕陽遙掛睞枌間雲横落照迷
前谷風鳴斜暉去故關隔浦漁人歸返棹幾家歸
雁早飛還長憶慈恩修真處一望洪巖未敢攀

登白雲樓　步元韻

徙倚層樓月影迴雲迷海闊近遙藤總前鷓鴣啼
山人巖外鶴鶯丹嶂闊風捲殘雲昨日去烏啣暮
葉任飛來登臨蕭暮悲王粲寂寞流連濁酒杯

遊齊廿　步元韻　　商城　劉□生一

壓山新盼不堪尋瀲灩臨巖落響三百五□□

有跡千年斷鳴帝何心聽鳳鮭部深入意波瀧清
泳游客吟莪草菰煙餘古杵荒欄譁不減沾襟

登東閣　步元韻

高閣凌虛照眼明層巒積翠鎖金城千家棧杵傍
雞鳴落生煙雲迷鳳鳴仰仰長懷今古要登臨極
目水山清等閒識得瀉源流消道春榮成渡瀛

東閣朝陽　　張之杜

高閣凌空控遠津憑欄浮影照城闉一溪香月掛
蓮蓮萬壑紅雲擁日輪嚴拆木殘鷂帶露蹀鐘纏

菸鳥啼春耕桑滿目蒼生意是此憑欄識鳳麟

神農洞天　　江陵　朱安世

天開鴻濛運英紀洞年華積野耕桑澹深山鐵石
舒春都含草木像或憶龍跳神跡雖云寄乾坤總
是家

七峯瀑　　郡人　陳奇抱

七峯卓犖漫書空上有飛泉瀑布同如粉濡珠胎
陵陵倒箭捲兩影聲聲

過樸水

桃陰深處盡漁舟晚唱人歸古渡頭剩有火明風
下瀨一聲欸乃水山幽

登白雲樓

昔時樓閣今何在登眺長懷勝蹟芳滴翠千峯來
爽氣濕紅一鑑貯珠光

城西秀野亭 編葉成字

秀野亭前綠秋深字未黄無心學蘇米隨意變鐘
王

神農洞天 次前韵　　郡人 梁中極

斷碣殘碑莫問年松閒苔徑自悠然川原歷落皆
阜壤雲物蒼茫只洞天應是明農纓足帝何緣絕
粒更稱仙長汝南畔秋光遠那復臨風弔古先

浮纓春漲

往事當年稱盛強於今猶自泝流光岸花無語逐
人醉檣燕何心帶泥香錦浪三春放浩森大風一
曲韻悠長興亡亘古皆如此遠樹寒煙盡可傷

漢水漁歌

短笛輕蓑溪上船不礙西畔見蓮天生成圖畫一

帆影隨意謳吟斷岸[illegible]火煙嵐濃似[illegible]衝波夢
狎小沙鷗淺水[illegible]空巴事武陵芳草自年年

漢關晴雨 次前韵　　郡人 周崇成

海日[illegible]夜[illegible][illegible]發山[illegible]孤[illegible]斷霧雲
開[illegible][illegible][illegible][illegible]露色[illegible][illegible]時當千峯[illegible][illegible][illegible]無
一[illegible][illegible][illegible]平[illegible][illegible][illegible][illegible]須信人間別有瀛

洪山遠眺　　郡人 楊士淑

[illegible]門數家對洪山遠挺新山對晚[illegible][illegible][illegible][illegible]樓
子遊[illegible][illegible][illegible][illegible][illegible][illegible][illegible][illegible][illegible][illegible][illegible]薄[illegible]水[illegible]

[illegible][illegible][illegible][illegible][illegible]地[illegible][illegible][illegible][illegible][illegible][illegible][illegible][illegible][illegible][illegible]

浮纓春漲　　郡人 何[illegible]

[illegible][illegible][illegible][illegible][illegible][illegible][illegible][illegible][illegible][illegible][illegible][illegible][illegible][illegible][illegible]
山[illegible][illegible][illegible][illegible][illegible]水[illegible][illegible][illegible][illegible]花[illegible][illegible][illegible][illegible][illegible]
[illegible][illegible][illegible][illegible][illegible][illegible][illegible][illegible][illegible][illegible][illegible][illegible]一[illegible]傳

神農洞天　　郡人 陳占[illegible]

[illegible][illegible][illegible][illegible][illegible][illegible][illegible][illegible][illegible][illegible][illegible][illegible][illegible][illegible][illegible]
[illegible][illegible][illegible][illegible][illegible][illegible][illegible][illegible][illegible][illegible][illegible][illegible][illegible]人[illegible]
[illegible][illegible][illegible][illegible][illegible][illegible][illegible]知多少不改山[illegible][illegible]後先

舜井古井　　郡人何泰宗

踏石披榛故故尋惟餘荒井卧仙陰捐膈泠醫叉
爲苦勞力齋孌孝作心三字斷碑存古款五絃遶
調播高吟漫將素綆頻來汲怨暮當年幾濕襟

白雲層樓　　郡人何士完

高閣當年擁紫岡昔人曾說小蓬萊山凝翠嶂周
遭列水泛清濤次第闔丹桐已隨灰燼散白雲猶
傍瀲灩來於今弔古知如許爲濕青衣倩舉杯

溠水漁歸　　郡人萬達思

飛烟隱隱暗溪船斷續濤聲入暮天短笛嗚咽依
浦外輕撓欸乃落雲邊一灘明月堪爲侶滿載清
風不用錢除道祇今何處是石磯西畔任忘年

紫石長橋　　郡人何獻疇

隱約飛虹映碧潭懸磴叠石跨溪山霞光欲探叠
龍窟潭影還疑斗漢間流亘古今長作砥浪浮兒
月靜生瀾遥知分得兩關氣爲駕仙槎十月輪

自厲山鋪入孝陽道中　　右副都御史張[illegible]

大火西流暑氣微蟬聲到處似相隨重岡地脉十
岐路晚稻田疇賴古陂白水曾聞光武宅青山未
訪蔡倫池夕陽欲歛荒村暮忽憶浩然投館詩

隨州書事

岡巒四顧總森羅涓㵎雙流入遠河地廣誰云無
陸廃力勤應見富田禾厲山古跡問由到舜井遺
碑不可磨喜說此邦風俗厚民皆熙熙樂清和

戊戌五月二十日隨州水泛後因巡視至州始
發舟下德安有作

畏熱應辭官路遠乘風却上漢東船一川杉蘗水

災後兩岸人家添貴年傭旅謾游秋粟草貨斗米
種晚禾田傷心不忍民遭患遍發倉儲濟困顛

隨州番行次韵　　同知鄧休

霜風吹吝襲人衣王事驅馳敢後期天險不辭雞
唱發月明先趁馬行遲丹心耿耿於忠在華髮蕭
蕭兩鬢衰正是男兒須努力好將事業佐明時

應山之隨州晚宿井子鋪　　僉事韓　揚

兩抵隨陽百里程時當六月苦炎蒸石田磽薄人
雜種山嶺崎嶇客倦登夜見星光明耿耿飢看螢

酒酣燮變人龍馬困州城邉一塌蕭然井子亭

尹公亭　　知州李克嗣

十載功名判一州循良千古愧前修乾坤欲盡男
兒事只恐飛霜到黑頭

夏日登白雲樓

浪遊湖湘幾度秋百年忠孝是身謀葵心老更傾
斜日斜倚雲端獨上樓

遊洪山十絶

春日郊行

一雨清涼萬物新省耕隨地踏芳春明時愧我叨
民牧尚有饑寒灑淚人

又

路入羊腸面面山萬尋蒼翠水雲間勞形未大罪
無補逢着鄉人也厚顔

到洪山

爲愛名山特地來從行冠蓋野人猜衲衣作我尋
芳處謾寫新詩掃石苔

尋黄仙洞

有興來尋翠微巔欲醉忘形枕石眠黄冠道人盡
不見與誰評話悟真篇

宿洪山寺

白鳥慈前竹巧聲晚鐘經罷客初醒夜來一覺趙
州夢只在洪山頂上行

上洪山頂

雨過山溪盡綠苔白雲收盡我經來逍遥岩嶂遠
天外只有西南一面闊

到白龍池

獨携琴鶴到禪林徜午臨池一笑吟只恐老龍驚
不住起潮霖雨大難禁

祝黄龍池

聖明齊所在羣黎逐客何妨此際題寄語老龍[illegible]
有識免教天下望雲霓

登高

登高俯見萬山低石磴羊腸襯馬蹄一笑舉頭[illegible]
日近也知平地是雲梯

下山

氣濃惚得下山來纔下山限却更回欲結茅廬了

一此事可堪此事未全灰

登白雲樓　郡人宗　燮

山樓粉堞比風鳴攜酒登臨漫洗觥野客憑闌驚

海浪使君引袖拂天星分涇晚眺朱檻眼橫掌遲

芳紫閣名纔綣夜涼人酩酊相看一笑楚雲橫

太平山　李太守

蒼藤古木暗空山掃石題詩杳靄間忽見流紅隨

水遠恍疑璐落在人寰

遊栲花寺

神斧劈山原何年千尋拱壁泉潺潺雞犬不聞天

地別松陰半里無人剩峨嵋捲翠清如洗香拂闌

干曙光雕天風石上吹人來山僧雲卧呼不起月

明鶴唳松露涼石窓裊裊騰爐香攜僧笑入雲深

處雲破鳥啼山蒼蒼

和李太守遊洪山十絕　嘉魚李承箕

其一

春滿江山恍李新芳非洗眼是何春大賢爲政今

如此不道今人少古人

其二

翻翻阜蓋又青山佳世人還出世間萬轍一途歸

去住不應非禹亦非顏

其三

青青作伴入山來花鳥平生不受猜割斷紅塵雄

劍在宵教腰下繡生苔

其四

溪有清流木有巔朝來樂飲暮來眠許由千古耕

巢父信史無慚一路編

其五

了了渾忘色與聲朝昏誰夢復誰醒五根七竅林

疑我同向白牛車上行

其六

懶愛山僧不掃苔前身我是德雲來清虛看出諸

天外眼孔從今合太闊

其七

驪龍欲川應天上十洲五風雨一吟能潛能躍登

知否靜對寒冰笑不禁

其八

俯恨鸞宮乘羽氣仰攀龍馭奏新題光明何處蒼
生眼一角東南看白覽

其九

千里禾麻壓畝低恩風德雨逐輪蹄富民侯印如
天下雲是樓臺風是梯

其十

報與山靈太守來山花山鳥亦遲留麻衣猶寄山

中榻宵對寒爐一書床

和李太守遊洪山十絕　嘉魚李承芳

其一

青溪幾處踏花新一曲清歌得擊春天亦勞勞憐
易老簿書叢裡看閒人

其二

高洪來訪大洪山方外青蓮一劍間勾漏懶從明
主乞無愁自解駐朱顏

其三

山僧情人人故來柴桑心頭都相猜發勤囑付新
春雨爲補經行半損苔

其四

華頂遙禮碧山巔幽洞蟄龍相狎眠草樹無端想
知己品題都爲又新篇

其五

僧敲茶臼鶴斷聲枕面酣春夢便醒魏野詩情僧
好甚也將短句記僧行

其六

僧房春服漬春苔不似玄都觀裡來滿眼桃花千

萬樹貧人秋實趣春開

其七

蓬萊莫處是仙林仙客清歌龍其吟恍得龍君頭
盡白海宮寒氣最難禁

其八

五馬官榮髮正絲黃金榜拜六龍題爲霖會得天
公意何處黃龍逐紫霓

其九

獨倚天窮一蒞低嶓嶓蒼狗踏奔蹄靈均黃鵠能
相借寧向人間咏突梯

其十

一段風情畫得來悠悠道是虎溪回仙人來往仍
無跡笑看僧堂香篆灰

和李太守遊洪山十絕　儀賓沈　寶

其一

郊原雨足氣方新在在農家各有春誰似勸耕心
獨苦還多篇什寄閑人

其二

霖雨經旬疊疊山輞車已自出入間有聲許是無
聲畫寫盡春來草木顏

其三

隨後招提到鄂來洪山兩地可相猜登山憶我初
來鄂曾恨殘碑臥綠苔

其四

石室春深紫氣巔仙人曾枕白雲眠遺跡猶自[illegible]
人世應憐流傳地上篇

其五

潞閣使君鼾睡聲東風有意吹令醒起李猶讒[illegible]
中事似作登山長短行

其六

踏破春山頂上苔東風吹送使君來僧家分得玄
都種亦有桃花千樹開

其七

春雨歸池李翰林敲冰照影和龍吟也應惱此池
中物毛骨衝寒強自禁

其八

昔人一飲愧闍黎二十年來續舊題豈似黃龍池
上客詩成意氣貫虹霓

其九

春山層起紫雲低猛地登臨過獸蹄絕頂石梁人
跡斷分明此是步仙梯

其十

一笑登山昨夜來與僧弁看嶺雲回眾雲復自下
山去猶見千年舊劫灰

六月過唐縣鎮　　推官黄　鑒

滚滚紅塵裡凴誰賦遠遊垂楊低拂馬深竹暗啼鳩春事將無及瘡痍尚未瘳勞歌應覓否回首澧東樓

下潒戍　　知府馬　龠

三才各奠位唯一斯有定殷夏遡太古曾有三裂柄黍離降國風春秋筆王正鼎立而瓜分斯世也何由靖治亂理有之今昔關生命躊躇下潒戍使我涕泗迸

大洪山

南都稱大孤天封與之俱俗老相傳指云是嶽之區别有大湖山嵬然西南隅詎應昔賢賦含大顧小圖僧人類蠢拙唐宋溺浮屠取此加諸彼誤孤以爲湖世道相舛詎寧獨玆已乎

李氏園

歐子寓玆土淹滯十七載身違情所鍾斯文固有在公路發高第竟作朝中宰李子與邉子死事九可駭由來天下事難以己意待九原如可作[illegible]

[illegible]歟

尹公亭

尹公天下士獲譴爲憐才官謫心自務名與亭相崽用世材不究身命一朝摧從來賢達士偃蹇良可哀孝之問蒼天蒼天竟悠哉

和李太守遊洪山十絕　　郡人李　中

其一

路向洪山秋思新嵐興囊括四時春由來洞洞無疆界一笑東西南北人

其二

路破雲霞山外山石橋流水問人間田家認熟相招飲對坐忘言有好顏

其三

青峯招我向秋來鹿豕相親了不猜山色雨餘澂獨樂閒觀鳥跡印蒼苔

其四

數點雲飛最上巔清虛無礙坐還[illegible]向我[illegible]靈君神鑒誰話感應篇

其五

大虛動靜聽鐘聲今古人間幾醉醒脚板天區渾自在無邊風月載山行

其六

笙下光陰不見苔山中行樂問如來天機流轉原無二秋到東籬菊自開

其七

霖雨商家出士林龍池雲動壯行吟山顏誰識天分付大擔從來秖自禁

其八

路上口碑存野史雲間舊壁點留題堂堂司馬摽山老句在其棠興紫霓

其九

登山誰會了高低天地大輪疾駛蹄試與叔季話崘的人間顛動是丹梯

其十

詠歸却有大湖來焉上無言記往回眼底生生天盡在江山那復問秦灰

進靈濟巖　知州祝以豳

自余銜弦土歲忽再吏斯山靈識余眼相見雨纖穠未入驢已澄曾想神盤夔怒石排虛空鶯枝互纏絡森森來撲眉流翠欲粘屩攀引探層巒混沌何年鑿陰風萬竅嘷返照漏聲蠲馳勝擬延提鈽奇旋中卻至人七日定定後竟何著石漭屯古雲霞液垂酥醪鄭波一勺多療此千頃淵悵悵遵歸途烏去煙漠漠

遊洪山寺宿藏經閣　知州戴九皆

驅車覺勝午風清更喜泉飛瀑布聲靈磵鬪龍歸玉缽疎林鳴鳥和金笙雲翻貝葉千峰霽露潤曇花四宇馨高閣一登霄漢近夜來呵氣貫台星

遊洪山初發外郊　太史何宗彥

車馬凌朝發芙蓉久望青微風迎日澹野菊帶秋[illegible]氣輿前落塵心物外惺何時解簪紱長此對林坰

自均川寺祗宿佛嶺

蕭瑟滿均川臨風意惆然驅車當絕嶠遙齒見孤

煙谷靜流泉響於空孫以懸相攜校學士清夜一
燈傳

洪山道中

秋高氣爽擁輿行矗矗峰巒隱化城環抱千山青
翠合劃開一線出雲明窄貫遠路含風蓮蘿薜蘿
閘帶露浮愧我塵蹤棲欲界暫撩身世學無生

遊洪山

秋雨連綿到上頭風雲殿望中收雲間指顧空
三楚海岱微茫接十洲憶昔幾龍開太和何年三

隨州志　卷四　藝　信

螢落高丘應知此日登臨後千載誰人說壯遊

遊大洪和何見韵　郡人何宗聖

躡石披荊頂上行巒巒佳氣遠香城峙看高擎秋
雲淡遙望諸天盡日明細雨洞前塵自洗對花脈
脈覺偏情來遊幸有謝康樂看履追攀逸興生

表節婦葉貞媛　推官洪吉臣

蝶文五采炳長離何事殷殷惜變騎一葉春帆飛
夢澤幾年明月伴孤夢思君傳韋母龍秋業我頌其
姜訛柄詩自是天心隆節芳此看孝里起宏詞

讀書漴水何子菊園偶詠時歸　郡人靳天禎

閒却書燈照菊花濁思卿寄雨前茶六年來路知
多少今夜客窗明夜家

雜漴水夜宿官潭　郡人馮士淑

誰家燈火暗前村旅館空留一劍存桃簟秋風眠
未穩疎鐘帶雨入黄昏

府君山訪陳澹軒不遇

水塘芙蕖映秋明聽說仙翁採藥行人在白雲灣
幾曲石床上有紫茱橫

隨州志　卷四　藝文　信

入漴訪友讀隨志漴水漁歸步韵和之　鄖人許太岳

為愛幽溪刺小船臺蘚叢處漫漫天喜收縮項來
煙裏勝接支機自漢邊墨痕層層知洗硯清淵隱
隱見提鐵夜深放棹星光滿當是珠還合浦年

遊楞枷寺　雲外野人

岧嶢一道通霄漢倚杖頻看月傘肩紅白山花熏
佛座高低樹鳥語人前咲龕禪叟伸鬚在圖碣棲
臺腐未全幾度換新咸我輩今來何事慨無緣

丙午夏至後一日雨餘同泛忘言得虛字　郡牧劉　[illegible]

雨餘暑退自悠悠回此招尋泛綵舟一片波光隨
下上兩行鷗鳥任沉浮輕雲作幔天扶興雅韻遺
情人欲借笑指西疇慈翠色却忘斜照落山頭

其二

一點真陰昨夜收疎雲細雨助清幽自憐卑宦難
堪相且向新流効汎舟縹緲風前看過鳥參差烟
裏辨遲丘簫歌暗鎖堤邊樹秉燭何妨趁晚遊

其三

時雨滌滌暑病瘳幸逢陶謝可同舟新烟遲鎖千

峯樹淡日輕籠百里疇到處分明詩現在有誰點
綴何全妝試看昨夜陰生矣莫惜芳尊爛熳遊

其四

爲有新愁拂自由特尋勝友共方舟凉生暑後詩
思爽閒際忙時潮與洞水漲波平天上坐風輕撥
細畫中遊最憐兩岸人爭看解得予心憂樂不

其五

歸雲漸去曉烟收秉興同登一葉舟淡淡夕陽薰
細草輕輕霽色映新疇放言時雨占豐歲實慰公
家易呼求趣此清凉如性醉浮鷗也笑不風流

其六

凉氣蕭蕭景物幽况來暑後萬人愁驪驪波下溪
流漲鶯鳴山前柳葉柔烟滿荒城晴政簡播居偏
地喜從遊誰能留得陰常住肯負佳辰洗玉甌

其七

覓得輕舠出畫樓移雲作幕慰心遊陰生岸柳孤
烟細雨洛沙鷗比翼浮憶昔蘇臺會獻賦喜今濱
水共仙舟新詩草就傳聞誦只恐重逢失舊儔

其八

雨洗烟峯心洗愁前宵爽氣應陰浮憐君作賦凄
司馬憶我無能愧太丘偷認過帆非舊景欣聞榜
唱悟新謳臨風頻擊中流楫散得夕陽載滿舟

次前韻　李偁臣

陰生越日雨盈溝乍霽承招並泛舟撥棹河中天
欲破開帆柳下地疑浮霞成錦幛千尋列犀繫彩
橋萬里浮晚照傳盃雙櫓進隨州誰料鄙滄洲

其二

蜩鳴廿雨光豐秋雨歇城南共泛舟山上餘霞
錦繡水中落日湧璜璜同舭不異神仙濟作賦
郊赤豐遊邊道涇波惟覽勝須知公意在田疇

又前韻一　江陵朱安世

日長經過漲寒流乘興煙波縱勝遊阡陌勤施角
國雨炎天飽贈碧雲秋耕桑遥指舒民困歌鼓遊
喧破客愁野老欣來滑岸望今年始見作霖舟

其二

青山骨洗野雲流郭外徐牽錦纜遊炎毒已好消

半夏清凉乍喜似殘秋螺浮遠近人霜翠虹判陰
晴自解愁漪淺淺漲都不辨且依綠柳繫方舟

其三

爭掃炎氛坐碧流濃山淡水任佳遊漁舠薄暮分
官火野樹含煙渾素秋杯斝總能添韵句鄉關何
處動離愁最憐古寺松林晚飄渺鐘聲入畫舟

其四

龍門只自擁名流雅事能成天際遊細雨猶飛消
暑氣遠山落照雜紅秋鼓轉力大多興浪鷗鷥幾
忘未羨愁可與江山留勝槩記令郭李但同舟

遊隨西泉興寺　又壁間韻　郡人陳占祥

靜對一山萬壑深清泉灌蘚潄欹岩瀑聲君高遊
人致花影偏依遊客蹤天倒溪中供石洗鳥穿巖
上任雲封何年舒卷從吾意漫採芙蓉帶露春

遊洪山　又　何太史元韻　李振璪

看山首到最高頭遊賞嵐光一瞬收星到銀河倚
斷壁峯連鵝尾跨長洲雙龍直接千江水三釜高
懸萬仞址好景句中留不盡何人堪續此間遊

雨中過白雲寺聽誦經

看看天花墜拈之誰得同雲蒸松影裏法說雨聲
中有洗經行鉢還添過去鐘殷勤留半偈欲解已
成空　梁木

長慶寺

長祖今何在清陰滿寺門一簾禪壁冷大界法乘
尊鷲嶺千僧茂青溪七井深鉢追開面佃橫出一
枝翻

千房廟　梁木

霸氣千年藹風雲尚爾柯山河留氣色冠劍表鼓
君心事終黃石功名共紫芝東閣有遺老長此祀
風期

銘

布衾銘　　范堯夫

藜藿之甘綈布之温名教之樂德義之尊求之孔
易享之常安錦繡之奢膏粱之珍權寵之盛利欲
之繁苦難其得危辱旋臻舍難取易去危就安至
愚且知士寧不然顏樂簞瓢萬世師模紂居瓊臺
死爲獨夫君子以儉爲德小人以侈喪軀然則斯
衾之陋其可忽諸

賦

南征賦　　鄭居實

嗟予生之賤兮常坎壈而多憂泊東西與南北兮
無猷能以歸休皇六世之十祀兮揭來賓大京師
奉晨昏於庭闈兮忽十年其于茲哀衆人之婁婁
兮乘纖危以射利騖精神於末流兮固廉士之所
耻慕前脩之高蹈兮臨川流而盟耳懼離羣之孤
陋兮將違衆而復已役世綸之糾纆兮謂白圭爲
多疵何我公之挚清兮亦見乞於盛時皇命之不
可淹兮方仲春而戒行惟甲子之良晨侍安輿而

商徊昔仲尼之去魯車遲遲以淹留此雖非吾之
舊邦兮猶慘慘而懷憂實朋肅鴇而來饑兮班豆
觴於水濱執余手以躊躕兮不覺淚下而霑衣輈
軏軏而不能前兮馬蕭蕭而反顧念長路之超遠
兮悲白日之云暮敕僕夫使整駕兮遂奮袂而辭
去將發軔而回首兮望國門之穹崇惟小人之眷
戀兮情鬱結兮予裹經土山之盤紆兮入空谷之
谿鴻野曠蕩而無垠兮榛林蕭條而來風鹿呦呦
以鳴羣兮鳥嚶嚶而求友悵逍遥於中野兮徙倚

悒其誰各朝脂車於諸阡兮夕稅駕於尉氏登高
丘以長嘯兮聲慷慨而凌厲想阮氏之風流兮停
予車於山椒斯人不可得而見兮寄陳迹於蓬蒿
時荏苒其不淹兮春草生兮青青羣雉挾雌以高
飛兮倉鶊得意而和鳴麥漸漸以被隴兮遵微行
而徂征欲淹留以容與兮心搖搖而靡寧平原坱
莽以陁靡兮迴極目乎百里獨煢煢以遠遊兮曾
不得而少止歷鈞臺之故址兮泝潁水之湊瀠望
闕里之蕪城兮弔封人之兆墳魂飛揚而不反兮

泉蕪穢而不治曾不得其死所兮豈純孝之可恃
蹇遭回於水濱兮日掩掩其黄昏問提經於野人
兮釋予馬於汝墳中且展轉而不能寐兮起視夜
之何其僕夫告予以肅裝指明星而以驅驅山巍
巍而造天兮暨芊氏之北境企予足以長望兮望
路瞰其永經昆陽之遺墟兮瑯琲徊而逡巡兮昔
曲嶃而特起兮雉堞隱嶙而猶存狐貉穴處於其
下兮鼯鼪吟嘯而成羣蒿艾蘙薆以相依兮說
鬱其榛榛惇漢氏之絕域兮想世祖之中興兮

滑之滔天兮恣豺狼之噬吞肆横行於天下兮驅
虎豹以爲羣仗大義而奮討兮實南土之裔孫惠
攙槍而一掃兮怒雷滅而無存彼百萬之貔貅兮
曾一旅之莫亢信天道之輔順兮豈人謀之不協
迄於今幾千祀兮魂魄遊兮何鄉冀髣髴其神靈
兮步徙倚而傍徨過宛葉而彌節兮瞰方城之峨
峨歎羈旅之無友兮彈鋏鋏而浩歌覽陵阜之參
差兮實鬻熊之舊墟不修德而恃險兮曾幾何而
不忘宿上唐之候館兮聽晨鷄之悲鳴灌予纓兮

溳水兮瞻桐柏之歆欽飄風漂怒以來東兮潭寒
慘悵而中人雲漫漫以承空兮霰雪下而續紛愈
往人之間修兮嘆行役之多艱車僭淖而不進兮
翁頓轡而盤跚僕夫憔悴以懷歸兮怨章陵而南
遊與濯謬於漢祠兮傾白水之如帶眞人一去而
不返兮佳氣慈鬱而如在歷蟠嶇之九邑兮涉川
路之千里心瀞瀞而忘食兮筋骨疲兮鞭箠唯君
子之無累兮雖九變其可居剡神農之所宅兮土
深厚而無虞誦孔氏之法言兮疾沒世而無名就

寂寞以閉處兮非予心之所覓植木蘭以爲籬兮
塗申椒以爲堂蕙披靡而盈茂兮衆香郁其芬芳
優游偃息靜以寄志兮又何必歸夫故鄉

白雲樓賦

洞庭之北兮漢水之東鬱高樓之特起兮羣山環
峙曾不知其幾重

記

炎帝廟像賬記　無名氏

隨之厲鄉炎帝所起民因立廟祠炎帝至今歲時
水潦旱暵災沴病疵有禱焉輒應禽鳥螻蟻至不
敢近迹其廟民以此益尊畏之其廟中偶土爲帝
像而首之形如牛自昔皇甫謐之徒蓋嘗此說甚
乎傳之之訛也炎帝之見於書者多矣易庖犧氏
汳神農氏作斲木爲耜揉木爲耒耒耜之利以教
天下此炎帝之見於易者也禮曰厲山氏之有天
下也有子曰農此炎帝之見於禮者也春秋左氏
曰炎帝氏以火紀官故爲火師而火名此炎帝之
見於春秋者也易禮春秋之述炎帝如此而已矣

不聳其牛首也借使信然好志怪者莫如左氏何
不言歟天地之始今日是也彼其荒忽窈寞樸質
醇資則信矣若夫人之形豈得以與禽獸類又況
其聖人哉雖然炎帝以教民耒耜故名爲神農牛
者農之所資也而習俗訛言因是謂炎帝牛首此
固非君子之所信則未知皇甫謐之徒奚從而聞
之也宣城楊侯之治隨最重神事受政之始使屬
官代謁廟下因視廟祠將治完之而吏以像爲告
侯曰妄述古先以瀆聖人此皇甫謐之過也吾不

可以不華幵不知炎帝之在位服何服而冠何冠
孔子有言曰服周之冕冕之所尖無易於周而爲
聖人之所取也使炎帝出於周之後其亦以周冕
爲服也必矣郎遣工人回廟舊像更其首形而始
冕

尹公亭記　曾子固

君子之於己自得而已矣非有待於外也然而曰
疾殁世而名不稱焉者所以與人同其行也人之
於君子潛心而已矣非有待於外也然而有表其
閭名其鄉欲其風聲氣烈暴於世之耳目而無窮

者所以與人同其好也內有以得諸己外有以與
人同其好此所以爲先王之道而異乎百家之說
也隨爲州去京師遠其地僻絶慶曆之間起居舍
人直龍圖閣河南尹公洙以不爲在勢者所容謫
是州居於城東五里開元佛寺之金鑾院尹公有
行義之學長於辯論一時與之遊者皆世之聞人
而人人自以爲不能及於是時尹公之名震天下
而其所學蓋不以貧富貴賤死生動其心故其居

於隨日以考圖書通古今爲事而不知其官之爲
謫也嘗於其居之北阜竹柏之間結茅爲亭以茨
而嬉歲餘乃去既而人不忍其壞輒理之因名之
曰尹公之亭州從事謝景平刻石記其事至治平
四年司農少卿贊皇李公佾爲是州始因其故
址增舉益秧斬材以易之陶瓦以覆之既成覃宏
深亢爽瓌隨之山皆在几席又以其舊亭詩之壁
北於是隨人者喜慰其思而又獲游觀之美其樂
李公以圖來京師屬予記之蓋尹公之行見於事

言見於書者固已赫然動人而李公於是修而大
之者豈獨慰隨人之思於一時而與之共樂萬哉
將使夫荒遐僻絶之境至於後人見聞之所不及
而傳其名覽其迹者莫不低徊俯仰想尹公之風
聲氣烈至於愈遠而彌新是可謂與人同其好者
則李公之傳於世亦豈有已乎故予爲之書時熙
寧元年正月日也

隨州大洪山靈峯寺記　張天覺

元祐二年秋九月詔隨州大洪山靈峯寺革律爲

禪紹聖元年外臺始請移洛陽少林寺長老報恩
住持崇寧改元正月使來求十方禪院記乃書曰
大洪山在隨西南盤基百餘里峯頂俯視漢東諸
國林巒丘嶺猶平川也以耆舊所聞考之洪或曰
胡或曰湖未詳所謂今以地理考之四山之間昔
爲大湖神龍所居洪波浩渺莫測涯涘其後二龍
鬭擲開層崖湖水南落故今負山之鄉謂之落湖
管此大洪所以得名也唐元和中洪州開元寺僧
善信即山之慈忍靈濟大師也師從馬祖密傳於

要比遊五臺山禮文殊師利瞻覩殊勝自慶於菩
薩有緣發願爲衆生執炊爨三年寺僧却之師流
涕堅懇有老父曰子緣不在是往矣行焉逢隨即
止遇湖即住師即南邁以寶曆二年秋七月抵隨
州遠望高峯問鄉人曰何山也鄉人曰大湖山也
師默契前語尋山轉麓至於湖側屬歲亢旱鄉民
張武陵具牛豕將用之以祈於湖龍師見而悲之
謂武陵曰雨暘不時本因人心黑業所感害命濟
命重增乃罪可且勿殺少須三日吾爲爾祈武[illegible]

亦異人也聞師之言敬信之師則披榛捫石得山
北之岩穴泊然宴坐運誠冥禱俄雨大作舜後數
日武陵即而求之師方在定蟒繞纂面號耳挂體
久之乃覺武陵即施山爲師興建精舍以二子給
侍左右學徒依嚮遂成法席太和元年五月三十
九日師誨語龍神曰吾前以身代牲盤汝血食今
捨身償汝汝可饗吾肉即引利刃截右膝復截左
膝門人奔特其刃膝不克斷白液流出儼然入滅
張氏二子立觀而化山南東道奏上其狀唐文宗

嘉之賜所居爲幽濟禪院晉天福中改爲奇峯寺
本朝元豐元年又改爲靈峯寺皆以禱祈獲應也
自師滅至今三五百年而漢東汝潁之間暨汝州
之民尊嚴奉事如在漢東金帛粒米相尾於道貨
強法弱僧範乃乖崩此山峯高峻堂殿樓閣依山
製形後前不倫向背靡序恩老至此熟閱形勝周
途南入以正賓主鑿崖壘磵鏟巇補塌萬礎化爲
穿頂三門堂殿翼舒繩直通廊大廡闢戶四達爭
佀雲集矞爲叢林峩嵋之寶燈瑞相清涼之金橋

闡光宅方誕覩異境同見方共發故而興新也律之徒懷上而頗致會予謫爲郡守合禪律而詞之曰律以甲乙禪以十方而所謂甲乙者甲從何來乙從何宜而必曰我慈恩之子孫也今取大慈恩方則慈恩之後絶矣乙在子孫則甲在慈恩乙在慈恩則甲在馬祖乙在馬祖則甲在南嶽乙在南嶽則甲在曹溪推而上之甲乙遞在乎菩提達磨西天四七所謂甲乙者果安在哉又而所謂十方者十從何生方從何起世間之法以一生二一二

爲三二三爲六三三爲九九者究也復歸爲一一九爲十十義乃成不應实然無一有十而所謂方者上爲方耶下爲方耶東爲方耶西爲方耶南爲方耶北爲方耶以上爲方則諸天所居非而境界以下爲方則風輪所持非而居止以東爲方則毘提訶人西如半月以北爲方則鬱單越壽命久長以西爲方則瞿伲泥洲滄波浩瀚以南爲方則閻浮提洲象馬殊固然則甲乙爲定十方無依競律競禪奚足異非律之徒曰世尊嘗爲給孤獨園竹林精舍必如太守言世尊非耶予曰汝豈不聞以大圓覺爲我伽藍身心安居平等性智此非我說乃是佛說於是律之徒默然而去禪者曰方外之士一瓶一鉢游世無求如鳥飛空過枝則休如龜游海値木則浮來如聚梗去如滅漚不識使君甲乙之乎十方之乎予曰善哉佛子不住內不住外不住中間不住四維上下空虛應無所住而住持是真十方住持矣尚可言哉尚可言哉時崇寧元年之上元日記

三皇廟記　　梁天祥

天無爲也假聖人而爲之天無言也假聖人而言之夫三皇大聖人代天而爲者也夫子大聖人代天而言者也何以知其然歟攷諸繫辭可見其畧曰古者庖犧氏之王天下也仰則觀象於天俯則觀法於地鳥獸之文與地之宜近取諸身遠取諸物始作八卦以通神明之德以類萬物之情作結繩而爲罟網以佃以漁神農氏斵木爲耜揉木爲耒耒耜之利以教天下日中爲市致天下之民聚

[illegible]運貢帝堯舜禹垂衣裳而天下治
[illegible]為舟剡木為楫舟楫之利以濟不通服牛乘
[illegible]引重致遠重門擊柝以待暴客斷木為杵掘地
[illegible]臼杵之利萬民以濟弦木為弧剡木為矢弧
[illegible]利以威天下上古穴居而野處後世聖人易
之以宮室上棟下宇以待風雨古之葬者厚衣之
以薪葬之中野不封不樹後世聖人易之以棺槨
上古結繩而治後世聖人易之以書契百官以治
萬民以察此皆夫子大聖人代天而言以彰三皇
[illegible]

[illegible]聖人代天而為者也世俗以三皇廟專委之於
醫以夫子廟專委之於儒噫嘻是使三皇大聖與
夫子大聖為兩塗又安知天與聖人無二致此道
之所由不明不行矣蓋醫不通儒則為傭為俗儒
不通醫則為迂為腐是醫儒可析而為二乎朝廷
[illegible]循舊制敕天下路府州縣立三皇廟與夫
子廟一般施行行乎與從也有司遵守罔敢或違
是道並行而不相悖三皇與夫子二廟作興一無
[illegible]華寢之殿宇[illegible]夫子廟既曾修之矣

[illegible]三皇廟可不增修乎至正初元隨州知州達魯
花赤秉劉侯過臺承事讀書稽古希聖知天奮志
修崇卑身齋戒率捐己俸仍督工師興事諸僚佐
謀論掾吏士農工賈贊襄精選良材一新大觀殿
宇為之雄壯門廡為之肅嚴葺明理之講堂備教
官之公廨修祭祀之禮儀闔郡士夫僉言其實徵
文為記請書諸碑余嘉士夫所請之勤遂稽古典
州而伸之以示後之學者使咸知三皇大聖人之
功利及萬世則宮廟之興不為過乎而適斯之曰

士希賢賢希聖聖希天至正三年歲次癸未仲冬
長至日

隨州鄉賢名宦祠記　副使沈鍾

內江李君士修方守隨州踰年百廢具舉迺按古
今載籍標其鄉賢名宦為立祠宇州學之東備將
以歲時崇祀事於斯期將以為後來生於斯仕於
斯者勸其用心遠矣哉夫以隨言之自古以迄今
生於斯仕於斯者何限而大人獨以賢以名聞而
不以賢以名聞莫之敢齒辟則景星鳳凰較夫凡

鷃斥鷃在彼一二不足爲之少在此十百千萬未足爲之多雖然不有斥鷃安知鳳凰不有沙礫安知景星景星鳳凰常少沙礫斥鷃常多此理之常無足怪者然而景星鳳凰世則爭先快覩而視沙礫斥鷃漠如也得非天理人心之公萬世有不可誣者與隨州鄉賢名宦士修爲之祠矣而今而後生於斯仕於斯者無志則已有志焉者盍亦求如詩所謂高山仰止景行行止而曰彼若而人也哉亦若而人也彼以賢以名聞我則可不以賢以名

而沒世不聞也乎設不俎豆其間非丈夫也斯其爲有志盍士修所望於後世之生於斯仕於斯者之意故曰其用心遠信夫且士修少以甲科發身倜才雅操志方銳功名方懋弘未可量隨特爲之兆耳詎肯以天下第一等事而讓人也

隨州瑞蓮亭記失前半從録其後　推官華　清

記及其山川形勝其地盍隨國之故城而漢書其故壕也計自春秋至於今消歇廢絕二千有餘年[illegible]之[illegible]遇守茲上作而興之[illegible]

之類垣墻堞瓦榛野草今皆爲雕甍書棟晶綵奪目昔之山禽木鳥鳴呼上下今皆爲詩書絃誦春容盈耳是故公之才力足以有爲蓋亦人事之與氣運之盛有待於公而後集其瑞應之徵見於草木信不誣已昔僖公作泮宫魯人頌之曰思樂泮水薄采其芹又曰薄采其藻芹藻微物非可樂也蓋所樂在僖公而寄意於芹藻也矧公大備其學制而又長育作成其人才其有大造於隨也豈淺淺哉隨人樂公之賢而以瑞蓮寓名於亭亦魯人

之頌也雖然凡物之盛衰興廢相隨於無窮而此亭又安足特乎喜樹之譽猶封殖而不忘情故爲之書於後以告後之人其庶有知繼公之志云

李公橋記　宗　夔

隨城之西百二步許曰合溪有流水瀰漫過而有聲迴其源出州北紫城山始涓細抵山石淄崎曲折十餘里逾城地闢闊漸湾洄徐奔瀧濲然涯然而南入於溠河人以其水合山溪謂之合溪前代不知誰橋溪上父老相傳曰歲豐橋世遠水決而

橋毀者不知凡幾許年每水落溪乾斷石滚亂横淺滑過者指鼎爲橋址有時山水泛漲合溪混浮纔樵水潄漫潤數里逾八九日人莫度公私阻廢濟者往往暗溺歲爲民苦弘治丙辰隨守李公由秋官適判岳陽擢守隨下車歲餘日矜民悴巡阡陌每過此回顧心一惻然丁巳八月捐俸鳩工鑿石礱山越月輿石盈溪命僧正惠方義官范湖工三輩結廬溪左督工甃石工師黔庶日爭勸力任二月而橋告成北去舊址約百步許高二尋廣丈

五尺長七丈東西横跨溪兩崖通襄汴荊湞諸郡之官道凡隨之廣逾三百里橋於溪山者十有九而莫若是橋盤踞號砥特起平原超涯截壑與雲升沉而適當漢東之要衝官道之脈絡自是不限遐邇南北而登庭者雲仍雖霖雨愆霪野水漲潦咫尺瀕瀰而往者來者不謝衣履橋之功也隨父老惟呼道上相率請記於予且曰往古崔公分符雍州渭水淺不通船公作橋渡渭雍人名橋曰崔公今無歲豈橋而人強名之無亦物毀名存而久

假之耳請更之爲李公橋何如今鄉父老言以告別駕吳公將克節判王君宗器暨馬公彦德咸成之如一日吳公曰諸老題橋名李公無亦有鑒於古乎余曰昔者昌黎韓公謫潮州驅鱷魚橋廣濟德孚於人人名其江曰韓江山曰韓山今諸老以橋名李公亦潮人以江山名韓之謂也書曰民罔常懷懷於有仁李公舉進士有聲郎秋官判岳陽有聲及守隨益著譽聲當道屢章上聞宜乎隨之人借貫名以榮橋借橋名以懷仁非謂一橋足

盡李公之善政也吳公曰然諸老名橋之心信如先生之論第不可不如其請以如其心也明日諸老皆請之誠懇徑率率不可回遂更橋名而爲之文以志是歲弘治丁巳十月李公守隨之明年也

李公名克嗣字士修西蜀之内江人

溫泉記　俞釗

隨治西行百里許有地名曰梅丘爲山萃嵂星拱雲矗巑巏秀麗奇峯聯嵐會彙自崖谷委折[illegible]有泉不蒸而熱不爨而溫泓渟

澗流注於一窪卉荒蒙翳傾亞缺圮弘治戊午春
正月隨州太守李侯循行阡陌道經梅垃硊塍形
勝見而奇之命鄉民趙信等除繁木剃與草而得
温泉之脉規畫量度甃一小池廣八尺深二丈引
泉繞内注之以爲洗塵之所池之上構一小亭覆
之扁曰温泉泉之前又搆屋三間以屏障之扁曰
温泉居者眺於斯浴者憩於斯行者息於斯造化
效奇至是始顯夫地靈　嗚呼地不自美因人而
彰魯城沂水會稽蘭亭不遇其人則勝跡湮鬱徒

貽林澗之羞然則是池之設豈專於泉之適歟抑
直用原之勝歟殆天假之奇遇或者因其細而知
其大也耶李侯名克嗣字士修西蜀内江人登弘
治丁未進士第惠澤洽於下政績聞於上修學宫
立禱祠搆洗心亭鑿夜明池有功於隨多矣此特
其一事耳因書以記時是歲孟秋也

前太守李公去思碑記　郡人顔　木

公去今也八年州之人德公如公在州吾鄉能文
之士不因秉筆爲夫公行之州之人德之是爲善
政嘗政者缺而弗録焉於是失采於風人不登於
史氏無以示法於來者蓋文士之責而於公固無
與也公去今尚見不能知公長吏不文不宜云云
而今不然者以是故也公始來首詢民所疾苦而
爲之除之愛字撫綏一出於誠願受一廛者千八
百九十四征其力役者七千三百五十四而地著
不與焉是公戸口增令民墾汙萊築陂塘與自然
之利里設本鑄水利塘衣常戸曉之夏秋之際禾
黍盈野雖尺寸荒墳之地見者斥之是公田野闢

俗不讓而尚爭競雖乾餱之失亦鬧於官兄弟婣
戚往往而是公嚴以令化以德背禮傷教窮致以
法自是左右見其日生聽事拱手而以本妻族有
十年不如妻室者一々彼合感公化也是公詞訟
簡環城民居而無扞蔽公周以隄而緣以垣郛設
四門門建旗亭而時啓閉之初溳水泛溢衝決南
市歲爲患自是亦賴隄以免文慶村埜凡得緇五
里士髙無人之處皆造一窩室編夫以火總火以
甲執兵而夜守之遇警鳴鉦相聞協力往擒獲

□□百八十里僻處多山谷寇盜出沒其間公請於朝設屬巡捕之兵其舊百七十八公增千三百有奇修馬政備器械公自試閱士皆精練於是荆襄盜起入境剽掠獲巨寇蘇願餘悉散去驚相戒曰李老子不可犯也後雖攘一雞盜杯土者亦無是公益戢息兌運京税册丁力士之費民歲苦之公造册三十六艘分給士人之善濟者無事聽其駕以取利轉漕令其候以裝載民兩便之是公賦役均公於廟修欞戟暨廡又創鄉賢名宦祠而以古

池五十餘畝隸學宮以供其祭費於學易大門建射圃之廳又創尊經閣白雲書院擇延師儒群處士類勖以膏梯脩糗之費時而提調之里各建小學者為擇師以教子弟須以孝經小學書暇則肄歷其所授以句讀雖深山窮谷之下唔咿不輟今亦大有成至有一二舉於鄉者固公之遺教也是公學校明公尤嚴明祀典增廟撤修雕諸帷淫祠巫覡則嚴禁恐後鄉窮民闕葬塚設義倉於四鄉歲穀藉備饑散豐斂民賴以濟又於官道造石梁

大觀舍十有六夾道植松木七百餘里入其境者舉欣欣然有喜色矣又立白雲漢東之二樓卢公嶺連洗心溫泉之四亭凡所以爲敬神之典惠民之政游觀之所一一而具舉焉治之數年政平訟理居閑無事郡中形勝登臨賦詩遊歷殆徧蕃臬諸公過而知者多不以屬吏處公而公泯然也公真可謂良吏也已於乎世之守土之君子舉其一而或遺其二利乎上而或病乎下取便於目前而或不能無憾於後日視公之政若君有少讓焉者

人品之高下學力之淺深才識之優劣政治之臧否所由以繫也

藍子會政碑記

藍子志張氏之爲吾州也敏而弗蔽察而弗煩廉而弗隘惠而弗徇寬而弗慈儉而弗嗇嚴而弗苛正而弗倨中以勤厲外以簡從斯不亦敏而弗蔽乎求隱以年致理以要斯不亦察而弗煩乎不苟罰不苟取然積忿而廢振矣斯不亦廉而弗隘乎無告者有養多辭者寡施斯不亦惠而弗徇乎或

人以歲校人以時督人以日斯不亦寬而弗恣乎
鄉浮稅冗與賓行譏斯不亦儉而弗棘乎剪強挨
豪赦遏脊小斯不亦嚴而弗苛乎御中貴則怍之
持勢官則沮之承紋司則斂之斯不亦正而弗局
乎故肋而望焉民疾疾乎如靡循必而畏焉民惴
惴乎如罔道已而安焉民由由乎如弗膺去而留
焉民眷眷乎如有失久而思焉民悠悠乎如恐忘
車子者後子而守者也其志一其政比趙子者車
子之貳也其猷濟其情會萃厥凡美昭厥羣好俊

石而勒之初藍子之為州也曰民之懷生洲司馬
李公於朱贊尹公皆其去也民亦生祠藍子於二
公於是又以其肖像請於車子君子曰偉遑以文
壽文以石非文曷傳非石曷壽采行國親昭諸遭
愛於文於石傳而久之亦其宜哉

後喜雨亭碑記

雲山林子之來涖州也不雨數月涓幾絕流春事
畢廢戰心惴惴俟至而雩夜必跪以籲大率下三
鼓數日果雨州人賦為擬亭郊南題之曰後喜雨

蓋做蘇公鳳翔之意示不忘云爾侯來僅月釋燄
解鬱擿伏扼豪詰姦平欲均其衡量簡其詳訟決
其冗襍罷其科索蠲其十者各沴消矣雩之日也
其壇墠絜牲幣潔酤層叶籩豆豐顯精獻款塞昭
格無爲致天之應固其所也傳稱天道遠豈其然
乎夫政本也雩章也誠一其外內而協之理也政
而雩或未善未有弗政而雩也雩而誠或未應未
有弗誠而應也以是益徵天人之相與矣太守土
之吏施之人也或多以爲名也下此者利而已矣

禮之神也或多以爲文也下此者慢而已矣其視
夫人真不啻土苴芻狗然也豈天意乎蘇亭距今
殆四百七十餘年其亦有數乎彼出之官茲出之
民彼樹之著茲樹之郊彼作之春雨茲作之夏雨
其亦少異也哉詩曰穆穆林侯遵我邦士公惠而
嚴衣被恩普維我邦士弗恒厥施或郡之公或鄰
之私或難良苦肆爲賊出或庶黨自飭或營營弗
食或坐而祷求或弗已於力侯靡其實是諭是德
是正是徵是撫是繩則莫我敢陵侯來辰止是說

太甚緒山祠湞遺此巨祲侯雩而虔禱莫郤杭惜不三辰膚雨四浸禱者聿蘇瘼者聿蔭瞻彼有秋脫塗就衽民且聽止曰父曰母昔云召杜茲云我孛二子允矣侯弗我久侯弗我久胡能富有時彼湞流在州之南眷彼我侯既絜且涵瀆言恩興蓼焉思其侯今往矣其何以堪

隨州范曹二使君去思碑記

嗟乎煩暑之下得蔭而息風雪之會望舍而趨若承之以嘉林授之以廛邸有以解紓其棘謂非若

人之舉善者哉吾州之民昔有沈隱中雖頗治乘覲則廢范使君至嚴左右之防簿書訟牒手自緘識圖籍關滯會之使達惜其費耗則節省甲里樽制夫騎憂其困之則金有贖貸穀存賑貸辨其邪枉則侑賈以時衡量必謹端其習俗則淫邪是黜至蒙攸啓役季祠之侵地散金鑛之聚徒賊民必根株悉拔而藏形匿影者捕之不休數倫雖衣冠不假甚至召於庭下鑑之立斃曹使君復以諫官攻彈將守謫司州理弗激弗詭任事之日別其好

慝鋤詐潛兇公退之候彙以生徒授以經旨閭閻斯水六事具舉彼人愛之爲立生祠雖其爲郡時相後先至於剛明疑重不抑小人接遇士流外免內介于託不行強禦不畏二君所同也廉慎清苦門戶悄然遷官之日文書衣物數篋而已二君所同也前行後承甲立乙守保其無告全乃委託錯積譽於長陰藹和氣於帑室使四境之內無復鴞懍之虞謂不在於後人也哉民思不置上其狀於大夫闕在邦與別駕劉作郡幕李立咸曰是誠不

可以無紀於是乎紀之范子名欽字堯卿號東明郢人嘉靖壬辰冬任州守丙申夏遷繕部員外郎歷郎中今至袁州太守曹子名達字羲中號汝溪太倉人監察御史丙申春左遷州判丁酉冬擢南城大尹皆一時名進士名位未涯云前進士淮濱顏木撰

遲寬齋記　失後半僅錄其前　知州闞在邦

隨知州衙舊無正廳客至率由北徳折而西遷龍坐於右齋所階莫辨誤而失禮者多矣簡陋相沿

逵莫之楮先守姑蘇申公經營於庭中建小亭扁曰効新卿侍御宗公燾爲之記嘉靖乙亥冬閻子嗣守逵邪環顧而嘆曰惟器與名君子之所司也名以出信信以守器器以藏禮禮以行義義以生利利以平民政之大節也茲而弗存其何以興物乎乃謀隙地於亭北僅得數尺餘則旅坎矣自命輿人服後之暇負土築基既再閱歲勢亦漸增廣得四丈七尺有奇闊亦少稱未幾霪雨太作基崩者約三尺會有別駕傅郎役匠氏庀之院堅且

隆卜壬寅季春七日經始至

季子祠碑記 失後半僅録其前

范大夫之三年新作季子之祠季子何我之先臣也我之先臣衆矣曷此乎獨祠賢也曷賢之瑕之垂楚方聞我熊率且比曰季梁在何盍蓋敵之威也敵之成曷以贊敵之威者贊之素也何言乎贊之素微諸今辭何辭爾楚人誘我少師欲追之季梁止之無慮數百言皆忠信之道也非其贊素曷能乎此闘伯比曰隨未可克謂季梁也使其率聽之楚惡得而并之國至今猶存可也賢矣不見稱於仲尼何曾意則稱值時則稱徵事則稱三者無爲考叔之孝否猶之忠

歐陽子祠堂記 失後半僅録其前

歐陽子州舊無祠故司馬李子克嗣爲守始有事於鄉賢而躋之其中既以治西白雲樓下夜光池上之故址作書院後室前堂翼以兩榮額其門爲白雲而并立尹公亭於其東偏云無何李公去吏子經代謂稷倚標渦右勞剩公罷乃盡撤之而且

易書院之榜爲文忠從土偶歐子肖像於室中與以一功晨夕洒掃香火甚無祠禮焉後亦謝去堂室滋敝有假道衡知頗爲業者益故及公基宇如小學課舍闢圃庭場鄰逃臠餘要之闢衙射利之所無慮數百十畝司馬李公甦諸象而蠶食之後人之効尤問其所也緒部范子欽近嘗來守廉而獨復屋之數椽而居以二卒亦中興矣而未遑於有事也今守任子德始作之規制一如司馬而兩榮爲勝意欲升之以爲堂室而降其堂室爲兩廡乃

夫蜀矣非故棼其向背也工將落成沅兵憲李子
瑜有督治之檄蓋亦廉昔人之故而懼其復失方
將遜爲之圖而不知任子之已作矣皆可謂之篤
也已夫文忠子雖他産然少而依其叔父於茲淹
留藏修蓋十有七年焉既而解發歷官分輔至成
鈍儒存而自謂不能忘情於茲殁而顧不得專祠
焉祠不祠何與於彼然抑豈吾人之情盡也哉祠
事方與任子偶以微罪論於學使百里之內闕之
莫不同聲惋惜而莫之留也乃屬別駕劉子祚爲

成其志蠲俸備禮不浹不賓崇賢報德振士厲俗
不在於今日也乎初繼部之政精嚴明楚吏奸民
蠹絶無夤緣三年而後去之任子爲代一以簡恕
平易撫循子惠安然而無所更張人以比之漢文
中平陽二條

隨珠堂記　知州王納言

漢東書院既成後於先師殿後作堂五楹爲遊息
會文之地落成之日不佞言進諸生而語之曰古
稱漢東之國隨爲大自神農氏以來名世賢出焉
輩先後彙皆下帷於茲今爾多士既而鄉縉紳先
生之遊學居力學於此也烈山氏之廟貌在前孔
氏之儀刑在望諸君子之芳躅遺蹤在膝未有不
令人遐想慷慨而興起者且爾隨之名山大川靈
聚精英之氣久矣其鍾於物也爲明月之珠光可
照乘而其鍾於人也爲瑰瑋奇傑之士勿無照耀
人褒遐稽往牒道德文章豐功偉伐名實暉燁如
珠之圓瑩潔光明不夜者本易一二十錄郎孫愍
勁節耿耿烈烈寧爲珠沉不爲瓦完可與天日爭

光者亦數數見焉是皆無負於山川之精英所宜
涵養持者也爾多士生名勝之邦稟精英之氣人
人之心具有靈珠其未雕鑿之初若珠懷於水宜
取詩書義理鍾礪之羣居而從事學問若珠出於
淵宜以明師益友攻錯之學問既成之後若珠珍
於席必繁操修敦行誼以保持之則希世之珍在
我矣又必什襲而藏待價而獻始不爲炫賣不然
而自衒求售以暗投人豈唯與魚目共棄哉必有
襲按劍之智者是以珠爲彈也恐將遺之赤水而

無由叅矣豈不重鮍人之泣哉然亦視爾之自期
待者何如爾昔者隨侯救蛇蒙爾得珠𧍙故弗靈
於人也受刀圭之賜猶呈徑寸之奇以圖報稱爾
諸士遭逢聖代受天子樸棫薪㰦之恩而不能呈
瑜中之奇爲珪爲璋因瘞嵩明聘非夫也則爾之
自期許以塞報稱者志宜不在小矣允若茲也豈
惟不負搆堂者之意哉卽爾鄉之諸先君子亦載
錫之光矣

漢東書院記　太史何宗彥

古有虞米廩夏序殷瞽宗周頖宫羣秀異而教之
其規制定於天子下至閭里州鄉各有庠序統之
以君卿大夫教畫一而士有所禀仰此唐虞三代
所以隆也周衰王迹熄列國之易象周禮聲詩音
樂皆棲屋之如弘璧天球徒以炫耀友邦不以訓
人其天壁如吾尼父以道德私相授受於洙泗之
濱逍至南河樓下以暨兩漢經師皆衆徒數千百
人務是教人之法不在邦國而在草野雖無書院
之名而其義已昉於此矣有宋白鹿石鼓應天嶽
麓四書院之名著稱後遂徧置不可枚舉其上田
之錫教養之規往往浮於州縣學而人材亦項背
相望可覆按也書院之制其來久矣隨儒學故建
東城外萬曆癸酉徙城中先是嘉靖間奉公令易
像以主而隨學尼父之像巍然如魯靈光以故徙
學時習殿五楹覆之余及余孝廉錫熊賓州常八
九人課業其中已而聯翩上公車蘇是郡人歲來
鼓篋歲辛亥冬太守晚瞻王公慕神農之風瞻尼
父之範慨然遐想氣人魁士宦於茲産於茲者曾

不得春秋肸蠁於無窮又念頖宫苦隘不應弦業
槃莘之義遂庀材鳩工剏建漢東書院前殿祠檻
五肖神農祀之後殿如前殿丹艧其舊貫則要先
師前設重門左三楹祀有德於茲士者又三楹祀
鄉先生後建隨珠堂萃多士會講左右設齋舍數
十楹俾士之僑者讀書其間是役也廢千緡有奇
具出金選之品鄉市之羨不知有役焉予冬既落
成公作隨珠堂記以訓誡多士矣而又命不佞彥
記之嗟乎物爲於所排士爲於所守介爲寡耦則

踰鶩窕竊聲二篇之傳觀摩切磋則知不足知不
足則知進而守賢之大全可覩矣公所爲建書院
意蓋如此也雖然公詎欲多士如世俗之游猶晉
儒籍詩書以榮華當世云爾哉故亦謂士之貴能
且遠矣國家之所餙重鄉黨之所覲型如屋之有
棟射之有標惟忠惟孝以佐休明而嫓風俗斯不
倍孔氏之訓無愧神農之鄉㒳㒳然命爲天下士
不亦休有領聞乎若嚾然服方領習矩步委它書
院中而攷其內行狢嘗有齊民所不齒者斯士之

脊賊而唐虞三代移之郊遂者也雖取青紫都華
膴秖誇里巷嫓笑矧犯神明之忌絓汶汶者耶蓋
自負其身也侈矣而負公之教也亦甚矣公蒞州
三年養寒細劻強有力政雖吏僕郎莘莘教化亦
肆前世蜀郡武威蜀郡之政修起學宮選開敏有
材者躬自餙厲省少府用度買力布蜀物以遺傳
士卒使郡人文學比齊魯焉武威之政造立校官
自掾史子弟皆令受業復其繇役顯擢而崇進之
郡遂有儒雅之士之二公教修於莘莘俎豆之間

而聊翔於閭巷匡襟之域其人士亦蒸蒸斯化聞
於東茲豈其守毒神農之鄉服膺孔氏之訓如隨
士者愿遜於蜀郡武威耶今日後漢東書院壯美
於宋四書院兩夫下且顧蹤士以德唐虞三代之
隆則茲後其嫣矣矣夫不可以不記下公名請言
演之嚮啾人由虞城令遷今秩董役者貳守錮桂
名崇璽浙之錢塘人三守諭君逵職廣東曲江人
傳君仁齋之山陰人指揮劉君志東山西絳州人
明萬曆四十年歲次壬子冬十一月吉旦

重建隨州儒學碑記

始余使命撫楚取道申陽蓋首入郡中云而隨爲
郡中屬郡於是諸博士弟子過而請曰隨居漢東
褒介周楚是厲山氏之遺墟也其時季大夫歐陽
子聲稱甚偉國朝來蒸蒸焉今諸士之剸經者視
昔加盍而雲路之漸屯焉秉錫維是圖陋不足充
鄰閭將亦黌序之勝未逞宅也願有以幸諸士余
聞之士不繼學媿焉斯關無盡以外地靈然舞方
卜吉詩書紀之其何忻曳作以爲諸士之辱顧何

區而可對曰城中故倉址堪輿家言地最可乃以
徼德安馬守文焯往觀焉而謂厥地商陽川原四
環皆有待者宜從諸士請復以撥分守王君璇分
巡余暨二三紳皆是馬守議遂屬馬守及守隨州林
君撤倉而學之越數月學成於是諸士以記請余
未有以應也頃之問俗至隨造詣學宮爽塏偉麗
固足妥
聖靈於千百年哉將人文之盛亦自今日始蓋嘉嘆
者久之而諸士復以記請因進諸士而問曰均若

學也何居東廂之外歲患卑泖幾不容俎乃易而
新之一闢兩而興廢殊觀者何也對曰在人審若
是則茲學之建舊矣師儒萃萃游息其中州之長
史紀章紳而綱政教以歲時朔望而牆堂廡紆安
而聚議者夫代非乏人也胡獨今斯舉哉則興廢
之會不在人而在心也故心欲廢則興者廢矣心
欲興則廢者興矣而况於學乎士之學也易於荒
鹵而難於振勵故其興廢恒相乘者心未固也諸
士觀游於此得無惕於此中者哉誠萃學焉求

聖人之學址礎之以道德堯藻之以文詞垣屏之以
功業視茲建學之制日罅且咨焉則雖隱山之畞
可得而紹也何但季大夫歐陽子足張邈哉否是
而隨且廢焉則雖方上吉固與其心之嚮往者不
相為謀予又悄地靈之不得獨家其答也於是諸
士悚然起曰敢不勉圖以爲諸大夫之辱是役也
費凡若干緡不煩諸民而公用集則馬守與林之
功而王余二三君亦與有力云
明萬曆三年六月既望　賜進士出身中憲大夫都

察院右僉都御史奉　勅巡撫湖廣等處地方兼
贊理軍務汝陽趙賢撰　隨州知州楊存愚立石

重建隨州儒學碑記

今天子崇教右文發內府錢萬隆修太學下　詔天
下郡縣各頒德煩宫一時氾亘人文鬱郁雲漢余
奉　命巡茲土惟是首宣右文德意令多士咸誦
作人由文境郎詢孔子河瀨于港亦間雖故處文
攷檀弓載孔子將之荊先之子夏申之冉有而何
氏志孔子至楚于西所纏贇纍子羔子又嬰閭子

矧季于是遊固聖賢遷化之邦粤楚者謂有鄉曾
遺風凡茲郡縣黌宮牆壁咸分孔林下鑒乃下
車隨州傷心觸草隨州古隨子國也古木軒頊臣
隨俗淳厚頗伊洛山名君子河名聖水多彬彬雅
化焉且比界重山二穴神農誕生相傳九井自穿
汲其一八井皆動厲山之烈倘亦輝映尼山乃史
序五帝繫姓追及顓帝孔子繫易獨宗犧黃神農
堯舜顓帝無間焉是其教耕設市通變宜民而韙
草遵舜説事荒忽不道以故刪書斷自唐虞隨之

文廟在城外者繪神農於前殿祀典不倫其一在
城內者頹垣斷木弁髦矛遺惟留片壞見古禮器
焉余因喟然嘆曰吾夫子厄於陳蔡未聞厄於隨
也何廟祀不立漢東耶乃先作之序令州牧暨廣
工捐貲興建偕學宮新川原改色鄙諸子弟襄
衣大紳聚業其中所繇沐者先王禮樂教化之言
所充繹者君臣父子忠孝之義所目接者大夫師
長揖遜之容所耳承者琴瑟雅頌和平之奏所遊
術者六書五馭九數之文大射賓射序賢序能一本

字習而久焉久而安焉其子弟之剽旱者固皆化
楚風而之鄉曾其士之俊秀者有司以將次第上
之南宮登之天府爲　朝廷慶得人美哉　聖化
遺賞始基之因偕師儒揚推古今弔耕耜交易蜡
祭醫藥諸蹟神農德教得夫子而益章凡楚之鄉
孫咸樂鼓鏞於辟雍余不職亦得賡言拜手頌詠
奉萬年以御報
天子崇教右文之命云爾是爲記
順治十五年歲在戊戌仲秋月吉旦

巡按湖廣湖北兼管屯田監察御史加一級蕭
內翰林國史院庶吉士李贊元撰
德安府隨州知州陳秉化立石

國朝隨州太守李公去思碑

隨民飽饑饉荐而歲饑亦復若而歲天首簡
簡借李公陽春先到一時湯火俱蘇公以名賢少
負儁才博學宏詞於文苑會今上首實錄之初　璽
書除刺漢東國之隨比三年男安於耕女安於織
章縫安詩書劍肆而居牽車而遊者不病折閱而
安貧餅餌非佗歸田息訟獄簡而詞清花繁而木
秀鄒人爲之歌來暮政聲藉甚上爵晉各郡司馬
士民僉曰噫異哉奪予保障耶於時鄉之薦紳子

矜暨鄉三老里賦長各焚香硯頌志不忘且聚族
而謀伐石靳余紀焉余以公治狀發積庄石何足
詳則交口謂余請撮次公大者余曰唯唯大都今
日官之恥事也如鄉衆之恥官也如捉搦徒有以
實心行實政如公者哉公下車極卹天下初平兵
火餘生不堪重困務一意去其害焉者而已蓋東
南徵科號繁劇而隨爲甚一輪里役諸務蝟集有
產破不爲家者公爲一其條編均其勞逸不使支
於左者詘於右而殘黎咸加額稱便舉前此有司

急之則如縛猿而緩則又爲驕子者今且輸誠而
樂輸如歸也遊者星聚斗閒士氣如秋蓬宫墻萃
蘚不爲補而公風流文采起坐壁之衰新文廟每
進諸生課以藝丹鉛至再甲乙之無失才且劉養
廉之餘以補貧不能振者即今鬱鬱盤盤五色雲
冠文峯頂也城守爲通衆急務然斗大一州實難
容兵坐鎮防禦僅有二百戶所頃緣亂離而逃亡
者過半公爲招撫着伍時加操練如司馬法既疇
昔空城烏集鶩鴻而寧去者相萬也虞芮閱呼昔

背負於抱牘吝於輸情有司聽決脇否多飲噉公
則呼而前如諜家人事屈臂而質伸臂而理各服
去不復問酒家常也且數行磨勘灑如松風何物
贖鍰得渋公之舐尾耶城社借叢舞長吏如掌間
公廉實大劍之鋒下鶖猶神明也閭左無賴或單
詞告客陰螫人者百碎公燃犀炤之魍魎不知從
何處消磨也大要公以懸絲挂床而兼拂地鞭蒲
以鞠草栽花而兼戴星履畝以援巫縛劫而兼咏
遺談經諸如前類且載田叟紅女口中否迥代理

聲而予以代否請他日俟公有暇發吾下闡公之
風而與翰黎公之賜也公名鴻甫字仲默別號錦
秋壬午舉孝廉山東之長山人
郡人陳奇抱代撰　劉廷漢立石

序

李秀才東園序　歐陽修

修友李公佐有亭在其居之東園今年春以書抵
洛命修志之李氏世家隨隨春秋時稱漢東大國

魯桓之後楚始盛隨近之常與爲鬭國相勝敗然
怪其山川土地既無高深壯厚之勢封域之廣與
鄖蓼相介纔一二百里非有古強諸侯制度而爲
大國何也其春秋世未嘗通中國盟會朝聘傳二
十年方見於經以伐見書哀之元年始約列諸侯
一會而罷其後乃希見其僻居荆夷蓋於蒲騷鄖
蓼小國之間特大而已故於今雖名藩鎮而實下
州山澤之産無美材土地之貢無上物朝廷達官
大人自閩陬嶺徼出而顯者往往皆是而隨近在
天子千里內幾百年間未出一士豈其瘠貧薄陋
自古然也予少以江南就食居之能道其風土地
既瘠枯民給生不舒愉雖豐年大族厚聚之家未
嘗有樹林池沼之樂以爲歲時休暇之嬉獨城南
李氏著姓家多藏書訓子孫以學予爲童

漢東編年志序

志者識也志故有體大概不越職方氏所掌識地
輿則山川疆域形勝分野詳異風俗備識食貨則
戶口貢賦徭役物產備識職官則品秩履歷祀典

公署備識學校則黌宮書院社學義塾備識選舉
則辟薦公車鄉會貢恩例封贈備識人物則達
德文章忠孝節義宦績士行備至於騷人墨客方
襟寓抱觸物成歌靡不採錄斯乘之槩乎今顏氏
之隨志殆備于是其屬詞也古其記致也遠其旨
往也專論者目此顏氏之春秋也夫春秋不易言
也昔姬轍既東王政不綱于臣紀裂孔子歉行周
道因王之而不果於是取史氏文而筆削之以褒
以貶以刑以懲其義則曰竊取之蓋其慎矣後

之術者若是邪廢已乎曰非然也大人各以其身
爲身而大人則以天下爲身吾欲身天下而形僻
天下之大位以行其志者縛貲育手郎痌瘝在躬
而及撫摩何暇極爲乎然莫禁其神往也顏子是
已顏子鴻襟鉉覽志身天下進退古今國家治忽
吾恭人品芳穢淑慝出處章微杜甫靡非志氣聯
屬精神激發鬱勃於胸中無以自喻乃假一方之
乘以發舒其欲行未行之藴則知我罪我之慮有
不必見之言而隱隱可想見矣昔楊子雲草太玄

隨州志　卷四　亘　信

抱獨知之契而幾幸於數百世之後後世不必無
子雲而亦不必皆子雲則神契寧不寥寥乎今隨
志文辭具在郎乎食靡不爲夔寶之然未及百年
而卷帙殘落字蹟朽蠹不特魯魚亥豕爾已再傳
而不草莽委者幾希知詰匠之音邈而弗洞爲遂
徵非夫也不肖吏於茲土謁郡御朱大人至見芝
宇沖瀜淵穆胞與之懷曆之經濟誠體天地萬物
而不徒以文章政事爲海內宗者孜孜下詢隨志
命寮補續志蓋穩悉前脩之隱衷惟煙沕之爲書
不肖安敢不仰承德意輯書正謬用付之梓學博
諸君屬顏子舊治遂采其業雅助校閱極敘其端
於是拜手謹書數語題顏志之一端也
明萬曆甲寅仲秋吉旦
德安府隨州知州吳下趙士禎拜手謹書

漢東編年志後序

志與史異乎志者史之流也志志郡邑也史史天
下也志肇於皇在載隙於夏貢盈刻於職方氏
史有二體曰編年曰紀傳編年者以事繫日以日

隨州志　卷四　亘　信

繫月以月繫時以時繫年約而纖第而不紊紀傳
者包括事迹參貫語言馳才力新規制率私意爲
古法茲阿詳漢顏氏子謂遷爲局爲屛爲類爲纖
者有由然矣然則志亦可史乎編年則史也其要
悉於經而春秋是也自晦翁以綱目繼之蔬相屬
爲後絕響者久矣乃顏氏子之志隨也必篡宰顧
翁讀之謂爲春秋爲評非以其直義比事依經以
樹則章美錄異附與以存宗指乎百氏體之千載
長盛衰鑑興廢者乎或曰將無專耶曰其事則隨

也其文則紀隨事也其義則或揚或闕或婉或諱
未嘗茲以爾氏過甚焉之聚之尋事之有是故隨
奇驅而出者十矣物色驌驥驍騁通都王造之于
蹟焉向者古今貴知遇也必家宰僊翁舊以往乘
三才稱茲又名轍天下矣顏氏子博學嫺于禮節
嗣行適沮抑未究厥施昔垣歌布醉之延年沸告
爲繪其文章則顧翁春秋顏子之志也固宜雖然
隨茲始志乎非也纂於弘治十三年今計四十載
缺續矣中間賢守幾代而顏氏子亦登暇林石未

速有請而志之必侯西蜀任守協謀於其僚信陽
劉子命訪於其訓蒙陽楊子乃克底績何要亦文
也者戕天地之精英也藻繪炳蔚由而駭觀是故
龍鳳呈瑞雲霞雕色顯不可常醞釀蓄斂其時特
乎任守之教先務脩論政嘉善棋惡用值乃隨是
春秋也爲其備也文中子曰三傳作而春秋散後
之作者毋傳焉以散茲春秋

明嘉靖己亥壯月朔著隨州學正事安吾王可識

長慶寺重建碑記　梁木

寺懸於清涼山之大麓長慶乃始建寺之僧名也
宋元祐年長慶僧來遊焉見山脉聳自唐予茲其
蓋處也蓋處開兩翼左盤右繞中列平原宵海螺
朝天形西北洪水南過東生帶於前溠水自北而
南又南折會於洪諸朝山嵐翠各獻狀知其有鶯
嶺曹溪氣象郎於翼開平原處肇造寺遂以已名
名之不肯如他寺之依山川與地與神名噫異已
傳寺在昔有千僧七井千僧亦遠無據井則堙者
見者頗可識井有七則汲者衆僧云丁亦所時有

南北一山離頂數武置抑姑菴傳極幽奇古異雖
不可知然遺址猶存也溠岸北十里立寶豊寺郎
今寶德觀洪岸南十里立觀音寺郎今八大寺類
俱爲本寺侍奉香火僧日番長慶師口領大衆就
獅座說法候到輒卓錫京山大揚寺捲簾悟道竟
已成祖此事之可異者也尤異自宋歷元歷明凿
葺數變廢壞者不可枚舉而此寺獨慶其無災慶
矣慶之可謂長矣明末兵火后歲月久寺田地入
日窮厄懷遠多之心鮮遠多之力將慮慶之莫得

而美也清順治初年一老衲川觸目圮敗若其身肩風雨弔自身於蒿萊之中若其衣食藜乃露頂跣足暑寒不避燃指裂臂搖募之苦靡不歷人咸以長慶後身異之官施商施僧施皆發歡喜心于是先建大雄殿高廣有加次建三佛殿進而龍藏殿又進而南向者關帝殿殿北單房次室傍丈殿左東向者大士殿殿北靜室禪房廚大殿右越三十年至康熙之乙巳歲乃大告成是慶之幾不得見者至此又長慶矣噫嘻茲即如力人遭亂還壹

之山而垣之而僅之三十年間兵燹無寧晷卒暨一夫遺售亦慶之徵也可誌也憶長慶為頭陀[illegible]郎具大願力期後作祖可與山川與地與神與而竟以巳名名之又無知識盡中具大知識知寺可千百年也取巳名二字義以標之是長慶之名傳長慶之寺傳後長慶而併長其慶者亦傳予記之以識長慶寺之始末并寺始末之異

太傅何文毅公崇祠碑記　右藩李佺臺撰

粤稽人君報功於大臣生建第殞建祠以勸忠貞以勵不朽大臣者能始終純正格君心於無過造天下以永安康受享無愧惟我昆柱老師柱石三朝成開泰保泰之功際否往大來之運而猶以兵燹未息佐先帝宵旰憂時雖值多艱而不致震皇以為有相公在也公謙讓不居先後蒙恩延賞頒賜多遜巡辭謝不敢範圍哉成相業無比其廉介至今亦罕有爾頃崇祠大典安可缺乎公家世金

谿緣侍公父思泉公作揆借胞弟少司空何公名柱諱宗聖負笈遊隨遂寄乘龍於雙溪王公挾匡廬靈秀下睢於龍居鸚鵡間而漢東名士皆從遊弼一鄉一他人謂三難楚之有材於焉益振公夙負神解乙酉舉於鄉乙未成進士選入詞垣歷歲畢要茂躋台輔方切大猷允升之思初皇祖寬政省刑凡考選惡文之命歷數年未邀俞旨公徵用封試諸卷乃獲疏通由此得建明者數十蓋水柔火烈賴有攸濟丙午己酉入闈三旦尚惜重士[illegible]

大振倫鑿明揚側陋力拒貪緣與援者亦爲斂乎
會孝元孝和兩宮相繼崩逝內外流言謂撫孤無
策公獨密疏付范宜慎皇祖避之先帝乃安當天
啓緊衙行保稷法以見數均分復四民之業書不
云乎以親九族九族既睦黎民於變時雍於公見
之當先帝之在青宮值公掌容臺纂偶傳旨俾題
請某差畀某皇親之親公輒繳還云固不敢宣洩
以損殿下之明亦不敢曲從以傷臣子之節其忠
世不阿難太子不事因是先帝益篤重舊臣首晋

公禮部尚書東閣大學士天下蒼生以安石既出
可立致太平無何先帝賓天公哀感欲絕屢辭不
遂且屢然請之命而行人司斗望揚公鄉命詔蹌
辛酉冬邊陲失守人情洶洶公慨然疏道指擬授
備平章軍國任御簽懇辭爲之權壬戌春奉命典
試禮闈錄四百人皆俊乂向之薛卞遺珍一時見
采凡公之晋階臨對如左誥封父祖曾祖嗣曾祖
計四世正寵守有寧謚之機廟廊有清和之日不
謂公鞠躬盡瘁與論綸扉朝野悲悼遺疏九重載

在國式眷并卉大計勳閥社稷無事茲賚廷遣行
人司覩眉歲公變造馳驛還籍首丘秩贈太傅謚
肅文蔭一命而再命而傳而俯謙光懋德令始
令經誕生毛伯仲叔季四昆玉女三人各作配
名閥皆元配王太夫人出室無媵妾堂不施馬依
然布衣寒素三十年如一日也且遺命諸郎君以
未竟韓范之功慎勿事豐侈鄉值松楸一壞愛鬣
而已是以諭葬論祭大典業奉命吉遣太常寺太
虚曾公諸臨造葬當通會藩司而未皆請以撫臺

中丞唐公按臺又希宋公暨藩臬郡伯諸有司念
公潔身浴德正色立朝淡於求名拙於求利特題
題請郎前經奉旨內造葬若千金折餘祭增若千
金有差僉委如本徐州守鳩工庀材移建崇祠於
頖宮之左崇建太傅坊於州治之南蓋與家謂
有裨風化云獨設春秋祭典及奉祠門役編載全
書歲錢糧若干以垂永久郡邑兩庠諸生暨薦紳
紳耆公舉太傅碩德各奉公神主從祀鄉賢祠學
閱呈詞數俞其實匪有溢美公營建應山之境食

詞呈請承著守祠青衿於隨之州庠承著墳戸青衿於應山之縣庠焉茲祠工告竣屬佺塈記其事佺塈辱在門牆親炙盛事敢不揆序一言然公實華袞佺臺而佺臺不文掛一漏萬不能道萬一抱慚良多所賴口碑不朽云爾公諱宗彥字君美號崑柱出賜進士出身與慶常歷官十三任時崇禎九年丙子歲秋九月也

漢東編年志後跋　　知州任　德

夫非易則天道闕矣非書則王道寂矣非詩則風道寢矣非春秋則左道昌矣非禮樂則和敬之道隱矣世有先後其理埒也人有今昔其心埒也紀有洪纖其道埒也然則斯志之作其亦有所感也夫

後跋

不佞廷諫髫年時濫習顏父毋淮漢名園成舉降谷間去隨走集不啻數百里穩交老之傳聞錚錚

欲式廬無繇適今上四十有一年承乏若州轉又一年郡文衡朱大人訛漏我州志謂其華倒做體麟經雖有當於作者之軌第郡國守相暨三三大夫思以備考掌故未備也時以月觴州守趙使君唯唯由腹笥應之如響竣役間不佞諫披對三閱極知夙志草具顏父毋淮漢筆趙使君葺潤便犁然全壁不謂顏父毋有介光不可因惟顏父毋獄祠知許時梓里西園薛署吏選君曾讀何誠許西京玉華顧姑蘇兩公評夙已識顏心爲之私折久

之命[illegible]謂我滌之亳甫成方鴉傳不直武人石[illegible]
[illegible][illegible]復中[illegible]請命發獲令轆轆西東禔彌百餘祀
迺一[illegible]日[illegible][illegible][illegible]萬姓不惜一身寧爲玉碎勿爲瓦
全[illegible][illegible][illegible][illegible][illegible][illegible]安乎夏不復諫揮[illegible]涸塵諸生
[illegible][illegible][illegible][illegible][illegible]舊[illegible]至於亡禮節燼餘稿樂府諸篇
[illegible]古[illegible][illegible][illegible]其人品學業已足千古烈志而[illegible]也
[illegible][illegible][illegible][illegible][illegible]餘[illegible]使斯勢使然借道使君袤[illegible]乎
[illegible]之[illegible][illegible][illegible][illegible]所作[illegible]知無以相難者雖然力用
不[illegible][illegible][illegible][illegible]貴過合[illegible]獨仕然哉淮漢頻交毋起

家[illegible][illegible][illegible]丁[illegible][illegible]遠今幾許年而郡文衡朱大人
提[illegible]講[illegible][illegible]建使君不吝情雅[illegible]才操五寸管不
日相厭[illegible][illegible]後[illegible]筆生平藏心竭日[illegible]衛誦盛事
其遇合之奇有[illegible][illegible]謹跋
萬曆[illegible][illegible][illegible][illegible][illegible]隨州儒學學正亳州謝廷諫
識

[illegible][illegible][illegible][illegible]本[illegible][illegible]變　冢谷子

漢[illegible][illegible][illegible][illegible][illegible][illegible][illegible][illegible][illegible][illegible]楚郡[illegible]多書山澤之
氣通荊襄民俗之風鄭伊洛近隣湖北歐陽子過
化之鄉追隸河南尹師魯閒居之地撫臨兩邑
厲三芒鳳池題進士之名雪竇職文侯之第劉氏
文房之舊跡何其邈哉邢均和叔之遺蹤未盡善
也今逢林守稚號木軒輿祖其名朱進其字學優
則仕山別乘以推刑時至而行既作州而斂政有
懷召杜多識前言無愧黃龔敦行素履名聞四海
道重三山詞翰贍於蘇東坡清乎超乎文與可歌
康叔之五袴笑劉寵之一錢爲三省作試官與群

英立矜式欽泰治奉際離明福我隨民遂成謙德
聞詩聞禮嘗問一以得三玩象玩辭每裒多而益
寡陶後進作先覺士夫頌其剛明同寮服其果决
竟柔以教其知孔氏之心木訥近仁廟學延生之
絫立登要路達亨衢青霄看黃鵠高飛麗澤見
祥麟迭出居是邦也能不遺林下入富哉言乎當
去作朝中客端居師席自得隨珠知我者其惟春
秋勝已者莫如胥鮑倚猗綠竹載歌淇澳之章藹
藹白雲長指商山之皓五事脩乘資驪諒淺淺以

登大洪舉拳乎愛日梅邊覓句可繼述乎林逋柳
下繫舟將驛馳乎劉迥散雲湮於筆硯煥星斗乎
文章平夷寇以弗憚勞洗淮源而不辭遠西山險
阻除民欲聚之虐聲東野蕭條免戶丈叅之横擾
俛著農桑之實又成學校之文嗚呼爲政不難爲
臣不易盡忠報國以禮存心信五馬之足榮慎之
至也惟四知而可愧不曰監乎更喜無黨無偏有
爲有守廉頑立懦必聞夷惠之風稽古明經緯有
亘桓之志達可行之天下君子依乎中庸成始成

終必須至敬不憂不懼惟狂作聖一朝辭篆難留
刺史之車多士攀轅請著木軒之頌僕既聞此命
頗竭愚誠清水濯纓紀先賢之實行澧泉泚筆匪
小子之空言探三代之文風華六房之吏弊采四
方之謠語得百姓之驩心千載異聞式符公論一
時嘉會偶得真儒剪截浮辭常效伊周之法扶持
正道思爲房杜之徒噫嘻惟德有常建功不二彰
明此理復見斯人載月歸船奚待祇企之瞻望風
引領寧無數字之褒大陰之隨還如往古豐碑請

樹以表去思頌曰隨大爲國古稱義陽聖生炎帝
賢出季梁近隣郢鄂遠引荆襄是名大邦允可安
康古今太守表裏賢良堂堂大元蕩蕩中原隨爲
州治復作侯藩使君林氏雅號木軒登科從仕著
書立言才超邢恕傑出李繁彼美潁陰泮池遊泳
木軒屎止鼓瑟鼓琴鼓琴鼓瑟式昭德音講徹理
器欲正人心允懷尺璧不受兼金春風崇飛時爾
務施木軒屎止大闢嘉猷詩宗李杜文紹韓歐書
通詩易經學春秋典章既脩禮樂宜修漢東太守

江表碩儒作事謀始明著復初蕭然公館索爾芋
廬無毀無譽有琴有書美之至也君子人與陰柔
陽剛地久天長君子體之外圓內方居之無倦臨
之以莊激勸農桑捕獲叛亡林侯之德闇然日章
爲政三年日書萬言敬敷五教體用一源乃今解
組父老攀轅藝遊文苑名刻鈎垣當歌魯頌川美
木軒白雲飛飛綠竹猗猗有斐君子藹言柔詩憲
憲令儀悠悠我思先生升矣小子識之惟石可久
與山不移

文

明太祖諭僧無念文

佛生西乾爲淨梵國王子既長悲憫衆生罪重巍
由慈悲願海於是有驚於累世因緣遂入雪山修
煉屢劫六載道成歸演妙法天下咸聽其說也成
非非成生死死生其釋迦之道靈通上下妙貫三
界海被寰中此其所以稱尊大覺金仙爲此也邇
來靈通傳奏秘苑有僧無念者方念群僧中是僧
神僧者也陛下可召會之於是即遣內臣銑册星

馳數日抵武昌東上儲召起又數日達京師師日
面見朕日是僧無念高年其頂棚巍然他身俱脩
者嗚呼自童子忘欲至於壽高自受業而成人離
本僧之塵雲水寰中尋師問道謁高明不已方乃
內觀聽身外離身戒外無戒在處有佛又何指方
尋佛本性即佛佛外更求它佛又何佛之行哉今
無念定持巍山戒曜日月於斯之時獨出世俗亡
日脫去其名長壽如月在天世猶清水所在行水
無水不月豈不千江有水千江月萬里無雲萬里

[illegible]文關又寫者盡不初此[illegible]念者也

明太祖懷僧無念文

朕於庶務暇中將世人心意較之是非析之兩端
思之再三詳之不已其人之精意變態多端倏此
忽彼是非混淆紛然難析朕閱人既多歷事且久
尚不能治不善而不安善良於仁壽之鄉此累不
思古而有此耶抑人心不古而有此耶嗚呼靜觀
熟慮人之情意始古至今倏然忽然反覆不常艱
於治化古人有云犯刑憲如飲食疾善良如雖隙

信有之不誣也嘗聞西方有大聖人不教而自化
不治而不亂此大覺金仙之道也朕於繁慮中觀
禪佛之道者能如是快矣哉出三界而不輪迴神
通妙用無礙於上下逍遙乎兩間常云出世斯出
世也前者僧無念戒行精於皎月定慧無若巍山
暫來一會去比常懷懷之不已遣人就見特以松
實供之兼以詩勞之

傳

季梁諫追楚師 左傳

楚武王侵隨使薳章求成焉軍於瑕以待之隨使少師董成鬬伯比言於楚子曰吾不得志於漢東也我則使然我張吾三軍而被吾甲兵以武臨之彼則懼而協以謀我故難閒也漢東之國隨爲大隨張必棄小國小國離楚之利也少師侈請羸師以張之熊率且比曰季梁在何益鬬伯比曰以爲後圖少師得其君王毁軍而納少師少師歸請追楚師隨侯將許之季梁止之曰天方授楚楚之羸其誘我也君何急焉臣聞小之能敵大也小道大

淫道忠於民而信於神也上思利民忠也祝史正辭信也今民餒而君逞欲祝史矯舉以祭臣不知其可也公曰吾牲牷肥腯粢盛豐備何則不信對曰夫民神之主也是以聖王先成民而後致力於神故奉牲以告曰博碩肥腯謂民力之普存也謂其畜之碩大蕃滋也謂其不疾瘯蠡也謂其備腯咸有也奉盛以告曰絜粢豐盛謂其三時不害而民和年豐也奉酒醴以告曰嘉栗旨酒謂其上下皆有嘉德而無違心也所謂馨香無讒慝也故務其三時修其五教親其九族以致其禋祀於是乎民和而神降之福故動則有成今民各有心而鬼神乏主君雖獨豐其何福之有君姑修政而親兄弟之國庶免於難隨侯懼而修政楚不敢伐

何文毅公列傳　載先明國史

何宗彥字君美號崑柱湖廣隨州籍江西金谿人中萬曆乙未進士改庶吉士丁酉授編修丙午福建主考丁未轉中允己酉轉諭德應天主考辛亥陞左庶子癸丑陞詹事府少詹事掌翰林院事尋

轉正詹事教習庶吉士乙卯陞禮部右侍郎公歷仕二十餘年清恬一節而遇事公正不阿當萬曆中考選歷數載不下言路抱塞公徵用封試諸差通其窮而代藩爭繼秦藩月封中外以賄賂相煽公屹立不動先帝在青宮聞有稱令旨到部者郎時封還且客啓言不便先帝嘉納所裨益潛德甚微孝元孝和兩宮繼崩帝方在邸道路譫傳有爲撫孤之說者公密疏言付託宜肯是祖憲之已本廷推公抱於愚者於是自潰公掌公論益著庶

先帝郎位篤志舊臣首採廷議晉公禮部尚書兼
東閣大學士天下想望風采辛酉先帝襄祔禮成
加太子太保進文淵閣本年晉少保壬戌會試主
考壬戌成推恩總裁加太子太傅癸亥充宗實錄
成加少傅兼太子太傅改戶部進武英殿賜蟒衣
鞍馬皇子生復加少傅兼太子太師改吏部進建
極殿時東閣兩公推志匡輔必嬰王務憂憫之
懷形於詞色忽忽病卒上震悼將予甚厚遣行人
護歸贈太傅謚文毅公德器端凝涵養淵邃習禮

六年佐政三年知無不爲言無不盡一時推清執
者必首公云

祥異志

夫雖興邦庥獨禍國祥異之所由著也然罔若淑
而不召疇逆失而能存僶德謬歲召言聞星此何
以爾焉隨歷世既久隆替不一或禎或孽將亦槩
觀歟余則曰勤盡人事而已天道無親常與善人
民無常懷懷於有仁又不獨崇炎塞變也志祥異
宋寧宗慶元四年旱蝗民愁知州趙方徒行四郊而
奏一夕大雨蝗死歲熟
元成宗元貞元年五月野蠶成繭亘數百里民取爲
纊
明永樂十一年正月辛卯日有食之
成化四年五月庚申雨雹大旱饑七月有星孛於台
斗
七年春有星孛於天田
八年有星孛於軒轅
弘治二年雨豆種之不實

七年三月己卯朔日有食之
正德元年七月有星孛於北斗
二年正月乙亥朔日有食之　三月儒學產芝二
本
十月花盛開　鍼箕巷張必顯妻崔氏生龍長二
寸暴死
十一年八月庚午星隕有聲如雷　六月乙巳朔
日有食之
十五年三月癸丑朔日有食之

嘉靖三十年正月地震
大雪四月大雹　五月有大星隕有聲如雷　墜大
雨雹
七年五月辛未朔日有食之
萬曆四十四年八月蝗蝻蔽天
四十五年冬地震有白氣如練月夜見於東方
月餘乃退
四十七年夜地動　十二月二十夜四方有赤光
如劍形

天啓四年州北花園鋪民家產雙頭牛
五年唐縣鎮雨豆形如彎豆灰色
七年唐城河民家產麒麟　冬日有食之聲晴失
明
崇禎四年七月地震
五年冬月雷
七年虫蝗蔽日
九年五月地震聲響如雷牆屋皆動
國朝
順治三年犀見於隨之大洪北　傳云隨犀見前朝
利於山行後虎狼多所搏噬信然
隨治西北九十里蓮花寺有娑羅樹一株東西二
幹圍丈餘蔭可二畝宋遺產也明崇禎末東幹
稿死至今
康熙二年忽長新枝踰年遂欝葱如前遠望如蓋行
者藉休息焉又其木不可以薪燃之則氣味不
堪入鼻故樵者不取欲取其子須募往尋之聞
人聲則不見其靈異如此

隨州志卷之四終

荊楚文庫

〔乾隆〕隨州志

〔清〕張璿 纂修

《荆楚文庫·方志編》編纂組

組　長：劉偉成　陽海清（執行）

副組長：劉傑民（執行）　王　濤　謝春枝　郝　敏　嚴繼東　范志毅（執行）

參編人員（以姓氏筆畫爲序）：

王　濤　李云超　宋澤宇　范志毅　郝　敏　柳　巍　馬盛南

陳建勛　夏漢群　梅　琳　陽海清　彭余焕　彭筱濰　楊愛華

雷　静　劉偉成　劉傑民　劉水清　謝春枝　戴　波　嚴繼東

編　審：周　榮

顧　問：沈乃文　李國慶　吴　格

前言

《〔乾隆〕隨州志》十八卷首一卷，清張璿纂修，乾隆五十五年（一七九〇）刻本。

張璿，字玉衡，順天宛平人，舉人，乾隆五十三年（一七八八）就任隨州，官至國子監典簿，有《太學典祀匯考》。志前『原起』，记隨州前志之概要，分析鞭辟入裏。隨州永樂即有修志，後成化十三年（一四七七）伍希閔、嘉靖十六年（一五三七）任德皆有修，萬曆趙士貞改顏木《漢東志》分類以進，又成一書。入清，有康熙五年劉霦重修新志。『邑志自康熙劉霦修後，歷百年有餘，未曾補輯』，張璿署隨州知州後，詳考諸史，參以他書，補闕拾遺，至乾隆五十五年成此志。

是志卷首列疆域圖、城池圖、衙署圖、學宫圖、夜光池、厲山圖、洪山圖、七尖峰，共八圖，較前志詳實。其後分六門：輿地（沿革、星野、疆域、山、水、風俗、物産、古跡）、建置（城池、廨署、壇廟、坊表、舖遞、塘汛、津梁、里甲、學校）、田賦（户口、田賦、倉儲）、官師（官師、名宦）、人物（帝紀、選舉、耆舊、孝義、列女、流寓、方外）、附志（墓域、寺觀、災祥、摭史、雜記、藝文）。其所采輯劉志『十居六七，閒有删補必確有依據』。是志體例有所變更，然較康熙志門目更顯清晰。其文間附考證，皆確有據，筆間可見其琢磨頗深。内容選取亦有章法，如『名宦人物，於宋元前以史傳諸家爲據。耆舊則全録本傳，名宦則節取其在隨政績，無則缺焉。自明以後則本舊志及湖廣通志、德安府志而參以碑版家傳，必確審其虚實，然後書之。』更難得者，於不可考者亦分别註明。藝文選取可與山川景物相參考者，慎擇而取之，寧簡而精，毋濫而雜。

《中國地方志聯合目録》載：國家圖書館、中科院圖書館、故宫博物院、一史館、天津圖書館、湖北省圖書館、湖南圖書館（殘）皆有收藏乾隆五十五年刻本。經比對，天津圖書館藏本葉碼完整，品相較好，兹據以影印。

此藏本首葉鈐朱文長方印『任振采所攷方志之一』。首卷卷端鈐朱文長方印『天津市人民圖書館藏任氏天春園捐贈圖書之章』。證此本曾經任鳳苞收藏。任鳳苞（一八七六至一九五三），字振采，江蘇宜興人，銀行家，私家藏志巨擘。民國十七年（一九二八）遷居天津後，辟天春園，藏明清方志兩千五百餘部，中華人民共和國成立後捐天津圖書館，是志當在此列。（宋澤宇）

目録

原起

隨州志始纂於明成化十三年知州伍希閔繼修於嘉靖十六年知州任德又有州進士顏木漢東志爲世所稱然考任志即顏氏書也其書破分類體作編年例自謂抑揚徵婉竊比春秋至萬歷間德安守萊徵州志見之以爲體制非宜命知州趙士貞增修之士貞即改竄顏志分類以進遂刊爲成書而漢東舊志面目已失崇正末板毀於兵火

本朝康熙五年知州劉霦重修新志其時各志尚存如論鄉鎮而曰考永樂舊志云云則永樂朝已先有志但不知何人纂修又所叙述皆於明初特詳而成化後反畧至宋元以前則略無考證山川地里譌漏尤多惟城池廨署舖遞賦役官師選舉諸條最爲詳備玆所採輯十居六七間有刪補必確有依據非敢游談聚訟菲薄前人也

衡齋璿識

凡例

一志必分門類斯有條不紊玆約舉其綱有六曰輿地曰建置曰田賦曰官師曰人物曰附志其目各以類從

一沿革爲全書綱領歷代隸屬不同名稱互異一有譌漏凡事罔所據依玆詳考諸史參以他書先列表以立準而後山川人物職官事蹟庶不至與他邑淆亂

一疆域以今制爲準如古平林縣境今半入應山州之西南有古蔡陽縣境北有義陽縣境凡山川事實之涉其地者必嚴爲考定在我者弗致漏遺在彼者弗敢濫入

一山有枝榦水有源流分合弗可紊也今山約分數支西南以大洪山爲主而諸山之東北行者以次書北以太白山爲主而諸山之東南來者以次書其所在之地及高卑形勢距城道里遠近悉詳述之水以溳水爲綱諸入溳之水從之其不入溳者附焉均注其發源之山所過之地分派合流之跡其或逼塞異形今昔改道亦必備述焉

一鄉鎮坊巷里甲戶口俱依現在州册分定其有與舊志異同者以次注之

一田賦俱遵賦役全書原委次第編列其有近日奉文裁改者則依新例而仍注明舊例于本條之下

一舊志職官于五代以前頗略茲詳考史傳爲補入者三十五人去其不繫于隨者三人若宋世大臣謫居外郡本非官僚且有帶他州官銜而安置此地者亦有以崇信軍屬而安置他州者舊志悉入職官不考甚矣茲去其非州官屬者六人謫於隨而未至州者二人增入七人爲改正名銜者三人其無考者姑存之

一祀名宦于學宮之左禮也志名宦者因之第州所祀不過十餘人而自漢以來德在民心功在城社及身殉國難者後先相望也故舊志以何文毅公所定之六十一人附焉然而事實鮮徵恐啟附會之漸茲必考其實有政績在隨方爲立傳非敢進退前人亦以是非有同心也

一他志人物皆分類固仿史體但儒林忠節之屬在國

史自當分別書之若郡邑志則皆此邦之彥也故概目之以耆舊此外惟割股還金之屬一節可傳不能概附于耆舊之列故別出孝義一門

一我州爲炎帝毓聖之區首出庶物功德自當備載故謹依史例別立帝紀在列傳之前至如元季明玉珍雖係僭竊而其子明昇已歸命受封其事亦不可盡泯故亦從史家載記之例以附于後

一名宦人物於宋元前以史傳諸家爲據耆舊則全錄本傳名宦則節取其在隨政績無則缺焉自明以後則本舊志及湖廣通志德安府志而參以碑版家傳必確審其虛實然後書之無敢溢美至若其人尚存則行難預定例不立傳

一流寓無論其人何如必取事蹟足述者書之若事無可見雖如种諤韓川輩俱以大臣謫居此州亦秪隨事附見不必立傳

一書既分類則所採史傳諸家各以類從而此外又有無可附者因復別出一目於史傳則曰摭史於諸家則曰雜記彙而次之以存故實

一著述家紀載浩博不無譌繆惟賴後人爲之糾正茲既參考羣書以求確實則前人之誤易見因隨事校正而附辯于各條之下以質世之博雅君子

一志載藝文以其與山川景物可相參考也州自李太白歐陽永叔而外傳作寥寥自明而後紀事之文遊覽之作亦頗不乏矣與同事愼擇而取之寧簡而精毋濫而雜

一郡縣志數十年一修前後各書具在凡志中稱引前志者例挈以修志人姓名恐相混也今隨州自明有

伍希閔任德趙士貞諸志俱已無存今所據者惟
本朝劉霦一書而已故凡有引據但稱舊志

一隨字於隋唐二書作隋然水經注出之魏世巳作隋郡隋縣顧亭林謂古人二字通用今但有所引據各照本書不妨一篇之中隨隋互見

隨州志纂修名目

纂輯

隨州知州　張璿

叅訂

舉人　羅世材

舉人　蔡兆桂

正藍旗教習　儲嘉珩（拔貢）

副榜　程士權

副榜　許珩

生員　梁崇

監修

學正　馮修詩

拔貢　定元文（江夏縣人）

署吏目　吳鵬

梅坵巡檢　吳正信

經理

羅平州吏目　徐昌堯

捐職從九品　劉世佩

生　員　蔣秉義
生　員　羅維容
生　員　劉華珍
生　員　倪　元
採訪
拔　貢　羅世棠
歲　貢　汪　棟
歲　貢　楊聯芳
歲　貢　匡毓元

武　舉　萬世淸
捐職理問　呂守正
監　生　趙　齡
監　生　吳開建
監　生　萬　棟
監　生　劉華瓊
監　生　呂守素
生　員　謝　佑
生　員　周克敬

生　員　何懋允
生　員　吳之璉
生　員　倪　光
生　員　羅士玉
生　員　謝坦夫
生　員　劉世俠
生　員　羅世楠
生　員　吳國奇
生　員　薛登鰲

監刊
訓　導　余宗曾
署吏目　張力勳
校字
廩　貢　羅世彬
生　員　呂　岱
生　員　吳士瑋
生　員　徐廷楠

隨州志目錄

疆域圖

河南信陽州界
桐柏界
合和司
太白頂
沙河店
淮河店塘
分州署
田上山
小林店塘
宋家湾
万和店
道家林
江頭店
天河口
二道河
劉家河
太山店
厲山店
殷家店
石門塘
七姑店
打鉄店
涼水鋪
田山
朱家店塘
塔兒湾
万家店
岩子河
治州
連厨畈應山縣界
淅河店
淅河塘
石牌鋪
宮家店
洛陽店
安陸界
獨山
光花鋪
府君山
現光山
紫石鋪
石門鋪沙窩

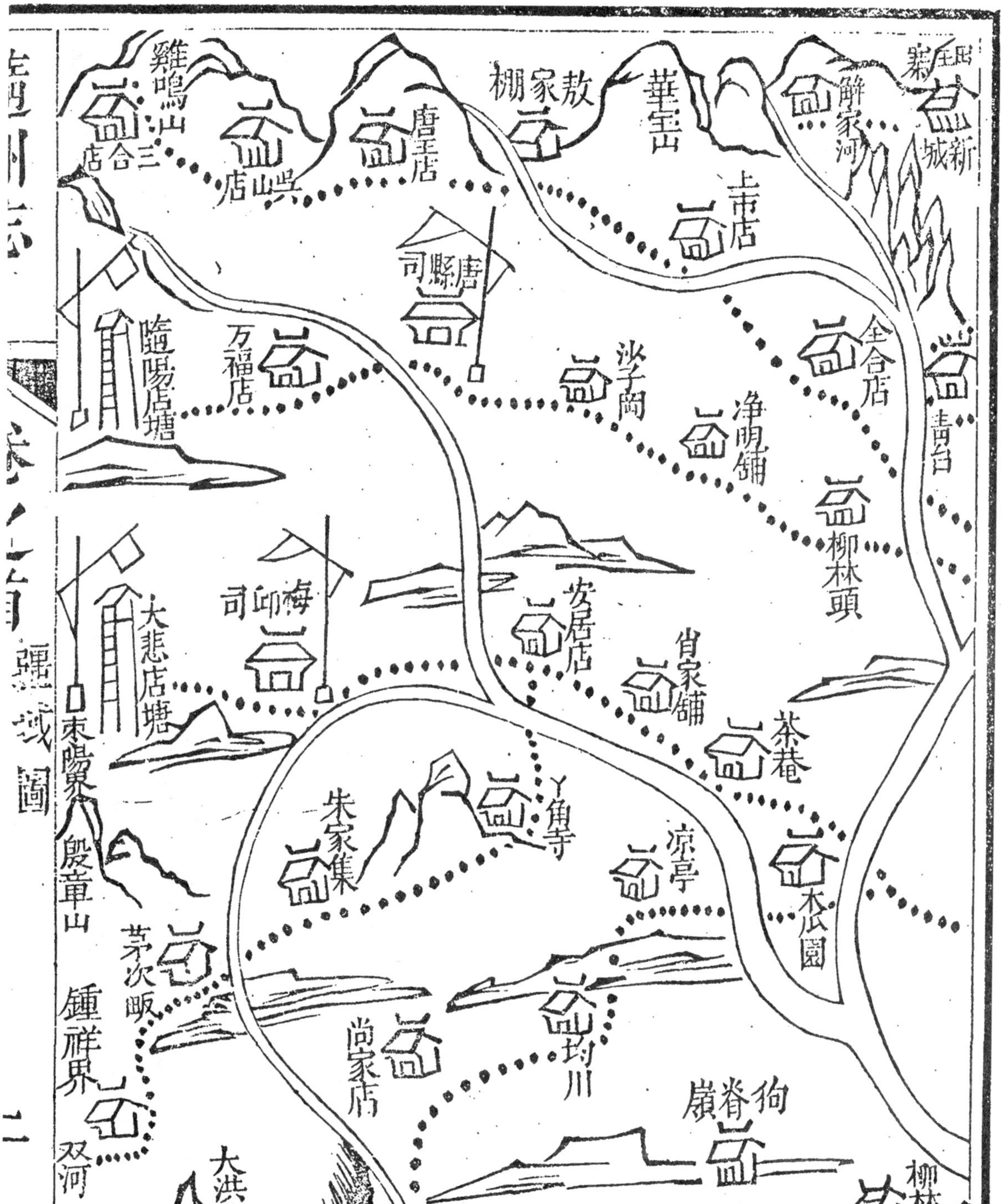
疆域圖
二
雞鳴山
三合店
吳山店
唐王店
敖家棚
華宝山
上市店
解家河
新城
唐縣司
隨陽店塘
万福店
净明舖
全合店
青台
柳林頭
梅邱司
大悲店塘
安居店
肖家舖
茶菴
東陽界
殷章山
朱家集
丫角寺
凉亭
杏園
茅次畈
鍾祥界
尚家店
均川
狗脊嶺
大洪山
柳林店
三里岡
張劉店塘
白龍池

隨州志　卷之首　二

城池圖

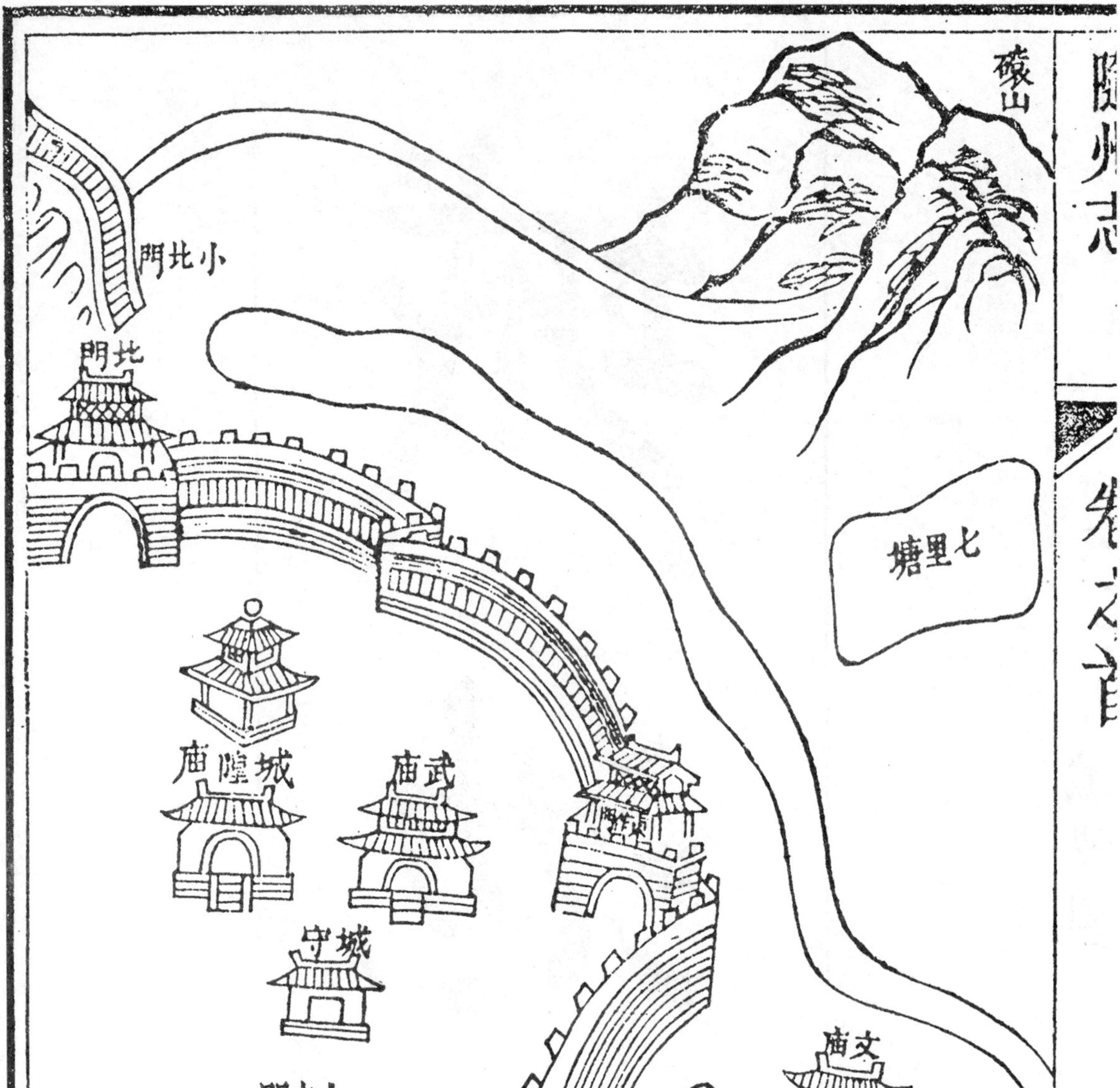
小北門
北門
七里塘
城隍廟
武廟
城守
大南門
文廟
文閣
龍會門
社稷壇
漢東門
襟漢門
聚奎門
先農壇

城池圖

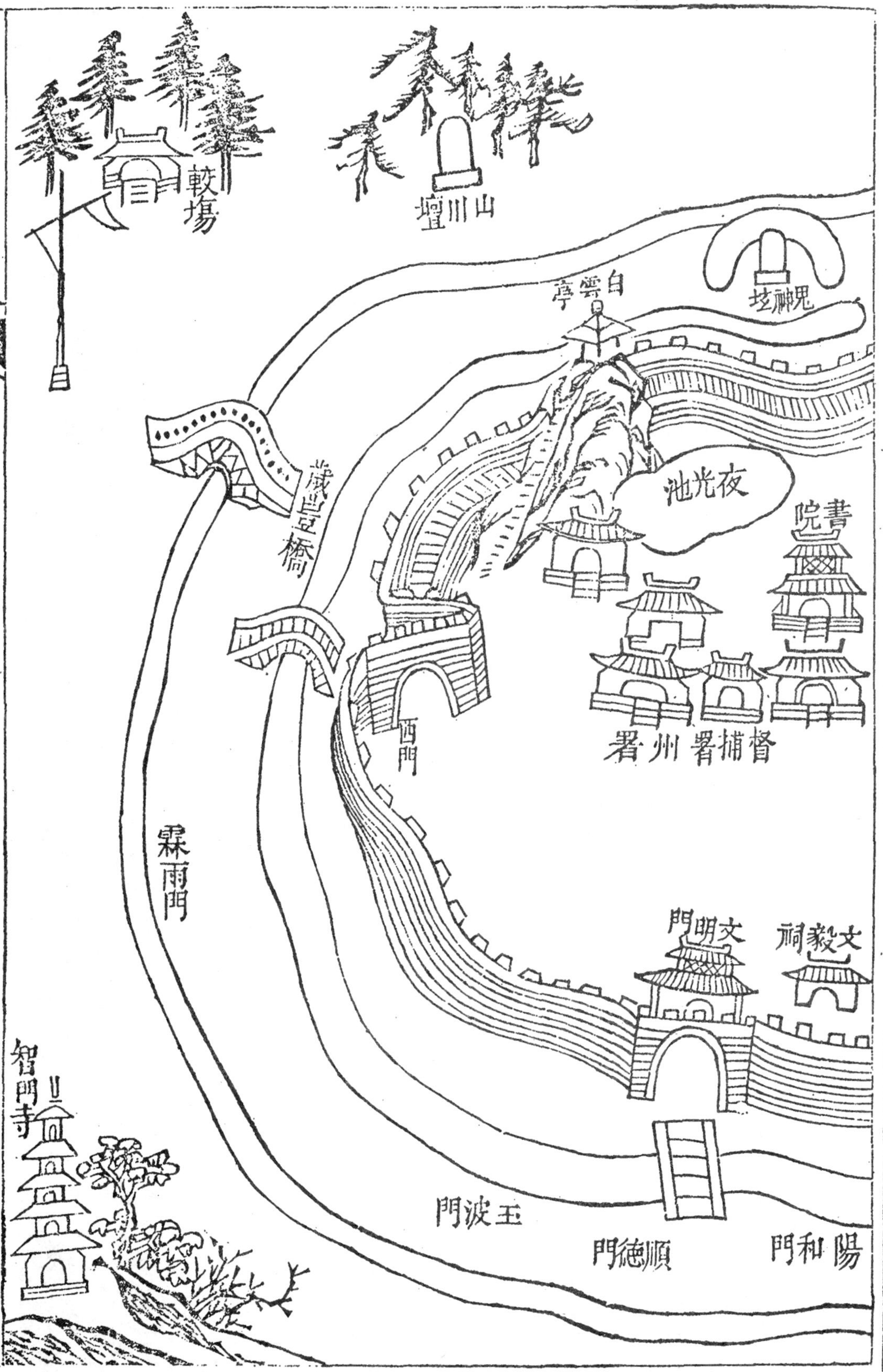

隨州志　卷之首

四

衙署圖

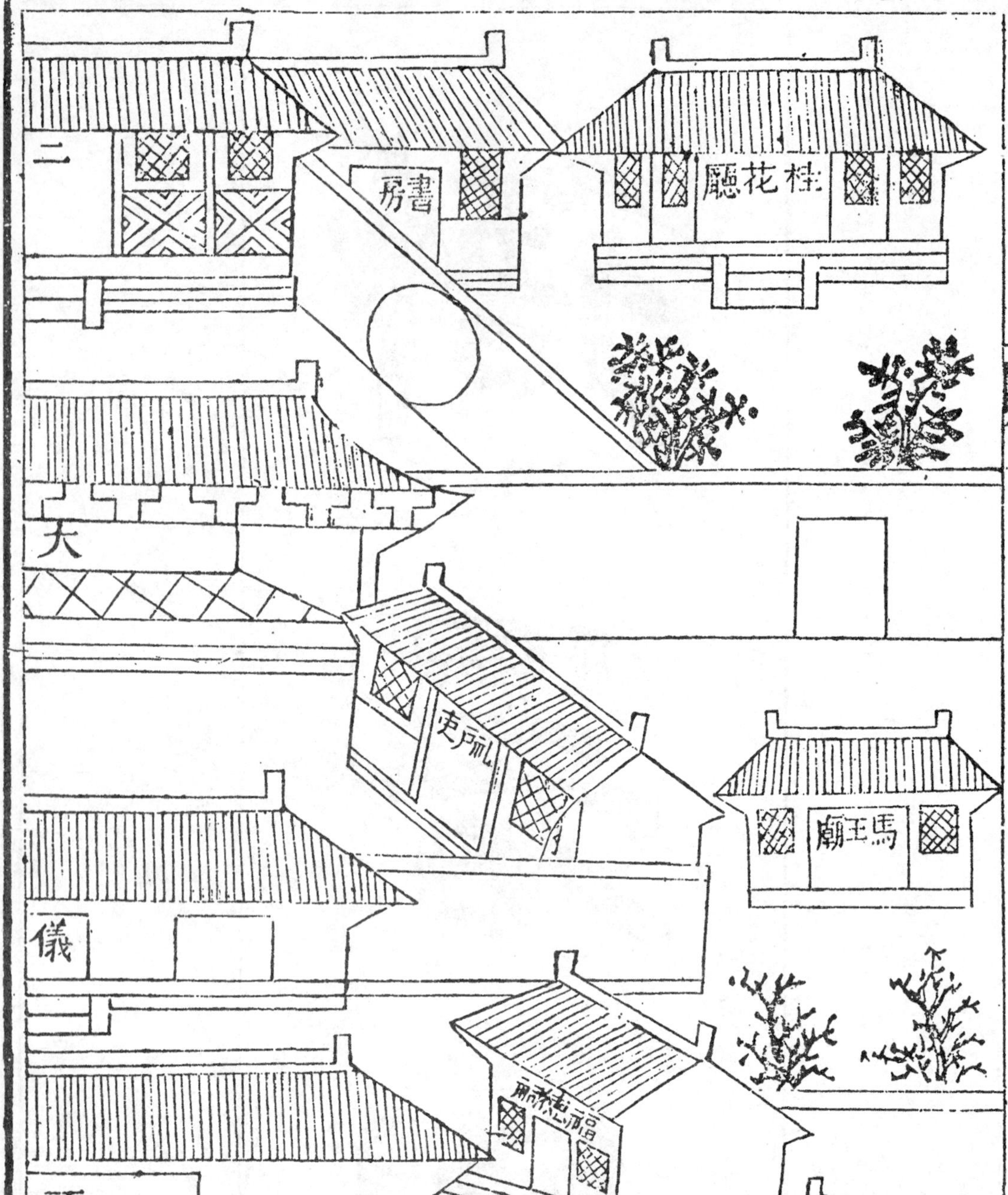
書房
桂花廳
馬王廟
福德祠
二
大
儀
頭

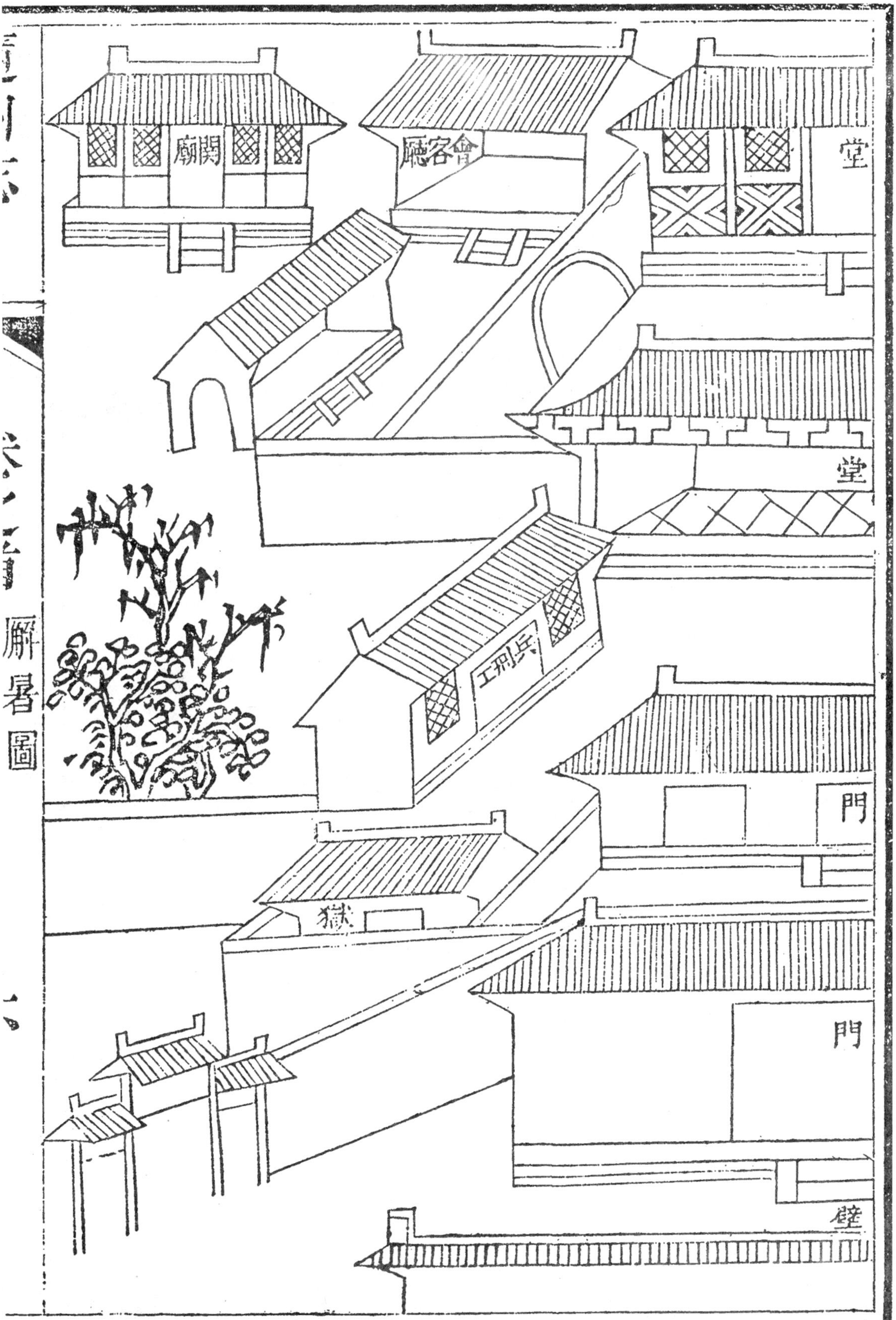
廨署圖
關廟
會客廳
堂
堂
兵刑工
門
獄
門
壁

隨州志　卷之首　十六

學宮圖

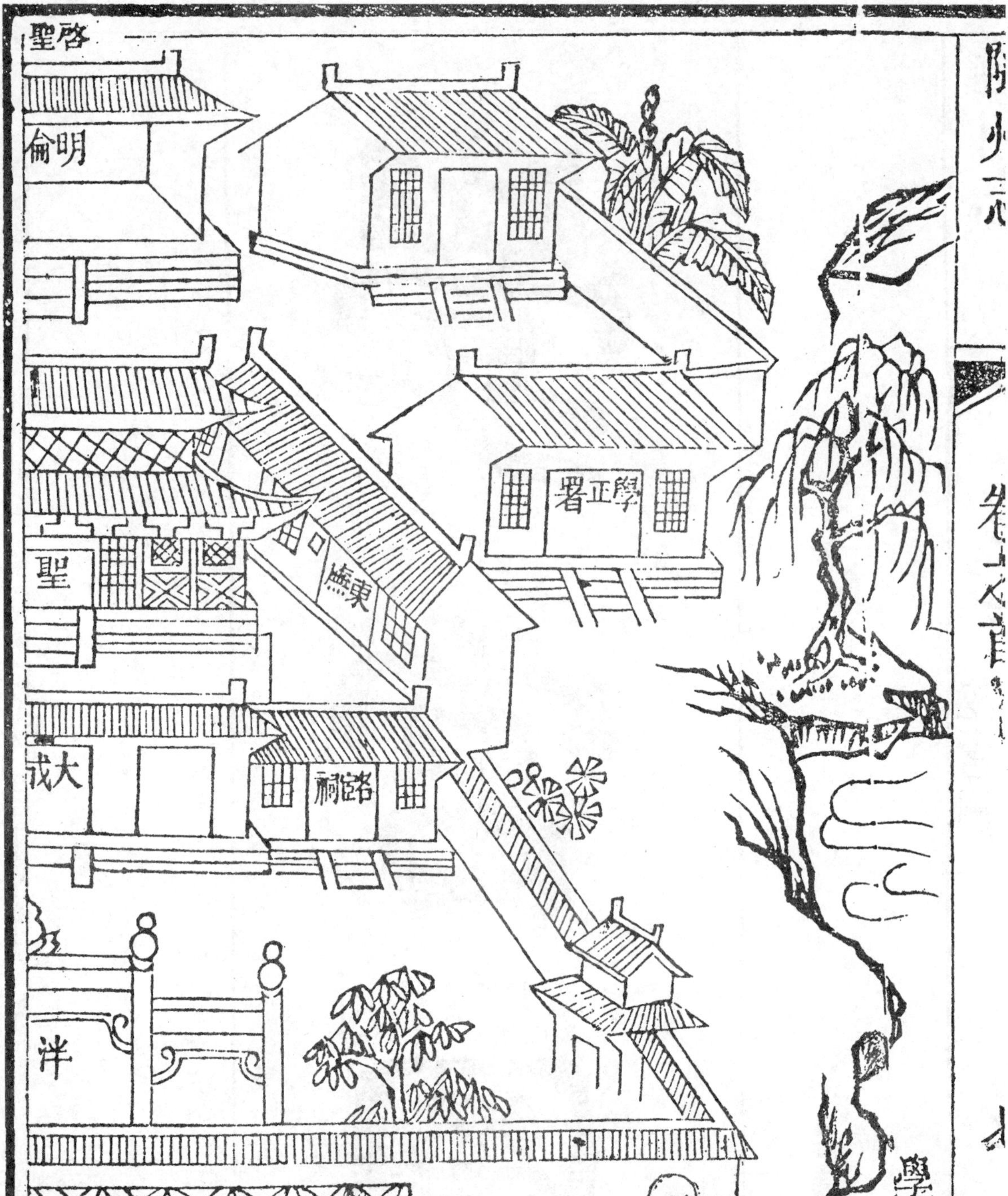
啓聖
明倫
學正署
東齋
聖
大成
名宦祠
泮
下馬牌
學濠
外

學宮圖
祠
堂
訓導署
殿
門
鄉賢祠
池
下馬牌
學濠
泮

隨州志　　卷之首　　八

夜光池

夜光池

隨州志

卷之首

十

厲山圖

厲山圖
神農洞

隨州志　卷之首　十二

洪山圖

盤石竹
瓔珞杉
洪山寺
劍口

洪山圖
大洪山
捨身岩
蓮花池
黃龍池
鼓楼台
鐘楼台
靈官埡
洗濼池
白龍池
蓮花台
長岡店

隨州志　卷之首　十四

七尖峰

尖峯寺
黄龍潭

青台店

随州志　卷之首　十六

隨州志卷之一

隨州知州張琯輯

沿革

漢東之國隨爲大昔人稱焉秦漢而後爲郡爲州各因其國勢而分合變置之一地之因革天下形勢所繫也我

朝仍明制以州之名而降隸於府非有所貶也托太平之宇正無事雄單重鎮以資彈壓耳志沿革第一

表

代	上古	夏	商	周
州				荊豫　文獻通考隨州下光化郷在東南三十里則荊州之域餘則豫州之域
國	烈山氏　左傳昭公二十九年杜預注烈山氏神農世諸侯			隨　始封時代無考見左傳桓王十四年始楚武王侵隨杜預注隨國在義陽郡隨縣　國滅年月無考　赧王三十五年地入秦通鑑楚獻漢北上庸地胡注漢北省三注漢水以北宛葉樊鄧隨唐之地按此則隨已爲楚滅至此始入于秦厲國地亦疑已入隨
邑				瑕　桓公六年左傳軍于瑕以待之杜預注隨地 速杞　桓公八年左傳戰於速杞杜預注隨地 軍祥　定公六年左傳敗吳師于軍祥　軍祥地理今釋在今德安府隨州西南

州	豫	
國	厲　始封時代無考　襄王七年始見春秋齊師曹師伐厲杜預注厲楚與國義陽隨縣東北有厲鄉　國滅年月無考	唐　始封時代無考　定王十年始見左傳楚子使唐狡與蔡鳩居告唐惠侯杜預注唐屬楚小國義陽安昌縣東南有上唐鄉　敬王十五年國滅左傳唐侯伐楚秦子期子虎救楚遂滅唐　赧王三十五年地入秦注見上
邑		

	州	郡 四十三年秦置南陽郡	縣
秦屬		南陽	隨
漢屬	荆	南陽	隨 厲 入隨縣 漢書地理志隨縣下有厲鄉故厲國自此始入隨爲厲鄉 唐 入蔡陽縣元帝時改屬春陵縣 地理志春陵縣下師古曰元朔五年以蔡陽白水鄉上唐鄉徙封春陵侯入爲侯國
後漢屬	荆	南陽	隨 後漢書郡國志隨縣下古隨國厲鄉在縣北西有章陵縣境光武建武六年改春陵爲章陵縣西南有蔡陽縣境水經溳水出蔡陽縣 按水經係後漢時人所作故知此時州境仍有蔡陽縣地
魏屬	荆	南陽	隨 西有安昌縣境文帝黄初四年改章陵爲安昌縣自此上唐鄉入安昌
晉屬	荆	南陽 武帝泰始中分置義陽郡 水經注分南陽東鄙之安昌平林平氏義陽四縣置義陽郡 按此則安昌平林二縣屬義陽隨蔡陽仍屬南陽	隨 西有安昌縣境 西南有蔡陽縣境北有義陽縣境東北有平林縣境 按義陽一縣五代建置不一此義陽在平氏縣南爲水經注淮水所經其南入今州北境後魏於此置淮南郡順義縣 平林縣後漢書章懷注平林在隨縣東北又隋書五代志平林下有漂水今漂水在州東北卽古平林縣境

太康中隨蔡陽改屬義陽

義陽

太康九年升隨爲隨郡王國宗室傳以義陽之平林一縣益邈爲隨郡王

隨郡 桓石虔傳有隨郡太守夏侯澄之則改郡置守已在京帝時但不知隨郡王邁何年國除

隨 後爲國晉書宗室傳隨穆王整薨子邁嗣先是整父望薨武帝追封隨縣王

厥 太康志義陽郡下有厥縣

宋　屬

荆

孝建元年隨郡度屬郢州

隨

元嘉二十六年爲隨郡王國文帝紀廣陵王誕改封隨郡王三十年改封誕爲竟陵王

宋初領縣當沿晉舊但州郡志隨陽太守下有隨陽闕西而無安昌平林二縣闕西即晉厥縣然州郡志云宋末新立疑厥縣於宋初曾省不知其併入何縣蔡陽亦不見於諸郡則州之西偏及東北境未考何屬

永光元年度屬郢州泰始五年還屬郢州元徽四年度屬司州

司

隨陽

是年改隨陽郡

隨陽 隨陽子相漢

隨縣

闕西 宋末新立

沈約自序云今志大校以大明八年爲正然志云宋末新立則非大明八年事今姑從元徽四年隨陽郡度屬司州後列隨陽

南齊　屬

司

昇明二年爲隨郡王國順帝紀改封南陽王翽爲隨郡王改隨陽郡當是改隨陽郡爲隨郡也

隨郡

建元四年爲隨郡王闕武帝紀帝

闕西二縣

隨

闕西

安化 五代志光化縣舊曰安化按齊書隨郡下亦無平林安昌

即位封枝江公子隆爲隨郡王
建武元年封皇子寶融爲隨郡王
中興元年七月梁克隨郡梁書武帝紀遣軍主唐修期攻隨郡克之
諸縣而平林縣隸東新安左郡雍州寧蠻府下有蔡陽郡當時蠻左郡縣錯置於諸縣界內則此時州境西偏當入蠻中

梁 屬

司 梁書無地志今據張纘傳及周書蕭詧傳俱有兼督司州隨郡之文則隨於梁代仍屬司州

隨郡

隨 又於此置曲陵郡又置北隨郡于厲鄉置上明郡於平林但梁代屬平林諸縣不見於五代志故寧鈌如

安化

定陽 又置北郢州

龍巢 置土州及東西二永寧眞陽三郡按土州以土山得名水經注均水東北逕土山北入淯又漳水出土山南南流逕隨

郡平林縣故城則土州龍巢當在州西境

後魏 屬

義陽

漑西 五代志後魏曰漑西置義陽郡水經注溠水東南過漑西縣按酈氏卒於魏孝昌三年即梁大通元年是漑西地入魏已在大通以前又按五代志西魏改漑西爲下溠

大統十五年拔隨郡卽梁太淸三年

幷 周書廢帝三年改隨州

隨郡

隨

新化 舊安化

漑西

漑西 五代志西魏析隨縣置漑西郡及縣此與舊漑西縣爲兩地

冀 廢帝三年改順州

淮南 五代志改梁北隨郡爲南陽郡析置淮南郡

厲城 五代志有厲城順義二縣又置安化縣隋開皇中改安化爲寧化大業初廢入其寧化縣

款 五代志改梁北鄖州為款州又尋廢為溳水郡

溳水

肆 廢帝三年改唐州

齊梁而後州郡滋繁南北僑置朝置暮更至難悉紀其刺史太守皆武臣兼帶漸非漢晉之舊本不必悉列第州郡之名雜見史傳建置之前後互異名稱之南北混同不為表出恐易淆亂故寧詳列

地無考故不列入

順義 在厲城縣北即晉宋義陽縣南境

安貴 五代志改梁定陽縣日安貴

横山 五代志安貴縣下又別置戢城郡戢城縣後改為横山縣

下溠 即義陽郡溳西縣改

洛平縣五代志開皇中改名上明有鸚鵡山又平林縣下梁置上明郡有漂水今鸚鵡山漂水近在一處是洛平即梁上明郡平林地但其地跨有今應山縣境故不並列

龍巢縣於魏代沿革無考

後周　屬

隨 隨升為州自此始

崇業

隨 新化

順

土 大象二年七月隨順土諸州入陳旋復之陳書宣帝紀周溳州總管司馬消難以鄖隨温應土順沔環岳九州內附隋書元景山傳城邑為消難所陷者悉克平之

淮南

永川 是年十二月以二十郡為隨王國隨之崇業順之淮南土之永川皆在焉

厲城

順義

左陽 改梁龍巢縣曰左陽廢梁三郡又有阜陵改為漳川縣漳川係漳水得名未考今在州境否

唐 省均款溳歸四州入

溳西

溳川

溳水

溳西

下溠 又置清嘉縣清嘉地未考何在

安貴

横山

洛平沿革無考

隋　屬

隋書地志雖分列禹貢九州然秪泛論風俗非有統轄故不列

漢東 開皇三年廢諸郡以隋州領隋溳西順州領厲城順義土

隋 廢溳西縣入

光化 開皇初改新化為光化

州領眞陽唐州領下溠安貴橫山其光化一縣未考何屬又改洛平爲上明當仍隸應州大業三年又廢諸州於㶏西縣置漢東郡

順義 大業中改厲城爲順義縣其舊順義廢入焉

唐城 開皇十六年改下溠爲唐城

安貴 大業初廢橫山縣入

土山 開皇初改左陽縣爲眞陽大業初又置眞陽爲土山州

平林 上明二縣隋書亦隸漢東郡但其地不全在州境注見後魏

洛平縣下又州西南有春陵郡清潭縣境五代志清潭縣下有大洪山

道 州 縣

唐 屬

山南東道 武德初置山南道開元二十一年分山南爲二道隋隸山南東道方鎭表作至德二載

隋 天寶元年改漢東郡尋復稱隋州

隋 上武德四年省安貴縣入五年省平林順義縣入焉

光化 上

唐城 上唐初併棗陽開元二十六年以客戶析棗陽地復置

寶應元年改隸淮西節度使元和十年分山南東道爲唐隋鄧節度使十一年廢三州節度使隋隸彰義軍尋置唐隋鄧節度使徙治隋州十二年還隸山南東道

後梁 屬

五代史職方志云自唐有方鎭而史官不錄於地理之書以謂兵戎之事非職方所掌故也又云五代短世無所遷變故亦不復錄

隨

隨

後唐

光化

漢東 改唐城縣置

後晉

隨

隨

光化

唐城 改漢東縣置

後漢

隨

隨

光化　漢東改唐城縣置

後周

隨

隨

光化　唐城改漢東縣置

隨

隨

光化　唐城

宋　屬

京西南路

隨

崇信軍乾德五年置崇義軍太平興國元年改崇信　按此時軍州並置非有統隸五代史職方志亦云今罷軍者徒以虛名爲府州之重故州軍並

列一格

紹興初革隸京西安撫使制置　德祐元年五月入元

隨

隨有三鍾山厲山

光化有錫水熙寧中併入隨縣

唐城有溠水併入年分無考

元　屬

府　州　縣

德安府隸湖北道宣慰司尋改隸鄂州行省又後屬黃州路又改屬荊湖北道隸河南行省戊申七月明鄧愈克隨州隨入明

隨

隨

明　屬

布政司洪武初仍元制有中書行省十三年罷布政司

湖廣行省

府

德安府

州

隨州洪武二年省州治隨縣入九年四月降爲縣屬黃州府

	黃州府	隨縣 十三年五月復升爲州還屬德安
湖廣布政司 洪武二十四年以德安府改屬河南未幾還屬	德安府	隨州
大清		
湖廣布政司 康熙三年分隸湖北布政司	德安府	隨州
湖北布政司		

附考證

考隨於周末未嘗屬韓文獻通考云隨州春秋隨侯國後屬韓其說非也按通鑑周赧王三十五年楚獻漢北上庸地胡三省注漢水以北宛葉樊鄧隨唐地是隨先入楚後即入秦中間無從復爲韓有通考蓋因史記徐廣注荊州南陽屬韓而誤不知韓之南陽至始皇十一年始獻於秦其地乃今沁陽唐縣諸處時隨唐地入秦已久

舊志沿革中稱隨地屬韓史記魏入南陽以和徐廣曰南陽屬韓按徐廣注云河内修武古曰南陽荊州南陽屬韓地蓋言魏之南陽實河内修武縣以別於荊州南陽之地時爲韓有也作志者欲引廣語爲屬韓之證而反引史記魏入南陽語一語之中忽魏忽韓矣

考平林有兩地水經注章水出土山南逕隋郡平林縣故城西俗謂之將陂城與新市縣接界故中興之兵有新市平林之號新市在今京山縣北土山章水俱在隨西南三十里外實去新市不遠爲漢平林地無疑但平林於漢不爲縣置縣自魏始晉仍之以隸義陽郡則其地又不當在隨西南五代志上明平林縣下有漂水鸜鵒山今漂水鸜鵒在隨東北百餘里兩地相去遠甚而隨縣實界居其中不得合以爲一竊謂義陽郡之所屬在今隨境東北者爲魏所置之平林縣章水所逕在今隨境西南者爲漢之平林聚兩平林似不相因革惟酈氏言是隋郡平林縣故城則必宋齊之世亦嘗置縣隸隋郡而宋齊州郡志五代志俱無所見其建廢無可考矣

考隨之北境有古義陽縣地按義陽魏置本義鄉地山海經淮水出餘山在朝陽東義鄉西是也有大義山水經注溳水出大義山南至厲鄉西賜水入焉水

出大紫山分爲二水一水出義鄉西南入隨是也水經淮水逕義陽縣故城南東過江夏平春即信陽州縣北注晉泰始中割南陽之安昌有古上唐鄉平林平氏即桐柏縣義陽四縣置合此數說觀之則義陽一縣在平氏南上唐東即今唐縣鎮地平春西厲鄉北實今州北之合河淮河店祝林總地其故城則在淮河店以上淮水之北桐柏縣東南境今人但知信陽州爲古義陽而不知信陽乃隋之義陽郡而非魏晉之義陽縣也太康志晉義陽郡下無平春縣宋始有平陽即平春改名隋大業

初始於此置郡而以魏縣置淮南郡順義縣於是義陽之名始專屬之平春矣

考隨境有兩澨集韻音闞西縣一爲晉厥縣宋曰闞西後魏爲澨西西魏改下溠隋改唐城此一澨西也在舊上唐鄉地今唐縣鎮今隨西北九十里西魏既改澨西爲下溠又析隨縣置澨西郡澨西縣在今隨北四十里此又一澨西也隋開皇中復併入隋縣

此外有南義陽郡之闞西縣梁書沈約傳稱蔡興宗爲荊州引爲征西記室參軍帶闞西令是也此闞西僑置今江陵縣境故秩官志不列沈約名

考隨境有兩安化縣一爲齊縣西魏改爲新化隋曰光化此一安化也齊置而魏改在今隋南三十里又順州安化縣西魏置隋開皇中改寧化大業中廢入順義縣此又一安化也在今隨北二百里

舊志兩澨西兩安化直混爲一故既詳注表中而復申辨於此

考上唐縣水經注溳水東北逕上唐縣故城南本蔡陽之上唐鄉舊唐侯國五代志唐城縣下後魏曰澨西西魏曰下溠隋開皇中改唐城是上唐卽澨西地也而注於下文溠水又云南逕澨西縣西是澨西上

唐又較然兩地矣當是晉宋以後會置是縣而各志疏漏其沿革莫可見耳今卽溠溳二水以求其地溳水先逕上唐縣南而後受溠水當在今隨西安居鎮西北澨西卽今唐縣鎮也

今襄陽府志以唐城下溠二縣俱入襄陽縣境蓋因唐城之舊爲安昌而誤也安昌爲古白水上唐二鄉白水鄉固在棗陽境而上唐鄉則入隨州於後魏爲澨西縣西魏爲下溠隋改唐城水經注溠水南逕澨西縣西又溳水逕上唐縣南若以溠溳二水爲據則疆界截然矣

考隨西境有隋時春陵郡地西北唐縣鎮之爲古上唐鄉也以溠水所逕而知之西南環潭以西之爲清

潭縣也以大洪山而知之於漢俱爲蔡陽縣地

古今郡縣屢更山川不易志家當以山川分郡縣之疆域不可因郡縣而迷山川之實地如今棗陽縣之爲漢春陵蔡陽也夫人而知之然其地有越入今隨州境者不可不辨襄陽府志據水經注以蔡陽之白水上唐二鄉置安昌縣而謂棗陽有古唐國地據五代志春陵郡清潭縣下有大洪山而以大洪山溳水悉入棗陽言雖詳而實則非卽以酈注考之曰溳水出蔡陽縣東南大洪山東北流至上唐縣故城南舊唐侯國也又屈而東南流又溠水南逕㵐西縣西南流入於溳何嘗不明言大洪山之在蔡陽東南但溳水發源東南流入東北則已漸遠而㵐西上唐乃是一地㵐西在溠水之東襄陽府志於棗陽縣旣不載有溠水安能越溠而有㵐西地乎今溠水逕隨州唐縣鎭西東南流至城西四十里安居鎭入溳其上流距棗陽東界二十里其入溳處距棗陽東南界七十里相去已遠大洪山在隨州西南一百三十里其南

接壤京山縣境西北爲鍾祥縣境去棗陽東南境百里此皆不得誤屬棗陽者也又隨東北境有隋時上明平林二縣亦見於五代志漢東郡下然當時尚有厲城縣亦在東北卽古厲鄉地實在上明平林之西則二縣之在隨境者當不過北極鸚鵡山西盡漂水爲地數里而止餘皆入應山縣境此又不得誤屬於隨州者也

舊志以梁之平陽永陽魏之京池隋之禮山吉陽悉列沿革不考益甚京池卽平陽縣改與禮山同在今信陽州境永陽在今應山縣境吉陽在今安陸縣境皆距隨甚遠

星野

凡封域皆有分星以觀妖祥前世如梓慎裨竈之屬言天人之應若符節然一郡一邑之地於星度則杪忽耳能占候之歷歷不爽乎茲略摭諸志以備參考志星野第二

北斗

玉衡第四星北斗第四星曰權主荆州常以五卯日候之乙卯爲南陽星經

晉書天文志北斗七星二曰璇其分爲楚與此不合茲

取後漢書劉昭補注以占在南陽爲據

分野

南陽入翼六度晉書天文志

晉以南陽屬荆州故有入翼度之說自唐一行以山河兩戒定九州分野謂中國地絡在南北河之閒首自西頃極於陪尾故隨申光皆豫州之分宜屬鶉火而後世仍之始以南陽諸縣盡屬張宿舊志泛言隨應翼八九度連軫居巳垣之初以今日歲差之法較之則翼八九度已入壽星之次安得復居巳垣之初乎

布太微之政而在巽維外者鶉尾也故爲烈山氏之墟唐書
天文志

張亘南陽漢東與鶉尾同占仝上

唐書鶉火初柳七度終張十四度自滎陽南暨漢東盡
漢南陽之地按此則隨當在午巳二垣之閒入張十五
度餘

隋爲鶉火分唐書地理志

京西南路禹貢豫荆之域當柳星張之分宋史地理志

德安府屬之隨州張分明史天文志

明史柳四度至張十五度鶉火之次也按清類天文分
野一書成於洪武十七年此時西法未入中國故宫度
尚依舊法自西洋以中氣過宫而恆星亦有歲進之差
明史以崇正元年較定黄赤二道過宫交宿赤道鶉尾
起張六度五十一秒今
欽定七政全書鶉尾起星五度二十一秒則張宿已爲巳垣
中星

他志羅列天市垣之東西蕃九坎東之外星及緯星
之屬按天市象諸侯朝會在應門左右外星象諸侯
分土居列國緯星熒惑通主吳楚越以南俱無與於
一郡一邑故不贅列

疆域

王者無分民有分土以專職守歷代割界廣狹不同
今域奄有隨舊封而夸越厲唐二國幅幀幾六百里
牧斯土者亦動念於美錦之難製乎志疆域第三

隨州疆域東西廣二百里南北袤二百六十里編戶十九
里

隨有周時隨厲唐三國秦漢爲縣然漢時唐地入章陵

縣西南大洪山入蔡陽縣魏晉時北合河出山地入義
陽縣東北鸜鵡山地入平林縣隨縣所有東南盡今州
之境北至於厲山店西至於環潭而止齊梁而後析縣
七八至唐而俱併入隨然南之光化西之唐城則自爲
縣東有平林則又跨今應山縣境宋始併入光化縣至
明而唐城亦爲隨有此歷代疆域可考而知也以今州
境言之

東五十里至馬坪港爲應山縣界

東南七十里至涉窩爲安陸縣界

南六十里至張劉店爲安陸縣界
西南一百三十里至大陽山爲安陸府京山縣界
西一百五十里至大悲舖爲安陸府鍾祥縣界
西北二百里至吳山店爲襄陽府棗陽縣界
北二百里至界牌寺爲河南南陽府桐柏縣界（湖廣通志 德安府志）（舊志俱載北接河南唐縣界按今州境實不接唐縣諸志蓋仍明初未置桐柏縣以前之舊而誤也）
東北二百里至小林店爲河南汝寧府信陽州界
總隨之境爲方百里者六幅幀遼曠號難治故多設巡
檢司以資分轄明初有唐縣梅邱二巡檢司正統中增

置出山合河二司
本朝乾隆三十九年又增置州同一員分駐祝林總而移出
山司於高城爲高城司與吏目所轄地方共爲六總
祝林總州同分轄地方　小林店　四十里冲　淮河店
出山店　竹林總　鑵兒口　二道河　草店　王子
城　二郎廟　五水觀　塌石橋　寇家店　朱家店
毛家店
高城司分轄地方　厲山店　殷家店　白廟　巖子河
萬家店　天河口　劉家河　江家河　仁和店　七
姑店　石門　趙家河　謝家店　溳店
合河司分轄地方　溳河店　萬和店　青台　車家店
賈家店　月艮店　解家河　新集　界牌口　新城
楊家店
唐縣鎮司分轄地方　萬福店　隨陽　吳山店　新集
唐家店　汪家店　三河店　敖家蓬　太山廟　道
家林　全和店　上市店　何家店　淨明舖　溳子
崗　柳林頭　丁字店
梅邱司分轄地方　三里崗　包家港　長崗店　毛次

畈　新陽店　雙河集　烏龜井　新集　迎河店
大悲店　朱家集　鮑家集　淮河店　黃家集　梅
坵鎮　太和店　三聖菴　尙家店　土門　望洪店
吏目分轄地方　安居店　淅河店　洛陽店　塔兒灣
永興店　鑵莊店　浪河　青水河　沙窩　石門舖
紫石舖　云潭舖　雲潭港　光化舖　廟鹹舖　十
牌舖　張劉店　何家店　王家店　柳林店　李家
店　龔家店　古聖畈　謝家店　閻家河　蕭家崗
茶菴店　廻龍店　均川店

祝林在東北倚阻重城五水實三關之內鍵故隋開皇中於此置順義關焉合河在北界限荆豫地皆嶮隘宋時岳武穆部兵屢出桐柏戰信陽恆以此爲開道明王納言新城記言界牌寺一帶長林豐草一望無際於是築城以資控扼實州北之屏嶂也唐縣鎮在西北地接棗陽文獻通考謂自棗陽至厲山（今厲山店）九十九岡昔智謀之士多談漢東險阻如兵家設伏奇計又言有囊括之勢易入而難出則西北形勢益多阨塞可知其南有溠水左傳除道梁溠五代置下溠戍是州西亦爲隘道

梅邱在西南重山疊嶺古緣沔諸蠻藉阻之區宋時沈慶之宗慤等分道來攻由新安道（在今鍾祥縣）入大洪柳元景自均水出五水嶺（今名靈泉山）皆西南阻險吏目分轄在隨城南山溪綺錯界連安郢唐李白詩所謂三十六曲水縈廻是也宋元間青林諸山皆屯兵遺寨多存高城在東津阻漻賜地接鍾龍亦控禦所宜嚴也以今四塞言之

州治面拱隨城（山名）襟帶溳水而淅河爲之咽喉

西南大洪雄鎮翼以大陽大猿諸山巖巒阻塞棍樹埡（在長岡店）丫角嶺（在藥山）爲之隘道

西面橫亘界山表裏襄郢土門爲其隘口

西北疊嶺重岡度越溠溮石門三里峽爲關鑰

北面太白竦峙諸嶺鬱盤界限豫楚合河出山店爲之扼要

東北路通申應小林店王子城爲要道而五水關爲門戶

東及東南爲安應上游環以溳漻諸馮紫石爲通衢

南面山阜聯屬溪澗橫繞青林府君諸山爲屏障

道里

隨州在

京師西南二千七百里湖北布政司北三百二十里德安府北一百三十里

隨州志卷之二

隨州知州張　琚輯

山

馬氏稱隨地因山爲郡智謀之士多談漢東險阻如兵家詭伏奇計觀齊梁閒羣蠻負隅屢征弗靖其說信然今
國家承平日久林有靜柯山無駭獸重巖峻嶺咸歌蕩平又何險阻之足云哉志山第四

大洪山在西南百三十里一名大湖山水經注大洪山在隨郡之西南竟陵之東北盤基所跨廣圓一百餘里峯曰懸鉤處平縣泉阜之中爲諸嶺之秀山下有石門夾鄣層峻巖高皆數百仞許入石門又得鍾乳穴穴上素崖壁立非人蹟所及穴中多鍾乳凝膏下垂望齊冰雪微津細液滴瀝不斷幽穴潛遠行者不極窮深而穴內常有風勢火無能以經久故也涢水出於其陰故亦謂涢山晉宋閒羣蠻藉阻攻伐恒難柳元景宗慤諸人克之唐有緇徒號曰慈忍禪師結廬于此頗著靈異文宗朝賜其居額曰幽濟禪院後爲奇峯寺宋元之際鄉人

避兵者率保聚此山元初卽以西南之黃仙洞爲州治焉明一統志載有龍鬬崖明聖水硫磺池仙人洞斷足巖鶴子山佛兒嶺諸勝龍鬬崖爲兩峯相對處懸崖千仞岞崿相向其下五里許爲太湖俗傳湖本在山上中有二龍鬬而崖崩崖崩而湖落故其下謂之落湖卽此傳之者妄也斯山重巖疊嶂槃鬱一方懸泉注壑落石橫谿積而爲湖乃自然之理居民緣湖聚落卽謂之落湖卽崖下有千尋澗飛淙下注謂之劍口一云澗口京山趙如鼎洪山記曰重巖倒影溪澗礧砢遠望山腰素練若霏卽指此也澗水來自白龍池池在奇峯寺西下數里平懸一峯卽酈氏所云懸鉤處也今俗譌名鼻狗山山半澄澈百頃如鼎曰南池乃白龍所居中通江海曩入犍爲牂牁夜卽募棟椽榱桷悉沉之青衣嘉陵諸江涌出池澳且海魚鯛鱐游泳水涘每大風有澎湃之聲起江豚海豨出沒其閒亦嘗浮敗舶有蒼梧番禺字但不詳入蜀募材爲何時事舊志載安陸鄭獬嘗夢身化爲龍浴於斯池醒猶自見其尾於牀上故談圃言獬是龍精獬宋皇祐五年進士第一人池水溢出下逕龍鬬崖又曲折逕洪山寺卽奇峯下院也寺前爲太湖

湖水平波數十頃舊傳湖有龍神宋張商英十方院記云鄉人張武陵因旱具牟豕將禱於湖慈忍師止之卽自入山披榛捫石至北巖開宴坐默禱霖雨果至池水自湖南流十餘里至劍口南出爲富水又有黑龍池在山之南懸崖萬仞下爲蛇山池在其下爲均水源池上有石梁石柱上刻永和六年字自劍口南行十里爲水磨坪黃仙洞在焉洞中平曠可容數百戸洞口徑丈餘卽元初所置州治地明末避流賊亂來居者尤多如鼎洪山物產記曰是時寇盜南奔江漢汝潰之民竄匿山

谷餓無菅草子米屑如珠死者迨遝駢藉過於黃巢之亂而山驪男女繞澗麓提長鑱掘黃獨支石釜煑澤瀉存活萬計皆山靈之賑卹也又曰洞中有石窟藏古鐙錠（音釘廣韻豆有足曰錠無足曰鐙）欲篝火尋之時聞風浪聲飛大蝙蝠拂人火不得爇鄺氏所云穴內嘗有風勢是也其地與鍾祥縣接界自澗口而上路極嶮峻十餘里曰馬騣嶺度嶺而上爲一天門二天門而上爲靈峯寺卽奇峯寺寺在寶珠峯頂境極奇曠寺中有泉爲明聖水亦曰黃龍池幽泉觱沸寺僧承以竹筧引入香積前代避兵至此者萬衆爭餟不涸如鼎靈異記曰三龍湫在頂爲長黃龍所潛聞寺中經聲佛咒蜿蜒變幻如小蠹魚或狀亂蠶蠋學蜥蜴升入缾鉢亢暘得一滴矯矯揚鬐屑雨四布歸蟠蟥泥林木不振水旱愆違三湫是禱山頂有三鐵釜釜大數圍色幹古黝相傳釜口所向處其歲必豐寺有雜花臺爲牧蛇禪師拜禮華嚴處其下祖塔宋報恩禪師所葬也塔後修竹數十竿挺生石上別賦貞骨經數百年不凋其南一峯曰鐘鼓樓其北曰捨身崖謂之洪山三峯懸鉤處在三峯之西捨身崖者舊志

載張老從慈忍師入山修道化去其妻來尋不獲遂自投崖下人見其乘白雲升天去張老疑卽張武陵此亦浮屠氏誇誕之辭也自懸鉤西北出路皆峭嶮幾二十里始漸平坦爲五里坪曲折幽邃有上中下三坪自上坪西入三里峽行數里有仙人洞洞極幽深中有石牀石枕昔知州王納言篝火而進行數十里莫窮其底又有穿洞在山西北中通一竅僅容人行徑通長岡店疑卽鄺氏所謂石門也靈濟巖爲慈忍師初至入定處飛磴千級深穴窈然疑卽鄺氏所云鍾乳穴也其上有幽

濟禪院其東五里許爲猪龍陂盤石突出相傳龍神聽
慈忍師講法處也陂上有藏經塔藏經及舍利子宋嘉
祐中建東十里爲斷足巖元黃溍崇寧寺記云慈忍師
以太和元年五月二十九寤語龍神吾前以身代牲輟
汝血食今捨身餉汝汝可享吾肉卽引刀自截左右足
自沒旁流儼然入滅居人函其雙足而藏之肉色不壞
故其地曰斷足巖又東十餘里爲鶴子山俗稱巒頭砦
如鼎謂自斷足巖至鶴子山皆是峭崿劣得道步山上
恒見火燼塼竈乃前朝寨柵遺蹟羣巒東走斷而復起

爲佛兒嶺亦名佛二嶺上有望洪寺西望大洪奇峯霞
舉萬本屯陰積雪耀白山東西五十餘里南北四十里
四面陡絕其中林巒聳異巖壑抱幽扶輿盤薄鬱極而
流爲郢復羣山之發脉登高而望大陽大猿諸峯若拱
而揖焉

天橋山在大洪山西北二十里卽其支峯也迤邐漸峽層
纏隱秀下有娥皇洞湞水所出俗傳舜妃娥皇居此蓋因州有
歷山而附會也潭水澄碧入者緣崖行數十步入小石門道路
平坦境甚軒敞入玉皇閣有天生石龕石蓮花石觀音像皆極
自然不假人力自玉皇閣入其徑漸狹幽深不測山左
有石牆遺址

黃崖山在西南一百里

大浪山在西南七十里歸化鄉層巒疊嶺勢如湧浪

寨子山在西八十里山下有龍泉

嵩山在西八十里澴潭店之東舊名空山山不甚峻而峯
巒秀逸孑然中峙南北諸山相環拱有類于嵩嶽故以
名山山有寺舊志謂松山寺寺前石坡平廣名石臺峭
臨水側水名灉潭實湞水經流潭上盤石徑丈許有巨

人足跡相傳仙人垂釣處

清涼山在西四十里安居店盤折幽邃形家言山脈自棗
陽唐子山來歷廻龍馬鞍至湞水北結此山山下爲長
慶寺宋元祐初僧長慶建湞水襟其前溠水繞其右大
洪諸嶺北面朝拱嵐翠獻媚別成異景其西北支峯介
然自立離頂數武有抑姑菴傳極幽奇今遺址猶存

卓劍山在西南三十里孤峯巉削插入雲表宛如卓劍

以上自大洪東來州西南諸山

龍居山在西南三十里舊傳隋文帝微時居此詳後古蹟

銅管山在西南三十里傳舊產銅昔人即山鼓鑄山下遺
有銅管半没土中其色深黝無款識

藥山在西七十里溳山鄉俗傳張子房採藥於此其山孤
峯峭峙曲逕盤旋實爲西南隘道山半爲了角寺

十九山在西南九十里其山綿亘一十九里蓋自大洪山
蜿蜒起伏至此始平

土山在西南七十里水經注均水逕土山北即此山也其
南爲漳水所出梁於此置龍巢縣又置土州隋改土山
縣以上州西南諸山

夾牛嶺在南一百里

金線嶺在南七十里有小徑迢遞直通頂上土色皆黃遠
望如金

鈎跡嶺在南七十里此紀南李信純事見搜神記俗譌作
狗跡云慈忍禪師露宿此嶺不知野火至師常以犬從
犬入港冒水滅火今嶺上尚存遺跡非也

青林山在南百里舊志云山木蒼翠故名項有石垣元末
兵亂平林明玉珍率鄉人結屯相保于此當即其遺寨
也

大猿山在南四十里山勢峭拔一名大狐山顏氏漢東志
謂張衡南都賦天封大狐即指此然考水經注大胡山
在泚陽縣東北廣員六十里張衡天封大胡是也泚陽
即今泌陽縣去此四百里大胡之不在州境明甚今俗
稱巫山其南有紫山山下有紫溪即溳水上流故舊亦
稱溳水發源大猿山也

落石山在南七十里其西有聚石山

金雞山在南七十里

善光山在南七十里本名仙城山李白文集所謂紫陽先

生八歲徑仙城山者此也山有滴水巖馬騣嶺白牛池
響石堂諸境其東有溳山陂舊志謂之現光山德安府
志稱爲隋帝女仙城氏修靜於此然不詳帝女何人考
隋書列女傳煬帝女南陽公主適宇文氏國亡後出家
爲尼然不聞以仙城稱亦不言在隨舊志於紫石橋下
載隨侯女修行有鵶爲引道虎爲開山之語當即一人
事而傳聞互異耳山或以帝女得名或帝女指山爲氏
未可知也

府君山在南七十里即善光支峯府君之名不知何始林

巒秀崍石逕盤紆溪繞山廻境極幽勝下有雲罩寺舊傳僧了靈始建了靈不知何代人康熙初僧道階募修學正王岱爲之記稱德安府守許廷試感夢助修爲山靈示異然不詳雲罩何義舊志現光山下言昔楚昭王奔隨居此有雲罩其上今此山與現光基址相連寺名疑卽緣此而起

君子山在南七十里居人俗厚故名亦善光支峯

靈泉山在南六十里山下有古寺額曰妙濟碑稱宋大明五年亦古蹟之僅存者

蜂子山在南五十里其石似蜂窠

慈山在南五十里

辰山在南四十里其最高處曰青龍嶺能興雲雨山後有白雲寺宋乾德五年建舊名黃雲寺右有普同塔後繞古松數百株蔚然蒼翠

大宿山在南四十里

玉山在南四十里山巖峻崍多白石上有古廟廟中有風洞

三爪山俗名鷹爪山在南三十里何家店

高廟山在南二十里

驪龍山在南二十里

獨宗山在南十里形家言衆山皆高則卑者爲尊故稱獨宗山 以上州南諸山

界山在北一百四十里山有洞穴湖廣通志載明嘉靖中尚書顧璘秉火行數十里見石壁書云西南可行東北勿往遂出

廻龍山在西北一百二十里

馬鞍山在西北一百里

嵩龍山在西北一百里峻嶺峙空連岡盤底上有祖師殿殿中有龍池寒泉澄冽四時不涸

孤山在西北五十里下有水曰孤港

觀音山在西北一百三十里山半有洞甚軒敞中有屋三間號崖菴不知何時建頂有流泉從洞西壁下注歲旱鄉人往禱取水歸輙雨號曰聖水

栲栳山在西北一百五十里高壓羣山廣圍五十里許衆峯環拱森若雉堞中有普濟寺爲明僧覺海開山地寺有碑沙門一峯撰稱山爲隨陽第一高峯神物所居實

棲眞之窟宅隱聖之幽鄉寺中古柏盤鬱壘石成橋自成勝域其東鑿石爲龕深廣如屋題曰五佛眞容按碑亦云龕有坐化眞容然不詳爲何僧坐化處其左流泉滃出繞寺而西歷泉峯間曲折十餘里至西北崖閒爲水瀧下注聲如驟雨琤瑽澗谷北流入棗陽界餘小泉無算其由東南出山者入溳水山又有洞曰魯班洞其上有魯班塔高六尺許苔痕黝綠如古彝器

石門山在北一百五十里兩崖夾峙如門溪水西流入門中觸石鏜鞳如鐘磬驟鳴溪北有洞壘石爲橋而入洞

方廣四丈許

田黄山在北一百五十里舊傳有田黄二隱士居此山極峻西界棗陽縣

雞鳴山在西北一百六十里栲栳山東南高躋千丈其極頂曰雞冠垛上有眞武殿清和宮左右有龍池虎洞伽藍殿其諸峯之最秀者曰文明曰香爐層嵐疊翠離合雲烟彷彿匡廬面目山下卽溠水發源處

吳山在西北一百二十里有東西兩山皆高七百許仞若相拱揖兩山之閒曰三里峽

石公山在西北一百三十里兩山夾澗南北並峙峯峻插天望之如人對立俗稱爲石公石姑

鐵山在西北一百二十里一名白雲山高三百餘仞盤基四十里許下有七泉西流入溠水山下有漢留侯祠俗傳留侯曾採藥於此山半有石廣數丈其坳處容水數斗土人每於冬月觀其盈涸以卜水旱

獅子山在西北一百三十里山形如獅子上有巖巖寺因山結構高下殊觀寺東峭崖壁立清泉噴出下逕吳山三里峽入溠水寺後里許有神仙洞高廣數丈可穿而

過俗名馬家山

橫嶺山在西北一百三十里丁字店雙峯遙對中亘平巒環臨溠水舊志稱魏大統中於此置戢城郡橫山縣隋大業中廢入安貴縣山下有學堂坳康熙初里人曾欽載拔木通道創立義學延師教授遠近來學者歲數十人今址宇尚存

紫金山在西北一百里唐縣鎮北西臨溠水

華寶山在西北九十里其最高處曰華表峯左有虎洞右有蓮花石山頂有眞武殿明嘉靖四年建

松蓋山在西北九十里山多大松遠望如蓋
嶓隝山在西北一百十里下有水晶溝其水常伏行出没
無時以上州西北諸山
歷山在北六十里上有帝舜廟山半有舜田舜井西有耙
山南有犂山坡坡下有龍陂堰傳舜耕於山下龍湧此
堰爲之蓄水按歷山舜井之屬所在多有水經注謂在
蒲阪周處風土記謂在上虞皇甫謐謂在歷城以潙汭
證之則鄺氏爲近是
廬泉山在北九十里山麓有池雖旱不涸荆州記云廬泉

山泉甘石潤雖牛馬過之亦貪其甘不肯去
玃弩山在北一百十里劉家河西高九百餘丈怪石森列
勢如跳躍懸巖飛瀑從空下注頂有古遺寨石址猶存
其下有來安寺
佛山在北一百四十里高三百許丈上有佛山古寺寺後
石崖壁立俗傳上有佛掌印
風山在北一百四十里峯高二百許丈聳峙雲際頂有風
穴山下聞風聲輒雨
七峯山在北一百五十里七峯聳秀戍削如筍離立雲霄

俗謂之七尖峯山頂有黑龍潭山半有雲禪寺西南山
下有黄龍潭歲旱毎取水於潭則降雨上有黄龍寺中
銅鑄諸佛天神像爲明僧大休卓錫地
固城山俗稱田王寨在北一百七十里太白山東南岌業
千餘仞巖石欲墜上有寨垣遺址蓋昔人屯戍所也其
東北有月兒崖挺立數千仞劃然開裂如半月形山上
懸泉無數飛注巖間清響遠徹下流東南入溳東北入
淮水經注云山有水注流數丈洪濤灌山遂成巨井謂
之石泉水北流注於淮卽此水也

廻道山與晃山相連山徑紆廻陟履艱阻行者輒致怨恨
故亦稱懊惱山俗傳慈忍禪師過此苦其阻陟因以足
蹴山頂頂爲之偏今石上猶留巨人跡
晃山一名曠山在北一百八十里與太白山岡阜相連卽
其支峯也山上怪石林立如人卧起如鳥獸飛走不可
名狀山麓有延福禪院俗相傳慈忍師修道之所
太白山在北一百九十里卽古胎簪山也翼然雄峙峻極
摩空蜿蜒百里北與桐栢大復諸山相聯屬溳水導於
其南故水經注云溳水出桐柏之陽也上有玉女卧龍

紫霄翠微蓮華諸峯其入桐柏境者又有桃花洞鑼鼓洞層深疊秀遊者莫能窮其勝其上又有太平寺故亦名太平山其東北十里曰胎簪峯有石斜插如簪最高處曰香爐峯離地數千仞俯覩羣峯如兒在抱其下卽淮水所出也山海經曰淮出餘山在朝陽東義鄉西今州北境實古之義鄉疑此山卽餘山也水經淮水出南陽平氏縣胎簪山注曰淮水潛流地下二十許里東出桐柏大復山南曰陽口水今大復山在桐柏縣南南陽府志桐柏縣大復山東接隨州西接棗陽淮水出焉與

此道里適合其西有界牌嶺

冠子嶺在北一百九十里太白山東北界連桐柏地最險與其下水南流爲合河

田上山在北一百七十里游水出於其下其東南有田下山山頂有田可藝泉出巖間自爲灌溉又有筆架山在其西南形家謂山脈自此分支南行至哀山又南結爲州城以上州北諸山

九龍山在東北一百九十里水經注謂雞翅山九渡水所出也山勢蜿蜒東走連桐柏巖谷險與道路狹隘

太乙山在東北一百九十五里山高十五里廣員六十餘里上有玉皇閣翼以兩廊白石甃成不假甎木閈外列石爲八卦中有一井上覆巨石左眞武殿右三官殿外石城周一千許步城內石上有仙人足跡城外有舍身巖巖高百餘丈上有大湖田小湖田可種植其東澗水橫繞曰仙河冬夏不竭下流數里注白水巖之龍潭潭周三畝許深不見底歲旱禱雨輒應水復自潭湧出灌注崖間爲瀑布水崖高八九里遠望如白練聲聞十餘里水經注九渡水云於溪之東山有一水發自山椒下

數丈素湍直注頽波委壑可數百丈望之若霏幅練矣崖下有禪室名東大寺西有西大寺東五里有卓筆峯高七八里天然秀削上有祖師殿俗稱祖師頂

雙峯山在東北一百六十里上有古寨曰雙峯寨蓋昔人屯戍處

鼓臺山在東北一百九十里上有雷鼓臺山麓有東西二寨舊傳鄉人結寨禦賊臺其鳴鼓驚衆處也東有馬放嶺爲放馬之所

福祿山在東北一百四十里

九山在東北一百四十里九峯森列故有九名

洞山在東北一百五十里俗稱佛子洞洞在山半其外有金臺觀宋大觀九年建後圮明參將宋之彥重修之又建西來閣以爲遠眺之所與其子宗郊從子宗祁讀書其上今譌爲宋郊宋祁讀書處

紫荆山在東北一百六十里孤峯卓立翠崍雲霄舊多紫荆樹故以名山其西北有馬鞍山

立石山在東北一百四十里王子城西山有巨石介然特立高可五六丈其下削若懸針旁有兩小石左右撑拄中正不倚故稱立石山又謂之端正石安陸教授胡景旦刻其上曰中天柱石

鴨山在東北百里高五里許前有寨名鴨山寨宋史孟宗政破元將完顏賽不於隨州鴨兒山擒其妻弟王醜漢卽其地也西北有古寺嶺高七里許又有雞冠垜西有玉皇頂卽溠河水所出也高皆與寺嶺相等埒

鸚鵡山在東北一百三十里五代志上明縣下有鸚鵡山卽此峯巒巀嶭峻峙一隅廣員四十餘里漂水所導源也上有石廟廟外有池曰天池歲旱禱雨輒應

綦盤山在東北一百二十里山勢孤峙爲烈山右障頂上圓坦有古石垣遺址

塔汝山在東北一百二十里塔兒灣西有龜山蛇山

列山在東北一百二十里黃連村炎帝神農氏所生也峯巒隱秀洞壑幽藏天然靈境荆州記云山中有一穴父老相傳神農所生今謂之神農洞天上建神農廟有碑明知州范欽立山北有水卽水經注所稱賜水也水北爲殷家店地卽古厲鄉所謂九井及神農宅當在其地神農後世稱烈山氏禮記祭法篇亦稱厲山氏卽周時厲國明知州王納言指此爲神農所生以州北四十里之厲山店爲古厲國固意擬之辭要之西自溳水東北至黃連村皆古厲國境也

崢嶸山在東北一百二十里高十里許

二眉山在東北一百二十里朱家店形若列眉故以爲名其下楓香坳有水出焉南流入馬平港

鑾薦山在東北一百五十里

胭脂山在東北一百三十里

徐家山在東北一百四十里

螺螄山在東北一百四十里上名鄉其山盤旋若螺形巖
徑巘峻下爲漂水所出西逕厲鄉當卽古賜水則此山當
卽水經注之大紫山也
饒蓬山在東北一百十里峯勢突兀山半有巨石跨澗水
名會仙橋
屯子山在東北九十里
大義山在東北九十里傑峙平地其上有仙人石
按大義山在古義鄉地溳水所導源水南逕厲鄉不宜
反在厲鄉南八十里則此山非古大義山矣

兩仙山在東北三十五里雙峯並竦舊志謂兩尖山高二
里許其南有龍池禱雨輒應
石女山在東北一百五十里
雷公山在東北四十里其上又有古寨遺址山半有洞曰
雷公洞
龍鬭山在東北三十里兩崖相對漂水逕於其閒謂之龍
鬭口
紫城山在北二十里
磙山在東北二十里形家謂之少祖山爲州城脈所自來

鍾靈山在東北二十里
隨城山在南七里山勢自西而東雲巒層起翠嶂屏列綿
亘十里許環城南面屹若崇墉故有隨城名水經注云
溳水逕隋縣南隋城山北者此也
府志三鍾山在東北五十里有三阜狀如覆鐘
田王寨山在北一百八十里避亂處石垣尙存云田王者
或當時築寨爲田王二姓
寨子山在娥皇洞右
劍捲山在南一百三十里上隆而下銳如捲簾云

望湖山在西一百五十里
快活嶺在北一百二十里
金雞山在州南八十里
白水崖在北二百里絕高險崖上有飛瀑白色如懸練
月兒崖田王寨一孔如月山尙有銅鑼弦不知何代所懸
其高百丈人跡莫到
觀音崖在州北一百三十里山頂有泉從石澗西壁流下
遇水旱時鄉人誠禱輒應
勸年畈有石年三一年在石橋邊二年在畈

四十里衡在州北一百六十里南北相距四十里兩邊皆
山中爲衡
水南山在州南
溳山在西南七十里山川俱爲鄖鄉亦因之
香爐山在州北八十里
梁黃山在州西北百里傳有梁黃二逸士居此
仙人山在西北五十里遠望如仙掌
赤石山在北三十里山石皆赤唐天寶閒改名赫山
大義山州北五十里周環百餘民居其閒貧富共相取足

有義風故名
界牌山州北接唐縣
石女山在東北八十里有石如女子狀
走馬嶺俗傳關壯繆乘馬至此踏石跡猶存

水

津流達貫細入大含善長氏之旨趣也餘波潤及瘠
化爲腴西河守之善政也隨境山谿委注而由溳以
達漢者十九有津潤之利無積淹之虞其爲功也溥
矣志水第五
溳水出大洪山西北二十里娥皇洞流泉自洞中出東北
流十里逕雙河集左出爲瀤水西流入鍾祥縣溳水東
北二十里逕葶茨畈小溳水自洪泌河西流與合小溳
水出大洪山西北大竹園鴛鴦河二水合流西北行二

十里逕穿洞又西合懸鉤嶺西來之水折而東至洪泌
河入大溳水即水經注所云石水東北流注於溳謂之
小溳水亂流東北逕上唐縣故城南是也縣當在今瀤
潭之北又北逕瀤潭店西折而東渠流瀤曲故稱瀤潭
南逕嵩山寺北爲瀅潭南合支水支水出大浪山東流
至此水經注枝水亦出大洪山東流注於溳是也東南
逕安居左合溠水左傳除道梁溠即此又東逕長慶堡
南合藥山水又東南二十里逕均河口東合均水又東
逕溳陰亭又東逕城西木瓜園合㵐水遶州城南水南

卽隨城山也又東南逕望城岡又東南逕淅河鎭合小淅河水卽古漂水也又東南逕獅子潭潭上有獅子巖對岸有繡毬墩水至此左合守溪水又東南逕雲潭合雲潭水又東南逕應山縣平林市南流入安陸境至漢川入漢水

㵐水自㵐河集西南出十五里逕新集入鍾祥縣境明史謂之豐樂水下流入漢

富水出州西南一百三十里大洪山水出山之左南流逕小佛街東南入京山縣境水經注謂之小富水小富水

出大陽山之東南流逕三王城屈而西南流右合大富水大富水出大陽山之南西南逕杜城西又東南入涢今謂之撞河明史地理志京山縣東有撞河自隨州流入或謂之富水今俗譌作春河

漳水出州西南九十里十九山東南流逕任家畈又東南逕紫溪村入安陸縣境水經注漳水出土山南逕隋郡平林縣故城西俗謂之將陂城與新市縣接界又南流右入富水

按水經注漳水入富不入涢今此水入安陸爲官渡河至漳口入涢水與酈注不合然沈括筆談云水淸濁相揉者爲漳漳與涢合流色如螮蝀十里方混故曰漳則漳水於宋時卽已入涢是川流改道湖廣通志載漳水在州東三里今州東三里外無水以應之

暖水出大洪山西北湯池寺前池廣半畝許水性常溫明知州李充嗣構亭其上顏曰溫泉其流伏行北入涢水

冷泉水出湯池寺右東流逕新陽店又東北十五里至洪沙河入小涢水

藥山水出藥山了角寺寺在山半東西有兩泉其東泉東

流五里逕兩河口二十里至安居店長慶堡入涢水其西泉西流十里逕朱家集又西十里至洪沙河入涢水

均水出州西七十里佛兒嶺西上源自大洪山黑龍池來東逕四聖菴又東逕師古塔東北與雙泉水會又北逕下里畈又北逕佛兒嶺又東十五里逕尚家店南又東逕土山北隋於此置土山縣又東合五港水水源亦出大洪山澗流屈曲東北逕靈泉山支分五港又東北逕土山北入均水均水東北至百四畈折而東南流至均河口入涢

溳水出州南七十里大猿山俗稱紫山北逕珠寶山西北逕巫山折而東逕君子山北又東合三河水又東逕清水寺又東北至光化舖南入溳

三河水經流出土山東逕柳林店又東合羅家河水又東合兩河水兩河水源出王家店北東流至此合柳林水又東至三河口合水口廟水又東南入溳水

溠水出州西北一百六十里雞鳴山水經注溠水出隋縣西北黃山今黃山無可考或即以雞鳴當之但注言在隋縣西北則不宜遠至一百六十里今雞鳴山地當已

入㵐西縣注言黃山者猶淮稱胎簪而夏書僅言自桐柏也西南流合崲嶗山（即栲栳山）水崲嶗流泉四注西入棗陽東入㵐其南則入溠故舊志亦稱溠水出栲栳山也東出而東南流逕唐家店合曾城河水又南流逕萬福店東又南逕唐縣鎮西即後魏㵐西縣也又南至溠河畈折而東屈曲從西南行逕孤山冲西梁於此置下溠戍又西南逕新何家店又西南逕老何家店又南逕長慶堡入溳

曾城河水源出雞鳴山南逕大悲寺又西逕羅漢寺東合九曲泉水九曲泉出蔣家山南行水旁多修篁古柏鬱然幽徑至此合西南逕卧雲寨又南逕曾城寺寺前有曾王冢湖廣通志謂曾肅築城於此按吳志肅未嘗封王冢前多築堰蓄水稱二十四處蓮華堰又西南逕唐家店合鐵山水鐵山水出鐵山七泉涌注西南流至此合入溠水

㵐水出北一百八十里太白山水經注呂忱曰水在義陽今太白實晉義陽地水南合合河水北出關子嶺南逕合河店折而東逕岡頭店東又屈曲東南流十餘里折

而西南至剛家河合天河口水又西南倒峽林水入焉倒峽水出栲栳山左統諸泉水東南流逕水晶溝東南入㵐水㵐水又西南逕劉家河又南逕厲山店南會三道河水又南逕土橋畈東合土橋水土橋水東出紫城山西流屈曲流六十餘里逕橋下北有潭廣二畝許中有七泉泉深叵測涓溢津注近村俱賴其灌溉南入㵐水㵐水又南逕廻龍店西又西南逕隨州城西爲浮纓河俗傳劉太保渡水落纓然太保何人莫可考又南至木瓜園入溳水

按水經注溳水入㵐今溳山下流與㵐水相隔四十里其間岡阜相連無相入之理不知酈氏何以於此處獨與地勢不合豈㵐既入溳後㵐溳互稱耶

天河口水出玉皇頂石泉下注逕明木冲稍東逕西草店折而西南流二十餘里至剛家河入溳水

龍陂水出𡾊鳴山水晶溝西南逕華寳山折而東合鳳凰隄水鳳凰隄水北出歷山東逕鳳凰隄南流至全河店合龍陂堰水爲三道河又西逕上市店南入溳水

合溪出州北十里紫城山其始細注曲折碕石門南逕小

北門外磙山諸水出高家橋西來合之溪至此始廣每水漲溢入濠爲患明成化十五年判官孫益百戶張瑄朱元等築隄溪上以防内溢起自霖雨門至歲豐橋長五十七丈溪水又南逕出魚口入溳

漂水出州東北一百四十里螺螄山南流逕朱家店東屈而西逕殷家店右合鸚鵡山南來之水西南逕戎家店又西南逕高城南逕雷家臺又南逕戴家畈屈曲從南流逕塔兒灣其東北里許有蓮花堰中多蓮花又南合巖子河水又西南逕龍鬬灣又西南逕老龍隄自此而下爲五陂河水旁有五陂曰接水陂鳳陽陂珠龍陂溝陂桃花陂各周數百步春夏水漲游衍蓄積賴以灌溉又南有鯉陂每春初多産小鯉西有平陂水皆東注地名五歸蕩言五陂水所歸也東入漂水

巖子河源自應山縣南流屈而東廻環爲月兒灣西逕雙河店其東里許有古墓廣一畝高二丈餘舊有四門今僅存其一冢上有甎塔今圮不知爲何人墓也又西入漂水

按漂水見五代志平林縣下水經無漂水而有漻水云

漻水出平春縣西注云漻水北出大義山南流逕厲鄉西賜水入焉水源東出大紫山分爲二水一水西逕厲鄉南水南有重山即烈山也又西南入於漻即厲水也賜厲聲相近宜爲厲水一水出義鄉西南入注漻漻水又逕隋縣入安陸也則考古漻水當自殷家店以上南流接今之漂水直下至龍鬬河似是古漻故道但殷家店以上皆是山澗小水不可以爲漻水正源古大義山亦無可考其下流西南至小淅河入溳則亦與酈注入隋注安陸之文不合今朱家店西有一水源出二眉山

楓香坳南流逕馬平港南入涢則已在古安陸境故湖廣通志亦以馬平港爲溳水然馬平港自受應山漢東大洪兩河之水楓香坳水既非其正源又不能上接龍鬬河之水亦不可以爲溳徑流也蓋水道不能歷久不改隨境東南少山陂塘交錯溳水故道不可復尋湖廣通志於應山安陸縣下俱載有溳水亦未深考矣

今漂水自朱家店西逕殷家店南厲山神農洞又在其南當卽是古之賜水其水所出之螺螄山當卽是古大紫山其別出義鄉入隋注溳之水雖無可考然巖子河

自東來至塔兒灣合漂水疑爲其故道惟上流不從螺螄山分支與酈注不合

守溪水出州東三十五里兩仙山自山下龍池南流逕舒家河又南流十里逕顔家舖東又南十里爲守溪又屈而西流十里逕天緣橋又西南十里至獅子潭入溳水

義水出鸚鵡山西北流逕忤水關合諸山澗水又東北逕二道河入游溪

游水出州東北一百七十里田上山東北流逕二道河爲游溪合義水游溪水又東北逕王子城又北逕小林店合祖師頂北來水又東北至三里岡入淮按水經注油水出平春縣西南油溪東北流今游水當卽是油溪水

九渡水出州北一百七十里九龍山水經注九渡水出雞翅山磎澗瀠委沿溯九渡故謂之九渡焉今水東北流屈曲逕出山店左右澗流爭注又北逕龍潭河合白水崖水水經注云游溪之東有一水發自椒山下數丈素湍直注頹波委壑可數百丈望之若霏下流注九渡水卽此水也又北至淮河店北入淮

聖水河從栲栳山出

石魚河大洪山下

忤水在東北百五十里其水逆流故名

扶恭河在州城西上從栲栳山道家林流入州境下入于安陸合漢水入大江

隨州志卷之三

隨州知州張　璿輯

風俗

崆峒涿鹿風教殊矣烈山爲炎帝故宅宋邢居實賦稱土深厚而無虞其猶有淳悶汾穆之風在乎然民俗與世移易葆淳固樸惟司教化者有以導之而水土之剛柔緩急不與焉志風俗第六

隨地土深厚其民勤儉力穡少末務故多土著不外徙士習崇樸學不爲浮誇蒙谷子曰隨俗淳厚類伊洛信然隨井閭汾穆戸游黨塾頗有古道之遺 通志郡志舊志同

男子生朞歲隨謂之抓周諸戚俱至各與兒以繡履絲帽諸物既長有命字禮卜期燕親友請其中齒長而有德者命之字餘舉酒賀亦古人冠而字之之義也

婚禮不行財以名柬爲定女家答柬如之將娶具綵幣牲牢爲聘厚薄稱其家卜吉然後行納幣禮至期媒導壻親迎奠雁於堂先歸俟於門外設香案牲醴女轎至壻揖轎周迴然後入謂之囘車馬壻偕婦登堂拜神夕合巹於室質明婦廟見拜舅姑出所製襪履爲贄其次遍拜諸族黨女子將嫁宗黨治酒食燕女于歸之夕以青紬帕覆女首胸背懸以小鏡繫以紅帶所以辟不祥也外襲舊衣謂之閏衣取有餘也父母戒女而遣之婦女不親送惟伯叔父及兄弟送至壻家

喪禮多遵文公家禮訃親黨擇日受弔葬之日親黨咸送至墓所惟喪家婦女不出送翼日婦女至墓哭事畢孝子衰麻於靜夜出謝客稽首於其門外不進見其貧不能葬者多醵金以助

祭禮以中元及年節爲重祭及三代以上焚楮謂之冥袱

惟春祭移於墓

歲時元旦五更設香燭陳菓餅酒饌拜神祇序拜尊長畢非至親不面賀惟以紅帖投其門中通名而已三日後往來宴會爲樂立春前一日官迎春于東郊官親擊鼓三然後鞭土牛謂之擊春鼓元夕食粉團演燈社日農家具牲醴祀土神以祈年清明日插柳枝祭墓作紙幡掛於墓上端陽佩艾食角黍飲雄黃酒競渡以祀三閭大夫七夕乞巧中元作盂蘭會中秋燕飲重陽登高俱與他邑同十月朔農家蒸米作糍糕以雄雞祀土神蓋

春爲祈穀此爲報賽也臘月二十四日以餹果祀竈神除夕作麪食具百果祀神換桃符往來辭歲飲團年酒守歲閭巷皆張燈達旦

物產

江陵千樹橘陳夏千畝漆隨介居其間所謂物土宜而布其利者豈布帛粟菽之外未足以誇示歟惟土物愛厥心臧卽其地之所饒猶見其民俗之近厚志物產第七

稻之屬有秔有稉秔有早稻占稻晚稻早者有落地黃救公儀一區水等芭齊（芭府志作稅字書無此字）按早江西早其種宜沃土占有青占銀條占亂麻占無名占椰頭占溝道占賓八石皆色白紅穀色紅皆七八月收高下宜之（府志稻有占者自占城來今日食皆是此說非也占城國名按七修類藁宋真宗聞占城稻早耐旱因求其種分給諸州今六月收者是若青占諸種既遲至七八月收則非占城矣稻之在七八月收者惟秈且銀條亂麻之屬實秈種非占種也廣雅秈秔稻呼秈爲占當是土音微譌耳而府志又云占俗作秥益謬按玉篇秥音黏與土音迥異且秥卽稉非秔也）晚稻十月穫其香者曰香籽晚又有穮穀宜於湖田被水後（穮府志作萶按萶水中浮草非穀也集韻穮紅稻）稉亦有早晚早者金線稉絲茅稉留兒翻虎皮稉晚者椰條稉鵝翎白溜沙白紅毛稉烏稉

麥之屬有大麥小麥（廣雅大麥牟也小麥來也）又有蕎麥（蕎府志作莜按郭璞注莜荆葵則非麥屬矣玉篇作蕎麥）

高粱亦有秈稉二種（府志一名蜀秫一名蘆穄其語出廣志按穄稷同聲實稷類也其稉者可以釀酒北方呼爲黃米）

粟（孫炎曰稷粟也羅氏曰古但以米之有稃者爲粟今人以穀之最細而圓者爲粟則亦粱類也）

豆之屬有大豆小豆豌豆胡豆（府志黃豆有黃青黑三種又有菉豆紅豆豌豆豇豆諸屬按穀譜大豆有青黑黃數種則今之黃豆卽大豆也小豆有赤豆綠豆則今之菉豆卽小豆也府志云豌豆卽胡豆一名回回豆俱非廣雅胡豆跭雙跭卽豇今之豇豆乃胡豆也遼志回鶻豆色黃味如粟與豌豆迥異又有蠶豆蠶月熟）

麻之屬有檾麻油麻檾麻可以爲繩油麻（俗名脂麻）本胡麻其子可食可以爲油

帛之屬曰土紬唐書漢東郡土貢合羅綾今鮮有矣

布之屬曰棉布隨地戶種木棉人習爲布秋熟後賈販鱗集隨民多恃此爲生計（南史高昌國有草實如繭中絲爲細纑名曰白疊以爲布甚軟白史炤釋文木棉江南多有之以二三月下種既生一月三薅至秋生黃花結實及熟其皮四裂綻出如綿隨俗力耕織列山氏之遺教也故特詳之其餘物之與他邑同者皆從畧）

蔬瓜瓠之屬其著者菘（俗名白菜府志隨州最著）其異者羊肚菜鹿茸

菉府志俱產隨州石髮菉又名石筋菉色深碧細如髮生石上
水流處
草竹木之屬其西北諸山多栗土人煆以爲炭
果之屬其著者桃栗棗棃府志多產隨州
藥之屬最夥錄異記謂永陽縣神農窟前百藥叢茂莫不
畢備州東北黃連村爲古厲鄉今鮮所產諸藥多產西
南山中唐書漢東郡土貢覆盆今各志不載
石之屬有紫石出大洪山色如猪肝可爲硯

古蹟

某水某邱爲昔時游涉之地再過焉而低徊不忍去
況自古在昔足動人仰止之思者乎圖籍所傳烈山
而後代著名蹟古人流風所被林壑亦爲增重志古
蹟第八

神農洞在州東北百二十里厲山之東古有九井初學記
盛宏之荆州記云隨郡北界有厲鄉村村南有厲山山
下有一穴父老相傳神農所生穴口方一步容數人上
有神農廟卽荆州圖永陽縣西北二百三十里厲鄉山
東石穴也井在山北重壍周之廣一頃二十畝內有地
曰神農宅神農旣育九井自穿汲一井則衆井水動卽
此以爲神農社常年祀之庖羲生於陳神農育乎楚考
籍應圖於是乎在水經注賜水西逕厲鄉南水南有重
山卽烈山也是神農所生處水北有九井今堙塞遺蹟
髣髴存焉亦云鄉故賴國也錄異記曰永陽縣有山壁
立千仞巖上有石窟窟前百艸叢茂莫不畢備又別有
異藤花似菱菜朝紫中綠晡黃暮青夜赤五色迭曜路
史神農井在賴山卽厲山舊說汲一井則八井皆動人不
敢觸今惟一穴大木旁蔭卽其處立社社今廢後復建

炎帝廟焉帝王世紀又謂炎帝母安登遊華陽感神而生炎帝長於姜水姜水在今鳳翔府寶雞縣然左傳及祭法俱稱列山氏則厲山爲神農所生之地較爲可信

斷蛇邱隨季良大夫池在隨縣故城西高誘淮南子注隨
侯漢東國姬姓諸侯也隨侯出見大蛇傷斷以藥傅而
塗之後蛇於夜中銜大珠以報因曰隨侯之珠蓋明月
珠也搜神記隨侯珠徑盈寸純白而夜光可以燭室故
歷世稱焉南都賦隨侯夜光卽指此水經注溠水東南
流逕隨縣故城西水側有斷蛇邱亦曰靈蛇珠邱南有

隋季良大夫池左傳作季梁其水南流與義井水合義井出隋城東南井泉嘗涌溢而津注冬夏不異相承謂之義井下流合溠水溠水又南流注于溳溳水又逕隋縣南隋城山北以是考之則隋縣故城當在今城西北數里溠水之側史記正義亦云隨國在今隨縣城外則斷蛇邱遺蹟與大夫故池俱當在其地明宏治中知州李充嗣于今城西隅鑿一池名曰夜光池强古就今斯失實矣

隨侯救蛇事見淮南子注及搜神記其說畧同明知州王納言隨珠堂記云隨侯救蛇夢而得珠其言夢者不

知何本至舊志有蛇銜珠吐于堂外曰我龍王子也感君活命故來報德隨侯得珠進於楚王其得珠進楚事又不知何出且蛇作人言益怪

隨侯臺在州北八里今無考太平寰宇記云隨侯救蛇之所是卽斷蛇邱也舊志譌作隨侯放彈之所湖廣通志仍之

驌驦陂在州西北九十里唐城白雲鄉今無此鄉名左傳唐成公如楚有兩肅爽馬子常欲之弗與三年止之唐人竊馬而獻之子常歸唐侯是也驌驦名陂始見於唐人胡曾詩今唐縣鎮驌驦橋卽其地舊時刻石驌驦陂三字猶在

楚昭王城史記正義在隨州隨縣北七里左傳云吳師入郢王奔隨隨人處之公宮之北卽此城是也

舜子巷義井碑在城南一里許隸釋在隨之舜子巷石理皴剝其間有光和三年字知其爲漢碑也元祐丁卯年郡守許覺之始徙於後圃方輿勝覽舜井碑在隨州碑字漫滅惟碑陰有五大夫三字相傳秦時碑舊在舜子巷草閒今在漢東閣下宋許覺之有舜井斷碑詩此碑於宋初尙謂之舜子巷義井碑而今直謂之舜井碑舜井之名當自此始又楊升菴法帖神目云舜井碑秦時

隸書在隨州又云碑陰題名之下尙有數十字蓋紀事之辭殘鈌無成文者考隸釋有光和三年字而方輿勝覽則云惟碑陰五大夫三字尙存是光和字又巳剝蝕矣升菴於二百年後忽復見碑陰題名其下又有數十字豈所見别是一碑耶義井見於水經注不知卽是否

平林城在州東北八十里上名鄉王莽地皇三年新市王匡等進攻隨郡未下平林人陳牧廖湛聚衆千餘人號平林兵以應之故中興兵有新市平林之號卽此地也

晉以後爲縣唐武德中併入隨故後漢書章懷注云平林在今隨州隨縣東北是也城久廢

讀書臺一統志隨州有漢張衡讀書臺衡字平子南陽西鄂人嘗作二京賦十年乃成臺今已廢湖廣通志載州治東亦不詳何地

光化縣故城在州南三十里光化鎮之北縣爲南齊所置本曰安化後周改名光化宋時廢入隨州文獻通考光化縣有錫水錫水不見於水經今亦無考宋沈括有光化道中遇雨詩

舊志謂之楚子城引左傳桓公八年楚子合諸侯于沈鹿黃隨不會使薳章讓黃楚子伐隨軍於漢淮之閒云因築城逼隨故號楚子城考杜注黃國在弋陽縣即今光山縣地蓋黃近淮隨近漢故軍於其閒以兩相控必不在近隨數十里內也其築城逼隨事亦不見於諸傳今遺基尚存土人俱指是舊光化縣城也

隋文帝故宅舊志在州西南五十里龍居山相傳文帝微時居此

按文帝史忠于周武成元年即封隋公帝亦先以小宮伯爲隋州刺史元和三年襲爵爲公大象二年進爵隋王是帝固生而貴者也且州爲其封邑安得有微時居山事

漢東樓即城南門麗譙樓也唐劉長卿有聞虞沔州有替將歸上都登漢東城寄贈詩宋沈括亦有登漢東樓詩舊址已廢今樓爲明知州李充嗣重建改名襟漢詳城池志

遷仁樓即北門麗譙樓也劉長卿有登遷仁樓酬子壻李穆詩亦昔人登眺之所遷仁一作僊仁

仙城山在州南七十里唐李白所謂紫陽先生八歲經仙城山超然有清都紫微之想者即此山也後爲道士元演隱居地巒壑深秀溪流互迴鬱然仙境白居安陸時亦嘗遊宴于此其憶譙郡元參軍詩有曰我向淮南攀桂枝君留洛北愁夢思不忍別還相隨相隨迢迢訪仙城三十六曲水迴縈一溪初入千花明萬壑度盡松風

聲銀鞍金絡倒平地漢東太守來相迎紫陽之眞人邀我吹玉笙餐霞樓上動仙樂嘈然宛似鸞鳳鳴袖長管催欲輕舉漢東太守醉起舞手持錦袍覆我身我醉橫眠枕其股當筵意氣淩九霄星離雨散不終朝分飛楚關山水遙余旣還山尋故巢君亦歸家度渭橋觀此亦見其神留此山矣

按白有送元演隱仙城山序首稱霞子元丹煙子元演元丹即紫陽碑辭所載之元丹邱天寶初爲威儀元演疑是其弟

餐霞樓在州治西唐紫陽先生胡公煉眞處也胡公名無

考所居曰苦竹院中有餐霞樓手植雙桂曰棲遲其閒見李白所撰碑文白又有題隨州紫陽先生壁詩今樓故址已湮舊志亦不詳在何地

紫陽先生塔銘李白撰在州南三十里光化鎮寰宇記所謂在廢光化縣是也宋敏求作太白文集後序云同舍吕縉叔出漢東紫陽先生碑而殘缺間莫能辨因不復收入近時錢塘王琦收輯李白詩文於茅山志中録出此碑且云雖有缺文而與集中所稱元丹邱偕倩公仙城山餐霞樓等多所取證其文係太白眞作銘詞元與可喜

烏龍巷在城內北關之西相傳宋太祖客隨時居此宋史董遵誨傳遵誨父宗本仕漢爲隨州刺史太祖微時客遊漢東嘗依宗本遵誨見城上紫雲如蓋又夢登高臺遇黑蛇約長百尺餘俄飛騰東北去雷電隨之問太祖曰是何祥也太祖不對後人因名其所居曰烏龍巷

李氏東園在城南爲宋時李氏别業歐陽修幼居隨往來其中所謂城南李氏爲著姓見其方治東園往求美草一一手植封樹甚勤是也厥後堯輔復構亭其間因爲

作東園亭序

尹公亭在州治東宋尹洙謫隨時所居也梅聖俞集有使者自隨州來知尹師魯寓止僧舍語其處物景甚詳因作詩以寄焉曾鞏記其所居爲城東五里開元佛寺金燈院又云於其北阜竹柏之間結茅爲亭旣去而人不忍廢輒理之因名之曰尹公亭州從事謝景平刻石紀其事治平四年知隨州李禹卿因其舊址增修後廢明知州李充嗣僑立于白雲書院

白雲樓在州治西城上宋邢恕貶隨日其子居實從焉嘗登城遠眺見諸吟咏其寄陳履常詩云來時城南陌始見梅花白回首漢江頭黄梅已堪摘杖策登高城極目迥千里落日下青山但見白雲起後人即其地建樓遂號白雲樓焉樓廢明宏治中知州李充嗣鑿城西地爲夜光池于池南纍土爲基高與城等復建是樓下置白雲書院以祀歐陽文忠公未幾遷去後知州史經以形家言不利于公廨毀之

乾隆四十五年知州吳蘗孫即舊址建亭更名白雲亭

淯陰亭舊志云在州治西亭今已廢未詳何地宋張商英

有登滇陰亭詩

瑞蓮亭在城北臨澴水舊志稱明知州李充嗣建推官華清爲之記然記云公守茲土作而興之使昔之頹垣毀堞荒榛野草今皆爲雕甍畫棟晶彩奪目又云隨人樂公之賢而以瑞蓮寓名是必昔本有此亭而充嗣復修因改今名耳充嗣又建洗心亭亦在城北澴水上今皆廢

温泉在州西南百二十里梅邱山谷間通志謂之暖水涓流委折注爲一漥澄瀅渟澈水性不寒而温始翳於叢

莽中知州李充嗣芟剔穢草而出之甃以爲池復構亭其上扁曰温泉莆田俞釗爲作温泉記

後喜雨亭在城南明神宗初年州人爲知州事林梓建梓禱雨獲應因築此以識之顏曰後喜雨亭今廢

夜光池在城西隅白雲樓下明宏治中知州李充嗣鑿平波十畝中通泉脈池之前卽白雲書院故宋歐陽子祠堂也閲久而廢詳祠廟志乾隆四十二年居民鋤地得碑有夜光池三字碑陰刻明進士李槃詩知州胡觀瀾因立碑池上而建亭以覆之四十四年知州吳蔡孫重建廳事于碑之西翼以迴廊培以佳樹又于廳西構室兩重南北相向室之南卽白雲亭也亭之南又建龍神廟以僧主其香火蔡孫自作記言建修始末甚詳但不知其地卽爲白雲書院而沿襲俗傳謂是靈蛇故蹟斯失考矣

餐霞閣在治西久廢

清暑閣在子城西南久廢

漢東館在治東久廢

隨州志卷之四

隨州知州張琫輯

城池

董安于之治晉陽也曰繭絲乎保障乎漢東實荆郢之保障崇墉浚壑備豫不虞守土者之責也隨城之築巳百有餘年有基勿壞正今日事志城池第九

隨州城在隨城山北七里溳水遶其南卽魏周以來故址其以築城書者見於宋知隨州吳柔勝自是廢興不可考德安府志云隨州舊土城明洪武二年守禦鎮撫李富等始作磚城以南埤湫下徙而北者半城周六百二十五丈計三里一百七十步高二丈五尺南西北三門各建樓南樓右有鐘樓爲敵舍二十三女牆九百五十舊志同嘉靖三十七年知州孫銳重修崇正十四年燬於賊十五年春知州盛世才練總張國威奉檄修築城五門門各有樓舊有南西北三門明嘉靖中僉事鄭汝舟闢小南門曰文明門樓曰青雲樓

本朝乾隆二十年知州金嵻闢東門國初承明季兵燹之餘人烟寥落因扃西門至雍正十三年知州錢公家璧因城西街市漸盛於是復開以便出入乾隆元年知州王公臣閉小南門城內外居民咸以爲不便三年開小南門復閉西門迨二十年知州金公嵻再開西門又自闢東門而小南門如故

濠周城外共七百丈五尺深一丈舊志云成化十五年判官孫益等重濬其西北爲堤五十七丈以防北來諸溪之水府志載正德中百戶張瑄朱元判官孫益開鑿按孫益於成化九年到任張瑄天順四年襲職其濬濠事當依州志作成化十五年爲是

外土城卽元時舊城其高廣丈尺無可考明初溳水泛溢城南爲患宏治十三年知州李充嗣築堤以禦水起自

城西隅環而南至城東隅周五里許復爲垣於堤上以爲外城設東西南三門門各有樓嘉靖中城圮三十七年知州孫銳重修府志云設外關門四而州志止言三門蓋此時築堤建城原因水患溳水止泛城南故建築多在南北接磚城不復有北門也府志誤今城廢堤尚存

東關路達萬家店通信陽州小道其門曰小東門門上有樓曰龍會又有聚奎陽和兩門並峙其下聚奎陽和兩門今並廢

西關路達安居店通鍾祥縣大道其門曰小西門門上有樓曰霖雨又有玉波順德兩門並峙其下玉波順德兩門今並廢

南關路達光化舖爲德安府大道其門曰漢東門門上有樓顏曰漢東大郡其內又有襟漢樓在大街之中諸門俱明李充嗣建後聚奎等門俱圮獨漢東龍會霖雨三門尚存

北關在磚城之北土城周二里許其門曰小北門嘉靖二十五年僉事鄭汝舟建路達厲山店爲棗陽縣大道城於嘉靖三十七年知州孫鋭重修

北外城不知何時始有府志云明洪武初以南畔湫下城徙而北者半故宏治中李充嗣所營止在城南舊志北外關别有土城周二里則非充嗣所築矣其門爲嘉靖中關築城當在嘉靖前府志又云嘉靖三十七年知州孫鋭於郭外築磚城高丈餘周十里樓六座以防水盜州志不載亦無遺蹟可驗詢諸土人莫能指其處舊

土城南得五里北得二里許合今磚城計之正得周十里數其所謂磚城者或言昔時皆版築易壞孫公乃椎土爲土磚徑二尺城始堅今頹基土磚猶歷歷可辨

外羅濠周土城外深濶與內濠同明嘉靖中知州朱天秩鑿

州城水法爲腰帶水有二源一從紫城山一從礮山皆西南流至城東北合爲濠水逕城東又南逕南關過通津橋分支南出過小通津橋二水俱折而西北流爲西濠由玉波門外石橋會西來歲豐橋之水折而南過小石橋入魚尾溝即今所謂乾溝也又西南流出魚口入溳年久水斷朱公天秩乃於舊濠之外别穿一渠導東北來之水使注舊濠於是水復故道州人分稱之曰頭濠二濠其後兩通津橋水漸塞不知何時於礮山南開新渠導水逕城北濶家橋爲五眼橋反水西流直出歲豐橋入溳非當年故道矣

附

合河巡檢司新城在州北一百九十里合河店其地接壤信陽桐柏山深林茂易爲盜藪明初建城以資防禦萬歷三十九年知州王納言巡檢潘應嗣重築城高一丈周一百六十丈南北爲二門門各有樓爲瞭望戍宿之地納言有重建合河新城記記載藝文志今圮

廨署

叔孫氏館於晉雖一日必葺其牆屋古人用心不規規爲一時計也倘視居官爲傳舍則朝不及夕政事

人民何有於數椽之室遑暇計其久遠耶故卽官舍修廢亦足以徵厥事矣志廨署第十

知州署在城西門內其建始無考舊志云明洪武二年同知州事張遜審度地勢取城中西隅最高處爲州廨今署其舊址也自後修建不復載以今制言之大堂曰忠愛堂康熙初知州劉霦題額堂西序爲庫房前爲六曹東西列如制中爲甬道夾甬道爲皂隸班房前爲儀門門西爲獄舍前爲大門門之東有土地祠舊志載有戒石亭在大堂前迎賓館在大堂之東今廢乾隆五十一年知州亢依

祿於大堂西隙地掘得戒石一座旁有乾道四年通直郎知隨州隨縣主管勸農屯田以下姓名剝落不可辨今存內署堂之後有川堂有後堂最後爲延綠山房即內宅也東爲廚後堂之東爲書舍西爲客廳舊志夜光廳在川堂右茶亭在夜光廳前明知州閻在邦運甓齋記畧云隨知州衙無正廳客至卒由北折而西遷就於右齋賔阼莫辨誤而失禮者多矣先守姑蘇申公經營於庭中建小亭榜曰効新鄉侍御宗公彝爲之記嘉靖己亥閻子嗣守是邦乃謀隙地於亭北僅得數尺即偪深坎因命負土築基再閱歲勢漸增廣得四丈餘未幾淫雨大作基崩者三尺會有別工羨磚即役匠氏甃之既堅且隆以下文缺按其地即舊志所謂夜光廳實今客廳舊基也其曰効新亭者即舊志之茶亭今廢乾隆四十五年知州吴蘗孫建書室三楹於客廳右其地爲昔州判衙廢址舊志州判衙在大堂西舊志旌善申明二亭在大門外東西街崇樓在衙舍左今皆廢署知州孫重建申明亭

常平倉在州署之西舊在州署東名豐大倉明萬歷間知州林梓撤倉屋改建學宫遷倉於今地其廒有四別以甲乙丙丁字

便民倉在漢東門內舊志明成化七年知州呂綸因輸漕轉運之艱增建於城外以近水次十四年壞知州伍希閔重修有官廳三間東西二廒

獄舊在儀門之東亦以改建學宫始遷於西舊傳西故有井遷獄後井入獄中知州林梓夜夢有獄中人自訴無罪梓異之徧視獄囚無似者而是日井水忽竭始悟井之神也因鐫非罪泉三字於石欄以誌其異於是泉復湧出後塞

舊志州同署在大堂之東州判署在大堂之西久廢

舊志布政憲司在城內東北按察分司在城北久廢

州同署分駐祝林在州北一百八十里乾隆三十九年以州北境遼濶裁鶴峯州州同缺改設

學正訓導署詳學校

營署詳營制

吏目署舊在州署西康熙中即州同署廢址改建在儀門之東門兩重中爲大堂堂後爲二堂堂後爲內室遷學後闢客廳於二堂之東

高城巡檢司署舊在州北出山店稱出山司乾隆三十九年因分駐州同於祝林總乃以出山店地歸州同分轄徙巡檢司於東北七十里高城鎮改高城巡檢司

合河巡檢司署在州北二百里合河地明成化十二年巡撫御史原傑裁安陸縣高覈鎮巡檢改置

唐縣鎮巡檢司署在州西北九十里唐縣鎮本隋代唐城縣地元時置白馬驛今署卽驛舘遺址

梅邱巡檢司署舊在梅邱雍正三年徙駐州西八十里澴潭地巡檢王懋德以舊郵亭改建新署澴潭郵亭係明時由信陽入承天府大道門一重內爲大堂堂後爲過堂再後爲三堂卽內室其東偏爲書舍

陰陽學無定所

醫學無定所

僧正司無定所

道正司無定所

附 養濟院在北門外瓦屋六間草舍六間

舊志惠民藥局在南門外今廢

壇廟

禮法施於民則祀之以死勤事則祀之壇廟之設良有深義我

國家於常祭外增祀先農爲民祈報典至隆矣況厲山古社遺蹟斯存崇德報功卽所以正風俗而厚人心也志壇廟第十一

社稷壇在西門外稍北一里稱西壇明洪武三年建界以圍牆設四門中爲方壇立石爲主二北向左社神右稷神歲春秋二仲月上戊日致祭祭用帛一色黑羊一豕一鉶一籩豆四簠簋二行三獻禮二跪六叩首孟夏部示日期行常雩禮

風雲雷雨山川壇在南門外稍東一里明洪武六年建制如社稷立石爲主三南向中風雲雷雨神位左山川神位右本州城隍神位祭禮同社稷帛用白色

先農壇在東門外稍南二里雍正五年奉

旨建祠宇三間東向中奉木主書炎帝神農之位前有門牆外爲耤田歲三月奉文以耕耤日致祭禮如山川社稷壇祭畢耕耤官先九推農夫終畝耕畢勸農有賚

耤田四畝九分歲收稻穀一石麥一石一斗蕎麥二石一斗二升存貯老農處於每年二月變價以作祭費有不敷赴司請領

附 郡厲壇在北門外明洪武三年建壇無神主歲以清

明日七月望日十月朔日列州之無祀鬼神於地而烈炬以祭

城隍廟在東門內大街建始莫考明宏治中知州李充嗣修正德十一年知州張延壽復修建鐘鼓樓於大門上進士尹儒爲之記

本朝雍正元年知州沈元鼎乾隆十六年知州許聯奎重修

三皇廟舊志云在儒學東南久廢廟自宋以來有之考所載元人梁天祥碑記稱國初循舊制勅天下路府州縣立三皇廟是當時勅建廟也至正初達魯花赤某知州

劉鼎重修久圮

神農廟在州東北一百二十里上名鄉黃連村厲山之上山有神農洞即帝誕生處也廟祀不知何始考荆州記云民於此立社號神農社年常祀之則其由來久矣以後廢建無可考廟故有帝像人身牛首宏治四年知州楊憲易以冕服嘉靖十年知州范欽率民修殿宇萬歷末知州王納言重修

關帝廟在東門內大街城隍廟右建自明按明史帝廟始建於南京稱漢前將軍漢壽亭侯則此時帝祀已盛今府州縣俱有廟稱武廟列於祀典康熙三十三年重修乾隆三十五年知州紀淑曾建頭門儀門及兩廊四十一年知州胡觀瀾新帝像及殿（胡觀瀾自爲記云殿南一柱多斧斫痕鑱削欲折州人謂明末獻賊破城居民奔匿於承屋之板賊斫柱將斷恍惚見帝形乃驚遁故留其柱不易以誌靈異云）

火神廟在南關東街後始建無考雍正十二年知州吳峴重修

季子祠舊志云在城南門外之西按祠舊有碑記云范大夫之三年新作季子祠顏木范使君碑亦言復季祠侵

地則祠於明已爲居民侵占范欽曾復而修之嗣廢今祀二賢祠內

歐陽文忠公祠在城西隅白雲樓下明宏治中知州李充嗣建額曰白雲書院後臨夜光池池亦充嗣所鑿以寓意靈蛇遺蹟其東僑立尹公亭祀宋知渭州尹師魯蓋以師魯謫隨日嘗建亭城東金燈禪院也李去民祠其主尹公旁知州史經以形家言毀白雲樓（詳古蹟）改白雲書院爲文忠書院自後祠屋僦爲賈肆官收其值而祀典廢矣嘉靖十五年知州任德修復之規制視昔加壯

後廢卽今夜光池舊址
二賢祠在城東龍會門內祀周隨大夫季梁及宋太子少
師文忠歐陽修考舊志無此祠當始於康熙五年後春
秋領銀致祭
何文毅公祠在文明門內祀明太傅何宗彥天啟中巡撫
唐中楫請建
徐公祠舊在城北門內祀明狥難知州徐忠毅公世淳明
崇正十六年巡按御史汪承詔疏請勅建以公子肇梁
祔祭後城陷祠毀乾隆十三年貢生梁高振等請於官

得舊學隙地重建在今書院東偏
節孝祠在漢東門內康熙初年
勅建祀節婦明朱昱妻劉氏以下乾隆四十年州人重建
王公祠在書院西偏祀署知州新淦王公雲翔州人沐公
德澤於其既去買舊訓導署名王公書院以示不忘蓋
公常爲諸生講學其處也

坊表

表厥宅里樹之風聲彰善之典至盛也隨蕞爾邑而
崇臺雙闕與亥午柱錯峙矣芳聲淑範建石門閭曷
常不與鄭公通德同名其里哉志坊表第十二
澄清宣化二坊在舊憲司前明宣德六年判官武襄立今
廢
報珠坊在州治前今廢
鍾英坊在南門內明景泰八年知州程亨爲舉人宗文立
今廢
旌節坊在太平街乾隆十三年知州王雲翔爲監生黃佳
璧妻梁氏立
旌節坊在太平街乾隆十四年知州許聯奎爲黃佳琳妻

沈氏立
旌節坊在玉石街乾隆十三年知州王雲翔爲監生王之
翰妻馮氏立
儒林坊在城東儒學前明天順四年知州程亨立今廢
攀龍坊在儒學街東明成化十三年知州伍希閔爲舉人
宗彝立今廢
附鳳坊在儒學街西明成化十三年知州伍希閔爲舉人
章冕立今廢
登瀛坊在南門外明正統六年知州高昇爲舉人吳旻立

今廢
世美坊在南門外明景泰元年知州尤忠爲舉人童壽立
今廢
紹芳坊在南門外明景泰元年知州尤忠爲舉人章貞立
今廢
攀桂坊在南門外明景泰四年知州吕華爲舉人楊名立
今廢
奎壁坊在南門外明景泰四年知州吕華爲舉人楊亨立
今廢
解元坊在南門外明成化八年知州吕稐爲舉人章爵立
今廢
貞節坊在南門外明成化十二年判官孫益爲朱昱妻劉
氏立今廢
旌節坊在襟漢樓外乾隆九年知州黄鵬爲戴履程妻張
氏立
旌節坊在漢東門内乾隆三十三年知州莫溥爲張士學
妻劉氏立
旌節坊在漢東門内乾隆四十五年知州胡觀瀾爲熊士

鳳妻張氏立
溳州坊在南關外
舜子巷坊在州南
均川坊在州南今並廢
旌節坊在厲山店乾隆三十二年知州紀淑曾爲劉士毅
妻李氏立
節烈坊在沈家畈乾隆四十年知州方天葆爲烈婦陳其
林妻袁氏立

舖遞

孟子置郵傳命卽今之急遞舖也（古無舖字從俗書）舖兵以供傳送而以時察其淹滯隨雖非孔道而道里若修阻故舊設舖遞若干所今備載之志舖遞第十三

州前舖南至石牌舖十里

永充舖司二名編徭舖兵五名舊有舖屋六間今廢

舊志各舖俱有官廳三間門一重郵亭一座明末盡毀順治三年各舖重建今止屋六間非昔時舊制矣

石牌舖城南十里南至廟潭舖十里

永充舖司一名編徭舖兵三名舊有舖屋六間今廢舊

志又載有地二段共十四畝今存四畝

廟潭舖（俗稱廟鹹舖）城南二十里南至光化舖十里

永充舖司一名編徭舖兵三名舊有舖屋六間今廢舊志載有地二段共二十七畝今存六畝

光化舖城三十里南至汳陂舖二十里

志載有地二段共六十畝今無存

永充舖司一名編徭舖兵三名舊有舖屋三間今廢舊

汳陂舖城南四十里南至雲潭舖十里

永充舖司一名編徭舖兵三名舊有舖屋六間今廢舊志載有田二段共一十八畝九分今存八畝

雲潭舖城南五十里南至紫石舖十里

永充舖司一名編徭舖兵三名舊有舖屋六間今廢舊志載有田地二段共八畝三分今存地五畝

紫石舖城南六十里南至石門舖十里

永充舖司二名編徭舖兵五名舊有舖屋六間今廢舊志載有地六段共十一畝今無存

石門舖城南七十里入安陸縣界

永充舖司一名編徭舖兵三名舊有舖屋六間今廢舊

志載有田三段共十五畝今存五畝

諸馮舖城東二十里東至馬坪舖二十里入應山縣界

永充舖司一名編徭舖兵三名舊有舖屋六間尚存舊志載有舖地八段共五十八畝今存十二畝

蕭家舖在城西二十五里順治三年改凉水舖置西至安居舖十五里

永充舖司一名編徭舖兵三名舊有舖屋三間今廢

安居舖在城西四十里順治三年改厲山舖置西至船鎮舖十五里

永充舖司二名編徭舖兵五名舊有舖屋三間今廢
船鎮舖在城西五十五里順治三年改淨明舖置西至官潭舖十五里
永充舖司一名編徭舖兵三名舖屋今廢
官潭舖在城西七十里順治三年改唐縣鎮舖置西至大悲舖二十里
永充舖司二名編徭舖兵五名舊官廳三間門一重郵亭一座雍正三年改爲梅邱巡檢司署後別置舖屋三間今廢

大悲舖在城西九十里順治三年改申溪舖置西至陳家舖二十里入棗陽縣界
永充舖司一名編徭舖兵三名舊有舖屋三間今廢
按舊志隨有馬驛與舖遞相輔而行驛置於州馬五十匹始則民養今則官養舖則置於野相距或十里或二十里有舖司以掌記籍有舖兵以衛行者遞文檄有永充之額有編徭之役養以工食是日均徭又環舖買地聽其耕食其馬康熙元年裁二十五匹五年裁十九匹止存六匹嗣後盡裁舖十有四各有官廳三間門一重郵亭一座

塘汛

漢志十里一亭亭父掌求盜賊後世營汛所由昉也隨地界連荆豫中多險阻伺察姦盜酌水陸道里遠近而分汛以詰之備不虞也志塘汛第十四

東南
西河店設汛兵　名
紫石舖設汛兵　名
朱家店設汛兵　名

北
祝家店設汛兵　名
淮河店設汛兵　名
出山店設汛兵　名

東北
合河店設汛兵　名

劉店設汛兵　名
高城店設汛兵　名
小林店設汛兵　名

西北
唐縣鎮設汛兵　名
灌兒口設汛兵　名

西
官潭店設汛兵　名
大悲店設汛兵　名

津梁

周官司險知川澤之阻而達其道路唐六典天下之

巨梁有數大津給船有差等其爲行道慮何周也隨
自楚人梁溠見於左氏知其川澤之多險矣志津梁
第十五

通津橋在城南一里許漢東門內橋跨通衢濠水逕其下
建始時代無考舊志云元至正元年修後居民侵占橋
基濠水漸涸明嘉靖二十五年知州朱天秩重濬又復
其侵地甃以石濠水復通

小通津橋在通津橋南濠水分支逕其下舊志云明宣德
三年修後嘉靖中朱天秩與大津橋同修

雲路橋在小南門外跨濠水乾隆三年開小南門後建

長橋一名三元橋在龍會門外跨內濠橋長九丈許始建
年月無考乾隆四十九年重修

漢東橋在漢東門外跨外濠下接漢東街其始建年月無
考

廣德橋在西門跨濠水乾隆二十五年里民張存禮及其
弟存忠建

接洪橋在廣德橋南跨濠水始建年月無考

高家橋俗名五眼橋跨濠水上流濠水導源城東北之礮
山舊自橋東南下繞城而西出乾溝入溳其分支乃出
橋下西入合溪後城南漸淤水盡趨橋下往往泛溢橋
圮康熙四十一年知州李　重修州人梁宗極爲記

遷仁橋在北門外跨內濠俗呼仙人橋不知何代建唐劉
長卿有登遷仁樓詩即北門麗樓也亦作僊仁樓橋當
以此得名舊志云元至正元年修明末賊至阮經歷李
衆毀之

歲豐橋在城西一里跨合溪上明成化十五年判官孫益
建後屢壞蓋溳水秋漲輒到灌魚口合溪水溢又外合

浮纓水泛溢數里故橋輒圮宏治十年知州李充嗣於
南百步外改建石橋廣五尺長七丈御史宗彝爲作記
更名李公橋然州人歲豐之稱如故也

接豐橋在玉波門外跨合溪下流建始無考

積善橋在城南五里建始無考舊志稱明景泰六年重修

樂善橋在城南十一里建始無考舊志稱明成化十年重
修

壽星橋在城南二十里跨楊家湖溝口乾隆二十年里人
王郁章建

土橋在州南二十五里光化舖其建始無考

光化橋在東南三十五里建始無考舊志稱明成化二年重修

靳家橋在州南府君里

雲潭橋在州東南五十五里跨澗建始無考舊志稱成化九年重修

紫石橋在州南六十里建始無考明知州晉承命重修舊志以紫石長橋爲隨州八景之一

天緣橋在城東五十里新滕店跨守溪爲隨州應山分界

左右有石欄其建始無考乾隆四十三年重修

回龍橋在州北二十五里廻龍店建始無考舊志稱明成化十一年李僉募修按察使李敏道過此橋爲作記見藝文志然舊藝文志實無此

土橋在州北三十里土橋畈始建無考

七里橋在州西七里舊志稱久壞於水康熙初知州陳秉化重修更名桂芳橋

梁家橋在州西二十五里新廂里建始無考

范家橋在州西四十里安居南建始無考

上滏橋在安居店西滏河口

三合橋在州北六十里淨明舖南建始無考

汪家橋在州西北七十里跨獅子溝爲候選州同汪東占建

孟家橋在州西北七十里建始無考爲宋荆鄂都統制孟宗政故里

驌驦橋在城西北九十里唐縣鎮南驌驦陂上建始無考

蹋石橋在州西北一百二十里

姑橋在州東金錢里

嫂橋在金錢里舊志稱有姑嫂二人各建一橋然不詳爲何時事

木瓜園渡在州西二里

兩河口渡在州南三里

淅河口渡在州東南十五里

官渡河渡在州南十七里

浪河頭渡在州東南三十二里

皀口渡在州南三十里

安居渡在州西四十里

萬家河渡在州西六十五里
寺潭灣渡在州西七十里
官潭河渡在州西七十五里
沙窩渡在州南八十里

隨州志卷之五

隨州知州張　璿輯

里甲

古者地邑民居必參相得後世區以里聯以甲亦猶古之遺意也行保甲之法于廣土衆民之日稽察固所不免而周官相保相受之法其猶有講而行之者乎志里甲第十六

編里之制舊志稱隨之先無可考明初地廣民稀除關廂外分四鄉十二里成化八年生聚漸蕃增鎮司君山新

廂共一十五里成化十三年遠近附籍者益衆又增歸化里共一十六里永樂間州志溳山鄉有均川古鎮無今之落湖銅鉢聖堂歲豐鄉有安居周家無今之會盤仁心溳川鄉有浪河里與今制互異今編里十有九至
本朝併入朱張二所楚潞二里共二十有二按舊戶口志永樂八年已增編里十有四成化八年增編里十有六今於鄉里志稱成化八年者當是永樂之譌稱十三年者亦非正德七年增編十有大里亦未著明

上名鄉

平港里東至應山縣余家店南至新廟里五馬山西至關廟里七姑廟北至黃違里岩子河

一甲　袞山　紫城寺　太山廟

二甲　塔兒灣

三甲　五馬山

四甲　李家集　黃家畈

五甲　慕潭沖

六甲　四王家畈

七甲　小河溝

八甲

九甲　落田坡

十甲　巖子河

古馬里　東至平港里岩子河南至平港里太山廟　西至關廂里謝家店北至黃連里石門

一甲　東嶽湖

二甲　謝家店

三甲　九里崗

四甲　韓逢灣

五甲　太白寺

六甲　黑暮崗

七甲　戴家畈

八甲　母猪湖

九甲　高城店

十甲　九里崗

黃連里　東至應山縣將軍店南至古馬里九里岡　西至大義里岡頭店北至金錢里小林店

一甲　石門　白馬廟　海溠寺

二甲　羅家店　殷家店

三甲　梨木沖

四甲　潘家溝

五甲　水磨灣　瓜篷

六甲　向潭溝　王白灣

七甲　西草店　半山廟

八甲　天河口　宋家灣

九甲　江西總

十甲　趙家河　田上山

金錢里　東至信陽州南至黃連里宋家灣　西至桐柏縣北至信陽州

一甲　周新總

二甲

三甲　小林店

四甲　草絲溝

五甲　後家溝

六甲　西溝

七甲　王皇頂

八甲　劉家岡　尚家河　祝家河

九甲　熊家河　賈家店

十甲　馬家莊

大義里東至黃連里白馬廟南至仁心里李石寺西至棗陽縣吳家店北至桐柏縣界牌口

一甲　岡頭店　伊家灣

二甲　劉家河

三甲　泌河店　何家店

四甲　青臺

五甲　泥溝　青石寺　牛心村　車家灣

佛山灣

六甲　丁字店　温家冲　羅漢寺　横嶺山

寶林寺　大栗樹

七甲　王家店　大悲寺

八甲　五里橋　馬家山　溜石板　蔣家山

吳山店　唐王店　界嶺坡

九甲　汪家店　新城　魯家冲

十甲　白起店　三河店　雞鳴山

歲豐鄉

會盤里東至大義里劉店南至厲山店二道河西至大義里唐王店北至大義青石寺

一甲　袁家灣

二甲　敖家蓬　柳樹頭

三甲　魯家灣　獅子溝

四甲

五甲　葉家岡　福山寺　車洪青

六甲　周家坪

七甲　水晶溝

八甲　太篷林

九甲　大山廟

十甲　騫家灣　郭家河　觀山溝

仁心里東至會盤里敖家棚南至正司里淨明舖西至頭百戶龍王廟北至大義里丁字店

一甲　唐縣鎮

二甲　胡家橋　砂子崗

三甲 孤山冲 泥河溝
四甲 象鼻嘴 邱家台
五甲 黃家大廟
六甲 李子河 華寶山
七甲 黑龍廟
八甲 魯城河
九甲 黃家灣
十甲 張家岡 萬福店

正司里東至會盤里柳林頭南至歸化里澴潭西至棗陽縣北至仁心里孤山冲

一甲 趙家坡 姚家廟 童家台
二甲
三甲 蒯家寨
四甲 淨明舖 汪善橋 胡家堂 七里灣
黨家樓 三合橋 泉信橋
五甲 砂子崗
六甲 張家河 麗家河
七甲 會盤冲 何家寨
八甲 喬家灣 雙稻塲

九甲 隨陽店 大樹灣 魏家冲
十甲 盧家冲 大悲店

歸化里東至梅邱里何家店南至落湖里朱家集西至鍾祥縣北至正司里會盤冲

一甲 新何家店 溠河畈
二甲 澴潭
三甲 老虎潭 殷張山
四甲 瑪瑙冲 鞏家店
五甲 楊家畈 寶德觀
六甲 望洪店 陳家畈

七甲 張家冲 清河店
八甲 柳樹套
九甲 蒿子崗
十甲 謝家冲 界山冲 雙河店

關廂里東至張所四甲祖師廟南至府君里五里舖西至楚里三甲木瓜園北至新廂里梁家橋

一甲 太山廟
二甲 勸羊畈
三甲 汪家畈
四甲 八角廟

五甲　厲山店

六甲　黃連畈

七甲　盧家寺

八甲　關帝廟

九甲　瓦义河　五里墩　黃連畈　江家寺

薛家灣

十甲　孫家寺

城廂

城內　治前街　玉石街（治前東）　烏龍巷（州治後）　太平街（直街）

舊學街　丁字街（城隍廟前）　太平後街　營盤街（東門）

城外　十字街　上南關　中南關　下南關

學前　錦鱗街　聚奎街　小東關

雲路街（小南門外）　玉波街　小西關　外北關

溳山鄉

梅邱里　東至關廂里黃連畈南至府君里三里岡西至歸化里環潭北至正司里會盤冲

一甲　老何家店

二甲　蕭家舖

三甲　徐家岡　占家港

四甲　髩角寺　梅邱鎮　船鎮舖　車落岡

謝家岡　朱家溝

五甲　安居店

六甲　船梅總

七甲　湯家畈

八甲　紅毛畈

九甲　王家畈

十甲　萬家河　黑虎廟

落湖里　東至梅邱里船鎮舖南至聖堂里三里岡西至鍾祥縣北至梅邱里般張山

一甲　賀家廟　溮河店　西九里崗

二甲　芧茨畈

三甲　凍子冲

四甲　太和店　鼓鑼壋

五甲　新陽店　湯池寺

六甲　王家台

七甲　鮑家集

八甲　朱家集

九甲　秦家畈

十甲 王家畈 長界山

銅鉢里東至紫溪里七井岡南至聖堂里張劉店西至聖堂里三里岡北至梅邱里蕭家舖

一甲 金河灣 靑土河

二甲 金雞洞

三甲 藥山

四甲 灣墻 鍾家塝

五甲 桃園

六甲 石馬港

七甲 劉家背 黃家河

八甲 何家店 老灣嶺

九甲 馮家冲 黃家河

十甲 五港寺 火石冲

聖堂里東至府君里柳林店南至紫溪里詹石港西至京山縣北至落湖里長界山

一甲 永興店 狗跡嶺

二甲 胡家河

三甲 林家畈 王家廟

四甲 古聖畈

五甲 柳木廠

六甲 楊家河

七甲 殷張總 張劉店

八甲 三里岡 虞家灣

九甲 佛兒嶺

十甲 四聖菴

溳川鄉

府君里東至新廂里石牌舖南至紫溪里七井港西至聖堂里佛兒嶺北至銅鉢里均川店

一甲 八角樓 五里舖

二甲 馬灣 靳家橋 三里潭

三甲 均川店

四甲 黃雲寺

五甲 馬家畈

六甲 田家廟

七甲 黃連堂 柳林店

八甲 天靑廟

九甲 占家堰

十甲 三义湖

紫溪里東至君山里光化舖南至君山里金雞嶺西至府君里劉洪橋北至府君里五里舖

一甲 七井港
二甲 九龍觀
三甲 閔家背　陳黄冲　白塘灣
四甲 雙稻塲
五甲 獨松樹
六甲 白龍港　中浪河
七甲 崔家店
八甲 祠河店　詹石港
九甲 龔家廟

十甲 方家冲
君山里東至歸仁里沙陂舖南至歸仁里石門舖西至新廂里詹石港北至新廂里石牌舖
一甲 廟潭舖
二甲 五里墩
三甲 光化舖　下浪河
四甲 西山坡
五甲 府君山
六甲 雲潭舖
七甲 烏廟嶺

八甲 王家橋　紫山冲
九甲 金雞嶺
十甲 董店
歸仁里東至應山縣雲潭港南至應山縣土潭舖西至君山里落陽店北至君山里沙陂舖
一甲 沙陂舖
二甲 紫石舖
三甲 紫石橋
四甲 石門舖
五甲 劉家河

六甲 閻家河
七甲 清水河
八甲 紫溪河
九甲 彭家河　卦家河
十甲 余家店
新廂里東至應山縣馬坪港南至君山里光化舖西至城外東關北至君山六甲石牌舖
一甲 八里舖
二甲 祖師店
三甲 五馬山

四甲　石橋冲　溝碑堰
五甲　上五甲
六甲　趙家廟　石牌舖
七甲　紫溪郵
八甲　兩仙山
九甲　魏家廟
十甲　劉家畈

楚里　散　四鄉

一甲　涼水舖
二甲　廻龍店
三甲　木瓜園　蕭家舖
四甲　黃連畈
五甲　黑龍寺
六甲　袁家塝
七甲　連舒畈
八甲　車騾崗
九甲　車騾崗
十甲

十一甲
十二甲　隨陽店
十三甲　土橋畈

潞里

一甲　埸石橋　隨陽店
二甲　萬福店　余家樓
三甲　砂子崗
四甲　謝家畈　周家坪
六甲　鄒家冲　姚家井

十甲　勸牟畈
十三甲　連舒畈

朱所　散　四鄉

一甲　金家屯
二甲　西花園
三甲　東花園
四甲　黃家台
五甲　紅土岩
七甲　老戶冲

八甲欽家廟
九甲欽家廟
十里張家店
張所散
劉家井　朱家坡
各百戶千戶散入民甲
頭百戶　龍王沖　四百戶　五百戶
七百戶　八百戶　九百戶　十百戶
金河店　尚市店　千戶所

隨州志卷之六

隨州知州張　璿輯

學校

古者里有序鄉有庠所以明教行禮而視化也祭於
先聖先師重本也我
朝崇修典禮釐定樂章表道德之宗以為萬世法其達於
郡縣與賢勸學咸臻斯路觀於人文以化成天下師
道立而善人多矣志學校第十七

學宮在龍會門內舊志稱為宋元遺址重建於明洪武十

四年永樂中頒書籍設祭器立射圃以彰六藝之教制
度咸備至萬歷初當事以形家言遷入城中官廨左改
舊學為書院明末寇亂城陷宮牆盡毀順治十五年諸
生王開基謝聖恩時際春李之楨等呈請巡按李贊元
疏請復建知州陳秉化吏目陳世謐董其事乾隆十有
二年攝知州事王雲翔因士民請復遷於龍會門其制
中為
大成殿康熙二十三年
聖祖仁皇帝御書萬世師表匾額雍正三年

世宗憲皇帝御書生民未有匾額乾隆三年
御書與天地參匾額中奉
至聖先師孔子木主南向主朱地金書高二尺七寸三分濶四寸座高四寸廣七寸左右四配（四配位次表列于後）木主赤地墨書高一尺五寸濶三寸二分東西序奉先賢閔子以下九人木主皆赤地墨書高一尺四寸濶二寸六分宋咸淳二年升顓孫子爲十哲
本朝康熙五十一年進朱子位次十哲乾隆元年進有子於十哲木主制如前（十哲位次列表於後）東西兩夾室（一藏祭器 一藏樂器）

前有露臺左右列
聖祖仁皇帝御製孔子顏子贊碑下爲東西兩廡始依唐宋明舊制東首澹臺子西首宓子以下共六十二人先儒則左邱子（雍正三年升爲先賢）以下三十五人嗣於
本朝雍正三年復祀先賢蘧子瑗林子放顏子何縣子亶牧子皮秦子冉及樂正子克以下四人康熙五十五年增祀先儒范子仲淹雍正三年增祀先儒陳子淳以下六人（諸賢位次表列於後）前爲戟門門外爲泮池通以圜橋又前櫺星門繚以甍牆東西兩門（東曰禮門 西曰義路）

崇聖祠在殿之後雍正元年
加封孔子先五世皆王爵改啟聖祠爲崇聖祠中奉
肇聖王木金父公位中
裕聖王祈父公位左
詒聖王防叔公位右
昌聖王伯夏公位次左
啟聖王叔梁公位次右皆南向木主規制同四配其配享爲先賢顏氏曾氏伯魚氏孟孫氏先儒周氏輔成程氏珦朱氏松蔡氏元定雍正三年增祀張氏迪木主規制

同十哲

四配十哲從祀堂上位次表（左行）

至聖先師孔子

復聖顏子	宗聖曾子
述聖子思子（東配）	亞聖孟子（西配）
先賢閔子	先賢冉子
先賢冉子	先賢宰子
先賢端木子	先賢冉子
先賢仲子	先賢言子
先賢卜子	先賢顓孫子

先賢有子以上東序　先賢朱子以上西序

先賢先儒從祀兩廡位次表

蘧子瑗	宓子不齊
澹臺子滅明	公冶子長
原子憲	公晳子哀
南宮子适	高子柴
商子瞿	琴子牢
漆雕子開	巫馬子施
公西子赤	顏子辛

商子澤	曹子卹
梁子鱣	司馬子耕
冉子孺	陳子亢
伯子虔	秦子商
漆雕子徒父	顏子高
漆雕子哆	穰駟子赤
樊子須	石作子蜀
任子不齊	公夏子首
公良子孺	后子處

林子放	顏子祖
申子棖	牧子皮
子蔑子忠	公肩子定
榮子旂	縣子成
左人子郢	公祖子句茲
薛子邦國史記作鄭	燕子伋
原子亢	樂子欬
廉子潔	鄡子單
奚容子蒧	罕父子黑

秦子祖	叔仲子會
狄子黑	顏子之僕
冉子季	施子之常
公西子蒧	公西子輿如
秦子非	邽子巽
句井子疆	步叔子乘
顏子噲	顏子何
秦子冉	縣子亶
左邱子明	公孫子龍

樂正子克 公孫子丑
公都子 萬子章
程子顥 周子敦頤
邵子雍以上先賢 程子頤
張子載以上先賢
穀梁子赤 公羊子高
高堂子生 伏子勝
后子蒼 董子仲舒
孔子安國 杜子子春

鄭子康成 毛子萇
范子甯 諸葛子亮
王子通 韓子愈
司馬子光 范子仲淹
楊子時 歐陽子修
羅子從彥 胡子安國
呂子祖謙 李子侗
胡子瑗 張子栻
蔡子沈 陸子九淵

黃子榦 尹子淳
許子衡 眞子德秀
金子履祥 魏子了翁
吳子澄 何子基
陳子澔 趙子復
王子守仁 陳子亨
陳子憲章 王子柏
羅子欽順 許子謙
陸子隴其 薛子瑄

蔡子清以上先儒 胡子居仁以上先儒
右東廡 右西廡

祭禮

先師孔子以歲春秋二仲月上丁致祭牲用太牢先期與
祭各官齊戒省牲前一日宰牲視滌器厥明盥洗就位
闢戶迎神樂奏昭平之章行三跪九叩頭禮升堂初獻
樂奏宣平之章有舞奠帛獻爵讀祝三跪九叩頭退詣
四配位前行禮畢復位亞獻樂奏秩平之章有舞終獻
樂奏叙平之章皆如初獻禮飲福受胙樂奏懿平之章

一跪三叩頭徹饌送神樂奏德平之章三跪九叩頭闔
戶望燎焚祝帛饌禮畢
崇聖祠於是日學官先行三獻禮兩廡吏目分獻
祭器
正殿帛一 色白 奠用陶爵 色白 三大羹之登一 和羹之鉶二
黍稷之簠二稻粱之簋三形鹽藁魚鹿脯榛栗棗菱芡
白餅黑餅其籩十韭菹芹菹菁菹鹿醢笋菹魚醢醓醢
兎醢脾肵豚胉其豆十酒罇一其執事司陳設監宰成
禮成樂引贊各二人瘞毛血一人盥洗所一人捧帛接

帛捧爵接爵各一人讀祝一人酒罇所一人
四配各爲一筵筵各帛一 色如前 爵三 質如前 鉶一簠簋二
籩八 去黑白餅 豆八 去脾肵豚胉 酒罇一牲用少牢其執事司陳
設引贊各二人捧帛接帛捧爵接爵各一人盥洗所一
人
十哲東西各爲一筵其帛爵鉶如前數簠簋一形鹽栗
棗鹿脯爲籩四菁菹芹菹鹿醢兎醢爲豆四罇一牲用
特豚加以豕首其執事同四配
兩廡東西各三筵筵各帛一奠用銅爵爵四簠簋籩豆

之數如前牲用豕其執事同十哲
崇聖祠五筵牲牢禮器皆如四配其執事亦如之加通贊
二人讀祝一人其配享各爲一筵如十哲奠用銅爵爵
三餐用豕首一加以肉其執事同兩廡
樂章
文廟所奏樂章向遵舊譜乾隆五十一年頒發直省春秋
釋奠樂章新譜變俗從雅用古宮商而兼注俗樂工尺
字使天下咸知七音配合之法又春秋立宮主調不同
簫笛音律高下各異司樂者肄業既久自能漸通雅奏

革其舊習今載昭平諸章亦分列春秋二譜而並去工
尺字不注
春夾鐘清商立宮　倍應鐘清變宮主調
迎神昭平
大 變宮 哉 商 孔 角 子 變徵　先 變宮 覺 羽 先 變徵 知 角
與 商 天 角 地 羽 參 變徵　萬 變宮 世 羽 之 變徵 師 變徵
祥 變徵 徵 羽 麟 商 紱 角　韻 商 答 羽 金 變宮 絲 羽
日 商 月 角 旣 變宮 揭 變徵　乾 商 坤 角 清 商 夷 變宮
奠帛初獻宣平

予變宮懷商明角德變徵　玉羽振商金變宮聲羽
生角民商未羽有變徵　展商也角大變徵成角
俎變徵豆羽千變宮古變徵　春角秋角上變徵丁角
清變宮酒羽旣商載變宮　其商香角始商升變宮
亞獻秩平
式變宮禮商莫角愆變徵　升羽堂變徵再商獻變宮
饗羽協變徵鼓商鏞角　誠變徵孚羽罍變徵甗變宮
肅變徵肅變徵雝角雝角　譽商髦變宮斯羽彥變宮
禮羽陶變徵樂商淑角　相變徵觀角而商善變宮

終獻叙平
自變宮古商在變徵昔角　先羽民變徵有商作角
皮變徵弁羽祭商菜變宮　於羽論變徵思角樂商
惟變徵天羽牖變宮民變徵　惟商聖羽時商若角
彝變徵倫變徵攸羽敘變宮　至羽今變徵木商鐸變宮
徹饌懿平
先變宮師商有角言變徵　祭變宮則羽受變宮福變徵
四商海變宮黌變徵宮羽　疇商敢角不商肅變宮
禮變徵成羽告變宮徹變徵　毋商疏角毋商瀆變宮

樂變徵所羽自商生變宮　中變徵原角有商菽變宮
送神德平
鳧變宮繹商峩角峩變徵　洙羽泗變宮洋商洋角
景羽行變徵行變徵止羽　流商澤角無變徵疆角
聿變徵昭羽祀商事變宮　祀變宮事羽孔商明角
化變宮我變徵烝變宮民羽　育商我角膠商庠變宮
秋南呂清徵立宮　仲呂清角主調
迎神昭平
大角哉徵孔羽子變宮　先角覺商先變宮知羽

與徵天羽地商參變宮　萬角世商之變宮師變宮
祥變宮徵商麟徵紱羽　韶徵荅商金角絲商
日徵月羽旣角揭變宮　乾徵坤羽清徵夷角
奠帛初獻宣平
予角懷徵明羽德變宮　玉商振徵金角聲商
生羽民徵未商有變宮　展徵也羽大變宮成羽
俎變宮豆商千角古變宮　春羽秋羽上變宮丁羽
清角酒商旣徵載角　其徵香羽始徵升角
亞獻秩平

式角禮徵莫羽愆變宮　升商堂變宮再徵獻角
響商協變宮鼓徵鏞羽　誠變宮孚商罍變宮甗角
肅變宮肅變宮雍羽雍羽　譽徵髦角斯商彥角
禮商陶變宮樂徵淑羽　相變宮觀羽而徵善角

終獻叙平

自角古徵在變宮昔羽　先商民變宮有徵作羽
皮變宮弁商祭徵菜角　於商論變宮思羽樂徵
惟變宮天商牖角民變宮　惟徵聖商時徵若羽
彝變宮倫變宮攸商叙角　至商今變宮木徵鐸角

徹饌懿平

先角師徵有羽言變宮　祭角則商受角福變宮
四徵海角黌變宮宮商　疇徵敢羽不徵肅角
禮變宮成商告角徹變宮　毋徵疏羽毋徵瀆
樂變宮所商自徵生角　中變宮原羽有徵萩角

送神德平

鳧角繹徵峩羽峩變宮　洙商泗角洋徵洋羽
景商行變宮行變宮止商　流徵澤羽無變宮疆羽
聿變宮昭商祀徵事角　祀角事商孔徵明羽

化角我變宮蒸角民商　育徵我羽膠徵庠角

樂器

堂上之樂琴用四瑟用六堂下之樂笙簫笛各六排簫二編鐘編磬應鼓楹鼓各一搏拊鼓排鼓各二柷敔各一樂人如其器之數舞用六佾羽籥三十有六麾一旌二木笏六佾生如其佾之數

名宦

名宦祠在戟門之左舊祀宋隨郡太守柳元景宗慤唐隋州刺史令狐緒宋知隨州事王德用范純仁崇信節度副使尹洙知隨州事趙方李道元隨州知州林興祖明隨州知州陳莘吕穪

本朝奉文增明德安府同知署隨州事王國治明珣難知州王燾共十三人

舊祀名宦十一人俱明知州任德詳請釐正位次官銜謚法改題木主又詳請增祀後周刺史皇甫璠稱宋李道不宜從祀當時允行今皇甫璠未增李道未徹明大學士何宗彥考定應祀未祀名宦六十一人其中如侯霸蕭敷辛彥之李惠登歐陽日華李孝基岳飛吳柔勝諸賢德澤在人治績各見正史歐陽日華見於六一居士集明代李充嗣功業載在舊志皆無忝良吏之目信宜報以明禋餘如庫狄士文雖賦性清苦然隋書已列入酷吏傳王寬棄城而逃王全斌本貪殘梟將張商英以狡猾取敗崔士招陳思讓董宗本輩皆以軍將領郡

未聞善政亦俱錄入未免太濫他或功業見於史傳而於州事無可稱或職係遙領而人未莅隨亦當辨別至唐隋縣令李去惑身殉國難急宜增祀而畧不論及則所考六十一人亦非定論又舊祀十一人中王德用貶知隨州置判官理其事尹洙沈括俱隨州安置原非官僚或宜重爲釐正始合輿情

鄉賢祠

鄉賢祠在戟門之右舊祀隨大夫季梁漢司空周章宋參知政事宋綬綬子直學士敏求觀文殿學士歐陽修醴泉觀使劉逵參知政事李庭芝都統制邊居誼明知州任德釐定祀典請增祀宋都統制孟宗政宗政子吉國公珙繼增明戶部侍郎王鏞慶遠知府賀子亨工部侍郎陳壽江西按察使童寅大學士何宗彥本朝增文林郎貢生周宗成共十六人任德以宋宣獻綬父子非隨人詳請應否與祀不知當日作何定論

明倫堂在黌牆西內左右列卧碑六前有門牆門外爲外泮池左右繞學宮南面跨以兩橋乾隆十二年攝知州事王雲翔建舊有敬一亭在堂後中列敬一銘碑與詩立禮兩齋在堂下左右爲諸生肄業所遷學後未遑復建東西兩齋夾列學宮左右爲學正訓導官署節年部頒書籍謹貯齋內

書籍目錄

聖諭廣訓一本
御纂周易折中全部
御纂詩經全部
御纂書經全部
御纂春秋全部
欽定周官義疏全部
欽定儀禮義疏全部
欽定禮記義疏全部

御纂周易述義全部
御纂詩義折中全部
御纂春秋直解全部
御製重修文廟碑記詩篇一本
御製詩初集全部
御製詩二集全部
御製文初集全部
御製平定兩金川告成太學碑文
資治通鑑綱目續編二函

學政全書一部

學政

隨州學正一員訓導一員其沿革詳官師志其學生廩膳三十人增廣三十人附生無定額三歲貢其二教官月有課學使者三歲再試之如制每科錄送鄉闈者數十人以行優選拔貢者期無缺由童子試入學者每試額十五人武童入學者每歲試十五人

學正署在明倫堂左稱東齋中爲堂後爲內室前有門乾隆十二年遷學時卽舊址重建

訓導署在明倫堂右稱西齋亦遷學時重建堂門室之制如學正署

附學田

學田淤洲一百六十七畝每年租銀二十二兩乾隆五十四年州民夏萬鵬捐田五石三斗每年課租十五石

書院

擷珠書院在龍會門內稱漢東書院明萬歷初年徙學後知州王納言卽學宮遺址爲書院於其前建炎帝殿設重門門左右爲兩祠左以祀昔之宦於隨而有功德於民者右以祀州之鄉先生儼然學宮制度殿後建隨珠堂爲講堂左右學舍數楹爲諸生肄業地太傅何宗彥記之納言亦有隨珠堂記明末毀

本朝順治十二年知州程文光修復之乾隆十二年衆議遷學知州王雲翔卽書院地營學宮以城內學宮遺址改建書院改敬一亭爲奎樓兩廡爲學舍十八年知州金嶒捐地爲師生膏火費易名擷珠書院

附社田

書院田租始乾隆二十年知州金嶒撥入關廟各項官

基沙陂舖淤洲官潭義學社田高城厲山均川唐縣鎮各處義學官基陸續斷歸趙公祠等絕產及監生孫敷賁熊佑成捐入義田共得租銀二百四十餘兩充師生膳脩膏火之費

一州城內外暨各鎮店房舍官基田地每年共收租銀六十八兩三錢三分

一雲潭總連岢畈淤洲地一百六十七畝三分每年租銀六十二兩除納儒學租銀二十二兩實納書院膏火租銀四十兩

一白塘灣金家岡水田六石四斗每年實納租銀十六兩

一沙陂舖歸里一甲水田十四石河地山地共四石每年實納租銀六十兩

一夜光池陸地一石三斗每年實納租銀六兩

一小林店趙公祠水田坐落廟前與岩溝兩處共十八石每年實納租銀二十四兩四錢
一椿樹岡水田二石八斗陸地二塊每年實納租銀八兩九錢六分
一君山里漬川浪河北岸水田六石每年實納租銀十六兩
一徐家莊水田四石每年實納租銀九兩六錢
一風火山北灣水田二石二斗陸地二塊每年實納租銀六兩四錢

社學

安居社學舊在安居鎮明宏治中知州李充嗣建嘉靖三十五年知州孫銳擴而新之州人蕭音爲之記稱有堂室有泮池凡屋十有三楹繼移建西街有屋兩重前爲講堂後祀先聖再後爲射圃乾隆三十四年署知州

紀淑曾復增建學舍

舊志唐縣鎮唐客（疑字譌）店官潭𣲖河光化萬家店殷家店各有義學三間不詳建始何年然其序稱明正統元年詔天下府州縣嚴社學不許廢弛成化元年詔民間子弟願入社學者聽宏治中詔府州縣修建社學蕭音安居社學記亦稱創自宏治中司馬李公則唐縣鎮諸學疑皆李充嗣建

隨州志卷之七

隨州知州張　璿輯

戶口

周制夫家衆寡族師登之閭之衆寡閭胥數之未有長其民而不知所長之若而人者也

國家百有餘年來休養生息亦既樂其業而安其居矣生齒日繁無慮數倍於昔資富之訓在司牧者早籌之耳志戶口第十八

隨戶口之見於史册者始晉書地理志義陽郡下宋書郡國志隨陽太守下然其時所統諸縣不全在州境至隋

漢東郡統縣八中惟上明平林越入旁邑餘皆在今州境內地理志所載四萬七千一百九十三戶約爲實數

隋

戶四萬七千一百九十三

唐貞觀二十八年

戶二萬三千九百一十七口十萬五千七百二十一

宋崇寧元年

戶三萬八百四口六萬七千二十一

元至元十二年

戶一萬五千九百六十六口五萬二千六十四

明洪武十三年編里十有二

戶一千五百七十七口一萬五百一十五

永樂八年編里十有四

戶一千五百八十九口一萬一千二百七十一

成化八年編里十有六

戶二千三百三口三萬一千二十五

正德七年編里十有九

戶二千五百五十九口四萬六千九百二十二

萬歷四十年

戶二千九百六十八口六萬三百九十七

本朝順治五年編里十有九並朱張二所及楚潞二里

康熙二十一年

戶二千九百六十八口五萬九百三十六德安府志

自康熙二十一年至乾隆五十四年編審

戶七萬九千三百四十四口三十二萬九千五百五十五

原額人丁二萬三千三百三十三丁每丁派銀一錢四分五釐二毫應徵並加增共銀三千三百八十八兩三錢四分八釐考徐忠毅公殉難錄隨自崇正六年荒亂以後民數日耗有一里僅存一二甲者有一甲僅存一二戶者公乃清查民戶每甲造一實存人丁册並彙造荒絕册申請豁免旋奉部題以隨州棗陽爲第一等荒準以現存人丁起稅時剩人丁一萬八千零　本朝順治五年知州相有度奉文編審討得人丁二萬三千三百三十三丁以爲丁額

順治十二年編審增人丁九千三百四十九丁共增銀一千三百一十一兩八錢四分五釐

康熙四年奉文豁免運夫人丁二十二丁免銀三兩一錢九分五釐

康熙十一年起至五十年止八次編審增丁七百一十丁共增銀一百三兩一錢二釐

以上額徵加增除豁免外共實徵丁銀四千八百兩一錢欽奉

恩詔以康熙五十年丁册爲定嗣後滋生人丁永不加賦

雍正七年奉

旨丁隨糧派歸入闔省糧銀均攤帶徵每糧銀一兩派丁銀一錢二分九釐六毫

共實徵丁銀二千三百九十九兩四錢一分六釐計減

原額丁銀二千四百兩六錢八分四釐

田賦

今賦法有定制無苛徵也宋趙忠肅曾牧是州其言曰催科不擾是催科中撫字也後之撫兹土者其熟味乎斯言志田賦第十九

田

原額田七千六百六十七頃四十八畝七分分上中下三則

上田六千二百四十一頃一十八畝五分每畝科秋糧九合九勺八抄共科秋糧六千二百二十八石七斗二

合八勺

中田一千二百八十七頃三十一畝六分每畝科秋糧九合八勺八抄共科秋糧一千二百七十一石八斗六升八合六勺

下田一百三十八頃九十八畝六分每畝科秋糧九合八勺共科秋糧一百三十六石三斗五合三勺

陞墾　康熙五十五年至乾隆三年共陞墾額外田二十六頃九十九畝一分照下田科則共科秋糧二十六石四斗五升一合

以上共田七千六百九十四頃四十七畝八分

共科秋糧七千六百六十三石三斗二升七合七勺

塘

原額水塘五百九十一頃七十二畝七分每畝科秋糧四合共科秋糧二百三十六石六斗九升一合

陞墾　雍正六年陞墾額外水塘三頃三十三畝四分照前科則共科秋糧一石三斗三升三合六勺

以上共水塘五百九十五頃六畝一分

共秋糧二百三十八石二升四合六勺

田塘共秋糧七千九百一石三斗五升二合四勺

照易知由單每秋糧一石徵地丁隨漕驢脚九釐饟並攤徵班匠等銀一兩九錢三分五釐四毫共應徵銀一萬五千二百九十二兩二錢九分五釐

地

原額地二千四百七十二頃三十六畝二分每畝科夏麥三合六勺共科夏麥九百六十四石二斗二升一合一勺

陞墾　康熙五十五年至乾隆三年共陞墾額外地二百四十

一頃一十五畝七分照前科則共科夏麥九十四石四升七合二勺

以上共地二千七百一十三頃五十一畝九分

共科夏麥一千五十八石二斗六升八合三勺照易知由單每夏麥一石徵地丁銀九釐饟銀八錢七分五釐三毫五絲七忽共應徵銀九百二十六兩三錢六分三釐

歸併歸附阮粤戶田係交趾國人明正統中挈家歸順撥給此項田畝令其自耕自食今歸里甲一例當差

田八頃八十畝每畝科秋糧九合八勺八抄共秋糧八石七斗八升三合四勺照易知由單每秋糧一石徵銀一兩九錢三分五釐四毫共應徵銀一十六兩九錢九分三釐

塘一十八畝每畝科秋糧四合共秋糧七升二合照前則例共徵銀一錢三分八釐

地一頃五畝每畝科夏麥三合九勺共麥四斗九合五勺照易知由單每夏麥一石徵銀八錢七分五釐四毫應徵銀三錢五分三釐

阮粤共田地塘一十頃三畝

共應徵銀一十七兩四錢八分四釐

歸併朱張二所係明安陸衛百戶朱真張勝絕業歸併田畝

二所原共屯田一百三十六頃九十四畝八分每畝科租糧一斗四合五勺共租糧一千四百一十七石六斗八升

丈出原丈出田五頃一十九畝八分每畝科租糧四升共租糧二十石七斗九升一合六勺

陞墾雍正十二年以後共陞墾額外田二十二畝二分每畝

科租糧一斗共租糧二十石二斗二升

二所共田一百四十二頃三十六畝八分

共租糧一千四百四十石六斗九升一合六勺照實徵冊每糧一石徵銀五分六釐八毫八絲共應徵銀八百一十九兩四錢六分五釐

更名田係明楚潞二藩莊田不入里甲自行徵收楚有把頭潞有區頭名目以催攢焉

本朝入州掌管一併充餉州編楚潞二里

楚里共田五百一十四頃三畝照實徵冊每畝科租銀並加增九釐饟銀四分四釐九絲二忽共應徵銀二千二

百六十六兩四錢五分九釐
陞墾雍正七年以後共陞墾田地五十頃一十二畝九分照
前則例應徵銀二百二十一兩二分二釐
楚里共田五百六十四頃一十五畝九分
共應徵銀二千四百八十七兩四錢八分九釐
潞里共田四百八頃八十二畝照實徵册每畝科租銀並
加增九釐鑲銀三分四釐二毫四絲一忽共應徵銀一
千三百九十九兩八錢一分六釐
陞墾雍正七年以後共陞墾額外田一十三頃五十五畝九

分照前則例應徵銀四十六兩四錢五分二釐
潞里共田地四百二十二頃三十七畝九分
共應徵銀一千四百四十六兩二錢六分八釐
外派
共徵門攤地租魚課鈔銀一百二十三兩六錢二分六釐
遇閏加銀一兩二錢四分七釐
以上田地塘畝並歸併歸附屯餉更名外派共徵銀二
萬一千一百八兩三錢遇閏加徵銀一兩二錢四分七釐照奏銷册
隨徵加一一耗銀二千三百二十一兩九錢一分三釐

一解藩庫充餉銀一萬六千七百二十八兩五錢七分四
釐
存留裁欵彙給並各部寺費銀四百八十二兩四錢四分七
釐
隨解一分耗羨三分公費七分養廉共銀二千一百四
十六兩四分四釐
一解驛庫協濟驛站銀九百四十兩六分四釐係協濟應山縣廣水
觀音站
隨解一三七耗銀一百三兩四錢七分

一解糧庫隨漕淺船驢脚銀六百五十八兩七錢四分四
釐
隨解一三七耗銀七十二兩四錢六分二釐
一解府庫存留俸工役食銀五百六十九兩五錢二分
一本州存留實坐支銀一千七百二十八兩九錢五分一
釐
雜稅
田房正稅銀七兩九錢七釐盈餘銀兩儘徵儘解原無定額
當鋪二十七座每座每年納銀五兩共徵銀一百三十五兩每年開歇不一

稅銀原無定額

牙帖稅銀三十兩九錢儘徵儘解

牛驢稅銀儘徵儘解原無定額

額銷鹽引四千六百八十六引每引收子鹽四十四包每引納稅銀二分係商人完納解司每年行銷亦無定額

附 本州存留請領支給款目

知州

俸薪銀八十兩乾隆年奉文裁減銀三十六兩三錢九分撥補荒缺州縣外實存

銀四十三兩六錢一分

養廉銀一千兩請領

門子二名歲給銀一十二兩

捕役八名歲給銀四十八兩原係馬快乾隆十六年改捕役即食本班工食

民壯二十三名歲給銀一百三十八兩

又加增修理器械銀二十三兩請領

皂隸一十三名歲給銀七十八兩

仵作三名歲給銀一十八兩

禁卒八名歲給銀四十八兩

轎傘扇夫七名歲給銀四十二兩

庫子四名歲給銀二十四兩

斗級四名歲給銀二十四兩

迎送皂隸八名歲給銀四十兩六錢六分六釐

各河渡夫　名歲給銀一十兩六錢七分五釐

各舖司額設舖司十八名舖兵五十名歲給銀二百七十八兩四錢

八分四釐扣建加閏

孤貧二十九名每名歲給口糧銀一兩八錢花布銀三錢共銀六十

一兩九錢扣建加閏

又額外孤貧一名歲給口糧花布銀二兩一錢請領

州同

係鶴峯州州同裁缺移建俸工銀兩仍由原處支領

吏目

俸銀三十一兩五錢二分

養廉銀六十兩請領

門子一名歲給銀六兩

皂隸四名歲給銀二十四兩

馬夫一名歲給銀六兩

巡檢四員

俸銀共一百二十六兩八分

養廉銀共二百四十兩請領

皂隸共八名歲給銀四十八兩

弓兵共四十八名歲給銀一百九十五兩二錢扣建加閏

學正
訓導

俸銀三十一兩五錢二分各半分支

加品銀四十八兩四錢八分各半分支

廩生三十名歲支糧銀七十二兩

齋夫六名歲支銀三十六兩

門斗三名歲給銀二十一兩六錢

膳夫三名歲支銀二十兩

代編安陸縣齋夫膳夫共銀二十六兩九錢三分三釐

代編雲夢縣齋夫膳夫共銀四十二兩六錢六分七釐

祭祀

文廟二祭銀四十兩

香燭米折銀一兩五分

崇聖祠二祭銀七兩

名宦鄉賢二祭銀七兩

季子祠二祭銀三兩六錢

山川壇二祭銀一十兩

社稷壇二祭銀一十兩

郡厲壇三祭銀一十一兩

厲祭米折銀一兩二錢二分

關帝三祭銀三十五兩七錢四分六釐

先農壇祭銀五兩乾隆五年奉文將耤田存穀變價動用每年赴司請領不敷銀二兩八錢二分五釐

常雩禮祭銀五兩請領

解司彙給

時憲書正費銀五兩四錢七分八釐

新舊會試舉人以三名爲率每名給長夫銀二十四兩共銀七十二兩三年一次每年存銀二十四兩雍正七年例按年解存司庫遇會試之年按照會試舉人名數均派給領

歲貢生員花紅旗匾酒席銀一十四兩三年兩貢每年存銀一十兩五錢乾隆二年例按年解存司庫合計出貢名數均派給領

科舉正費共銀三十二兩八錢六分

科場對讀生銀二兩二錢五分

鄉飲二次銀三兩

以上共存留銀一千八百七兩三分九釐除解存司

庫銀七十八兩八分八釐外

實坐支銀一千七百二十八兩九錢五分一釐

共請領支給銀一千三百三十二兩九錢二分五釐

附漕運

正米田塘秋糧除阮粤外共米七千九百一石三斗五升二合四

勺照易知由單每秋糧一石徵正米四斗九升一合六

勺七抄五撮共徵正米三千八百八十四石八斗九升

九合三勺

一兌漕糧正米一千一百一十九石五斗五升一合六勺

四耗米四百四十七石八斗二升七勺

二耗米二百二十三石九斗一升三勺

共兌漕糧正耗米一千七百九十一石二斗八升二合

六勺

每年限定於冬月運至省城水次聽候糧道盤量交運丁收領轉運

一兌南糧正米一千六百七十四石八斗九升三合三勺

二五耗米四百一十八石七斗二升三合二勺

共兌南糧正耗米二千九十三石六斗一升六合一勺

係荊州駐防兵糧每年限定於冬月運至荊州水次解交荊州府倉收兌

耗米又照易知由單每正米一石隨徵耗米一斗共應徵耗

米三百八十八石四斗八升九合九勺

一漕糧每正米一石給旗丁截貼米七升共給貼米七十八

石三斗六升四合

一南糧每正耗米一石狠撒米三升交荆倉鼠耗三升共該

米一百二十五石六斗一升七合

實餘剩耗米一百八十四石五斗奉文易穀存貯常平倉

水脚每正米一石徵水脚銀一錢五分共徵銀五百八十二

兩七錢三分四釐

一支解漕糧通判養廉給旗截貼並運費蘆蓆等欵銀三百

四十五兩八錢一分五釐

一支解南糧荊倉修理費銀斗級飯食銀並運荆水脚等欵

銀三百九十四兩一錢一分九釐

共支給銀七百三十九兩九錢三分四釐

不敷水脚銀一百五十七兩二錢奉文先行墊給後赴道庫請領歸欵

倉儲

管子曰牧民者務在四時守在倉庫唐書曰善救災者勿使至於賑給古人立法莫不豫籌於未然

聖朝軫念民依治法大備三倉制行而良有司掌之以是爲有備無患也志倉儲第二十

常平倉在州署西舊名豐大倉額貯捐貯並節年漕南耗米易穀附貯共穀三萬二千四百七十二石八斗九升一合

社倉一百八十五處分貯各鄉鎮社長司其出入每年春借秋還照例收息

城廂關帝廟一貯城內社穀一百五十一石二斗七升一貯關廂社穀五百二十一石五斗　五通廟貯草店社穀一百七十七石九斗

平里紫城寺貯一甲社穀四十二石三斗八升　雙河寺貯二三四甲社穀二百九石五斗四升　泉水寺貯五六七八九甲社穀四百三十二石一斗三升　東嶽廟貯十甲社穀六十六石九斗二升

古里馬家塘貯一二甲社穀一百二十一石九斗九升　謝家廟貯三甲社穀一百二十二石七斗二升　瓠臺寺貯四五甲社穀一百九十二石三斗九升　高城店貯六七八九十甲社穀三百九石四斗八升

黃里高城店貯一甲社穀五十六石八斗三升　東嶽廟一貯二甲社穀二百一十四石六斗九升一貯三甲社穀一百九十二石九斗三升　四官殿貯四甲社穀一百八十三石一斗七升　水礳灣貯五甲社穀一百八石四斗　向潭溝貯六甲社穀一百五石九斗　草店貯七甲社穀九十五石四斗六升　新廟貯八甲社穀九十石六斗五升　天河口貯九甲社穀八十二石五斗八升　趙家河貯十甲社穀八十石七斗八升

金里玉皇廟一貯一二甲社穀四百七十四石五斗一貯二甲社穀一百一十四石七斗三升　祝家店貯三四五甲社穀八百九十三石七斗一升　淮河店貯六七甲社穀一千七百一十九石五斗一升　劉家崗貯八甲社穀二十四石五斗七升　尙家河貯八甲社穀二十四石四斗五升　熊家河貯九甲社穀四十七石八斗四升　熊家灣貯十甲社穀四十八石三斗六升、

大里江頭店貯一甲社穀六十六石一斗二升　東嶽廟貯二甲社穀五十四石九斗五升

何家店貯三甲社穀五十四石五斗二升　青臺店貯四甲社穀四十石二斗三升　泥溝貯五甲社穀五十六石四斗二升　丁家廟貯六甲社穀七十五石五斗九升　王家店貯七甲社穀八十六石四斗六升　五里橋貯八甲社穀六十三石六斗三升　汪家廟貯九甲社穀六十四石八升　白趧店貯十甲社穀四十四石八斗五升

會里袁家灣貯一甲社穀九十八石八斗八升　東嶽廟貯二甲社穀八十六石五斗八升　曾家灣貯三甲社穀五十八石六斗八升　葉家崗貯四甲社穀五十二石八斗三升　福山寺貯五甲社穀七十五石六斗　周家坪貯六甲社穀五十三石六斗九升　水晶溝貯七八甲社穀一百五石二斗九升　泰山廟貯九甲社穀八十九石二斗六升　鸛家灣貯十甲社穀三十六石六斗五升　郭家河貯十甲社穀三十六石二斗五升

仁里胡家橋貯一二甲社穀一百七十九石七斗一升孤山冲貯三四五甲社穀九十石八斗三升
李子河一貯六甲社穀六十四石七斗一貯七甲社穀六十三石八斗一升曾城河貯八
甲社穀六十二石三升黃家灣貯九甲社穀一十六石四斗張家崗貯十甲社穀七十九
石四斗五升
正里姚家廟貯一甲社穀二十五石六升趙家坡貯一甲社穀二十一石四斗八升蒯家
寨貯二三甲社穀五十四石三斗四升胡家堂貯四五甲社穀五十六石六斗四升張家河
一貯六甲社穀三十五石四斗三升一貯六甲社穀三十五石七斗二升何家寨貯七甲社穀五十五
石六斗喬家灣貯八甲社穀五十二石一斗二升大樹灣貯九甲社穀七十八石四斗一
升萬福店貯九甲社穀二十一石八斗盧家冲貯十甲社穀四十二石一斗

化里何家店貯一甲社穀四十四石九斗官潭店貯二甲社穀二百一十石三斗七升老虎
潭貯三甲社穀四十五石八斗二升瑪瑙冲貯四甲社穀四十九石八斗一升楊家畈
貯五甲社穀四十五石六斗六升萬洪店貯六甲社穀七十一石二斗五升張家冲貯七
甲社穀七十一石八斗萬子崗貯八九甲社穀一百三十五石九斗一升謝家冲貯十甲社
穀一百六十石六斗二升
關里厲山店貯一二三四五甲社穀二百八十四石五斗蘇家寺貯六七八九甲社穀一百四十
石七斗四升鄧家廟貯十甲社穀三十二石四斗
梅里何家店貯一甲社穀一百石六斗八升蕭家鋪貯二甲社穀四十七石七斗徐家崗
貯三甲社穀四十一石八斗六升謝家崗貯四甲社穀五十石四斗八升車家崗貯四甲社

穀五十石四斗一升安居店一貯五甲社穀五十七石九斗二升分貯五甲社穀一百四十五石九
升安居社學貯六七九甲社穀九十四石七斗四升東嶽廟貯八甲社穀五十六石七
斗黑虎廟貯十甲社穀七十八石六斗二升萬家河貯十甲社穀六十七石七斗一升
落里賀家廟貯一甲社穀一百二十三石八斗二升淮河店貯二三甲社穀一百九石七斗八升
太和店一貯四甲社穀五十四石五斗七升一貯五甲社穀五十石六斗五升雙河店貯六
七八甲社穀一百七十六石二斗一升秦家畈貯九甲社穀七十石六斗王家畈貯十甲社
穀八十八石九斗七升
同里金河灣貯一甲社穀五十三石六斗七升均川店貯二甲社穀七十三石七斗二升灣
壋貯三四五甲社穀一百五十一石四斗一升龍泉寺貯六甲社穀九十一石五斗劉家

背貯七甲社穀六十六石九斗何家店貯八甲社穀六十八石五斗馮家冲貯九甲社
穀六十三石九斗一升五港寺貯十甲社穀六十八石九斗二升
聖里永興店貯一甲社穀五十石八斗一升土地廟貯二甲社穀三十五石一斗七升林家
畈貯三甲社穀三十七石二斗四升廣福寺貯四五六甲社穀一百六十四石五斗三升柳
木廠貯七甲社穀七十八石四斗六升三里崗貯八九十甲社穀三百一十三石九斗一升
府里八角樓貯一甲社穀六十八石四斗九升馬灣貯二甲社穀五十七石七升靳家橋
貯二甲社穀五十七石一斗八升均川店貯三甲社穀八十八石四斗二升夏家廟貯四
五甲社穀二百七石三斗六升田家廟貯六甲社穀一百二十五石二斗二升黃連堂貯七
甲社穀一百二十五石四斗二升東嶽廟一貯八甲社穀一百六十三石二斗三升一貯九十甲

社穀六百九石五斗四升

紫里何家廟貯一甲社穀九十八石六升回龍觀貯二甲社穀一百一十石六斗閔家嵴

貯三甲社穀三十九石六斗三升陳黃冲貯三甲社穀三十九石五斗八升汪家廟一貯

四甲社穀三十六石八斗七升分貯四甲社穀三十六石八斗七升一貯五甲社穀四十七石一斗一升

白龍港貯六甲社穀六十石六升桐柏廟貯七甲社穀七十八石九斗三升祠河店

貯八甲社穀六十石六斗三升顧家廟貯九甲社穀一百一石九斗六升振鐸寺貯十甲社

穀七十三石八斗三升

君里清水寺貯一甲社穀九百九十九石九斗八升東嶽廟貯二甲社穀一百二十四石四斗九

升標河貯三甲社穀一百一石八斗一升西山坡貯四甲社穀四十七石四斗太字

山貯四甲社穀七十一石八斗三升普照寺貯五甲社穀一百二十四石二斗三升姜家

廟貯六甲社穀九十六石四斗五升靜室菴貯七甲社穀八十六石五斗吉祥菴貯七

甲社穀九十石六斗五升王家橋貯八甲社穀三十石一斗九升紫山冲貯八甲社穀二十八

石六斗六升崇林寺貯九十甲社穀二百三十九石九斗四升

歸里東嶽廟貯一甲社穀一百二十一石三斗六升白馬廟貯二三甲社穀一百一十八石二斗

四升東嶽廟一貯四五甲社穀九十八石一斗五升一貯八九甲社穀一百三十八石九斗回龍

觀貯六甲社穀四十九石一升彭家河貯九甲社穀五十六石二斗三升狗蹟嶺貯十

甲社穀五十三石四斗三升

新里城內關帝廟貯一二三里社穀一百二石八斗九升石橋冲貯四甲社穀二十八石四

斗二升東嶽廟貯四五甲社穀八十四石四斗四升趙家廟一貯六甲社穀二十九石三斗

五升分貯六甲社穀三十石五斗六升浙河店貯六甲社穀一百七十三石三斗茶菴貯七

八甲社穀一百九石八斗二升魏家廟貯九十甲社穀一百二石九斗四升

楚里黑龍寺貯一二四五六十一十三甲社穀一百八十六石八斗八升木瓜園貯三甲社穀一

十三石七斗六升蕭家舖貯三甲社穀二十四石八斗一升連舒畈貯七甲社穀二十石

九斗車落崗一貯八甲社穀三十八石九斗六升一貯十二甲社穀六十二石九斗七升王家

寺貯九十甲社穀七十七石八斗七升

潞里塲石橋貯一甲社穀五十石四斗四升萬福店貯二甲社穀四十一石六斗七升泥河

溝貯三甲社穀七十三石六斗五升謝家畈貯四甲社穀三十一石五斗八升鄒家冲

貯五六甲社穀三十八石五斗一升易家嵴貯十二甲社穀二十八石八斗九升連舒畈貯十

三甲社穀四十六石八斗八升

朱所東嶽廟貯一二三甲社穀三十六石四斗六升祖師廟貯四五甲社穀三十六石二斗二升

沙河店貯七八甲社穀七十四石六升

張所城內關帝廟貯二甲社穀五十七石九斗六升觀音堂貯五甲社穀六十五石二斗八

升

百戶龍王冲貯頭百戶社穀一百七十五石九升寶德觀貯四百戶社穀一百二十一石九升

趙家灣貯五百戶社穀七十八石四斗九升回龍觀貯九百戶社穀一百二十三石九斗九升

共貯社穀二萬七百五十四石八斗

隨州志卷之八

隨州知州張　璿輯

官師

昔州郡吏多題名廳壁又爲文記之以期不朽然墨蹟未乾或已莫舉其姓氏可慨也今編考史傳得吏於隨者若干人表而列之即名有顯晦而其人畧具於茲矣志官師第二十一

表

漢

郡　太守

縣　令長（王莽曰宰）
- 侯霸　王莽初隨縣宰有傳

晉

州　刺史

郡　內史　太守
- 扈懷　永興二年隨郡內史
- 摯瞻　隨郡內史見舊志
- 夏侯澄之　永元八年隨郡太守見晉書桓彝傳

縣　令

宋

- 柳元景　元嘉中廣威將軍隨郡太守有傳
- 宗慤　元嘉中隨郡太守有傳
- 王寛　下邳人泰始初隨郡太守見南齊書王元載傳

南齊

- 崔士招　永元二年隨郡太守見魏虜傳
- 蕭敷　字仲達隨郡內史見永陽嗣王傳

梁

- 桓和　太清元年土州刺史見梁紀
  舊志尚有蔡道恭按道恭爲司州刺史治義陽不必列入
- 劉道成　天監四年隨郡太守
- 桓和　太清三年隨郡太守見周書泉企傳

附 尹道珍 中大同中下溠戍主見周書賀拔勝傳

後魏

崔景茂 清河人隨郡太守見魏書崔元伯傳

鄭道標 滎陽人隨郡太守見鄭義傳按魏收魏書終于孝靜帝武定八年楊忠拔隨郡在西魏文帝大統十五年而景茂道標已俱見于魏書意自泰始初克陷三關之後隨當邊郡時得時失志傳不及悉載耳

黃道玉 大統中并州刺史考周書權景宣傳隨州城民吳士玉等殺刺史黃道玉按西魏于漢東郡置并州至廢帝三年始改并州爲隨州大統閒尚未嘗有隨州道玉當是并州刺史

傳稱隨州城民者是據其時實地言之以便觀者

權景宣 字暉遠天水人大統中并州刺史督并安肆郢新應六州諸軍事并州刺史見本傳

後周

馮謙 保定初大將軍隨州刺史見張說括州刺史馮公神道碑

韋瓘 字世恭杜陵人武帝時行隨州刺史見周書韋夐傳

皇甫璠 建德三年隨州刺史有傳

庫狄士文 代人建德六年開府儀同三司隨州刺史

周法尚 字德邁安成人大象元年順州刺史

隋

州

縣

刺史

辛彦之 狄道人開皇初隋州刺史有傳

僚佐

田堪 北平人隋州從事見裴抗魏博節度使田公神道碑

令 丞尉附

唐

節度使

李愬 元和十一年十二月以愬爲唐鄧隋節度使見本傳按方鎮表是年徙三州節度使治隋州明年還隸山南東道唐代節度使惟愬於此年治隋其前後節度俱不治隋故不列

州

刺史

唐懿 字君德晉昌人唐初爲隋州刺史見唐書宰相世系表

劉崇術 彭城人見宰相世系表

韋恭 京兆人見李廻秀齊州刺史裴君神道碑

僚佐

王緘 字方舉臨沂人隋州司馬

縣

令 丞尉附

喬侶 馮翊人見全唐詩

李上金 高宗子則天永昌元年隋州刺史封澤王見通鑑

王某 名無考臨沂人見曲江集

李銳 見宗室世系表蔡王房

見宰相世系表

崔昌範 安平人隋州軍事判官見宰相世系表

李守節 隋州光化縣令見盈川集

竇昱 扶風人見宰相世系表

裴公 名無考天寶初漢東太守見李白紫陽塔銘

劉長卿 字文房河間人至德中隋州刺史見本集

李長 狄道人見梁肅明州刺史李公墓誌

李惠登 德宗興元元年有傳

李寂 隋州錄事參軍隋城令見宗室世系表渤海王房

李繁 京兆人見本傳
李程 字表臣宗室元和初有傳
周君巢 元和中見昌黎集
史旻 元和十二年見李翺傳
李愿 西平王晟子長慶二年見本傳
李佐 隴西人見穆員京兆少尹墓誌
鄭朗 隋州光化尉見白氏長慶集

令狐緒 華原人有傳
崔休徵 乾符四年見僖宗紀
趙匡璘 光化元年見昭宗紀
楊濯 隋州刺史見漢東志年次無考
王慥 隋州司戸參軍見全唐詩
温庭筠 字飛卿太原人隋縣尉見本集
李去惑 乾符四年隋縣令死難有傳
裴思謙 隋縣令見漢東志年

後唐
朱公 見漢東志年次無考
狄公 名無考隋州錄事參軍見金石畧
次無考
諸見世裔表碑誌者俱無年次可考畧依世次先後序列如右

後晉
沈斌 字安時下邳人同光中見五代史本傳
王權 字秀山太原人同光元年隨州司馬見本傳

後漢
陳思讓 盧龍人見宋史本傳
康延沼 蔚州人見宋史本傳

宋
王祚 祈縣人有傳
董宗本 范陽人見宋史董遵誨傳

崇信軍 乾德五年置崇義軍太平興國元年改崇信
節度觀察等使
僚佐

王全斌太原人乾德五年崇義軍觀察留後見本傳

石守信浚儀人太平興國四年崇信軍節度使見本傳

李繼捧夏州李繼遷弟雍熙四年崇信軍節度使見本傳

王顯開封人淳化二年崇信軍觀察留後見本傳

王超趙州人咸平二年崇信軍節度使見王德用傳

錢維演吳越王俶子明道二年崇信軍節度使見本傳

馬懷德字德之祥符人嘉祐七年隨州觀察使見本傳

趙昌言字仲謨孝義人端拱元年行軍司馬見本傳

岳飛紹興四年崇信軍節度使有德碑記

謝景平簽書判官見尹公亭

趙密字微叔太原清河人高宗朝崇信軍節度使見本傳

舊志尚有崇信軍節度副使曹利用尹洙韓維韓忠彥張商英節度使世雄張浚觀察使朱勔按諸人本傳利用以天聖七年正月貶知隨州二月再貶崇信節度副使安置房州行至襄陽自殺洙以崇信節度副使監均州酒稅則節副是帶銜其後雖在隨州乃是安置並非本軍官僚維以崇信節副安置均州忠彥以節副監濟州酒稅商英以節副安置衡州俱是帶銜世雄係魏王德昭孫以節度同平章事朱勔以隨州觀察使給事宮中皆是遙領浚以本軍節度充萬壽觀使亦是帶銜皆未嘗至隨故不列

州

縣

知州事

李從謙南唐主景子開寶中以右神武大將軍知隨州見胡文恭集

楊覃景德元年知隨州見本傳

狄棐真宗朝有傳

楊畋字樂道蓟州人真宗朝知

隨州見本傳

王德用字元輔趙州人寶元中以右千牛衛上將軍知隨州見本傳

李孝基仁宗朝有傳

劉元瑜河南人見本傳

薛向字師正萬泉人元豐中知隨州見本傳

僚佐

歐陽日華大中祥符三年隨州判官有傳

郎簡真宗朝推官見本傳

盛陶神宗朝簽書隨州判官見

令佐吏附

邢恕 字和叔原武人元豐八年知隨州見本傳 本傳

許覺之 元祐中知隨州見隸釋

胡宗回 晉陵人紹聖初知隨州見胡文恭集

呂大防 汲縣人紹聖元年知隨州見本傳

范純仁 紹聖二年有傳

李禹卿 贊皇人見南豐集

向綜 字君章開封人神宗后族見本傳

張商英 字天覺新津人建中靖國元年見本傳

樓异 鄞縣人見舊志

王俟 崇寧元年知隨州舊志

馮 崇寧三年知隨州舊志

富元衡 隨縣主簿舊志

崔 政和二年知隨州舊志

宋昭年 政和三年知隨州舊志

向 政和五年知隨州舊志

袁灼 鄞縣人靖康初知隨州見絜齋集

李道 字行之安陽人光宗后父

李綬 政和四年隨州判官舊志

何盦 營道人見姓譜但稱倅隨州不知何官

建炎元年知隨州見本傳

田孝孫 紹興二十六年知隨州舊志

趙方 慶元四年知隨州有傳

吳柔勝 嘉定元年知隨州有傳

許國 嘉定十一年知隨州見孟宗政傳

趙彥衛 有傳

附

方回 隨州教授舊志

張龜壽紹定三年知隨州見孟拱傳

王旻端平元年知隨州見孟拱傳

全子才端平二年知隨州見理宗紀

程再暹嘉熙元年以閤門宣贊舍人京西路鈐轄知隨州見理宗紀

傅安國淳祐十三年行隨州事叛降元舊志

朱端履德祐元年知隨州降元舊志

元

達魯花赤人名無考

知州

朱端履至元十二年舊志

傅安國至元二十三年見鄧

州同判官

知縣

文原大洪山寺記

劉鼎至正三年見三皇廟記

林興祖至正四年有傳

鎮撫

高鬧兒舊志

明

知州

白圭洪武元年

州同判官

張遜州同

蔣昌判官

知縣附巡檢

賈雲唐縣鎮巡檢

二年省隨縣入州三年降州爲縣

知縣

段博洪武三年考明史地理志於九年四月降爲縣而舊志則稱此年今姑從之

陳萃年無考見德安府志

十三年五月復升爲州

知州

縣丞

鄭士欽

巡檢

劉靖唐縣鎮

李璧十二年唐縣鎮

州同判官

吏目巡檢

劉率右 洪武十三年
張斯輝 二十一年
徐可舉 二十三年
杜智 二十九年有傳
胡僎 永樂元年

彭彥彰 府志列判官
柴成 府志作柴式列判官
許真 府志列判官
楊昱 州同
葉宏類 判官
霍式 府志列判官

楊季榮 十八年府志列吏目
鄧濟 唐縣鎮
羅旭 二十五年唐縣鎮
顏宣 府志列吏目
趙信 梅邱
顧宣 建文元年府志列吏目
李政 梅邱

金忠 二年
羅處富 四年
陳華 七年有傳
姚遜 十八年
仲端 二十年

湯均祥 府志列判官
趙祺 十四年府志列州同
尹忠 十七年府志列州同
武襄 判官見舊志坊表志

李茂 梅邱
盞懽 三年府志列吏目
齊亨 十二年府志列吏目

蔡茂 二十二年
曹祥 宣德二年
高昇 七年
附 閉色新 正統四年遷置歸附交趾土官諒山府下文州知州

朱璘 府志列州同
楊杞材 八年府志列州同
官英 正統元年府志列州同
黃鐸 土州同
岑斗烈 土判官

蕭孟銘 宣德元年府志列吏目
譚廣深 土吏目

黃元懿 仝上
尤忠 七年
呂華 景泰四年
程亨 六年

袁亨 六年府志列判官
梁道昌 九年府志列州同
杜楫 景泰元年府志列州同
何璉 天順五年判官見普濟寺

郭愚 五年府志列吏目
崔榮 府志列吏目

唐福 天順六年

呂稐 成化四年有傳

伍希閔 十三年

碑記

孫益 九年判官見舊志城池志

侯邦 府志列吏目

李清 成化元年府志列吏目

劉清 十年唐縣鎮

許理 梅邱

王玘 十一年府志列吏目

劉壽 十四年府志列吏目

孫璋 宏治元年

楊憲 宣城人四年

蔡果 七年坐壁

李充嗣 九年有傳舊志於宏治十年列知州吳綜注云由工部主事謫任然考顏木歐陽公祠堂記云公去而史

蔡果 判官由監察御史謫

王鼎 府志列州同

馬德良 府志列判官

盧倫 十四年唐縣鎮

吳諒 十四年梅邱

公經代是充嗣至十四年始去也吳綜之謫不知果爲何官今姑闕之

史經 十五年

汪嵩 正德四年

胡冕 十四年府志列州同

盧顒 府志列判官

徐經 十六年府志列州同

何袞 府志列州同

孫綸 府志列判官

晏駿 六年府志列判官

張延壽 十年

李翰臣 十二年

藍渠 進士十三年有傳

魏修 嘉靖二年

金述 三年

沈淡 五年

王淹 十一年府志列判官

張昂 府志列州同

沈雷 府志作沈處列州同

姚銳 四年府志列判官

楊瑞 七年由監察御史謫府志

車輅 八年
林壆 十一年春來任丁內艱去
范欽 十一年有傳
任德 成都人十六年
孫鋭 定海人二十四年
閻在邦 三十二年
張東熙 三十七年
昌應時 四十一年
周行 隆慶二年
林梓 神宗二年有傳
陽存愚 四川長壽人五年任見儒學碑記
方揚 十一年
馬騰雲 十六年
祝以幽 二十年

列判官
趙昪 府志列州同
孫忠濟 十年府志列判官
曹逵 太倉人判官由監察御史謫
羅天叙 府志列州同

李大謙 二十二年
劉斯原 二十六年
左世魁 二十九年
王映靈 三十三年
戴九偕 三十五年
王納言 嵋峨人三十八年
趙士正 蘇州人四十一年
晉承命 四十三年
王國寧 舉人四十七年
汪起英 天啟元年以應城縣知縣來署

黃靜存 三十年府志列判官
鈕崇璽 錢唐人三十六年州同見漢東書院碑記
譚述職 曲江人三十七年州判見漢東書院碑記
傅仁 山陰人四十年判官見漢東書院碑記
林喬松 府志列州同
歐陽偉 府志列州同
汪增 泰昌元年府志列州同
張岳 府志列州同

劉志東 絳州人吏目見漢東書院碑記

李宸詔 舉人二年
吳惟誠 四年以德安府同知來署
黃朝選 舉人六年
陳昌謨 舉人崇正二年
王國治 舉人四年有傳

鄒希孟 府志列州同
段輔 府志列判官
王文耀 五年府志列州同
周懋夔 府志列入判官
徐文達 府志列州同按舊志州同缺於天啟六年裁訖府志以徐文達梁文耀復列入州同不知何據

薛一如 府志列吏目

涂世延 舉人五年有傳
王熹 九年任十年死難有傳
張有寵 十年
徐世淳 十三年任十四年死難有傳

吳 失名
梁文耀 六年府志列州同
駱有義 府志列判官
王國藩 八年
韓德聖 府志列判官
祝 失名
佘塙 十四年判官死難有傳

陳 名無考死難有傳

盛世才 舉人十五年

舊志秩官表州同判官吏目行列參差難爲依據考德安府志及各處碑銘傳記互有異同今據各所見注明以俟再考

學正

李均 洪武十三年
章岳
陳儀 宣德四年
張謀 十年
劉江 正統元年
姚俊 九年
黃滿 景泰元年
賈恭 天順八年

訓導

吳俊
王瓘 天順元年
易讓 四年
潘允銘 五年
周道興 五年

藍昌成化七年

康宗誨成化五年
徐行五年
易魁成化八年
梁傑九年
梁琦十一年
李珏
李瓚
廖達

蘇韶宏治十年
章晟

朱豫
洪吉
王璽十五年
李阮義十五年
吳紳
胡誠
徐琛
黃凱

陳天祥正德十年
王梁十二年

陳善正德四年
黃甲六年
陳瑞九年
陳清九年
羅弼十五年
鄒陽嘉靖二年
劉鉅三年

李衡嘉靖四年
鄭仲節七年
王可行十四年
沈廷獻萬歷三十二年
易之會三十八年
謝廷諫四十二年
余子翼四十五年
潘名無攷天啟二年

張泰
王勲六年
周隆盛
李名無攷
柴一貞

蘇萬民 五年

胡思學

劉華 崇正二年

曾士漢 四年

鄢之遂 十一年

周鳴世

馮端士 崇正元年

任登喬

涂世表 五年

劉耀 八年

李名無攷十年

詹濤 十三年死難有傳

鎮撫

張成 安陸衛前所鎮撫洪武元年調撥本州守禦故子景襲

張景 洪武十四年襲職永樂二年升南京興武衛鎮撫去

後裁訖

百戶 二所

王彪 安陸衛百戶洪武元年調撥本州守禦十四年疾子德襲

王德 洪武十四年襲二十六年為事朱真代補

朱真 洪武二十六年以安陸衛百戶就補本州建文四年致仕子貴襲

朱貴 建文四年襲

朱芾 永樂十八年襲

朱昱 正統四年襲

朱鉦 天順六年襲

中失紀

朱蕃 死難有傳

鄭才 安陸衛百戶洪武元年調撥本州十一年陞城都衛指揮僉事去百戶倪義代補

倪義 洪武十一年調補本州二十九年陞黃州衛指揮僉事去百戶張勝代補

張勝 洪武二十九年調補本州永樂八年隨征交趾故子興襲

張興 永樂十五年襲宣德元年故子輔襲

張輔 宣德五年襲天順三年故子瑄襲

張瑄 天順四年襲

中失紀

張士維 死難有傳

附 明末奉委來守諸將

王拱北 守備崇正七年來隨

張以謙 安陸衛千戶崇正七年來隨分守出山店死難有傳

田名無攷 遊擊崇正八年來隨分守萬家店

馮之藻 參將崇正十年來隨

王用予 守備崇正十三年來隨

黃章袞 守備崇正十四年來隨死難有傳

本朝

知州

李鴻雷 長山人舉人順治三年有傳

州判

趙耀 潮縣人貢生

吏目 巡檢

李時偉 吏目

王啟昌 山西貢生五年
陸萬鎰 山西貢生六年以安陸府同知來署
相有度 歷城人進士六年
程文光 奉天人十一年
王毓愉 十三年署
陳秉化 奉天人十四年
馮鼎吉 四川舉人十七年以應城縣知縣來署
姚希孟 十八年以德安府通判來署
劉名世 奉天人進士康熙元

曲璉 河南貢生
唐高賦 河南貢生八年
王毓愉 承德人進士十二年
張我與 府志作陳我典十五年
左恩詔 錦州人有傳 州判缺後於康熙五年裁

韓名無考 吏目
范燦 府志作沈燦十年出山店
金宏祁 梅邱
陳世鎰 吏目
宋士廉 唐縣鎮
張蔭奇 梅邱
周維屏 出山
何元哲 合河店
張斌 唐縣鎮
陳士毅 山陰人監生吏目

年
李度 四川舉人康熙二年
劉霦 高陽人進士四年
張汝瑚 福建泉州府人天門知縣康熙九年署
盧崇義 十三年有傳
文又新 十九年
金綿祖 正黃旗人二十七年
黃鎮 正紅旗人三十九年

以上舊志
張偉業 吏目
易榮 莆田人吏目康熙二十七年
錢裕芳 出山
宋時英 梅邱
王廷揚 合河
沈士先 通州人唐縣康熙二十年
高人望 出山
王國卿 大興人合河康熙七年
汪澄 宛平人梅邱康熙十六年
徐芳 會稽人出山二十三年
王名世 會稽人梅邱二十五年
于鯉 蓬萊人唐縣二十七年
高兆臨 東昌人唐縣三十九

李國璋 長子人拔貢四十五年

李仙源 大興人廩生四十五年

于其璜 日照人四十七年

翟枚吉 秀水人議敘五十八年

沈元鼎 宛平人雍正二年

張錩 蒲州人進士二年有傳

年

沈紹祖 錢塘人出山三十九年

傅大昇 清苑人合河三十九年

袁魁 南樂人吏目三十九年

童文燦 定興人唐縣四十五年

楊永春 三原人唐縣四十八年

茅一純 宛平人合河五十八年

王懋德 宛平人梅邱雍正元年

趙應瑞 吏目

錢國寶 梁城人吏目二年

費永鉉 正黃旗漢軍人四年

姚孔鑾 桐城人拔貢八年應山縣知縣署

張鎮 鑲紅旂漢軍人十年

吳崑 江由人拔貢十一年署有傳

錢家璧 嘉興人舉人十一年

汪敏 欒城人唐縣二年

高寧邦 汾州人出山二年

沈國寶 武清人合河二年

戴國琛 寶坻人唐縣八年

陳士蛟 大興人出山八年

薛人安 會稽人合河八年

王朝佐 順天人吏目十年

王增祚 香河人合河十年

楊文賜 昆明人出山十年

趙應瑞 祥符人吏目十一年

夏世英 永清人出山十二年

邰爵 宛平人梅邱十二年

馮學鵾 大興人梅邱十三年

胡俊 宛平人唐縣乾隆元年

楊高士 嘉應人舉人乾隆二年
王原 正白旂漢軍人二年任
|
邰一璘 八年署

舒邦傑 大興人出山三年
黃廷耀 錢塘人梅卯三年
張申清 分宜人吏目五年
雷建業 獲鹿人吏目五年
曹兆麟 永清人唐縣五年
武進國 大興人梅卯七年
邰應鍾 宛平人唐縣八年

黃鵬 正白旂漢軍人八年十月任
葉逢時 十二年署
王雲翔 新淦人進士十二年八月署有傳
許聯奎 歙縣人貢十四年

沈萬鍾 石碌人出山八年
高而厚 漢軍八年
劉陟 慈谿人唐縣八年
廖嘉猷 會昌人唐縣十年
丁廣愫 義烏人梅卯十二年
周桓 臨清人吏目十三年
傅坤 大興人出山十五年

張惟旃 景州人十七年九月
金嶠 江浦人進士十七年十二月任有傳
伍澤概 沂陽人舉人十八年
蘇長齡 任邱人貢生二十年
王時薰 武安人二十一年

王瑱 漢軍梅卯十七年
陳艮洲 武進人出山十七年
潘鵬 青浦人高城十九年
張汝允 鉅野人出山十九年
傅國兆 金華人吏目二十年
賀士勲 鎮江人梅卯二十年

胡翼 歙縣人舉人二十三年
李聞穟 安邑人貢生二十四年

張國士 夔州人出山二十二年
宋克聰 蘇州人吏目二十三年
袁春谷 大興人合河二十四年
章用鏞 丹徒人梅卯二十四年
陳通年 梅卯二十四
高士帥 宛平人吏目二十五年
王增文 諸城人唐縣二十六年
姚瀓 桐城人出山二十六年陞知縣

席纕 新昌人二十九年
孫文龍 舉人三十一年署
劉伊 三十一年
劉宗元 涪州人三十一年
陸履吉 元和人三十三年署
嚴道洪 奉新人三十三年
紀淑曾 文安人舉人三十四年
莫溥 景州人舉人三十五年

朱昄 宛平人合河二十八年
梁貢章 嘉應人合河三十一年
王文材 安化人吏目三十二年
郤鎮基 大興人梅邱三十二年
魏高佶 柏鄉人吏目三十四年
莫士瓛 蕭山人吏目三十四年
龔耀 新建人唐縣三十四年
許永清 大興人唐縣三十五年
孫體仁 大興人唐縣三十五年
盧士麟 錢塘人吏目三十六年陞知縣
傅廷儀 陽曲人合河三十六年
孫啟朋 大興人合河三十六年

方天葆 太順人拔貢三十八年署
鳳翔 正黃旂人三十九年署
萬鍾傑 昆明人拔貢四十年
顧夔 四十一年署
胡觀瀾 盧江人舉人四十一年七月任
陳士鳳 河陽人進士四十二年署

乾隆三十八年分設祝林總州同
何偉儒 靈寶人舉人三十八年
陳照 會稽人三十八年
陳錦 修文人舉人四十年
張曾墀 桐城人四十一年

高鵬年 青浦人高城三十八年
沈萬年 會稽人合河三十八年
劉學益 盧陵人三十八年
劉琳耶 淮慶人梅邱三十九年
羅一鶚 嘉應人吏目三十九年
邱德孚 上杭人合河三十九年
張希孔 烏程人吏目三十九年
黃九雲 汀州人合河四十年
何本寧 歸德人合河四十年
魏錫瓚 仁和人唐縣四十一年
孫必貴 無為州人梅邱四十一年
金大鏞 太倉人高城四十一年
劉漢章 青州人梅邱四十二年
吳天錫 山陰人合河四十三年
余振衪 上饒人梅邱四十三年
黃端冕 綿州人唐縣四十三年

吳蔡孫　歙縣人四十四年
李祖直　濟寧人四十五年
德泰　滿洲人四十六年
王嘉謨　漢軍人拔貢四十七年署
孫憲祖　仁和人四十七年署

羅翩遠　長沙人四十四年

張下川　巴州人吏目四十三年
楊天禧　河南府人高城四十四年
楊步蟾　句容人吏目四十四年
管三錫　上元人唐縣四十六年

亢依祿　正藍旗蒙古人四十九年
信保　鑲白旗滿洲人五十一年

劉誠　陽湖人副榜四十八年

張煒　甘泉人吏目五十年
徐溫　青州府人唐縣五十年
張曰瑞　大興人合河五十年
張力勳　湘潭人吏目五十年
顧淮　江寧人高城五十年
袁暹　宛平人高城五十年
梁開運　德慶人梅邱五十一年

徐昱　金谿人舉人五十二年署
張璿　宛平人舉人五十三年任

李惟清　大興人舉[illegible]十三年署
沈元錡　海寧人五十四年署
張應奎　海豐人五十四年任

吳邦域　吳縣人唐縣五十二年
吳正信　江油人梅邱五十二年
瞿汞洌　嘉州人高城五十三年
鄧文焜　新城人唐縣五十三年
易聲　湘陰人吏目五十三年
顧何會　長洲人高城五十四年
江楨　歙縣人吏目五十四年
吳鵬　如皐人吏目五十四年
查本才　休寧人梅邱署

李桂芬　桐城人五十五年署
姚元烺　嘉定人五十五年署

湯承瑞　仁和人唐縣五十五年署
夏高標　福建人唐縣五十五年

學正

張迎芳　應城人舉人順治四年
程先達　竟陵人舉人六年
周敬修　當陽人歲貢十三年
張之杜　黃岡人舉人十六年

訓導　康熙四年裁十七年復

黃袞　遠安人歲貢十年
鄭國棟　興國人歲貢十二年

王伖湘潭人舉人康熙五年有傳
楊崇禮黃陂人舉人九年
楊我啟漢川人舉人二十年
陳達羅田人舉人三十九年
中缺
鄧逢晉四十二年署
王居仁咸寧人舉人四十五年

王協黃岡人貢生十七年
朱安世江陵人貢生康熙元年
以上舊志
徐天衢蘄州人歲貢康熙十七年
以上府志
張淵崇陽人貢生三十九年
鄧毓吉蘄水人廩貢五十六年

邱渾鍾祥人舉人雍正二年
胡文域麻城人舉人十一年
李宗昉漢陽人廩貢十三年
楊宗昊枝江人舉人十五年
夏扶雝孝感人舉人十八年署
胡來宣孝感人進士二十年

向鑑遠安人貢生雍正六年
李承興
郭崑荊門州人廩生十一年
晏之斌房縣人貢生十一年
羅宏謨江陵人貢生乾隆三年
劉光祖廣濟人貢生十年
程廷栻漢川人舉人署
黃瓆保康人歲貢十九年

聶萱天門人舉人二十五年
張京鯉黃岡人舉人二十七年
冷開模黃陂人舉人三十二年
張大鳴漢川人貢生四十六年署
紀士奎武昌人舉人四十六年
汪芳孝感人舉人四十七年
陶廷起廣濟人拔貢五十年署
馮修詩孝感人舉人五十三年

方正廷通山人歲貢三十一年
楊宗耀松滋人舉人三十四年
高謙鄖縣人歲貢三十八年
楊振世東湖人歲貢四十一年
余宗曾松滋人廩生五十四年

隨州志卷之八

名宦　　隨州知州張　瑨輯

循吏悃愊無華日計不足月計有餘不必政績之特異也隨自建郡縣來以循良著者代不乏人而以勞定國以死勤事功烈著於兹土尤隨人所極不忘者也志名宦第二十一

漢

侯霸字君房河南密人也成帝時爲太子舍人矜嚴有威容篤志好學師事九江太守房元治穀梁春秋爲元都

講王莽初五威司命陳崇舉霸德行遷隨宰（王莽改縣令長曰宰）縣界曠遠濱帶江湖而亡命者多爲寇盜霸到即案誅豪猾分捕山賊縣中清靜再遷爲執法刺姦後爲淮平大尹建武四年光武徵拜尚書令爲大司徒薨追封謚則鄉哀侯（後漢書本傳）

宋

柳元景字孝仁河東解人也少便弓馬雍州刺史劉道產愛其能道產死羣蠻大爲寇暴以元景爲廣威將軍隨郡太守既至蠻斷驛道欲來攻郡元景設方畧得六七百人分五百人屯驛道或曰蠻將逼城不宜分衆元景曰蠻聞郡遣重兵豈悟城内兵少且表裏合攻於計爲長會蠻垂至乃使驛道爲備潛出其後戒曰火舉馳進前後俱發蠻衆驚擾投溳水死者千餘人斬獲數百郡境肅然無寇抄又副沈慶之征鄖山（從均水出五水嶺）進克大陽除世祖安北府中兵參軍（節錄宋史本傳今祀名宦祠）

宗慤字元幹南陽人也元嘉中爲隨郡太守雍州蠻屢爲寇慤及柳元景等諸將分道攻之（從新安道入大洪山）羣蠻大潰孝武即位爲左衛將軍歷雍州刺史卒謚肅侯（節錄本傳今祀名宦祠）

南齊

蕭敷高祖次兄字仲達齊太子中舍人除建威將軍隨郡内史招懷遠近黎庶安之以爲前後之政莫及也進號寧朔將軍（梁書永陽嗣王傳）

後魏

權景宣字暉遠天水顯親人也與楊忠取梁將柳仲禮拔安陸隨郡久之隨州城民吳士英等殺刺史黃道玉因

聚爲寇景宣以英等小賊可以計取之若聲其罪恐同惡者衆廼與英書僞稱道玉凶暴歸功英等英果信之遂相率而至景宣執而戮之散其黨與進攻應城拔之於是應禮安隨並平朝議以景宣威行南服廼授并安肆郢新應六州諸軍事幷州刺史唐州蠻田魯嘉自號豫州伯引致齊兵大爲民患景宣又破之以其地爲郡轉安州刺史　節録周書本傳

後周

皇甫璠字景瑜安定三水人也性和平奉法安分恒以清

白自處當時號爲善人建德三年授隨州刺史政存簡惠百姓安之其年增邑幷前二千戶六年卒於位贈交渭二州刺史諡曰恭　節録周書本傳

隋

辛彥之狄道人博涉經史除太常少卿拜隨州刺史於時州牧多貢珍玩唯彥之所貢並供祭之物高祖善之顧謂朝臣曰人安得無學彥之所貢稽古之力也遷洛州刺史前後俱有惠政卒官諡曰宣　隋書儒林傳

唐

李惠登營州柳城人爲平盧裨將安祿山亂從董秦畧定滄棣輕兵遠鬥賊不能支史思明反惠登走山南依來瑱表試金吾衛將軍李希烈反屬以兵二千使屯隨州惠登挈州以歸卽以爲刺史州數被亂一如薙人無業處惠登雖朴素無學術而視人所謂利者行之所謂害者去之卒心所安暗與道合政淸靜居二十年田畝闢戶口日增人歌舞之於是節度使於頔狀其績詔加御史大夫升隋爲上州俄檢校國子祭酒卒贈洪州都督　新唐書循吏傳

李程字表臣襄邑恭王五世孫元和三年出爲隋州刺史以能政賜金紫服　本傳

令狐緒華原人尚書左僕射楚子也以蔭仕歷隋汝壽三州刺史有佳政　令狐楚傳　今祀名宦祠　舊志載郡人請刻石頌德按傳乃汝人所請非隋州事

李去惑隋縣令死王仙芝難贈隋州刺史　宗室世系表

宋

狄棐字輔之長沙人知天雄軍給郊賞帛士卒譁譟降知隨州歷河南河中二府其爲政愷悌不爲表襮死之日

家無餘貲宋史本傳

歐陽日華廬陵人爲人嚴明方質尤以廉潔自持自爲布衣非其義不輒受人之遺而所與親舊後或貴盛終身不造其門其蒞官臨事長於決斷初爲隨州推官治獄之難決者三十六大洪山奇峯寺聚僧數百轉運使疑其積物多而僧爲姦利命公往籍之僧以白金千兩餽公公笑曰吾安用此然汝能聽我言乎今歲大凶汝有積穀六七萬石能盡輸官而賑民則吾不籍汝僧喜曰諾饑民賴以全活歐陽文忠公集

李孝基字伯始其先趙人徙濮州李廸孫也進士高第唱名仁宗稱爲能世其家素性沖澹晏殊富弼薦任館事欲令一見孝基辭不往歷知汝陰雍邱通判閬州守隨州事來即斷不爲詎佐回枉甫日中庭已空矣或問之曰無他省事耳俄養親改監崇福宮李廸傳

范純仁字堯夫吳縣人明堂肆赦章惇言竄嶺數十人當終身勿徙純仁聞之憂憤欲爲申理疏奏大防等年老疾病炎荒非久處之地惇詆與同罪落職知隨州本傳求民間利病而興革之勵學校益爲條敎日有課月有最出入起居動循法度由是隨多學者卒贈開府儀同三司謚忠宣舊志今祀名宦祠

岳飛字鵬舉相州安陽人紹興四年僞齊李成挾金人大入襄鄧隨郢飛奏襄陽六郡爲恢復中原根本遂除荊南岳鄂黃復漢陽德安諸路制置使復郢州遣張憲徐慶復隨州州將王嵩不戰而遁因奏襄陽隨郢地皆膏腴苟行營田其利自厚明年入覲授鎭寧崇信兩軍節度進封武昌郡侯隨郢六郡闕牛糧者給以官錢參錄宋元通鑑及舊志

趙方字彥直衡山人淳熙初登進士調蒲圻尉授青陽令告其守曰催科不擾是催科中撫字刑罰無差是刑罰中敎化人謂名言京湖帥李大性辟知隨州蝗旱相仍禱雨輒應後知襄陽府金將完顏賽不犯隨州棗陽諸將許國劉世興李琪張威犄角追逐金人遂遣孟宗政又破之於隨州鵰兒山擒賽不妻弟王醜漢節錄本傳今祀名宦祠

吳柔勝字勝之寧國人從大父講伊洛書知主敬之學不妄言笑人憚其方嚴登進士調都昌簿屢遷太學博士

司農丞出知隨州時戎邊隙民有梁皐者與北人爭盜馬下獄爲破其械具報始末爭論遂止收孟宗政扈再興隸帳下築隨及東陽城招募得千人曰忠勇廩以總所闕額營栅器械悉備除西凉提刑領州如故改湖北運判兼知鄂州歲歉乞糴於湖全活十五州被災之民不可勝計改知太平除秘閣主管亳州明道宮卒謚正肅 吳潛傳

趙彥衛知隨州力爭夏秋二稅所增麴酤錢得免有德於民 何文毅公考錄

唐宋以前名宦必確據史傳及有政績在隨者始立傳否則如唐李翺宋王德用呂大防皆卓然名臣第莅隨未久無事可述不敢借以爲重舊志何文毅公考定本州名宦所稱晉摯瞻高亮有氣節語折王敦逆謀貶内史唐周君巢有善政宋謝景平於忿不忮於欲不求文章政事邁於一時李禹卿順民宜俗富元衡有清勁聲魏遺無所受方回賦詩爲文天才傑出其人皆不見正史至五代晉陳思讓家無餘財漢董宗本有政聲王祚以漢法禁藏牛革令輦送京師遇暑雨多腐敗請頒鎧甲式於諸州令裁以輸民甚便之宋王顯以廉能稱本傳俱不載惜不自注所出祚事固有之非僅言隨州其見於史傳者後周雷德驤奉命均稅固有德於隨民然非本州官僚宋楊覃所至以幹濟稱狄棐爲政愷悌不爲表襮死之日家無餘貲楊畋清介謹畏固皆賢者而諸人歷官不一地所言皆概指終身未可據以爲在隨時語至楊畋爲郡待客果蔌數器之語傳亦不載向綜歷知七州雖稱善於治劇其治績多在沂州何盩僅見姓譜未足爲據且歷綜所述皆非在隨言隨劉長卿以詩著魏瓘政事嚴明盛陶悠然自得樓异有幹濟才程再暹戰洪山有功片言誌美未嘗詳叙在隨功績王超馬懷德張浚陳求道止叙官職且職係遙領故兹志寧核毋濫李程雷德驤王德用呂大防皆載入撫史何盩附入雜記以備參考其尹洙沈括崔士招王寬庫狄士文王全斌張商英李道辯等詳學校名宦祠下

元

林興祖字宗起羅源人至治二年進士隨州知州 舊志今祀名宦祠

考元史循吏傳興祖同知黄州遷知鉛山州南陽知府建德路同知俱未至任以道州路總管致仕不言守隨舊志載蒙谷子木軒頌云西山險阻除民斂聚之虛聲東野蕭條免戶交添之橫擾庶幾能撫恤殘黎不至僞增戶口以邀賞者木軒興祖自號

明

杜智字仲才蕪湖人洪武中由鄉貢擢知隨州以不忍峻刑重徵例當謫戍廷臣奏其治狀太祖嘉之詔乘傳復任 何文毅公考錄

陳莘橫州人永樂中知隨州咨訪利病期於必行公餘微服出從野老談舊政得失三年闢田四百餘頃民受其利 楚紀今祀名宦祠

呂稐昆明人成化間由舉人知隨州嚴明廉慎言動不苟歲旱走禱四郊先發倉粟以賑貧乏躬自監視日不暇食歲四月民例納祇候錢稐曰禾苗未青而遽使稱貸

以入錢是立槁也命緩之俟秋成併納於是民無催科之擾（湖廣通志 今祀名宦祠）

李充嗣（舊志作克嗣）字士修內江人進士由岳州通判遷知隨州至則知民疾苦環城爲堤以禦水患又以水無蓄洩築堤塘興水利於是汙萊闢戶口盈逾年增至七千三百餘戶秋糧起運漕艘例僱民舟達漢吏緣爲姦乃造舟假民暇則聽受他載山谿遼濶易爲盜藪擇高曠處設窩鋪編民夫夜守有驚則鳴鉦相聞協力以禦之荆襄盜起募壯丁躬自操閱得一千三百人皆精練盜至

擊之獲其魁餘散去相戒曰李老子不可犯也未幾擢陝西僉事去民德之生祔其主於尹公祠後累官南京兵部尚書卒謚康和（補述）

藍渠字志張不詳何處人由進士知隨州以忤中貴去去後而民肖像祀之（節錄顏木碑記）

范欽字堯卿鄞縣人進士知隨州簿書訟牒悉手自緘識不使左右與知省里甲節浮泒民困以甦三年遷工部員外郎去（節錄顏木碑記）

林梓字雲山不詳何處人其之任也適夏旱乃釋輕罪決滯獄平稱兌於是齊而禱至夜不敢息數日果大雨州人爲築後喜雨亭於南門外（節錄後喜雨亭記）

自明初至萬歷之末舊志備書何文毅公考錄但所稱仲端寬而能斷愛而能教鎮靜而能有爲孫鋭性莊嚴才開敏曹逵惠愚弱繩豪蠹任德有政聲張東熙嚴於繩惡夙盜盡擒昌應時以興起人才爲已任周行清苦不曲事上官以誣去范德趉有知人之明方揚夙擅文名爲諸生講明書旨馬騰雲清介明察受誣囊無一錢祝以幽平易近民在任五年未嘗斷一大辟李大謙聰明練達劉斯原長厚哦書不輟黃靜存清靜廉儉皆語焉不詳未能據以成傳中惟杜智陳莘呂綸李充嗣藍渠范欽林梓數人事有可據餘則以辨爲存前後附載祀此其有修城修學諸功者即分見於各條下

王國治字修吾永昌人舉人德安府同知攝隨州事擢宗

人府經歷去

本朝奉文入祀名宦祠（舊志）

（國治傳見府志於攝隨事時無所見不敢附會以失其實）

涂世延盱眙人舉人崇正五年知隨州時秦豫騷動乃造器械募丁壯謹烽堠養客兵與士庶同甘苦賊知有備不敢近（補述）

張以謙安陸衛千戶分守隨州出山店崇正七年賊至以謙戰死（德安府志）

王燾字濬仲崑山人萬歷末舉於鄉由教諭歷隨州知州

州經羣盜焚掠戶不滿千燾訓民兵繕守具土寇李艮喬爲亂殲滅之崇正十年正月大賊奄至燾且戰且守擊斬三百餘人賊攻益力相持二十餘日天大風雪守者多散燾知必敗入署整冠帶自經賊焚其署火獨不及燾死所屍直立不仆賊望見駭走已覓州印得之燾所立尺土下州士民赴義從死千有餘人事聞贈太常少卿賜謚烈愍 明史忠義傳 今祀名宦祠

徐世淳字中明秀水人崇正中舉人十三年冬歷隨州知州州嘗被賊居民蕭然世淳知賊必復至集士民誓以

死守會歲大荒士多就食粥厰嘆曰可使士以餒失禮乎分粟賑之潰兵過隨索餉世淳授兵登陴而單騎入見軍帥曰軍食不供有司罪也殺我足矣請械我以見督師帥氣奪斂衆去明年三月張獻忠自襄陽來犯世淳寢食南城譙樓曉夜固守告急於巡撫宋一鶴一鶴遣兵來援爲監司守承天者邀去月餘援絕力窮賊急攻南城而潛兵墮北城以入世淳命子肇梁埋印廨後勒馬巷戰矢貫頤耳鼻橫斷墜馬亂刃斫死肇梁奔赴且哭且罵賊將殺之呼州人告以埋印處乃死世淳妾趙氏王氏及臧獲十八人皆死後贈太僕少卿建祠以肇梁祔 忠義傳 至

本朝賜謚忠烈

詹濤不知何處人隨州學正崇正十四年四月城陷與世淳同時殉難 舊志

佘塙字聿高池州銅陵人崇正乙亥拔貢十三年選隨州判官時城經再陷邑里蕩然莅州日賊騎已塡溢四境塙度衆寡不敵謀卽以是夜乘不備火其營而賊已逼堂下索印塙厲聲叱之賊飛刃中塙塙仆一僕從後躍

出拔所佩刀挺身與賊鬭死塙至死罵賊不絕口任事僅一日而慷慨狥義聞者傷之 補錄

黃章袞不知何處人以守備戍隨隨經再陷後城已剷平章袞至收復殘黎得千有餘人激以大義卽南門樓基爲壘與安陸衛百戶朱蕃巡檢陳某誓同死守七日李自成至逼壘招降壘中無一應者自成力攻之不能拔遂擊以巨礮章袞蕃陳巡檢與千餘人俱殲焉明年春巡撫宋一鶴率師復隨州親祭於其死所 補錄

陳巡檢失其名亦不知何處人與黃章袞共守南門新壘

死焉 補錄

舊志天啟而後至康熙五年以前有王國寧剛方正直身居外治不憚朝貴愛惜士民嚴籤規絕苞苴庭清訟斷役靜囹圄梁文耀勤苦安職清介操持一衣冠數年不易李文詔文章標著愷悌旁流黃朝選優於政治明於科條片言折而姦頑讋魂越訴懲而良善帖席陳昌謨愛士重民善政將敷相有度興學起衰強禦斂跡程文光建書院培學校設驛站清徵解離任日痛哭者遮境內程先達靜敬訓士琴鶴清操劉名世勤撫字革陋習李度尚寬和切民瘼語焉不詳詹濤佘堉未嘗敘明其死難事黃章袞偶見兵事條內陳巡檢至失其名張以謙并姓名不載此外涂世延於寇警日先事豫防以安城社無一字及之幸附見徐公殉難錄中得爲錄出崇正十五年盛世才當邑里蕩然後築城濬濠於匝月閒歷今一百四十餘年此豈常人所能亦不畧敘當日施功次第艮足痛惜其時去明未遠不知何以遺漏至此

本朝

李鴻雷字仲默長山人舉人順治三年知隨州時瘡痍未復鴻雷一意撫循立條編法以甦里役招來逃亡軍戶以實兵守三年遷順德府同知去 舊志

左恩詔錦州人監生順治十七年隨州判官十八年隨大饑欲先發倉粟然後請吏以例爭恩詔乃自具印結質積穀三千石賑之民賴以生 仝上

王岱字山長湘潭人康熙五年舉人隨州學正師範嚴正工書畫詩有唐風隨當兵燹之後宮牆就圮岱集諸生議修築躬操畚鍤以督羣役故不時而竣遷京學教授再遷知海澄縣

盧崇義字聄斗奉天某旗人康熙十三年知隨州年尚未二十治事已如老吏時三方未靖徵鑲之書絡繹旁午而隨當寇亂後人民離散崇義覈實均派民無重役之累與士大夫交和易謙抑退然如身在諸生中也十八年遷開封府同知去

黃鎮字緯真奉天某旂人由慶雲縣知縣擢知隨州始至吏以舊例茶果銀八百兩進鎮曰官甫履境而遽斂民

財爲悅乎按戶還之閱糧籍見民戶散處輸納爲艱乃命戶額不一兩者許同甲大戶帶完吏按例以無羨爭曰吾意不在羨也盡除一切陋規及市肆官價民於其去作歌頌之

張錩字子容蒲州人由進士知應山縣雍正二年署隨州持身以敬吏以其恂恂儒者意易之後見斷事如流始大畏服尤喜激揚流品時造貢生朱奇生盧坐論終日奇生貧甚月分俸餽之勸諸生以朱先生爲法諸生有過詰學嚴飭復諄諄誨勉往往自至於流涕馭吏胥以

法陋規私囑無敢以啟齒者秋糧畢吏以餘米告曰下戶以龠計勢不能無取盈此數十石者年常有之鍔笑曰然顧我無需此念爾輩艮苦卽分以自潤可也卒無籽粒私未朞年去至今父老常告其子孫謂毋忘昔日淸官也

吳峴字崎誠先世閩縣人以父知江油縣遂隸籍江油雍正七年拔貢知棗陽十二年署隨州重學校月兩課士教以立身大義訟至立斷隨舊多積案詢知地遼遠召集爲難因事詣鄉卽其地召審民不出里閈而案結匝

月後訟庭蕭然囹圄虛無人者三日週隙地募民開墾種粟及木棉歲暮籍貧戶給以粟逾年以內艱去

王雲翔字言南新淦人雍正癸丑進士以漢陽同知攝隨州事留心教養凡訟獄差徭有妨農事者悉革之遷復學宮捐俸爲倡去任民思之於其講學處建王公書院以祀之

隨州志卷之九

帝紀

隨州知州張　璿輯

百家言黃帝尙矣乃遠而遡於神農之世不已邈乎然神農毓乎楚考地理者言之鶉尾爲烈山氏之墟測天文者又言之不盡誣也隨爲誕聖之地遺蹟猶存其民不敢一日忘之宜矣志炎帝紀第二十三

炎帝神農氏少典氏之君娶于有蟜氏之女曰安登生二子焉長曰石年育于姜水故以姜爲姓以火德代伏羲氏治天下故曰炎帝其起本于烈山又號烈山氏亦曰

連山氏其初國伊繼國耆合而稱之故又曰伊耆氏都陳遷曲阜古者民茹草木之實食禽獸之肉而未知耕稼炎帝因天時相地宜斲木爲耜揉木爲耒始敎民蓺五穀而農事興焉民有疾病未知藥石炎帝始味草木之滋察其寒溫平熱之性辨其君臣佐使之義嘗一日而遇七十毒神而化之遂作方書以療民疾而醫道立焉復察水泉甘苦令人知所避就由是民居安食力而無夭札之患天下宜之故號神農氏神農之世其俗樸

重端慤不忿爭而財足無制令而民從威厲而不殺法省而不煩始列廛于國日中爲市致天下之民聚天下之貨交易而退各得其所因火德王故以火紀官爲火師春官爲大火夏官爲鶉火秋官爲西火冬官爲北火中官爲中火諸侯夙沙氏叛不用帝命其臣箕文諫而被殺炎帝益修厥德夙沙之民自攻其君而來歸其地於是南至交趾北至幽都東至暘谷西至三危莫不從其化也在位百四十年崩於長沙之茶鄉 通鑑前編

神農氏納莽水氏之女曰聽詙 音拔 生帝臨魁 仝上

山海經炎帝之妻赤水之子聽訞生炎居

子柱有聖德佐帝播種五穀後世德之祀以爲稷有子曰慶甲或云嘗嗣炎帝云 仝上

左傳蔡墨曰稷田正也有烈山氏之子曰柱爲稷夏后以上祀之 國語同此 禮記祭法篇厲山氏之有天下也有子曰農能植百穀故祀以爲稷 注厲山氏一云烈山氏炎帝神農也其後世子孫有名柱者能殖百穀作農官因名農

帝王世紀諸篇或陟神怪未足爲訓惟元儒金履祥通鑑前編語獨雅馴故謹錄之以爲炎帝紀而附帝妃及烈山氏之始以足之其諸家之言炎帝者亦雜引以備參考至周易左傳國語諸書已纂入篇中者不復錄

附參考

神農之時天雨粟神農耕而種之作陶冶斧斤爲耜鉏耨以墾草莽然後五穀興助果蓏之實 逸周書

有神人名石年蒼色大眉戴玉理 春秋命歷叙

發鳩之山其上多柘木有鳥焉其狀如烏文首白喙赤足名曰精衛其鳴自詨 未詳 是炎帝之少女名曰女娃女娃遊於東海溺而不返故爲精衛常銜西山之木石以堙於東海 山海經

神農理天下欲雨則雨五日爲行雨旬爲穀雨旬五日

爲時雨正四時之制萬物咸利故謂之神 尸子

神農以爲走禽難以久養民乃求可食之物嘗百草之實察鹹苦之味敎民食穀 賈誼新書 白虎通同

神農之法曰丈夫丁壯而不耕天下有受其饑者婦人當年而不織天下有受其寒者故身自耕妻親織以爲天下先其導民也不貴難得之貨不器無用之物是故其耕不強者無以養生其織不強者無以揜形有餘不足各歸其身衣食饒溢姦邪不生安樂無事而天下均平 淮南子 呂氏春秋同

神農封泰山禪云云 史記封禪書

農殖嘉穀可食布帛可衣金刀龜貝以分財布利通有無二者生民之本興自神農之世耒耜之利教天下而食足日中爲市交易而退而貨通食足貨通然後國實民富而教化成 漢書食貨志

神農神者信也農者濃也始作耒耜教民耕種美其衣食德濃厚若神故爲神農也神農悉地力種穀疏故託農皇於地 風俗通

少典之胄火德承木造爲耒耜導民播穀正爲雅琴以暢風俗 曹植神農讚

神農敎民食穀作豐年之詠 辨樂論

大庭氏姜姓以火德王故號炎帝 古史考

赤松子者神農時雨師也服水玉以教神農能入火自燒往往至崑崙山上常止西王母石室中隨風雨上下炎帝少女追之亦得仙俱去 列仙傳

炎帝神農氏長於姜水母曰妊姒有蟜氏之女名女登遊於華陽有神龍首感女登于常羊之山生帝人身牛首有聖德始教天下種穀故號神農氏又作五弦之琴以火承木位在南方主夏故謂之炎帝都於陳在位百二十年而崩至榆罔凡八世合五百三十八年 帝王世紀

按山海經常羊之山載在海水西經則此常羊當別是一山然荆州記云帝母感神龍生帝于烈山則烈山爲炎帝誕降之地無疑

神農居世通變該極民衆獸尠乃教稼穡聚貨交市草木播植務濟其本不逼其飾 摯虞神農讚

民有疾病未知藥石神農氏始味草木之滋察寒溫平熱之性君臣佐使之義作方書以療民疾 外紀

炎帝始教民耒耜躬勤畎畝之事百穀滋阜聖德所感

無不著焉神芝發其異色靈苗擢其嘉穎陸池丹蕖駢生如蓋香露滴瀝下流成池因爲豢龍之圃朱草蔓衍於街衢卿雲蔚藹於叢薄築圓丘以祀朝日飾瑶階以揖夜光奏九天之和樂百獸率舞八音克諧木石潤澤時有流雲洒液是謂霞漿服之得道後天而老有石璘之玉號曰夜明以闇投水浮而不滅當斯之時漸革庖犧之朴辨文物之用時有丹雀銜九穗禾其墜地者帝乃拾之以植於田食者老而不死采峻鍰之銅以爲器峻鍰山名也下有金井白氣冠其上人升於其閒雷霆

之聲在於地下井中之金柔弱可以緘縢也（拾遺記）

炎帝分八節以始農功（晉書律歷志）

炎帝致大火之瑞嘉禾生醴泉出（宋書符瑞志）

神農氏教人始耕於是作蜡祭以赭鞭鞭草木嘗百艸始有醫藥又重八卦爲六十四卦本起烈山故稱烈山氏亦曰厲山氏其後有州甫甘許戲露齊紀怡向申吕皆姜姓並爲諸侯或分四岳當周室甫侯申伯爲王賢相齊許列爲諸侯霸於中國蓋聖人德澤廣大故其祚裔繁昌云（三皇本紀）

炎帝柱神農子也七歲有聖德佐神農歷䅘原銘百藥天均時而地均財於是神農之功廣而天下殷賑矣（路史）

附 王納言名疑及帝系考

神農名石年或作石耳譌路史云名軌

神農母有僑氏名安登史記正義母曰任姒名女登有媧氏之女也外記云有蟜氏或作有喬又作有橋國語作有嬌字轉譌（國語實作有蟜此云有嬌當是所見之本譌）

神農妃承桑氏一作桑水一作奔水

炎帝臨一作臨魁（在位八十年子帝承立帝承在位六十年子帝明立）

炎帝直一作值（帝明之子又曰帝宜在位四十五年按帝直之前尚有兩世）

炎帝釐一作來一作氂（帝宜之子亦曰帝克在位四十八年）

炎帝居母桑水氏名聽訞太平御覽訞音夭或作聽談或作聽鄉字轉譌（聽訞即聽詼司馬貞謂聽詼生帝哀哀生帝克克生榆罔凡八代而軒轅氏興則似榆罔之後尚有數世而通鑑前編謂神農娶奔水氏之女聽詼生臨魁臨魁至帝居凡五世又云帝居即帝襄帝襄生節莖節莖生克及戲並不在帝位世次不同上古無稽事難確指矣）

炎帝克一作扆又作京（古克字）又作哀字譌

炎帝魁[illegible]夙沙侯殺其諫臣箕文夙沙一作宿沙一質沙箕文一作箕父（按夙沙氏臣箕文諫而被殺即在神農之世）

炎帝榆罔一作榆岡史記三皇紀注云易稱神農氏沒即榆罔榆罔猶襲神農之號（以上名疑）

少典氏娶有蟜氏之女曰安登生子二人長襲少典氏是爲黃帝之祖次爲炎帝神農氏（一云長曰炎帝）生子十有三人數世而有炎帝器器生三子曰鉅曰伯陵曰祝庸（即祝融）祝庸爲黃帝司徒生術囂術囂生子二人曰條曰句龍（術囂一作術器）

句龍爲后土後世祀於社句龍生子二人曰垂曰信垂

爲堯臣句龍爲顓頊后土能平九州辨土地之宜以敎兆民後世祀之以配社句龍生垂垂爲堯共工實生伯夷

炎帝器數傳而有炎帝參盧是爲榆罔參盧班固曰參盧

炎帝姜姓姜之支國十有三曰列曰賴

列賴滅於楚後有列氏賴氏隨氏左傳桓公十三年杜預注賴國在義陽隨縣漢地理志隨縣下有厲鄉顏師古注厲讀作賴水經注亦云厲鄉故賴國按此則厲賴本一國名同音異者也然考後漢郡國志褒信侯國有賴亭故賴國文獻通考賴國在褒信縣今在息縣東北賴亭在商城縣南按息商城皆光州縣地相接也其去義陽七百里以兩說參之豈賴國實在褒信而義陽之厲音亦同賴耶

姜之派又有烈氏烈山氏列山氏見風俗通厲氏厲山

氏麗氏麗山氏山氏俱見姓源　以上帝系考

明嵋峨王公納言於萬歷時來知隨州以州之厲鄉爲古炎帝誕生地亦既修復其遺蹟隆其廟祀矣又博考羣籍作名疑炎帝系二篇梓而藏之今其書存諸生梁崇家名疑徧考帝神農至榆罔共八帝名字同異帝系著炎帝姜姓之爲支國者十有三後世以功有國者七其子孫之得氏者二百九十有七其蒐羅可爲勤矣第言既浩博亦不能無繆戾茲摭其可以附麗於隨者數條而復就所知畧爲訂正附存於帝紀卷末以見昔人崇尚舊典之意云

隨州志卷之十

隨州知州張 瑨輯

選舉志

漢代尚孝秀而後世重進士科自歐陽子應隨州試解禮部而隨始有以科目顯者至明而後甲科繼起矣雖然科目之設拔十得五英材碩德足重科名科名未足爲賢才重也志選舉第二十四

選舉表

薦辟

漢 孝廉

周章有傳

宋

孟宗政知襄陽府趙方薦授京西鈐轄有傳

孟珙制置使趙方辟光化尉有傳

明 秀才

洪武三年 賀子亨有傳

人材

王鏞舉人材有傳　張約舉人材知府見德安府志

陳偉舉人材見德安府志　沈仲義舉人材南平縣稅課大使

張信舉人材吳縣典史　張伯達舉人材衢州府稅課大使

按明史選舉志洪武三年罷科舉別令有司察舉賢材其目有八六日秀才七日人材舊志府志俱作元年誤

科目

宋 進士

天聖四年 歐陽修由隨州解名禮部傳載

淳祐 劉逵有傳

李庭芝有傳

明

永樂二年甲申 童寅有傳　柳昌有傳

明史選舉志永樂初兵革倉猝元年癸未始令各省鄉試二年甲申會試以事變不循午未之舊府志作二年癸未誤

成化二十一年甲辰 宗彝有傳

正德九年甲戌 李中有傳　翟鋆見府志

十二年丁丑 顏木有傳

十五年庚辰 宗良臣彝子觀政主事

嘉靖二年癸未 陳艮策戶部郎中袁州府知府　陳之艮刑部郎中

傅鳳翔 上蔡縣知縣遷監察御史謫徽州府推官復御史府志作應山人
八年己丑 陳之甫 兵部觀政主事
三十八年己未 尹儁 有傳
萬歷十七年己丑 顏宇坪
二十三年乙未 何宗彥 有傳
三十二年甲辰 虞正縉 有傳
崇正元年戊辰 程鐸 有傳　田見龍 泰興知縣行取戶部主事

舉人

洪武二十九年丙子 陳壽 有傳　徐世祿 東安縣知縣

三十二年己卯 吳中 仕至監察御史
永樂元年癸未 童寅 甲申進士　金聲 淯川縣學教諭
龔敬 有傳　柳昌 甲申進士
儲遜 王府伴讀
永樂三年乙酉 黃潮 貴潮州府知府
六年戊子 蔣實 鴻臚寺序班
九年辛卯 龔讓 四川都司斷事　李文 雲南都司經歷
魏化 廣西都司經歷
十五年丁酉 楊璀 陳留縣知縣

十八年庚子 李厦 阿彌州同知　孫耕 茘蒲縣知縣
二十一年癸卯 楊守真 有傳　張斌 營昌縣知縣
程諒 按察使司經歷　章文清 未仕
顏恭 州知州
正統六年辛酉 吳旻 巴縣學教諭
九年甲子 鮑整 咸寧縣學教諭
景泰元年庚午 童壽 寅子未仕　章貞 文清子有傳
四年癸酉 王潮 見府志　楊名 息縣學教諭
楊亨 雙流縣學訓導

七年丙子 宗文 有傳
成化七年辛卯 章爵 貞子鄉試第一有傳
十三年丁酉 宗彝 文子甲辰進士　章冕 貞次子師宗州知州
十六年庚子 陳中 揚州府學訓導
十九年癸卯 張鳳 見府志
宏治二年己酉 戴弁 未仕
正德二年丁卯 李中 吉水人由隨州籍舉湖廣鄉試第一甲戌進士
顏木 恭曾孫丁丑進士
五年庚午 陳良策 嘉靖癸未進士　唐鳳

八年癸酉陳之甫嘉靖己丑進士
十一年丙子傅鳳翔嘉靖癸未進士　向光振有傳
十四年己卯宗艮臣庚辰進士
嘉靖十年辛卯龔卿未仕
十三年甲午蕭音未仕　章祉爵子
十六年丁酉謝功未仕
二十六年丙午尹儒己未進士
三十四年乙卯劉應民有傳
隆慶元年丁卯劉宗武有傳

萬歷四年丙子梁惟名未仕
十年壬午顏宇坪己丑進士
十三年乙酉何宗彥乙未進士　楊允達漢中府推官
十九年辛卯何宗聖宗彥弟工部右侍郎
二十二年甲午華崇永平府同知
科分失載楊名順天榜縣知縣
科分失載虞正縉甲辰進士
三十一年癸卯閔宗孔未仕
三十七年己酉劉延漢有傳

四十六年戊午梁惟柱順天榜定遠縣知縣　熊儀絳州知州
天啟元年辛酉田見龍崇正戊辰進士　程鐸崇正戊辰進士
崇正三年庚午孫織錦未仕
九年丙子邱明準考授推官未仕

本朝

順治十一年甲午何志崇館陶縣知縣
康熙二年癸卯陳大方未仕府志作安陸人
十七年戊午梁申極天培子國子監助教　朱朋常寧縣學教諭
三十五年丙子王存心揀選知縣　吳景玠內閣中書除江夏縣教諭

三十八年己卯王先舉臨湘縣學教諭
四十四年乙酉黎世俊臨湘縣學教諭
五十六年丁酉周覺後揀選知縣
五十九年庚子萬目瞻山東鹽大使
乾隆二十四年己卯羅治上翎子常德府學教授有傳
二十七年壬午劉與舉鄷都縣知縣
三十年乙酉劉顯揀選知縣
恩科
四十四年己亥羅世材治子揀選知縣
四十五年庚子蔡兆桂揀選知縣

武科進士

順治十五年戊戌　何其憲有傳

舉人

順治十一年甲午　任先聲涿鹿衛守備

十四年丁酉　何其憲戊戌進士

康熙四十七年戊子　羅上翎

五十年辛卯　梁高翙天培曾孫

乾隆十二年丁卯　徐定邦

三十年乙酉　張書紳

三十五年庚寅恩科　韓時泰

三十九年甲午　陳王前

四十二年丁酉　胡式泰　謝經國

四十五年庚子　萬世清解元

四十八年癸卯　胡文聘

五十三年戊申　萬兆興

五十四年己酉恩科　萬兆林

明

副榜　陳竒抱以前無考

陳竒抱有傳

本朝

康熙辛酉丙子兩中副榜　鍾惟聲常德府學教授有傳

蕭人蕃

雍正七年己酉　何懋績穀城縣學教諭有傳

乾隆三十五年庚寅恩科　程士權

四十二年丁酉　許珩　劉世佐

五十四年己酉恩科　杜先達

拔貢明代無考

康熙二十四年乙丑　李振藻

四十八年辛卯　朱竒生有傳

雍正元年癸卯　梁高翔天培曾孫巴東縣學教諭

七年己酉　何綿尚扶風縣縣丞有傳

十三年乙卯　陳珅鹽亭縣知縣

乾隆六年辛酉　李煌直隸州知州

十八年癸酉　羅治己卯中式

四十二年丁酉　儲嘉珩鑲藍旂教習

五十四年己酉　羅世棠治子

明　恩貢

泰昌元年　王令德　咸寧縣知縣
天啟元年　馮大鈞　營山縣知縣
崇正九年　蔣以忠　未仕

本朝

順治五年　梁肯奐　潤宇子汝寧府知府有傳
六年　李先春　候選推官
十二年　魏邦傑　麗江府通判
年分無考　梁佳模　宗極子有傳
萬正綱
余信芳

明

歲貢

洪武　閻勝先　四川道監察御史　劉華　刑部主事
宮文侑　有傳　賀斌　處州府通判
黃魁　知縣見府志　黃德春　汝寧府知府
徐世祿　丙子中式　葉守道　宣慰司經歷
胡旻　象州知州　尚質　北流縣知縣
馬鑑　確山縣學教諭　王懋之　荆州府學教授見荆州志
永樂九年　熊能　縣丞
十年　溫庸　主簿
十一年　任安　主簿
十三年　王恭　推官
十四年　諶恒　知縣
十五年　諶彥清　知州　蔡文　經歷
十六年　詹魁　衛知事
十七年　周琥　鴻臚寺序班
十八年　鄧紀　引禮舍人
十九年　王昌　檢校

二十年　吳斌　鴻臚寺序班
二十一年　閻新　未仕
二十二年　陳雄　主簿
宣德元年　胡政　田冉　宣慰司都事
三年　武英　訓導　孫泰　縣丞
四年　楊誠　縣丞　胡誠　未仕
六年　鄧嵩　未仕
七年　吳宣　縣丞
八年　張智　訓導

十年　■魁衛知事
正統元年　鄭恒照磨
二年　金瓚吏目
四年　黃進經歷
五年　余輝吏目
六年　吳廣縣丞
七年　魏縉吏目
八年　胡忠知縣　王恭主簿
九年　張源州同

十年　張豫未仕
十二年　張誠訓導
十三年　龐文亮未仕
十四年　田恭訓導
景泰二年　李榮
三年　龔儉　陳紹宗
四年　宮淳
六年　余信
天順元年　許伯亨

三年　汪洪
四年　石瓊
五年　黃讓引禮舍人
六年　張郁訓導
七年　魏高訓導
八年　劉徹衛經歷　王魁知縣見通
成化二年　輩縉兵馬司
三年　楊儀知縣
四年　方員衛經歷

五年　王昭監察檢校
七年　鄭文訓導　程俊知縣
八年　陳文未仕
九年　羅璉主簿
十二年　陳昺未仕
十三年　徐輔訓導
十五年　閻英未仕
十六年　柳緒訓導
十七年　徐祥主簿

十八年　諶恂未仕
十九年　盧彬汀州府知事　王琦教授
二十一年　成廣未仕
二十三年　張鋭未仕
宏治元年　何理未仕　楊魁知縣
二年　梁正未仕
三年　李貞吏目
五年　吳璘廉州判官
九年　張軒未仕　諶璘新興州吏目

十年　杜文鄭府審理
十一年　諶禮雲南府知事
十三年　孫縉未仕
十四年　王輅雲南都司經歷
十五年　宮勁丹陽縣縣丞
十七年　楊一寧唐府審理
十八年　陳福遼府教授
正德元年　陳儼滄州學訓導
二年　傅楫潁州同知

四年　程麟犍爲縣知縣
五年　陳偉未仕
六年　張敦未仕
八年　鄧蘭洪雅縣知縣
九年　黃珂未仕
十一年　章琮休寧縣縣丞
十二年　楊伯相未仕
十三年　劉思誠鄭州判官
十五年　張舉楚雄府通判
十六年　張範大名府通判

嘉靖元年　趙輝未仕　萬鵬筠連縣知縣
三年　王觀四川鹽課提舉
五年　張陞甘肅衛經歷
六年　詹鵬未仕
七年　劉玉未仕
九年　黃杲廣安州州判
十年　賀希賢未仕
十一年　黃瑗未仕　范本裕泗州學訓導

十二年　何棋未仕　向光裕未仕
十三年　劉相未仕
十四年　陳之維嘉定州同
十六年　余得祿未仕
十七年　向光啟陳州學正
二十年　羅奇文昌縣知縣
自嘉靖二十一年至萬歷四十年選貢年分缺
陳仝　艾俊
王用行　陳得芳阿彌州知州

楊名順天鄉試中式　劉宗周南康府通判
陳倫得芳子縣丞　梁惟柱乙卯中式
萬歷四十一年　劉恢漢　熊偉郴州知州
四十五年　劉光漢長寧縣知縣
四十六年　石鎮國
四十七年　劉紹漢餘杭縣知縣
泰昌元年　汪應選
天啟元年　石應奇蒲城縣學訓導
二年　張士進有傳　萬民望教諭

三年　王玉爾未仕　熊廣益
四年　邱如臯有傳
五年　張士選有傳
六年　陳于朝倫子松江府通判　蕭鸞翔通判
崇正元年　董三省未仕　熊兆祥經歷
五年　梁朝棟訓導
六年　吕相周未仕
七年　萬士奇有傳
八年　何立崇未仕

九年　喻于義有傳
十年　吳鈐臺未仕
十三年　梁凝祺惟柱子有傳
十四年　范梈未仕
十五年　李逵藍山縣學訓導
十六年　萬吧思士奇子隨任應流寓試由長沙府學貢新興縣學訓導
何操敬儋州知州有傳
趙廷信公安縣學教諭見荆州府志
本朝

順治三年　李郁中未仕
四年　喻佩未仕
五年　馮嗣京
六年　喻震生于義子休寧縣縣丞
七年　鄒璧明縣學教諭
八年　朱維新武昌府學教授
九年　龔庚昕巢縣知縣
十年　靳龍顏宜都縣學教諭
十一年　虞之璉南漳縣學教諭

十三年　任先明桃源縣學訓導
十六年　艾蘼永定衛學訓導
十七年　萬士彥
十八年　靳天顏　馮士淑
何泰崇
康熙元年　楊體恒名子
三年　梁中極有傳　張錦石門縣學教諭
年分無考　陳占祥奇抱子有傳　文經世有傳
梁宗極天培子有傳　朱晨

劉俊有傳　周之謨翁源縣知縣
葉二蓁東陽縣學訓導　程文南崇陽縣學教諭
張士英　程之遠
申簾　羅清圖
任先覺　易光先
周之伯　黎文蔚
周之仲　申岳鍾
何金榜
李維世　靖乃懷

金九牧　何獻疇武昌府學訓導
戴琮　涂普
周卜減廩貢　梁佳楨申極子巴東縣學訓導
龔遇盛　李士俊
魏鼎鎮　王錫命
葛尚志　李積慶
梁佳楷　聶之聯
何操楷　周洪正東陽縣學訓導
許繼衡　周卜尚

朱集濂奇生子　張大任鄖縣學訓導
周上遷蘄州訓導　丁長治
龔藩　李嘉棟
吳啟相謨賢孫　蘇凝德安府學廩貢
孫枚　劉峻
朱承禧朋子光化縣學訓導　袁束
蔣士俊　蕭必昌
龔陳法光化縣學訓導　匡維穀城縣學訓導
乾隆十一年　梁高翮　戴履正見省志

十二年　梁作極保康縣學訓導　任大成
十四年　梁高振佳[redacted]子德安府學歲貢
十五年　吳正夏
十六年　周翹俊
以下年分無考　何錦尙　周彝房縣學訓導
龔陳典漢陽縣學訓導
二十五年　陳其緯
以下年分無考　馬克勤　張文彥
鄒暉　包景旂

石文煥　彭維道武昌府學訓導
三十二年　黎鰲　潘世道
以下年分無考　葉楷　龔廷幹
張琳　葉之郁
陳次泰　李煥
李祝　趙學愚
匡毓元維子　劉廷舉
詹俊　嚴光裕
汪棟　陳尙銓

蔡漣　楊聯芳
五十四年　杜承晦　馬三錫
明　例考
周恭縉雲縣縣丞　黃郁當塗縣典史
胡剛夏津縣主簿　孫賢盧陵縣典史
瞿熙貴州宣慰司黃沙渡巡檢　黃鑑江油縣西平驛驛丞
詹安寧國府大使　馬緒敘州府照磨
何益澄雲南黑鹽井巡檢　何讓和陽衛經歷
戴彥和廣東驛丞　萬信貴州金雞驛驛丞

王能 廣西驛丞　金成 曲沃縣侯馬驛大使

陳顯 銅梁縣典史　温有昱 四川縣驛丞

梁潤宇 河南杞縣典史　周 直隸縣典史

呂于濵 東城兵馬司指揮　卓有登 會寧縣典史

靳荏 候選主簿　何國選 候選主簿

萬選 南京稅課局大使　梁元 直隸後衛經歷

張定亨 候選縣丞　彭大齡 漢中府經歷

張一剛 河南縣丞　朱思 四川縣典史

王 南京倉大使　魏朝卿 水洋鎮巡檢

梁之屏 山西進樂縣典史　吳應韶 民安驛驛丞

廖應美 常德府倉大使　王士倌 黃州府倉大使

王右文 睢州州判　張復亨 中城兵馬司指揮

王之楷 南直隸通州州判　敖夢龍

陳可任　張楚

張宗華 思南府經歷　熊雲霖

盧先聲　陳可佐

王日然　後愈奇

熊僑 宛平縣典史　周允富 安仁縣紫雲驛驛丞

熊雲斐　蕭鳳翔 有傳

梁肯輪 潤宇子　周崇禮 福州府經歷

本朝

何操萊 州同　黃朝俊 澄城縣縣丞

喻怡 震生子州同　高拱極 功貢景陵縣縣丞

何敦起 光祿寺典簿　鄧鼎漢 州同

朱暹 候選知縣　何敦迴 眉州知州

陳法言 考授縣丞　何其峻 考授梁山縣縣丞

何復尚 縣丞　宋逢盛 縣丞

周宗文 例貢　何操元 考授同知未仕

周維岐 縣丞　何操約 例貢考授布政司經歷

宋祖郊 州同　梁杞 肯奐子縣丞

周卜淵 州同　周卜江 例貢

何洪育 州同　江宏渡 附貢

周趍後 例貢　戴全倫 揚州府照磨

吳景仁 州同　姚秀 大興縣黃莊司巡檢

徐昌堯 羅平州吏目　吳振常 錦縣典史

劉世佩 附貢候選從九品　趙思聖 州判

汪廣洛 州同　　汪宏道 縣丞

蔣式中 州同　　彭維梁 州同

陳恕 布政司理問分發直隸　　陳上志 由附生捐州同

戴子任 州同　　戴培德 州同

戴大年 州同　　彭維道 武昌府學訓導

吕守正 司經歷　　孫嶽 州同

程士枚 千總　　喻于義 廩貢

喻璠 廩貢　　張之士 貢生

孫巍 縣丞　　萬宏謨 州同

葉文運 貢生　　鄒全珍 千總

程思烈 廩貢

羅世彬 治子廩貢國子監肄業

明

武職

石鐸 通州衛指揮同知　　王貴 成都衛指揮

李勳 南京興武衛千總　　車正 濟州衛千戶

王昱 南京金吾前衛千戶　　王亨 北京金吾右衛千戶

鮑英 九溪所千戶　　賀敏 武昌衛前所千戶

張顒 南京興武衛鎮撫司　　劉清 在京隨駕百戶

宋之彥 特授參將　　何士達 札授都司

王尚偉 札授守備　　熊光先 廣益子陝西都司

本朝

羅應奎 入隸鑲白旗歷官鎮守總兵官加阿思哈哈番

金應選 磁州營都司僉管參將事

熊亮工 光先子由生員捐授荆州左衛千總

明

封贈

何志剛 以子讓封經歷

宗文 都昌縣學教諭以子彝贈監察御史

何堰 以曾孫宗彥贈少傅兼太子太傅戶部尚書武英殿大學士

何鎬 以孫宗彥贈少傅兼太子太傅戶部尚書武英殿大學士

何鋹 以嗣孫宗彥贈少傅兼太子太傅戶部尚書武英殿大學士

何其大 以子宗彥贈少傅兼太子太傅戶部尚書武英殿大學士

蕭重 以子鸞翔封承德郎

本朝

周宗成 以子之謨封文林郎開封府沈邱縣知縣有傳

羅其 以子應奎贈光祿大夫

金良才 以孫應選封懷遠將軍磁州營都司

金璉以子廌選封懐遠將軍磁州營都司

吳謨賢以子景玠武昌府江夏縣學教諭封修職郎

羅俊以孫治貤封文林郎常德府學教授

羅上翙以子治封文林郎常德府學教授

徐維三以子昌堯封登仕佐郎雲南曲靖府羅平州吏目

陳正琰以子恕遵急公例誥封儒林郎候補布政司理問

陳天柱以孫恕遵急公例誥封儒林郎候補布政司理問

彭彰以子維梁遵急公例誥封儒林郎候補州同

彭宗祚以孫維梁遵急公例誥封儒林郎候補州同

明

恩廕

陳瑞以父壽廕授中書舍人有傳

傅誠以父鳳翔廕歷官順天府通判

何敦伯以父宗彥廕授上林苑署丞歷官工部營膳司郎中

何敦仲以父宗彥入相廕授後軍都督府都事歷官廣南府知府

何敦叔以父宗彥於天啟元年覃恩廕任南京工部主事歷官鶴慶府知府

何敦季以父宗彥於天啟元年覃恩廕任左軍都督府知事入　本朝歷官福建按察使副使

何迥崇以祖宗彥於天啟二年覃恩廕初授南右軍都督府都事歷官廣西梧州府知府

何體崇以祖宗彥於天啟二年覃恩廕未仕

何品崇以祖宗彥於天啟三年覃恩廕歷官肇慶府知府

何志崇以祖宗彥於天啟四年贈太傅廕授中書舍人後中式

何釗崇宗聖長孫廕生入監考滿休致回籍

明

鄉飲

周勝德

本朝

康熙二十六年　何操敬

三十六年　謝繩武

隨州志卷之十一

隨州知州張 璿輯

耆舊

讀汝南先賢襄陽耆舊諸傳而知地以人重也隨於前代獨闕焉不傳豈果寂寂無可紀歟李白謂神農之後季梁爲大賢至宋世以來孟李諸賢功業塞天地矣土俗古遠風流淸高惟在後之君子有以繼其聲躅耳志耆舊第二十五

周

季梁隨大夫楚武王侵隨使薳章求成焉軍於瑕以待之隨人使少師董成鬬伯比言於楚子曰吾不得志於漢東也我則使然我張吾三軍而被吾甲兵以武臨之彼則懼而協以謀我故難閒也漢東之國隨爲大隨張必棄小國小國離楚之利也少師侈請羸師以張之熊率且比曰季梁在何益鬬伯比曰以爲後圖少師得其君王毁軍而納少師少師歸請追楚師隨侯將許之季梁止之曰天方授楚楚之羸其誘我也君何急焉臣聞小之能敵大也小道大淫所謂道忠於民而信於神也上思利民忠也祝史正辭信也今民餒而君逞欲祝史矯舉以祭臣不知其可也公曰吾牲牷肥腯粢盛豐備何則不信對曰夫民神之主也是以聖王先成民而後致力於神故奉牲以告曰博碩肥腯謂民力之普存也謂其畜之碩大蕃滋也謂其不疾瘯蠡也謂其備腯咸有也奉盛以告曰絜粢豐盛謂其三時不害而民和年豐也奉酒醴以告曰嘉栗旨酒謂其上下皆有嘉德而無違心也所謂馨香無讒慝也故務其三時修其五教親其九族以致其禋祀於是乎民和而神降之福故動則有成今民

各有心而鬼神乏主君雖獨豐其何福之有君姑修政而親兄弟之國庶免於難隨侯懼而修政楚不敢伐左傳

唐人唐成公如楚有兩肅爽馬子常欲之弗與三年止之唐人或相與謀請代先從者許之飲先從者酒醉之竊馬而獻之子常子常歸唐侯自拘於司敗曰君以弄馬之故隱君身弃國家羣臣請相夫人以償馬必如之唐侯曰寡人之過也二三子無辱皆賞之仝上

後漢

周章字次叔南陽隨人也初仕郡爲功曹時大將軍竇憲

免封冠軍侯就國章從太守行春到冠軍太守猶欲謁之章進諫曰今日公行春豈可越儀私交且憲椒房之親勢傾王室而退就藩國禍福難量明府剖符大臣千里重任舉止進退其可輕乎太守不聽遂便升車章前拔佩刀絕馬鞅於是廼止及憲被誅公卿以下多以交關得罪太守免以此重章舉孝廉六遷爲五官中郎將延平元年爲光祿勳永初元年代魏霸爲太常其冬代尹勤爲司空是時中常侍鄭衆蔡倫等皆秉勢豫政章數進直言初和帝崩鄧太后以皇子勝有痼疾不可奉

承宗廟貪殤帝孩抱養爲已子故立之以勝爲平原王及殤帝崩羣臣以勝疾非痼意咸歸之太后以前旣不立恐後爲怨廼立和帝兄清河孝王子祜是爲安帝章以衆心不附遂密謀閉宮門誅車騎將軍鄧騭兄弟及鄭衆蔡倫刼尚書廢太后於南宮封帝爲遠國王而立平原王事覺勝策免章自殺家無餘財諸子易衣而出并日而食　後漢書本傳

宋　南北朝

雙泰眞隨郡人沈攸之爲荆州招集才力之士以泰眞有幹力名不肯來後泰眞至江陵買賣有以告攸之者攸之因留之補隊副厚加料理泰眞無停志少日叛走攸之遣二十人被甲追之逐討甚急泰眞殺數人餘者不敢近欲過家將母去事迫不獲單身走入蠻中追者旣失之錄其母而去泰眞旣失母乃出自歸攸之不罪曰此孝子也賜錢一萬轉補隊主　宋書沈攸之傳

宋

李堯輔字公佐歐陽永叔作昌黎文集序云予寓漢東隱士李氏子堯輔頗好學於家得昌黎集六卷乞歸讀之見其淵源而雄博又爲作東園亭記云城南李氏爲著

姓家多藏書教子孫以學公佐好學有行鄉里推之　補傳

宋綬字公垂其先趙州平棘人徙隨州博通經史百家年十五名試中書眞宗愛其文後又試學士院爲集賢校理官至資政殿大學士孝謹淸介言動有常家藏書萬卷親自校讎筆札尤精妙及卒帝多取其書字藏於禁中祀鄉賢　湖廣通志

宋敏求綬之子官至龍圖閣學士家有書三萬卷皆畧誦習所著書學者多咨之祀鄉賢　仝上

劉逵字公路隨州人進士高第調越州觀察判官歷太學太常二博士禮部考功二員外郎國子司業崇寧中連擢秘書少監太常少卿中書舍人給事中戶部侍郎兵部尚書同知樞密院拜中書侍郎蔡京罷首勸碎元祐黨人碑寬邪黨之禁復謫者仕籍凡京所行悖理虐民事與趙挺之稍稍澄正然挺之多智慮後患每建白務開其端而使獨終其說逵欲自以爲功直情不顧未滿歲帝疑其擅余深石公弼遂乘機論逵專恣反覆援開抵巇盡廢紹述良法凡所啟用多取邪黨及籍中子弟

又庇其婦兄章綖盜鑄罪罷知亳州責鎮江軍節度副使安州居住稍起知杭州名爲資政殿學士醴泉觀察使未至卒年五十贈光祿大夫　宋史本傳

孟宗政字德夫絳州人父林從岳飛至隨州因家焉自幼豪偉有膽畧起家土豪常出沒疆埸間未嘗學兵法而暗與之合好賢樂善出於天性有功者怨必賞有罪者親必罰開禧二年金將完顏董犯襄郢率義士據險邀擊奪其輜重宣撫吳獵奇之補承節郎趙方吳柔勝皆薦其才轉秉義郎京西鈐轄駐劄襄陽與扈再興陳祥蹀血以戰金兵敗走尋報棗陽圍急宗政午發峴首遲明抵城馳突如神金人駭遁方聞大喜差權棗陽軍初視事一僕犯令立斬之軍民股栗益築隄積水修治城堞簡閱軍士金帥賽不擁步騎圍城與再興合兵角敵敗之于尚家川歷三月大小七十餘戰身先士卒厚募壯士乘間突擊伏兵城東金人盛兵薄城宗政隨方力拒再至再北適隨守許國援師至白水鼓聲相聞宗政率諸將出夾攻敵大奔潰賜金帶轉武德郎次年訖可復擁步騎傅城募礮手擊之一礮輒殺數人金選精騎

二千號弩子手擁雲梯天橋先登陷城穴地道宗皆隨計設備禦之列勇士以長槍勁弩擣其衝以長戈舂其喉自昕至昃死傷踵接梯橋盡燬金人連不得志俄乘順風渡濠飛脂葦燒戰棚將士血戰凡十五陣殲金兵千餘弩子手十七八射其都統殪之會王大任領銳卒一千冒重圍轉鬬入城內外合勢士氣大振賈勇入金營自晡至三更橫屍徧地奪印十有六紐訖可棄帳走獲輜重牛馬萬計升武功大夫兼閤門宣贊舍人重賜金帶制置司以湖陽縣迫敵境檄宗政圖之一鼓而拔

擒其千戶趙興兒燔積聚塡營砦俘掠以歸金人自是不敢來窺襄漢棗陽尋代許國爲荆鄂都統制仍知棗陽敵迫濠而陳廼於西北濠外瀦水爲濘以限敵騎威行境外中原遺民歸者不可勝數皆發廩以贍剏屋與居籍其勇壯二萬餘人號忠順軍轉右武大夫團練防禦使以病疽卒邊人罷市慟哭子璟珙瑛璋皆任兵官

本傳

孟珙字璞玉宗政子屢以功補進勇副尉訛可來攻棗陽珙登城射却之宗政命珙取間道刼金營破砦十八斬

首千餘級大獲軍器以升下班祗應入謁制置使趙方奇之辟光化尉轉進武校尉授承信郎父憂起復歷成忠忠翊二郎差峽州兵馬押監兼在城巡檢京湖制置司差提督虎翼突騎軍馬又辟京西第五副將權管神勁左右軍統制代江海總父所招忠順軍士分其軍爲三衆乃帖然紹定元年珙白制司剏平堰於棗陽自城至軍西十八里由八疊河經漸水側水跨九阜建通天槽八十三丈溉田十萬頃立十莊三轄使軍民分屯歲收十五萬石又命忠順軍家自畜馬官給芻粟馬益蕃

息二年升京西第五正將棗陽軍總轄明年差京西兵馬都監母憂起復京西兵馬鈐轄駐劄棗陽仍總三軍六年元將那顏倴盞追金主完顏守緒逼蔡檄珙戍鄂討金唐鄧行省武仙仙時與武天錫及鄧守移剌瑗相掎角欲迎守緒入蜀犯光化鋒剽甚天錫本鄧農夫乘亂聚衆二十萬爲邊患珙逼其壘一鼓拔之壯士張子良斬首以獻俘其將士授江陵副都統制賜金帶制司檄問邊事珙謂金人若向呂堰則八千人不爲少然須木查騰雲呂堰等砦皆受節制乃可濟已而果犯呂堰

珙喜曰吾計得矣亟命諸軍追擊呂堰進逼大河退逼山險砦軍四合金人棄輜重走斬獲甲士馬牛槖駝不可勝計瑗遣部曲馬天章奉書請降盡獻鄧之縣鎭戶口官吏馬步軍迎珙入城瑗伏階下請死珙爲易衣冠以賓禮見金順陽令李英亦以縣降申州安撫張林以州降珙言于制司歸附之人宜各因其鄉土而使之耕因其人民而立之長少壯籍爲軍才能者分以土地任以職使各招其徒固守且殺敵勢七月己酉仙將劉儀領壯士二百降珙問虛實儀言仙所據九砦其大砦石

穴山以馬蹬沙窩岵山三砦蔽其前三砦不破石穴未易圖也若先破離金砦則王子山砦亦破岵山沙窩孤立三帥成禽矣珙翼日遣兵向離金盧秀執黑旗帥衆入金不疑爲宋軍因分據巷道大呼縱火掩殺幾盡是夜壯士楊貴等擣王子山砦護帳軍酣寢王建入帳中斬金將小元帥首丙辰出師馬蹬遣樊文彬攻其前門成明等邀截西路一軍圍紇石烈一軍圍小總帥砦火燭天殺僇山積逸去者復爲成明伏軍所得凡獲壯士老少萬二千三百師還至沙窩西與金人遇復大捷是

日三戰三克未幾丁順等又破默候里砦珙召儀問曰此砦既破板橋石穴必震汝能爲我招之乎儀曰晉德與花腿王顯金鎮撫安威故舊招之必來乃遣德行威見德叙情好甚歡介德往見顯顯卽以書乞降德復請珙遣劉儀候之顯軍五千猶未解甲珙令作栲栳陣入周視良久乃云如素所撫循者饗以牛酒皆醉飽歌舞珙料武仙必上岵山絶頂窺伺詰旦令文彬奪山駐軍其下前設伏後遮歸路已而仙果引衆登山及半文彬麾旂伏兵四起仙衆失措枕藉崖谷山爲之赬殺其將

兀沙惹擒七百三十人棄鎧甲如山薄暮珙進軍至小水河儀還具言仙不欲降謀往商州依險以守珙曰進兵不可緩夜漏十刻召文彬受方略明日攻石穴九砦蓐食啟行文彬患積雨未霽珙謂此雪夜擒吳元濟時也策馬直至石穴分兵進攻自寅至巳九砦俱破仙走追及於鮎魚砦易服而遁復戰於銀葫蘆山又敗仙與五六騎奔追之不見降其衆七萬獲甲兵無算還軍襄陽轉修武郎鄂州江陵副都統制元遣宣撫王檝約攻蔡制置使謀於珙請以二萬人行因命盡護諸將金二

萬騎由鎮陽横山南來珙鼓行而前戰敗卻走追至高黃陂斬首千二百級倴盞遣兎花忒没荷過出阿悉三人來逆珙與射獵割鮮而飲馳入其帳倴盞喜結爲兄弟酌馬湩飲之約南北軍毋相犯倴盞遣萬戶張柔帥精兵五千入城金人鉤二卒以往柔中流矢如蝟珙麾先鋒救之挾柔以出黎明進逼石橋鉤致生俘郭山戰火却金人突至珙躍馬入陣斬山以徇軍氣復張殊死戰進逼柴潭俘金人百有二斬首三百餘級翼日命諸將奪柴潭樓拔之蔡人恃潭爲固外卽汝河潭高於河

五六丈城上金字號樓伏巨弩珙謂麾下曰伏弩能及遠不可射近彼所恃此水耳決而注之涸可立待實以薪葦遂濟師獲其殿前副點檢温端磔之城下進逼土門金驅其老稚𤋲爲人油礮人不堪其楚端平元年正月辛丑黑氣壓城上日無光時城中絶糧已三月鞍韉敗鼓皆糜煮聽以老弱互食及斬敗軍全隊拘其肉以食故欲降者衆珙下令諸軍銜枚分運雲梯布城下已酉珙帥師向南門至金字樓列雲梯馬義先登趙榮繼之萬衆競登大戰城上降其丞相烏古論栲栳殺元帥兀林達及偏裨二百開西門招俌蓋入守緒見城已危先取寶玉寘小室環以草號泣自經煙焰未絶珙等共分其骨得金鑑寶玉帶金銀印牌還軍襄陽特授武功郎主管侍衛馬軍行司公事建康府都統制留屯襄陽兼領鎮北軍俄令赴樞密院稟議授帶御器械兼知光黄二州厚賚遣還朝辭上曰卿名將之子忠勤體國破蔡滅金功績昭著問恢復對曰願陛下寛民力蓄人才以俟機會問和議對曰臣介胄之士當言戰不當言和三年至黄增埤浚隍蒐訪軍實軍民來歸者厚加賑貸

又慮兵民雜處因高阜爲齊安鎮淮二砦以居諸軍抝章家山母家山兩堡以居先鋒虎翼飛虎軍俄兼主管安撫司公事節制黄蘄光信陽四郡軍馬元兵攻蘄珙遣兵解其圍又攻襄陽隨守張龜壽荊門守朱揚祖郢守喬士安皆委郡去復州施子仁死之江陵危急詔沿江淮西遣援衆謂無踰珙者乃先遣張順渡江珙以全師繼之元兵分兩路一攻復州一在枝江監利編筏窺江陵珙變易旌旂服色循環往來夜則列炬照江數十里相接遣外弟趙武等進戰珙自往節度破砦二十有四還民二萬嘉熙元年封隨縣男擢高州刺史忠州團練使兼知江陵京西湖北安撫副使元將忒没觧入漢陽境口温不花入淮甸蘄守張可大舒州李士達委郡去光守董堯臣以州降合三郡人馬糧械攻黄守王鑑帥萬文勝戰不利珙入城軍民大喜曰吾父來矣駐城樓指畫戰守卒全其城斬逗遛者以徇御筆賞將士賜珙金盌白金珙分賜諸將士皆感泣二年春授寧遠軍承宣使鄂州江陵諸軍都統制置司松滋詔三軍勳勞趣其來上未幾授樞密副都承旨京西湖北路安撫制

置副使督視行府參謀官兼知岳州檄江陵節制司擣
襄郢是年張俊復郢州賀順復荆門軍十二月壬子劉
全戰于冢頭戰于樊城戰于郎神山屢以捷聞三年曹
文鏞復信陽軍劉全復樊城遂復襄陽授樞密都承旨
改制置使兼知鄂州詮遣譚深復光化軍息蔡降珙命
以兵逆之得壯士百餘籍爲忠衛軍初詔珙收復京襄
珙謂必得郢然後可以通餽餉得荆門然後可以出奇
兵由是指授方畧發兵深入所至以捷聞珙復奏取襄
不難而守爲難襄樊朝廷根本今百戰而得之當加經

理如護元氣非精兵十萬不足分守乃置先鋒軍隸以
襄郢歸順人庚寅諜報元兵欲大舉臨江珙策必道施
黔以透湖湘請粟十萬備給軍餉用二千人屯峽州千
人屯歸州忠衛舊將晉德自光州來歸珙奬用之弟瑛
以精兵五千駐松滋爲夔萬聲援遣于德興增兵守歸
州隘口萬戶谷元兵自隨闚江珙密遣劉全拒敵遣伍
思智以千人屯施州元大將塔海弁秃雪帥師入蜀號
八十萬珙增置營砦分布戰艦遣張舉提兵間道抵均
州防遏俄元兵渡萬州湖灘施夔震動珙兄璟時爲湖

北安撫副使知峽州兼以書諜備禦珙請於督府帥師
西上璟調金鋅一軍迎拒于歸州大埡砦劉義捷于巴
東之清平村珙弟璋選精兵二千駐澧州防施黔路四
年進封子條上流備禦宜爲藩籬三層乞刱制置副使
及移關外都統一軍於夔任涪南以下江面之責爲第
一層備鼎澧爲第二層備辰沅靖桂爲第三層峽州松
滋須各屯萬人舟師隸焉歸州屯三千人鼎澧辰沅靖
各五千人郴桂各千人如是則江西可保又遣楊鼎張
謙往辰沅靖三州同守倅曉諭熟蠻講求思播施黔支

徑以圖來上會諜知元兵於襄樊隨信陽招集軍民布
種積船材于鄧之順陽乃遣張英出隨任義出信陽焦
進出襄分路撓其勢遣王堅潛兵燒所積材遣張德劉
整分兵入蔡火其積聚拜寧武軍節度使四川宣撫使
兼知夔州節制歸峽鼎澧州軍馬招集麻城縣巴河安
樂磯營公店淮民數百皆沿邊經戰之士號寧武軍令
璋領之進封漢東郡侯兼京湖安撫制置使回鶻愛里
八都魯帥壯士老稚人馬來降刱飛鶻軍改愛里名艾
忠孝蠲蜀政之弊爲五條班諸郡縣乃擇險要立砦柵

集流離安耕種立賞罰以課殿最俾諸司奉行之又兼夔路策應屯田大使調夫築堰募農給種由歸峽至漢口爲屯二十爲莊百七十爲頃十八萬八千二百八十上其始末與所減兵食之數降詔獎諭靖州猺林賽艮爲亂遣王瑀平之淳祐二年淮東受兵樞密俾珙應援遣李得帥精兵四千赴之子之經監軍諜知京兆府也可那延以騎兵三千經商州取鶻嶺關出房州竹山遣王令屯江陵尋進屯郢劉全屯沙市提千人自荆門出齎十日糧取道南漳入襄與諸軍合元兵至三川珙下

令應出戍主兵官不許失棄寸土權開州梁棟乏糧請還怒其棄城使高達斬首以徇元兵至瀘命重慶分司發兵應援遣張祥屯涪州拜檢校少保進封漢東郡公珙言京湖有三憂其一沅之險不如辰靖之險不如沅三州皆當措置而靖又急今粒米寸兵無所從出二江防上自秭歸下至壽昌亘二千里自公安至峽州灘磧凡十餘處隆冬水涸節節當防三今尺籍數虧既守灘磧又守關隘荆襄國之藩表如其有虞非但失一郡當傾國爭之若非增兵八萬併力備禦雖韓白復生無所展巧余玠宣諭四川道過珙言重慶積粟少珙餉以屯田米十萬石五年御筆以職事修舉轉行兩官許令回授移鎮江陵既至登城歎曰江陵所恃三海已變爲桑田自城以東直至三汊無所限隔敵一鳴鞭即至城外廼修復內隘十有一別作十隘於外漳水舊自城西入江因障而東之俾遶城北入于漢三海遂通爲一隨其高下爲匱蓄泄三百里間渺然巨浸土木之工百七十萬民不知役繪圖上之尋乞歸不允初所招鎮北軍駐襄陽李虎王旻軍亂鎮北亦潰歎曰三十年收拾中原

人今志不克伸矣病遂革六年九月朔大星隕于境聲如雷越戊午遂薨其夕大風發屋折木帝震悼輟朝賻銀絹少保三贈太師追封吉國公謚忠襄廟曰威愛生平忠君體國之念可貫金石在軍中與參佐部曲論事言人人異徐以片語折衷衆志皆愜僨襄蜀蕩析士無所歸蜀士聚於公安襄士聚於郢渚乃作公安南陽兩書院以没入田廬隸之使有所教養請帝題其榜賜焉京襄死節死事之臣請于朝建祠岳陽歲時致祭賜名閔忠廟謁客遊士老校退卒一以恩意撫接建鼓旃臨

將吏面色凜然無敢涕唾者退則焚香掃地隱几危坐若蕭然事外遠貨色絶滋味其學邃於易六十四卦各繫四句名警心易贊亦通佛學自號無菴居士子之經任策應司都統兼知江陵本傳

忠襄父子實居於隨之西鄉今其地猶名孟家橋

李庭芝字祥甫其先汴人十二世同居號義門李氏後徙應山遷隨州特以武顯及庭芝生有芝產于屋棟遂以名之自少穎異日誦千言智識出長老上見隨守王旻貪殘不恤下衆多怨之告于諸父曰隨必亂請移家德安以避之從之未浹旬旻果爲部曲挾以叛隨民死者甚衆嘉熙末登鄉舉時江防甚急不得行以策干孟珙請自效珙夜夢有李尚書謁己明日庭芝適至見其魁偉顧諸子曰吾相人多矣無如李生者其名位當過我屬四川有警郎以庭芝權建始縣旣至訓農治兵選壯士雜官軍敎之期年民皆知戰守善馳逐無事則植戈而耕兵至則悉出而戰夔帥下其法於所部行之淳祐初登進士辟主管機宜文字珙卒復薦於賈似道庭芝感珙知己扶其柩葬之與國棄官行服似道鎮京湖起

爲參議官移鎮兩淮議柵淸口五河增淮南烽百二十繼知濠州復城荆山以備淮南皆切中機會開慶元年留權揚州尋以大兵在蜀奏除直寶謨閣湖北安撫副使兼知峽州以防蜀江庭芝方以母憂去會李璮窺淮南制使趙與𥳑無謀璮奪其所築南城遂由連水渡淮朝議擇守揚者無如庭芝乃奪情授秘閣修撰主管兩淮安撫制置司公事遂破璮兵殺其將厲元帥平南城而還景定二年除樞密都承旨兩淮安撫制置副使知揚州復敗璮于喬村破東海石圍等城明年璮降徙漣水三城民於通泰之閒五年就加寶章閣直學士揚新遭兵火廬舍盡燬賴鹽爲利而亭戶多亡公私蕭然庭芝至則悉貸民逋假錢營屋踰歲官民居皆具鑿河四十里以省車運之勞免亭戶宿負二百餘萬逃亡悉歸鹽利大興築大城包平山堂募汴南流民二萬立武銳軍以實之敵至不敢窺城中圖上于朝下詔獎勞又大修學校爲詩書俎豆習射禮有水旱廩不足贍賑以私財民德之如父母劉槃自淮南入朝帝問淮事具言庭芝老誠謹重軍民安之今邊塵不驚百廢具舉皆陛下

委任得人之效也咸淳三年就加兵部尚書五年轉兩淮安撫制置大使兼知揚州北兵圍襄陽復改京湖兼夔路策應督師援之賜錢二百萬預備給賞范文虎貽書似道曰吾將兵數萬入襄陽一戰可平但無使聽命於京閫事成則功歸恩相似道喜即除文虎福州觀察使其兵從中制文虎乃日擕美妾走馬擊毬爲樂庭芝屢欲進兵辭以取旨未至明年六月不得已始一出師未至鹿門中道遁去竟失襄陽陳宜中請誅文虎似道芘之止降一官猶令知安慶庭芝自劾請代不允遂得貶歸九年元復圍揚州起庭芝兩淮安撫制置使賜錢二百萬十年築清河口城賜名清河軍十二月元兵破鄂蕪湖兵潰沿江諸郡或降或遁無一人能守者庭芝首遣兵入衛爲諸道勤王倡檄所部郡縣各嚴城守有持書榜招降者焚而梟之調苗再成兵戰其南許文德戰其北姜才施忠戰其中日持金帛牛酒燕犒將士人人爲之死鬬朝廷慰勞日至加叅知政事兼知樞密院事伯顏入臨安留元帥阿朮攻揚州久不下築長圍跨灣頭至丁村欲久困之城中乏食命括民閒粟盡令出

之官戶已盡及於將校雜以牛皮麴糵有烹子而食者尚日出苦戰朝命使降庭芝登城謝曰奉命守城未聞降也元所遣詔使悉焚斬之時夏貴以淮西降阿朮驅至城下旌旆蔽野幕客以言覘之庭芝泣曰吾惟一死而已會益王立名爲左丞相加少保乃以朱煥守揚而已與姜才將兵七千東入海甫至泰州煥隨以城降驅庭芝妻子至泰裨將孫貴胡惟孝等開門迎降庭芝聞變赴蓮池水淺不得死被執還揚煥責以自用兵來積骸滿野皆庭芝與才所爲不殺何俟死之日民皆泣下

本傳

邊居誼隨人初事李庭芝積功至都統制使守沙陽新城善御下得士心凡戰守之具治之皆有法呂文煥以北兵破沙陽守將王大用被執進薄新城居誼率衆拒之文煥命列沙陽所斬首於城下復縛大用至使招降不答明日又至居誼應曰吾欲與呂參政語耳文煥以爲降已馳馬至伏弩亂發中文煥右臂并中其馬馬仆幾鈎得之衆挾文煥以他馬奔走會其總制黃順副將任寧開東門出降其部曲多欲縋城出者居誼悉驅入當

門斬之取家財盡散將士往來督戰至暮元兵破侵漢樓居誼以火具刼之火延民居衆蟻附而上居誼度力不能支還第拔劍自刎不殊赴火死所部三千人猶力戰悉死焉伯顏壯其勇購屍觀之事聞贈利州觀察使立廟死所 本傳

元

宣昭字伯絅漢東人號艮齋有雅行精通古今於天文地理陰陽術數百氏之學無不諳詣尤精翰墨正書能備八法 元史文苑本傳

明

王興福隨人初守徽州有善政遷知杭州杭初附人心未安興福善撫輯民甚德之秩滿當遷郡人遮道攀留興福諭遣之曰非余能惠父老父老善守法耳太祖嘉之擢吏部尚書坐事左遷西安知府卒官 明史王宗顯傳

王鏞隨州人洪武初以人才薦授鎮江府通判擢知嘉興府入爲戶部侍郎致身盛德之世多所建白尋復出知嘉興府後免歸優游林下鄉人月旦必首推公云 湖廣通志

賀子亨洪武間以秀才授本府教授歷遷廣西慶遠府知府布政邊鄙剛柔互劑遠人安之 何文毅公考錄

陳壽隨人洪武中由國子生授戶部主事永樂元年遷員外郎出爲山東參政所至以愛民爲務用夏原吉薦召爲工部左侍郎皇太子監國南京壽日陳兵民困乏乘閒言左右干恩澤者多恐累明德太子深納之嘗目送之出顧侍臣曰侍郎中第一人也九年以漢王高煦譖下獄貧不能給朝夕官屬有饋之者拒不受竟死獄中踰年啟殯如生仁宗即位贈工部尚書謚敏肅官其子瑞中書舍人 明史本傳

童寅字以敬隨州人永樂甲辰進士授監察御史出按蘇松及滇南遼東諸郡風裁肅然補交阯按察使以母喪歸復除江西按察使廉介勤恪決斷明允既卒吏民哀悼護喪歸家無贏帛妻孥貧窶 分省人物考

龔敬永樂中鄉薦歷官成都知府有德政蜀人至今懷慕 何文毅公考錄

柳昌永樂間進士以行人出知臨川縣重農興學士民感之鄉人以爲不愧科名 仝上

宮文循洪武間以貢生任禮部主事歷遷廣東按察使僉事持法平允有能聲仝上

楊守真永樂二十一年鄉薦戶部照磨知涇縣吏民德之仝上

陳瑞壽子以蔭授中書舍人歷工部侍郎正直有父風舊志

吳彥德本儒者於諸子百家無所不讀常恨德不能及遠願爲醫以濟人乃舍所學而獨以醫鳴凡有疾病者無貴賤咸詣其家欣然爲療之遇窮困者卽與之銀米衣物其人輒喜故其病易瘳其接人温然以和與人言未嘗不勸以爲善鄉人稱爲篤行君子子旻舉於鄉舊志

宗文中景泰七年鄉試選都昌縣學教諭澹於榮利雖一氊遠官而意常泰然好古嗜學尤長於詩文以子彝貴贈御史何文毅公考錄

章貞隨州人生一歲而喪母鞠于祖母黄氏九歲而父又死貞攻苦力學景泰元年領鄉薦任通江教諭祖母歿棄官歸廬於墓側日具饌如生時久之有白兔之祥湖廣通志

章爵貞之子成化七年鄉試第一初授分宜縣知縣勤能謹慎綽有政聲後遷惠州同知何文毅公考錄

宗彝成化二十一年進士初知建德縣以政績卓異遷山東道監察御史入臺累章勸上延訪儒臣以廣聖德奉命巡按福建不汲汲以搏擊市直聲而首舉莆田孝子劉閔請授本縣訓導以風厲末俗凡事能知所本類如此仝上

傅鳳翔字德輝爲諸生以孝友信義稱於鄉登第後知上蔡縣臨政敏達築上蔡城旋擢監察御史去民立祠祀

之歷官僉都御史兵部右侍郎協理戎政卒于官贈右都御史賜祭廕一子德安府志

向光振字伯羽隨州人正德中領鄉薦性嚴謹絶俗工古文詞奔父喪渡海遇風以身禱風止母病嘗應制不行祖所遺產悉以讓兄嘉靖中知四川高縣刻勵清操多政績明一統志

按明地里志高州隸叙州府洪武五年降爲縣正德十三年復爲州嘉靖中不宜復有高縣

顔木字惟喬隨州人正德丁丑舉進士與王廷陳頡頏聲譽端雅峻潔人恒推重初知許州以薦調亳州懲武人

石氏之肆坐中傷免歸益淬礪自信曰彼能尼吾仕而不能錮吾履能黜吾爵而不能褫吾學吾將樹風立言示範後世屹然表正於淮漢之閒號淮漢先生著有家政漢東志七禮解選詩評諸書 分省人物考

陳之良字伯善初任工部主事轉刑部郎中任法不避權貴時給諫陸粲等疏劾宰執張桂專權不法諸事下刑部之良推鞫得實覆奏而桂蕚已還內閣良遂落職卒於家 德安府志

陳之輔字伯棐之良弟博學洽聞能爲古文辭尤長於詩

未仕而卒時人惜之 仝上

尹儒嘉靖三十八年進士少孤貧力學敦行以氣節自任甫釋褐卽上書言邊事剴切數千言洞中時弊雖老於邊塞者無以過也未授官卒竟未終其志 何文毅公考錄

向光大字堯夫不知何途出身知施秉縣多異政縣有二虎負嵎爲患土人以爲神虎爭祀以羊豕甚或以人虎乃不出一不謹則出肆噬不可勝計光大至卽備器械選丁壯約日與虎戰先期爲文告城隍神謂已與神俱有責如虎以戰死則神無功當易神祀若未戰而虎先死則神之功不朽永宜血食期未至而土人來告二虎自相鬭死後卒於官民立廟祀之 德安府志

劉應民嘉靖三十四年舉人仕至南京兵部郎中居官數著循迹居鄉號爲善人 何文毅公考錄

劉宗武隆慶元年舉人選授大足縣知縣孝友仁厚治大足以清介著聲民立碑頌德 仝上

何宗彥字君美其父由金谿客隨州遂家焉宗彥舉萬歷二十三年進士累官詹事四十二年遷禮部右侍郎署部事福王之國河南請求無已宗彥上疏言可慮者有

六帝不聽又屢疏請東宮講學皇孫就傅及瑞惠桂三王婚禮太子生母王貴妃薨不置守墳內官又不置墳戶贍地宗彥力爭之梃擊事起宗彥因言天下疑陛下薄太子久太子處積輕之勢致慈慶宮門止以耄年二內侍中門則寂無一人乞亟下張差廷訊凡青宮諸典禮悉允臣部施行宗社幸甚不報尋轉左侍郎署部事如故四十四年冬隆德殿災宗彥請通下情修廢政補曠官明年皇長孫年十三未就傅宗彥再疏力言自見頻歲懇請帝終不納四十六年六月京師地震上修省

三事時帝不視朝已三十載朝政積弛庶官盡曠宗彥清修有執攝尚書事六年遇事侃侃敷奏時望甚隆其年十二月會推閣臣廷臣多首宗彥獨吏科給事中張廷登不署名遂不獲與宗彥旋乞假去御史薛敷政蕭毅中左光斗李徵儀倪應春彭際遇張新詔等交章惜之而廷登同官亓詩教薛鳳翔又屢疏糾駁其時齊黨勢盛非同類率排去之宗彥無所附麗故終不安其位明年神宗崩光宗立卽家拜禮部尚書兼東閣大學士天啟元年夏還朝屢加少師兼太子太師吏部尚書建

極殿大學士四年正月卒官贈太傅謚文毅 明史本傳

虞正縉萬歷三十二年進士選授重慶府推官有才學寡交遊傲岸一世 舊志

劉延漢萬歷三十七年舉人初任湖口縣知縣行取工部主事清謹自勵始終如一所至輒多惠政 仝上

程鐸天啟元年舉人惠州府推官清介絕俗在粵兩載而卒异櫬還楚行旅蕭然 仝上

何允輔字近川少讀書卽羞語科名謂君子窮當自食其力安能齷齪事呫嗶强顏干祿猶自稱儒者耶于是買田而耕布衣藿食足跡絕於城市見人爲善則勸進之見人爲不善則正色直諫必改而後止有司聞屢以鄉飲酒禮請卒辭不赴 仝上

邱如皐以天啟四年貢任瀏陽縣教諭清才邃學克重鄉評 仝上

萬士奇以天啟七年貢任廣東新安縣訓導擢知東安縣具幹濟才慷慨自許素爲鄉里所推重仕不竟其學時人惜之 仝上

喻於義歲貢生以文行爲鄉黨所推重崇正十年二月流

寇陷隨州於義母朱氏老憊不能出賊掩至於義以身庇母賊殺之母守其屍而哭賊感動乃去母因得全人以爲死孝子震生入

本朝以貢爲休寧縣丞震生子怡能詩工書法例授州同 仝上

張士維隨州人世襲安陸衞百戶崇正十一年三月初一日流賊張獻忠薄隨州破外南關士維帥衆堅守晝夜不息城得不破賊自引去至十一日夜賊衆突至攻城甚急士維守北門拒益力三更城陷士維奮身決戰身被重創猶手格殺數賊然後死 仝上

劉道源謝君聞鍾以嘉王玉李王玉珍俱以諸生助守城陷日俱巷戰死仝上

張映奎者隨諸生城陷巷戰不勝全家閉門墜井死仝上

張士進河南彰德府同知張士選廣西安州知州蕭鳳翔府天府通判俱致仕家居佐知州徐世淳戰守城陷俱不屈死補錄

全其善沈先約熊嗣光呂封齊俱諸生分城以守城陷俱巷戰死補錄

謝隆恩隨庠生也崇正十四年四月二十二日賊張獻忠

羅汝才突至攻城時人心初集防守莫支隆恩素有膂力率生員全其善梁天培呂封齊四面拒敵大戰一日矢石盡竭孤城再陷知州徐世淳學正詹濤鄉紳張士進張士選蕭鳳翔生員沈先約熊嗣光俱戰死隆恩於鋒中大呼曰我父在不敢死一手抵賊一手攜父東皐出營負走三十里而父子俱全賊擄百姓男婦數千人折城一日盡平舊志

梁天培庠生崇正十四年四月流賊薄州城天培偕諸生謝隆恩全其善呂封齊輩助知州徐世淳死戰城將陷天培歸與家人訣曰予有死無貳若等能全我母則死且不朽城陷天培戰死母喻氏卒得全賊退其僕凌雲得天培屍於文昌門下補錄

朱蕃安陸衛百戶崇正十四年四月隨州已破賊墮其城而去蕃偕守備黃章袞壘南門樓基爲堡有衆千餘人誓同死守七月賊復至攻之不克使人誘降不應賊擊以巨礮蕃與千餘人俱死堡中補錄

何士達隨州監生少倜儻會明末多故思以才力自見乃走鄧州謁副總兵湯九州縱談兵務九州壯之留使自効從勦賊有功又往來運米襄漢無後期權授都司銜

崇正九年九州戰歿部下散去士達始歸聚鄉人結寨自保名人和寨衆至數百人推士達爲首號曰都士隸副總兵秦翼明時翼明扼賊于州北之三道河會糧盡退入棗陽檄士達餉師士達急刮寨中米親運入營師始得飽後雖州城再陷而寨中終得保全士達力也舊志

梁凝祺鄉貢生弟凝祉名諸生皆舉人惟柱子也以才幹稱明季賊氛日熾詣知州徐世淳陳戰守略世淳奇之崇正十四年四月環隨百餘里皆賊營攻城甚急凝祺

等方督戰城猝陷世淳戰死乃率殘兵走保顔家寨而賊自是亦力盡矣毀城去凝祺兄弟隨至城覓得世淳屍殮之後世淳子質可來叩父死難狀於凝祺凝祺錄具始末授之凝祺後除益陽縣學教諭凝祉以功特授商城知縣 補錄

王尚偉世居州北王子城素饒膽略賊至糾義勇結寨以聯絡桐柏一帶山砦賊不敢近督師闖而壯之乃劄授守備銜使爲寨首無事則屯田有警則接應大爲隨北聲援 補錄

宋之彥字仲穎少爲諸生以能文稱爲人慷慨好義素爲鄉里所推服崇正末寇氛滿布豫楚之間尤甚鄉人結社自保共推之彥爲帥號漢勇營之彥號令嚴明人樂爲之盡力一時稱善戰守者以漢勇營爲首十六年巡撫宋一鶴札授都司銜是年秋流賊破信陽下三關以其黨僞都尉吳漢忠領衆七千守平靖而以胡定國爲僞知州之彥聞之乃精選義勇三百人夜襲平靖賊不意猝至遂潰乃擒漢忠還兵北攻信陽定國殊死守之彥四面攻益力賊死者甚衆之彥呼曰有生得胡定國者予百金賊或執定國降立誅之復使人縊殺漢忠於營漢忠者之彥鄉里也故不忍親殺之歸而厚卹其家以功敘參將屢檄征勦戰功爲淮南第一將大用而之彥以國事日非乃乞免歸偕其子宗郊猶子宗祁避居於佛子洞山咏游自得人不知其曾爲將也 補錄

本朝

何操敬字主洛明太傅宗彥冢孫也才氣豪邁少年客遊江南時值饑疫骸胔載道乃捐銀八百兩收埋之順治初隨征廣東有功檄署知儋州事當兵革之後撫輯有

方黎民安之至十三年歸里康熙二十六年舉鄉飲大賓著有是何詩集

梁肯奐字仲美順治五年拔貢初無意於仕進或激之始出應

廷試康熙五年試第一除漢中府通判時吳逆出籓雲南肯奐策其必反預白於府增設關隘練軍實以功擢本府同知再遷知汝寧府未赴卒于漢中

高拱極字起石明末爲諸生團練義勇以保鄉里入

本朝助守德安府城以功準貢授竟陵縣主簿攝縣事集流

亡繕守具境內以安歸後讀書講道篤志礪行老而不倦子炯字肇文博通典籍爲人內嚴而外和處鄉黨退然未嘗與人忤年踰九十知德安府羅遲春聞其賢時遣使存問卒年九十有六

周宗成字啟寧廩膳生以子貴
誥封文林郎學行兼優性孝友重節義好施予明末流寇日起避亂鄂城城陷負老母攜孤姪自亂中出還隨結義寨練鄉兵合郡賴以求庇者甚衆厥後連年饑饉復多方賑濟鄉里全活者幾以萬計晚年身際太平講學文

昌閣玉成後進爲一郡之望崇祀鄉賢

何其憲士達子也少佐父守人和堡善搏戰多所斬獲康熙初以武進士授澤州營守備轉守延綏鎮木瓜園堡堡臨邊圍廣員幾百里兵民悉隸守備儼然縣也明末寇變之後居民凋瘵城寨傾頹其憲善撫循急修繕邊境恃以爲安堡軍昔盡屯田且耕且操後守備懼以催科累已乃請併歸府谷縣其憲謂舊制邊營軍民不分者原欲使兵知耕民知戰可以長守也今歸於縣募民以耕民不知戰而兵坐且食餉一不繼後日必有裁兵之議而邊守可虞乃作木瓜園志以申其說識者知其有良將才

鍾維聲字開先康熙辛酉甲子兩中副榜爲通山教諭丁艱後起復桂陽教諭喜引掖後進及門蕭必昌郭遠家貧力學皆賴其力以成名桂邑大疫貧民死無棺乃捐俸買席數千斂瘞之任滿遷常德府教授前後三爲學官皆稱職

李振藻字兆嶽博學嗜古不苟言笑生平未嘗談人過失尤究心性理諸書教門弟子必以主敬爲先謂敬則心

不外馳而作事自然周到著有朱子大全纂要文成數萬手自繕錄字大如黍而遒首端楷未嘗譌一字卽此亦足見其主敬之功矣

朱奇生字亦人其先婺人考亭苗裔也康熙丁丑選拔歷試十數科不第慨然曰窮達命也安可慕榮名而易此性分中眞樂哉遂長謝鄉闈閉戶讀書潛心濂洛關閩之學以別白理欲之分手注四書發註一書學者宗之訖生嘗謂人獸關頭只爭一線生平可怕處在此幾希因自題所作文稿曰幾希集又作四字心法以警學者曰

以藐焉之身中處天地與萬物同生不與萬物同盡者豈徒工於文辭取顯名而享厚實遂足不朽乎哉亦學爲聖賢超乎庸衆求全天之所以與我者而已聖賢垂訓具在經書詞雖各異無非欲人治其心以復其性最切要者莫如忠恕敬勤四字發已自盡之謂忠推已及人之謂恕主一無適之謂敬自强不息之謂勤而敬之一字乃歷聖傳授心法程子指以示人尤爲切要其云主一之謂敬無適之謂一主一者事在此心即在此適往也主於此事則不移於他事蓋心者一身之主而萬

事之綱也其官則思而人心道心分焉邪僻之思宜絶閒雜之思宜屏義理之思宜愼倘紛紜馳騖放而不求則一身無主萬事無綱大之五倫五事小之食息起居從欲則易順理則難心放而天之所以與我者不可問矣敬則整齊嚴肅收斂身心凡一切妄念隨起隨滅當其知放便已在此不待遠求顧心有動靜敬亦貫乎動靜存養於靜時尤宜省察於動念果能時時提撕行住坐卧常存不忘無少間斷一念方動即謹之以審其幾善則必爲惡則决去欲念消則理念長一心之內靜而

廓然大公動而物來順應忠以立恕之體恕以致忠之用至於人欲淨盡天理流行是即克已復禮天下歸仁聖賢可學而至矣但敬之分量無窮各隨其大小以爲應上之可至於聖賢次之不流於庸衆顧力行何如耳若率意徇情後然自肆小不敬則小失大不敬則大失甚者乘權藉勢驕奢淫泆以至身敗名辱亦各隨其小大以爲應此後肆之心放逸怠惰所以私意蔽塞不忠不恕日流於庸衆而不自知也兹提忠恕敬勤四字爲綱實則約之只二字及其成功又只一字蓋忠恕者夫

子之道敬勤者求道之功無忠難做恕不敬焉能勤敬之久而純乎忠焉即至誠無息矣然其始惟在於立志誠以聖賢爲必可學而不安於庸衆以忠爲主强恕而行持之以敬習之以勤庶仰不愧俯不怍天之所以與我者克全而存順沒寧豈與萬物同盡哉余既以主忠行恕持敬習勤大書榜聯爲傳家心法兹復申言其義質諸同心之人又有敬字訣曰爲聖爲賢在此心敬之一字值千金分明有個入門路何事學人空咏吟又示諸子四言詩曰天地之性莫貴於人臨深履薄守身事

親忠以盡已恕以接物當學顏曾三省四勿博文約禮格致誠正學貴知行功惟主敬爾猶頁苗培養勿懈秀而不實不如黄稗隨城東門內有三賢祠祀季梁歐陽修先生卜居於祠之右名其堂曰鄰賢以寓景仰之意遠近從學者常數十人先生講學以考亭爲宗以居敬窮理爲要漢東學者以先生爲第一年七十餘卒州人以配享於三賢祠子集濂集洛孫希聖皆能世其學

楊冽州諸生與梁高提張大中汪惺王應運同師事朱奇生預聞性理之學於四書發註一書多所訂正

何絅尚字二水性倜儻尚義輕利以選貢授扶風縣丞以嚴爲理初至吏或以賄試之乃重責而逐之廉聲大著然終以剛直忤上官被劾去邑民攀留不釋至歲餘始得歸行旅蕭然其貧乃過於未仕時其弟錦尚字組經幼勤學終日不出戶見善行輒揚之惟恐其不著有言人過者則若不聞以歲貢終

王應仁字樸軒自幼喜焚香讀書見人舉止有乖即面斥之無少隱嘗語人嘗閑邪存誠以正人心教授生徒名盛一時

羅治字傳十以癸酉選拔選遠安縣教諭遠安故僻壤治至立課程嚴教法士風蒸然一變己卯鄉試中式第六後奉檄看江陵水災慨然曰瘠民望粒米以活命少緩之即死溝壑矣勸上官立賑之全活甚衆漢陽方燧贈以詩曰誰不登臺省偏令此客閒儒官勤吏職講席恤民艱白屋千家飽清風兩袖還鄭虔同鄭俠名字滿人間指此事也乾隆三十五年遷常德府教授以疾歸卒治天性孝友品概端卓與人交敦氣誼文章醇雅子五皆能世其家

劉顯字映南乾隆乙酉科舉人篤學勵志從學數百人前刺史金　胡　兹隨時皆推重之詩古文詞能自成家爲士林傳誦辛卯春赴試禮闈病卒京邸州人士無不嘆惜

吳組周苦志力學品望爲鄉里所推重知州吳峴詳請學憲　書宿學鴻儒額表其門閭以爲爲士者法

萬持字樾生州諸生天資質樸推誠接物與人言未嘗不教以善道故里俗爲之一變

孝義

聖賢終身行之而不盡者惟孝故孝不可名其可名
者一事耳遂得與出粟濟人者同類而稱所謂一事
可傳均足不朽也志孝義第二十七

元

高可壽隨州人居喪廬墓文宗至順二年以孝行舉詔旌
其門 元史

明

黃鍾鄒信黃珍龔遜趙景周文亮程謙王瑄劉昶熊洪石

文富王俊馬仲剛皆遠年奉例出粟賑濟朝廷叙以義
官予冠帶石彦彰劉景隆宮文達諶忠何富皆正統中
奉例出穀千石備賑濟有司勞以羊酒免徭役旌爲義
民黃誥何敬張源曹旺石洤梁寧張輔程萬鵬王庭忠
皆成化中奉例出銀賑濟得官 舊志

趙士選崇正時亂作將奉其父汝芳避賊於城南之峯義
寨中士選先行父于路爲賊所執士選聞之卽返見賊
願以身代賊迺釋其父而執士選去至黃州賊營時家
有牛亦爲賊掠去士選至營見其牛牛忽垂淚士選亦
泣賊問其故始憐而釋之 仝上

本朝

劉啟龍年十七母陶氏病偶思食肉家貧急無以供啟龍
念母病且殆恐旦夕死則終身不得肉食遂自刲股肉
以進母病繼愈後壽至八旬啟龍至老色養不衰 仝上

黃國柱字維祿其先無錫人性孝友父殁析產盡以腴地
與弟而自耕瘠土數年遂能自立尤慷慨好義於鄉里
之貧乏者客之遠來者無不厚䘏之明末歲屢饑民家
農器皆弗具國柱乃多鑄鉏鎛市耕牛以廣給之以此
稍稱貸爲生計不數年復富益以豪俠自任所施益博

貧民之仰而待給者連數邑或有冤抑必爲直之故守
令事亦倚以辦卒之日民巷哭者戶相聞也四方之士
來會喪者至數千人

汪恂字圭一天性孝友工詩文童年卽見重于知州黃鎮
州試置第二使入見其母母亦廉知其孝會試學使者
未售曰烏可使孝子不列宮牆因給以讀書貧恂益攻
苦遂獲雋鎮延爲子師父母病侍湯藥衣不解帶者二

年有餘後父母相繼歿以毀瘠卒弟惺亦讀書自好與恂俱工書法人稱二汪

劉之緒貧士也會除夕往貸壻家中途拾銀三十兩念寠人歲晚需此孔亟失之者禍且不測遂立而俟久之見一人惶遽來奔四顧大哭問之卽失銀者詢其數與所拾正合立還之子景顯之緒卒時顯尚幼景撫育之至成人延師課讀顯亦善體兄志敦行勵學後中乙酉科鄉試辛卯揀選知縣景性好善凡族戚中貧苦孤危者每極力賙恤歲凶減米價遇水火災多方救濟獨力修

泮宮及道路歲遣人培荒郊野塚又置義塚收掩暴露枯骨無數

龔京山貧民也雍正八年有嘉魚民途出隨州遺銀爲京山所得追而還之州人公贈以超出塵表額

歐陽正文本蕭姓鄒人歐陽霞彩撫爲子甫三歲而霞彩死其妻歐氏守節撫正文以長歐氏病正文割股肉和藥以進病遂愈越十年復病正文再割股前知州黃鵬書孝思可嘉匾以表之後年八十餘卒

蕭倫公五世同居一門肅穆閭里稱之無間言

王文燦五世同居共食者八十餘人人無私蓄無私作飲食者雍處和集爲時所稱

張作舟以傭自食居臨大道夜半聞門外有聲命其子天佑出視見一騾橐載纍然乃收之逮旦牽騾出詢失主至廟灣舖知爲山西賈客所遺也客解橐出視所有銀七十兩錢六千分其半以爲謝作舟父子義不肯受

王愷性至孝年十五繼母陳氏久病與其兄文林侍左右奉湯藥弗息愷憂湯罔效因念昔人多有刲股肉愈親疾者卽潛自割股成羹以進母病良已然終不自言旣

而母疑其盛暑不褫衣復窺見其臂創遂窮詰之始得其故于是聞於州知州金嶒書孝以愚敦四字表其門

呂伯莊字式端州庠生端謹不苟訾笑勇於爲義族黨困乏者靡不周恤孫紹尙能繼其志有聲庠序

儲青銓國學生與弟生員青選同敦孝友青選家日落青銓貲財與共至老不倦延師課侄嘉哳登選拔數十年膏火之資悉仰給焉

生員孫應科值年饑捐谷千石貯社倉州牧沈賜義周同類額孫監生敷賁承父遺命捐田六石充書院膏火州

牧莫詳撫軍陳給三世孝義額以旌其門

附義僕

明

時元永平府同知華崇僕也崇少孤貧不能自給元治圃賣蔬以供崇性豪放喜結客出必二三輩共飲飲必醉元攜杖頭以從無吝色家居讀書則供茶膳惟謹若偶廢業則正色責諫不少遜往往至于痛哭崇爲之斂容謝然後已後崇舉於鄉而元死矣舊志

凌雲梁氏僕梁天培之狥國難也子宗極甫七齡隨母賀氏扶其祖母喻以出匿郊野越二日生次子申極賀慮嬰兒爲姑累遂棄之凌雲旣於鋒刃中求得天培尸復往求申極見申極卧叢棘中肌膚糜爛爲蟲蟻所攢食幸未死抱歸令其婦簡氏視之簡故目昏以舌舐其身知棘刺所在拔以齒始得全申極後以鄉舉仕爲助教終身德之至今梁氏猶祀凌雲夫婦云

隨州志卷之十二

隨州知州張璿輯

列女

女子之義莫大於守身常則以壽終變則以死殉相其用心殆不愧士君子矣

朝廷旌獎節烈典至盛也所慮者烏頭棹楔僅得之有力之家而窮僻或隱焉則蒐羅弗敢遺耳志列女第二十七

宋

統制邊居誼妻華氏蓋氏居誼守沙洋元帥大至部下將士俱戰殁居誼赴火死二氏從之 荆門州志

明

朱昱妻劉氏隨州人夫早卒遺腹生一子氏堅貞守志撫孤成立成化中旌 湖廣通志

諸生羅暹妻黃氏隨州人夫卒氏年二十二撫遺腹子苦貧守節不二正德中奏聞歲給月米 仝上

葉貞明妻陳氏正德間賊劉六等作亂氏挈二子出避遇賊於途欲污之不從殺其一子挾之氏不爲動又殺其

一子卒不從賊怒刳其孕而死時有劉本根妻席氏吳金妻周氏陳氏與貞明妻同遇賊賊併欲污之皆不從賊皆剖其腹死 舊志

諸生朱璵妻章氏隨州人夫死氏年甚少守節不二嘉靖中旌 湖廣通志

黃銑妻都氏隨州人年二十七孀居撫二孤勵節以終 仝上

監生熊雲斐妻呂氏崇正時人雲斐父某挈家宦江南而雲斐死氏年十九欲自盡姑撫之曰兒不念乃翁薄宦力不能將兩柩歸乎氏悟乃止攜柩歸葬畢遂散其所

有閉戶不食七日死 仝上

諸生梁凝禧妻馮氏馮詔女崇正十年八月寇警禧挈家避難舟行至西河猝遇賊遂捨舟登陸將奔魏家砦賊追至凝禧欲與氏同死氏曰同死固所願但君有老母在又無子當速去妾誓不辱明早於此求妾屍可也凝禧遂去明日往果得氏屍 明史列女傳

諸生謝繼尊妻馮氏即梁凝禧妻妹也與姊同日遇賊避難南莊賊至搜得之逼氏行罵不從賊椎其腹血流至死猶罵賊不絕口 湖廣通志

庠生周宗昌妻謝氏崇正十年賊陷隨州其姑方娠不能行揮氏使走氏不肯去遂相攜赴濠死 補錄

工部侍郎何宗聖妻徐氏誥封夫人隨州城破罵賊不輟賊怒剮其身而死入祀節孝祠 舊志

諸生熊本厚妻梁氏隨州人爲流賊掠去欲汚之罵不絕口賊剖其腹而死 湖廣通志

諸生帥以正妻賀氏隨州人被擄不汚以頭擊石死 仝上

貢生靳龍顏妻王氏崇正末挈一幼子隨其父鏡門避賊同匿榛莽中賊先搜得其子因知氏所在呼之不肯出遂擲殺其子氏不爲動將殺之鏡門躍起曰兒不從賊的是賊並鏡門殺之 舊志

諸生陳序菴妻龔氏年十九夫卒誓不再醮撫遺腹子成名事聞旌表 仝上

楊熙遠妻何氏侍郎八柱之女爲流賊所獲怒罵不絕賊碎磔之 湖廣通志

諸生梁時煌妻張氏年廿五夫卒撫子中極登歲薦年旣耄猶操作不輟 舊志

本朝

諸生程文星妻楊氏明末人文星死氏與妾共守一子年十餘歲爲賊所殺氏志益堅終其身如一日至

本朝知州李鴻雷爲之請

旌每年給膳銀二兩 仝上

監生張楚妻梁氏楚卒時氏年甫二十三時屢經寇亂復饑饉薦至艱難忍死中事翁姑益謹後翁姑相繼卒力營喪葬無缺禮撫夫幼弟麓克至成立康熙初年

旌表 仝上

上市店婦當康熙間偕一媼蹴居市之西偏以女工自課終年不窺外戶媼爲運薪米相依如母子然媼死婦負土塡門旁穿一牖貿鬻飲食悉自牖出納之偶雨雪凍餓累日鄰婦代爲籌運婦亦未嘗以爲德也常曰速死吾分耳無勞諸姑相餉也旣而又曰處吾之境不難于死而難于生遂獨處五十餘年年七十餘卒婦卒之後里人謀表其墓或曰方媼未死時鄰婦嘗詢所自來於媼媼不肯言或又曰婦黃氏出山司巡檢周某妾周死族人以其喪歸而棄婦弗顧故仳離至此

梁倬母張氏守節教子倬死妻趙氏苦志養姑舉人吳景

玠爲作姑婦雙節記
諸生高鎮妻周氏年二十有四鎮死氏誓死不嫁苦節三
十七年卒
謝偉武妻宮氏年二十六夫死遺腹生子以苦節終身
諸生謝艮藩妻王氏年廿夫死勵志守節事舅以孝撫子成
立教之無異嚴父知州張錩書其門曰古井無波提學
吳家騏表其閭曰柏操萱茂八十六歲卒
白公遠妻梁氏公遠早死撫子及孫媳陳氏孫媳王氏皆
以苦節著

吳以清妻周氏年二十夫死無子守節至六十三歲卒
諸生魏天叙妻龔氏年二十夫死守節終身
吳宗夏妻謝氏年二十二夫死守節終身
戴履祥妻張氏庠生張士俊女履祥死時氏年甚少誓志
不移事舅以孝撫子及孫皆至成立乾隆九年建坊
旌表
監生黃佳璧妻梁氏貢生梁中極女年二十夫死守節五
十餘年事舅姑以孝訓子有成法知州張錩表其門曰
徽同孟母乾隆十三年建坊

旌表
監生黃佳琳妻沈氏夫死守節撫孤成立乾隆十九年建
坊
旌表
陳大華妻張氏年二十一大華死氏勵志守節乾隆十四
年建坊
旌表
王之翰妻馮氏應山庠生馮自超女貞志苦節乾隆十三
年建坊

旌表
魏體樞妻陳氏年二十七夫死守節終身乾隆二十三年
旌表
烈女佸大姑幼字羅世棻世棻早殀訃至大姑號慟衰麻
擗踊往哭諸門世棻屍忽瞪張目呼曰吾誤若若愼勿
從吾死語畢復瞑大姑益感慟願留世棻家母强之歸
遂不言亦不食戚黨咸以未成禮爲言大姑曰果若是
是布衣之士不必言忠遺腹之兒不必知孝也越數日
乘閒自經死乾隆年間請

旌建坊在新陽店
吳崇倫妻劉氏年十九夫死矢志勵節乾隆三十四年請
旌
劉士毅妻李氏庠生李忠玉女早寡不再適性至孝嘗被
讒見逐于姑啼泣不忍去姑卒感悟乾隆三十年請
旌建坊厲山店
儒童張士國妻烈婦劉氏劉世儒女劉晨之孫女年十九
夫死無子越五日葬其夫歸哭拜舅姑又遍拜氏祖父
母父母慟而絶姑與母扶入室卽引刀自刎其喉死知
州莫溥胡觀瀾具狀請
旌建坊漢東門内入祀節孝祠
儒童熊士鳳妻烈婦張氏年二十夫死無子氏慟而絶久
之復甦家人扶入室卽于是夜自經死知州胡觀瀾表
其閭曰烈垂青史並請
旌建坊漢東門内入祀節孝祠
陳黃林妻烈婦袁氏素端潔偶夫外出有强豪竄家無人
輒入室欲汚之比呼隣得免氏憤甚遂自縊死
旌表建坊沈家畈

陳立方妻烈婦周氏有强暴曾雙寅夜潛入寢室欲逼汚
氏氏力拒得免旋自經死知州亢依祿詳請建坊
旌表入祠奉祀
高運太妻何氏年十九夫死守節撫姪爲子乾隆五十一
年知州亢依祿詳請建坊
旌表現年五十六歲又姪韶文妻吳氏守節撫子與何氏相
依現年四十八歲
黃鵬翎妻金氏年二十一夫死苦節四十三年乾隆十三
年知州王雲翔書松柏盟心表其門
熊冲南妻梁氏年二十二夫死家貧依父自活堅守苦節
二十年卒
州同周卜淵妻黃氏年十九守節至六十三歲卒有額曰
霜清柏勁
田開齊妻劉氏年二十二開齊死矢志撫孤子蘭秀又早
夭遺婦温氏守節養姑撫子提學陳浩書一門雙節額
表其門温現年八十有八一堂四世人以爲氏苦節之
報
羅彬佑妻張氏年二十八夫死有子尙幼氏事姑撫子艱

辛備歷守節四十餘年提學張給以勁節常留額年七十有六卒

羅宣賢妻陳氏庠生羅鳳池之母年二十七夫死誓不改節甘貧敎子提學宋表其門曰閨閣完人年八十有三卒

吳起漢妻謝氏年十九夫死守節終身提學宋邦綏給額以奬之

廩生吳游妻陳氏年二十生子開道方五日而夫死夫前妻子開達亦幼氏撫兩遺孤至成立又事姑孝凡從子

之無母者皆恩撫之提學葛德潤嘗以柏操松齡美其節開達又早夭媳華氏自縊以殉夫弟希元妻張氏希元死栢舟自誓堅守苦節四十年陳啟之也又有孫氏者氏夫弟廩生吳虞之長子開運妻也年十八夫死無子陳氏爲立姪爲嗣並資以產業孫氏亦依陳若母其苦節亦與陳同孫現年六十歲提學吳省欽表其門曰勁節淸輝

庠生吳之瑛妻劉氏劉之綸女廩生劉鼎之妹增生劉冕之姊年二十夫死無子苦志守節撫嗣承祧提學溫如玉書貞筠孝笋額表其門卒年八十六歲

張居士妻鍾氏年二十二夫死勵志守節至死不移提學朱丕烈書懿性貞心四字表其門

陳所謨妻曾氏年十九適陳未匝月而夫死貧不改節年九十有七卒

章楷妻謝氏年二十一夫死守節終身

鍾時彥妻吳氏年二十三夫死矢志不二撫嗣子以承夫祀卒年七十有三

宋綿祚妻謝氏年二十三歲夫死守節終身

梁烈女農民梁正音女也幼字劉賢一之子賢一綦貧子復雙瞽女年二十六未嫁富豪吳某欲娶之正音艷其富將逼女嫁女卽潛赴堂兄其家令代訴其事于族師里正囑曰此恨不雪目不瞑矣歸自經死詳其事表其節曰貞烈可嘉

詹天顏妻王氏年二十天顏死矢志節守提學邊繼祖書貞操冰玉四字表其門

王之才妻劉氏年二十四夫死守節不移提學邊繼祖書操叶永貞額表其門

梁正笏妻王氏年二十二夫死守志撫孤事姑以孝聞苦節四十餘年卒
王雲錦繼妻易氏雲錦死時氏年二十三歲誓死不二於帷後潛割一耳納棺中以殉事翁姑最孝撫夫前妻子安定成名苦節三十年卒提學邊繼祖書蘭芝同潔四字表其門
余士元妻鄭氏年二十四夫死矢志撫孤紡績自食卒年八十有七
夏建寅妻錢氏年二十二建寅死氏泣告翁姑曰夫房最

長禮不可使長子無後乃以翁姑命立夫弟之子廷驤爲嗣撫之如已出廷驤及子俱列膠庠提學洪朴書松筠勁節四字表其門
黃瑤妻陳氏年二十夫死守節四十餘年
趙貞姑農民趙國璽女幼字馬氏子馬氏子遠出久不歸家又綦貧貞姑待至三十未嫁國璽憐之有渝盟意女志卒不可奪國璽死貞姑依舅家紡績以自給年五十三卒
曹祺妻何氏年十九夫死誓死守節知州黃鵬贈以柏舟高節額提學朱丕烈贈以柏節松心額歷年九十歲卒
余瑞龍妻陳氏年二十三夫死撫孤守節歷三十餘年提學洪朴給額表其門
梁昳朝妻張氏諸生張嘉言女年十九夫死苦守五十餘年年七十餘卒
匡培元妻梁氏諸生梁高揆女年二十三夫死氏矢死守節卒年六十一歲
汪清妻劉氏廩生劉愉女清死時子甫數月餘氏誓以身殉清以其子託長嫂姒氏自縊死

鄧伯善妻戴氏年二十夫死苦節六十餘年卒
張之緯妻車氏年二十四夫死守節三十餘年卒
何啟洪妻沈氏年二十六夫死守節撫孤孝事舅姑年八十有二卒子孫五世一堂
何文殿妻彭氏年二十二夫死守節三十餘年卒
任憲妻劉氏年二十一夫死守節四十年提學胡高望書額表其門
郭大勳妻梁氏年十九夫死堅志守節事翁姑以孝教子有法卒年七十有三

陳世型妻張氏年二十夫死守節終身
吳世顯妻李氏庠生李重華女年二十夫死守節三十餘
年
張之純妻羅氏庠生羅滕盛女年二十六夫死守節四十
餘年
戴太一妻劉氏年二十五歲夫死苦志守節事姑以孝聞
烈女張大姑厲山鄉人也幼字黃氏子金榜未及笄金榜
死大姑白父母往弔父母不許大姑乃竊訪黃氏子葬
處乘夜自經于墓側時年十七

孫人鴻妻張氏年二十一人鴻死勵節苦守撫前室子至
成立提學朱丕烈書寒筠不改額表其門現年八十有
二五世一堂
張昌妻薛氏年二十三夫死無子撫姪爲子又早夭遺妻
何氏姑媳相依撫兩孫成立薛年八十有一卒
何大偉妻金氏年二十五夫死孝事其姑撫遺孤成立苦
節終身
吳天祥妻蘇氏年二十二夫死守節至六十一歲卒
宮起東妻陳氏年二十一夫死無子守節五十二年王氏

宮起明妻亦年二十一夫死無子守節五十年二氏孤
苦無依惟族祖監生宮英玉時助以薪米乾隆三十年
經提學書幽節雙貞額表其門
諸生薛天鍾妻陳氏年二十夫死撫二孤以事舅姑長子
既殤次子文登甫畢姻遽夭遺媳龔氏矢志與姑同因
立堂姪登鰲子爲次子嗣同撫之提學胡高望書松筠
勁節四字表其門
徐正國妻嘉氏年二十六夫死守節七十二歲卒
盧懷寧妻李氏懷寧早死無兄弟子嗣氏年且少念盧氏

宗祀不可絕力勸懷寧父娶妾生子勳而懷寧父死妾
又繼亡氏子身撫孤卒使勳至成人氏卒勳爲之服三
年
許克友妻劉氏年二十五夫死無子立嗣養姑提學某嘗
贈以匾額
吳宏英妻劉氏年二十夫死氏守節撫孤事舅姑以孝提
學某嘗表其門曰苦節貞松
監生何懋贊妻梁氏與媳匡氏孫媳孫氏俱早寡以苦節
終

胡某妻林氏年二十夫死嗣一子守志撫之及長又夭苦
節六十餘年現年八十二歲
庠生吳國酉妻嚮氏年二十五夫死守節年七十有一
劉顯寧妻全氏年二十七夫死守節五十年現年八十歲
庠生殷德成妻王氏年十九夫死家貧無子守節現年八
十六歲
余元先妻馬氏年二十夫死守節現年七十有六
王廷貴妻池氏年十九夫死守節撫子至成立娶妻馮氏
又夭姑媳相依紡績自活池現年八十有二馮年六十

有三
馬尚奎妻涂氏年廿三夫死遺腹生子撫之成立現年八
十有二
余名妻馬氏年十九夫死守節現年七十有三
徐亨良妻劉氏年廿一夫死守節現年七十有八
何廷載妻宮氏年二十五夫死守節現年七十三歲
胡紳妻余氏年二十五夫死苦節撫孤提學邊繼祖書松
筠勁節額表其門
陳龍章妻葉氏年十七適陳閱一月夫死撫姪為子苦節

五十三年現年八十歲
張澤泉妻冉氏年廿六夫死苦志撫孤孤又殤立嗣以延
夫祀現年七十有二
匡繩元妻吳氏年二十八夫死守節現年六十三歲
呂維邦妻雷氏年二十四夫死守節現年七十歲
袁金相妻張氏年二十一夫死守節終身提學胡高望書
松筠勁節額表其門
陳疊華妻謝氏年二十五夫死守節現年七十有六
馬三畧妻王氏年二十一夫死守志不二或欲諷其改節
氏截髮自誓遂不敢言事姑以紡織佐甘旨而自食粗
糲姑病禱于天願以身代撫子成立遽歿與媳楊氏共

撫遺孤現年六十有六
貢生周趍後妻洪氏年二十三夫死守節事姑嚴敎其子
現年五十六歲
杜作幹妻黃氏年十九夫死無子撫姪為嗣愛如己出姑
衰病飲食衣服侍奉勤苦人稱其孝慈
李長安妻吳氏吳其鐮之女年十九夫死遺孤甫三月撫
至成立子嘉奎又亡氏同媳張氏復撫孫苦守五十餘

年現年七十有六
謝國中妻龔氏年二十四夫死貧幾不能自存而氏志不變茹苦撫孤現年七十歲
何經綸妻黃氏夫死時遺孤僅月餘紡績自給撫之成立守節四十八年現年七十有一
諸生劉守德妻杜氏年二十三夫死無子恩撫夫幼弟及入塾以紡績供膏火畢姻生子立爲夫嗣現年六十有五
馬化龍妻王氏年二十五夫死守節現年六十有二

何懋曾妻宋氏年二十四夫死守節孝事舅姑家貧撫子族姓單寒紡績度日苦節三十餘年現年五十五歲
王烈妻曹氏曹宅三之女年二十三夫死無子撫姪爲嗣現年五十有八
沈志鵠妻汪氏年二十三夫死無子堅貞守節勤苦事姑歷今三十餘年孝養不衰
諸生王家槐妻蘇氏年二十二夫死撫子成立守節終身
張士梅妻李氏年二十四夫死守節現年六十四歲
蕭澤三妻陳氏年二十一夫死守節現年五十有六

何懋德妻宋氏夫死無子撫姪爲嗣孝事舅姑躬教嗣子苦節三十餘年現年五十有二
吳在德妻林氏年十九夫死苦節撫孤破面成立現年五十三歲
劉佳璧妻何氏年二十四夫死無子貧幾不能自存而堅志苦守立嗣以承夫祀現年五十四歲
葉本紀妻王氏年二十二夫死守節三十六年撫子成立現年五十有七
監生趙登瑞妻王氏年二十六夫死守節現年五十六歲

張尚澄妻宋氏年二十四夫死守節現年五十二歲
沈大睿妻何氏庠生何懋允女年二十夫死無子撫姪爲嗣孝事舅姑苦節三十年現年五十歲
諸生梁鵬飛妻胡氏年二十夫死守節現年五十有五
姚勝文妻王氏年二十四夫死守節終身
蕭世奎妻許氏年三十夫死守志撫孤苦節四十餘年現年八十有七
任士熊妻王氏年二十夫死守節現年六十餘
王元臣妻陳氏年二十四夫死守節撫嗣現年五十八歲

許崇智妻諶氏年二十四歲生子璉甫十八日而夫死氏苦志撫子誓死靡他七十有六歲卒子璉族黨舉爲正人得年八十有九眼見五代

黄元樾妻劉氏劉之緒女舉人顯之胞姊副貢世佐之姑母苦志五十餘年兩子繼亡族姓單寒依母家而以紡績撫孫寒暑無閒現年八十有五

陳俊妻陳氏年二十一歲夫死守節苦志不渝卒年七十有四

萬天叙妻呂氏年二十守節夫兄强奪其志氏誓死不二嗚於官立姪承祧苦節四十年現年六十歲

蔣易載妻萬氏年二十九夫死守節六十五年卒年九十有六

庠生劉愃妻姚氏年二十五歲夫死無子撫姪爲嗣甘貧苦守年六十歲卒

儲涵中妻劉氏年二十餘涵中死氏矢志不移撫藐孤方成立遽夭偕媳同撫兩弱孫氏終年不窺外户艱難終無怨言現年六十一歲

譚洪妻趙氏年十九夫死撫子光書至成立入州庠遽夭與媳同撫一孫現年六十七歲

羅源妻夏氏年二十二夫死守節撫子子又殁撫姪爲嗣現年六十七歲

羅海妻周氏年二十九夫死無子依其兄弟紡織日現年六十七歲

羅清妻劉氏年二十七夫死撫子世楷成立世楷又夭復撫其孫現年六十三歲

周克純妻時氏克純早死氏苦節自誓之死靡他現年五十四歲

葉椿妻寇氏庠生寇文達女年二十夫死僅遺二女紡績度日孝事孀姑始終無閒守節三十餘年

徐國相妻黎氏年二十餘夫死苦節終身

烈婦陳氏鄉民某妻去母家甚近獨行歸寧强暴姜姓尾至無人處强逼汚氏氏爭拒被姜撲地死事聞奉

旨建坊旌表入祠奉祀

魏紹貞妻朱氏年二十夫死堅志撫孤苦節二十七年其媳李氏亦堅志撫孤苦節五十三年提學張燾書姑媳同貞額表其門

邱士彥妻敖氏年二十夫死堅貞守節撫子成立仍娶于敖族孫生而子亡姑媳遂同撫一孫娶朱氏孫又夭朱亦誓不再嫁三代苦節里人咸稱嘆之

萬之續妻劉氏年二十四夫死守節終身提學洪朴給匾以獎之

殷時泰妻朱氏年二十夫死貞節自勵提學吳省欽書安節流芳額表其門

曹正唐妻姚氏年二十夫死守節三十餘年提學胡高望書霜清日皎額表其門

樊德嘉妻姚氏年二十四夫死孝事舅姑撫嗣子成立守節六十餘年卒

成士隆妻李氏年二十二夫死無子乃立夫兄子爲嗣延師授書勤織紝以供修脯事舅姑以孝和于妯娌終其身無閒言年六十有八卒

王偉妻李氏年十九夫死家貧苦守事翁姑以孝撫二幼子成立卒年七十有三

劉自重妻曾氏農家女也年二十五夫死無子乃立嗣以延夫祀比生孫告戚屬曰生平事已了行可報亡夫地下矣聞者不解所謂客旣散潛赴水死時乾隆四十三年

梁志鴻妻馮氏夫死堅志守節翁姑以其年少屢勸再適氏不從偶有僕馬喧于門氏疑家人之將奪其志也飲藥死

周延仁妻丁氏周延祜妻鮑氏俱苦節提學溫如玉書勁節雙貞額表其門

胡氏監生李世祿之母少寡苦節撫世祿成立年七十有二卒

胡士俊妻喻氏年十六適士俊逾年姑死越七日夫繼亡又四日祖姑殁氏經紀喪事畢盡散其財物于所親自縊于室

王之元妻劉氏年二十二夫死苦節自矢姑病痺痿左右扶掖奉湯藥八年如一日提學邊繼祖書操叶冰貞四字表其門年七十四無疾卒

敖永隆妻陳氏年二十三夫死剪髮自誓去簪珥不復用嚴峻之氣見者色憚子偉樹又早死遺妻邱氏苦節如其姑同撫藐孤克至成立陳年七十有一卒邱年六十

有五卒

鄒宗曾妻張氏年二十八夫死守節撫子家貧磨豆爲業或自食渣滓苦志五十餘年年七十有四卒

何倫子妻王氏年二十四夫死家極貧紡織撫孤至于成立苦節三十六年卒

何栐銘妻薛氏年二十一夫死守節事舅姑以孝撫幼子成立卒年五十二

劉宗德妻王氏年二十五夫死守節撫孤現年七十歲

嚴岐妻陳氏年十七夫死守節撫姪樂義爲嗣躬親教讀

樂義後補諸生氏年七十有八卒

洗世賢妻陳氏年十九夫死遺孤甫二歲撫之成立旣娶妻夫婦又早死遺孤僅一歲氏躬鞠之苦節五十六年卒

龔之龍妻李氏年二十一夫死撫孤成立事舅姑以孝守節四十餘年卒

陳新烈妻曾氏年二十八夫死家貧守節以十指自養撫子成立茹苦六十餘年知州金增提學毛永燮俱書額以表其門現年九十三歲

郭炳妻范氏年二十夫死守節不變現年九十

魏宗孟妻池氏年二十夫死事姑撫子一身任之提學邊繼祖書節凛冰霜四字表其門現年八十

金國望妻吳氏年二十夫死守節提學洪朴給匾表其門現年八十

劉經妻唐氏年十六適劉經兩閱月夫死無子撫姪爲嗣苦節自矢現年六十有二

周書妻劉氏年二十夫死守節撫姪年青爲嗣娶媳劉氏生二孫而嗣子又夭與媳共撫遺孤至于成立現年八

十

徐卜年妻王氏年十四適徐越二年夫死誓不再適家極貧織紝以養其舅姑舅姑歿族有欲奪其志者計窘迫之氏卒無纖毫他意或使盜夜驚亦不懼乃謀酖其遺腹子氏偵知之因潛寄其子于姊家得免現年七十

周其妻黃氏年二十夫死家且貧其父勸再適不從誓以死守夫有兄鰥居氏令析居他處及老且瞽仍迎歸養之終身子偶惰于農氏笞之負氣忤氏卽刻雷電大震子驚駭幾絕卒變爲孝行

徐枚妻鍾氏年十九夫死無子立姪學昭爲嗣艱辛撫養
以承宗祧現年七十歲提學某曾給額以表其門
馬隆妻涂氏年十八適馬逾年夫死遺腹生子矢志撫孤
苦節不移現年七十有一
丁氏諸生陳博毋年二十四夫死家貧子幼氏堅志不移
孝養其姑無缺供現年六十有三
潘之棟妻邱氏年二十三夫死無子撫姪爲嗣貞志苦節
現年七十四歲
劉士隆妻章氏年十九夫死守節現年七十歲

王貞女幼字周氏子之垌將嫁而之垌夭女誓不再適父
文定喜曰此吾意也但吾與周俱貧若誰依女曰依毋
家而以紡績食死無悔屢遭歲饑卒無他志鄉里欲爲
請旌女曰吾守吾志非爲名也現年六十
張如春妻洪氏年二十夫死守節現年六十六歲
劉維學妻唐氏年十九夫死守節四十餘年一堂四世媳
程氏復以節著
聶士林妻沈氏年二十一夫死無子撫姪爲嗣又夭與孀
媳相依苦節四十餘年現年六十有五

干士英妻蔡氏年十九夫死矢志苦守姑病且十餘年氏
侍寢食晝夜無倦色並鞠姑幼子與已子槐至于成立
現年六十歲
周琰妻杜氏年十九夫死堅志守節夫弟皆早死遺妻梁
氏丁氏俱少志與杜同丁有子杜與梁共撫之人號爲
一門三節
金春暉繼妻王氏年十九歸春暉三日而夫死兄嫂欲奪
其志遂絶不歸寧夫前妻遺子僅十月鞠之如已出紡
績度日事姑以孝現年六十

胡光朝妻余氏年二十四夫死守節現年五十有七
何中坦妻郭氏年十九夫死守節事姑夫弟嗣子賴氏成
就
胡明海妻譚氏夫死無子家貧守節煢煢無所依紡績自
給收一道旁兒以爲子足不履户外者三十餘年現年
五十五歲
楊茂妻秦氏年十八夫死無子苦節自守老依其女以卒
王家桂妻周氏年二十二夫死守節撫子子又夭與媳胡
氏同撫嗣孫提學贈以匾額

朱集義妻王氏年十八夫死家貧孤苦撫嗣子成立守節
終身
張大緒妻陳氏年二十夫死守節年七十有三卒
吳志道妻陳氏年十九志道死苦節撫子子又夭遺媳王
氏亦苦志撫孫歷今三十六年
監生萬金榜妻余氏年二十五夫死遺孤甫四月撫至成
立事舅姑以孝聞
程文彩妻胡氏年十五夫死守節現年五十一歲
郝之理妻杜氏乾隆三十三年歲歉夫婦同餓數日之理
死或勸氏從人以自活氏忍飢堅守現年五十歲

虞尚文妻郝氏年二十一夫死守節撫孤苦節三十餘年
現年五十三歲
監生王作棟妻張氏庠生張璠之女年二十夫死撫姪爲
嗣堅志苦守現年六十有二
楊姑妻劉氏夫死守節貧不能移前知州胡翼書古冰作
心四字表其門
高宗義妻胡氏年二十夫死守節撫孤提學某會書苦心
全貞額表其門

王照妻羅氏年十九夫死撫姪爲嗣姪又夭無可繼者依
夫弟織紝以自活現年六十二歲
胡貴隆妻魏氏年二十夫死無子氏號痛幾者數次旣而
慨然曰夫壻旣亡翁姑所依賴者一媳耳義不敢從死
且夫壻之禋祀不可絕遂立姪宏寧爲嗣撫養敎誨過
於親生家政悉資以理訓諸孫有成法丁酉癸卯孫式
泰文聘連登武榜人以爲氏之節孝所致
庠生熊博妻陳氏年二十二夫死苦節自誓撫子成立現
年八十歲

唐大謙妻張氏年二十一夫死守志不二連葬祖翁姑及
翁姑大謙柩凡五事爲大謙兩妹擇配撫嗣至成立現
年五十有七
張一村妻孫氏年二十四夫死立夫弟之子炯爲嗣愛逾
已出聞于鄉里現年五十餘
諸生楊艮晉妻王氏年二十四夫死遺孤幼小撫之成立
入太學未幾子死與媳　氏同撫一孫姑媳俱以苦節
著女孫適金立德遇姑病割股以療疾皆氏之敎也
陳其植妻楊氏夫死年尚少撫遺腹子方成立遽歿偕媳

陳氏同撫遺腹孫孫復夭姑媳紡織爲業誓死不二楊
年七十有五卒陳年七十有四卒
陳其恕妻胡氏夫死遺孤甫兩月撫至成立守節終身
郭品一妻童氏年二十四夫死勤儉持家撫子成立苦守
四十九年卒年七十有三
高天秩妻李氏天秩死李年尚少孝事孀姑撫子成立以
苦節終身
楊達妻田氏年二十一夫死遺子甫周歲氏苦志守節四
十餘年年六十有二卒

施次恒妻賀氏生子數歲夫死氏守節撫孤以柏舟自誓
知州黃鎮表以操凛冰霜自賀以下媳魏氏孫媳何氏
曾孫媳蘇氏三世孀婦皆能守苦節善撫其孤提學張
燾表以奕世雙貞額又次恒姪孫本寬妻張氏亦早寡
守節三十餘年提學吳省欽表以節壽聯芳額
黃之俊妻程氏年二十九夫死撫孤苦節至九十歲生員
何楙詢等呈請提學戴第元書心跡雙貞額表其門舉
人劉顯爲之作節壽雙高序以紀其事卒年九十有五
李光廷妻陳氏年十八夫死守節現年五十三歲

吳齊賢妻烈婦梁氏梁象山女年十七適吳年二十夫夭
遺腹生子及週而殤吳姓族寡無嗣可立氏苦志至二
十三歲夫服方闋勸姑立叔翁子爲後議成氏遂自經
死
庠生劉光坤妻張氏年二十夫死守節孝事翁姑敎子錞
成名入泮現年六十
方成之妻王氏年二十一夫死守節不再適撫子成立現
年五十餘歲
汪覲廷妻劉氏年二十一覲廷死畢殮成服即以其週歲

子授夫兄廷潛自經死
州同戴子任妻丁氏子任卒丁氏年二十餘無子撫夫弟
遺孤培德樹德樹德夭培德僅存稍長氏爲娶婦更置
側室冀舉多孫分延兩祀甫舉孫大年培德又亡培妻
丁氏亦柏舟自矢依姑撫兒教養備至相依數十年知
府羅遲春以氷鶴雙清表其閭
何萬榮妻周氏年二十一夫故撫子成立現年七十二歲
李世祿母胡氏年二十四苦節現年七十三歲
錢國寶妻楊氏年二十二夫故撫子成立現年七十二歲

劉士龍妻章氏年二十三夫故撫子玉成成立現年七十
吳姓妻廖氏年二十餘夫亡苦守日常絶粒矢志不移歷
四十年卒
羅士望妻張氏士望遠貿外卒氏甫二十餘歲依孀姑宮
氏撫夫弟士桂紡織度日姑媳相倚數十餘年
陳應運妻何氏夫故年二十二歲家亦貧無嗣本族又無
應立者氏依母兄苦守現年六十五歲
州庠生任成琳妻徐氏年二十八夫歿苦節三十二年閭
里稱之

庠生聶介眉妻劉氏年二十二夫故守節六十四年教子
聽思有成學正胡來宣題操同松筠額表其門
蔡彥松妻薛氏年二十二夫亡苦節四十五年現年六十
八歲
龔之瑞妻佘氏夫歿年十九子甫四月屢遭家難氏矢志
益厲年七十七歲卒人稱勁節
梁佳賓妻曾氏年二十五夫故家貧冰操不二歷四十七
年
馬恒妻張氏恒卒年二十二遺孤宏甫二歲苦節四十年

劉璋之妻匡氏庠生匡純女璋死年二十餘夫死守三十
餘年
李宏裕母龍氏夫卒方二十四歲宏裕年未及週矢志撫
孤艱苦備嘗歷四十九年如一日
高登魁妻周氏夫故年二十二撫嗣守節五十餘年
庠生趙嗣唐妻梁氏保康教諭梁作極妹二十三歲夫亡
家中落氏拮据織紝延師教讀子齡廩生有文名齡亡
媳敖氏二十二依姑守節齡遺孤正域年方週教撫正
域如撫齡時正域入泮梁方卒敖現年七十歲

趙企芳妻吳氏年十九夫亡守節五十四年
趙企蘭妻魏氏年二十四夫亡守節五十一年
趙承烈妻姜氏年二十二夫亡無子依母家紡織度日現
年六十二歲
王煦妻王氏年十九夫亡撫子大全成立現年六十一歲
程同妻周氏夫亡年二十一歲撫子成名立孫士權中庚
寅副榜餘孫曾咸列膠庠學使程暘光同婺朗額旌之
徐致哲妻佘氏監生維東女二十四歲夫亡苦守三十年
嚴有爲妻周氏周爲曾女十九歲夫亡遺孤嶽方週月旣

無姑舅又鮮叔伯家貧針紝度日延師教子現年七十九歲

生員高鐘妻陳氏延亭縣知縣陳珅女年十八婦于高甫八月夫亡無子繼嗣度濬苦守以終

王某遺其名妻江氏年二十二夫亡遺子甫三歲家貧無食氏紡織度日子成立娶媳任氏甫三月子又亡姑媳共守現年六十三歲

李氏適馬氏子家貧夫傭工他出依舅姑以居夜半有邨門以謔語進者氏號罵驚逸羞忿莫釋晨赴屋側自縊

死栢樹下里黨立碣記其事

錢如阜妻管氏夫亡年二十六撫子應魁成立現年六十歲

彭華妻宮氏夫亡年二十七繼夫弟蘭子德貞爲嗣蘭又卒遺妻陳氏無嗣可立依嫂共撫德貞四十餘年學政王懿修給勁節同貞額表其門

劉倦妻郭氏年二十二夫亡苦節歷四十六年

蔣大壽妻薛氏薛登瀛之女年十八夫亡繼嗣守節署知州王沛膏給志堅從一額旌之

李正緒妻徐氏年二十夫故守志不移現年六十歲

庠生王庇妻許氏年二十五夫故堅貞守節現年六十歲

何愁文妻周氏年二十四夫亡守節三十餘年奉孀姑以孝聞

附孝婦壽婦

蔡希尹妻孝婦王氏會翁姑皆病醫不效氏夜焚香禱於
天潛封臂肉至三寸和藥以進翁姑果皆愈後見氏左
臂屈伸異昔屢詰之始得其情由是隣里始知其孝後
翁姑皆年逾九十

孝婦魏氏魏一安女夫蔣姓以浮蕩敗其業母嚴禁之蔣
示藥將毒其母氏知之泣且諫蔣怒詈之氏念告於姑
則殺夫不告則殺姑乃自飲其藥死後二年其夫卒以
逆遭雷誅

梅峻極妻壽婦高氏生于康熙十六年丁巳卒于乾隆五
十年年一百九歲

汪姓妻壽婦劉氏生于康熙十七年戊午現年一百十二
歲矍鑠如五十許人

秦覺斯妻吳氏苦志五十餘年撫子及孫俱列成均現年
九十八歲五世一堂知州信保書
盛朝人瑞額表其門

農民戴姓婦　氏生于康熙丁巳年卒于乾隆戊戌年一
百有二歲　補遺

萬氏監生呂守素候補理問呂守正之母事翁姑極盡孝
養教子孫有法性好善樂施里黨多賴以存活

曾氏拔貢生儲嘉珩之母事繼祖姑熊氏病不能飲食曾
氏孝養五年如一日族黨皆以爲難

饒氏民褚惟崧之妻姑楊氏病劇割股和藥以進姑得痊
氏遂致疾以卒

隨州志卷之十三

隨州知州張　璿輯

流寓

歐陽子之於隨客居耳隨人樂稱之以爲重及覩其與璉職方書亦有返自閭黨之語則既安其俗而樂其居矣高風未遠豈不與師魯諸賢同爲後生所矜式乎志流寓第二十八

漢

張衡字平子南陽西鄂人嘗寓於隨今治東有臺乃衡讀書處也其賦南都曰天封大狐大狐山巍然治西蓋其所常目覩者焉 漢東志

大狐辯詳見山志

唐

李白字太白隴西人生於蜀之青蓮鄉聞司馬相如大誇雲夢七澤之事遂來觀焉嘗讀書於白兆之桃花巖適隨而登漢東樓懷昔人報珠之故於是賦彼美及厲鄉慕長生之術訪紫陽先生於是賦神農又偕元參軍遊仙城山過飲餐霞之樓擊節起舞於是又賦仙城憇蹟

於此移三霜焉 仝上

宋

戚同文字子約應天府楚邱人家世儒業幼孤養大母以孝聞遭晉末喪亂遂隱居不仕思維得見混一故名同文爲人純粹質直喜聞人善未嘗較長短所交皆文人名士楊徽之與唱酬有孟諸集二十卷長子維任隨州書記迎就養卒於漢東年七十三歲之與門人追號堅素先生 節錄宋史本傳

宋綬字公垂其先平棘人徙隨博通經史百家官至參知政事卒贈司徒謚忠獻子敏求字次道家藏書三萬卷皆熟習著書甚富學者多洛之 德安府志

考宋史宋綬傳無徙隨事而我州已崇祀鄉賢當時未知何據從府志列僑寓從通志列耆舊俟再考

歐陽修字永叔廬陵人大中祥符三年父崇公終於泰州叔父曰華時任隨州推官因卜居焉太夫人鄭氏攜公往依之遂家於隨貧無資以荻畫地教公書字稍長多誦古人篇章使學爲詩年十歲在隨家益貧借書鈔誦城南大姓李氏子好學多遊其家於故簏中得唐韓昌黎文六卷乞以歸讀而愛之爲詩賦下筆如成人仁宗

天聖元年應舉隨州試左氏失之誣論其畧曰石言於晉神降於莘內蛇門而外蛇傷新鬼大而故鬼小人已傳誦坐賦逸官韻黜四年自隨州薦名禮部明道二年正月以吏事如京師因省叔父於漢東 年譜

尹洙字師魯河南人博學有識度知渭州兼涇原路經畧公事與劉滬爭城水洛事詔遣御史劉湜就鞫不得他罪而洙以部將孫甫貸息錢嘗假公使錢爲償之迫按問而錢已先輸官矣竟坐此貶監均州酒稅其後洙在隨州而孫甫知安州過隨對語幾月無所不道而洙未

嘗一語及湜甫問劉湜欲致師魯於死而師魯不一言及湜何也洙曰湜與洙本末嘗有不足之意其希執政之意乃欲害洙蓋不能自樹立耳洙何恨於湜乎甫深服其識量 節錄通鑑

种諤字子正世衡子延帥陸詵薦知青磵城起所部兵城綏州詵劾其擅興下吏貶秩安置隨州神宗因侯可入見問其事可言諤奉密旨取綏而罪之何以使人帝悔復其官 本傳

沈括字存中錢塘人學極該博於天文方志音律術數靡所不通以龍圖閣待制出知延州坐爭築葭蘆浮圖城措置乖方貶均州團練副使隨州安置括既廢憤所學之不盡施因綜覈本朝故實耆舊出處以及賓客諧談著筆談行於世 節錄本傳

尹洙沈括舊志列入官師今考二人本傳俱未嘗爲隨州官屬故移入僑寓辨詳官師表

韓川字元伯陝人紹聖中安置隨州 坐司馬光黨謫 參錄資治通鑑

邢居實字敦夫河南原武人年十四賦明妃引蘇子瞻見而稱之由是知名未幾父恕貶隨州敦夫侍行病羸嘔血一日有鈴下老卒驕慢應對不遜敦夫怒而擊之無

何卒死父怒以敦夫屬吏以故疾日侵而夭故黃魯直爲之挽云詩到隨州更老成江山爲助筆縱橫眼看白璧埋黃壤何況人間父子情蓋隱之也 呻吟集本序

袁坰字卿遠明州鄞人父灼左朝議大夫尚書倉部郎中坰素軫念窮乏施予不倦侍倉部守隨寒士有來謁者必訪其所寓以私錢給之時時造可食物散城外以惠貧民或捐錢與之前後所濟不知其幾矣毋石氏一臂甚痛殆不能舉坰遍觀隨之城中佛廬像設有支體不具者皆補足之費無所靳毋中夜而寤曰臂不復痛伸

縮自如矣人皆以爲誠感 絜齋集

明

李中字子庸少居隨正德二年湖廣鄉試第一九年成進士授工部主事抗疏忤旨謫官王守仁撫贛檄參其軍以預平宸濠功擢廣東僉事累官總督南京糧儲御史卒謚莊介學者稱平谷先生中守官廉嘗罷歸欲飯客貸米鄰家未至會日已暮竟不及飯而别通籍後又嘗至隨有遊大洪山詩 參錄明史本傳

本朝

毛會建字子霞武進人詩文力追大雅善遊足蹟幾遍天下屢至隨與梁木何操敬唱和恒主二子家

方外

二氏崇尚淸虛而世之傳其蹟者多以神怪非眞也玆紫陽之銘幽濟之碑皆撰自名賢與流俗之附會異矣附其後者有數人猶未離其宗旨故可述也志方外第二十九

唐

紫陽先生胡公失其名漢東人也生便開悟於三教諸書畧能窺見大旨八歲登仙城山翛然有出世之想歸而凝思累日復取道藏諸經讀之漸多超解稍稍行導引法卽能數日不食遊衡湘聞異人敎以吸景煉氣之方於是憩迹名山與諸眞士居高談混元金書玉訣亦自謂身揭日月心飛蓬萊矣旣而復出東抵艮常謁天師李含光遂傳無爲要旨明皇天寶之初崇尚道流因咸儀元演之薦厚禮下賁徵爲西京太微宫使當是時方士輧集闕下服食吐納之法金丹黃白煉形匿影登刀吐火之術爭爲幻惑而先生退然自處日集諸弟子講說道德經剖析淵奥皆非方士家所能窬嘗謂魏伯陽參同契一書實性命宗旨而後世錯解以爲龍虎鉛汞之訣故語多支離又云伯陽吞丹旣死復活亦後人妄傳因作參同契解以辟諸謬說久之放歸卒於途歸葬郡南新松山李白爲作銘焉 徵舊錄

貞倩失其姓氏隨人也少任俠好結交至破其產中年浪蹟四方迄無所就遂歸入仙城山爲僧於是屏除一切惟日吟咏聞李白時在江夏卽往見白定文字交盡索其槀以歸白有送倩公歸漢東序 補述

善信南昌王氏子受度於本州開元寺僧淸照而契心印于馬祖道一北遊五臺感妙德現瑞相發願爲衆僧執爨三年僧力鄙之信涕淚雪泣不已有父老告之曰汝緣在南方衆不汝容盍行矣乎逢隨卽止遇洪卽住信遂挈錫南還以寶歷二年秋抵隨州覩一山巍然問於逆旅主人曰此爲何山答曰大洪山信惕然思老父語則延緣而入至於山麓諸水所委滙爲重湖神龍居焉旱乾水溢有禱輒應時久不雨鄉人張武陵具牢豕將以致禱信見而悲之謂武陵曰雨晴不時本由業感害

生自利徒增汝辜可且勿殺吾爲汝祈約以三日必雨武陵聽之信探幽履險得山之北崖泊然晏坐運誠默禱及期雷雨大作雨旣霑足武陵訪求於崖中時信猶在定蛛絲幂面附耳而號挃體而告久之方覺武陵遂施此山爲建精舍大和元年五月二十九日信密語於龍神曰吾前許以身代牲輟汝血食今捨身餉汝汝可享吾肉卽引刀斷左右足白液傍流儼然入滅雙足留鎭山門肉色久而不變四衆哀慕稱之曰佛足有司以聞於朝賜號慈忍大師額院幽濟後以祈禱有奇驗累加寺號曰靈濟宋末隨數被兵洪山又當其要害爲南北必爭之地邊境之民旣多流散叢林之下亦無以安其居京湖制置使孟珙隨人也與都統張順謀遷其衆適於樂郊乃度地於鄂州之山自隨州捧佛足及累朝所被誥勅徙寺額僑置焉元始祖在潛邸師師南伐駐蹕於鄂遙見山頂有神人立於雲端詢知爲大師化迹所寓深加敬異暨班師賓函佛足扈從至京師特命安置於密宇而嚴奉之旣正位有旨遣使護送還山道出許州佛足重莫能舉使者歸奏詔卽其地建寺節錄元黃溍碑記

宋

唐守澄隨州人幼入武當爲道士姿貌淸奇杖頭長掛葫蘆數十往來均房閒預道人吉凶多奇中常無故叱辱人人被叱辱者必得福慶人稱之曰唐風仙或立積雪或臥道傍常有虎豹守衛住紫霄南巖諸宮年八十餘道著遠近點墨片紙可療異疾度徒百餘人解化之日面若童子　均州志

智緣隨州人善醫嘉祐末名至京師每察脈知人貴賤休

咎診父脈而能道其子吉凶所言如神士大夫爭造之熙寧中王韶謀取靑唐上言番族重僧而僧結吳叱臘主部帳甚衆請智緣與俱至邊神宗召見賜白金遣乘傳而西稱經畧大師智緣徑入番中說結吳叱臘歸化他族俞龍珂等皆書款韶頗忌惡之言其撓邊事召還以爲右街首坐卒 宋史本傳

長慶不知何許人但云自蜀中來元祐初至隨西淸涼山見山景幽異遂結茅爲焚修地久之道價日起遠近嚮風于是壇施絡繹以次建造遂成叢林卽名長慶紹聖

中有詔大洪靈峯寺僧革律從禪緇侶戀故往往挈鉢出寺爭依長慶法筵益振學徒千有餘人至寺不能容乃別建寶豊觀音諸下院以居之慶盡心化導隨其根器各得解悟人以爲慈忍後身復出 徵舊錄

報恩俗姓劉名欽憲黎陽人家世以武進未冠舉方畧調官北都忽嘆曰是何足以了此生願脫簪紱求出世法有司以聞詔詰其故曰臣祖死王事顧無報厚恩惟有薰修之功庶幾幽冥之助制曰可遂賜今名卽祝髮遊歷諸方往依靑禪師于投子山一日晨起師問曰天明未曰明矣師曰明則捲簾恩乃頓悟心地洞然後居嵩山少林寺紹聖元年詔改隨州大洪山律寺爲禪院命恩往住持大洪蕪廢已久恩至普施法雨遠邇悅服于是富者薦貨貧者獻力闢荆榛蓬藋之場爲像設堂皇更定禪儀大新軌範由是大洪精舍壯觀天下矣崇寧二年召入京師五年再還時當道屢欲請錫師號見恩持戒甚嚴遂不敢措意所著有語錄三卷集曹洞宗派錄三卷授菩提心戒文一卷 節錄宋范域塔銘

道楷俗姓崔費縣人少學神仙辟穀術隱伊陽山中既久

知非究竟乃棄所學爲僧遍參知識最後謁舒州投子山見靑禪師一言深契靑以明安衣履付焉元豐五年出世七坐道場郢之大陽隨之洪山皆當世以禮延請未幾被詔入京遺中貴人王松年偈云石田焦谷又生芽暮種朝收濟幾家巢父飲牛牛不飲漁翁撥掉又蘆花京尹李孝壽奏之因得放歸楷本田家子兒時父令毆蝗楷先毆隣人田父詰之曰損他利已所不忍爲 節錄宋王彬塔銘

德淳俗姓賈梓潼人始祝髮卽究明教典既復徧參知識

至大陽訪道楷楷一見器之相從至大洪山學識威儀爲衆標表後住南陽丹霞山政和五年隨守向公請主大洪保壽禪院院經回祿之後雲構化爲荒虛淳悉力經營增壯於前衲子依投幾五百輩有語錄偈頌四卷行世 節錄宋韓韶塔銘

慶預俗姓胡京山人年二十四依大陽道楷出家楷器其所證遣佐丹霞德淳政和三年草寇李鬲竊發襄鄧間寺之運糧丁爲賊所掩盡奪糧以去既而吏捕得賊覛米袋有丹霞字謂賊所從來將綑而坐之主事僧俱駭

竄預主藏事獨惻其無辜乃越而代之請以身就訊阨於囹圄者半年事竟白識者高其行南陽之民至以預羅漢稱之後淳遷大洪以預主水南興國庵淳化後徙止大洪時當靖康之年羣盜環山若林預不爲意日據繩牀頤指甚閑外飾其徒之强毅者固守圉以折賊勢内率其徒之專靜者謹禪誦以覬國威若是者數年卒與此山巋然不拔所活不翅萬人士大夫之家賴以生者猶七八百數雖艱難中所設施舉中禮法紹興十年夏忽示微疾索筆書偈曰末後一句最難名轉步回頭十萬程除却我家諸嫡子更誰敢向裏頭行擲筆而逝

節錄宋榮嶷塔銘

守遂蓬溪章氏子也幼不茹葷不隨童戲父母顧之曰此兒終非塵中人廼聽其出家參訪襄漢一時尊宿依棲大洪山忽見蟲飛墜地豁然大悟主座報恩肯之命總院事既而隨守袁灼請主郡東雙泉禪院衲子奔輳傳道不暇袁守欽師道德奏賜淨嚴禪師之號俄改住水南禪院德望益著紹興乙卯還主大洪山時襄漢纔復百里絶人山頂僧徒存不滿百供利阻隔莊夫耕具十

無一二遂方定居勸免緇流開通道路招人闢田未期歲四方禪衲駢肩而來檀施社供如赴約束逾年僧及半千復修院宇追述先範大闡綱宗自此靈濟廢而復興 節錄宋馮檝塔銘

慶顯俗姓王廣安人本儒家子幼不爲聲利所動後出家詣天童見宏智禪師三年辭去智送之云見吾叔淨嚴遂當爲子師顯奉敎徑趨大洪始至遂師問云今夏離什麼處顯云天童師云見水磨否左轉耶右轉耶顯云阿轆轆地師云活頭漢顯云非但某甲佛祖亦然師首

肯之自此日就月將作用綿密遂嗣師法綱師囑付云汝善護持它日孤峰建大法幢亢吾宗矣于時京西帥漕漢東太守共論薦之朝廷下省帖照應舉請蓋自顯始也又降覺照慧空佛智明悟大師八字法號顯又自號牧蛇作牧蛇說其要以眼耳鼻舌身意森羅萬象爲蛇謂來無所從去無所至於其中開誰是牧者孝宗在東宮時嘗書牧蛇菴三大字以標榜叢林 節錄宋張淵塔銘

明

大休隨州人焚修於七峯山中四十餘年不履城市知州事祝以幽屢招之僅得一晤而返豫楚名士多就見之著有語錄盈尺餘後趺坐而逝 舊志

舊志尚有僧無念按無念應山人有武昌歸隱詩故湖廣通志載入武昌府下不當入隨志

本朝

長慶寺老僧失其名順治初寺已盡廢僧傷心垝敗發願重新挺身募化夏暴烈日冬露雪霜跣行數百里外焚指刺臂靡苦不嘗以次修建殿室齋寮凡前所有者不敢廢也復飾諸佛像莊嚴有加越二十年始告厥成而僧年亦八十矣或云僧本農家子崇正七年流賊寇隨即負父竄入寺于佛前自誓若父得無恙願出家爲僧重建此寺乃耕寺後隙地養其父者十有二年父死即日剃髮乞爲僧寺僧以其齒已長相遜弗敢爲師故無度牒因卒無名 補錄

萬慈京山人俗姓王幼業儒宿植慧根因母遭亂死非其命誓願披削以報深恩出家於大洪山寺既而遍參方外備嘗辛苦既歸見寺老僧殘興悲灰刼于是奮發重樹宗範講說精勤冰霜軌律靈濟一燈復照徹隨郢閒暇日蒐羅唐宋以來遺篇逸事編大洪山志一書甚爲時賞 參錄賀運清功德碑記

附載

明玉珍隨州人身長八尺餘目重瞳子徐壽輝起玉珍與里中父老團結千餘人屯靑山及壽輝稱帝使人招玉珍曰來則共富貴不來舉兵屠之玉珍引衆降以元帥守沔陽與元將哈麻禿戰湖中飛矢中右目遂眇久之玉珍帥斗船五十艘掠糧川峽聞將引還時元右丞完者都募兵重慶義兵元帥楊漢應募至欲殺之而并其

軍不克漢走出峽遇玉珍爲言重慶無重兵完者都與右丞哈麻禿不相能若回船出不意襲之可取而有也玉珍從其策襲重慶走完者都執哈麻禿獻壽輝壽輝授玉珍隴蜀行省右丞至正十七年也已而完者都自果州來會平章朗革歹參政趙資謀復重慶屯嘉定玉珍遣萬勝禦之勝攻嘉定半年不下玉珍帥衆圍之遣勝以輕兵襲陷成都虜朗革歹及資妻子以徇嘉定城破執資及完者都朗革歹歸於重慶於是諸郡縣相次來附二十年陳友諒弑徐壽輝自立玉珍曰與友諒俱

臣徐氏顧悖逆如此命以兵塞瞿塘絕不與通立壽輝廟於城南隅歲時致祀自立爲隴蜀王以劉楨爲參謀楨字維周瀘州人元進士嘗爲大名路經歷棄官家居玉珍之攻重慶也道瀘部將劉澤民薦之玉珍往見與語大悅即日延至舟中尊禮備至次年楨屏人說曰西蜀形勝地大王撫而有之休養傷殘用賢治兵可以立不世業不於此時稱大號以係人心一旦將士思鄉土瓦解星散大王孰與建國乎玉珍善之乃謀於衆以二十二年春僭即皇帝位于重慶國號夏建元天統立妻

彭氏爲皇后子昇爲太子玉珍素無遠畧然性節儉頗好學折節下士既即位設國子監教公卿子弟設提舉司教授建社稷宗廟求雅樂開進士科定賦稅以十分取一蜀人悉便安之皆劉楨爲之謀也明年取興元使參政江儼通好於太祖太祖遣都事孫養浩報聘遺玉珍書曰足下處西蜀予處江左蓋與漢季孫劉相類近者王保保以鐵騎勁兵虎踞中原其志殆不在曹操下使有謀臣如攸或猛將如遼郃予兩人能高枕無憂乎予與足下實脣齒邦願以孫劉相呑噬爲鑒自後信使

往返不絕二十六年春玉珍病革名壽等諭曰西蜀險固若協力同心左右嗣子則可以自守不然後事非所知遂卒凡立五年年三十六子昇嗣改元開熙葬玉珍於江水之北號永昌陵廟號太祖尊母彭氏爲皇太后同聽政昇甫十歲遣使告哀於太祖已又遣使入聘太祖亦遣侍御史蔡哲報之洪武元年太祖克元都昇奉書稱賀明年太祖遣使求大木昇遂并獻方物帝答以璽書其冬遣平章楊璟諭昇歸命昇不從璟復遺昇書曰古之爲國者同力度德同德度義故能身家兩全流

譽無窮反是者輒敗足下幼冲席先人業據有巴蜀不
咨至計而聽羣下議以瞿塘劍閣之險一夫負戈萬人
無如之何此皆不達時變以誤足下之言也且今爲足
下謀者他日或各自身計以取富貴當此之時老母幼
子將安所歸禍福利害瞭然可覩在足下審之而已昇
終不聽又明年與元守將以城降太祖遣使假道征雲
南昇不奉詔四年正月命征西將軍湯和帥副將軍廖
永忠等以舟師由瞿塘趨重慶前將軍傅友德帥副將
軍顧時等以步騎由秦隴趨成都伐蜀初昇將莫仁壽

以鐵索橫斷瞿塘峽口至是又遣戴壽吳友仁鄒興等
益兵爲助北倚羊角山南倚南城砦鑿兩岸石壁引鐵
索爲飛橋用木板置礮以拒敵和軍至不能進傅友德
覘階文無備進破之又破綿州壽乃留興等守瞿塘而
自與友仁還援漢州數戰皆大敗時永忠亦破瞿塘關
飛橋鐵索皆燒斷興中矢死夏兵皆潰遂下夔州師次
銅羅峽昇大懼右丞劉仁勸奔成都昇母彭泣曰成都
可到亦僅延旦夕命大軍所過勢如破竹不如早降以
活民命於是遣使齎表乞降昇面縛銜璧輿櫬與母彭

及官屬降於軍門和受璧永忠解縛承旨撫慰下令諸
將不得有所侵擾昇等悉送京師禮臣奏言皇帝御奉
天殿明昇等俯伏待罪午門外有司宣制赦如孟昶降
宋故事帝曰昇幼弱事由臣下與孟昶異宜免其伏地
上表待罪之儀是日授昇爵歸義侯賜第京師明年徙
昇於高麗　明史本傳

隨州志卷之十四

隨州知州張　瑨輯

墓域

古人可作吾誰與歸觀乎九京感舊情深矣乃歷年久遠遺失已多幸而殘碣猶存姓氏可考什僅一二能勿表而出之俾後之人敬護勿替乎志墓域第三十

隨侯墓在西北九十里石門之南冢高二丈許舊傳爲隨侯冢見德安府志

隨大夫季梁墓在城東三里季家灣俗稱賢人墓

蔡瑁墓在光化鎮瑁後漢時人天下碑錄載蔡瑁碑在隨州光化縣今失

宋征西將軍宗慤墓在玉波門內宗駕嶺乾隆十三年居民鋤地得斷碑僅存一慤字餘皆剝落知州王雲翔爲立於墓前旋失去二十八年知州李閶稜復立石刻宗慤墓三字

梁隨郡太守劉道成墓在城南三里望城岡乾隆五十三年墓因雨損居民於土中得古甎上刻梁天監四年歲次乙酉本郡太守劉道成之墓道成之名不見於史傳知古官師之失載者多矣

唐紫陽先生胡公塔在光化鎮李白塔銘稱天寶二年十月葬於郭東新松山太平寰宇記稱在廢光化縣今失

安養公墓在唐縣鎮南乾隆五十四年五月土岡崩陷成穴穴內有石牆石門有人秉燭入視見三門並列石質堅緻牢不可啟上有篆書安養公三大字牆上刻鏤工細旁又有一門皆碎磚填砌知爲古冢急出而封其穴究不知爲何人墓也按安養隋唐襄州縣稱安養公必是其人封邑然考隋唐諸臣傳皆無受封安養者俟再考

明工部侍郎陳壽墓在州東三十里見德安府志

明贈太傅建極殿大學士何宗彥墓在州東六十里馬平港其地已入應山天啟中副使李佺臺題准孫振崇入應山縣學爲守塋生員見舊志

明車孺人墓在北門外花果園墓有碑稱隨州司訓任（空一）字之妻貴州思南府印江縣人崇正七年客葬於此者有子大本大敬書之以俟其子孫之來訪者

附潙澤園舊志在城南一里許

寺觀

琳宮梵宇二氏之室遍郊邑矣其間負山水之勝者往往爲前人遊屐所至見諸吟咏亦談景物之所必及也雖時興時廢聽其自然而其地不可没也志寺觀第三十一

報恩寺在城西南文明門外建自南唐宋元豐間制度宏敞明萬歷間官爲募修殿閣增勝竹樹成行爲州中巨刹後屢經兵燹城内外古刹俱廢而此寺巍然如魯靈

光

本朝順治十七年知州陳秉化於寺中設壇每月朔宣讀

聖諭廣訓捐貲重修新建地藏殿法堂於大殿右學正張之杜記乾隆十二年知州王雲翔重修

新關帝廟在南關東街後康熙中山西諸商公建知州張錩有碑

十方菴在城南漢東門内建自明代崇正兵燹之餘殿宇無存

本朝康熙六年僧超澄募修彌勒像里人趙氏爲建殿見王佺募修彌勒殿疏

江南文公祠在南關襟漢樓外乾隆二十七年江南諸商公建

東皐寺在龍會門外三里明代建

金燈寺在城東五里宋慶歷間知渭州尹師魯謫隨州日居斯寺梅聖俞詩題有使者自漢東來言師魯寓止僧舍蓋即指此寺也有尹公亭在院北高阜處竹柏環列是師魯所建以爲遊息地州從事謝景平有記熙寧中知隨州李禹卿復修之曾子固記（記載藝文中）但曾記云尹

公謫是州居城東五里開元佛寺之金燈院則當時尚有開元寺而金燈乃其下院也今俱廢

護國寺一名三寶菴在北關外西街後建始莫考後廢康熙十年知州劉霦重建

百子菴在北門外高家橋北俗呼觀音堂自明以來有之後廢順治十六年知州陳秉化重建

智門寺在城南三里隨城山其始建無考順治十六年知州陳秉化重建有重建寺碑記其文爲前州判唐高賦撰稱寺爲光祚禪師飛昇處光祚不知何時人又述其

語錄有蓮花荷葉兔子懐胎諸説譜備載宗譜今亦不
傳又云寺歷唐宋數百禩順治初宗門僧慈航於山下
掘得斷碑有智門遺蹟字乃告於知州程文光爲創建
佛殿三楹後知州陳秉化復大爲募修規模始具寺有
七層塔明代建今圮其半
迴龍寺在城南十二里迴龍山雍正元年建形家言地爲
州治文風所關故建此寺山下有泉味極甘冽
寶善寺在城南二十里淅河店中街舊名茶菴始建無考
龍泉寺在州東北四十里雷山之後建始無考寺中有黑

白二龍湫爲里人禱雨之處
青雲寺在州東四十里萬家店乾隆四十八年建
泉水寺在州東四十里建始無考清泉瀉石曲徑穿林別
成幽勝
雙河寺在州東北五十里塔兒灣東鍾靈山上其建始無
考
高城寺在州東北六十里高城鎮舊名慈氏寺元至正五
年建明萬歷甲辰重修其殿宇極盛今傾圮殆盡寺中
有四銅佛像其大者高五尺藏經八百餘函又有鐵鐘

鐵磬鐵碑皆明代鑄自記碑重二千八百斤門外鐵磴
云重四百五十斤
佛子洞在州東北一百五十里因洞建寺創始於宋大觀
九年後漸圮明參將宋之彦重修之又建西來閣於洞
巖之上侍郎張之蕙爲作序其下有金臺觀亦宋世遺
蹟
金仙寺在佛子洞山明末里人王鳴鳳建
華藏寺在州北一百五十五里宋家灣明成化五年建
準提寺在州東北二百里淮河店建始無考乾隆十五年

寺僧某重修
大悲寺在淮河店明正德五年建
龍潭寺在州東北一百九十里白水崖爲明僧眞空卓錫
地其建始無考監察御史南豐宋原端有重修龍潭寺
眞空菴記稱空爲新淦陳氏子幼披剃於袁州慈化寺
按空即覺海月公受度師又曾主赭陽普嚴道場一峯
碑稱其禪行堅潔亦當時耆宿也山下有東西兩大寺
太平寺在州北一百九十五里太白山絶頂不詳其建始
何年舊志但稱漢留侯辟穀處未知何據寺北有留侯

洞
延福禪院在州北一百八十里晃山下俗亦稱爲慈忍禪
師修道之所
雲禪寺在州北一百五十里七峯山白石巖林巒盤鬱饒
有異景明嘉靖十三年某僧建寺中有碑述此僧行業
但其名字剝落考普濟寺碑稱宣德中有眞空禪師住
持此山妙覺寺不知此寺卽是妙覺否寺左白龍池爲
里人水旱祈禱之所其西南十里有黄龍寺在黄龍池
上寺中范銅爲佛及諸天像共十有四舊志載有僧大

休棲止此山亦不知卓錫何寺
來安寺在州東北一百十里玃弩山建始無考
青臺寺在州北一百里
興福寺在州北一百里小石山明僧永斌建
普濟寺在州西北一百五十里嵲嶗山衆峯圍拱之中菴
然深藏殿有三鐵佛像殿東一龕有魯班像寺於明爲
巨剎後漸圮今惟西偏數楹稍加修葺以存舊貫而已
中有二碑一碑爲明月公禪師行業碑河南沙門一峯
撰稱寺爲唐慈忍大師創建盤基宏曠歷代增修遭兵
燹基址俱陷正統甲子師方卓錫斯山乃芟其茅茨孤
隱數年四方善信聞風來謁相尾於徑大路方通歲在
戊辰鳩工庇材歷有年載漸次落成殿堂廊廡法輪寶
藏莫不軒翥丹碧繩直翼舒巨剎頓成宗幢斯樹前代
廢墜奐然一新望隆維楚矣一碑是住持通公禪錢塘
沙門德詳撰稱通能紹述宗風及善信蔣陽袁銘袁志
捨財裝塑伽藍事
羅漢寺在州西北一百三十里蔣家山卽雞鳴支峯也明
成化五年建

大悲寺在州西北一百三十里鐵山之前舊名古觀音堂
成化五年建
巖巖寺在獅子山明成化五年建因山爲基高下殊致內
有千佛繞毘盧像
孤山寺在州西北一百里孤山之南俗稱南殿寺建始無
考
長慶寺在州西四十里清凉山下宋僧長慶開山道場也
長慶於元祐初來隨以山景幽異故建剎其地中有七
井可供千僧汲蓋慶師道法廣播遠近趨向緇徒依座

迨及千人移錫後法席猶盛自宋歷元明爲兵火所不
到人以長慶爲福地明末流寇日熾土人環山爲堡爭
藏其中者二十年無一人遇害寺久漸廢
本朝順治初一老僧苦身募化閱二十年功始克竣其前爲
大雄殿東向爲大士殿後爲三佛殿進爲地藏殿又進
而西向爲關帝殿皆雄壯加於前齋堂靜室香積僧寮
無不備七井湮塞過半僧濬其一二州人梁木記惜不
載此僧名或云僧亦州人其初避難堡中者也
寶豐寺在州西四十里宋元祐中僧長慶建記稱於溠岸
北十里立寶豐寺卽今寶德觀實長慶寺下院也

觀音寺在州西四十里安居之北亦長慶建蓋慶師法筵
既廣禪侶雲集故分立南北兩院以居諸徒
了角寺在州西七十里藥山之頂不知其舊何名
嵩山寺在州西八十里瀖潭東寺在山上北臨潭水
黃龍寺在州西九十里
湯池寺在州西南一百二十里寺以温泉得名其前有湯
池
靈峯寺在州西南一百三十里大洪山頂俗稱洪山寺唐
慈忍禪師道場也慈忍受法於馬祖馬祖送之有遇湖
卽住之語寶歷二年七月行抵山麓問山何名鄉人曰
大湖山忍遂默契師言卽卓錫焉後以祈雨獲應鄉人
張武陵施地爲菴因山構屋高下錯落極山居之勝文
宗朝賜名幽濟禪院晉天福中賜奇峯寺額宋元豐元
年又賜靈峯寺額皆以祈禱有功也元祐元年州人覃
道辰重修紹聖元年詔以少林寺僧報恩爲洪山住持
恩至遂鑿險爲平闢其南面以正方位於是堂殿門廡
規模宏整翼然巨構矣改名十方禪院張商英記之乾
道元年州人覃道鍾復修西殿元至元中僧宗明復以
禱雨有功衆爲重修殿宇勅賜崇寧萬壽禪寺額明正
統間僧通賢自南京受檄來主法席因建藏經閣宏治
燬於火其徒宗滿復募衆施重構殿閣崇飾諸像嘉靖
初住持宗然復建天王殿及丈室儀觀益備僧紹滿置
五大部經繪諸佛像崇度閣中巡撫顧璘爲記自是以
後寺亦漸頹廢僅餘南院爲羣僧棲止之所萬歷閒蜀
僧廣祥駐錫茲刹於是發願重修以復唐宋靈蹟經始
於崇正四年大雄祖師諸殿藏經鐘鼓樓以次畢舉至

七年二月落成額曰楚山望刹州進士田見龍記有藏
經塔在豬龍陂上高三丈七尺宋嘉祐七年建中藏經
五百一十六函及諸佛舍利其先後寫經人姓名具載
於碑
四聖菴在州西南一百十里聖堂里建始無考今以名其
里蓋亦古刹也
望洪寺在州西南八十里佛兒嶺寺久頽廢明嘉靖中里
人尚瑚嘗見此山中夜放光現金真妙相乃卽其舊址
捐貲建真武殿殿極宏敞列左右廊四面爲垣前建茶
廳施茶以濟行人蓋地爲入郢要道謁興獻園寢者輶
軺所必經至此得休憩焉應城進士陳士元記之
泉興寺在州南九十里盤龍背建於唐代後廢明天啟六
年僧了惠重建幽徑迴旋層巒環向寺左清泉出巖石
淙淙不絕前澗中多奇石綿秀可玩
妙濟寺在州南六十里靈泉山前臨五港故俗稱五港寺
碑爲宋大明五年立其字剝蝕已盡歐陽公集古錄蒐
羅天下碑刻殆遍而於隨之義井蔡貽墓紫陽塔銘俱
不收入殆不可解此碑以地僻故并不見於輿地志及

他碑目可爲深惜故特表出之
清水寺在州南四十里紫溪里溳水之南
現光寺在州南六十里現光山其建始無考寺有銅佛像
明正德四年鑄相傳鑄像時僧出募銅有一汲水女以
一錢畀僧僧棄於井不顧旣而鑄像不成僧疑棄錢故
遂竭井取錢投入鑪中像遂成背上錢形宛然山上又
有仙城公主廟
雲阜寺在州南四十里府君山舊傳僧了靈始建境極幽
邃岡巒互抱澗水環流實棲禪之勝地寺中樓殿層出
勢取北向中爲大雄殿前有天王殿後爲方丈左爲客
堂爲齋廚右爲藏經閣有僧六明重闡禪宗緇流雲集
法席稱盛
本朝康熙十年長沙僧道階來棲安陸法雲菴爲郡守許廷
試所敬廷試夕夢遊名山入禮古寺僧堅請修醒而異
之命召階師而師已先期來寺備言其山巒狀恍符夢
境因相與贊成閱二年告竣壯麗過於昔日學正王岱
爲之記
雙泉寺在州南六十里洛陽店其建始無考寺有兩泉一

名七寶泉一名珊瑚泉相傳昔人於井中探得諸寶故
立石井上以名其泉寺爲蜀僧雲外卓錫地康熙初募
建禪房見王岱浮槎别集
鐵塔寺在州南六十里洛陽店寺有鐵塔高三丈有奇元
至正四年鑄
鳳山寺在州南六十里洛陽店舊頗狹小乾隆三十九年
老僧碧潭苦行募修始爲恢廣遂與雙泉鐵塔並稱巨
刹矣
白雲寺在州南四十里辰山本名黄雲寺舊毁康熙初住

持僧青雪重修遂改今名寺舊碑稱宋乾德五年建寺
右普同塔與寺同建後有古松數百株鬱然幽徑
崇佛寺在城南四十里崇佛山本明顧氏捨宅康熙間僧
鐵雲募修州人周之仲有記
萬法禪寺在州北四十里厲山坡明天啟元年僧德維建
本朝乾隆三十年僧惺谷重修知州李誾棱記
紫城寺在州北二十里紫城山
舊志尚有海會寺華嚴寺約時寺老滿寺海潮寺蓮花
寺文殊寺白牟寺顯太寺太平寺水西寺普照寺雲水
寺今皆不
知何在

元妙觀在南關内東街後宋元遺構也其建始年月無考
明萬曆間知州趙士貞重修
本朝康熙四十三年知州李國璋重建三清殿其前有天符
廟雍正六年建
神農觀在州東北一百二十里烈山詳山志
鸚鵡觀在州東北一百三十里鸚鵡山建始無考
玉皇閣在州東北一百五十里玉皇頂
玉皇閣在州東北一百九十里太乙山頂甃石成廟不知
何時建

眞武廟在州北一百九十里九龍山明正德二年里人後
琦建鑄鐵爲眞武像又鑄銅玉皇像
清和宫在州西北一百四十里雞鳴山上建始無考山頂
有眞武殿明宏治中僧淨裕建有碑歷記建修始末外
有靈官殿迴龍觀俱
本朝乾隆三十八年重修
眞武廟在州西北華寶山上
寶德觀在州西四十五里
祖師殿在州西 十里嵛龍山

舊志尚有金燈觀太平觀烏城觀玉真觀今皆不知何在
龍王廟在城內夜光池前乾隆四十五年知州吳葇孫建
仁聖廟在龍會門外明正德十一年知州張延壽建祀東嶽神後有玉皇閣左有天符廟
天符廟在小南門外雲路街後乾隆十六年里人建
老關帝廟在漢東門外順治中山陝諸商公建
仙城公主在州南六十里現光山詳山志
水府廟在州西北九十里唐縣鎮
舊志尚有隋文帝廟費神龍王廟夜光廟今皆廢
新城城隍廟在州北一百八十里大義里地名新城俗傳爲舊益陽縣城有甎城遺基數十步舊土城二百餘丈內有城隍廟至今禋祀不絕益陽縣於此地無考當是義陽之訛然義陽魏縣不應於魏晉間已有城隍之祀

隨州志卷之十五

隨州知州張　瑨輯

災祥

洪範庶徵師尹惟日占于日亦徵矣而古人兢兢焉況水旱之災爲民生所繫乎州縣吏比古之師尹故凡旱潦之與吾土者皆得書之其他雲物之紉草木之祥附焉志災祥第三十二

後周

建德二年旱溳流幾絕周書于翼傳

唐

神功二年隋州旱唐書五行志

宋

熙寧五年夏隨州地震木折獲石其下湖廣通志
隆興元年隨州大饑斗米六千錢七月蝗仝上
淳熙三年旱大饑仝上
慶元四年旱蝗知隨州趙方走禱於四郊一夕大雨歲有收舊志

元

元貞元年五月野蠶成繭亘數百里民取爲纊 仝上

三年隨州旱

泰定元年旱

明

天順五年隨州大水 湖廣通志

成化元年大饑 仝上

四年五月庚申雨雹夏大旱 舊志

宏治二年雨豆種之不實 仝上

正德元年德安府屬旱 湖廣通志

二年三月儒學產芝三本 舊志

十月花盛鋪鐵箕巷民張必顯妻崔氏生髭長三寸數日暴死 仝上

十八年八月庚午星隕有聲如雷 仝上

嘉靖三年正月地震 仝上

二十年五月隨州大雨二日黃連村裂爲壑有聲如雷周五里皆震再越月乃止 德安府志

萬歷十年德安府屬大旱

十六年又旱 湖廣通志

四十四年八月蝗 舊志

四十五年冬地震有白氣現如東方逾月乃散 仝上

四十七年十二月地震除夕有赤光如刃形 仝上

天啟四年隨州城南關民家產一牛兩頭 仝上

五年唐縣鎮雨豆形如彎弧其色如灰 仝上

七年魯城河民家產麒麟 仝上

崇正四年七月地震 仝上

五年十一月雷 仝上

七年蝗 仝上

九年五月地震有聲如雷屋宇皆動 仝上

本朝

順治三年犀見於大洪山北 仝上

康熙三十八年秋隨州旱

詔賑穀 湖廣通志

四十四年涢水溢入玉波門壞居民房舍

五十七年旱

詔蠲其賦賑穀 湖廣通志

雍正十年大有年 仝上

乾隆十五年六月溳水溢入玉波門壞民廬舍
二十六年饑
詔賑
三十二年七月溳水泛溢壞廬舍如前
四十四年饑
詔賑
四十五年麥大有秋
五十年旱大饑
詔賑銀米兼穀
五十二年大有年

摭史

顏淮漢以編年體作漢東志書久失傳未知於山川城郭何所附麗至隨故實左氏後代有徵也故於類別之餘復徵其見於史傳者述之次其前後以彷彿編年之意云耳志摭史第三十三

秋七月齊師曹師伐厲（春秋僖公十有五年　地理今釋厲在德安府隨州北四十里有厲山厲鄉在山下）

冬楚人伐隨（春秋僖公二十年）

楚武王侵隨（桓公六年左傳　見人物志季梁傳）

隨少師有寵楚鬬伯比曰可矣讎有釁不可失也夏楚子合諸侯於沈鹿黃隨不會使薳章讓黃楚子伐隨軍於漢淮之間季梁請下之弗許而後戰所以怒我而怠寇也少師謂隨侯曰必速戰不然將失楚師隨侯禦之望楚師季梁曰楚人上左君必左無與王遇且攻其右右無良焉必敗偏敗衆乃攜矣少師曰不當王非敵也弗從戰於速杞隨師敗績隨侯逸鬬丹獲其戎車與其戎右少師秋隨及楚平楚子將不許鬬伯比曰天去其疾矣隨未可克也乃盟而還（桓公八年左傳）

四年春王三月楚武王荆尸授師孑焉以伐隨王行卒於樠木之下令尹鬬祁莫敖屈重除道梁溠營軍臨隨隨人懼行成莫敖以王命入盟隨侯且請爲會於漢汭而還（莊公四年左傳）

隨以漢東諸侯叛楚冬楚鬬穀於菟帥師伐隨取成而還君子曰隨之見伐不量力也量力而動其過鮮矣善敗由己而由人乎哉詩曰豈不夙夜謂行多露（僖公二十年左傳）

唐城公如楚有兩肅爽馬子常欲之弗與三年止之唐人或相與謀請代先從者許之飲先從者酒醉之竊馬而獻之子常子常歸唐侯自拘於司敗曰君以弄馬之故隱君身弃國家羣臣請相夫人以償馬必如之唐侯曰寡人之過也二三子無辱皆賞之 定公三年左傳

冬蔡侯吳子唐侯伐楚敗諸雍澨五戰及郢庚辰吳入郢鬬辛與其弟巢以王奔隨吳人從之謂隨人曰周之子孫在漢川者楚實盡之天誘其衷致罰於楚而君又竄之周室何罪君若顧報周室施及寡人以奬天衷君之

惠也漢陽之田君實有之楚子在公宫之北吳人在其南子期似王逃王而已爲王曰以我與之王必免隨人卜與之不吉乃辭吳曰以隨之辟小而密邇於楚楚實存之世有盟誓至於今未改若難而弃之何以事君執事之患不唯一人若鳩楚竟敢不聽命吳人乃退鑪金初宦於子期氏實與隨人要言王使見辭曰不敢以約爲利王割子期之心以與隨人盟 定公五年傳

秦子蒲子虎帥車五百乘以救楚敗吳師於軍祥秋七月子期子蒲滅唐 定公六年傳

摭史首春秋尊經也左傳本附經而行不並於列史故亦另列史記以下則以年編

楚武王三十五年楚伐隨隨曰我無罪楚曰我蠻夷也今諸侯皆爲叛相侵或相殺我有敝甲欲以觀中國之政請王室尊吾號隨人爲之周請尊楚王室不聽還報楚三十七年楚熊通自立爲武王與隨人盟而去於是始開濮地而有之周召隨侯數以立楚爲王楚怒以隨背己伐隨武王卒師中而兵罷 史記楚世家

杜敖五年欲殺其弟熊惲惲奔隨與隨襲弑杜敖代立是爲成王 同上

昭王十年吳王闔閭與唐蔡俱伐楚五戰及郢昭王奔隨吳王聞昭王往即進擊隨謂隨人曰周之子孫封於江漢之閒楚盡滅之欲殺昭王王從臣子綦乃深匿王自以爲王謂隨人曰以我與吳隨人卜予吳不吉乃謝吳王曰昭王亡不在隨吳請入自索之隨不聽吳亦罷去 同上

十年楚昭王滅唐 同上

地皇三年平林陳牧等聚衆攻擊鄉聚莽遣納言大將軍嚴尤秩宗大將軍陳茂擊荆州世祖與兄齊武王伯升

宛人李通招致陳牧等合攻棘陽初世祖族兄聖公先在平林兵中四年三月辛巳朔平林新市下江兵將王常等共立聖公爲帝改年爲更始元年 漢書王莽傳

劉聖公光武族兄也弟爲人所殺聖公結客欲報之客犯法聖公避吏於平林吏繫聖公父子張聖公詐死使人持喪歸春陵吏乃出子張聖公因自逃匿地皇三年新市人王匡王鳳等北入南陽號新市兵七月進攻隨未能下平林人陳牧廖湛復聚衆千餘人號平林兵以應之聖公因往從牧等爲其軍安集掾 後漢書劉聖公傳

王常爲弟報仇亡命江夏久之與成丹張卬別入南郡號下江兵王莽遣嚴尤陳茂擊破之常與丹卬收散卒入蔞谿刦畧鍾龍閒 章懷注隨州隨縣東北有三鍾山 衆復振引兵與荆州牧戰於上唐大破之 王常傳

桓石民與隨郡太守夏侯澄之破苻堅將慕容垂姜成等於漳口 晉書桓彝傳

大安二年鎮安大將軍新野王歆遣騎督靳滿討張昌於隨郡西大戰滿敗走 張昌傳

沈慶之爲世祖撫軍中兵參軍會平定諸山鄖山蠻最彊盛魯宗之屢討不能克慶之剪定之禽三萬餘口 宋書沈慶之傳

王寬下邳人泰始初爲隨郡値西方反父元謨在都棄郡歸明帝使隨張永討薛安都寬辭以母猶存在西爲賊所執請得西行遂襲破隨郡斬僞太守劉師念拔其母事平明帝嘉之使圖畫寬形 南齊書王元載傳

永元二年冬虜遣桓道福攻隨郡太守崔士招破之 魏虜傳

梁太清元年三月侯景內附遣司州刺史羊鴉仁督土州

刺史桓和等將兵三萬擊懸瓠 梁書武帝紀

賀拔勝攻梁下溠戍擒其戍主尹道珍等 周書賀拔勝傳

賀拔勝出鎮荆州表獨孤信爲大都督從勝攻梁下溠戍破之 獨孤信傳

楊忠宏農華陰人從獨孤信破下溠戍有功後梁武興敗其西義陽守馬伯符以下溠城降朝廷因之將經畧漢沔乃授忠都督三荆二襄二廣南雍平信隨江二郢淅十五州諸軍事以伯符爲鄉導太祖令忠率衆南伐攻梁隨郡克之 楊忠傳

梁司州刺史柳仲禮爲邊寇泉仲遵從開府楊忠討之梁隨郡守桓和拒守不降忠謂諸將曰本圖仲禮不在隨郡如卽攻守恐引日勞師今若先取仲禮則桓和可不攻自服諸君以爲何如仲遵對曰蜂蠆有毒何可輕也若棄和深入遂擒仲禮和之降否尚未可知如仲禮未獲和爲之援首尾受敵此危道也若先攻和指麾可克克和而進可無反顧之憂忠從之仲遵以計由已出乃率先登城遂擒和 泉企傳

伊婁穆爲襄州長史唐州山蠻恃險逆命穆率軍討之蠻

酋等保據石窟一十四處穆分軍進討旬有四日並破之 伊婁穆傳

大建十一年八月己未周使持節上柱國鄖州總管司馬消難以鄖隨温應土順沔濆岳等九州魯山甑沌陽應城平靖武陽上明涓水等八鎮內附詔以消難爲使持節中大都督總督安隨等九州八鎮諸軍事車騎將軍司空封隨郡公庚申詔鎮西將軍樊毅進督沔漢諸軍事 陳書宣帝紀

周法尚字德邁汝南安成人也歸北拜開府順州刺史胡省三通鑑注漢東郡順義縣西魏置順州封歸義縣公陳將樊猛濟江討之大敗高祖爲丞相司馬消難作亂陰遣上開府段珣率兵陽爲助守因欲奪其城法尚覺其詐閉門不納珣遂圍之於時倉卒兵散在外因率吏士五百人守拒二十日外無救援自度力不能支遂拔所領棄城遁走消難虜其母弟及家累三百人歸於陳 周法尚傳

高祖年十六遷驃騎大將軍加開府周太祖見而嘆曰此兒風骨不似代間人武帝卽位出爲隨州刺史進位大將軍後徵還大象二年十一月授相國進爵爲王以隨

州之崇業鄖州之安陸城陽温州之宜人應州之平靖上明順州之淮南土州之永川昌平之廣昌安昌申州之義陽淮南息州之新蔡建安豫州之汝南臨潁廣寧初安蔡州之蔡陽郢州之漢東二十郡爲隋國 隋書高祖紀

則天永昌元年秋七月武承嗣使周興羅告隋州刺史澤王上金等謀反徵行在上金自殺 上金高宗子初封杞王 資治通鑑

建中四年八月乙卯李希烈將曹季昌以隋州降貞元二年五月李希烈將李惠登以隋州降 唐書德宗紀

伊愼字寡悔初以江西牙兵屬李希烈署漢南北兵馬使不受希烈反嗣曹王皐拔爲大將以功爲安州刺史攻隋州戰厲鄉斬首五千級踰降李惠登卽薦惠登爲刺史 伊愼傳

貞元初吳少誠擅蔡徙曹王皐鎭山南東道割隋以益其軍 曹王皐傳

乾符四年八月黃巢陷隋州執刺史崔休徵 僖宗紀

王仙芝陷隋州執刺史崔休徵山南東道節度使李福遣其子將兵救隋州戰死福奏求援兵遣左武衛大將軍

李昌言將鳳翔五百騎赴之 資治通鑑

光化元年七月朱全忠陷隋州執刺史趙匡璘 昭宗紀

朱全忠使氏叔琮進圍隋州執刺史趙匡璘斬首五千級 趙德諲傳

唐天祐二年七月王欲代唐使人諭諸鎭襄州趙匡凝以爲不可遣楊師厚攻之取其唐鄧復郢隋均房七州 五代史梁本紀

同光元年冬十月丙戌貶梁御史中丞王權爲隨州司戶 莊宗紀

雷德驤字善行仕周爲右拾遺判三司顯德中詔均定隨州諸縣民田屋稅稱爲平允 宋史雷有終傳

王全斌太原人乾德二年王師伐蜀全斌入成都有訴全斌奪民子女玉帛不法等事遂召還上因初立大功不下之獄但令中書問狀具伏因建隨州爲崇義軍責授全斌觀察留後開寶末郊恩召入侍祠 本傳

石守信浚儀人太平興國四年從征范陽督前軍失律降崇信軍節度 本傳

趙昌言字仲謨孝義人知天雄軍遷工部侍郎坐翟馬周

上書貶崇信軍行軍司馬 本傳

楊覃字申錫錢塘人爲陝西轉運使徙知隨州移唐州勤於吏事所至以幹濟稱且有廉名 本傳

王超趙州人爲三路排陣使駕巡澶淵詔率兵赴行在緩師期罷三路帥爲崇信軍節度使徙知河陽子德用字元輔狀貌雄毅言者謂貌類藝祖孔道輔又繼言之罷爲武寧軍節度使又降右千牛衛上將軍知隨州置判官理其事家人惶恐德用舉止言色如平時惟不接賓客而已 本傳

郎簡字叔廉臨安人以校書郎知福清調隨州推官除著作佐郎簡性和易平居晏語惟以宣上德救民患爲意 本傳

楊畋字樂道蓟州人折節喜學問由直史館知隨州名爲三司戶部判官清介謹畏自守甚約見稱士大夫 本傳

劉元瑜以擅補畫工易元吉爲助教降知隨州 本傳

盛陶字仲叔鄭州人爲監察御史疏李復珪輕敵敗國程昉開河無功二人實王安石所主陶不少屈出簽書隨州判官 本傳

劉彝知桂州以爲安南可取乃大治戈船交人來互市者率皆遏絕寧熙九年治其開釁之罪安置隨州 宋元通鑑

薛向字師正萬泉人同知樞密院事幹局絕倫計算無遺策嘗奏詔令民畜馬旋知不便議欲改爲蔚宣論其反覆無大臣體斥知潁州改隨州卒元祐中錄其功謚恭敏 本傳

邢恕天資反覆行險冒進哲宗立遷起居舍人爲宣仁后姪公繪具奏乞尊崇朱太妃爲高氏異日計后詰問公繪汝素不識字誰爲此公繪不敢隱遂黜知隨州 本傳

呂大防字微仲汲郡人拜尚書左僕射兼門下侍郎與范純仁同心戮力凡八年固請避位章惇令上官均張商英周秩劉拯相繼攻之奪大學士知隨州 宋史本傳

范純仁疏奏呂大防年老疾病炎荒非久處之地章惇詆與同罪落職知隨州貶武安軍節副永州安置時已失明怡然就道每戒家人毋得稍有不平諸子或怒惇必呵止之韓維子自言維執政日與司馬光議役法不合得免其子亦欲以前議爲請笑曰吾用君實薦至宰相

昔日在朝論事不合則可以爲今日地則不可與其有愧心而生孰若無愧心而死乃止 本傳

李道字行之光宗后父桑仲奏除武義郎副都統制兼知隨州進閤門宣贊舍人後霍明殺仲道與統制李横率兵縞素圍明於郢州明亡去劉豫遣人持書來招道不從執其使以聞詔嘉獎之豫怒遣將穆楷攻道復拒破之除鄧隨鎮撫使兼知鄧州會李横以命別將守鄧道不敢進仍知隨州 外戚傳

李成叛歸齊從金兵入寇陷鄧州李道亦棄隨遁成以王

嵩知隨州岳飛復襄陽連復唐鄧州遂磔王嵩李成傳

紹興四年秋七月岳飛使牛皐復隨州宋元通鑑

岳雲飛養子也年十二從戰多得其力軍中呼贏官人每臨陣手握兩鐵椎重八十斤所向無敵攻隨破鄧功皆第一飛不以聞岳雲傳

寧宗開禧二年十一月金人破隨州寧宗紀

金章宗泰和六年十一月壬午完顏匡取隨州金史章宗紀

開禧三年十二月金復破隨州寧宗紀

嘉定十年夏四月劉世興敗金兵於隨州十一年二月金

人圍棗陽孟宗政權棗陽隨方力拒隨州守許國援師至白水鼓聲相聞金人奔潰宋元通鑑

理宗端平元年春正月王旻戍隨州仝上

端平二年秋七月蒙古侵唐州知隨州全子才棄城遁三年五月蒙古取隨嘉熙元年春正月賞程再遇爲閤門宣贊舍人京西鈐轄知隨州以戰洪山功　淳祐十二年春正月北兵攻隨理宗紀

李庭芝在淮南聞陸秀夫名辟置幕下時天下稱得士多者以淮南爲第一號小朝廷宋元通鑑

元世祖至元十二年五月辛巳宋隨州守臣降元史世祖紀

附宋恭帝德祐元年五月辛巳行隨州事傅安國降元宋以朱端履知隨州事徙治大洪山黃仙洞十二月元兵破大洪山端履降元仍以端履知隨州郎黃仙洞爲治領隨應山舊志

蒙古以申屠致遠爲經畧司知事軍中機務多所謀畫師至隨州所俘男女致遠悉縱遣之宋元通鑑

楊惟中從皇子濶出伐宋克棗陽光化軍光隨郢諸州凡得名士數十人收伊洛遺書送燕京元史楊惟中傳

附二年正月元徙大都諸路獵戶戍隨之大洪山舊志

明玉珍一名旻隨州人世業農身長八尺目重瞳以信義爲鄉黨所服充弓兵首汝潁盜起隨人相結屯青山推玉珍爲屯長尋歸徐壽輝于漢陽授元帥與陳友諒同隸倪文俊部下分守沔陽與左丞哈林禿戰飛矢損右目軍中號旻瞎子至正十四年沔饑玉珍以兵千人駕斗船泝夔府貿糧至巫峽人多就之者會青巾盜李喜聚衆苦蜀義兵元帥楊漢以兵禦之右丞完者都方鎮重慶忌其功置酒飲漢欲殺之漢覺脫走漢兵怒皆挐

船去出巫峽道遇玉珍羣訴之因言重慶一城守將哈林兖完者都兩不相下且無厚兵可圖也玉珍用其策襲破重慶於是禁侵掠勞父老市肆晏然降者相繼壽輝授玉珍爲隴蜀右丞初玉珍攻重慶時道出瀘州宿河下聞進士劉楨名躬訪之先一夕楨夢冕旒者造廬明晨玉珍至與語大悅曰吾孔明也即舟中拜爲理問官進取成都及聞友諒殺壽輝自立玉珍怒曰友諒與我比肩事漢陽何遽謀逆遣將守夔關不與相通且爲壽輝發喪立廟尋取嘉定破東川據有全蜀二十二年衆推玉珍爲隴蜀王分兵陷雲南陝西參政車力帖木兒擊敗于金馬山禽其弟明二明年玉珍稱帝于成都僭號夏改元天統立妻彭氏爲后子昇爲皇太子用劉楨議倣周制設六卿置翰林諸官內設國子監敎公卿子外置提舉司敎生徒府置刺史州曰守縣曰令賦稅十取一開廷試製雅樂立郊社去釋老二敎玉珍親統兵入滇屯衆金馬山大理總管段功擊敗之仍還重慶踰年殂年三十六玉珍頗節儉好文學蜀人安之僭號凡四年 元史

鄧愈爲湖廣行省平章洪武元年大軍經畧中原愈帥襄漢取南陽隨州降攻下牛心光石洪山諸寨 明史鄧愈傳

附明洪武元年七月衞公鄧愈伐隨元右丞王誠降九月入大洪山克老馬劉寨命白圭爲隨州知州 舊志

正統四年遷交趾歸附官民於隨土知州閉色新黃元懿同知黃鐸判官岑斗烈吏目譚廣深與流官同治州事民一百十九口給之世業不徵租庸 仝上

正德七年流賊劉六等掠隨州 德安府志

嘉靖十五年監察御史曹逵劾罷尚書汪鋐後坐同官曾翀上書謫隨州判官 舊志

崇正八年三月曹文詔敗賊於隨州 莊烈帝紀

曹文詔爲援剿總兵官擊賊隨州斬賊三百八十有奇 曹文詔傳

附流賊來寇圍遊擊田某於萬家店總兵官曹文詔帥師來救一戰而克殺賊千餘人收還難婦二百餘口隨民感之爲生位於北門樓以祀之是年冬衆賊聚於洪山總兵許成名以兵追之拔其老營賊大潰九年冬流賊北曹操老𤞑𤞑隔里眼八大王等竄聚厲山諸鎭巡

撫王揚基統總兵官秦翼明追剿至孤山冲令副將楊世恩領兵三萬作前鋒至三道河賊設伏誘世恩入圍之世恩與其副二人夾河立營各築一土城禦賊賊晝夜攻不息相持至十三日糧盡揚基翼明轉襄陽檄附近堡人都士何士達餉世恩軍未幾軍陷世恩僅偕騎兵數百人奔出餘殲焉至今風雨之夕往往聞鬼哭云

舊志

十年春賊陷隨州責副總兵楊世恩戴罪自贖 湯九州傳

附二月朔賊張獻忠羅汝才破隨州外南關廂十一日

城陷知州王燾死焉翼日監紀張大金暨世恩領兵擊之遂復隨

十三年革裏眼左金王等四營豖突隨應麻黃 左良玉傳

附十四年四月二十五日賊張獻忠羅汝才又陷隨州平其城而去知州徐世淳學正詹濤致仕通判蕭鳳翙彰德同知張士進真安知州張士選諸生沈先約熊嗣光梁天培等俱戰死 舊志

徐公世淳以十三年十月莅隨時兵荒相接人民日耗一里僅存一二甲一甲亦僅存一二戶而催督預備糧料及協濟各處兵餉檄日至一無以應公乃清查里甲每甲每戶各實銀若干實荒若干總造實徵冊每戶給一實徵單另造荒冊申詳院司著爲定籍旋奏部題以隨州襄陽爲湖廣第一等荒永爲除額十四年正月公集城內外居民驗視擇其人之精壯可使習弓矢者三百餘人號爲義勇又擇其人之可任者二人爲李世科李應宿授以冠帶又擇人之堪訓練者十人爲副朝夕操練又出金造器械採買火藥二千餘觔造大銃八門百子礟三十門鳥銃五十門三眼礟六十門鐵燈籠一

百八座以及火器礟弩悉備二月初六日辰刻忽報襄陽失守公曰我故知賊未易殄今果猖獗矣賊得志而東隨必首受其難乃統料民丁計堞分守更番遞息練總趙珽守南門百戶袁應鳳守北門李世科守東門李應宿守西門公與次子文可及家丁循環稽察自昏及曉不息二月十二日有奸人海會葉三連登等十一人欲勾賊內應城中火每夜起公察知之擒禁州獄望日又擒奸細李二等訊之云賊伺城火發驚擾薄城因城內守嚴不可得志遂去隨而東南往矣四月初信陽報

警隨距信陽僅二百餘里十四報賊攻應山十五報攻德安十六賊哨馬至平林市午後報哨南河晉家店十七日又報賊至何家三岔湖十八報賊居安居及環潭店均川厲山諸處連具文告急環隨百里內夜火如白晝塵霧彌天十九日賊薄州城時城中民丁不滿三百日夜望援師至數日後聞已遣兵而爲守道趙某檄去協守承天矣城中皆哭以爲必死然公察之無一人欲降者益勵衆固守二十五日賊偵知州城因高爲基惟北門低下乃併衆攻其北巳刻城陷公力戰死公妾王

氏趙氏藏獲十八人皆死賊驅趙出不可先殺其所抱幼女申姑斷其八指罵益厲賊刃之賊去吳人石琳始得公屍於憲司前見公矢貫於頤鼻眼橫斷爲具棺殯於城內之土地祠三日後又求趙氏屍得之土牆下與申姑相抱不解胸著布囊中函金剛經遂併棺以斂後五日難民王載義等自賊營脫歸云州印埋後廨東牆下公子被殺時牽衣告之者及掘地果在至是知公子擁至賊營遇害矣屍卒不可得 徐公殉難錄

隨自十年正月陷及是再陷至七月復陷判官佘墇死焉三陷之後城中幾無孑遺 徐世淳傳

附守備黃章袞奉委來守因城平無據率兵壘南門樓臺爲堡乃聚衆千有餘人七月二十三日闖賊李自成突至圍堡誘之降章袞叱之與巡檢陳某庠生朱藩晉死守賊攻之不能下乃以巨礮擊之章袞藩陳巡檢與千餘人同死堡中 判官佘公郎以是日死 十五年春巡撫宋一鶴統兵復隨州親祭死難官民於南門樓下命知州盛世才練總張國威修城浚濠焉十六年春闖賊復陷隨州以其黨汪鷺爲僞隨州牧 舊志

十六年總督丁啟睿朱大典閣部楊嗣昌統京營兵號十萬追賊至隨之小塆山我兵大捷次日大雨衣甲火藥盡濕賊四面衝突我兵奮擊如前忽風沙交作大霧四塞兵遂敗績賊縛將士駢戮屍積王家店西白骨嶙嶙鄉人憐而瘞之時中原鼎沸玉石俱焚自李自成走厲山其右隊走安居破長慶堡駐劄運糧會啟睿大典暨保定總督楊文岳收復殘師轉至長慶堡撲剿斬賊千餘級餘賊奔州城合老營既而遁去 仝上

考明史諸人本傳嗣昌死於崇正十四年嗣昌死而以啟睿代之然啟睿實未之任十五年七月會文岳於朱

仙鎮軍潰俱褫職大典遺將援湖北事在崇正十五年其總督河南江北湖廣雖在十六年然實鎮鳳陽俱不見有來隨勦賊事舊志所云不知何據

十七年春遣將惠登相毛憲文復德安隨州　何騰蛟傳

雜紀

太史公謂百家言不雅馴搢紳先生難言之況後世卮言日出其不見斥於搢紳者鮮矣然唐宋而後作者迭興凡事爲正史所不載者諸家或傳之亦學者考鏡之資也志雜紀第三十四

曲江集有太僕卿上柱國華容縣男王府君墓誌云公諱

某瑯琊臨沂人解巾相王府參軍歷太子通事舍人陸渾縣俄遷隨州刺史賢明獨斷政教宏宣始爲漢東之美繼以巴中之異郡歷數四政常第一　驟遷越州大都督開元二年封華容縣男

劉長卿字文房河間人開元二十一年進士至德中爲監察御史歷鄂岳觀察使吳仲孺誣奏貶潘州南巴尉會有爲之辯者除睦州司馬終隨州刺史以詩馳聲上元寶應間權德輿常謂五言長城皇甫湜亦云作詩未有劉長卿一句已呼宋玉爲老兵其見重如此

梁肅明州刺史李公墓誌銘云公諱長隴西狄道人拜均州治中遷鄧州康允之叛公會諸將以王命討不臣尺兵不爽允黨大壞宛葉之間民受其賜上方勤恤下民重二千石之任不暇登公於朝由是歷隨曹婺三州三州輯寧徵傳韓王

温庭筠本名岐字飛卿太原人宰相彦博裔孫少敏悟才思豔麗韻格清拔工爲詞章小賦與李商隱齊名稱温李然行無檢幅數舉進士不第思致神速每入試押官韻作賦凡八叉手而成時號温八叉徐商鎮襄陽署爲巡官不得志去歸江東後商知政事頗右之欲自用會商罷相楊收疾之貶方城尉再遷隋縣尉卒集二十八卷

胡文恭集有宋故左龍武衞大將軍李公墓誌銘云公諱從浦字可大南唐烈祖之孫元宗之子後主之貴介弟也開寶中受言奉幣入貢誕節我眞人既與歸運有屬臺城隨下青蓋入侍太祖記使乎之舊寵祿將之敏授右神武大將軍領漢東郡事未幾夏帥繼捧挈河右之圖舉國內屬朝廷授以崇信節制移公江夏

應山縣志載連光裕世家上黨其祖聰徙居隨光裕爲應山令後爲磁郢二州司理卒葬應山

文忠公記舊本韓文後云予少家漢東漢東僻陋無學者吾家又貧無藏書州南有大姓李氏者其子彥輔頗好學予爲兒時多遊其家見其敝筐貯古書在壁間發而視之得唐昌黎先生文集六卷脫落顛倒無次第因乞李氏以歸

錢文僖公惟演以崇信軍節度使歸本鎮惟演出於勳貴文詞清麗與劉筠楊億併在郡對酒必自歌曰城上烟

光鶯語亂城下烟波風拍岸

沈括筆談世人有得雷斧雷楔者云雷神所墜多於震雷之下得之而未嘗得見元豐中予居隨州夏日大雷震一木折其下乃得一楔信如所傳凡雷斧多以銅鐵爲之楔乃石耳似斧而無孔世傳雷州多雷有雷祠在焉其間多雷斧雷楔

又云予在漢東得一玉琥美玉而微紅醋醋如醉肌溫潤明潔或云即玫瑰也

又隨州醫蔡士寧嘗寶一息石云數十年前得於一道人其色紫光如辰州丹砂極光瑩如映人搜和藥劑有纏紐之文重如金錫其上有兩三竅以細蔑剔之出赤屑如丹砂病心狂熱者服麻子許即定其斂兩歲息士寧不能名乃以歸予或云昔人所煉丹藥也形色既異又能滋息必非凡物當求識者辨之

姓譜載何蠡營道人登政和八年進士性剛介議論不屈倅隨擅聲稱

袁燮絜齋集有代其叔父章作先公行狀云先兄諱文字質甫明之鄞人也祖左朝議大夫尙書倉部郎中諱灼祖妣恭人石氏考承事郎諱坰妣夫人林氏先君從大父守隨無子禱於大洪之神夜夢神告曰與汝二子是

生先兄及章

湧幢小品孟無菴任荆湖制帥創書院以處流寓之士每日見客雖十百人一一接談凡有投獻並入袖中客退以所受文書令館客逐一朗誦諦而聽之可行者付出不可行者贐之行

荆門州志邊居誼隨州人以都統守新城元伯顏侵襄陽居誼夾江爲城堅壁固守以禦元師元兵莫能近遂攻

沙洋逼新城主將呂文煥至城下招之居誼射中其右肩率所部三千人死戰皆歿居誼率其妻華氏盖氏赴火死留詩曰鐵石肝腸死未休孤城高倚漢江秋三千血戰皆忠義不效襄陽事敵仇

漢東志載范忠宣公判安州日嘗作布衾銘以示學者後落職知隨州而銘無傳焉至今正統五年始獲銘石於州南之土山蓋當時學者所手勒也銘辭附藜藿之甘綈布之温名教之樂德義之尊求之孔易享之常安錦繡之奢膏粱之珍權寵之盛利欲之繫苦難其得危辱旋臻舍難取易去危就安至愚且知士寧不然顏樂簞瓢萬世師模紂居瓊臺死爲獨夫君子以儉爲德小人以侈喪軀然則斯衾之陋其可忽諸

應山程太樸記顏先生與當事不合其著述爲塗削舛亂劉化所云顏先生勒成一家言而鼓瑟竽門僅成畫餅者此也然顏氏有家藏隨應合刻一志

舊志何宗聖以神宗十九年舉於鄉除永安縣知縣擢工部營膳司主事監督三殿公務省工費以億萬計隨陞太僕少卿歷陞工部右侍郎

浮槎集湘潭王岱著稱漢東顏木與信陽同時作詩最有風骨而近時選家不錄一首

又寄金壇蔣虎臣書云雲外老僧係蜀人破山之裔嗣近住漢東雙泉院以杖子付岱岱不敢承當語錄一册弁附呈

隨州志卷之十六

隨州知州張　璿輯

藝文

史家藝文之志僅載篇目而上林長楊之賦全入其人傳中抑又贅矣至如郡邑志所載昔人製作本屬無幾而其文又足與此邦景物相參考彙而編之亦古國風之遺意也志藝文第三十五

唐

沈佺期

送喬隨州侃

結交三十載同遊一萬里情爲契濶生心由離別死拜恩前後人從宦差池起今爾歸漢東明珠報知己

王維

送邱爲往唐州時將寄家于隨州

宛洛有風塵君行多苦辛四愁連漢水百口寄隨人槐色陰清晝楊花惹暮春朝端肯相送天子繡衣臣

李白

題隨州紫陽先生壁

神農好長生風俗久已成復聞紫陽客早署丹臺名喘息餐妙氣步虛吟眞聲道與古仙合心將元化并樓疑出蓬海鶴似飛玉京松雪窗外曉池水階下明忽耽笙歌樂頗失軒冕情終願惠金液提攜凌太清

題元丹邱山居 時隱居仙城山

故人棲東山自愛邱壑美青春卧空林白日猶不起松風清襟袖石潭洗心耳羨君無紛喧高枕碧霞裏

劉長卿

行營酬呂侍御時尚書問罪襄陽軍次漢東境上侍御以州鄰寇賊復有水火迫於征稅詩以見諭

不敢淮南卧來趨漢將營受辭瞻左鉞扶疾抗前旌井稅鶉衣樂壺漿鶴髮迎水歸餘斷岸烽至掩孤城晚日歸千騎秋風合五兵孔璋才素健早晚檄書成

登遷仁樓酬子婿李穆

臨風獻麗譙落日聽吹鐃歸路空迴首新章已在腰非才受官謗無政作人謠儉歲安三戶餘年寄六條春蕪生楚國古樹過隋朝賴有東林客池塘免寂寥

聞虞沔州有替將歸上都漢東城寄贈

淮南搖落客心悲涓水悠悠怨別離蚤鴈初辭舊關塞秋風先入古城池腰章許國丹心耿露冕臨人白髮垂惆悵聞君先我去漢陽耆舊憶旌旗

韓愈

送諸葛覺往隨州讀書

鄴侯家多書架插三萬軸一一懸牙籤新若手未觸爲人强記覽過眼不再讀偉哉羣聖文磊落載其腹行年餘五十出守數已六京邑有舊廬不容久食宿臺閣多官員無地寄一足我雖官在朝氣勢日局縮屢爲丞相言雖懇不

見錄送行過溠水東望不轉目今子從之遊學問得其欲入海觀魚龍矯翮逐黃鵠勉爲新詩章月寄三四幅

自袁州還京行次安陸先寄隨州周員外

行行指漢東暫喜笑言同雨雪離江上蒹葭出夢中面猶含瘴色眼已見華風歲暮難相値酬歌未可終

寄隨州周員外

陸孟邱揚久作塵同時存者更誰人金丹別後知傳得乞取刀圭救病身

姚鵠

隨州獻李侍御長律二首

彩筆曾專造化權道尊翻向宦途閑端居有地唯栽藥靜坐無時不憶山德望舊懸霄漢外政聲漸溢路歧閒衆知聖主搜賢相朝夕欲徵黃霸還

再削未甘何處說但垂雙淚出咸秦風塵匹馬來千里蓬梗全家望一身舊隱每懷空竟夕愁眉不展幾經春今朝儻降非常顧倒屣寧惟有古人

羅隱

重過隨州憶故兵部李侍郎恩知因抒長句一首

莊周高論伯牙琴閑夜思量淚滿襟四海共誰言往事九原從此負初心鷗翻漢浦風波急雁下涓溪霧雨深慙愧蒼生還有意解歌襦袴到如今

胡曾

驌驦陂

行行西至一荒陂因笑唐公不識機莫惜驌驦輸令尹漢東宮闕蚤時歸

陳陶

幽濟禪院 全唐詩作豫章西山香城寺今從大洪山志中錄出

十地巖宫禮竺皇栴檀樓閣半天香祇園樹老梵聲小雪嶺花飛燈影長霄漢落泉供月界蓬壺靈鳥侍雲房何年七七空人降金錫珠檀滿上方

僧貫休

東陽罹亂後懷王慥使君 時慥貶隨州司戶

昨來祇對漢諸侯勝事銷磨不自由裂地鼓鼙軍缺急連天烽火陣雲秋砍毛淬劍雖無數歃血爲盟不到頭誰爲今朝奉明主使君司戶在隨州

宋

歐陽修

留守相公移鎮漢東

周郊徹楚坰舊相擁新旌路昔青山在人今白首行問農穿稻野候節見梅英腰組人稀識偏應郢吏驚

梅堯臣

使者自隨州來知尹師魯寓止僧舍語其處物景甚詳因作詩以寄焉

驛使話漢東故人遷謫處所居雖非居有樹即嘉樹日膳或雞豚時蔬多筍芋夜堂蛇結蟠晝戶鵲噪聚著書今未成愛靜已得趣予欲訪其人炎蒸未能去

黃庭堅

挽邢敦夫 合璧事類作蘇軾詩

詩到隨州更老成江山爲助筆縱橫眼看白璧埋黃壤何況人間父子情

沈括

登漢東樓

野草粘天雨未休客心自冷不關秋塞西便是猿啼處滿目傷心悔上樓

光化道中遇雨

望遠初翻葉隨風已結陰雨蓬宜倦枕鄉夢入寒衾菰笠侵涓俗溪山動越吟烟波千里去誰識魏牟心

邢居實

送客

春仲賦南征歲暮即北走歧路劇羊腸重岡九十九馬瘦須著鞭袖短難藏手與君從此別把袂倚衰柳

張商英

涓陰亭

駕言晨出㵐臺隅涢水登臨酒拍壺不似峴山羊叔子心隨漢水欲吞吳

陳洙

㵐水

㵐涢雙水繞城隅高誼曾聞季大夫九十九岡風俗厚人人況已握靈珠

孟珙

無菴贊

老拙愛遊戲忙裏放癡憨正當任麽時無處見無菴混沌

菴之基太樸菴之梁太始菴之柱太極菴之房四象菴之壁八卦菴之窓白雲菴之頂淸風菴之牆誰人運斤斧大匠口羲皇明月爲伴侶萬古其如常欲知吾富貴秋水共天長水雲不到處一片玉壺光

又頌

有生必有滅無菴無可說踢倒玉崑崙夜半紅日出

邊居誼

絶命辭

鐵石肝腸死未休孤城高倚漢江秋三千血戰皆忠義不效襄陽爭敵仇

釋真淨

寄洪山淳禪師

喝轉虬龍後名山護有神道場千古舊法席幾翻新廢去何由物興來故在人況師先達者不與衆同塵

明

陳壽 見耆舊傳

大洪山仙人洞

今古名山在高低絶徑懸我來成獨語仙去幾多年幻相

非緣石靈根縱自天暗窺飛閣上或有玉函篇

胡濙 字源潔武進人官禮部尚書進太子太傅卒謚忠安嘗奉命訪仙人張邋遢徧行天下

崇寧萬壽寺

每從絶境訪神仙及至山中更杳然龍去故湫歸海外雲過別嶺到門前佛函香動空遺蛻祖地灰飛換法筵爲語律宗諸學子十方仍是四禪天

原傑 字子英陽城人湖廣巡撫都御史

太平山

路入淮南郡相連楚塞長烟嵐靑不斷林壑黯深藏孤嶺

分祠柏長源達呂梁自來屏障地今已撤邊防

李充嗣 見名宦傳

栲栳寺

神斧劈山原何年千尋落澗聲潺潺雞犬不聞天地別松陰十里無人烟峨嵋捲翠清如洗香拂闌干曙光裏天風石上吹人衣山僧雲卧呼不起月明鶴唳松露凉石窻梟梟騰爐香擕僧笑入雲深處雲破鳥啼山蒼蒼

宗彝 見耆舊傳

仙城山歌

昔有仙人李太白迢迢來訪仙城客銀鞍金絡渡花溪幾樹藤花罥輕幘雪渚雲潭六六灣嵐光面面迎人碧馬上詩成只獨吟磊落新篇瑩明月山中仙客紫陽翁坐老烟霞漢水東苦竹深林面城住時來絶嶺披松風此時相見心莫逆共躡飛雲叩青壁壁開杉影護雙扉谷口泉流漱奇石倚石聽泉響玉笙洞中仙樂動泠泠隋家帝女今猶在鳳舞鸞歌拍未停雲扉豁啟陰巖際巖前灼灼明輝麗路入墉宮曲徑深隔泉問講參同契紛紛妙解多奇情元言從此傳人世出得山中身已仙烟光冪冪門常閉人去山空七百秋山花山鳥轉成愁雲罩峰頭日欲落白牛池畔草如油我來空識山容好獨上峯巔一長嘯紫府真人不可尋一生捹向山中老

黄鞏 字仲固莆田人進士德安府推官入爲部曹諫武宗南巡被杖後官至大理少卿卒謚忠裕

六月過唐縣鎮

滾滾紅塵裏憑誰賦遠遊垂楊低拂馬深竹暗藏鳩春事將無及瘡痍尚未瘳勞歌應更苦回首漢東樓

李中 見流寓傳

遊大洪山

路向洪山秋思新肩輿囊括四時春由來洞洞無疆界一笑東西南北人

奇峯招我向秋來鹿豕相親了不猜但怪屐痕留石徑叉教微雨補蒼苔

太虛動靜聽鐘聲今古人間幾醉醒脚板天區渾自在無邊風月載山行

登山誰會了高低天地大輪疾駿蹄試與叔平話端的人間順動是丹梯

笠下光陰不見苔山中行樂問如來天機流轉原無二秋

到東籬菊自開
踏破白雲山外山石橋流水又人間田家酒熟能招飲未
動催科有好顏

顧璘 字華玉上元人湖廣巡撫遷南京刑部尚書

大洪山

慈忍禪師不可逢祇林高擁萬山重崑崙别現西方景窣
堵曾經古大封人履飛雲頻度嶺石棲靈洞欲爲龍白頭
未盡林泉興又寄空門半日蹤

百轉飛輿到上蒼雲邊猶敞古禪房羣公相顧盡褫冕四

海一窺難辨方半壁鳴泉傾古礀經年殘雪凍陰岡平生
悔被塵冠誤負却乾坤幾道場

朱箎 巡按御史

從顧宗丞遊大洪山因病不果步元韻

自古名山不偶逢春遊相約意重重病魔牢挽登臨脚醫
肆頻催藥餌封空使僕夫時秣馬徒聞禪法解降龍山林
不吝天邊景俗客元非物外蹤

只恐高聲驚上蒼遊笻還自隔禪房人前未暇談遊興枕
上惟應問藥方寂寞羈懷依野店微茫列騎度層岡當年
悞入青雲路失却丹霞選佛場

李維楨 字本寧京山人南京禮部尚書進太子太保

遊大洪山

步躡隨陽第一山大開眼孔小塵寰幾家烟火睥睨下萬
里乾坤指顧閒荆郢卧雲山勢亂漢湏拖練水光連此身
恍在青霄上不羡咸都百二關

白龍池道中

幾聲梵笛響青岑驚起神龍水底吟坐久日斜催去馬白
雲漠漠柳陰陰

王格 字汝化京山人官河南僉事

登大洪山

大洪層嶂鬱峆嶢白日花宮響洞簫鳥道西連嵩少迥龍
池南注漢江遥雲中鐘鼓聞三楚樹杪樓臺切九霄譚罷
上乘眠石榻春風一夜玉生苗

青宜削出幾芙蓉萬里晴烟一望中二鼎平扶千歲側三
峯仰見四天空虎溪芳草侵藜杖龍洞閒雲鎖梵宮欲傍
老僧開斗室餘生長此挹慈風

王鉞 永嘉人

金剛坡望大洪山寺

捫蘿攀石扣禪關五月陰寒雪滿山遥聽雲端簫鼓沸始知天上有人間

謁靈濟殿

十年謝病淹三楚五月披雲訪大洪躡磴牽蘿窺極頂恍疑身在碧霄中

龍闕巖

芙蓉削出三千尺挿直飛流萬丈中非馭風雲聊一望崢嶸頭角似騰空

顏木 見耆舊傳

望大洪山

合沓兹山盤百里門庭日日挹稜層昔賢曾此傳三昧老我平生闕一登風火輪中餘勝槩薜蘿深處看閒僧絶頂應有高人占何日還來一講燈

陳士元 應城人進士

過四聖菴

四聖祗園經幾代孤村銅鉢繞雙泉最憐香霧除青篆更喜高峯削碧蓮卓錫風清聞上界疎鐘霜霽淨諸天滄瀛騎鶴吾能貫此地徘徊有俗緣

王月

過洪山寺

兩載羈隨郡勞勞笑此身禪宗遺蹟古幽興入山新猿慧能參佛龍馴不避人山頭頻悵望下界日風塵

湯顯祖 字若士臨川人進士授禮部主事以言事貶

送史隨州

同年年少郎推君才地分麾迴邈羣列郡鎮珠連大澤高齋倚蓋勤浮雲江邊歲月虚流賞漢上風光好寄聞獨有

元湖秋色苦壁蓮時候與君分

何棟如 字玉峴無錫人進士襄陽府推官忤稅璫下獄後官太僕寺卿奉使督視邊軍

奉檄勘礦盜途次隨州出山店

世路多艱阻前山正鬱盤探丸成内寇仗節出中官側目狐狸過傷心草木殘何徒任刀筆長負進賢冠

鄧林喬 成都人

從趙中丞登大洪山絶頂

山景全憑煙霧增看山霧裏許誰曾人間密滴兜羅雨鳥道重穿薜荔藤隱隱疎峯迷近遠陰陰古木隔崚嶒微茫

恍入華胥界掀我蓬萊最上層

曲徑嵒嶢古寺巔雨隨車馬落洪川象懸孤嶼千山外影揷浮雲二岳前地擁龍潭開郢甸鼎留鳥篆記唐年登臨欲坐挑燈隱檢東酹知尚惘然

視以幽 見官師表

遊靈濟巖

自余領茲土歲忽再更篇山靈識余覩相見兩錯愕未入矑已澄暫憩神益夐怒石排虛空驚棱互纏絡森著來撲肩流翠欲粘屩獮穴探層扉混沌何年鑿陰風萬竅呼返照漏螢爝躭勝擬延攬淸奇旋中卻至人七日定定後竟何著石牀屯古雲靈液垂酥酪輿彼一勺多療此千頃涸怊悵遵歸途鳥去煙漠漠

戴九偕 見官師表

遊大洪山宿藏經閣

驅車覽勝午風淸更喜泉飛瀑布聲靈硐鬬龍歸玉鉢疏林喃鳥和金笙雲翻貝葉千峯霽露潤曇花四宇馨高閣一登霄漢近夜來呵氣貫台星

何宗彥 見耆舊傳

遊大洪山初發郊外

車馬凌朝發芙蓉入望青微風連日澹野菊帶秋馨爽氣與前落塵心物外醒何時解簪紱長此對林坰

自均川寺祇宿佛嶺

蕭瑟滿均川臨風意惘然驅車當絶嶠遠野見孤煙谷靜流泉響林空落日懸相攜投淨土淸夜一燈傳

洪山道中

秋高氣爽擁輿行矗矗峰巒隱化城環抱千山靑靄合劃開一線法雲明筌簀逶路含風遠蘿薜橫岡帶露淸愧我塵蹤棲欲界暫擴身世學無生

登洪山

秋雨連綿到上頭風雲漠漠望中收雲開指顧空三楚海岱微茫接十洲憶昔雙龍開大壑何年三釜落高邱應知此日登臨後千載誰人說壯遊

李槃 碑稱越人 明進士

夜光池

隨國已成古隨珠名尚留城隅一泓水至今涵淸秋何地不生寶識別難其儔憶方吐幽室閃閃驚雙眸俗子長披

鋼腸視不敢收及登廟堂日萬鎰不易求懸照可十乘府珍鮮能侔不惟珠爲爾人事亦相猶下客久懷寶未逢善價酬何堪自衒鬻入匣輝彌悠

本朝

熊伯龍 字次侯漢陽人官至侍讀學士

隨州徐中明使君殉難詩

余未得交中明使君會其子質可晤余漢上痛哭乞言感而賦此質可亦越之名士也

坐歎天下士賞罰何足倚我聞城屢陷不聞官守死身死國已辱聊復存大恥惟我中明公一門殉軍壘隨州舊戰場殘垣周二里賊騎東西馳倦或一棲止安危委州官羽檄若充耳視事在庚辰慘淡營荒鄙雉高家產竭典衣買弓矢新丁怯且驕給食如畜豕鄰邦尚醉夢微臣胡敢爾今古實心人規模亦止此時勢困英雄賊謀何太詭百城非所慕寧殺能刺史大道無成敗州亡勞可紀頸血酬民社君子安厥理

洪吉臣 仁和人德安府推官

表節婦梁孺人

雄文五采炳長離何事殷殷惜蹇騎一葉春帆飛夢澤幾年明月並勞思君傳韋母籠紗業我頌共姜汎柏詩自是天心隆節孝佇看他日起宏詞

此詩當是節婦有子洪與其子爲友別後書來爲其母求作者惜舊志不注明其子爲何人

陳奇抱 見耆舊傳

夜夢前判官銅陵余公爲本州城隍神醒而賦此

一日之官便死忠至今耿耿氣如虹生從嶽瀆精靈降死作城隍保障功魂魄尚於斯邑戀神明幸許昨宵通祠宮

蕭颯雲旂下呵殿分明夢寐中

王毓恂 見官師表

題醉陶軒

暮雨臨溪屋秋風對酒篇斯人多靜意閉戶幾何年

秀野亭

槳舞平橋晚蟲吟水閣秋沉寥雲影淡此地足清幽

梁本 見耆舊傳

長慶寺

長祖今何在清風滿寺門一簾禪壁冷大界法乘尊曹洞

千僧集潩陰七井存鉢蓮開面面横出一枝翻

子房廟

霸業千年盡風雲尚爾祠山河留氣色冠劍表鬚眉心事終黄石功名共紫芝東園有遺老長此托風期

長慶寺絶句八首

山寺宵寒梵唄清叉從隔嶺度鐘聲勞勞塵夢誰先覺了徹天心在五更 長慶晨鐘

山光黯淡水光浮清絶潩溪古渡頭明月鷺鷥荷葉浦香風和露入偏舟 潩浦夜泊

香城高閣傍山開不盡嵐光帶雨來望到隔林深影處一聲牧笛破烟回 東閣曉眺

石磴縈紆路幾重層巒盡日白雲封幽人斸藥時來往惹得侵衣一片濃 西崖宿雲

雲鎖羣巒半吐吞蒼茫樹色暗孤村天然一幀王維畫烟雨迷離漲墨痕 南岡烟雨

高臺屏列梵王宫皓魄光凝一望同陡覺夜來風露冷已知身到碧霄中 北臺秋月

千峰聳峙白雲隈積雪經春未肯開知是靈山留淨域不敎一點着塵埃 洪山積雪

獨向溪頭占釣磯秋風時羨得魚肥不曾換酒來城市恐踏紅塵惹是非 㴇水觀魚

朱安世 見官師表

謁神農洞

聖啟炎皇氏靈鍾㵘水涯寒墟存井社石室滿烟霞考信窮碑斷徵奇舊史誇始開民業厚今見土風嘉横野耕桑譜深山巢燧家但傳神首出莫紀洞年華粒食功猶在時巡跡已遐遺封遷賴邑典祀入長沙世遠人忘報祠荒禮

未加愧予方訓俗望古一咨嗟

劉霦 見官師表

黑龍池禱雨

洪山懸崖削如壁下俯澄潭一千尺中有異物藏幽陰角爪森然潭底蟄有時晝起雲冥冥草木疾偃海風腥蜿蜒波際出復没忽作霹靂飛郊坰此時山田正秋旱黄昏雷雨暵塘滿村氓曉走山之巔叩謝佛前情欵欵昔聞刺史行田原霢霂膏雨隨車輾一從德薄不能至至今濟物歸沙門

張之杜 見官師表

忠愛堂

春風薰陌路花影繞公庭詛祝皆成譜農桑自有經早衙官事畢樂歲衆心寧不學淮南卧勞勞尚戴星

王岱 見名宦傳

漢東過友人山莊

苦雨度山岡雲深山路藏蹇疲泥没脊擔重溼添裝投足難爲主分餐却有莊夜闌燒燭語逆旅遂相忘眞率山中意茅堂竹樹横好花隨地發野鳥向人鳴蔬剪

春前韭甌香穀雨[illegible]檢書抛枕後簷溜細泉生

雙泉寺訪雲外和尚

棒喝師承已九年此來親得見雙泉庭前柏樹千枝翠殿角峰巒萬疊烟榾柮火邊鐺折脚藤蘿單畔衲無緜燒松夜半都忘倦澗水穿廚落屋椽

羅什寺

錐立高崖俯萬峰嵯峩宮殿半雲封僧依蒼翠忘來路鳥入烟嵐覔去蹤逼近諸天聞梵語驚回下界聽霜鐘重來落石從誰問 自注落石即羅什因臨濟祖師登山落石得名 記取前林西向松

栲栳寺

蘭若上青冥燈傳濟祖庭到門藤倚樹入耳塔吹鈴鳥道孤誰上江流迅不停欲知三棒意天外數峯青

武石菴見過且園

蓬蒿一徑盡成荒謾擬成都舊草堂駐節恰逢嚴僕射解漁重見賀知章風前謦欬珠璣滿庭畔經過草木香爲愛論詩到幽細推敲禮數許相忘

過陳華頂徵君墓

驅車不復避羊腸下拜佳城愈感愴挂劍人來空破涕知

音琴廢日望洋梅花香繞孤山角柳色青垂栗里傍自是高風難繼起雲山江水兩蒼蒼

釋雲外 雙泉寺僧

栲栳寺

岧嶢一道逼霄漢倚杖頻看日並肩紅白山花熏佛座高低樹鳥話人前趺龕禪叟神猶在圖碣樓臺腐未全幾度換新咸我輩今來何事恨無緣

靳天顔 見選舉表

長慶寺

切後尋遺刹蕭條半陸沉惟餘黃蘗寺長閟白雲岑風雨消兵氣香花續梵音舊題猶可讀拂拭古牆陰

宿均川

短策穿林去蕭然陟野垧人家除虎落村市讀牛經地遠貧堪樂時清夢亦寧塵氛應不到澗水自泠泠

何泰崇 見耆舊

舜子井

往事如今考信難淒凉遺井勺波寒秋風古巷人非舊衰艸荒岡跡易殘碑在千年珍漢隸文成五品醜秦官何妨

别換名稱好常作勤劬使浚看

陳占祥

興泉寺

坐看遥山瀉玉淙飛泉天半漱芙蓉瀑聲乍醒遊人耳雲影常依度世蹤月貯溪流寒自潔竹穿巖罅遠逾濃不須淨掃塵埃地但聽南能得得春

訪梁錫伯錫仲兄弟山居

爲訪梁鴻室因成郭外遊入山需短策繞澗見孤舟但見雲來往何知人去留松聲與梵磬一派入溪流

何操敬

登大洪山

朝發黑林溝暮登慈忍寺絶巘愼躋攀躑躅遑他視斂足向僧寮欲語心猶悸簫鐃發空巖聒噐不能寐悠然動晨鐘徘徊下庭陛四顧霧海昏乾坤始一氣俄看旭日升漸覺烟光墜植杖最高峯千山滿空翠安隨應卽復點點皆可覿俯瞰雙龍池波瀾永不匱出溉萬頃田脈脈通溝澮尤重濟物功豈徒山水異曠覽意有餘斜日倚崖際天風吹衣襟白雲在肩臂下山徑轉幽猿鳥屢驚避疎磬逗林

表疑是舊遊地山村無俗情雞黍爲我置呼兒出素幅援筆略成記十年縈寤思今日始一慰

梁中極

神農洞

斷碣塵封莫問年懸崖重叠自悠然川原歷歷皆靈氣雲物蒼茫只洞天應是明農纔足帝何緣絶粒更稱仙長沙南畔秋光遠誰復臨風弔古先

李振藻

雨中過白雲寺聽講經

靜看天花墜拈之誰得同雲蒸松影裏法說雨聲中自洗
經行鉢還叅過去鐘殷勤留半偈欲解已成空

周之仲

大洪山

百里連山勢鬱蟠直從荆郢聳奇觀雲封古洞千年夜雪
積陰巖六月寒當日洪波翻絕頂而今花雨著層巒靈蹤
屢顯傳唐宋突兀豐碑字未殘

高拱極

靈濟巖

勝地偏宜勝友偕杖筇載酒問松來擬同衆妙窺虛牝怕
有塵心入鏡臺草木似從今日定烟霞豈爲昔人開縱談
千古興亡事漢武秦皇未易才

韋藏用

嵩山寺

一徑轉蒼凉秋深古寺旁遠山橫塔影虛閣納溪光木落
孤村見烟寒釣艇藏悠然川上意目送逝波長

隨州志卷之十七

藝文 文上

隨州知州張　瑨輯

唐

李白

江夏送倩公歸漢東序

謝安四十臥白雲於東山桓公累徵爲蒼生而一起常與
支公遊賞貴而不移大人君子神冥契合正可乃爾僕與
倩公一面不忝古人言歸漢東使我心痗夫漢東之國聖

人所出神農之後季良爲大賢爾來寂寂無一物可紀有
唐中興始生紫陽先生先生六十而隱化若繼跡而起者
惟倩公焉蓄壯志而未就期老成於他日且能傾産重諾
好賢攻文卽惠休上人與江鮑往復各一時也僕平生述
作罄其草而授之思親遂行流涕惜別今聖朝已捨季布
當徵賈生開顔洗目一見白日冀相視而笑於新松之山
耶作小詩絕句以寫別意辭曰彼美漢東國川藏明月輝
寧知喪亂後更有一珠歸

冬夜於隨州紫陽先生餐霞樓送烟子元演隱仙城

山序

吾與霞子元丹烟子元演氣激道合結神仙交殊身同心誓老雲海不可奪也歷行天下周求名山入神農之故鄉得胡公之精術胡公身揭日月心飛蓬萊起餐霞之孤樓鍊吸景之精氣延我數子高談混元金書玉訣盡在此矣白乃語及形勝紫陽因大誇仙城元侯聞之乘興將往別酒寒酌醉青田而少留夢魂曉飛度涤水以先去吾不凝滯於物與時推移出則以平交王侯遁則以俯視巢許朱紱狎我綠蘿未歸恨不得同棲烟林對坐松月有所欵然銘契潭石乘春當來且抱琴臥花高枕相待詩以寵別賦而贈之

漢東紫陽先生碑銘

嗚呼紫陽竟夭其志以默化不昭然白日而升九天乎或將潛賓皇王非世所測（缺十一字）挺列仙明拔之英姿明堂平白長耳廣顙揮手振骨百關有聲殊毛秀采居然逸異（缺十字）而直達何龜鶴早世蟪蛄延秋元命乎遭命乎亏長息三日懵于變化之理先生姓胡氏（缺六字）族也代業黃老門清儒素皆龍脫世網鴻冥高雲但貴天爵何徵閥閱始八歲經仙城山（缺十一字）有清都紫微之遐想九歲出家十二休糧二十遊衡山雲壽洞府水涉冥壑神王（缺八字）名爲威儀及天下採經使因遇諸眞人受赤丹陽精石景水母故常吸飛根吞日魂密而修之（缺六字）所居苦竹院置餐霞之樓手植雙桂棲遲其下聞金陵之墟道始盛於三茅波乎四許華陽（缺七字）陶隱居傳昇元子昇元子傳體元體元傳貞一先生貞一先生傳天師李含光李含光合契乎紫陽（缺五字）於神農之里南抵朱陵北越白水稟訓門下者三千餘人鄰境牧守移風問道忽遇先生之宴坐（缺五字）隱機雁行

而前爲時見重多此類也天寶初威儀元丹邱道門龍鳳厚禮致屈傳籙於嵩山東京大唐（缺二字）宮三清固辭偃卧未幾而詔書下責不得已而行入宮一革軌儀大變都邑然海鳥愁臧文之享猿狙裂周公之衣志往跡留稱疾辭帝刻期離闕臨別自祭其文曰神將厭亏亏非厭世乃顧命姪道士胡齊物具平肩輿歸骨舊土王公卿士送及龍門入葉縣次王喬之祠目若有睹泊然而化天香引道尸輕空衣及本郡太守裴公以幡花郊迎舉郭雷動（缺四字）開顏如生觀者日萬羣議駭俗至其年十月二十三日葬於

郭東新松山春秋六十有二先生含宏光大不修小節書不盡妙鬱有崩雲之勢文非夙工時動雕龍之作存也宇宙而無光歿也泯化而蟬蛻豈（缺八字）乎有鄉曾貞倩雅伎才氣請予爲銘予與紫陽神交飽餐素論十得其九弟子元丹邱等咸思鸞鳳之羽儀想珠玉之雲氣灑埽松月載揚仙風纂石頌德與茲山不朽其詞曰賢哉仙士六十而化光光紫陽善與時而爲龍蛇固亦以生死爲晝夜有力者挈之而趨刼運頹落終歸於無惟元神不滅湛然清都延陵旣沒仲尼嗚呼青青松柏離離山隅纂石頌德名揚

八區

宋

歐陽修

上隨州錢相公（惟演）啟

比者及期被代投版言歸宿官早愧於迷方書課靡能於自脫徒以無庸之迹曾希一盼之榮當懷檄以云初屬擁旄之方始相公坐於雅俗鎭以無爲民豐四鬴之年市息三九之盜行郊憩樹絶無兩造之辭託乘載賓惟奉百金之宴而况西河幕府最盛於文章南國蘭臺莫非乎英俊豈伊末迹首玷初筵至於憐稽懶之無能容禰狂而不辱告休漳浦許淹卧以彌旬偶造習家或忘歸而終日但覺從軍之樂豈知爲吏之勞芘德已深遊藩未幾旣而持山國之瑞節改戎乘而啟行荆州遽失於所依周南遂留於滯迹稍以引去無復並遊之人歸然自存時有思歸之嘆每臨風而結想徒零涕以懷恩相公以彝鼎之勳極公台之重獨立不倚羣言互興中山之篋雖盈南海之車終辯繫辭有云崇高莫大乎富貴古人歎曰富貴必履於危機伏惟推盈虛消長之言究動靜吉凶之理秉珪璋之德何

卹瑕疵挺松筠之心不變霜雪雖流路之謗未免三年以居東而在廷之臣豈無一言之悟主俟聞來復以慶終亨願無以理而自明當要以久而復見區區之志實在於斯徒有戀軒之心未知報恩之所

答連職方

某惶悚頓首上黨三哥艮執少（一作久）別伏想體中佳好近者兄長行獲奉短札懇悃之素具之如昨洎任進來得三兄信伏知軒車猶未歸仙壟某自返黨閭邈然塊處日以賤事相逼魚鱗左右至於筆硯之具視同長物而已前承

寵示佳句久欲爲答奈六情底滯不能叩課加之對雷門之前非布鼓之能過也但効曹生游揚季布之名日得傳播於漢東士流之閒諷誦傳寫者迨（疑）使中山兎悲而洛陽紙貴也今勉成一首以報來使小生學非師授性且寘惷仰賴艮交時賜敎誘若不爲索其病疵而姑効司馬生言好字則三哥顧我之厚薄可由斯而見矣崢嶸歲且晏平居寡徒想望故人能不愴恨時因北風幸無忘德音之惠

某頓首

與郭秀才書

僕昨以吏事至漢東秀才見僕於叔父家以啟事二篇偕門刺先進自賓階拜起旋辟甚有儀坐而語諾甚謹讀其辭溫密華富甚可愛視秀才待僕之意甚勤而禮也古人之相見必有歡欣交接之誠而不能達乃取羔雁雉鶩之類致其意爲贄而先旣致其意又耻其無文則以虎豹之皮績畫之布以飾之然後意達情接客旣贄而主人必禮以答之爲陳酒殽幣篚壺矢燕樂之具將其意又爲賦詩以陳其情今秀才好學甚精博記書史務爲文辭不以羔鴈皮布爲飾獨以言文其身而其贄旣美其意旣勤矣宜秀才責僕之答厚也僕旣無主人之具以爲禮獨爲秀才賦詩女曰雞鳴之卒章曰知子之來之雜佩以贈之取其知客之來豫儲珩璜琚瑀之美以送客雖無此物猶言之以致其意厚也僕誠無此物可謂空言之爾秀才年且少貌厚色揚志銳學敏因進其業修其辭暴練緝織之不已使其文采五色潤澤炳蔚若贄以見當世公卿大人非惟若僕空言以贈也必有分庭而禮加籩豆實幣篚延爲上賓者惟勉之不已

曾鞏

尹公亭記

君子之於已自得而已矣非有待於外也然而曰疾沒世而名不稱焉者所以與人同其行也人之於君子潛心而已矣非有待於外也然而有表其閭名其鄉欲其風聲氣烈暴於世之耳目而無窮者所以與人同其好也內有以得諸已外有以與人同其好此所以爲先王之道而異乎百家之說也隨爲州去京師遠其地僻絕慶歷之閒起居舍人直龍圖閣河南尹公洙以不爲在勢者所容謫是州居於城東五里開元佛寺之金燈院尹公有行義之學長

於辯論一時與之遊者皆世之聞人而人人自以爲不能及於是時尹公之名震天下而其所學蓋不以貧富貴賤死生動其心故其居於隨日以考圖書通古今爲事而不知其官之爲謫也嘗於其居之北阜竹柏之間結茅爲亭以茇而嬉歲餘乃去既而人不忍廢壞輙理之因名之曰尹公之亭州從事謝景平刻石記其事至治平四年司農少卿贊皇李公禹卿爲是州始因其故址增卑益狹斬材以易之陶瓦以覆之既成而寬深亢爽環隨之山皆在几席又以其舊亭峙之於北於是隨人皆喜慰其思而又獲

游觀之美其後李公以圖走京師屬予記之蓋尹公之行見於事言見於書者固已赫然動人而李公於是侈而大之者豈獨慰隨人之思於一時而與之共樂哉亦將使夫荒遐僻絶之境至於後人見聞之所不及而傳其名覽其迹者莫不低徊俯仰想尹公之風聲氣烈至於愈遠而彌新是可謂與人同其好矣則李公之傳於世亦豈有已乎故予爲之書時熙寧元年正月日也

張商英

隨州大洪山靈峯寺記

元祐二年秋九月詔隨州大洪山靈峯寺革律爲禪紹聖元年外臺始請移洛陽少林寺長老報恩住持崇寧改元正月使來求十方禪院記乃書曰大洪山在隨西南盤基百餘里峯頂俯視漢東諸國林巒坵嶺猶平川也以耆舊所聞考之洪或曰胡或曰湖未詳所謂今以地理考之四山之間昔爲大湖神龍所居洪波洋溢莫測涯涘其後二龍鬬搦開曆厓湖水南落故今負山之鄉謂之落湖管此大洪所以得名也唐元和中洪州開元寺僧善信卽山之慈忍靈濟大師也師從馬祖密傳心要北遊五臺山禮文

殊師利瞻覩殊勝自慶於菩薩有緣發願爲衆生執炊爨三年寺僧却之師流涕嗟慼有老父曰子緣不在是往矣行焉逢隨卽止遇湖卽住師卽南邁以寶歷二年秋七月抵隨州遠望高峯問鄉人曰何山也鄉人曰大湖山也師默契前語尋山轉麓至於湖側屬歲亢旱鄉民張武陵具羊豕將用之以祈於湖龍師見而悲之謂武陵曰雨暘不時本因人心累業所感害命濟命重增乃罪可且勿殺少須三日吾爲爾祈武陵亦異人也聞師之言敬信之師則披榛捫石得山北之巖穴泊然晏坐運誠冥禱雷雨大作

霽後數日武陵郎而求之師方在定蛛絲幕面武陵附耳而號控體而告久之乃覺武陵即施山爲師興建精舍以二子給侍左右學徒依嚮遂成法席太和元年五月二十九日師密語龍神曰吾前以身代牲輟汝血食今捨身償汝汝可饗吾肉即引利刃截右膝復截左膝門人奔持其刃膝不克斷白液流出儼然入滅張氏二子立觀而化山南東道奏上其狀唐文宗嘉之賜所居爲幽濟禪院晉天福中改爲奇峯寺本朝元豐元年又改爲靈峯寺皆以禱祈獲應也自師滅至今三五百年而漢東汝墳之閒暨汝

州之民尊嚴奉事如在漢東金帛粒米相尾於道貨强法弱僧範乃革前此山峯高峻堂殿樓閣依山製形後前不倫向背靡序恩老至此孰閱形勝闢途南入以正賓主鑱崖壘礀鏟巇補坳萬仞化爲平頂三門堂殿翼舒繩直逼廊大廡疏戶四達淨侶雲集藹爲叢林巖嵋之寶燈瑞相清涼之金橋圓光他方詭觀異境同現方其廢故而興新也律之徒懷土而呶呶會予謫爲郡守合禪律而訶之曰律以甲乙禪以十方而所謂甲乙者甲從何來乙從何立而必曰我慈忍之子孫也今取人於十方則慈忍之後絕

矣乙在子孫則甲在慈忍乙在慈忍則甲在馬祖乙在馬祖則甲在南嶽乙在南嶽則甲在曹溪推而上之甲乙延在乎菩提達摩西天四七所謂甲乙者果安在哉又而所謂十方者十從何生方從何起世閒之法以一生二一二爲三二三爲六三三爲九九者究也復歸爲一一九爲十十義乃成不應突然無一有十而所謂方者上爲方耶下爲方耶東爲方耶西爲方耶南爲方耶北爲方耶以上爲方則諸天所居非而境界以下爲方則風輪所持非而居止以東爲方則毘提訶人面如半月以北爲方則鬱單越

人壽命久長以西爲方則瞿耶泥洲滄波浩渺以南爲方則閻浮提洲象馬殊國然則甲乙爲定十方無依競律競禪奚是奚非律之徒曰世尊常居給孤獨園竹林精舍必如太守言世尊非耶予曰汝豈不聞以大圓覺爲我伽藍身心安居平等性智此非我說乃是佛說於是律之徒默然而去禪者曰方外之士一瓶一鉢涉世無求如鳥飛空遇枝則休如龜遊海植木則浮來如聚梗去以滅漚不識使君將甲乙之乎十方之乎予曰善哉佛子不住內不住外不住中閒不住四維上虛空應無所住而住持是眞

十方住持矣尙何言哉尙何言哉時崇寧元年之上元日
記

元　蒙谷子

木軒頌

漢東大國安貴名鄉季梁拒楚鄖侯多書山澤之氣通荆襄民俗之風類伊洛近隣湖北歐陽子過化之鄉遠隷河南尹師魯閑居之地撫臨兩邑陵厲三屯鳳池題進士之名雪竇職文侯之第劉氏文房之舊跡何其邈哉邪均和叔之遺蹤未盡善也今逢林守雅號木軒輿祖其名宗逃其字學優則仕由別乘以推刑時至而行既作州而敏政有懷名杜多識前言無愧黄龔敦行素履名聞四海道重三山詞翰瞻於蘇東坡清節超乎文與可歌廉叔之五袴笑劉寵之一錢爲三省作試官與羣英立矜式欽逢泰治幸際熙和福我隨民遂成謙德聞詩聞禮嘗問一以得三玩象玩辭每裒多而益寡陶後進作先賢士夫頌其剛明同寮服其果决寛柔以敎共知孔氏之心木訥近仁願學延生之樂立登要路遠達亨衢靑霄看黄鵠高飛麗澤見

祥麟迭出居是邦也能不遺林下人富哉言乎當去作朝中客端居師席自得隨珠知我者其惟春秋勝已者莫如管鮑猗猗綠竹載歌淇澳之章藹藹白雲長揖商山之皓五事備衆賓驩諒沒沒以登天宜拳拳乎愛日梅邊覓句尙繼述乎林逋柳下繫船將驅馳乎劉迥散雲煙於筆硯煥星斗乎文章平蔡寇以弗憚勞洗淮源而不辭遠西山險阻除民斂聚之虛聲東野蕭條免戸交添之横擾既著農桑之實又成學校之文嗚呼爲政不難爲臣不易盡忠報國以禮存心信五馬之足榮慎之至也惟四知而可愧不曰堅乎更喜無黨無偏有爲有守廉頑立儒必聞夷惠之風稽古明經緯有夏桓之志達可行之天下君子依乎中庸成始成終必須至敬不憂不懼惟狂作聖一朝辭篆難留刺史之車多士攀轅請著木軒之頌僕既聞此命願竭愚誠淸水濯纓紀先賢之實行澧泉泚筆匪小子之空言採三代之文風革六房之吏弊采四方之謠語得百姓之驩心千載異聞式附公論一時嘉會偶得眞儒剪截浮辭當效伊周之法扶持正道思爲房杜之徒噫嘻惟德有常建功不一彰明此理復見斯人載月歸船奚待兼金之

矑望風引領寧無斁字之襃大國之隨還如往古豐碑請樹以表去思頌曰隨爲大國古稱義陽聖生炎帝賢出季梁近鄰鄖蓼遠引荆襄是名大邦汔可安康古今太守表裏賢良堂堂大元蕩蕩中原隨爲州治復作侯藩使君林氏雅號木軒登科從仕著書立言才超邢恕傑出李縈彼美滇陰泮池遊泳木軒戻止鼓瑟鼓琴鼓琴鼓瑟式昭德音講徹理器欲正人心允懷尺璧不受兼金春風芹水時爾梅邱木軒戻止大闡嘉猷詩宗李杜文紹韓歐書逼詩易經學春秋典章旣備禮樂宜修漢東太守江表碩儒作

事謀始明善復初蕭然公館索爾茅廬無毀無譽有琴有書美之至也君子人與陰柔陽剛地久天長君子體之外圓內方居之無倦臨之以莊激勸農桑捕獲叛亡林侯之德闇然日章爲政三年日書萬言敬敷五敎體用一源乃今解組殳老攀轅藝遊文苑名列鈞垣當歌魯頌以美木軒白雲飛飛綠竹猗猗有斐君子薄言采詩憲憲令儀悠悠我思先生升矣小子識之惟石可久與山不移

梁天祥

三皇廟記

天無爲也假聖人而爲之天無言也假聖人而言之夫三皇大聖人代天而爲者也夫子大聖人代天而言者也何以知其然歟攷諸繫辭可見其畧曰古者庖犧氏之王天下也仰則觀象於天俯則觀法於地鳥獸之文與地之宜近取諸身遠取諸物始作八卦以通神明之德以類萬物之情作結繩而爲網罟以佃以漁神農氏斲木爲耜揉木爲耒耒耨之利以敎天下日中爲市致天下之民聚天下之貨交易而退黃帝堯舜垂衣裳而天下治刳木爲舟剡木爲楫舟楫之利以濟不通服牛乘馬引重致遠重門擊

柝以待暴客斲木爲杵掘地爲臼臼杵之利萬民以濟弦木爲弧剡木爲矢弧矢之利以威天下上古穴居而野處後世聖人易之以宮室上棟下宇以待風雨古之葬者厚衣之以薪葬之中野不封不樹後世聖人易之以棺槨上古結繩而治後世聖人易之以書契百官以治萬民以察此皆夫子大聖人代天而言以彰三皇大聖人代天而爲者也世俗以三皇廟專委之於醫以夫子廟專委之於儒噫嘻是使三皇大聖與夫子大聖爲兩塗又安知天與聖人無二致此道之所由不明不行矣蓋醫不通儒則爲庸

爲俗儒不通醫則爲迂爲腐是醫儒可析而爲二乎朝廷自國初循舊制勑天下路府州縣立三皇廟與夫子廟一統施行行乎典禮也有司遵守罔敢或違是道並行而不相悖三皇與夫子二廟作與一無缺典歲月寖久殿宇圮頹惟夫子廟旣嘗修之矣而三皇廟可不增修乎至正初元隨州知州達魯花赤乘劉鼎邁臺承事讀書稽古希聖知天奮志修崇肆身齋戒亟捐己俸乃督工師載叩諸寮佐謀諸郡吏士農工賈贊襄精選良材一新大觀殿宇爲之雄壯門廡爲之肅嚴葺明理之講堂備敎官之公廨修

祭祀之禮儀闔郡士夫僉言其實徵文爲記請書諸碑余嘉士夫所請之勤遂稽古典引而伸之以示後之學者使咸知三皇大聖人之功利及萬世則宮廟之美不爲過乎而廼斷之曰士希賢賢希聖聖希天至正三年歲次癸未仲冬長至日

鄧文原

大洪山重建崇寧萬壽禪寺

大覺能仁慈忍精進利已利物而遊人閒世以戒定慧訓諸門徒誠意而行其道故愈久而愈彰自漢至今建幢樹刹幾遍寰宇天秘名山必假其人而啟之蓋由正報旣勝則所依處詎宏狹劣哉兹山之興唐元和閒慈忍大師傳馬祖心印至於峯頂符隨止湖休息於此民依福善深感其德奉以精舍山由是而更名焉漢東之國隨爲大環隨皆山以大洪爲宗大師之神異地之形勝寺之沿革與夫甲乙十方之論見於無盡居士之言曩罹兵燬化樓殿於灰礫山回嘉運又必假人而興焉重開山第一祖了菴禪師諱宗明江東上饒柳氏子志慕空術依蘄州多雲山廣化寺師事長老文仙薙髮受具進以善業一朝慕道先哲

飄然振遊方之名刹迨至漢東卓錫於靈濟故址披荆榛而侶猿狖至日屬歲大旱一方之民拾橡而食請禱於師師慜羣望以禪定力默啟池龍雨亦隨至滂沛沾漑歲大有秋數年之閒民歌屢豐實師之惠也議營棟宇答師之庥由是雅然而趨樂然而赴治基之穢壘嶼之崩未幾昔之所化者今復建矣翼翼飛甍渠渠夏屋巍然如七金山照映林谷雄偉壯麗聳動觀瞻至於別甑炊香桐魚喚粥檀度絡繹而供給焉至元二十五年春知隨州傅君安國厚師之德偕其徒宗才至京師謁大司徒白興寺之由獲

覲天顏對誦大般若經頒降聖旨護持勵興修之志師於元貞元年六月二十七日洵然而逝度徒弟五百餘人今住持宗上乃徒衆之上首志堅行潔服勤衆務大司徒素秉人鑑謂能紹其緒續者必斯人也宣政院頒降聖旨凡修葢護持師之未了者宗上悉能了之壇場雲堂阿羅漢閣期於大備而後已吁豈天地萬物之餘於數而存諸其人耶抑山川之靈思革其故而謀其新耶不可得而知也昔靈濟以道存其誠捨身濟旱致茲刹之興今復以禱雨利民而興茲刹歷時雖遠皆出於深重願力勤菩薩諸行

然後成覩昔世之豪家富宅畫棟朱簷咄嗟可辦一於勢去時乖蕩無遺碍欲類吾浮圖氏廢而更建者幾希葢由願力不倂耳故系之以辭辭曰其人不作作必有則立敎垂範惟一眞實以眞實故能集其成正法眼藏愈久愈明震旦之區寶坊星布象設尊嚴太張佛具隨之西南山曰大洪靈濟道場天書屢封後數百年了菴出焉卓錫伏龍豐雨沛然境民蒙福了構禪栖美奐美輪雲繞璇題緊大司徒法門砥柱以大願力震吾鐘鼓冉冉緇雲朝經暮禪克昌道運永壽堯天洪山崇崇湖水溶溶磨石紀功與山始終

明　沈鍾

隨州名宦鄉賢祠記

內江李君士修方守隨州踰年百廢具舉廼按古今載籍標其鄉賢名宦爲立祠宇州學之東偏將以歲時崇祀事於斯抑將以爲後來生於斯仕於斯者勸其用心遠矣哉夫以隨言之自古以迄今生於斯仕於斯者何限而夫人獨以賢以名聞而不以賢以名聞莫之敢齒辟則景星鳳

凰較夫沙礫斥鷃在彼一二不足爲之少在此十百千萬未足爲之多雖然不有斥鷃安知鳳凰不有沙礫安知景星景星鳳凰常少沙礫斥鷃常多此理之常無足怪者然而景星鳳凰世則爭先快覩而視沙礫斥鷃漠如也得非天理人心之公萬世有不可誣者與隨州鄉賢名宦士修爲之祠矣而今而後生於斯仕於斯者無志則已有志焉者益亦求如詩所謂高山仰止景行行止而曰彼若而人也我亦若而人也彼以賢以名聞我則可不以賢以名而沒世不聞也乎設不俎豆其間非丈夫也斯其爲有志蓋

士修所望於後世之生於斯仕於斯者之意故曰其用心遠也且士修少以甲科發身雋才雅操志方銳功名方恢宏未可量隨特爲之兆耳詎肯以天下第一等事讓人也

宗彝

李公橋記

隨城之西百二步許曰合溪有流水潾瀔過而有聲遡其源出州北紫城山始涓細抵山石溜崎曲折十餘里逾城池闤闠漸渟洄徐奔瀧潨然涯然而南入於河人以其水合山溪謂之合溪前代不知誰橋溪上父老相傳曰歲豐

橋世遠未決而橋毀者不知凡幾許年每水落溪乾斷石滾滾橫淺湄過者指點爲橋址有時山水泛漾合溪混浮纓水湫漫數里逾八九日人莫度公私阻廢涉者往往陷溺歲爲民苦宏治丙辰隨守李公由秋官謫判岳陽擢守隨下車歲餘日矜民悴巡阡陌每過此回顧心一惻然丁巳八月捐俸鳩工鑿石磙山越月輿石盈溪命僧正惠方義官范湖工三輩結廬溪左督工甃石工師黔庶日爭効力僅二月而橋告成北去舊址百步許高二尋廣丈五尺長七尺東西橫跨溪兩崖通襄汴荆湞諸郡之官道凡隨之廣逾三百里橋於溪山者十有九而莫若是橋盤踞虩砥特起平原超涯截壑與雲升沉而適當漢東之要衢官道之脈絡自是不限遐邇南北而登庭者雲集雖霖雨愆霆野水漲集咫尺溟湫而往者來者不謝衣履橋之功也隨父老懽呼道上相率請記於予且曰往古崔公分符雍州渭水淺不通船公作橋渡渭雍人名橋曰崔公今無歲豐橋而人强名之無亦物毀名存而久假之耳請更之爲李公橋何如余如父老言以告別駕吳公時免節判王公宗幕賓馬公彥德咸成之如一口吳公曰諸老以橋名

李公無亦有鑒於古乎余曰昔者昌黎韓公謫潮州驅鱷魚橋廣濟德孚潮人名其江曰韓江山曰韓山今諸老以橋名李公亦潮人以江山名韓之謂也書曰民罔常懷懷於有仁李公舉進士有聲卽秋官判岳陽有聲及守隨益著賢聲當道屢章上聞宜乎隨之人借賢名以榮橋借橋名以懷仁非謂一橋足盡李公之善政也吳公曰然諸老名橋之心信如先生之論第不可不如其請以如其心也明日諸老力請之誠懇徑率卒不可回遂更橋名而爲之文以志是歲宏治丁巳十月李公守隨之明年也李公名

充嗣字士修西蜀之內江人

兪釗

温泉記

隨陽西行百里許有地名曰梅邱高山崒嵂星拱雲矗綺綰繡錯林霞島霧聯嵐含輝自崖谷委折而來溶溶然有泉出焉不爇而熱不尋而温泫渟泂流注於一窪卉荒蕪翳傾亞鈌圮宏治戊午春正月隨州太守李侯循行阡陌道經梅邱頋瞻形勝見而奇之命鄉民趙信等除繁木芟奧草而得温泉之脈規畫量度甃一小池廣八尺深二丈

引泉縈而注之以爲洗塵之所池之上搆一小亭覆之扁曰温泉泉之前又搆屋三間以屏障之扁曰温泉居者耽於斯浴者憩於斯行者息於斯造化効奇至是始顯嗚呼地不自美因人而彰曾城沂水會稽蘭亭不遇其人則勝跡湮鬱徒貽林澗之羞然則是泉之設豈專水泉之適歟抑直川原之勝歟殆天假之奇遇或者因其細而知其大也耶李侯名充嗣字士修西蜀內江人登宏治丁未進士第惠澤洽於下政績聞於上修學宮立禱祠搆洗心亭鑿夜光池有功於隨多矣此特其一事爾因書以記時是歲孟秋也

失名

炎帝廟像服記

隨之厲鄉炎帝所起民因立廟祠炎帝至今歲時水潦旱暵災沴病疵有禱焉輒應禽鳥螻蟻至不敢近遊其廟民以此益尊畏之其廟中偶土爲帝像而首之形如牛自昔皇甫謐之徒蓋嘗爲此說甚乎傳之訛也炎帝之見於書者多矣易庖犧氏沒神農氏作斲木爲耜揉木爲耒耒耜之利以敎天下此炎帝之見於易者也禮曰厲山氏之有

天下也有子曰農此炎帝之見於禮者也春秋左氏曰炎帝氏以火紀官故爲火師而火名此炎帝之見於春秋者也易禮春秋之述炎帝如此而已矣不聞其牛首也借使信然好志怪者莫如左氏何不言歟天地之始今日是也彼其荒忽寂寥樸質醇𣆀則信矣若夫人之形豈得以與禽獸類又況其聖人哉雖然炎帝以敎民耒耜故名爲神農牛者農之所資也而習俗訛言因是謂炎帝牛首此固非君子之所信則未知皇甫謐之徒奚從而聞之也宣城楊侯之治隨最重神事受政之始使屬官代謁廟下因視

廟祠將治完之而吏以像爲告侯曰妄述古先以瀆聖人此皇甫謐之過也吾不可以不革吾不知炎帝之在位服何服而冠何冠孔子有言曰服周之冕冕之所美無易於周而爲聖人之所取也使炎帝出於周之後其亦以周冕爲服也必矣即遣工人因廟舊像更其首形而始冕

張延壽

重修城隍廟記

隨州東北隅古有城隍廟綿歷歲遠廟貌傾頹瓴甓時常墜焉延壽於正德十年二月十七日奉命除隨州知州下

車初首謁城隍廟對神矢誓忠君愛民乃吾道中分內事也覩廟宇之荒涼憫垣埒之坍塌乃命工鳩材一時興作撤其弊而增修之去其腐而更新之美輪美奐巍然可觀粤稽五經各有鬼神之論豈無城隍之神乎易曰與鬼神合其吉凶書曰至於岱宗詩曰神罔時怨春秋傳曰祭泰山河海禮記曰合鬼與神教之至也然五經所載之神各有攸當而城隍之神爲民禦災捍患保障安寧處處有之內而南北兩京外而十三布政府治州縣莫不皆然然而隨州城隍之神祭之如在有感必應關中熾火延壽祝曰

願神拯救是夜反風滅火郊墅有虎延壽祝曰願無噬人是時虎東渡河祈雨于神則有渰萋萋興雨祁祁祈暘于神則高高在上杲杲出日祈雪于神則北風其凉雨雪其雱矣闔州耆耋再拜稽首僉曰斯神有感必應捷于桴鼓影響如此盍丐文以識于石延壽乃不辭其陋于是憖銘銘曰漢東森森威施其敬金城湯池神其感應自古在昔廟宇湮淪經營裝彩煥然一新朝夕從事莫知其勩勸諸堅珉垂千萬世

范欽

神農洞天碑記

蓋嘗聞天地未判其名混沌乾坤未分是名胚腪日月星辰未生也陰陽寒暑未分也在上則無雨露無風雲無雷電無霜雪不過杳杳而冥冥在下則無山川無艸木無鳥禽無人民不過昧昧而昏昏夫自太極混沌一判胚腪乃分輕清爲天重濁爲地天地二氣相感化而成人也其始也人形鳥啄龍首人身無嗜慾無姓名無邦國無父子無君臣巢居穴處任其風雨親疎同途莫知其親五穀未植飲血茹毛其名蕩蕩其樂陶陶及三皇一出智愚兩分則

五倫至極而立也蓋自伏羲氏風姓畫八卦造書契以代結繩之政養犧牲供庖廚以濟祭祀之儀此人文著而立世道(缺一字)所昌矣神農氏姓姜以赭鞭草木親嘗百草方乃醫藥救生之功斲木爲耒耜教民稼穡以濟民饑(缺一字)務則教民衣食(缺一字)所足矣軒轅公孫氏使伶倫自大夏山以裁五音之上下斷竹節製十二筒以應陰陽之律呂聽雄鳳鳴曰六陽聞雌鳳鳴曰六陰則氣候和而皇風清矣化民之(缺二字)惟炎帝神農古蹟者本州黃連村大河冲東有神農觀西聳碁盤山山下有神農廟中有神農洞郎

號洞天之所皆爲上古遺蹤其勢岧嶤其形磅礴水繞山環地靈人傑斯跡亙與在(缺一字)民程仲安住基相近(缺一字)見神通顯化德被生民(缺三字)玅用宏敷功施社稷(缺十一字)莫非上古聖神繼天立極之功煎民以仁摩民以義(缺一字)功當所報也是以輒舉斯心喜捨木植磚瓦財銀穀帛命匠建修神農洞廟煥然(缺四字)華矣(缺八字)眞所謂浩浩其天(缺六字)明鏡所以察形往古所以知今姑撰鐫斯文庶以記世(缺一字)耳

顏木

歐陽子祠堂記

歐陽子州舊無祠故司馬李公充嗣爲守始有事於鄉賢而躋之其中既以治西白雲樓下夜光池上之故址作書院後室前堂翼以兩榮額其門爲白雲而并立尹公亭於其東偏云無何李公去史公經代謂樓特標治右弗利公廨乃盡撤之而且易書院之榜爲文忠復士偶歐子肖像於室中典以一力晨夕灑埽香火之無祠禮焉後亦謝去堂室滋敝有假之側以規爲業者蓋故公基宇如小學廨舍廨圃廢塲郛池傳舘要逹闤衙射利之所無慮數百十

畝司馬公壹聽諸豪而蠶食之後人之效尤固其所也繕部范公欽近嘗來守廉而獨復屋之數椽而居以二卒亦稍盛矣而未遑於有事也今守任公德始作之規制一如李司馬而兩榮爲勝意欲升之以爲堂室而降其堂室爲兩翼仍夫高美非故殊其向背也工將落辰沅兵憲李子瑜有督治之檄蓋亦廉昔人之故而懼其復失方將遥爲之圖而不知任公之已作矣皆可謂之篤也已夫文忠公雖他產然少而依其叔父於茲淹留藏修蓋十有七年焉既而解發歷官公輔卒成鉅儒存而自謂不能忘情於茲

殁而顧不得專祠焉祠不祠何與於彼然抑豈吾人之情禮也哉祠事方興任公偶以微罪論於風使百里之內聞之莫不同聲惋惜而莫之留也乃屬别駕劉公祚爲成其志盡制備禮不汎不瀆崇賢報德振士勵俗不在於今日也乎初繕部之政精嚴明整吏姦民蠹絶無夤緣三年而後去之任公爲代一以簡恕平易撫循子惠晏然而無所更張人以比之漢文終平陽二侯云

蕭音

重修安居社學記

古今一道德齊風俗育人材必資於學而究其端則自養蒙始蒙養正則感心志而成性恒存他日入大學擴其良知良能成其性達其材然後登於朝則爲馮翼孝德之士處於家則爲孝弟忠信之儒教化之行胥由於此巨木成於拱把洪濤濬於涓勺物理猶然矧在人材而有不謹其所自者乎安居社學創自司馬梧山公堂室畧備名子弟之秀者而教之歲久就圮學徒散去其有力者又並其基奪之學之亡教乃弛矣嘉靖丙辰定海繼菴孫公來守玆土守恪而道方政平而心惠鼓生儒安黎庶芟强梗植善良未數月而政事用乂人氣以和環隨遠邇陶然向春乃索司馬之遺蹤新久墜之遺緒恢而宏之崇其墉屏峻其堂閣體制偉麗迥異疇昔隨士民私相稱賀咸謂李司馬公復覩然計其歲月稽其建立視司馬公時猶事半功倍也蓋學之堂室泮池雖仍舊貫而門庭翼止凡十有三楹則今之新搆也公之加惠後學不永懋歟余生是鄉愧不文然覩其盛誼意不容默乃揚言於衆曰爾曹遭際賢牧飲食教誨其將何以報必爲之師者恭敬肅容矩勤訓誨俾吾黨小子蹈廸是教顒顒然無愧於胡公弟子爲蒙童

者少誦哲言壯思實踐在家爲孝子在國爲良臣在天下爲碩儒允若玆則今日建學之意庶無負矣嗚呼其尚勗之哉

失名

後喜雨亭記

雲山林子之未莅州也不雨數月湏幾絶流春事舉廢衆心搖搖侯至而雩夜必跽以禱卒漏下二鼓數日果雨州人感焉創亭郊南題之曰後喜雨蓋似蘇公鳳翔之意示不忘云爾侯來僅月釋縶解鬱擿伏扼豪詰姦平欲均其

衡量簡其諍訟汰其冗襍罷其科索舉其十者咎沴消矣雩之日也具壇場潔牲幣遏酤屠叶寮寀磬顓精獻欵塞昭格無斁致天之應固其所也傳稱天道遠豈其然乎夫政本也雩章也誠一其外內而協之理也政而雩或未善未有弗政而雩也雩而誠或未應未有弗誠而應也以是益徵天人之相與矣夫守土之吏施之人也或多以爲名也下此者利而已矣禮之神也或多以爲文也下此者慢而已矣其視夫人真不啻土苴蒭狗然也豈天意乎蘇亭距今殆四百七十餘年其亦有數乎彼出之官茲出之民

彼樹之𢈔茲樹之郊彼作之未雨茲作之既雨其亦少異也哉詩曰穆穆林侯遵我邦土公惠而嚴衣被思普維我邦土弗恒厥施或諍之公或舞之私或雜艮苦肆爲胠蚩或燕燕自飭或營營弗食或坐而誅求或弗已於力侯廉其實是論是懲是正是徵是撫是繩則莫我敢陵侯未戾止旱既太甚赭山涸湏遘此巨祲侯雩而虔寢莫即枕惰不三辰膏雨四浸稿者聿蘇璌者聿蔭瞻彼有秋脫塗就飫民具瞻止曰父曰母昔云名杜茲云我守二子允矣侯弗我久侯弗我久胡能富有賄彼湏流在州之南脊彼我侯既潔且涵蹶言思典㚣焉思甘侯今往矣其何以堪

王可行

漢東編年志序

志與史異乎志者史之流也志志郡邑也史史天下也志肇剏於皇帝載陳於夏貢盈列於職方氏史有二體曰編年曰紀傳編年者以事繫日以日繫月以月繫時以時繫年約而綴第而不紊紀傳者包括事迹參貫話言馳才力新規制率私意蕩古法茲固淮漢顏氏子謂遷爲局爲戾爲煩爲穢者有由然矣然則志亦可史乎編年則史也其

要悉於經祖春秋是也自晦翁以綱目則之競相屬焉後絕響者久矣乃顏氏子之志隨也少冢宰顧公讀之謂爲春秋焉詎非以其立義比事依經以樹則章美錄異附聖以居宗貫乎百氏被之千載表盛衰鑑興廢者乎或曰將無專耶曰其文則史也其事紀隨也其義或揚或闕或婉或諱未嘗訟以爵氏過惡黜之貶之曷專之有是故抱奇瑰而出者卞女物色驌驦馳騁通都王造二子錄焉何者古今貴知遇也少冢宰顧公舊以江東三才稱茲又名輔天下矣顏氏子博學贍才砥節礪行適沮抑未究厥施昔

坦歌布醉之延年潘公爲繪其文華則顧公春秋顔子之
志也固宜雖然隨兹始志乎非也纂於宏治十三年今計
四十載矣中間賢守幾代而顔氏子亦蚤暇林石未有速
請而志之必俟西蜀任守協謀於其僚信陽劉子命訪於
其訓蒙陽楊子乃克底績何哉蓋文也者洩天地之精英
也藻繪炳蔚出而駭觀是故龍鳳呈祥雲霞雕色類不可
常醖釀蓄歛其時時乎任守之敦先務修謐政嘉善揆惡
用値乃隨是春秋也鳴其盛也文中子曰三傳作而春秋
散後之作者毋傳焉以散兹春秋

王納言

重建合河新城記

昔趙簡子之困于晉陽也取董安于迴垣之棘而矢足取
其垣下之礎而鏃銅足夫安于之時詩地决水之謀未萌
而沈竈井蛙之禍杳然無兆也乃蚤見豫待者的的然若
黑白是操何術哉蓋天下事有其勢則必有重而不可返
之日豫計而蚤待庶倉皇發難之時可以裨補于萬一辟
之醫者之治疾也在于腠理湯熨可以及之至于司命之
地則無奈何矣夫事之禍福亦有腠理之地若董安于之
從事者是矣隨州南北距城一百九十里接壤桐柏信陽
爲合河店巡檢司商賈走集要途也往建有新城不知圯
于何年今僅有廢址耳去巡司五里外卽界牌寺以限南
北一望無際林木菑翳灌莽蘢葱薈蔚陰蔽一線而入樵
牧徑絶唯盜賊據爲堂奥磨牙吮血無敢睥睨躙而入躙
而出常殲我乘障吏焉誠爲極重不返之日矣納言自承
乏以來維嚴坼堠飭儆備稍賴以無他而終非長策勢必
建城爲鎮拔木通途始可卽安于是進諸父老而討之僉
曰合河利害誠唯是芟林復城最急行之便于是期以功

令委巡檢潘應嗣督其事應嗣興寐拮据克咸厥功率保
正者民斧斤斬伐官給以食蓋兩閲月而林莽盡誅取大
者爲楹木次者爲椽材餘不中程者付陶人爲薪凡甓甓
埏埴皆取給焉其插畚版築之功則令保甲弓兵踐更而
役官給以食不兩月而城工畢計城高一丈廣一百六十
丈南北作二樓焉落成之日民忭于室旅忭于途自今以
後萬一有不然之慮亦庶幾可（以下缺）

新城圖說

湖廣德安府隨州知州王納言爲地方事竊照隨州北連

桐柏在南宋時本州爲棗陽軍岳忠武力圖恢復慮餉運之難建漢上屯田之議隨州亦居其一而訖無成功不得已而出桐柏戰信陽戰光化戰堰城非故迂其途也宋之糧草盡積于牟棗岡徽宗賜郭藥師打毬于此備知其積後遵粘罕取牟棗岡故宋人雖堅壁清野而粘罕得以因糧攻擊忠武殷鑒往事欲出信陽一路以取牟棗之糧用心誠苦矣今隨州之合河巡檢司即其出師之路自巡檢司五里外即界牌寺一望無際皆豐草長林直接河南桐柏縣草山地界爲礦賊團聚之所往者盜殺李巡檢皆基

禍于此本州細訪前事諭本處父老以久遠利害願復城芟木以清盜穴遂委巡檢潘應嗣專督其事隨宜設處錢糧其願仰工食于官者給之自願効勞者獎之首尾四月而工畢蓋由父老之欣然慕義潘應嗣之曉夜勤勞僅完前工于某原無與也合將圖記附刻書冊申報以備查考須至書冊者

隨珠堂記

漢東書院既成復於先師殿後作堂五楹爲遊息會文之地落成之日不佞言進諸生而語之曰古稱漢東之國隨爲大自神農氏以來名世賁出炳麟先後彙皆下帷於茲今爾多士踐而鄉縉紳先生之跡羣居力學於此也烈山氏之廟貌在前孔氏之儀刑在右以君子之芳跡遺蹤在目未有不令人遐想慷慨而興起者且爾隨之名山大川凝聚精英之氣久矣其鍾於物也爲明月之珠光可照乘而其鍾於人也爲瑰瑋奇傑之士每每照耀人寰遐稽往牒道德文章豐功偉伐名實醇粹如珠之圓淨瑩潔光明不夜者未易一二鎸即孤忠勁節耿耿烈烈寧爲珠沈不爲瓦完可與天日爭光者亦數數見焉是皆無負於山川

之精英所宣泄發抒者也爾多士生名勝之邦稟精英之氣人人之心具有靈珠其未雕鑿之初若珠懷於水宜以詩書義理鍾琢之羣居而從事學問若珠出於淵宜以明師益友攻錯之學問既成之後若珠珍於席必潔操修謹行誼以保持之則希世之珍在我矣又必什襲而藏待價而獻始不爲喪寶不然而自衒求售以暗投人豈唯與魚目共棄哉必有襲按劍之眥者是以珠爲彈也恐將遺之赤水而無由索矣豈不重斂人之泣哉然亦視爾之自期待者何如耳昔者隨侯救虵而得珠虵故弗靈於人也受

刀圭之賜猶吐徑寸之奇以圖報稱爾諸士遭逢聖代受
天子樸棫薪槱之恩而不能吐胸中之奇爲珪爲璋以裨
益盛時非夫也則爾之自期許以塞報稱者志宜不在小
矣允若茲也豈惟不負搆堂者之意哉卽爾鄉之諸先君
子亦載錫之光矣

尹儒

新建城隍廟鐘鼓樓記

隨祀城隍廟在州治東北隅基麗中衢舊制罔備宏治中
前州守大司馬梧山李公問一修之而歲久就圮丙辰秋

我父母繼菴孫公來守茲郡謁而陋焉欲新之顧亟於民
事未遑也明年丁巳公旣崇文敎舉廢政乃周爰式廓相
協風壤顧瞻李公之遺懷往悼昔力爲興起作新城以嚴
保障疏池隍以利泉原創樓閣以表形勝成橋梁以維氣
脈離者合之渙者萃之未備者增之廣前猷而丕新制巍
巍乎百世之大觀也旣底績乃申前令曰務民敬神知之
則也先民後神政之經也矧茲卽事城隍而有廟弗飭神
且弗妥其能庇民乎於是捐俸若干緡復量罪簡贖佐理
其費新其堂宇更其蠧敝陶以瓴甓塗以丹䨼鼎建二樓
于墀之左右東西屹立懸鐘鼓其上俾有事于神者升而
擊焉樓高二丈有奇深廣稱是重簷飛峙棟宇峻起經始
於夏季落成于冬初凡五月而功訖是當有記用昭不朽
儒聞之明有禮樂幽有鬼神而治民祀神禮樂之大者也
我國家肇極開天敷崇神制淫祠瀆祀悉在屛除而城隍
之神特命天下郡邑通祀且新官莅任必先祇謁祠下與
神矢約期于陰陽表裏福善禍淫祀典攸秩所以肅官箴
重民社意深至矣而敝州之神則嘗論之故老稽之傳信
咸謂其精爽震耀偱良有司則大章顯噫允若茲豈其靈

也將弗神以神神以人歟其吉凶之不偕殃慶之類至也
將弗聽于神聽于人歟抑淸明在躬志氣如神者乃足以
發其幽光而逵其淵默歟吾隨于古稱大國乃今氣運漸
漓迥異往昔幸而我公戾止經綸培植寖明寖昌漢東之
山若增而高漢東之水若濬而深則茲神也亦必孕秀鍾
英呈奇獻異以陰孚而默應之此理自然無足怪者是故
其平大盜也則威令所曁羣醜潛形方畧甫施稽首待命
殆天褫其魄而神驅之也其斷大獄也則發姦擿伏動稱
神明宣抑剔誣幽隱必燭殆著筮而龜卜之也其事大雩

也則炎曦反馭川澤効靈禋祀方虔甘澍時至殆如取如攜而無曰益也其舉大事建大功也則又上經天時下緯地理中闡人文參造化之巧叶堪輿之妙殆天啟神授而若有以相之也昔中庸善君子之制作而曰質諸鬼神而無疑而乾之大人所以與鬼神合其吉凶者亦曰先天而弗違後天而奉時然則公之所以保乂我民者非其協神人之道通幽明之故者歟自今伊始凡厥士民覩廟貌之輝煌聞鐘鼓之交作善者有所恃而不恐惡者有所畏而不爲伊誰之力皆公之賜也時和年豐休徵畢至災沴不

作戎寇靡驚伊誰之力皆公之賜也挽文源于久鬱熙景運于方亨多士闢彚征之途黎庶安有家之慶伊誰之力皆公之賜也先民有言際非常之會立非常之功惟非常之人能之隨自設郡以來宦於斯土者凡幾矣乃百餘年而得一李公其所建立至今爲人所思慕今去李公六十年而我公適至其豐功偉績視李公且什伯千萬焉嗟乎後之視今不尤甚于今之視昔哉公于庚戌進士中以文學顯名迨居官復顯于政事諸凡經理民務焦勞周至若父兄爲子弟治其垣墉室廬而意及其曾雲者及退而發爲文章則益天地而鏗金石與物同春俛仰自得蓋先憂後樂之志范公希文而後此其再見也他日典秩宗位台鼎名位勳業當在梧山公上謂不自今日權輿也乎儒不文敬書以竢時相其事者爲別駕伍君郡尉葉君協恭濟美一時稱盛云

趙賢

重建隨州儒學碑記

始余被命撫楚取道申陽蓋首入郢中云而隨爲郢中屬郡於是諸博士弟子過而請曰隨居漢東表介周楚是厲

山氏之遺墟也其時季大夫歐陽子聲稱甚偉國初尤蒸蒸焉今諸士之剩經者視昔加益而雲路之漸屯焉未暢維是固陋不足亢前聞將亦黌序之勝未遑宅也願有以幸諸士余聞之士不懋學鴻儁斯闕無盡以咎地靈然辨方卜吉詩書紀之其何憚改作以爲諸士之辱顧何區而可對曰城中故倉址堪輿家言地最可乃以撫德安馬守文煒往觀焉而謂厥地面陽川原四環若有待者宜從諸士請復以撫分守王君璇分巡余君一龍皆是馬守議遂屬馬守及守隨州林梓撤倉而學之越數月學成於是諸

士以記請余未有以應也頃之問俗至隨造謁學宮爽塏偉麗固足爰聖靈於千百年哉將人文之盛亦自今日始蓋嘉嘆者久之而諸士復以記請因進諸士而問曰均若學也向居東郭之外歲患卑洳幾不容俎乃易而新之一開爾而興廢殊觀者何也對曰在人審若是則茲學之建舊矣師儒羣萃游息其中州之長吏綰章組而柄政教以歲時朔望顧瞻堂廡紆步而聚議者夫代非乏人也胡獨今斯舉哉則興廢之會不在人而在心也故心欲廢則興者廢矣心欲興則廢者興矣而况於學乎士之學也易於

荒鹵而難于振厲故其興廢恒相乘者心未固也諸士觀游於此得無暢於此中者哉誠孳孳焉求聖人之學址礎之以道德甍藻之以文詞垣屏之以功業視茲建學之制日礱且密焉則雖厲山之執可得而紿也何但季大夫歐陽子足張隨哉否是而隨且廢焉則辨方卜吉固與其心之嚮往者不相爲謀于又懼地靈之不得獨蒙其咎也於是諸士悚然起曰敢不勉圖以爲諸大夫之辱是役也費凡若干緡不煩諸民而公用集則馬守與林之功而王余二君亦與有力云

何宗彥

漢東書院記

古有虞米廩夏序殷瞽宗周頖宮羣秀異而教之其規制定於天子下至閭里州鄉各有庠序統之以君卿大夫教晝一而士有所稟仰此唐虞三代所以隆也周衰王迹熄列國之易象周禮聲詩音樂皆秘庋之如宏璧天球徒以焜耀友邦不以訓人其大聖如吾尼父以道德私相授受於洙泗之濱迨至西河稷下以暨兩漢經師皆聚徒數千百人於是教人之法不在邦國而在草野雖無書院之名

而其義已昉於此矣有宋白鹿石鼓應天嶽麓四書院之名著稱後遂徧置不可枚舉其士田之錫教養之規徃徃浮於州縣學而人材亦項背相望可覆按也書院之制其來久矣隨儒學故建東城外萬歷癸酉徙城中先是嘉靖間奉功令易像以主而隨學尼父之像巍然如魯靈光以故從學時留殿五楹覆之余及余孝廉弟熊賓州輩八九人課業其中已而聯翩上公車繇是郡人競來鼓篋歲辛亥冬太守屺瞻王公慕神農之風瞻尼父之範慨然遐想名人魁士宦於茲産於茲者曾不得春秋肹蠁於無窮又

念頻宮苦隘不應敬業樂羣之義遂庀材鳩工鼎建漢東書院前殿計楹五肖神農祀之後殿如前殿丹雘其舊貫以妥先師前設重門左三楹祀有德於茲土者又三楹祀鄉先生後建隨珠堂萃多士會講左右設齋舍數十楹俾士之儁者讀書其間是役也廢千緡有奇具出金選之品鄉市之珉不知有役壬子冬既落成公作隨珠堂記以訓誡多士矣而又命不佞彥記之嗟乎物局於所甘士局於所守介焉寡耦則醯雞在甕羣一州之儁觀摩切磋則知不足知不足則知進而宇宙之大全可覩矣公所爲建書

院意蓋如此也雖然公詎欲多士如世俗之溝猶瞀儒籍詩書以榮華當世云爾哉毋亦謂士之責鉅且遠矣國家之所倚重鄉黨之所觀型如屋之有棟射之有標惟忠惟孝以佐休明而熾風俗斯不詒孔氏之訓無愧神農之鄉鼎鼎然命爲天下士不亦休有令問乎若讙然服方領習矩步委它書院中而攻其內行私營有齊民所不齒者斯士之蠹賊而唐虞三代移之郊遂者也雖取青紫都華膴秖詒里巷姍笑剏犯神明之忌終汶汶者耶蓋自負其身也後矣而負公之教也亦甚矣公莅州三年覆寀細鋤强

有力政難更僕即孳孳教化亦比前世蜀郡武威蜀郡之政修起學宮選開敏有材者躬自飭厲省少府用度買刀布蜀物以遺博士卒使郡人文學比齊魯焉武威之政造立校官自掾史子弟皆令受業復其繇役顯拔而榮進之郡遂有儒雅之士之二公教修於莘莘俎豆之間而神喻於闇汾阻深之域其人士亦蒸蒸顧化聞於來茲豈其亭毒神農之鄉服膺孔氏之訓如隨士者顧遜於蜀郡武威耶今日後漢東書院跐美於宋四書院而天下且賴隨士以復唐虞三代之隆則茲役其嚆矢矣夫不可以不記王

公名納言滇之嵋峨人由虞城令遷今秩董役者貳守鈕君名崇壐浙之錢塘人三守譚君述職廣東曲江人傅君仁浙之山陰人首領劉君志東山西絳州人

楊漣

東隨州相公

恭惟老師相忠簡三朝望資一世當主少國疑之日所恃不動聲色奠天下如泰山之安者獨老師相一人而已長安兒童走卒無不望相公之入以見太平而此冲年南面者亦日縣股肱甚切也不肖以避忌乞歸出城之日縉紳

士大夫無不以敦請夙駕相屬而初歸之人未便出門明
主不可欺遂當真臥病幾至委頓牀褥遲候至今肅此數
行顓人代候伏惟夙脂軒車且晚北上以慰九重億衆之
望憑楮拳切曷勝瞻仰

李侄臺

太傅何文毅公專祠碑記

粤稽人君報功於大臣生建第殁建祠以勸忠貞以揚不
朽大臣者能始終純正格君心於無過造天下以永安庶
受享無愧惟我崑柱老師柱石三朝成開泰保泰之功際

小往大來之運而猶以兵燹未息佐先帝宵旰憂時雖值
多艱而不至張皇以爲有相公在也公謙讓不居先後覃
恩延賞頒賜多逡巡辭謝不第範圍裁成相業無比其廉
介至今亦罕有頡頏專祠大典安可缺乎公家世金谿緣
侍公父思泉公作掾偕胞弟少司空何公八桂諱宗聖負
笈遊隨遂壻於雙溪王公挾匡廬靈秀下帷於龍居鸂鶒
間而漢東名士皆從砥礪一鄉一相人謂二難楚之有材
於焉益振公夙負神解乙酉舉於鄉乙未成進士選入詞
垣歷踐華要茂躋台輔方切大猷允升之思初皇祖寬政
省刑凡考選惠文之命歷數年未邀俞旨公微用封試諸
差乃獲疏通由此得隽朋者數十輩水深火烈頼有攸濟
丙午乙酉八閩三吳兩借重主司大展倫鑒力拒夤緣與
援者亦爲歛手曾孝元孝和兩宫相繼崩逝内外流言謂
撫孤無策公獨密疏付託宜慎皇祖韙之先帝乃安當天
潢繁衍行限祿法以見數均分復四民之業書不云乎以
親九族九族已睦黎民於變時雍於公見之當先帝之在
青宫值公掌容臺纂偶傳旨俾題請某差畀某皇親之親
公輒繳還云固不敢宣洩以損殿下之明亦不敢曲從以

傷臣子之節其處世不阿雖太子不事因是先帝益篤重
舊臣首晉公禮部尚書東閣大學士天下蒼生以安石既
出可立致太平無何先帝賓天公哀慼欲絶屢辭不遂且
膺登請之命而行人司半望楊公銜命詣隨辛酉冬邊陲
失守人情洶洶公慨然就道拮据揆席平章軍國任鉅策
艱貌爲之癯壬戌春奉命典試禮闈錄四百人皆俊乂向
之薛卞遺珍一時見采凡公之晉階臚列如左誥封父祖
曾祖嗣曾祖計四世疋疆宇有寧謐之機廟廊有清和之
日不謂公鞠躬盡瘁捐館綸扉朝野悲悼遺疏九事載在

國史皆井井大計動關社稷無事茲贊延遣行人司槐眷袁公護送馳驛還籍首垃秩贈太傅謚稱文毅一命而傴再命而僂而俯謙光懋德令始令終誕生鳳毛伯仲叔季四昆玉女三人各作配名閥皆元配王太夫人出室無媵妾堂不旋馬依然布衣寒素三十年如一日也且遺命諸郎君以未竟韓范之功慎勿事豐侈聊值松楸一壞妥魄而已是以諭葬諭祭大典業奉俞旨遣太常卿九虛會公詣隨造葬當逼會藩司而未嘗請以撫臺中楫唐公按臺又希宋公暨藩臬郡伯諸有司念公澡身浴德正色立朝

淡於求名拙於求利特疏題請即前經奉旨內造葬若干金折餘祭壇若干金有差僉委知本州涂守鳩工庀材鼎建專祠於預宮之左鼎建太傅坊於州治之南蓋堪輿家謂有禪釁序云額設春秋祭典及奉祠門役編載全書歲錢糧若干以垂永久郡邑兩庠諸生暨薦紳鄉耆公舉太傅碩德請奉公神主從祀鄉賢祠兩閱呈詞敷布其實匪有溢美公營葬應山之境今詞呈請永著守祠青衿於隨之州庠永著墳戶青衿於應山之縣庠焉茲祠工告竣屬佺臺記其事佺臺辱在門牆親炙盛事敢不揉序一言然公實華袞佺臺而佺臺不文掛一漏萬不能道萬一抱慚良多所賴口碑不朽云爾公諱宗彥字君美號崑柱由賜進士出身與庶常歷官十三任時崇正九年丙子歲秋九月也

華清

瑞蓮亭記　失前半僅錄其後

記及其山川形勝其地蓋隨之故城有濠蓋其故濠也計自春秋至於今消歇廢絕二千有餘年乃今始得遭值公之賢適守茲土作而興之使昔之頹垣毀堞荒榛野草今

皆爲雕甍畫棟晶彩奪目昔之山禽水鳥嗚呼上下今皆爲詩書絃誦春容盈耳是故公之才力足以有爲蓋亦人事之興氣運之盛有待於公而後集其瑞應之徵見於草木信不誣已昔僖公作泮宮魯人頌之曰思樂泮水薄采其芹又曰薄采其藻芹藻微物非可樂也蓋所樂在僖公而寄意於芹藻也矧公大備其學制而又長育作成其人才其有大造於隨也豈淺淺哉隨人樂公之賢而以瑞蓮寓名於亭亦魯人之頌也雖然凡物之盛衰興廢相隨於無窮而此亭又安足恃乎喜樹之譽猶封殖而不忘情故

爲之書於後以告後之人其庶有知繼公之志云

隨州志卷之十八

隨州知州張　瑨輯

藝文　文下

本朝

陳奇抱

明隨州判官佘公傳

往明季十餘年閒闖獻諸賊盤踞豫楚天下士大夫語次偶及輒縮首咋舌以湯鑊火坑目之命官於楚則相引涕泣以弔貸金錢買避就不得竟棄其官而湖以北中賊害者莫隨若官之視隨較湯鑊火坑實甚崇正九年王公燾來守晝策却賊賊引去明年復來攻孤城援兵不至城遂陷公以身殉迨十三年徐公世淳莅任空城烏集安問芭桑甫半載城陷公與賊戰死自是後羣盜蜂起去來不絶一時有賊梳兵篦之謠閭左騷動民幾無以置其身一望平野枕藉而斃者以谷量亡何佘公以簽判自南來挺身至止入其境蕭然升其堂闃然環視其左右纍纍然落落如晨星公喟然曰君臣之義無所逃爾東西南北惟命之從湯鑊火坑吾直安爲天堂福地耳今日者賊屯聚我土

地虔劉我民人滅此朝食不再計矣頃賊遣驍勇數百騎往來蹂躪公度我寡賊衆勿輕發謀是夜火攻襲之賊當無噍類徼天之幸庶幾其有當乎計未成而賊已廹堂下逼公索印公厲聲叱曰名器何物逆匪敢行無禮於命官耶抗不與益怒罵賊遂刃公公至死罵不絕口一僕從後躍起拔所佩刀欲剸賊賊併刃之嗚呼如公之忠烈可易得哉履任將一日主僕相向而殁不惟公宜廟食是僕亦塜傍要離耳時予讀書鹿門書院聞公之死宿三春而後至詢其事蹟老遷幼遁人民半非矣使不遇公病僕公之

事幾不傳嗚呼忠烈如公自足千古曾幾何時而湮没無聞後雖欲傳之亦孰從而傳之哉予思公不傳恐無以安前之爲公者公不及今傳又無以風後之爲公者於是臨風懷想而傳之公字聿墉更名爌池州府銅陵縣大通鎮人也佘氏世以文章貴顯東南魁元卿憲凡若而人而公復翩翩以俊譽特聞言論秀出人望之如張緒當年然負性貴倨不屑下其偶人亦望而去領崇正乙亥拔貢越丙子入南闈不售公鞅鞅不得意於文章思有以表見其才暨鴻駿砥頹僨奈何命不如志就人萬不肯就之地一籌未展卒卒罹賊以死然其節烈以視古之嚼齒空齦生猶罵賊握拳透爪死不忘君者何多讓焉予故傳以告後之守隨者當不朽其死也

梁木

重建長慶寺碑記

寺麗於淸涼山之大麓長慶乃始建寺之僧名也宋元祐年長慶僧來遊焉見山脈肇自唐子兹其盡處也盡處開兩翼左盤右繞中列平原肖海螺朝天形西北洪水南迤東注帶於前漾水自北而南又西折會於洪諸山嵐翠各

獻狀知其有鷲嶺曹溪氣象卽其翼開平原處造寺遥以己名名之不肯如他寺之依山川與地與神名噫異已傳寺在昔有千僧七井千僧亦遠無據井則堙者見者頗可識井有七則汲者衆僧云千亦所時有西北一山離頂數武置抑姑菴傳極幽奇古異雖不可知然遺址猶存也漾岸北十里立寶豐寺卽今寶德觀洪岸西十里立觀音寺卽今八大寺類俱爲本寺侍奉香火僧日蕃長慶師日須大衆就獅座說法候到輙卓錫京山大陽寺捲簾悟道此事之可異者也尤異自宋歷元歷明鼎革數變廢壞者不

可枚舉而此寺獨慶其無災慶矣慶之可謂長矣明末兵火後歲日久寺日圮人日窮厄懷達多之心鮮達多之力將慮慶之莫得而長也

今順治初年一老衲出觸目垝敗若其身冒風雨弔百身於莓苔之中若其衣蕤蕤乃露頂跣足暑寒不避燃指裂臂極募之苦靡不歷人咸以長慶後身異之官施商施僧施普發歡喜心于是先建大雄殿高廣有加次建三佛殿進而地藏殿又進而西向者關帝殿殿北單房夾室傍大殿左東向者大士殿殿北靜室禪房處大殿右越二十年

至康熙之乙巳歲乃大告成是慶之幾不得長者至此又長矣毋寧玆即如方人避亂周寺之山而垣之而堡之三十年閒兵寇無寧晷卒無一夫遭害亦慶之徵也可誌也憶長慶爲頭陀時即具大願力可與山川與鬼神配而竟以已名名之又無知識盡中具大知識知寺可千百年也取已名二字義以標之是長慶之名傳長慶之寺傳後長慶而俾長其慶者亦傳予記之以識長慶寺之始末並寺始末之異

相有度

隨陽讀史編序

戚先生亦蘧與先大夫都門一見若平生懽縱談千古罔不快意先大夫顧謂有度曰先生博通淹雅眞若師也先生亦謂孺子可教由是得親承提命出泥入脂皆在先生鑪錘閒今

上御極之三年有度獲登賢書明年春奏捷南宮越己丑

廷對除守隨莅事匝月即編索所爲隨志修之將以謀不朽期過不報蓋隨當寇燹頻仍後芹宫頖藻化爲茅棘即有圖史且蕩爲飛塵矣顧安所得志林乎予爲欷歔感慨者久之而先生適至先生嗜讀書案頭數卷經史略備因

檢往蹟軼事山川風土景物之有係於隨者悉拈出以授有度曰是足補隨志之遺矣予受而讀之言皆有本事可傳世大足爲隨土增勝嗟乎歐陽公寓隨讀書凡十七年曾無片語益隨先生居不數月而成是編嘉與隨人士進德修業不將大有造於隨乎是編傳而凡聖帝名賢之蹟山川雲物之祥具足著於隨夫聖帝名賢山川雲物具足著於隨而隨人士必有與焉者隨且無志而有志矣先生蓋有道者也蓋無往而不引人勝地者也若徒謂其論贊

一傚史遷而出之則猶不足以知先生矣

張之杜

重修報恩寺碑記

隨州古漢東地其城西南隅有報恩寺建自南唐傳至宋元豐式廓日增厥後明萬歷閒郡公肇修殿閣嵯峨園林圜固誠州南鉅觀也閱至甲乙年閒兵火灰燼百寺頹廢而報恩一寺獨巍然古道之側意者神靈擁護于其閒歟

本朝住持仍襲幸逢我侯陳公撫莅茲土矢志創建即設鐸壇于寺中每月朔一率州之紳衿父老申講

聖諭因後殿傾頹新建地藏法堂鐘聲映徹遍覆無量每臨禪督論矢志重新解囊佈金普設緣起多方勸輸竭終歲之力而不能致者不朞月飛甍紺碧靈鷲增輝謂非一時盛事歟

王岱

重修儒學碑記

漢東之學舊建東廓外自萬歷癸酉始遷內城與州治相隣地勢隆起氣脈完聚宜爲人文之鍾其後宮牆盡圯至順治戊戌直指李公過化斯土乃復鼎建時急于奏績不無草創僅蔽風雨不數年又傾圯過半其于廟廡先賢之位初未嘗設也余自康熙五年承乏苜蓿則蒿萊瓦礫滿目于是屢議修建皆阻于時勢於茲九載念余束髮詩書老而無成名教之地毫無裨益夙夜疚心適新刺史有同志惻然念黌序之廢也因鼓余新之余不敏不敢辭責惕然鳩同庠之士共勷厥事自十四年七月朔二日至於冬月早興夜寐始獲告成夫誦詩讀書之人爲根本地原無足以鳴勞然是役之艱難惟隨實倍他邑當水旱頻洊之餘値戎馬在郊之日俗旣頹謝士無鼓舞故錙銖毫末必

呼籲更番片瓦隻椽即搆求不易而水土力役無非斷舌焦唇一石未安不敢寧一榱未穩不敢息不啻精衛之塡海愚公之徙山由是棟隆宇奐方知闕里之尊主設座新其俯宮牆之潔考訂及門之賢而名號必確詳稽從祀之彥而位次無訛俎豆未光先成奠爵泮宮未肅豫設戟門一手一心矣公矢愼不敢沽名不敢辭議秖期無愧聖賢而已雖然古人云君子勞心小人勞力苟非刺史之同志而余事又幾阻此地之蒿萊如故也其區畫位置匯事增華者余雖有微勞亦復何有焉時之來觀者智者曰非我

賢父師之績不至此愚者曰非我良工之技不至此耄宿曰非先聖之默相不至此俊彥曰非人文之當興不至此然余架築不如工倕時佐工倕之巧負荷不如傭役時逐傭役之羣是竭蹶而趨不過盡吾志也厲衆戒勤不過竭吾力也腐毫竭墨不過畢吾誠也所謂勞力者也刺史勞心者也請以其功歸之公退然曰此先生師弟積累之績吾適躬逢其盛焉功不容泯安可無記

忠愛堂碑記

楚自兵燹後所在郡邑之治皆荆蓁而漢東與中州接壤

凋殘倍他邑前此宰其地者當開創之會不遑粉飾取庇風雨而聽治之所闃然高陽劉公莅茲土不二年政令一新乃集其父老子弟而新其治之堂及其儀門二區用金若干木石瓦甓若干力役若干始于丙午冬落成于丁未夏題其堂曰忠愛思所以記之以其文屬余余登堂歷階覩公之制而異之知公之有志於民也乃爲記曰宰古之侯封也自封建廢爲郡縣雖其職司一邑而實爲牧民之官上之澤不得下布惟宰是倚民之幽隱不能上聞惟宰是恃故宰與民獨親所以宣滯達情布上之威信德化實宰之職民有饑寒疾痛得登宰之堂而呼籲之民有冤抑鬬爭得登宰之堂而聽平之故稱其名曰父母父母者親之也名其庭曰公堂公堂者公之也詩曰介壽公堂此民感懷眷戀不啻其家人父子酒漿拜舞一堂之內歡然望其康且壽也此則忠愛之意也自後世視堂如傳舍燥溼不悉嵗經屢更上不復有遺愛之風民不復有甘棠之愛望公堂而有太息愁恨之聲無鼓舞歡歌之色所稱忠愛者無有矣不獨失所以設宰之意並失所以設斯堂之意茲劉公莅政未久而建是堂費不期集爲不告勞軒厰炳

煥可垂永久非以自私也後之官是者登斯堂也當思所以設宰者欲以洞悉民隱宣滯達情以布威信德化焉當思民之饑寒疾痛冤抑愁苦哀矜勿喜訟得其平焉庶無負以民社付宰之故與宰居是堂及公重建是堂之故可也

愚庭記

丁未七月壬子葺其學舍之堂及其廊廡又以餘力築舍於堂之右闢地四隅誅茅除穢塞其窪而剷其埂中室三楹增其兩翼前開半軒後續簷廊列檻築垣窗南牖北而

眺覽隨適圖左史右而凉與得宜顏其庭曰愚或曰愚者賢達之所避忌禮法之士之所厭聞也而子何獨名之余曰不然余自七八歲學爲聲詩爲古文詞爲制舉業爲二氏百家諸術衆技積數十年而終老公車又含貞履潔守正蹈直不欲苟合取容亦積數十年而官止學博世之通顯利達者皆不類余而其售十倍又一遭三易而無善地辭炎就冷蓋欲以投閒乃一行束帶戴星履露日不遑食曾賤吏之不若凡此者皆不愚之爲累非愚之爲累也使其果能愚也耶口合而不張目張而不察耳開而不聞心

具而不思四肢備而不骯髒侵假而化余爲雞余因以求時夜侵假而化余爲彈余因以求鴞鴞則余即傴形折體而不知又何曒曒若日月之行取人之俯仰乎老子曰大智若愚孔子曰其愚不可及也顏子終日不違如愚柳子厚以愚名溪此皆能以智用愚余恨余之未逮也尚何暇愚之爲諱乎

且園記

丙午七月余就漢東廣文之官寓城東祝融祠而廣文實無官舍也於是僦民居久之遷祠廡幾與流遺偶而黌宮之側有隙地叢莽坑塹不可措趾余乃披徑入覺有可結搆者爲倩力開闢數月而園之規制出又越數月築室六楹前庭後宅而園之規制愈出顏其宅曰愚庭既已記之所稱園者方圓各十丈種竹樹木蒔花菓積日累月而園之規制成因名且園子弟請爲記以表乎且之義余方有事僕僕未暇也至甲寅二月花朝念居是園者七八年園之自余闢爲余有者久異時或聞且之名求其所爲園者並不悉夫且之義園不其虛設乎園其爲余有乎園固非余有而且之名終爲余有世固有地失而名存後之人猶

因名而思其人者是園之不可無記遂記曰且者何聞之春秋書次明乎徐而不疾也婉而不遽也且則有次之義又公子荆居室之善每稱苟明乎知足不侈知止不盈且則有苟之義又物之不備儀之不飾爲簡且則有簡之義又暫而非久權而非經爲姑且則有姑之義夫余壯髮事制舉公車者四十年其間運會之否泰人事之通塞風景之盛衰以及存亡聚散流離顛沛患難饑寒不知其幾而始受此一氊無論同學少年登崇秩陟顯樞久已告老懸車即後生輩出躡清華踞高位者亦已功成身退是不獨

躍冶躁進無須此數十年之久即優游仕宦者進退綽然有餘而余止受此一氊其爲不疾不遽庶幾近之此有取于次之義也當崇正之會青紫滿途纓情好爵者喑鳴相和竈下中郎爛羊都尉如拾芥折枝而余僅守寒氊茹根敗絮茹蘗飲冰立廉隅而厲勁節我用我法吾愛吾鼎不以攺吾陶咏之適可謂知足則止此有取于苟之義也余生平窮約又久經喪亂千金散盡一錢留看苜蓿本已無盤茅屋支難一木余誅茅劃棘塡塹平坵向之沮洳險塞者遂坦然而舒寬然而衍既容架築復可藝植室無軒闊

止蔽風雨榱椽簷桷雕琢不施垣墉戶庭丹彩不設楮留舊本漸蔭成陰竹植新竿久因叢發花無名貴草止菊萱可謂不備不飾此有取于簡之義也至于官舍如郵無容張老之祝園林易變寧效平泉之癡李氏之東園漢東今不知其地況其他乎則余之官既冷席園尤草萊可謂暫而非久夫廣文之官多桑榆向暮升斗是沽傾頹一隅妻孥百指糟牀醋甕牧豕祝雞銳者計錙銖營子母因熱釜沾餘瀝親炙手藉與援哀者與碌碌子衿悻悻胥隸日銜杯酒結殷勤凡此近代廣文之經也若夫闢開園架幽室左經右史琴書精良筆硯古潔雅流高衲淸言佳咏可謂權而非經此有取于姑之義也凡此數者皆得且意與吾園合名之曰且園夫復何疑

梁宗極

重修五眼橋碑記

隨居萬山中溪澗繡錯爭先下注而州城北適當其下流其近者自東北碌山來勢尤湍急每秋漲浩渺若江湖行旅病之於是作興梁以濟是爲五眼橋歷年滋久日漸傾頹州之民嘆陰雨而窘輪將者往往而有歲壬午李公來

莅茲土人寧事息修廢舉墜爰行田原課耕農相陰陽觀流泉見斯橋之廢慨然曰除道成梁王政有紀矧斯地爲州北通衢亦民間利害所繫也乃詢輿論衆謀僉同遂自割俸率屬之紳士爲更新計閱幾月工竣命余記之易有之說以使民民忘其勞在益之頤有孚惠心大得志也是以世之盛也良有司振舉於上羣百姓鼓舞於下風行草偃百廢俱興而一時播諸風謠登之史册沐浴歌咏蓋不第一再傳而已自長民者視居官爲傳舍率苟且目前因陋就簡坐視其壞而不顧其賢不肖寧可以道里計哉公

沱行久著夫豈鬱鬱久居此而身在信宿慮周百年藐茲
下邑曾不以牛刀斬從此商願出塗農安在野俗返淳樸
不謂非公之賜也乎是役也計日有幾計費若干費取諸
公工酬以值一錢一粒不縻民貲工作力役之繁弗以爲
閭閻擾德甚懋焉今
聖天子首重循良往往取人於牧令中公且不日歸京師作舟
楫利濟蒼生不獨隨邑已也父老子弟睹斯橋也相與撫
遺蹤追舊德指而憶之曰斷隴荒坵是公曾巡行而課督
者也石梁古木是公所相度而鳩工者也子以傳子孫以

傳孫世誦公德弗替即以是爲我公之甘棠也可

劉俊

郡侯盧公新建永恩橋碑記

是橋之設也遠無所稽傳自明代兩爲修築歷今百有餘
年矣征徒郵遞寒暑晦明相與忘焉曾不知有橋之樂也
又安知無橋之苦然其初橋小流細水勢尚分厥後源流
既合加以師旅頻仍車馬雜踏而橋不勝水
今康熙乙卯夏傾圮殆盡每一雨驟則洪濤漲溢征徒病
涉郵遞維艱不得已而繼之以板板數年而數易正慮經
久之難計也今郡侯盧公自撫隨以來政通人和百廢具
興凡所以利人濟物者無不行之每一經此則惻然動念
於是捐資鳩工恢其舊制而一工一石毫不取給民間且
諄諄命俊往爲督理始於今年之孟春越月而告成成之
日即奉
恩命擢同知開封府得無謂天人共懽感應不爽如是之符且
捷耶今而後往來行人知無橋之苦而有橋之樂者伊誰
之德我侯不日榮戟指中州矣攀轅卧轍已難復借請勒
諸石異日行者居者過而見之以是爲遺愛可也以是爲

去思可也即以是爲峴山碑亦無不可也是爲記

朱奇生

鄰賢堂記

聞之居必擇鄰蓋甚重乎鄰也今不古若矣與今爲鄰何
若與古爲鄰與今常人爲鄰何若與古賢人爲鄰取法昔
賢以自勉而維持末俗其重又不知若何矣此余有鄰賢
之說也隨東門內有二賢祠一祀春秋季子梁一祀宋歐
陽公修由來久矣自有祠以來凡里中人出入於二賢之
門遵循於二賢之路周旋於二賢之左右者雖欲不謂之

鄰焉不可也祠左有閣曰朝陽右有廢址址後有臺臺下有池可釣可濯南則遠山屏列長河帶繞地雖僻陋然其里樸其俗慤其人淳蓋濟移於二賢之風誠擇鄰者所宜處也余家世居隨東偏每過其地輒低徊久之不能去丙子秋卜居於此闢地築室兩堂成焉額曰鄰賢蓋私心竊比於二賢欲自勉以維俗也噫豈易言哉季子謀國修政和民廬陵爲文變今復古上下千百年夐哉不可及矣余何人斯敢云鄰哉太史公曰詩有之矣高山仰止景行行止雖不能至然心嚮往之余得仰行二賢出入遵循而周

旋之以磨礪其頑鈍而與今之俗其登於古也此余鄰賢之志歟孔子曰見賢思齊焉周子曰士希賢賢希聖則又未之逮也而有志焉

遊北山記

歲辛巳余館於北山唐王店齋後窻與山遙對距三四里儼如面立當晦明風雨烟雲杳靄出沒於空曠上下間奇詭變化朝暮之景各不同焉每推窻遙睇志切登臨未遑也時維九月烟霏雲歛天高日晶鷩寒暑之推遷感物華之代謝慨然欲升高以望乃偕及門四五人攜酒餚步至山麓奮迅以登不數十武而息喘稍休又不數十武而力竭從遊者皆有難色余因偃休其間少定仰視山峯猶在空際覺目前之所至甚卑也因思余之志此山久矣若畏其難安於卑不中道而遂止其何以登峯造極慊夙昔之所志而無憾乎昔人云登山有道徐行則不困措足於實地則不危循是道以登之無不可造其極也於是爲之徐行爲之措足實地不憚迂廻數步一休如是者久之而登峯矣造極矣慊夙昔之所志而無憾矣峯之廣不一畝舊有古寺但見敗壁頹垣荒榛叢草憩息無所稍下有大石

如盤旁列小石臥者立者可坐可倚如几席然從遊者列坐其間陳酒與餚從容論文旁及古今事酒酣情暢凝眸遠矚茫壙無垠惟見蒼烟之氣橫亘天際渺渺乎不可見也已而夕陽在山拂衣而下無息喘力竭之勞俄焉而至山麓矣維時月印前川興盡而返抵館偃息追憶日間之遊不禁穆然思惕然悟曰有是哉登山之道其即爲學之方乎始焉力竭者猶學之進銳退速也繼而徐行者深造以道也措足實地者居易而不敢行險也終焉登峯造極者止於至善也而不畏其難不安於卑者其志之不可奪

乎屢休而後至山峯者其上達之難乎俄焉而至山麓者其下達之易乎夫是山也不過一方之巨觀非若羅浮天台華嶽之奇偉險絶也而登之難如此况欲希蹤聖域如所謂登東山泰山而小魯小天下者哉學者誠堅其志不畏其難不安於卑以止於至善一如登山者之徐行而登峯造極焉則是山也即作東山泰山觀焉可也二三子之從吾遊也其亦知此意乎余之爲是記者以此

王雲錫

遷復隨州學宮碑記

聖人之道與天地同運充塞兩間立極萬世我
國家建學自京師以逹窮陬僻陋之區莫不欽崇而明威之至神靈所依往往因地勢之宜以合衆心之所自感亦以審陰陽而昭物軌宜治化也粤隨之學宮自有宋以來皆置龍會門内鳳凰臺之右山水環帶規式宏隆昔之人士多有可觀及明萬歷癸丑遷州治左掖地近圜扉城市逼近以後士氣漸湮鬱不振論者恨之理或然歟丁卯余由漢上來攝是篆吏事頗劇今年春會官師及縉紳之族僉曰舊學宜遷復惟時其圖之廼與謀之卜筮神人胥從請于諸上憲亦蒙允協遂倡同好敬于六月二十二日鳩工庀材踰城東而啟事焉初治荆榛先營
聖殿剖土深及數尺四週牆址悉符舊基不失累黍遠近觀歎以爲神異由是凡我官師暨紳士之董率者朝夕趨事罔懈而山谷之叟單寒之士亦皆聞風傾囷爭先恐後不惜其筋骨筆研勞勩之資用勷厥成廟故有
聖像八月朔一迎入新廟是日天霽雲豁四境之内牽車執香帛而駿奔走者凡數千人則聖人在天之靈實照臨下土而衆心之懽忻振躍手舞足蹈亦有發動于不自禁者也

十有一月工將竣余亦方釋事衆請刻石以紀之余曰是一已事也雖然用天之時因地之宜養人之材于是乎賴夫以百餘年錯置之舉非余力所能驟移而聖人之靈無乎不在其感觸于州人士之心以相位置則各有一聖人在焉廟既遷其遺基爲漢東書院令諸生肄業其中學者誠知所以爲聖人而即其所以位置聖人者以自懋于學斯道益昭于天下矣尚何患一方湮鬱之不賁然改觀哉抑又聞州内山川靈秀多在西南城西門久閉尚當啟而納之書院中規條學舍猶多未備其重有望于後之君子